Wilhelm Köller
Die Zeit im Spiegel der Sprache

Studia Linguistica Germanica

Herausgegeben von
Christa Dürscheid, Andreas Gardt,
Oskar Reichmann und Stefan Sonderegger

Band 135

Wilhelm Köller

Die Zeit im Spiegel der Sprache

Untersuchungen zu den Objektivierungsformen
für Zeit in der natürlichen Sprache

DE GRUYTER

ISBN 978-3-11-076608-0
e-ISBN (PDF) 978-3-11-066494-2
e-ISBN (EPUB) 978-3-11-066348-8
ISSN 1861-5651

Library of Congress Control Number: 2019940863

Bibliografische Information der Deutschen Nationalbibliothek
Die Deutsche Nationalbibliothek verzeichnet diese Publikation in der Deutschen Nationalbibliografie; detaillierte bibliografische Daten sind im Internet über http://dnb.dnb.de abrufbar.

© 2021 Walter de Gruyter GmbH, Berlin/Boston
Dieser Band ist text- und seitenidentisch mit der 2019 erschienenen gebundenen Ausgabe.
Druck und Bindung: CPI books GmbH, Leck

www.degruyter.com

Man soll Objekte der Abneigung nicht zu genau ansehen: man könnte sie liebgewinnen.
Erwin Chargaff

Vor seinem Spiegel ist ein jeder nur sein Spiegelbild.
Erwin Chargaff

Fragen sind ewig, Antworten zeitbedingt.
Erwin Chargaff

Tod ist das Erblinden der Spiegel.
Erwin Chargaff

Oft wird das Erklärbare erst durch die Erklärung zum Unerklärlichen.
Erwin Chargaff

Probleme kann man niemals in derselben Denkweise lösen, durch die sie entstanden sind.
Albert Einstein

Erst die Theorie entscheidet darüber, was man beobachten kann.
Albert Einstein

Wenn die Menschen nur über das sprächen, was sie begreifen, dann würde es sehr still auf der Welt sein.
Albert Einstein

Inhalt

1	**Der Problem- und Intentionszusammenhang —— 1**	
1.1	Erkenntnistheoretische Grundfragen —— 6	
1.2	Kulturelle Wahrnehmungsformen für Zeit —— 12	
1.3	Sprachliche Spiegelungsformen für Zeit —— 15	
2	**Der Stoßseufzer Augustins über die Zeit —— 21**	
2.1	Implikationen beim Verstehen des Stoßseufzers —— 22	
2.2	Was-ist-Fragen —— 24	
2.3	Denkmöglichkeiten für das Zeitproblem —— 28	
3	**Die Zeit als anthropologisches Problem —— 33**	
3.1	Die Basisprämissen menschlicher Zeitwahrnehmung —— 35	
3.2	Zeit und Bewegung —— 38	
3.3	Die anthropologische Relevanz der Zeit —— 41	
4	**Die Zeit als semiotisches Problem —— 47**	
4.1	Das zweistellige Zeichenkonzept —— 47	
4.2	Das dreistellige Zeichenkonzept —— 51	
4.3	Die erkenntnistheoretischen Implikationen der Semiotik —— 59	
4.4	Die sprachlichen Objektivierungsformen für Zeit —— 62	
5	**Spiegel und Sprache als Wahrnehmungsmedien —— 68**	
5.1	Der Spiegel als Objektivierungsmittel —— 69	
5.2	Lebende Spiegel —— 77	
5.3	Die Sprache als lebender Spiegel —— 82	
6	**Die Gleichzeitigkeit des Ungleichzeitigen —— 89**	
6.1	Die Entstehungsgeschichte der Formel —— 92	
6.2	Die Erklärungskraft der Formel —— 94	
6.3	Sprachliche Exemplifizierungen der Formel —— 100	

7 Die Substantivierung unserer Zeiterfahrung —— 112

7.1 Die Welt der Substantive —— 114
7.2 Die Genese und Begriffsbildungskraft des Wortes *Zeit* —— 120
7.3 Der syntaktische Gebrauch des Wortes *Zeit* —— 124

8 Die Zeitmetaphorik —— 133

8.1 Die Struktur und Funktion von Metaphern —— 136
8.2 Die Zeitmetaphorik bei Komposita —— 141
8.3 Die Zeitmetaphorik in Sätzen —— 145
8.4 Die Zeitmetaphorik bei Attributen —— 152
8.5 Die aphoristischen Redeweisen über die Zeit —— 156

9 Die Zeitimplikationen anthropologischer Basisbegriffe —— 160

9.1 Das Gedächtnis —— 161
9.2 Das Vergessen —— 173
9.3 Die Erwartung —— 179

10 Die Zeitimplikationen des schriftlichen Sprachgebrauchs —— 187

10.1 Zur Phänomenologie des schriftlichen Sprachgebrauchs —— 188
10.2 Eigenzeit und Autonomie schriftlicher Texte —— 193
10.3 Texte als Formen des kulturellen Gedächtnisses —— 197
10.4 Zeitdehnungen im schriftlichen Sprachgebrauch —— 204

11 Die grammatischen Objektivierungsformen für Zeit —— 212

11.1 Der semiotische Status grammatischer Zeichen —— 213
11.2 Die Zeitadverbien —— 217
11.3 Die Zeitpräpositionen —— 222
11.4 Die Zeitkonjunktionen —— 225

12 Die Tempusformen als Objektivierungsformen für Zeit —— 229

12.1 Das Zeitstufen- und das Zeiterlebniskonzept —— 234
12.2 Das Präsens —— 242
12.3 Das Präteritum —— 245
12.4 Das Perfekt und das Plusquamperfekt —— 250
12.5 Das Futur I und das Futur II —— 257

13 Die Zeitimplikationen anderer Verbformen —— 264

- 13.1 Die Modusformen als Zeitformen —— 266
- 13.2 Die Konjunktivformen als Hinweise auf andere Welten —— 270
- 13.3 Die aktionalen Implikationen von Verbformen —— 275
- 13.4 Die Verbformen in der Hopi-Sprache —— 280

14 Die Eigenwelt und Eigenzeit von Sätzen —— 286

- 14.1 Die Leistungskraft von Syntaxkonzepten —— 291
- 14.2 Die unterschiedlichen Satztypen —— 299
- 14.3 Die zeitrelevanten Satzdefinitionen —— 304
- 14.4 Die Satzgefüge —— 309
- 14.5 Die Thema-Rhema-Relationen —— 316

15 Die Eigenwelt und Eigenzeit von Texten —— 324

- 15.1 Die Herkunft des Textbegriffs —— 325
- 15.2 Die Zeitimplikationen von Beschreibungstexten —— 329
- 15.3 Die Zeitimplikationen von Gesetzestexten —— 344
- 15.4 Die Zeitimplikationen des argumentativen Sprachgebrauchs —— 351
- 15.5 Die Zeitimplikationen des fiktionalen Sprachgebrauchs —— 359

16 Die Wahrnehmung von Zeit in Erzähltexten —— 368

- 16.1 Die erzählerische Thematisierung von Zeit —— 370
- 16.2 Die Zeit in der historischen Erzählung —— 379
- 16.3 Die Zeit in der literarischen Erzählung —— 394
- 16.4 Die Erzählweisen als Zeitgestaltungsweisen —— 402
- 16.5 Die erlebte Rede —— 413

17 Schlussbemerkungen —— 423

Literaturverzeichnis —— 436

Personenregister —— 447

Sachregister —— 451

1 Der Problem- und Intentionszusammenhang

Was ist also ‚Zeit'? Wenn mich niemand danach fragt, weiß ich es; will ich einem Fragenden es erklären, weiß ich es nicht. (Quid est ergo ‚tempus'? Si nemo ex me quaerat, scio; si quaerenti explicare velim, nescio;)[1]

Obwohl dieser Stoßseufzer Augustins als Bekenntnis zu seinem eingeschränkten Wissen über die *Zeit* schon über eineinhalb Tausend Jahre alt ist, so ist er sicherlich auch heute noch recht aktuell. Erkenntnistheoretisch ist er nämlich nicht nur als realistisch anzusehen, sondern heuristisch auch als anregend. Durch ihn werden wir nämlich mit dem Problem konfrontiert, wie wir unser praktikables Alltagswissen von Zeit auf sinnvolle Weise mit einem theoretisch konsistenten begrifflichen Wissen von Zeit in Verbindung bringen können. Auf jeden Fall regt uns Augustins pointiertes Bekenntnis zu seinem fragmentarischen Wissen von Zeit dazu an, Überlegungen darüber anzustellen, auf welche Weise und in welchen Formen wir uns das Zeitphänomen durch sprachliche und nicht-sprachliche Mittel überhaupt durch Zeichen objektivieren bzw. intersubjektiv verständlich vergegenwärtigen können.

Aber selbst wenn wir Augustins substanzielle Frage nach dem Wesen der Zeit in eine operative Frage nach unseren semiotischen Objektivierungsmöglichkeiten für Zeit transformieren, dann werden wir auch diese Frage kaum befriedigend beantworten können. Gleichwohl gewinnen wir über einen solchen Zugriff aber vielfältige kulturhistorische Einsichten, die dann selbst wiederum aufschlussreich für unser Verständnis von Zeit sein können. Dieses Verfahren hat nämlich den Vorteil, dass wir unseren möglichen Teilantworten einen ganz bestimmten pragmatischen Stellenwert geben können, der sich dann mit dem anderer Teilantworten kontrastieren, ergänzen oder analogisieren lässt.

Bei diesem Wahrnehmungsverfahren wird das Zeitphänomen dann zwar letztlich nicht mehr als ein ontisch vorgegebenes Seinsphänomen verstanden, das wir abschließend auf einen Wesensbegriff bringen können, sondern eher als ein ontologisch noch näher zu bestimmender Strukturierungsfaktor, der uns dabei hilft, sinnvoll mit unserer Erfahrungswelt umzugehen. Aus diesem Grunde möchte Herder dann in einer gewissen Spannung zu Kant den Begriff der Zeit primär auch nicht als einen apriorischen Begriff vor aller Erfahrung verstanden wissen. Seiner Meinung nach sei der Begriff der Zeit eher als *„ein diskursiver, d. i. allgemeiner Begriff des Maßes aller Veränderungen"* zu betrachten.[2]

---

1 A. Augustinus: Confessiones/Bekenntnisse, 1966³, 11.14, S. 629.
2 J. G. Herder: Eine Metakritik zur Kritik der reinen Vernunft, Werke Bd. 8, 1998, S. 361.

Wodurch sind nun die großen Schwierigkeiten bedingt, das Phänomen *Zeit* auf einen einheitlichen und überzeugenden Begriff zu bringen? Der Grund dafür liegt wohl auch darin, dass es ontologisch schon ein Problem ist, ob wir von der Zeit überhaupt im Singular sprechen können oder nicht besser nur im Plural. Offenbar kommen nämlich unseren konkreten Erfahrungsphänomenen immer spezifische *Eigenzeiten* zu, die wir schwerlich auf einen gemeinsamen Nenner bringen können. Wenn wir von der Zeit im Singular sprechen, dann geraten wir leicht in die Gefahr, diese Eigenzeiten in ein unangemessenes begriffliches Prokrustesbett zu zwingen, in das diese nur dann passen, wenn wir sie abstraktiv verkürzen oder willentlich dehnen und ihnen eben dadurch dann auch Gewalt antun. Herder hat das schon sehr eindrucksvoll so thematisiert.

> Eigentlich hat jedes veränderliche Ding das Maß *seiner* Zeit in sich; [...] keine zwei Dinge der Welt haben dasselbe Maß der Zeit. Mein Pulsschlag, der Schritt oder Flug meiner Gedanken ist kein Zeitmaß für andre [...]. Es gibt also (man kann es eigentlich und kühn sagen) im Universum zu Einer Zeit unzählbar-viele Zeiten; die Zeit, die wir uns als das Maß Aller denken, ist bloß ein *Verhältnismaß unsrer Gedanken* [...].[3]

Wenn man wie Herder denkt, dann müssen wir bei der Frage nach der Zeit nicht nur an diese selbst als widerspenstigen ontischen Sachverhalt denken, sondern auch an die Erkenntnisinteressen der Menschen, die sich für dieses Phänomen interessieren, insofern dieses ja für sie als ein *Verhältnismaß* bei der Ordnung ihrer jeweiligen Wahrnehmungen, Gedanken und Handlungen in Erscheinung tritt. Das bedeutet, dass die möglichen Antworten auf die Frage nach der Zeit uns nicht nur Aufschluss über das Zeitphänomen selbst zu geben haben, sondern immer auch über die Subjekte, die sich für dieses Phänomen interessieren und es faktisch in ihr Leben einbeziehen. Dadurch bekommt die Frage nach der Zeit dann nicht nur eine ontologische, sondern auch eine genuin anthropologische Dimension. Es geht nun nämlich nicht mehr nur um die *Zeit an sich*, sondern immer auch um die *Zeit für uns* und damit nicht mehr nur um eine rein objektorientierte Frage, wie sie vom Typus her in den Naturwissenschaften eine lange Tradition hat, sondern auch um eine subjektorientierte Frage, wie sie für die Geisteswissenschaften immer prägend gewesen ist. Auf diese Weise wird die Frage nach der Zeit dann zwar sachlich und strukturell sehr viel unübersichtlicher, aber anthropologisch und kulturell zugleich auch sehr viel wichtiger.

Die Pointe der Umorientierung des Wahrnehmungsinteresses für Zeit von stabilen Seins- oder Substanzvorstellungen zu variablen Relations- oder Strukturierungsvorstellungen liegt nicht zuletzt darin, dass unsere Objektivierungs-

---

[3] J. G. Herder: a. a. O., S. 360. [Alle Auszeichnungen in Zitaten entsprechen den Originaltexten.]

formen für Zeit natürlich auch selbst immer zeitliche Implikationen haben. Die kulturellen Erfassungsformen für Zeit treten nämlich faktisch immer als historisch wandelbare Formen mit einem oft nur begrenzt gültigen zeitlichen Stellenwert in Erscheinung. Das impliziert, dass all unsere semiotischen Repräsentationsformen für Zeit letztlich immer auch oder nur als bestimmte Spielformen für einen pragmatisch sinnvollen Umgang mit der Zeit betrachtet werden können. Alle haben nämlich eine je unterschiedliche historische Geltungskraft und Vertrauenswürdigkeit, die erst erprobt werden muss, bevor man sie sinnvoll qualifizieren kann. Das trifft dann allerdings nicht nur für unsere kultur- bzw. sprachspezifischen Objektivierungsformen für Zeit zu, sondern letztlich auch für unsere naturwissenschaftlichen und philosophischen, denn auch bei diesen gibt es ja historische Paradigmenwechsel bei der Thematisierung bzw. bei der Interpretation von Zeit. Das exemplifiziert sich beispielsweise recht gut durch das Verständnis von Zeit als *Messzahl der Bewegung* bei Aristoteles, als selbständig fließende *absolute Zeit* bei Newton, als *apriorische Voraussetzung* unseres Wahrnehmens und Denkens bei Kant oder als *Raumzeit* bei Einstein.

Gerade in anthropologischer und kultureller Sicht haben wir uns sicherlich mit dem Gedanken anzufreunden, dass wir dem Phänomen *Zeit* ontologisch kein definierbares überzeitliches Wesen zuschreiben können, sondern nur variable Erscheinungsformen, die von unseren jeweiligen pragmatisch bedingten Differenzierungsinteressen abhängen. Das legt dann natürlich auch den Verzicht auf eine abschließende Definition des Begriffs bzw. des Phänomens *Zeit* zugunsten von jeweils unterschiedlichen Objektivierungsformen für Zeit nahe, die alle nur einen pragmatisch motivierten und damit auch begrenzten Adäquatheits- oder gar Wahrheitsanspruch stellen können.

Einerseits ist das natürlich unbefriedigend, weil von Begriffen als kognitiven Mustern immer erwartet wird, ein adäquates Seinswissen zu objektivieren. Andererseits ist dieser Verzicht aber auch anregend, weil wir dazu inspiriert werden, neue Wahrnehmungsperspektiven für ein anscheinend schon gut bekanntes Phänomen zu entwickeln. Das bedeutet dann, dass wir im Prinzip nur nach solchen begrifflichen Kategorisierungen für Zeit suchen sollten, die nicht nur als Antworten verstanden werden können, sondern zugleich auch als Fragen, die uns auf die Prämissen und Zielsetzungen unseres Wahrnehmens und Denkens über die Zeit aufmerksam zu machen haben.

Wenn wir unsere Frage nach der Zeit nun nicht nur als Frage nach einem vorgegebenen Erkenntnisgegenstand verstehen, sondern zugleich auch als eine Frage nach den anthropologischen und pragmatischen Rahmenbedingungen, unter denen wir als Menschen Erfahrungen mit der Zeit machen können, dann lässt sie sich keineswegs leichter bewältigen. Aber sie wird dadurch sprachtheoretisch zugleich auch sehr viel interessanter, weil sie mehrdimensionaler wird und eine ganz konkrete pragmatische Funktion bekommt. Wir haben jetzt nämlich immer zu beachten, dass die natürliche Sprache das umfassendste Sinnbildungswerkzeug des Menschen ist, dessen Wirkungsfeld sich zwar methodisch, aber keineswegs inhaltlich begrenzen lässt.

Prinzipiell können wir dabei allerdings immer darauf vertrauen, dass sich in der natürlichen Sprache auf evolutionäre Weise sehr unterschiedliche Objektivierungsformen für Zeit herausgebildet haben, die uns den Umgang mit der Zeit im praktischen Leben durchaus erleichtern. Diese direkten und indirekten Vergegenwärtigungsformen für Zeit haben faktisch zwei unterschiedliche Dimensionen. Einerseits müssen sie nämlich die Zeit irgendwie als ein kulturtranszendentes Naturphänomen thematisieren, an dessen Komplexität, Unübersichtlichkeit und Eigenständigkeit sich dann insbesondere Naturwissenschaften wie etwa die Physik, die Biologie oder die Astronomie präzisierend abarbeiten können. Andererseits müssen sie die Zeit aber auch als ein Kulturphänomen thematisieren, das aus menschlichen Interpretations- und Gestaltungsprozessen resultiert, an dem sich dann Geisteswissenschaften wie etwa die Sprachwissenschaft, die Geschichtswissenschaft, die Psychologie oder die Philosophie präzisierend abmühen können und müssen, eben weil gerade in ihnen die Zeit immer sehr nachhaltig als ein konstitutiver Strukturierungsfaktor des menschlichen Wahrnehmens und Denkens in Erscheinung tritt.

Auf jeden Fall lässt sich festhalten, dass die Frage nach der Zeit eine grundlegende anthropologische Dimension beinhaltet, insofern sie nämlich immer auf die Grundlagen der menschlichen Wissensbildung und Lebensorganisation Bezug nimmt. Deshalb liegt es dann auch nahe, danach zu fragen, was wir über die Zeit in Erfahrung bringen können, wenn wir die Sprache insgesamt oder ihre vielfältigen Einzelformen als Spiegel betrachten, mit denen wir uns das Zeitphänomen zumindest hinsichtlich seiner anthropologischen Aspekte zu erspiegeln und damit in unser explizites Bewusstsein zu rufen vermögen. Dabei können wir dann nämlich sowohl etwas über die Zeit selbst erfahren als auch etwas über die Sprache als ein fundamentales Objektivierungsmittel für Zeit als auch etwas über die Menschen, die sich konkrete sprachliche Zeichen als spezifische Sinnbildungsmittel für ihre kognitiven und kommunikativen Bedürfnisse im Verlaufe der Kulturgeschichte bzw. der Zeit evolutionär entwickelt haben.

In den unterschiedlichen sprachlichen Vergegenwärtigungsformen für Zeit von den lexikalischen über die grammatischen bis zu den textuellen Sprachmustern spiegeln sich nicht nur die vielfältigen menschlichen Interpretationsziele für das Verständnis von Zeit wider, sondern auch die unterschiedlichen operativen Strategien, die sich dabei verwenden lassen. Auf diese Weise wird uns dann auch gut verständlich, was Cassirer dazu motiviert hat, den Menschen als *„animal symbolicum"* zu bestimmen, und was Humboldt im Auge hatte, als er betonte, dass der Mensch beim Gebrauch der natürlichen Sprache „*von endlichen Mitteln einen unendlichen Gebrauch*" machen könne.[4]

Dieser sprachtheoretische und semiotische Denkansatz von Cassirer und Humboldt hat eine genuin anthropologische Dimension, die für die sprachliche Objektivierung von Zeit von ganz zentraler Bedeutung ist. Er nimmt nämlich die Fähigkeit des Menschen ernst, auch das ihm eigentlich Unbegreifliche sprachlich zu thematisieren, selbst wenn er es dabei begrifflich nicht so bewältigen kann, wie er es eigentlich möchte. Davon hat ja auch der eingangs zitierte Stoßseufzer Augustins schon ein beredtes Zeugnis abgelegt. Spengler hat das auf ganz ähnliche Weise in einer Reflexion über die Differenz zwischen unserer Raumerfahrung und unserer Zeiterfahrung zum Ausdruck gebracht. Dabei hat er insbesondere darauf verwiesen, dass das menschliche Leben untrennbar mit dem Phänomen der Zeit verwachsen sei und dass es eben deshalb auch als ein genuin anthropologisches Phänomen angesehen werden sollte.

> Raum ist ein *Begriff*. Zeit ist ein Wort, um etwas Unbegreifliches anzudeuten, ein Klangsymbol, das man völlig mißversteht, wenn man es ebenfalls als Begriff wissenschaftlich zu behandeln sucht. [...] Wir alle werden uns, indem wir wach sind, *nur* des Raumes, nicht der Zeit bewußt. Er „ist", nämlich in und mit unserer Sinnenwelt [...]. „Die Zeit" dagegen ist eine *Entdeckung*, die wir erst denkend machen; wir erzeugen sie als Vorstellung oder Begriff, und noch viel später ahnen wir, daß wir selbst, insofern wir leben, *die Zeit sind*.[5]

Spenglers Analogisierung von Zeit und Leben wird plausibel, wenn wir die Zeit nicht wie heute meist üblich nur als eine messbare Größe verstehen, sondern auch als eine erlebbare Größe, die man sich auch über die Erfahrung von Zeitrhythmen oder von spezifischen Zeitgestalten objektivieren kann. Dieses anthropologische Verständnis von Zeit dokumentiert sich auch darin, dass das lateinische Wort *tempus* ursprünglich nicht auf die Zeit als eine vermeintlich eigenständige ontische Größe verwiesen hat, sondern auf lebenskonstitutive Zeitspannen, wie sie beispielsweise im Rhythmus von Herzschlägen oder von Tageszeiten zum Ausdruck kommen. Das bedeutet dann, dass das Erlebnis und die sprachliche Objektivierung von Zeit sich natürlich nicht nur auf ihren chronologischen Ablauf und ihre Messbarkeit beschränken darf, sondern auch auf ihre Strukturierungskraft für das menschliche Leben und Denken ausgeweitet werden muss, was ja auch schon Herders Anliegen war. Dafür bieten dann natürlich unsere sprachlichen Objektivierungsformen für unterschiedliche Zeiterlebnisweisen und Zeitgestalten sehr vielfältige und fruchtbare Ansatzpunkte.

---

4 E. Cassirer: Versuch über den Menschen, 2007², S. 51; W. v. Humboldt: Werke Bd. 3, S. 477.
5 O. Spengler: Der Untergang des Abendlandes, 1963, S. 159.

1.1 Erkenntnistheoretische Grundfragen

Bei der Wahrnehmung und Beschreibung von Zeit haben wir uns inzwischen an einen spannungsreichen Kompromiss gewöhnt. Einerseits erwarten wir, dass die Naturwissenschaften die Zeit als ein vorgegebenes Naturphänomen für uns näher bestimmen und eben dadurch dann auch operativ besser beherrschbar machen sollen. Andererseits erwarten wir, dass die Geisteswissenschaften die Zeit näher aufklären und anthropologisch qualifizieren sollen, da ihre Wahrnehmbarkeit und Objektivierbarkeit ganz offensichtlich auch immer etwas mit menschlichen Lebens-, Denk- und Gestaltungsprozessen zu tun hat. Daher wird dann auch gewünscht, dass Philosophie, Geschichtswissenschaft, Psychologie sowie Sprach- und Literaturwissenschaft etwas Wesentliches zur Beschreibung und Präzisierung unserer Vorstellung von Zeit beitragen sollen.

In beiden Zugriffsweisen erweist sich nun aber das Phänomen *Zeit* immer wieder als ein ziemlich schlüpfriger Aal, der kognitiv kaum zu fassen ist und der sich daher dann auch allen abschließenden Kategorisierungen und Theoriebildungen zu entziehen weiß. Wir scheinen dieses Phänomen nur dann begrifflich sinnvoll fixieren zu können, wenn wir es über bestimmte methodische Abstraktionen auf ganz bestimmte Teilaspekte reduzieren und darauf verzichten, es vollständig und abschließend bestimmen zu wollen. Diese Problematik dokumentiert sich darin, dass es bei der Erfassung der Zeit sowohl in den Zugriffsweisen der Naturwissenschaften als auch in denen der Geisteswissenschaften immer wieder zu Paradigmenwechseln gekommen ist. Das verdeutlicht sich insbesondere dadurch, dass wir immer wieder scheitern, wenn wir versuchen, uns das Zeitphänomen als Seinsphänomen *an sich* zu objektivieren. Wir scheinen zumindest anthropologisch gesehen nur dann sinnvolle Ergebnisse erzielen zu können, wenn wir uns in pragmatischer Sicht darauf konzentrieren, die Zeit in variablen Perspektiven als Ordnungsphänomen *für uns* näher zu bestimmen.

Die polyperspektivische Wahrnehmbarkeit von Zeit ist daher auch weniger als ein prinzipielles erkenntnistheoretisches Problem anzusehen, sondern eher als eine realitätsnahe Konsequenz aus der fundamentalen Relevanz der Zeit für die menschliche Wahrnehmung und Gestaltung von Welt. Das kann dann natürlich methodisch sehr unterschiedliche natur- und geisteswissenschaftliche Zugriffsweisen erforderlich machen, denen wir dann wiederum auch eine unterschiedliche anthropologische und kulturelle Relevanz zuordnen können.

Dieser Sachverhalt exemplifiziert sich beispielsweise schon deutlich innerhalb der sprachwissenschaftlichen Tempusforschung. Hier gibt es nämlich einen fundamentalen Streit darüber, ob die pragmatische Leistungskraft der einzelnen Tempusformen im Rahmen eines chronologisch orientierten Zeitkonzeptes zu analysieren sei, das strukturanalytisch zwischen einer *Ereigniszeit*, einer *Sprechzeit* und einer *Betrachtungszeit* unterscheidet, oder nach einem psychologisch orientierten Zeitkonzept, das sich primär für die unterschiedlichen pragmatischen Funktionen von Sachaussagen in einem konkreten Mitteilungsprozess interessiert. Obwohl natürlich jedes dieser beiden Analysekonzepte für Tempusformen ihre methodische Berechtigung hat, so muss ihnen doch eine je andere kognitive und kommunikative Relevanz zugeordnet werden. Durch sie wird den einzelnen Tempusformen nämlich eine ganz unterschiedliche pragmatische Differenzierungs- und Mitteilungsfunktionen im Hinblick auf Zeit zugeschrieben. Das beinhaltet dann auch, dass es weder in den Natur- und Geisteswissenschaften im Allgemeinen noch in der Tempusforschung im Besonderen bei der Objektivierung von Zeit zu einem kontinuierlichen allgemeinen Erkenntnisfortschritt kommt. Es scheint immer nur ganz spezielle Erkenntnisfortschritte bei der Präzisierung von konkreten Wahrnehmungsperspektiven für Zeit in Verbindung mit ganz bestimmten Erkenntniszielen zu geben.

Wenn nun hier die Zeit ausdrücklich im Spiegel der Sprache betrachtet wird, dann ergeben sich dadurch schon immer ganz konkrete Vorentscheidungen für das, was an ihr als konstitutiv oder als randständig angesehen werden soll. Es ist nämlich zu erwarten, dass in der natürlichen Sprache als unserem umfassendsten Interpretations- und Objektivierungsmittel für Welt das Phänomen *Zeit* natürlich vor allem hinsichtlich solcher Aspekte thematisiert wird, die anthropologisch als besonders wichtig angesehen werden, insofern diese vor allem einen Sitz im praktischen Leben haben und nicht nur einen Sitz in natur- oder geisteswissenschaftlichen Theorien über die internen Ordnungsstrukturen von Natur oder Kultur. Das schließt dann aber natürlich keineswegs aus, dass man bei der Beschreibung der Zeitimplikationen von sprachlichen Formen immer sowohl auf natur- als auch auf geisteswissenschaftliche Denkmodelle über das Zeitphänomen zurückgreifen kann.

Festzuhalten ist bei einem solchen methodischen Zugriff auf die Zeit allerdings auch, dass dieser prinzipiell immer polyperspektivische Sichtweisen erforderlich macht, was den jeweiligen Einzelwissenschaften dann meist doch etwas fremd oder gar suspekt erscheint. Solche polyperspektivische Sichtweisen auf dasselbe Phänomen lassen sich nämlich methodisch kaum stringent durchorganisieren, weil dabei natürlich immer heterogene Erkenntnisinteressen zu berücksichtigen sind, die schwerlich zu einem übersichtlichen und homogenen begrifflichen Systemwissen von Zeit führen. Gleichwohl ist dieser Zugriff auf Zeit aber keineswegs als unrealistisch oder gar als exotisch anzusehen. Er macht uns nämlich für alle Faktoren sensibel, die auf die Entstehungsgeschichte unseres Wissens von Zeit einwirken. Von diesen vielfältigen Faktoren abstrahiert der Versuch einer Konstitution eines allgemeingültigen Systemwissens von Zeit natürlich sehr gerne, um die erhoffte innere Kohärenz des zu erwerbenden Wissens über das Zeitphänomen nicht zu gefährden.

Wenn wir nun aber in die reale Konstitution unseres Sachwissens von Zeit auch ein Wissen über die Genese dieses Wissens zu integrieren versuchen, dann gewinnen wir dabei zugleich auch immer ein spezifisches Metawissen über das Zeitphänomen. Dieses betrifft dann nicht nur ein Wissen darüber, was an der Zeit für uns sinnvoll quantifizierbar bzw. nicht quantifizierbar ist, sondern auch ein Wissen darüber, welche Rolle die Sprache bei der Objektivierung unseres Wissens über die Welt generell spielt. Unter diesen Umständen nehmen wir die Sprache dann auch nicht mehr nur als ein bloßes Vergegenwärtigungsmittel für die natürliche und kulturelle Lebenswelt wahr, sondern auch als ein Interpretationsmittel für sie, das sowohl durch allgemeine Wahrnehmungstraditionen als auch durch individuelle Wahrnehmungsintentionen geprägt werden kann.

Gerade bei der Wahrnehmung von Zeit zeigt sich sehr klar, dass wir dabei immer auf ein bestimmtes Vorwissen angewiesen sind, das unsere Vorfahren erarbeitet und in konkreten sprachlichen Formen objektiviert haben. Diesbezüglich bewahrheitet sich dann auch ein Bescheidenheitstopos aus dem Mittelalter. Dieser besagt, dass unser tradiertes Sach- und Formwissen im Vergleich mit unserem selbst erworbenen Wissen gewaltige Ausmaße habe und dass wir bei unserem Wissenserwerb eigentlich Zwerge auf den Schultern von Riesen seien.[6] Dieses Sinnbild ist faktisch allerdings durchaus ambivalent. Einerseits veranschaulicht es nämlich, dass wir zwar immer weiter sehen können als unsere Vorfahren, aber andererseits zugleich auch, dass wir weniger nahe mit unseren jeweiligen Erfahrungsgegenständen verbunden sind als diese es meist waren.

Wenn wir nun nach der Zeit im Spiegel der Sprache fragen, dann wird Folgendes recht offensichtlich. Wir sind nun an der Zeit weniger als an einer quantifizierbaren Sachgröße interessiert, sondern eher an ihr als einer qualifizierbaren Ordnungsgröße, deren pragmatische Lebensrelevanz noch über die dafür ins Spiel gebrachten sprachlichen Objektivierungsmittel näher erschlossen werden muss. Das bedeutet dann auch, dass wir uns weniger mit dem Problem zu beschäftigen haben, ob die Sprache in ihren diesbezüglichen Formen die Zeit zutreffend widerspiegelt bzw. ob und wie wir normierend in die Sprache einzugreifen haben, damit sie diese Aufgabe bewältigen kann. Vielmehr geht es eher um das hermeneutische Problem, welche Vorstellungen und Wahrnehmungsperspektiven für Zeit sich in der Sprache semiotisch konkretisiert und konventionalisiert haben und wie wir diese zutreffend beschreiben können.

---

6 Vgl. R. K. Merton: Auf den Schultern von Riesen, 1989. Vgl. auch W. Köller: Die Sprache als Speicher. In: W. Köller: Sinnbilder für Sprache, 2012, S. 361–397.

Dabei ist nun immer zu beachten, dass sich unsere konkreten sprachlichen Objektivierungsformen für Zeit in evolutionären Entwicklungs- und Siebungsprozessen allmählich herausgebildet haben und dass deren bloße Existenz schon ein Hinweis darauf ist, dass sie sich zumindest in bestimmten Hinsichten auch pragmatisch bewährt haben, obwohl wir die dafür maßgeblichen Gründe nicht immer ganz verstehen. Es bedeutet weiterhin, dass wir das Leistungsprofil dieser Formen keineswegs immer vollständig durchschauen, obwohl wir sie ja selbst erzeugt haben und sie auch zweckdienlich verwenden können. Das liegt vor allem daran, dass diese Formen einerseits eine Entstehungsgeschichte aufweisen, die maßgeblich durch das Prinzip der spontanen Setzung (Mutation) geprägt ist, und dass sie andererseits eine Erhaltungsgeschichte aufweisen, die durch das Prinzip des Verschwindens bei Nichtbewährung (Selektion) gekennzeichnet ist. Aus dieser Wachstumsgeschichte unserer sprachlichen Objektivierungsformen für Zeit ergibt sich dann auch, dass dieses Formeninventar keineswegs systematisch stringent durchkonstruiert ist, sondern vielmehr sehr vielfältige systematische und historische Inkohärenzen aufweist. Das erschwert es dann natürlich auch, diese Formen in ein klares Ordnungssystem einzufügen.

Gleichwohl lässt sich aber auch festhalten, dass wir unsere Objektivierungs- und Interpretationsformen für Zeit im aktiven und passiven Sprachgebrauch mit Hilfe unseres Sprachgefühls recht gut handhaben können. Dieses Sprachgefühl lässt sich nämlich als ein komplexes intuitives Gebrauchswissen von Sprache verstehen, das sich nur annäherungsweise in ein begrifflich fixierbares Theoriewissen von Sprache transformieren lässt, was ja auch schon der Stoßseufzer Augustins sehr überzeugend verdeutlicht.

Weiterhin ist zu beachten, dass unsere sprachlichen Objektivierungsformen für Zeit nicht nur ein ganz unterschiedliches Alter haben, sondern auch sehr unterschiedliche Differenzierungsziele. Das ist einerseits ziemlich ärgerlich, weil dadurch unsere Wissensbildung über die interne Ordnung bzw. über die kognitiven und kommunikativen Funktionen dieser Formen beträchtlich erschwert wird. Andererseits wird dadurch aber auch die Gebrauchsflexibilität dieser Formen begünstigt, da sie ja nicht nur rein regelgemäß, sondern immer auch kontextsensitiv verwendet werden müssen. Diese situationsbezogene Interpretationsbedürftigkeit unserer Objektivierungsformen für Zeit sichert diesen dann allerdings auch wieder ganz beträchtliche Funktionsreserven, da sie problemlos in sehr unterschiedlichen Sprachspielen verwendet werden können. Das bedeutet dann wiederum, dass von den nur begrenzt vorhandenen Sprachmitteln für die Objektivierung von Zeit durchaus ein variabler bzw. sogar ein unendlicher Gebrauch im Sinne Humboldts gemacht werden kann. Auf diese Weise kann dann zugleich auch verhindert werden, dass wir bei unserem Zeitverständnis zu Marionetten unserer jeweils vorgegebenen Sprachformen für Zeit werden, eben weil diese ja ontologisch gesehen eher als Interpretations- und weniger als Abbildungsformen für Zeit in Erscheinung treten.

Diese Überlegungen verdeutlichen schon, dass die Zeit wirklich ein wunderlich Ding ist und dass wir uns immer wieder die Frage zu stellen haben, ob wir überhaupt von derselben Sache reden, wenn wir das Wort *Zeit* verwenden, und ob die Sprachformen, denen wir ganz bestimmte Zeitimplikationen zuschreiben, diese dann auch tatsächlich haben. Dieses Problem wird auch offensichtlich, wenn wir uns vergegenwärtigen, dass Platon die Zeit als bewegtes Bild der Ewigkeit verstand, dass Aristoteles die Zeit als Messzahl der Bewegung bestimmte, dass Newton die Zeit als absolut fließende Zeit wahrnahm, dass Kant die Zeit als apriorische Voraussetzung des Wahrnehmens und Denkens ansah, dass Einstein die Zeit als vierte Dimension des Raumes betrachtete und dass Heidegger die Zeit als Grundlage des Seins ins Auge zu fassen versuchte.

Aus diesen Hinweisen ergibt sich auch, dass mit dem Wort *Zeit* immer ein gewisser *Namenszauber* verbunden ist, den wir nicht ganz durchschauen. Wir müssen eigentlich immer argwöhnen, dass all unsere Bestimmungen von Zeit letztlich doch nur hypothetische Erschließungsformen für Zeit sind, die kultur- und sprachbedingt sind. Dieser Namenszauber kann auch dazu beitragen, dass wir sogar in bestimmten Kulturformen schon verdeckte Manifestationsformen von Zeit vermuten können (Denk-, Verhaltens-, Traditions- oder Staatsformen).

Diese Problematik beginnt bereits damit, dass wir uns auch die Frage stellen müssen, ob bzw. inwieweit es sinnvoll ist, uns das Zeitphänomen überhaupt mit Hilfe eines Substantivs zu objektivieren. Diese sprachliche Repräsentationsform von Zeit legt nämlich nahe, uns das Zeitphänomen in Analogie zum Gegenstandsbezug anderer Substantive (*Stein, Baum, Pferd*) mit Hilfe von Substanzvorstellungen zu vergegenwärtigen. Dabei geraten wir dann durchaus in die Gefahr, in ein mythisches Denken zu verfallen, bei dem erfahrbare Ordnungsfaktoren sich sehr schnell zu substanziell vorstellbaren konkreten Handlungsgrößen transformieren können.

Typisch dafür ist beispielsweise, dass sich im mythischen Denken das abstrakte Phänomen *Zeit* zum Gott *Chronos* verdichtet hat und das Phänomen *Schönheit* zur Göttin *Aphrodite*. Diesbezüglich ist dann auch interessant, dass im volkstümlichen griechischen Denken der Gott *Chronos* fälschlicherweise oft mit dem Gott *Kronos* identifiziert worden ist, der aus Angst vor seiner Entmachtung einen Teil seiner eigenen Kinder verschlungen hat. Diese Identifizierung ist inhaltlich zwar irgendwie plausibel, aber etymologisch ist sie nicht haltbar.

Im Prinzip gibt es nämlich keine ontische Notwendigkeit, sich das Erfahrungsphänomen *Zeit* substantivisch zu objektivieren. Das ist eigentlich nur als eine metaphorisch motivierte Denkerleichterung anzusehen. Es wäre nämlich durchaus denkbar, sich diesen Erfahrungsbereich sprachlich allein über grammatische Zeichen zu repräsentieren (Tempusformen, Zeitpräpositionen, Zeitkonjunktionen, Zeitadverbien), die eher Relations- als Substanzvorstellungen ins Bewusstsein rufen. Allerdings scheinen wir nicht nur im mythischen, sondern auch im begrifflich orientierten Denken eine große Neigung zu haben, uns komplexe Korrelationszusammenhänge sprachlich und mental in Form von Substantiven bzw. von substanziell vorstellbaren Größen zu vergegenwärtigen.

Die bloße Existenz des Substantivs *Zeit* ließe sich unter diesen Umständen dann sogar als eine Manifestation einer bestimmten menschlichen Vorstellungsschwäche oder als eine anthropologisch verständliche Denkhilfe für bestimmte Objektivierungsbedürfnisse und Mitteilungsintentionen verstehen. Diese Hilfe bestünde dann vor allem darin, sich komplexe Relations- und Ordnungszusammenhänge zu substanziellen Größen zu verdichten, die dann auch leicht zu Gegenstandsgrößen von Aussagen gemacht werden können oder sogar zu Ursachen von bestimmten Handlungen. Das dokumentiert sich in der Zeitmetaphorik ganz besonders deutlich, in der die Zeit immer wieder als eine ganz eigenständige Handlungsgröße thematisiert wird (*Die Zeit bringt es an den Tag.*).

Aus diesen Überlegungen ergibt sich nun die erkenntnistheoretische Notwendigkeit, nicht nur danach zu fragen, inwieweit die substantivische Vergegenwärtigung von Zeit gerechtfertigt ist und welche Wahrnehmungsperspektiven damit für Zeit konkret eröffnet oder verstellt werden, sondern auch danach, ob und wie wir mit anderen sprachlichen Denkmustern Kontakt zum Zeitphänomen bekommen können. Außerdem stellt sich natürlich auch das Problem, mit welchen anderen semiotischen Objektivierungsformen wir ebenfalls Bezüge zum Zeitphänomen herstellen können (Gestirnumläufe, Kalender, Uhren, Veränderungserfahrungen usw.) und welche spezifischen Aspekte von Zeit wir uns gerade durch solche Objektivierungsmittel ins Bewusstsein rufen können.

Unter diesen Bedingungen verliert dann auch die altbekannte Frage – *Was ist Zeit?* – an Relevanz gegenüber der Frage, über welche geistigen Objektivierungsverfahren wir uns das Zeitphänomen überhaupt zu vergegenwärtigen vermögen, welche dieser Möglichkeiten als sinnvoll zu gelten haben und welche eher als einseitig oder gar als unbrauchbar anzusehen sind. Dabei kann sich dann auch zeigen, dass unsere lexikalischen, grammatischen und textuellen Objektivierungsformen für Zeit in der natürlichen Sprache zwar nicht sehr präzise sind, aber anthropologisch durchaus relevant, da sie spezifischen menschlichen Wahrnehmungs- und Differenzierungsbedürfnissen Ausdruck geben, die sich im Laufe der Kulturgeschichte allerdings durchaus verändern können.

Weiterhin stellt sich erkenntnistheoretisch auch unabwendbar die Frage, welche Eigenaktivitäten die jeweiligen Subjekte entfalten müssen, um sich die unterschiedlichen Aspekte des Zeitphänomens erschließen und semiotisch objektivieren zu können. Gerade diesbezüglich ist es nämlich sehr offensichtlich, dass der Relationsgedanke viel zu verkürzt verstanden wird, wenn er zeichentheoretisch nur im Rahmen des Kontemplations- und Abbildungsgedankens entfaltet wird und nicht auch im Rahmen des Handlungs- und Interaktionsgedankens. Erst unter diesen Bedingungen können wir uns nämlich von der suggestiven Dominanz des Substanzgedankens lösen und Phänomene auch als Relate verstehen, die je nach ihrer Einbettung in Relationsgeflechte für uns aspektuell anders in Erscheinung treten bzw. ganz andere Charakteristika offenbaren können. Das bedeutet, dass die wahrnehmenden Subjekte sich auch selbst räumlich und geistig bewegen müssen, um ganz bestimmte Aspekte und Besonderheiten ihrer jeweiligen Wahrnehmungsgegenstände erfassen zu können.

Das lässt sich sinnbildlich sehr schön mit Hilfe der Vorstellung des Rundgangs eines wahrnehmenden Subjektes um eine gegebene Skulptur veranschaulichen. Bei einem solchen Rundgang sieht das jeweilige Subjekt im Prinzip natürlich immer denselben Wahrnehmungsgegenstand. Aber es sieht diesen immer hinsichtlich anderer Aspekte, anderer kontrastierender Hintergründe sowie anderer Beleuchtungsverhältnisse und eben dadurch dann auch immer als ein ganz anders strukturiertes Wahrnehmungsobjekt. Dieses Denkbild veranschaulicht sehr schön, dass schon die räumliche Eigenbewegung des Menschen, ganz zu schweigen von seiner geistigen, immer auch von erkenntnistheoretischer Relevanz ist. Beim Rundgang um eine *Skulptur* sehen wir diese referenziell zwar immer als dieselbe, aber phänomenologisch bzw. aspektuell durch unsere Eigenbewegung doch auch immer als eine je andere. Dadurch wird offensichtlich, welchen konstitutiven und konstruktiven Einfluss die jeweilige Subjekte auf die konkrete Wahrnehmung ihrer jeweiligen Außenwelt haben.

Ähnliches erleben wir auch bei der Wahrnehmung des Phänomens *Zeit*. Je nach der Wahl und dem konkreten Gebrauch unserer sprachlichen und nicht-sprachlichen Objektivierungsverfahren können wir das Phänomen der Zeit als dasselbe Objekt erfassen, aber auch als ein je anderes. Diese Problematik weitet sich noch aus, wenn wir zu der Eigenbeweglichkeit von Subjekten nicht nur die Auswahl der jeweiligen sprachlichen Objektivierungsmittel rechnen, sondern auch die unterschiedliche Entfaltung ihrer jeweiligen individuellen Einbildungskräfte. Dadurch wird nämlich die konkrete Ausbildung von sehr vielfältigen sprachlichen und nicht-sprachlichen Objektivierungsmittel für Zeit möglich, die allesamt eine besondere Prägnanz und Relevanz haben.

1.2 Kulturelle Wahrnehmungsformen für Zeit

Der subjektbedingte Einfluss auf unsere Wahrnehmung von Zeit ist natürlich nicht nur auf unsere individuellen Einbildungskräfte beschränkt. Er schließt auch unsere kulturellen ein, was dann wiederum auch zu einem ganz bestimmten kollektiven Wissen von Zeit geführt hat, das insbesondere in unseren verbalen und averbalen Umgangsformen für Zeit zur Erscheinung kommt. Dieser kulturelle Einfluss auf unsere Wahrnehmung von Zeit lässt sich in den Geisteswissenschaften natürlich viel weniger leicht methodisch wegabstrahieren als in den Naturwissenschaften. Das bedeutet, dass sich in den Kulturwissenschaften die Menschen gerade bei dem Zeitthema in einem sehr hohen Ausmaße auch immer wieder mit sich selbst konfrontiert sehen bzw. mit sich selbst unterhalten. Daher müssen wir uns hier dann auch von dem Glauben an eine subjektfreie, rein sachorientierte Wahrnehmung von Zeiterfahrungen verabschieden.

Gerade im Hinblick auf die kulturelle Wahrnehmung und Interpretation von Zeit können wir uns nicht erlauben, von der Eigenbeweglichkeit der Menschen bzw. von bestimmten kultur- und sprachbedingten Bedingungsstrukturen bei der Objektivierung von Zeit abzusehen. Diese Rückbindung unserer Erkenntnisprozesse an kulturell etablierte Objektivierungsstrategien hat Cassirer prägnant so thematisiert. *„Denn der Inhalt des Kulturbegriffs läßt sich von den Grundformen und Grundrichtungen des geistigen Produzierens nicht loslösen: das ‚Sein' ist hier nirgends anders als im ‚Tun' erfaßbar".*[7]

Diese These Cassirers lässt sich auch so verstehen, dass in den kulturell bzw. sprachlich erarbeiteten Objektivierungsformen für Zeit in den Natur- und Kulturwissenschaften auf evolutionäre Weise ein Wissen von Zeit entstanden ist, das sich in unseren Handlungsprozessen mehr oder weniger gut bewährt hat, obwohl wir es theoretisch weder vollständig überschauen noch befriedigend auf Begriffe bringen können. Das ist grundsätzlich auch gar nicht zu ändern, da jede faktische Wahrnehmung perspektivisch bedingt ist und eben dadurch dann auch ihre spezifische wissenschaftliche und anthropologische Relevanz bekommt. Auf diese Weise kann dann zugleich auch jedem monoperspektivischen Dogmatismus bei der Wahrnehmung und dem Verständnis von Zeit der Boden entzogen werden.

Der Phänomenologe Merleau-Ponty hat diese perspektivische Grundvoraussetzung unserer Wahrnehmungen sehr klar folgendermaßen charakterisiert: *„Mein Gesichtspunkt ist für mich weit weniger eine Beschränkung meiner Erfahrung, als vielmehr eine Weise, in die Welt als ganze hineinzugleiten."*[8] Rombach hat diesen Tatbestand erkenntnistheoretisch ähnlich prägnant formuliert: *„Perspektivität ist der R e a l i s m u s der Wahrnehmung."*[9]

---

7 E. Cassirer: Philosophie der symbolischen Formen, Bd. 1, 1964, S. 11.
8 M. Merleau-Ponty: Phänomenologie der Wahrnehmung, 1966. S. 381.
9 H. Rombach: Phänomenologie des gegenwärtigen Bewußtseins, 1980, S. 187.

Jede geistige Repräsentation von etwas beruht nicht nur auf bestimmten Abstraktionen und Akzentuierungen, sondern auch auf bestimmten semiotischen Aneignungsverfahren, in die nicht nur die Besonderheiten der jeweiligen Wahrnehmungsgegenstände einfließen, sondern auch die individuellen und kulturellen Differenzierungsinteressen der jeweiligen Personen und Kulturen. Das exemplifiziert sich sehr schön in der Umorientierung des sprachtheoretischen Denkens von Wittgenstein.

Während Wittgenstein in der Frühphase seines Sprachdenkens die Auffassung vertreten hatte, dass die Möglichkeit eines Satzes *„auf dem Prinzip der Vertretung von Gegenständen durch Zeichen"*[10] beruhe, hat er in seinen späteren Überlegungen nicht den Stellvertretungs-, sondern den Erschließungsgedanken zur Grundlage seines sprachtheoretischen Denkens gemacht. In seinem *Sprachspielkonzept* resultieren die jeweiligen Wortbedeutungen nämlich nicht mehr aus ihren Abbildungsfunktionen bzw. aus einem direkten Äquivalenzgedanken, sondern aus ihren Erschließungsfunktionen bzw. aus einem Interpretationsgedanken. Das bedeutet, dass die Semantik von Wörtern nun nicht mehr über folgendes Korrelationsprinzip erschlossen werden kann: *„Hier ist das Wort, hier ist die Bedeutung. Das Geld und die Kuh, die man dafür kaufen kann."*[11]

Ebenso wie eine bestimmte Geldsumme natürlich kein vollständiges Äquivalent für das Phänomen *Kuh* sein kann, sondern nur in bestimmten Hinsichten, so ist auch das Wort bzw. der Begriff *Zeit* kein vollständiges Äquivalent des Phänomens *Zeit,* sondern nur in bestimmten Hinsichten, da dieses von Sprachspiel zu Sprachspiel natürlich sehr unterschiedlich ausfallen kann. Dasselbe gilt selbstverständlich dann auch für alle anderen kulturellen Objektivierungsspiele für das Zeitphänomen. Alle eröffnen nämlich nur einen ganz spezifischen Blick auf Zeit, der sachlich, historisch, kulturell und individuell durchaus ergänzungs- und differenzierungsfähig bleibt.

Trotz aller positivistischen Hoffnungen werden wir uns wohl damit abzufinden haben, dass auch die Summe aller kulturellen Objektivierungsformen für Zeit das Original *Zeit* nicht deckungsgleich abbilden kann im Sinne von kognitiv ersetzen. Allenfalls können uns all diese Formen das Zeitphänomen aspektuell so erschließen, wie der Rundgang um eine Skulptur uns diese aspektuell auf unterschiedliche Weise in je anderen Perspektiven zugänglich macht. Das bedeutet zugleich, dass auch die Summe der methodischen Objektivierungsformen für Zeit in Astronomie, Physik, Kultur und Sprache nicht als ein wirkliches Äquivalent zu diesem Phänomen verstanden werden kann, eben weil das

---

10 L. Wittgenstein: Tractatus logico-philosophicus, 1968⁵, 4.0312, S. 37.
11 L. Wittgenstein: Philosophische Untersuchungen, 1967, § 120, S. 68.

Ganze, zumindest gestaltpsychologisch gesehen, immer mehr ist als die Summe seiner Teile, insofern auch eine Summe von Teilen die vielfältigen Interaktionsmöglichkeiten zwischen den jeweiligen Einzelteilen weder abschließend erfassen noch konkretisieren kann.

Dementsprechend hat dann auch die kategoriale Unterscheidung von *objektiver Zeit*, die astronomisch und physikalisch fassbar und nutzbar gemacht werden kann, und *subjektiver Zeit*, die individuell erlebbar und kulturell verstehbar gemacht werden kann, nur einen begrenzten Wert. Alle kulturell entwickelten und objektivierten Erfassungsformen von Zeit sind notwendigerweise abstrahierende Repräsentationsformen für Zeit, die ihr Original auf der Ebene der Zeichen nicht wirklich ersetzen, sondern allenfalls sinnvoll oder weniger sinnvoll für bestimmte Lebens- und Sinnbildungsbedürfnisse interpretieren. Diese These harmoniert zwar nicht mit dem Ethos eines positivistisch orientierten Wahrheits- und Wissenschaftsbegriffs, aber durchaus mit dem Ethos eines anthropologisch und semiotisch orientierten Wahrheits- und Wissensbegriffs.

Die hier angestrebte Thematisierung von Zeit im Spiegel der Sprache sollte deshalb auch nicht als Beschäftigung mit einem rein subjektiven Zeitverständnis im Gegensatz zu einem objektiven missverstanden werden. Eine solche kontrastive Opposition hat erkenntnistheoretisch ja durchaus ihre Tücken. Sie unterschlägt nämlich, dass unsere jeweiligen Wissensinhalte immer anthropologische, mediale, kulturelle und soziale Implikationen haben, insofern sie ja über kulturell entwickelte und intersubjektiv verständliche Objektivierungsverfahren und Zeichen konkretisiert werden müssen. All unsere Thematisierungsverfahren für Zeit haben deshalb eine evolutionäre Vorgeschichte, die ihre Ergebnisse prägt und einfärbt. Daher müssen dann auch Metareflexionen zur Vorgeschichte und zur kulturellen Leistungsfähigkeit der Objektivierungsformen für Zeit ein immer mitlaufendes Thema unseres Nachdenkens über Zeit sein, eben weil es keinen Königsweg zu einer vollständigen geistigen Inbesitznahme von Zeit gibt.

1.3 Sprachliche Spiegelungsformen für Zeit

Unter allen semiotischen Objektivierungsformen für Zeit nimmt die spontan entwickelte und verwendbare Umgangssprache sicherlich eine Sonderstellung ein. Im Gegensatz zu allen anderen semiotischen Objektivierungsmitteln für Zeit mit Einschluss unserer formalisierten Fachsprachen, die alle durch ganz spezifische und methodisch durchaus zu rechtfertigende Abstraktionen geprägt sind, muss die natürliche Sprache Wahrnehmungs- und Objektivierungsperspektiven für das Zeitphänomen zur Verfügung stellen, die sehr unterschiedlichen Differenzierungsinteressen Ausdruck zu geben haben. Im Operationsrahmen dieses

Sprachtyps darf es keine normativ fixierten Wahrnehmungsziele für Zeit geben, sondern nur variable, weil sich die jeweiligen Sprachformen prinzipiell ständig neuen Objektivierungsintentionen anzupassen haben. Das hat zur Folge, dass die Thematisierungsmuster für Zeit immer etwas vage bleiben müssen, um sie im Sinne des Sprachspielkonzepts von Wittgenstein im faktischen Gebrauch inhaltlich ständig umgestalten zu können. Aber gerade wegen dieser semantischen Flexibilität bekommen diese Formen dann auch eine große anthropologische Relevanz, da sie variabel auf unterschiedliche menschliche Differenzierungs- und Sinnbildungsbedürfnisse reagieren müssen. Das dokumentiert der metaphorisch Sprachgebrauch dann auch auf ganz exemplarische Weise.

Die morphologische Vielfalt und die semantische Flexibilität der sprachlichen Zeichen in der natürlichen Sprache ist von sprachsensiblen Theoretikern immer wieder nachdrücklich betont worden. So hat beispielsweise Humboldt ausdrücklich hervorgehoben, dass die Sprache hinsichtlich der pragmatischen Funktionen ihrer einzelnen Formen immer in einer intentionalen und entstehungsgeschichtlichen Perspektive zu betrachten sei: *„Sie ist nemlich die sich ewig wiederholende Arbeit des Geistes, den artikulirten Laut zum Ausdruck des Gedanken fähig zu machen."*[12] Diese methodische Grundüberzeugung kommt auch in Humboldts dynamischem Formverständnis zum Ausdruck: *„Unter Form kann man nur Gesetz, Richtung, Verfahrensweise verstehen."*[13]

In ganz ähnlicher Weise hat ein Jahrhundert später der Phänomenologe Schapp postuliert, dass man Wörter nicht als Repräsentanten für statische Begriffe bzw. für ontische Wesenheiten und empirische Wissensbestände zu verstehen habe, sondern vielmehr als Überschriften für Geschichten, mit deren Hilfe wir uns unsere Umgangsmöglichkeiten für bestimmte Erfahrungsphänomene ins Bewusstsein rufen bzw. unsere Erfahrungen strukturieren könnten.[14] Auch der Biologe Lenneberg war der Meinung, dass Wörter im Grunde weniger als Namen für stabil fixierte Begriffe anzusehen seien, sondern eher als Namen für einen *„Kategorisierungsprozeß oder eine Familie solcher Prozesse."*[15]

Aus den bisherigen Überlegungen zu den Problemen und Zielen dieses Buches könnte man nun vielleicht schließen, dass dessen Titel doch etwas irreführend sei. Es wäre nämlich durchaus vorstellbar, dass es sich eher um ein Buch zum Phänomen *Zeit* handeln könnte als um eines zum Phänomen *Sprache,* da der Begriff *Zeit* und nicht der Begriff *Sprache* am Anfang des Buchtitels auf

---

12 W. v. Humboldt: Werke Bd. 3, S. 418.
13 W. v. Humboldt: Gesammelte Schriften Bd. 5, S. 455.
14 W. Schapp: In Geschichten verstrickt, 2012⁵, S. 85.
15 E. H. Lenneberg: Biologische Grundlagen der Sprache, 1972, S. 407.

der sogenannten Themaposition steht. Deshalb wäre es denkbar, dass das Zeitphänomen im Mittelpunkt des Interesses stünde und nicht das Sprachphänomen. Dementsprechend wäre der Titel dann eigentlich folgendermaßen umzuformulieren: *Die Sprache als Spiegel für Zeit.* Gleichwohl gibt es gute Gründe für den faktisch gewählten Titel: *Die Zeit im Spiegel der Sprache.*

Wahrnehmungspsychologisch ist nämlich Folgendes zu beachten. An die erste Stelle einer Äußerung bzw. auf die *Themaposition* wird in der Regel eine Inhaltsvorstellung gesetzt, die im Rahmen der jeweiligen Kommunikationssituation bzw. unseres Allgemeinwissens immer schon irgendwie bekannt ist und die sich dementsprechend dann auch gut dazu eignet, als Ausgangspunkt für weiterführende Sinnbildungsprozesse zu dienen. An die zweite Stelle einer Äußerung bzw. auf die sogenannte *Rhemaposition* wird das gesetzt, was als Neuigkeit über ein eigentlich schon bekanntes Thema mitgeteilt werden soll. Im vorliegenden Fall ist es dann so, dass der hier gewählte Titel dazu dienen soll, eine Wahrnehmungsspannung folgender Art zu erzeugen.

Der Begriff *Zeit* auf der Themaposition des Titels soll signalisieren, dass es um eine Sachvorstellung gehen wird, die uns über ihre Objektivierbarkeit durch Uhren und Kalender faktisch schon recht gut bekannt zu sein scheint. Die Neuigkeit wäre dann die, dass der Denkgegenstand *Zeit* nun aber nicht auf die uns vertraute Weise über die Uhr oder den Kalender als eine messbare Größe wahrgenommen werden soll, sondern auf eine etwas unübliche Weise mit Hilfe unserer faktisch verwendeten sprachlichen Denkmuster für Zeit. Das ist nun natürlich insofern etwas merkwürdig, da unsere sprachlichen Objektivierungsformen für Zeit meist sehr viel älter und elementarer sind als die späteren chronometrisch orientierten, die im Prinzip zuverlässiger und moderner zu sein scheinen. Deshalb stellt sich natürlich die Frage, ob wir uns mit Hilfe der Sprache etwas wirklich Neues und Verlässliches über das Zeitphänomen erspiegeln können.

All das könnte dann auch den Verdacht nahelegen, dass es auf diese Weise nicht zu einer realistischen Objektivierungsweise von Zeit komme, sondern allenfalls zu einer metaphorischen, ästhetischen oder gar anachronistischen Interpretation von Zeit, weil dadurch nämlich implizit die Quantifizierung und die Chronologisierung von Zeit in Frage gestellt wird, die uns inzwischen wohl als völlig selbstverständlich und normal erscheint. Die pragmatische Brauchbarkeit eines quantifizierbaren und chronologisierbaren Verständnisses von Zeit kann heute natürlich überhaupt nicht mehr bestritten werden, aber sie macht andere Objektivierungsweisen von Zeit keineswegs überflüssig. Deshalb soll hier geprüft werden, ob andere methodische Zugriffe auf das Verständnis von Zeit nicht auch eine Berechtigung haben, selbst wenn sie uns auf den ersten Blick als bloße metaphorische oder spielerische Zugriffe ohne wirkliche erkenntnistheoretische Relevanz erscheinen.

Der hier gewählte Buchtitel soll dementsprechend insbesondere darauf aufmerksam machen, dass wir gerade mit Hilfe des in der Sprache implizit objektivierten und gespeicherten Wissens über Zeit uns Aspekte der Zeit wieder vergegenwärtigen können, die inzwischen zwar kulturgeschichtlich etwas marginalisiert worden sind, die aber dennoch unser lebenspraktisches Verständnis von Zeit nach wie vor grundlegend strukturieren. Der faktisch gewählte Buchtitel soll daher darauf aufmerksam machen, dass wir gerade über die natürliche Sprache einen anthropologisch wichtigen Zugang zu dem widerborstigen Phänomen *Zeit* finden können, der auf andere Weise kaum zu realisieren ist. Diese Hoffnung setzt allerdings voraus, dass wir es für plausibel halten, dass sich in unseren sprachlichen Objektivierungsformen für Zeit auf evolutionäre Weise ein komplexes kollektives Sach- und Umgangswissen für Zeit herausgebildet und gespeichert hat, das sich begrifflich kaum befriedigend objektivieren lässt, obwohl es kulturell und pragmatisch betrachtet doch sehr grundlegend für uns ist.

So gesehen lässt sich dann auch sagen, dass das Phänomen *Zeit* sich durchaus als ein Wetzstein betrachten lässt, an dessen Widerständigkeit sich das Sinnbildungsvermögen von Menschen entwickeln und schärfen kann. Das impliziert, dass wir bei der Beschäftigung mit den sprachlichen Interpretations- und Objektivierungsformen für Zeit nicht nur etwas über die Zeit selbst erfahren, sondern auch immer etwas über die Menschen, die diese Formen ausgebildet haben, ohne dadurch allerdings dieses Phänomen kognitiv vollständig beherrschen zu können. Auf jeden Fall lässt sich aber sagen, dass das Zeitphänomen für die Menschen immer so etwas wie ein Dialogpartner gewesen ist, an dem sie ihre sprachlichen Objektivierungskräfte erproben und ausbilden konnten. Das bedeutet, dass die praktische und theoretische Auseinandersetzung mit der *Zeit* in der Sprache ganz ähnlich wie die mit der *Lüge* in der Ethik die geistige Eigenbeweglichkeit des Menschen nicht nur herausgefordert, sondern auch gestärkt hat, und dass diese zur Existenzweise des Menschen als eines kulturellen bzw. zeichenbedürftigen Lebewesens (animal symbolicum) gehört.

Aus diesem Denkansatz ergibt sich nun ein doppelbödiges sprachtheoretisches Problem. Einerseits müssen nämlich unsere sprachlichen Objektivierungsformen für Zeit diesem Phänomen angemessen sein, um es kognitiv bewältigen zu können. Andererseits müssen sie kommunikativ praktikabel sein, um sich auch intersubjektiv über dieses Phänomen verständigen zu können. Die sprachlichen Objektivierungsformen für Zeit müssen also brauchbare Werkzeuge sein, die angemessene Objekt- und Subjektbezüge haben sollten, um fruchtbare Verbindungen zwischen der Objekt- und der Subjektsphäre der Welt herstellen zu können. Das bedeutet, dass die sprachwissenschaftlichen Fragestellungen zu den Korrelationsbezügen zwischen Sprache und Zeit immer auch Rat bei der Semiotik als einer Theorie sinnbildender Zeichen aller Art suchen müssen, um die Leistungsfähigkeiten sprachlicher Zeichen diesbezüglich beurteilen zu können. Daher ist dann auch zu klären, welcher Typ von Spiegel sprachliche Zeichen im Vergleich zu anderen Objektivierungsmitteln für Zeit sein könnten.

Spiegel genießen als Objektivierungsmittel für Welt in der Regel ein verhältnismäßig großes Vertrauen, weil sie ihre jeweiligen Gegenstände gleichsam nach klaren physikalischen Reflexionsgesetzen abbilden. Deshalb gelten Spiegelbilder von etwas auch als besonders vertrauenswürdig, da sie ihre Originale direkt und nicht interpretierend zu repräsentieren scheinen. In den positivistisch orientierten Wissenschaften hat die Vorstellung von Spiegelbildern deshalb immer auch ein sehr hohes Wahrheitsprestige, während sie in den hermeneutischen Wissenschaften eher als ein operatives Hilfsmittel angesehen wird, das nur ganz bestimmte heuristische Funktionen hat.

Diese Einschätzung hat Leibniz sehr deutlich dadurch zum Ausdruck gebracht, dass er von *lebenden Spiegeln* gesprochen hat, die in ihren Spiegelbildern nicht nur etwas anderes, sondern auch sich selbst zur Erscheinung brächten. Spiegelbilder sind so gesehen daher immer ambivalent, was ihre pragmatischen Funktionen dann aber nicht generell einschränkt, sondern nur partiell. Sie sind nämlich, wie andere Zeichen auch, dazu dienlich, ihre Originale nicht zu verdoppeln, sondern vielmehr perspektivisch akzentuiert zu erschließen.

Wenn nun hier das Phänomen der Zeit im Spiegel der Sprache thematisiert wird, dann ist damit weder ein privilegierter noch ein minderwertiger Zugang zur Zeit verbunden, sondern vielmehr nur ein pragmatischer mit ganz bestimmten Schwächen und Stärken. Seine Schwächen liegen darin, dass das Konzept der Zeit sich auf diese Weise einer eindeutigen begrifflichen Definition entzieht und sich daher in Argumentationsprozessen auch nicht gut gemäß den Regeln der klassischen Begriffslogik verwenden lässt. Seine Stärken liegen darin, dass das Zeitphänomen einen *Sitz im Leben* bekommt, weil wir uns auf diese Weise eine differenzierte Vorstellung von Zeit entwickeln können, die uns auch immer etwas über die Struktur der menschlichen Unterscheidungsbedürfnisse und damit auch etwas über die menschliche Lebenswelt zu erspiegeln vermag.

Die Analogisierung von Spiegel- und Sprachfunktionen ist natürlich mit Vorsicht zu genießen. Sie hat aber durchaus einen heuristischen Wert, der dem des metaphorischen Sprachgebrauchs entspricht. Beide Verfahren ermöglichen es nämlich, uns auch Unverständliches partiell zugänglich zu machen. Beide machen uns auch darauf aufmerksam, dass wir weder Herren noch Sklaven unserer jeweiligen Objektivierungsmittel sind. Obwohl die Vorstellung eines *lebenden Spiegels* zumindest seit Leibniz eine lange Tradition hat, spielt sie aber im Selbstverständnis der positivistischen Fachwissenschaften kaum eine konstitutive Rolle, da diese eher an einem monologischen und abbildenden Sprachgebrauch interessiert sind als an einem dialogischen und heuristischen.

Natürlich lassen sich die Phänomene *Spiegel* und *Sprache* sachlich und begrifflich als eigenständige Phänomene analytisch klar von einander unterscheiden. In einem synthetisierenden und heuristischen Denken lassen sie sich aber gleichwohl doch zusammenführen. Gerade weil das Zeitphänomen sicherlich eine große anthropologische und pragmatische Bedeutsamkeit hat, kommen wir bei seiner sprachlichen Thematisierung um einen metaphorischen Sprachgebrauch gar nicht herum, weil gerade dieser immer sowohl auf anderes als auch auf sich selbst verweist und uns eben dadurch dann auch auf eine eindringliche, wenn auch etwas verdeckte Weise auf die unabdingbaren semiotischen Substrukturen unseres Wahrnehmens und Denkens aufmerksam macht.

Die hier skizzierten erkenntnis- und zeichentheoretischen Problemzusammenhänge bei der Thematisierung von Zeit im Spiegel der Sprache kommen exemplarisch verdichtet schon in dem eingangs zitierten Stoßseufzer von Augustin sehr deutlich zum Ausdruck. Deshalb lohnt es sich auch, dieses Bekenntnis von Augustin hinsichtlich seiner Prämissen und Implikationen noch etwas genauer zu untersuchen. Dadurch können wir dann nämlich sensibler dafür werden, dass unser astronomisches, physikalisches, chronologisches und chronometrisches Verständnis von Zeit zwar inzwischen für unsere gegenwärtigen Lebenszusammenhänge ganz unverzichtbar geworden ist, aber dass damit unser anthropologisches, kulturelles und sprachliches Verständnis von Zeit keineswegs schon befriedigend erfasst wird. Augustins Überlegungen zur Zeit haben daher trotz ihres beträchtlichen Alters und ihrer theologischen Implikationen und Intentionen ihre anthropologische Relevanz keineswegs eingebüßt. Sie verdeutlichen nämlich unmissverständlich, dass es keinen Königsweg zum Verständnis von Zeit gibt, sondern nur sehr unterschiedliche Wege, die sich gegenseitig sowohl ergänzen als auch relativieren können.

Die vielfältigen Objektivierungsformen für Zeit in der natürlichen Sprache lassen sich nicht stringent zu einer in sich homogenen Vorstellung von Zeit zusammenführen, weil sie aus ganz unterschiedlichen historischen Kulturepochen stammen und deshalb dann auch durch ganz unterschiedliche Differenzierungsinteressen geprägt sind. Das ist nun aber kein grundsätzliches Problem bei unserem Streben nach einem möglichst umfassenden Verständnis von Zeit. Dieser Umstand zwingt uns nämlich immanent dazu, unser mögliches Erkenntnisinteresse an der Zeit immer wieder neu zu bestimmen und dann auch im Hinblick auf die im Umlauf befindlichen sprachlichen Objektivierungsformen für Zeit zu präzisieren. Die natürliche Sprache bietet dabei sicherlich ein weites Spielfeld, um einerseits konkurrierenden Interpretationen von Zeit eine konkrete Gestalt zu geben und um andererseits diese Formen dann hinsichtlich ihrer pragmatischen Funktionen im Kontext von neuartigen Differenzierungs- und Mitteilungsintentionen auch umgestalten zu können.

2 Der Stoßseufzer Augustins über die Zeit

Der eingangs zitierte Stoßseufzer Augustins, in dem er bekennt, dass er zwar etwas über die Zeit wisse, aber dennoch unfähig sei, dieses Wissen anderen überzeugend mitzuteilen, darf aus zwei Gründen unsere besondere Aufmerksamkeit beanspruchen. Zum einen ist dieser Stoßseufzer als selbstkritisches Bekenntnis interessant, da wir im Prinzip ja alle danach streben, unser schon vorhandenes intuitives Wissen auf eine begriffliche bzw. intersubjektiv verständliche Weise zu objektivieren und zu vermitteln. Zum anderen ist Augustins Stoßseufzer aber auch als Manifestation einer überindividuellen allgemeinen Erkenntnisproblematik interessant, weil hier ein allgemeines Strukturproblem unserer impliziten und expliziten Wissensbildung am Beispiel des Zeitphänomens angesprochen wird. Damit wird Augustins Stoßseufzer für alle menschlichen Sinnbildungsprozesse exemplarisch, die sich auf sehr komplexe Sachverhalte beziehen.

Augustins Bekenntnis macht uns nämlich insbesondere darauf aufmerksam, dass unsere konkreten Wissensbildungsprozesse nie auf einer Nullstufe beginnen, sondern immer auf einem mehr oder weniger gut fassbaren Vorwissen aufbauen, das wir zu präzisieren versuchen. Das bedeutet, dass zu unserem Wissen über einen bestimmten Sachverhalt nicht nur ein begrifflich fixierbares Gegenstandswissen über diesen Sachverhalt selbst gehört, sondern auch ein Wissen über die Prämissen und die Genese dieses Wissens, das sich diesbezüglich auch als ein Meta-, Reflexions- oder Handlungswissen klassifizieren lässt.

Augustins Stoßseufzer macht uns daher sehr eindringlich und prägnant auf die Strukturverhältnisse unserer konkreten Wissensbildungsprozesse aufmerksam. Die *Was-ist-Frage* nach der Zeit geht nämlich immer in die Frage über, wie wir uns dieses Phänomen theoretisch überhaupt vorstellbar machen können und wie wir uns begrifflich bzw. intersubjektiv nachvollziehbar über die Zeit zu verständigen vermögen. Dadurch wird dann diese Frage nicht nur eine erkenntnistheoretische Frage im engeren Sinne, sondern zugleich auch eine anthropologische und zeichentheoretische Frage, die wir kaum abschließend beantworten können, weil jede Antwort zugleich neue Fragen aufwirft.

Gleichwohl ist die Was-ist-Frage Augustins nach der Zeit aber produktiv, da sie uns nachdrücklich darauf aufmerksam macht, dass wir das Zeitphänomen nicht direkt wahrnehmen können, sondern nur medial bzw. semiotisch vermittelt, und dass gerade dabei die Sprache immer eine ganz entscheidende Rolle spielt. Wenn wir eine solche Frage nämlich zu beantworten versuchen, dann lernen wir nämlich nicht nur etwas über das Zeitphänomen selbst, sondern auch immer etwas über die dabei jeweils verwendeten Objektivierungsmittel sowie über die Menschen, die eine solche Frage überhaupt stellen.

2.1 Implikationen beim Verstehen des Stoßseufzers

Wenn wir aus heutiger Sicht die heuristische Funktion von Augustins Stoßseufzer über die Zeit abzuschätzen versuchen, dann werden insbesondere zwei Gesichtspunkte wichtig. Der erste Gesichtspunkt betrifft die Gebrauchsfrequenz des Wortes *Zeit*, die sich zumindest im Deutschen kontinuierlich gesteigert hat. Der zweite Gesichtspunkt betrifft die Zitierfrequenz von Augustins Stoßseufzer in der Fachliteratur zum Verständnis der Zeitproblematik. Beide Gesichtspunkte scheinen keinen direkten Bezug zur Zeitproblematik selbst zu haben. Sie spielen aber gleichwohl doch eine wichtige Rolle, wenn wir danach fragen, wie wir das Zeitproblem perspektivisch ins Auge fassen können und auf welche Weise wir es uns inhaltlich zu erhellen vermögen.

Die hohe Gebrauchsfrequenz des Wortes *Zeit* im allgemeinen Sprachgebrauch scheint auf den ersten Blick nicht sehr viel mit der eigentlichen Zeitproblematik zu tun zu haben. Allenfalls ist sie ein Indiz für die pragmatische Relevanz der Zeit bei der Strukturierung unseres alltäglichen Lebens. Die Tatsache, dass das Wort *Zeit* im heutigen Sprachgebrauch statistisch gesehen zu den zehn am häufigsten gebrauchten Substantiven der deutschen Sprache gehört, ist nun aber keineswegs ein marginaler Nebenaspekt der Sinnbildungsfunktion dieses Wortes. Dieser Umstand ist nämlich ein wichtiger Hinweis darauf, dass dieses Wort in vielfältige und auch sehr unterschiedliche Sinnbildungsgeschichten bzw. Sprachspiele verstrickt sein kann, was es uns dann auch fast unmöglich macht, es auf übersichtliche und konsistente Weise für den allgemeinen Sprachgebrauch begrifflich zu definieren. Das schließt aber nun keineswegs aus, dass wir es in faktischen Kommunikationsprozessen dennoch sinnvoll gebrauchen können.

Die mit dem Wort *Zeit* verbindbaren historischen und aktuellen Begriffsbildungsprozesse machen es zwar unmöglich, einen abschließenden deskriptiven Begriff für das Phänomen *Zeit* zu konzipieren und zu konventionalisieren, aber das vermindert keineswegs die pragmatische Relevanz dieses Wortes, sondern macht indirekt gerade darauf aufmerksam. Allenfalls ist es möglich, dem Wort *Zeit* einen normativen oder gar dogmatisch zu verstehenden Begriff zuzuordnen, der sich für ganz bestimmte Differenzierungsprozesse pragmatisch durchaus rechtfertigen lässt. Eine solche operative methodische Begriffsbestimmung wäre beispielsweise die folgende, die dann allerdings auch kaum ihre Trivialität verleugnen könnte: *Die Zeit ist das, was man mit der Uhr messen kann.*

Recht offensichtlich ist auch, dass wir bei der Bestimmung des Zeitbegriffs das klassische Definitionsschema nicht wirklich nutzen können. Nach diesem müsste man nämlich angeben, welcher Oberbegriff für den Zeitbegriff in Anspruch genommen werden kann (genus proximum) und welche spezifische Besonderheit mit dem Zeitbegriff thematisiert werden soll (differentia specifica). Ein solches Definitionsmuster käme beispielsweise zur Geltung, wenn man den Begriff *Mensch* folgendermaßen zu definieren versuchte: *Der Mensch ist ein Lebewesen, das mit Vernunft ausgestattet ist.* Ein solches klassisches Definitionsschema wäre auf den Begriff *Zeit* kaum sinnvoll anwendbar, weil wir für den Begriff der Zeit weder einen sinnvollen Oberbegriff ausfindig machen könnten noch einen akzeptablen Spezifikationsbegriff.

Es ist deshalb auch kein Wunder, dass Augustin vor der klassischen philosophischen Aufgabe kapituliert hat, den Begriff der Zeit kategorial in eine Hierarchie von Oberbegriff und Unterbegriff einzuordnen, und dass er sich stattdessen auf das Bekenntnis zurückzieht, dass er selbst zwar ein praktisches Handlungswissen über das Phänomen der Zeit habe, aber kein definierbares Gegenstandswissen. Deshalb sieht er sich dann auch genötigt, sich intensiv mit der Genese unserer Zeitvorstellungen und ihren vielfältigen Aspekten zu beschäftigen und eine allgemeingültige Definition des Zeitbegriffs hintanzustellen, eben weil sich dieses Phänomen als ein schlüpfriger Aal erweist, das sich jedem kategorisierenden Zugriff zu entziehen weiß. Vielleicht lässt sich das Zeitphänomen deshalb dann auch noch mit einem Chamäleon vergleichen, das sich seinen jeweiligen Kontexten so gut anpassen kann, dass es als eigenständige Größe kaum auffällt, sondern immer nur als ein verborgener Teilaspekt von etwas viel Umfassenderem in Erscheinung tritt.

Ähnliches wie für den frequenten Gebrauch des Wortes *Zeit* gilt wohl auch für die hohe Zitierfrequenz des Stoßseufzers Augustins über die Verstehbarkeit dieses Wortes in der einschlägigen Fachliteratur. Auf diese Weise wird nämlich das Bekenntnis Augustins in sehr viele Theoriegeschichten verstrickt, die keineswegs deckungsgleich miteinander sind, sondern allenfalls einander ähnlich. Augustins Stoßseufzer ist damit gleichsam zu einem Subtext für alle Äußerungen und Interpretationsgeschichten zum Thema *Zeit* geworden, die unser Verständnis von Zeit zu objektivieren und damit auch zu regulieren versuchen.

Dieser Regulationsfunktion seines Bekenntnisses ist sich Augustin sicherlich bewusst gewesen, obgleich er dessen Wirkungsgeschichte natürlich nicht wirklich abschätzen konnte. Deshalb nutzt er sein persönliches Verständnis von Zeit auch dazu, das Phänomen *Zeit* in einen theologischen Denkrahmen zu integrieren.

Theologisch kommt nämlich für ihn keineswegs in Frage, die Zeit als eine eigenständige kosmische Größe neben oder gar über Gott zu stellen. Er kann die Zeit nur als Bestandteil der geschaffenen Welt ansehen, da sie für ihn keine unabhängige Existenz hat, deren Ordnungsmacht möglicherweise auch Gott unterworfen sein könnte. Deshalb hat er in einer Anrede an Gott auch schon vorab Folgendes klargestellt: „*Eben diese Zeit auch hattest doch Du erschaffen, und Zeiten konnten nicht verfließen, ehe Du Zeiten erschufst.*"[16]

Dieses Verständnis der Zeit als Teil der Schöpfung illustriert Augustin eindrucksvoll in einem fiktiven Dialog. In diesem wird die Zeit einerseits zwar als ein Bestandteil bzw. als eine Ordnungsgröße in der Welt thematisiert, aber andererseits auch sehr klar dagegen polemisiert, die *Zeit* ontisch höher als *Gott* zu positionieren. Damit will er eindeutig klarstellen, dass Gott keine Macht innerhalb der Zeit ist, sondern eine Metamacht außerhalb der Zeit.

> „Was tat Gott, bevor er Himmel und Erde erschuf?"
> Ich antworte nicht mit dem Spaßwort, das einer, der Wucht der Frage ausweichend, erwidert haben soll: „Er hat Höllen hergerichtet für Leute, die so hohe Geheimnisse ergrübeln wollen."[17]

2.2 Was-ist-Fragen

Fragen dienen pragmatisch üblicherweise dazu, bestimmte Wissensunsicherheiten zu beseitigen. Deshalb lassen sie sich auch als spezifische Strategien des Wissenserwerbs ansehen, die für Menschen sowohl in ihrer stammesgeschichtlichen Entwicklung (Phylogenese) als auch in ihrer individuellen Entwicklung (Ontogenese) eine zentrale Rolle spielen. Gott braucht keine Fragen zu stellen, weil er schon alles weiß, und Tiere brauchen keine Fragen zu stellen, weil für sie andere Verfahren des Wissenserwerbs maßgeblich sind. Menschen müssen dagegen Fragen stellen, weil diese für ihre Weltorientierung unverzichtbar sind.

Da Fragen eine fundamentale anthropologische Funktion haben, ist es auch verständlich, dass sich sprachgeschichtlich recht unterschiedliche direkte und indirekte Frageformen herausgebildet haben. Diese können sich auf die Beseitigung ganz bestimmter empirischer Informationsdefizite richten, die sich auf Personen, Sachen oder Handlungsabläufe beziehen, aber auch auf die begriffliche Einordnung von unübersichtlichen Erfahrungsphänomenen. Für Fragen letzteren Typs sind insbesondere *Was-ist-Fragen* von zentraler Bedeutung, da sie immer auch als Symptome für ganz bestimmte historische Umbruchssituationen angesehen werden können, in denen eine Neuorientierung der Weltwahrnehmung angestrebt wird. Deshalb sind solche Fragen sowohl kulturge-

---

16 Augustinus: Confessiones/Bekenntnisse, 11. Buch 13.15, S. 625. Ganz ähnlich hat sich Augustin auch in „*De civitate Dei*" XI.6 geäußert: „*Ohne Zweifel ist die Welt nicht in der Zeit, sondern zugleich mit der Zeit erschaffen worden.*"
17 Augustinus: Confessiones/Bekenntnisse, 11. Buch 12.14, S. 623.

schichtlich als auch individualgeschichtlich besonders interessant.[18] Die spezifische Was-ist-Frage Augustins nach der Zeit ist dafür ein ebenso erhellendes Beispiel wie das umfangreiche Repertoire der Was-ist-Fragen von Sokrates.

Die Was-ist-Fragen sind außerdem als wichtige Indizien dafür anzusehen, dass der Mensch nicht nur ein kulturfähiges und weltoffenes Lebewesen ist, sondern zugleich auch ein kulturbedürftiges, das nicht wie Tiere weitgehend instinktgesteuert ist, sondern sich selbst als kulturelles und individuelles Wesen erst herstellen muss. Das bedeutet dann auch, dass Was-ist-Fragen auch als Formen des Suchens nach pragmatisch brauchbaren Denkmustern zur Weltbewältigung verstanden werden können, die natürlich immer auch eine immanente Tendenz zu sozialverbindlicher Anerkennung und Normierung haben.

Wenn nun Augustin eine solche Frage nach der Zeit stellt und zugleich bekennt, dass er sie nicht so beantworten könne, wie er es sich wünsche, dann ist diese Frage gleichwohl nicht sinnlos. Sie macht uns nämlich auf den Umstand aufmerksam, dass wir auch über abstrakte Phänomene, die sich einer direkten sinnlichen Wahrnehmungskontrolle entziehen, gleichwohl immer schon ein bestimmtes, wenn auch meist etwas diffuses Vorwissen haben. Allerdings darf sich dieses nicht zu einer dogmatischen bloßen Meinung verhärten, weil es dann immer in die Gefahr gerät, unfruchtbar zu werden und den Umgang mit der Welt eher zu erschweren als zu erleichtern.

Um das zu zeigen, stellt beispielsweise Sokrates seine Was-ist-Fragen auch mit Vorliebe an vermeintliche Fachleute, um zu zeigen, dass gerade diese ihre grundlegenden Denkmuster oft nur als bloße Meinungen vertreten können, die bei genauerer Prüfung ihre Kohärenz mit der faktischen Welt schnell verlieren. So bringt Sokrates beispielsweise den Priester Euthyphron mit der Frage nach dem Wesen der Frömmigkeit und den Feldherren Laches mit der Frage nach dem Wesen der Tapferkeit ins Stottern. Es ist deshalb auch nicht überraschend, dass Sokrates als einem Verderber der Jugend der Giftbecher gereicht worden ist, da er ja durch seine penetranten Was-ist-Fragen immer wieder die Mängel von üblichen Denkmustern und bloßen Meinungen offen gelegt hat.

Augustin tritt diesbezüglich allerdings bescheidener auf als Sokrates, insofern er nicht das unzulängliche Wissen anderer Personen aufdecken möchte, sondern nur sein eigenes unzulängliches Sachwissen über die Zeit. Damit folgt er gleichwohl einer anderen Grundlinie der Wissenskritik von Sokrates. Diese besteht nämlich darin, dass nach dessen fester Überzeugung zu einem tragfähigen Wissen nicht nur ein adäquates Gegenstandswissen gehört, sondern auch

---

[18] Zu den Perspektivierungsfunktionen von Fragen vgl. auch W. Köller: Perspektivität und Sprache, 2004, S. 660–685.

ein adäquates Handlungswissen darüber, wie man sein jeweiliges Gegenstandswissen sinnvoll verwenden kann. Deshalb besticht Sokrates auch weniger durch sein enzyklopädisches Sachwissen über einen bestimmten Gegenstandsbereich, sondern eher durch sein reichhaltiges Handlungwissen, wie man mit bestimmten Sachproblemen umzugehen hat. Das bedeutet, dass für Sokrates das jeweilige Einzelwissen immer eng mit einem Metawissen verbunden ist, wie man dieses Sachwissen sinnvoll strukturieren und nutzen kann.

Angesichts dieser Strukturverhältnisse bemüht sich Augustin dann auch darum, seine Frage nach dem Wesen der Zeit nicht dogmatisch zu beantworten, sondern perspektivisch. Er exemplifiziert das vor allem durch seine theologischen Überlegungen zur Zeitproblematik. Dementsprechend soll dann hier auch den sokratischen Postulaten zur Wissensbildung dadurch entsprochen werden, dass die Frage nach der Zeit immer in sprachliche, zeichentheoretische und anthropologische Überlegungen eingebunden wird, die ganz bestimmte Wahrnehmungsweisen für die Zeitproblematik nahelegen, aber andere auch abschatten.

Gleichwohl stellt sich nun aber natürlich das Grundsatzproblem, ob es überhaupt gerechtfertigt ist, die Frage nach der Zeit in Form einer Was-ist-Frage bzw. einer Wesensfrage zu stellen. Damit gerät man nämlich leicht in die Gefahr, sie als eine Frage zu verstehen, die im Prinzip nur dazu dient, das Zeitphänomen im Sinne der platonischen Anamnesishypothese als eine Art Wiedererinnerung an ein bloßes Ideenwissen zu verstehen, das in der menschlichen Seele schon angelegt ist und das man nur durch geeignete Denkverfahren freilegen muss. Die Was-ist-Frage nach der Zeit ist so gesehen dann bloß als eine Art Geburtshilfeverfahren zu verstehen, ein schon vorgegebenes implizites Wissen nur auf explizite Begriffe zu bringen. Dabei geht es dann auch weniger darum, sich etwas auf eine hypothetisch-konstruktive Weise zu objektivieren, sondern vor allem darum, sich etwas schon Gewusstes explizit zu machen.

Ein platonisch-ideelles Verständnis der Was-ist-Frage nach dem Wesen der Zeit liegt natürlich nahe, da wir uns dieses Phänomen sprachlich ja schon immer in Form eines Substantivs objektivieren und es daher dann auch leicht mit dem Substanzgedanken in Verbindung bringen können. Unter diesen Umständen käme dann auch leicht das aristotelische ontologische Denkmodell ins Spiel, nach dem die Welt aus selbständigen Wesenheiten bzw. Substanzen bestehe, die dann zu Trägern von unselbständigen akzidentiellen Eigenschaften werden könnten, die faktisch nur an Substanzen zur Erscheinung kämen.

Diesbezüglich stellte sich daher dann zugleich auch die Frage, ob dem Zeitphänomen wirklich eine eigenständige Existenzweise im Sinne eines Substanzphänomens zuzubilligen wäre oder nur eine unselbstständige Existenzweise im Sinne eines Akzidensphänomens, das uns nur über die spezifische Wandelbarkeit der Erscheinungsweisen von vorgegebenen Substanzen fassbar werden könnte. Letzteres würde dann allerdings nahelegen, uns das Phänomen der Zeit sprachlich nicht mit Hilfe eines Substantivs zu objektivieren, sondern eher mit Hilfe von Adjektiven, Verben oder grammatischen Zeichen, die uns wie Konjunktionen, Präpositionen oder Tempusformen bloß auf Relationszusammenhänge aufmerksam machen wollen und nicht auf Substanzphänomene.

Der mittelalterliche Nominalismus und der neuzeitliche Konstruktivismus sind ja nicht müde geworden, immer wieder darauf zu verweisen, dass eigentliche Realität nur den sinnlich fassbaren Einzelerfahrungen zukomme, aber nicht kognitiven Ordnungsmustern bzw. Allgemeinbegriffen. Diese haben für Nominalisten deshalb auch nur einen rein hypothetischen und operativen Wert, weil sie nicht als Abbilder von ontischen Bausteinen angesehen werden könnten, sondern nur als menschliche Denkkonstrukte. Deshalb ist für die Nominalisten das Begreifen eines Phänomens eigentlich auch nichts anderes als eine Form des sinnvollen geistigen Produzierens (concipere enim est producere intra se).[19]

Diese Argumentation könnte nun insbesondere auf unsere substantivisch manifestierte Vorstellung von Zeit zutreffen, die möglicherweise gar kein ontisches Seinsphänomen objektiviert, sondern nur ein nützliches Denkkonstrukt, mit dem wir uns bestimmte Erfahrungszusammenhänge ordnen und mental zu repräsentieren versuchen. Wenn Augustin nun bekennt, dass er das Zeitphänomen nicht befriedigend definieren könne, dann steht dahinter offenbar die unerfüllbare Erwartung, es möglicherweise doch als eine substanzielle Größe zutreffend begrifflich objektivieren zu können. Da Augustin nun aber verständlicherweise dieses Phänomen weder mythologisch zu einem Gott verdinglichen noch zu einem bloß hypothetischen menschlichen Denkkonstrukt erklären kann, konzentriert er sich deshalb darauf, es als ein Schöpfungsphänomen anzusehen, das allerdings keinen selbstständigen Seinswert neben Gott hat, sondern nur einen bestimmten Funktionswert innerhalb von dessen Schöpfung.

Als Teil der Schöpfung braucht der Mensch nach Augustin die Zeit ontisch auch nicht vollständig zu durchschauen oder auf den Begriff zu bringen. Es genügt, die Zeit über bestimmte Objektivierungsverfahren und Hypothesen (Kalender, Messverfahren, Sprachzeichen usw.) so zu thematisieren, dass sie als Ordnungsfaktor für das Verständnis und den Umgang mit der Welt sinnvoll genutzt werden kann. Auf diese Weise kann sich Augustin dann auch von der Vorstellung lösen, die Zeit als eine ewige geistige Substanz im Sinne einer platonischen Idee zu verstehen. Dadurch nähert er sich schon der modernen Vorstellung an, das Zeitphänomen über den Funktionsgedanken bzw. über den Zeichengedanken zu erschließen. Dabei kann er aber dann durchaus einen

---

19 Petrus Aureoli, zitiert nach H. Rombach: Substanz, System, Struktur. Bd. 1, 1965, S. 90.

anderen platonischen Gedanken aufnehmen, der darin besteht, das Denken als *„Gespräch der Seele mit sich selbst"* zu verstehen.[20] Allerdings nutzt er diesen Gedanken so, dass er sein Nachdenken über die Zeit als einen Dialog mit Gott bzw. mit dessen Schöpfung versteht, bei dem der Mensch dann etwas über Gott, die Schöpfung und sich selbst in Erfahrung bringen kann.

2.3 Denkmöglichkeiten für das Zeitproblem

Das schamhafte Bekenntnis Augustins, dass er sein intuitives Wissen von der Zeit nicht auf einen Begriff bringen könne, ist nicht so resignativ und pessimistisch, wie es uns vielleicht auf den ersten Blick erscheint. Das Nachdenken über die Zeit blockiert sich für ihn nämlich nur dann selbst, wenn man die Zeit als ein eigenständiges Seinsphänomen neben oder über Gott ansieht, aber nicht als ein Schöpfungsphänomen, das die Möglichkeiten der Weltorientierung des Menschen reguliert. Unter diesen Umständen tritt die Zeit dann nämlich für uns immer als ein ordnungsstiftendes Relationsphänomen in Erscheinung, das eng mit dem menschlichen Leben und Denken verwachsen ist und das deshalb auch am besten mit psychologischen und anthropologischen Kategorien zu erläutern ist.

Für Augustin erscheint die Zeit nämlich weniger als eine physische oder ontische Größe, die man über quantifizierende Objektivierungsverfahren näher bestimmen kann, sondern eher als eine mentale Größe, die man vor allem über phänomenologische Beschreibungsverfahren näher qualifizieren sollte. Dementsprechend manifestiert sich dann die Zeit für die Menschen auch vor allem durch die Art und durch die Intensität der Wahrnehmung von ganz bestimmten Sachverhalten. Sie tritt für die Menschen daher dann auch weniger als ein eigenständiges substanzähnliches Phänomen in Erscheinung, sondern eher als ein Relationsphänomen, insofern sie uns erst durch die Veränderung von Sachverhalten bzw. durch die variable Korrelation der Subjektsphäre mit der Objektsphäre der Welt im menschlichen Bewusstsein faktisch präsent wird.

Vergangenheit, Gegenwart und *Zukunft* sind für Augustin deshalb auch nicht eigenständige ontische Zeitstufen, sondern vielmehr konkrete Erlebnisformen von Zeit durch bestimmte Subjekte. Wahrnehmungstheoretisch gesehen gibt es nach Augustin für die Menschen nämlich nur die Gegenwart. Diese lässt sich für ihn dann allerdings aufgliedern in eine *„Gegenwart von Vergangenem"* als Erinnerung (memoria), in eine *„Gegenwart von Gegenwärtigem"* als Augenschein (contuitus) und als eine *„Gegenwart von Künftigem"* als Erwartung (ex-

---

20 Platon: Sophistes 263 c, Werke Bd. 4, S. 239.

pectatio).[21] Demzufolge möchte Augustin dann die Zeit auch nicht als ein messbares Seinsphänomen verstehen, sondern vielmehr als eine Manifestation der menschlichen Einbildungskraft bzw. als eine *„Ausdehnung"* (distentio) des Geistes (animus) oder der Seele (anima).[22] Auf diese Weise transformiert sich für ihn die Frage nach dem *Was* der Zeit (quid) in eine Frage nach dem *Wo* der Zeit (ubi). Dementsprechend wird sie von ihm dann auch nicht mehr als eine Frage nach einem klassifizierbaren Seinsphänomen verstanden, sondern als eine Frage nach der Form der Vergegenwärtigung von Vorstellungsinhalten im Denken.

Diese Transformation des Zeitverständnisses ist nicht so harmlos, wie sie zunächst erscheinen mag. Damit wird nämlich indirekt postuliert, dass die Zeit kein vorgegebenes ontisches Original sei, das nur darauf warte, begrifflich abgebildet oder zumindest sprachlich aufgerufen zu werden. Vielmehr wird mit dem Wort bzw. Begriff *Zeit* ein menschliches Objektivierungsverfahren für das kognitive Verständnis der Welt bezeichnet, mit dem wir uns anthropologisch wichtige Korrelationszusammenhänge vergegenwärtigen können. Das impliziert weiter, dass sich das Wort *Zeit* für uns erst dann mit semantischem Leben füllt, wenn wir seine Bedeutung intentional bzw. entstehungsgeschichtlich im Sinne des Sprachspielkonzeptes von Wittgenstein beschreiben und darauf verzichten, ihm eine direkte Abbildungsfunktion für einen schon klar vorgegebenen Tatbestand zuzuordnen. Normative Definitionen des Wortes *Zeit* sind deshalb allenfalls methodisch zu rechtfertigen, aber nicht abbildungstheoretisch.

Aus alldem lässt sich nun der Schluss ziehen, dass gerade die Objektivierungsformen für Zeit in der natürlichen Sprache eine besondere Aufmerksamkeit beanspruchen dürfen, weil sich in ihnen das ganze Spektrum der Sinnbildungsanstrengungen offenbart, mit denen sich Menschen und Kulturen das Zeitphänomen geistig erschlossen haben oder erschließen können. Ob diese Objektivierungsformen für Zeit alle sinnvoll und berechtigt sind, ist dann aber noch eine ganz andere Frage, weil sich in ihnen auch noch bestimmte mythologische, historische und ideologische Denkformen repräsentieren können, die heute nicht mehr toleriert werden, obwohl sie natürlich durchaus auch zu den anthropologisch denkbaren Repräsentationsformen für Zeit gehören. Festzuhalten ist allerdings, dass in einer evolutionär orientierten Denkperspektive allein die Tatsache, dass solche Objektivierungsformen sich im allgemeinen Sprachgebrauch erhalten haben, ein wichtiges Indiz dafür ist, dass diese Sichtweisen auf Zeit eine spezifische pragmatische Brauchbarkeit haben, selbst wenn wir diese nicht immer befriedigend beschreiben und rechtfertigen können.

---

21 Augustinus: Confessiones/Bekenntnisse, 11. Buch 20.26, S. 641 f.
22 Augustinus: a. a. O., 11. Buch 26.33, S. 655.

Die These, dass der Begriff *Zeit* nicht als ein Substanz- oder Abbildungsbegriff verstanden werden sollte, sondern vielmehr als ein Relationsbegriff mit bestimmten heuristischen Erschließungsfunktionen, hat natürlich wichtige erkenntnistheoretische und methodische Implikationen für das Verständnis des Zeitphänomens. Man lernt dieses nun nämlich nicht dadurch besser kennen, dass man kontemplativ nur auf dieses selbst schaut, sondern gerade dadurch, dass man auf etwas anderes schaut, das mit ihm in einen bestimmten Korrelations- und Interaktionsverhältnis steht bzw. gebracht werden kann.

Dieses Andere kann sich im Falle des Zeitphänomens auf vielfältige Weise manifestieren. Diesbezüglich lässt sich nicht nur an unsere sprachlichen Objektivierungsformen für Zeit denken, sondern prinzipiell an alle semiotischen bzw. kulturellen Erschließungsformen für Zeit von Zeitmythen über Kalender und Uhren bis zu Zeittheorien, die alle auf ganz unterschiedliche Aspekte der Zeit aufmerksam machen können. Darüber hinaus sind sicherlich auch alle Veränderungsprozesse in Natur und Kultur aufschlussreich für das Verständnis des Zeitphänomens. Diese Ausweitung des Blickwinkels auf Zeit ist natürlich einerseits problematisch, weil damit immer die Gefahr verbunden ist, dass unsere Vorstellung von Zeit sehr diffus wird, aber andererseits auch hilfreich, weil dadurch der Blick auf das Zeitphänomen nicht von vornherein so eingeschränkt und verkürzt wird, dass nur noch diejenigen Aspekte der Zeit für relevant gehalten werden, die sich von einem ganz bestimmten Sehepunkt her darbieten.

Die perspektivische und mediale Bedingtheit unserer Wahrnehmung von Zeit ist im Prinzip unaufhebbar, weil wir als Menschen keinen göttlichen Blick von *nirgendwo* auf unsere Wahrnehmungsgegenstände haben, durch den wir immer alles zugleich erfassen könnten. Diese Wahrnehmungseinschränkung lässt sich aber abmildern, wenn wir unsere Wahrnehmungsperspektiven und Wahrnehmungsmittel ändern und eben dadurch dann auch unsere Interaktionsmöglichkeiten für die jeweiligen Wahrnehmungsgegenstände ausweiten. Das exemplifiziert nicht nur der Gebrauch von Fernrohren und Mikroskopen sehr klar, sondern auch die Frage nach der unterschiedlichen Spiegelungskraft der kulturhistorisch entwickelten Sprachformen für die Objektivierung für Zeit.

Alle Objektivierungsformen für Zeit, seien es nun astronomische, physikalische, chronologische, biologische, kulturelle, psychologische oder sprachliche, haben ihr spezifisches Recht. Deshalb ist es auch verständlich, warum Augustin in große Erklärungsnöte geriet, als er das Phänomen *Zeit* situations- und medienabstrakt auf den Begriff zu bringen versuchte. Diesbezüglich wird dann auch nachvollziehbar, warum die alte sokratische *Was-ist-Frage*, die Augustin aufgreift, anthropologisch zwar durchaus wichtig ist, aber dennoch in den heutigen Fachwissenschaften keine große Rolle mehr spielt. Hier wird sie nämlich meist als vorwissenschaftlich oder gar unwissenschaftlich beurteilt, weil sie als unbeantwortbar angesehen wird, da die möglichen Antworten auf sie wegen ihres globalen Anspruchs weder falsifiziert noch verifiziert werden können.

Popper hat dann ja auch postuliert, dass die Wissenschaft und insbesondere die einzelnen Fachwissenschaften sich eigentlich nur noch mit solchen Theorien beschäftigen sollten, die sich in einem perspektivisch begrenzbaren Rahmen falsifizieren oder verifizieren ließen, aber nicht mit Theorien, die auf Wesensfragen zu antworten versuchten.[23] Deshalb ist für Popper dann eine Frage vom Typ – *Was ist Zeit?* – auch keine fachwissenschaftlich wirklich beantwortbare Frage. Das schließt dann allerdings nicht aus, dass eine solche Frage philosophisch, kulturell und anthropologisch als Orientierungsfrage dennoch relevant sein kann, insofern man ihr natürlich eine sehr fundamentale strukturbildende Denkfunktion zubilligen kann.

Augustins Frage nach dem Wesen der Zeit ist daher auch nicht als unsinnig anzusehen. Sie zwingt uns nämlich immanent dazu, ein spezifisches Interesse dafür zu entwickeln, auf welche Weise wir uns ein sinnvolles Wissen über das Zeitphänomen erarbeiten können. Dann haben wir Augustins Frage allerdings so zu verstehen, dass sie eigentlich eine Frage danach ist, in welchen Formen wir uns das Zeitphänomen sinnvoll objektivieren können oder sollten. Augustins Stoßseufzer ist daher dann auch ein guter Ansatzpunkt, um uns das Zeitproblem nicht nur als ein theologisches, sondern auch als ein anthropologisches und semiotisches Problem zu thematisieren.

Zu diesem Befund passt dann auch die Etymologie des Wortes *Theorie*. Der Theoretiker (theoros) war nämlich in Griechenland ursprünglich der Abgesandte einer Polis zu einem religiösen Fest bzw. zu einem Orakel, um dort Erfahrungen zu machen, die im alltäglichen Leben nicht zu haben waren. Das heißt, dass die Theorie (theoria) ursprünglich eine Erfahrung von etwas war, die die Alltagswelt einerseits transzendierte, aber andererseits diese in ihrem Stellenwert aber auch besser verständlich machen konnte. Deshalb gehört zur Theoriebildung immer auch das Phänomen der Reise und der Loslösung von der alltäglichen Lebens- und Erfahrungswelt. Eine Theorie ist daher als eine Anstrengung zu verstehen, sich von dem Vertrauten und Selbstverständlichen zu lösen, um neuartige Einsichten und Ordnungsvorstellungen gewinnen zu können.[24]

Die sprachliche Institution von Wesensfragen verdeutlicht recht klar, dass für uns komplexe Phänomene wie etwa die *Zeit* nicht einfach da sind, sondern

---

[23] Vgl. K. R. Popper: Objektive Erkenntnis, 1974; K. R. Popper: Alles Leben ist Problemlösen, 1994.
[24] Vgl. H. Rausch: Theoria, 1982, S. 9 ff. und 34 ff.; G. König: Theorie. Historisches Wörterbuch der Philosophie Bd. 10, Sp. 1128-1146.

von uns hinsichtlich ihrer Merkmale und Abgrenzungen erschlossen bzw. konstituiert werden müssen. Dabei zeigt sich dann, dass unser Sachwissen über die Zeit nicht losgelöst von unserem Zugangswissen für sie zu haben ist. Jede Frage basiert dabei auf einem bestimmten Vorwissen und einer bestimmten Wissenserwartung, die beide präzisierungsbedürftig und präzisierungsfähig sind.

Für unsere Wissensbildung sind deshalb nicht nur beantwortbare Fragen wichtig, sondern auch unbeantwortbare. Letztere zwingen uns nämlich immanent dazu, sie in beantwortbare Fragen umzuwandeln, um uns den zu verstehenden Phänomenen so anzunähern, dass wir deren vielfältige Aspekte faktisch besser kennenlernen. Fragen können uns einerseits natürlich zu Gefangenen ihrer jeweiligen Prämissen und Vorperspektivierungen machen, aber sie können andererseits auch dazu dienlich sein, uns eben diese erkennbar zu machen, wenn sie als Instrumente von Sinnbildungsprozessen verstanden werden und nicht bloß als Verfahren, ganz bestimmte Informationsdefizite zu beseitigen. Fragen können daher auch Sinndimensionen beinhalten, die im bloßen Wortlaut der Frage überhaupt nicht zum Ausdruck kommen, die aber ihren pragmatischen Wert dennoch prägen können. Ein typisches Beispiel dafür ist sicherlich Augustins Frage nach dem Wesen der Zeit, weil diese keine konkrete Frage nach einem klar bestimmbaren Inhalt ist, sondern vielmehr eine heuristische Frage, die vor allem eine bestimmte Suchhaltung bei den Beteiligten auslösen soll.

Man kann die letztlich wohl unbeantwortbare Frage nach dem Wesen der Zeit zwar in vereinfachende Subfragen umwandeln, die beantwortbar werden, wenn man sein Interesse an der Zeit perspektivisch einengt und beispielsweise nur danach fragt, durch welche Verfahren sie messbar gemacht werden kann. Aber dadurch verliert das Phänomen *Zeit* ebenso wie das Phänomen *Skulptur* nicht seine Neugier auslösende Grundfaszination, da wir natürlich wissen, dass das Zeitphänomen durch diese Frage keineswegs geistig zu bewältigen ist.

Wir versuchen zwar immer wieder, faszinierende Phänomene über Begriffe und Theorien in unsere Gefangenschaft zu bringen und damit auch kognitiv zu beherrschen, aber dabei geraten wir auch immer wieder in die Gefahr, selbst in die Gefangenschaft dieser Begriffe und Theorien zu geraten. Heinrich Heine hat diese prinzipielle Dialektik in einer Wechselrede zwischen einem Rekruten und seinem Hauptmann folgendermaßen sehr plastisch veranschaulicht:

> „Ich habe einen Gefangenen gemacht." – „So bringt ihn zu mir her", antwortete der Hauptmann. „Ich kann nicht", erwiderte der arme Rekrut, „denn mein Gefangener läßt mich nicht mehr los."[25]

---

[25] H. Heine: Shakespeares Mädchen und die Frauen. Sämtliche Schriften Bd. 7, S. 222.

3 Die Zeit als anthropologisches Problem

Die sprachliche Thematisierung des Phänomens Zeit mit Hilfe eines Substantivs legt natürlich nahe, die Zeit als ein eigenständiges Seinsphänomen zu verstehen, das dem Menschen als ein vorgegebenes und gut abgrenzbares Original gegenübersteht. Zugleich erschwert diese sprachliche Objektivierungsform von Zeit aber auch, dieses Phänomen als ein heuristisches Ordnungskonzept zu verstehen, das aus ganz bestimmten menschlichen Strukturierungsbedürfnissen hervorgegangen ist und das eben deshalb auch auf konstitutive Weise mit dem Menschen so verwachsen ist, dass man in bestimmten Hinsichten durchaus von einer spezifischen *Eigenzeit* des Menschen sprechen kann.

Bei einer solchen anthropologischen Betrachtungsweise von Zeit wird zwar nicht geleugnet, dass sich die Zeit auch als ein gegebenes Seinsphänomen betrachten lässt, aber unser Wahrnehmungsinteresse verschiebt sich dadurch doch ganz beträchtlich. Unter diesen Umständen lässt sich die Zeit nämlich als ein konstitutives Bedingungsphänomen der menschlichen Existenzweise ansehen, die sich erheblich von der tierischen Existenzweise unterscheidet, weil nun die Zeit bzw. unsere Betrachtungsweise von Zeit auch als ein ganz genuines Kulturphänomen in Erscheinung treten kann.

Unter diesen Rahmenbedingungen konzentriert sich dann das Wahrnehmungsinteresse für Zeit auf die Frage nach den möglichen Korrelationen und Interaktionen zwischen Mensch und Zeit, da sich auf diese Weise beide Phänomene wechselseitig Gestalt und Profil geben. So gesehen ist es deshalb dann auch nicht sehr fruchtbar, das Zeitphänomen im Kontext eines Abbildungsethos zum Gegenstand der Betrachtung zu machen, sondern eher im Rahmen eines Sinnbildungs- bzw. Erschließungsethos, das vor allem darauf abzielt, die Funktionen der Zeit für das menschliche Leben und Denken herauszuarbeiten. Das schließt dann natürlich kosmologische, physikalische, chronologische und chronometrische Thematisierungen der Zeit nicht aus, aber gibt diesen dann nur noch einen ganz bestimmten methodischen Stellenwert, der metareflexiv auf seine anthropologische Relevanz zu prüfen und zu qualifizieren ist.

Das anthropologische Verständnis von Zeit konzentriert sich vor allem darauf, das Phänomen *Zeit* als spezifische *Eigenzeit* des Menschen zu erfassen und nicht als *Zeit an sich*. Das Zeitphänomen tritt dann als eine notwendige Prämisse für die Existenzweise des Menschen in Erscheinung, konkrete Erfahrungen zu machen bzw. bestimmte Veränderungsprozesse wahrzunehmen. Damit wird dann die Zeit zu einer notwendigen Voraussetzung dafür, eine Verbindung zwischen objekt- und subjektbezogenen Wahrnehmungsinteressen herzustellen bzw. zwischen Natur und Kultur. Das impliziert, sich auch dafür zu interessieren, welche biologischen und kulturellen Implikationen unsere Wahrnehmungen von Zeit bzw. von Veränderungen haben und wie sich dieses Problem in unseren sprachlichen Denkmustern über die Zeit niedergeschlagen hat.

Wenn wir auf diese Weise nach der Zeit fragen, erfahren wir natürlich nicht nur etwas über die möglichen natürlichen bzw. ontischen Aspekte der Zeit, sondern immer auch etwas über die Menschen, die das Zeitphänomen kulturell und sprachlich zu bewältigen haben. Das bedeutet, dass die Frage nach der Zeit nicht nur als ein Einstieg in den hermeneutischen Zirkel der Weltinterpretation verstanden werden kann, sondern auch als ein Einstieg in den Zirkel der Selbstinterpretation des Menschen. Deshalb ist die Entfaltung einer anthropologischen Wahrnehmungsperspektive für Zeit auch kein rein subjektiver Zugriff auf das Zeitphänomen in Opposition zu einem objektiven, sondern vielmehr ein realistischer Zugriff in dem Sinne, dass alle Erkenntnisbemühungen um das Zeitphänomen bestimmte perspektivische und mediale Implikationen haben und dass Erkenntnisinhalte immer auch durch bestimmte Erkenntnisprämissen und Erkenntnisziele geprägt werden. Das hat schon Kant sehr prägnant formuliert: *„Das: I c h   d e n k e , muß alle meine Vorstellungen begleiten können."*[26]

Der anthropologische und semiotische Denkansatz zur Strukturierung und Aufklärung der Zeitproblematik ist natürlich kein Königsweg zur Bewältigung des Zeitphänomens, da er keinen vorurteilslosen göttlichen, sondern vielmehr einen genuin menschlichen Blick auf diesen Wahrnehmungsgegenstand eröffnet. Gleichwohl sollte aber berücksichtigt werden, dass der Mensch als Kulturwesen immer einen historisch und methodisch variablen Blick auf dieses Wahrnehmungsphänomen hat. Das ist uns heute im Rahmen der Vorstellung einer natürlichen und kulturellen Evolution zwar recht plausibel geworden, aber es ist keineswegs als völlig selbstverständlich anzusehen.

Prinzipiell haben wir nämlich immer zu berücksichtigen, dass sich unsere Wahrnehmungsweise von Zeit historisch verändert hat und damit dann natürlich auch unser Inventar an kulturellen und sprachlichen Objektivierungsformen für sie. Dieses Problem lässt sich sowohl in einer stammes- als auch in einer individualgeschichtlichen Perspektive näher untersuchen, eben weil sich der Mensch als ein Kulturwesen im Gegensatz zu einem genuinen Naturwesen in einem beträchtlichen Maße immer selbst herstellen kann und muss.[27] Anthropologisch gesehen sind deshalb auch nicht nur unsere elementaren biologischen, sondern auch unsere kulturellen Voraussetzungen für die Wahrneh-

---

[26] I. Kant: Kritik der reinen Vernunft B 132, Werke Bd. 3, 136.
[27] Vgl. M. Landmann: Der Mensch als Schöpfer und Geschöpf der Kultur, 1961; M. Landmann: Fundamental-Anthropologie, 1984².

mung von Zeit zu beachten. Beide zeigen deutlich, wovon Menschen bei der Wahrnehmung von Zeit einerseits absehen können und worauf sie sich andererseits aber auch konzentrieren können. Dadurch lässt sich dann zugleich abschätzen, was wir mit der Zeit machen bzw. was die Zeit auch aus uns macht.[28]

3.1 Die Basisprämissen menschlicher Zeitwahrnehmung

Wenn wir nach den Basisbedingungen unserer Zeitwahrnehmung fragen, dann sollten wir nicht gleich beim Umlauf von Gestirnen, beim Wechsel von Jahreszeiten oder bei den etablierten Verfahren der Zeitmessung durch Kalender und Uhren ansetzen. Wir sollten unseren Blick auf noch grundlegendere Faktoren biologischer und physiologischer Art als Mittel der Zeiterfassung richten, die sich bei allen Lebewesen evolutionär unterschiedlich ausdifferenziert haben. Bei Menschen sind diese elementaren Faktoren zwar durch kulturelle überformt und ergänzt, aber dadurch keineswegs außer Kraft gesetzt worden.

Dieser Sachverhalt zeigt, dass die Zeit für uns nicht nur als ein Phänomen in der menschlichen Außenwelt zu betrachten ist, sondern auch als eines in der menschlichen Innenwelt, insofern die Wahrnehmbarkeit der Zeit etwas mit der biologischen und kulturellen Verknüpfung von elementaren Sinnesdaten zu tun hat. Wir dürfen keineswegs übersehen, dass unser Zeitempfinden auch immer etwas mit der Bildung und der Wahrnehmung von Zeitgestalten, Zeitrhythmen und Bewegungsmustern zu tun hat, die alle sowohl eine biologische als auch eine kulturelle Grundlage haben können. Menschen können sich nämlich in ganz unterschiedlicher Weise darauf konzentrieren, was für sie gleich bleibt und was sich für sie verändert.

Deshalb gibt es dann auch nicht nur eine unterschiedliche Zeitwahrnehmung von Augen und Ohren sowie eines geschädigten und ungeschädigten Gehirns, sondern auch eine unterschiedliche von Physikern, Bauern und Fließbandarbeitern. Es lässt sich also sagen, dass es ohne unser intuitives und bewusstes Wissen von Bewegungsrhythmen keine strukturbildende Zeitwahrnehmung für uns gäbe. Das zeigt sich im mündlichen Sprachgebrauch auch darin, dass mit dem Senken der Stimme schon signalisiert wird, dass eine Aussage bzw. ein ganz bestimmter einzelner Sinnbildungsprozess beendet ist.

Auf den grundlegenden Umstand, dass alle Lebewesen wegen der Struktur ihrer sinnlichen Wahrnehmungsorgane und ihrer artspezifischen Lebensrhyth-

---

[28] Vgl. R. Safranski: Zeit. Was sie mit uns macht und was wir aus ihr machen, 2015; St. Klein: Zeit. Der Stoff aus dem das Leben ist, 2006³.

men ein sehr unterschiedliches Wahrnehmungsvermögen für Zeit haben, hat schon der Biologe Karl Ernst von Baer 1860 in einem Vortrag in St. Petersburg hingewiesen. Er hat nämlich ausdrücklich postuliert, dass die Menschen wie andere Lebewesen auch *„sich selbst als Maaßstab für Raum und Zeit"* nehmen.[29] Baer stellt in diesem Zusammenhang zur Debatte, ob nicht die Frequenz des Herzschlages eines Lebewesens als ein Maßstab dafür angesehen werden könne, um einzelne Bewusstseinsinhalte zeitlich als eigene Bewegungsgestalten zu fixieren. Das würde dann bedeuten, dass ein Kaninchen mit einem doppelt so schnellen Herzschlag wie ein Mensch auch doppelt so viele Bewegungsgestalten wahrnehmen kann wie ein Mensch und ein Rind mit einem halb so schnellen Herzschlag auch nur halb so viele wie ein Mensch.

Das Gedankenexperiment Baers lässt sich natürlich noch ausweiten, um das Konzept der Eigenwelt von Lebewesen plausibel zu machen. Wenn ein Mensch faktisch nur ein Monat lebte, dann hätte er natürlich eine ganz andere Zeiterfahrung. Er hätte keine Erfahrung von Jahreszeiten und nur eine sehr begrenzte Erfahrung von Veränderungsvorgängen in Natur und Kultur, aber möglicherweise eine sehr viel intensivere Erfahrung von minimalen Veränderungsprozessen. Wenn ein Mensch tausend Jahre lebte, dann hätte er umgekehrt zwar sehr weitreichende, aber auch sehr grobe Erfahrungen von Veränderungsprozessen. Deshalb bietet sich hier dann auch an, die jeweiligen Zeiterfahrungen von Menschen mit den Metaphern *Zeitlupe* bzw. *Zeitraffung* zu beschreiben.

Das Gedankenexperiment Baers verdeutlicht, dass nicht nur die Wahrnehmung von Zeit, sondern auch die Wahrnehmung von Welt in hohem Maße von den biologischen Rahmenbedingungen abhängt, unter denen Lebewesen Reize wahrnehmen und verarbeiten, bzw. von den kulturellen Differenzierungsmustern, die Menschen bei der Unterscheidung von Zeitphasen und Zeitgestalten anwenden. Bei den menschlichen Aneignungsformen für Zeit, seien es nun physiologische, chronometrische oder sprachliche, spielt sicherlich das Konzept der Eigenzeit eine ganz wichtige Rolle, wobei man diese dann als ein biologisches, kulturspezifisches oder individuelles Phänomen verstehen kann. Das rechtfertigt dann auch, die Zeit als ein anthropologisches, kulturelles und sprachliches Phänomen ins Auge zu fassen. Ihre rein chronologische Wahrnehmungsweise ist dann zwar pragmatisch durchaus gerechtfertigt, aber letztlich dann doch nur eine mentale Aneignungsform von Zeit unter anderen, die keinen allgemeinen normativen Geltungsanspruch stellen kann.

---

[29] K. E. von Baer: Welche Auffassung der lebenden Natur ist die richtige? Und wie ist diese Auffassung auf die Entomologie anzuwenden? Vortrag in St. Petersburg 1860. In: Grundlagenstudien aus Kybernetik und Geisteswissenschaften, 3, 1962, Beiheft, S. 252.

Eine interessante anthropologisch orientierte Wahrnehmungsperspektive für Zeit hat Korzybski entwickelt.[30] Er hat nämlich die These konkretisiert, dass die verschiedenen Typen von Organismen unterschiedliche Verfahren entwickelt haben, um auf die gegebene Welt zu reagieren bzw. sich in diese einzuordnen. Pflanzen sind für ihn *Energiebinder*, insofern sie Energie umwandeln und speichern könnten. Tiere sind für ihn *Raumbinder*, insofern sie sich im Raum bewegten und diesen deshalb auch in einem bestimmten Sinne beherrschen könnten, wobei sie insbesondere in der Lage seien, chemische Energie in kinetische umzuwandeln. Menschen sind für ihn *Zeitbinder*, insofern sie in der Lage seien, Erfahrungen mit Hilfe der Sprache zu fixieren und eben dadurch ihre Lebenswelt in gewissen Hinsichten auch beherrschbarer zu machen.[31]

Die Fähigkeit des Menschen zur Zeitbindung (time binding capacity) dokumentiert sich für Korzybski darin, dass er insbesondere mit Hilfe der Sprache Erfahrungen bzw. Wissen speichern könne und eben dadurch dann auch der auflösenden Macht der Zeit zu entziehen wisse. Auf diese Weise könne er sich aus einer bloß biologischen Lebensform lösen und auch eine kulturelle ausbilden, in der die Erfahrungen früherer Generationen an die folgenden weitergegeben werden könnten. Das bedeute, dass Menschen im Gegensatz zu Tieren nicht mehr nur auf direkte Sinnesreize reagieren könnten, sondern auch auf Reize aus kulturellen Zeichenwelten. Dadurch weite sich dann ihr Lebensraum quantitativ und qualitativ gewaltig aus. Sie seien der Macht der Zeit nicht mehr nur ausgeliefert, sondern könnten Zeitphasen zugleich auch gestalten.

Die Fähigkeit der Menschen zur Zeitbindung und damit auch zu unterschiedlichen Zeitobjektivierungen eröffne ihnen im Vergleich zu Tieren viel mehr Handlungsfreiheiten und damit auch ein Leben in einer sehr viel komplexeren Welt. Deshalb seien Menschen in bestimmten Hinsichten auch sehr viel gefährdeter als Tiere, insofern sie in einem sehr hohen Maße nicht nur auf die Welt selbst zu reagieren hätten, sondern auch auf die Zeichen, mit denen sie sich die Welt repräsentierten und objektivierten. Diese Zeichenabhängigkeit könne sogar zu einer Störung der geistigen Gesundheit führen bzw. zu semantogenen Krankheiten bzw. zu einer *sprachlichen Sklaverei* (linguistic slavery).[32]

Korzybski hat deshalb auch betont, dass die sprachliche Objektivierung von Erfahrungswissen eigentlich nur ein indirektes Zeichenwissen von der Welt sei und kein direktes Weltwissen. Ebenso repräsentiere die Karte eines Geographen

---

30 A. Korzybski. Science and sanity 1973⁵. Vgl. auch A. Rapoport: Was ist Semantik. In: G. Schwarz (Hrsg.): Wort und Wirklichkeit (o. J.), S. 2–26; W. Köller: Philosophie der Grammatik, 1988, S. 257–265.
31 A. Korzybski: a. a. O., S. 39, 239, 376.
32 A. Korzybski: a. a. O., S. 91.

ja auch nur ein abstrahierendes Bild von einem Gelände, aber nicht das Gelände selbst. Deshalb sei es notwendig, den Gebrauch von Zeichen immer kritisch auf metareflexive Weise zu begleiten, um den Unterschied von Karte und Gelände nicht zu vergessen. Die Fähigkeit des Menschen zur Zeitbindung im Sinne einer Wissensspeicherung birgt deshalb dann auch nicht nur Chancen, sondern zugleich auch Gefahren, weil man leicht vergessen kann, dass die Zeit auch eine Veränderungskraft beinhaltet, durch die unser Wissen sich umgestaltet, weil jede Eigenbewegung der Menschen natürlich zu anderen Wissensformen führt.

3.2 Zeit und Bewegung

Je mehr wir versuchen, Zeit nicht nur in chronologischer, sondern auch in anthropologischer Perspektive zu verstehen, desto mehr werden wir dazu tendieren, den Zeitbegriff nicht im Sinne eines Substanzbegriffs zu verstehen, sondern im Sinne eines Relationsbegriffs, mit dem wir uns ganz bestimmte Ordnungszusammenhänge bei unserer Erfahrung und Objektivierung von Welt zu vergegenwärtigen versuchen. Unter diesen Umständen wird dann weniger die Frage aktuell, ob die Zeit eine physikalisch klar fassbare Größe ist, die für sich ohne unser interpretatives und konstruktives Zutun existiert, oder eine kulturell fassbare Größe, die nur über unsere gedachten Verbindungs- und Veränderungsrelationen in Erscheinung tritt, bei denen dann natürlich das Phänomen der Bewegung in einem doppelten Sinne eine zentrale Erklärungsfunktion bekommt.

Einerseits wird beim Verständnis der Zeit nämlich die Vorstellung der Bewegung ganz unverzichtbar, um sie gerade über Werdens- oder Veränderungsprozesse von Wahrnehmungsobjekten ins Auge fassen zu können. Andererseits wird bei ihrem Verständnis aber auch wichtig, auf die Selbstbewegung des erkennenden Menschen bei einer konkreten Objektwahrnehmung aufmerksam zu machen. Die Zeit wird so zu einer Art Bühne, auf der das Spannungsverhältnis zwischen Sein und Werden bzw. zwischen Beharrungs- und Veränderungskräften ausgetragen wird. Beide Tendenzen gehören bei unserer Wahrnehmung von Welt offenbar wie Dioskuren zusammen, da das Eine nicht ohne das Andere zu haben ist. Das *Sein* ist offenbar der kontrastive Hintergrund, vor dem das *Werden* erst seine ganz spezifische Gestalt bekommt und umgekehrt.

Diese dialektische Struktur verdeutlicht sich dann sowohl darin, dass Leben ohne Veränderungsprozesse kaum denkbar ist und dass Statik durchaus als eine Erscheinungsweise des Todes verstanden werden kann, als auch darin, dass zur konkreten Wahrnehmung von Veränderungen ein Wechsel der Perspektive bzw. eine Eigenbewegung des Wahrnehmenden gehört. Deshalb hat Augustin ja auch die Wahrnehmung von Zeit als eine Ausdehnung (distentio) des Geistes (animus) oder der Seele (anima) bezeichnet, eben weil diese Wahrnehmung für den Menschen immer im Kontext von Sinnbildungsanstrengungen in Erscheinung tritt. Das anthropologische und relationale Verständnis von Zeit hat natürlich eine lange Vorgeschichte, deren Wurzeln auch in das mythische und das ontische Verständnis der Zeit hineinreichen. Das lässt sich im Rahmen des Bewegungsbegriffs ganz gut verdeutlichen, der sowohl im substanziellen als auch im relationalen Wahrnehmen und Denken eine große Rolle spielt, wenn auch in ganz unterschiedlichen Ausprägungen.

In Platons Timaios wird die Zeit als *„ein bewegliches Bild der Unvergänglichkeit"* bzw. der Ewigkeit thematisiert.[33] Das bedeutet konkret, dass für Platon der Zeit im Prinzip eine Vermittlungsfunktion zwischen der sinnlichen Welt einerseits und der ideellen Welt andererseits zukomme. Die Ewigkeit als Urbild bzw. als Original wird von ihm nämlich als etwas verstanden, was selbst zeitlos sei, worauf man aber durchaus mit Hilfe der Zeit aufmerksam machen könne. Deshalb ordnet er die Zeit auch nicht nur dem Werden zu, sondern auch dem Sein hinter den Werden, eben weil sie Bezüge zu den unveränderlichen Urbildern stiftet. Sie eröffnet nämlich für Platon die Möglichkeit, über Bewegliches und Veränderliches Zugang zu einem Unbeweglichen und Ewigen zu bekommen bzw. über Abbilder Kontakt zu einem Urbild. Gerade weil die Bewegung der Planeten nicht spontan erfolge, sondern regelgemäß, könne deren Bewegung in der Zeit auch auf etwas Ewiges und Unveränderliches verweisen. Deshalb ließen sich dann auch die Sterne als *„Werkzeuge der Zeit"* bezeichnen.[34]

Aristoteles hat dann die Zeit als *„Meßzahl von Bewegung hinsichtlich des ‚davor' und ‚danach' "* gekennzeichnet.[35] Mit dieser Bestimmung löst er die Zeit von unserer direkten Bewegungsvorstellung und macht sie zu einem Mittel, das Bewegungsphänomen über Zahlen auf eine sehr abstrahierende Weise zu objektivieren, insofern sie nun mit etwas Abzählbarem an der Bewegung in Verbindung gebracht wird. Dabei sieht er die Zeit aber nicht als ein völlig selbständiges Substanzphänomen an, insofern er das Zählen im Grunde wohl so versteht, dass damit etwas an etwas anderen prädiziert wird und nicht die Sache selbst. Damit wird der Zeitbegriff bei Aristoteles so etwas wie ein *„operativer Erfahrungsbegriff"*, in dem Denken und Wahrnehmen aufeinander treffen.[36]

Festzuhalten ist aber trotz der unterschiedlichen Wahrnehmungsweise und Akzentuierung der Zeit bei Platon und Aristoteles, dass für beide der Begriff der

---

[33] Platon: Timaios 37d, Werke Bd. 5, S. 160.
[34] Platon: a. a. O., 41e, S. 164. Vgl. auch K. Gloy: Philosophiegeschichte der Zeit, 2008, S. 37–57.
[35] Aristoteles: Physik IV, Kap. 11, Philosophische Schriften Bd. 6, S. 106.
[36] W. Wieland: die aristotelische Physik, 1970², S. 326.

Zeit eine ganz wichtige anthropologische Funktion hat, insofern er mit dem ordnenden Denkvermögen des Menschen in Verbindung gebracht wird und als ein bestimmter Modus von Wahrnehmungsprozessen beurteilt wird. Dieser Prozess entspringt insbesondere für Aristoteles allerdings nicht aus Setzungen im Sinne von menschlichen Konstruktionen. Er ist für ihn letztlich nämlich doch im Sein verankert, insofern über ihn festgelegt wird, wie wir seinsbezogen mit unseren Jetzterlebnissen sinnvoll umzugehen haben oder umgehen können.

Das bedeutet, dass die Zeit von Aristoteles als ein Kontinuum verstanden wird, das für Menschen in Jetztzeitpunkte teilbar ist, die man über Zahlen sinnvoll reihen kann. Deshalb verläuft die Zeit für Aristoteles auch nicht schnell oder langsam. Sie ist für ihn aber über Zahlen in ihrem Verlauf quantifizierbar und über die Vorstellung von etwas Früherem und Späteren auch in einem gewissen Sinne qualifizierbar. Wenn die Zeit nun aber über die Vorstellung von etwas Früherem oder Späteren näher bestimmbar ist, dann wird mit ihr natürlich auch implizit auf einen zählenden menschlichen Geist verwiesen, der sich über diese Aktivität seine Erfahrungswelt strukturiert und damit zugänglich macht.

Da Augustin nun die Zeit einerseits als ein von Gott geschaffenes Seinsphänomen bestimmt, aber andererseits auch als etwas, was erst über die operative Kraft des menschlichen Geistes in Erscheinung tritt, dann nutzt auch er den Bewegungsbegriff, um mit seiner Hilfe unser Verständnis von Zeit zu präzisieren. Festzuhalten ist diesbezüglich aber, dass er sehr viel nachdrücklicher als Platon und Aristoteles die menschliche Vorstellungskraft als Grundlage unserer konkreten Zeiterfahrung akzentuiert, was sich dann auch als Psychologisierung oder als Subjektivierung der Zeit verstehen lässt, weil die Zeit nun im Prinzip als ein Bewusstseinsphänomen verstanden wird, das auch im Subjekt verankert ist.

Die Vorstellung Newtons von einem absoluten Raum, der wiederum Teilräume in sich enthalte, und von einer absoluten Zeit, die wieder Teilzeiten in sich berge, liegt unserem alltäglichen Raum- und Zeitverständnis nahe. Sie ist aber unvereinbar mit dem Zeitverständnis von Kant und Einstein, das wiederum unsere alltägliche Zeiterfahrung ziemlich überfordert. Gleichwohl ist das Zeitverständnis beider theoretisch aber durchaus plausibel und kohärent, obwohl es mit unserem alltäglichen Denken schwerlich in Einklang zu bringen ist.

Kant hat nämlich geltend gemacht, dass Raum und Zeit nicht als Seinsgegebenheiten in einem empirischen Sinn zu verstehen seien, sondern vielmehr als apriorische Voraussetzungen des menschlichen Denkens und Wahrnehmens. Das bedeutet, dass beide Phänomene eigentlich nicht zur Natur der empirisch fassbaren Welt selbst gehörten, sondern vielmehr zu den Denkformen, mit denen Menschen die Welt wahrnähmen und eine konkrete Beziehung zur Welt entwickeln könnten. Damit lässt sich der Begriff der Zeit dann auch nicht mehr als ein empirischer Begriff mit einem deutlichen Abbildungsanspruch verstehen, sondern nur noch als ein transzendentaler Begriff, über den wir uns die Vorbedingungen möglicher Erfahrungen thematisieren können.

> *Die Vorstellung der Zeit entspringt nicht aus den Sinnen, sondern wird von ihnen vorausgesetzt.* Denn ob das, was in die Sinne eindringt, zugleich ist oder nacheinander, kann nur durch die Vorstellung der Zeit vorgestellt werden, und die Aufeinanderfolge erzeugt nicht den Begriff der Zeit, sondern fordert zu ihm heraus.[37]

Der Begriff der Zeit ist für Kant somit ein *apriorischer* Begriff, mit dem die Voraussetzungen der menschliche Erfahrungen erhellt werden können. Eben deshalb ist er dann natürlich auch ein genuin anthropologischer Begriff. Er soll nämlich nicht nur die Prämissen des menschlichen Wahrnehmens benennen, sondern auch erläutern, wie Menschen in die ihnen gegebene Welt hineingleiten können. Deshalb sollte er auch nicht nur als ein rein subjektiver Begriff verstanden werden, mit dem Kant ganz individuelle Ordnungsbemühungen der Menschen erfassen will. Er möchte den Zeitbegriff vielmehr als einen allgemeinen Strukturbegriff verstanden wissen, mit dem sich die Vorrausetzungen möglicher menschlicher Erfahrung benennen lassen. Wie schon erwähnt ist Herder mit Kants Bestimmung des Zeitbegriffs nicht einverstanden gewesen. Er möchte diesen vielmehr doch als einen allgemeinen Erfahrungsbegriff gewertet wissen, über den sich das Maß von Veränderungen erfassen lasse.[38]

Auch mit Einsteins Vorstellung einer *Raumzeit* hätte Herder wahrscheinlich recht wenig anfangen können, weil diese ihm sicherlich zu abstrakt gewesen wäre. Er hätte sie theoretisch wohl nachvollziehen können, aber anthropologisch wäre sie ihm wohl doch ziemlich irrelevant vorgekommen. Dieses Konzept hätte nämlich für ihn keine Bezüge mehr zur menschlichen Lebens- und Erfahrungswelt gehabt, sondern allenfalls Bezüge zur Schattenwelt der Theorien über die Struktur der Welt bzw. zu einem Typ von Erfahrungswelt, wie sie sich den gefesselten Gefangenen in Platons Höhle dargeboten hat.

3.3 Die anthropologische Relevanz der Zeit

Sofern man der These zustimmt, dass der Mensch unter allen Lebewesen dasjenige ist, das über die flexibelsten Wahrnehmungs-, Denk- und Handlungsmöglichkeiten verfügt, dann wird offenkundig, welche anthropologische Relevanz die Zeit für dessen Lebensgestaltung hat und auch haben muss. Mit Hilfe des

---

[37] I. Kant: Von den Formen der Sinnen- und Verstandeswelt, Werke Bd. 5 A$_2$ 15, S. 47.
[38] J. G. Herder: Metakritik zur Kritik der reinen Vernunft, Werke Bd. 8, 1998, S. 361.

Zeitphänomens lässt sich nämlich recht gut verdeutlichen, in welch unterschiedliche Typen von Handlungs- und Relationsstrukturen Menschen eingebunden sein können und welch grundlegende Ordnungsfunktion das Zeitphänomen für die menschliche Weltwahrnehmung und Lebensgestaltung hat.

Wenn wir nun den praktischen Umgang mit der Zeit und die semiotische Bewältigung der Zeit durch Zeichen unterschiedlicher Art zu einem anthropologischen Existenzial des Menschen erklären, dann wird offensichtlich, dass insbesondere die sprachliche Objektivierung und Differenzierung von Zeitwahrnehmungen zu den grundlegenden Aufgaben jeder Kultur und menschlichen Lebensgestaltung gehören. So gesehen ist dann auch die Frage nach der pragmatischen bzw. sprachlichen Bewältigung der Zeit eine Frage nach der Identitätsbildung des Menschen als Individual-, Gattungs- und Kulturwesen. Das bedeutet dann zugleich, dass die Zeitwahrnehmung des Menschen letztlich immer auch in eine Selbstwahrnehmung übergehen kann oder gar muss. Eine solche Aufgabe ist natürlich nicht einfach zu bewältigen, weil man dazu natürlich eine analytische Distanz zur Zeit und zu sich selbst finden muss.

Wenn man berücksichtigt, dass der Mensch in der Zeit lebt wie der Fisch im Wasser und der Vogel in der Luft, dann wird auch gut verständlich, dass der Mensch die anthropologischen Dimensionen des Zeitphänomens meist erst in konkreten Sinnbildungskrisen entdeckt bzw. wenn sich für ihn die Zeit als Wahrnehmungsgegenstand verfremdet. Dafür ist gerade Augustins Stoßseufzer ja ein sehr gutes Beispiel. Auch die These, dass man die Zeit als eigenes Phänomen eher beim Warten und in der Langeweile entdeckt als im faktischen Handeln, veranschaulicht sehr gut, wie eng der Mensch mit der Zeit verwachsen ist.

Offenbar tritt die Zeit für uns in der Regel erst dann in Erscheinung, wenn wir sie im praktischen Handeln nicht mehr problemlos bewältigen können. Das zeigt sich schon in so banalen Umständen wie beim Stehenbleiben von Uhren oder von fehlenden Zeitangaben. In solchen Fällen wird unser Verständnis von Ordnung und insbesondere von Kausalrelationen oft ganz empfindlich gestört.

Bei allen Störungen unserer konventionalisierten Zeitobjektivierungen haben wir immer den Eindruck, aus der uns vertrauten und verstehbaren Welt herauszufallen. Dabei wird uns dann schnell klar, dass es keinesfalls genügt, im praktischen Leben sinnvoll mit der Zeit umzugehen, sondern dass wir auch immer wissen möchten, was die Zeit eigentlich sei bzw. wie wir sie auf einen definierbaren Begriff oder zumindest auf eine sinnvolle Bestimmung bringen können. Die sprachliche Objektivierung des Zeitphänomens durch das Substantiv *Zeit* ist pragmatisch gesehen sicherlich hilfreich, aber nicht ganz befriedigend. Damit wird nämlich keineswegs die Mehrdimensionalität und der Aspektreichtum des Zeitphänomens erfasst, sondern allenfalls die fassbare Spitze eines Eisbergs von Unwissen über dieses anthropologische Grundphänomen.

In einer anthropologisch ausgerichteten Wahrnehmungsperspektive für Zeit führt es nämlich nicht sehr weit, auf das Konzept einer *Zeit an sich* zurückzugreifen. Diesbezüglich ist es meist sehr viel hilfreicher das Konzept einer *Eigenzeit* zu konkretisieren, das nicht nur auf Lebewesen im Allgemeinen beziehbar ist, sondern auch auf Kulturen, Lebenssituationen und Individuen im Besonderen.[39] Eigenzeiten können sich deshalb auch in den spezifischen Eigenzeiten von Klöstern, Fabriken, Universitäten, Handwerken oder Künsten manifestieren. Alle Eigenzeiten geben sich deshalb auch wechselseitig über ganz bestimmte Kontrast- und Äquivalenzrelationen ihr spezifisches Profil.

Einen aufschlussreichen Zugang zu unserem intuitiven Zeitwissen bieten auch die unterschiedlichen Objektivierungsformen für Zeit in der natürlich gewachsenen Sprache, weil gerade in dieser allen anthropologisch wichtigen Aspekten von Zeit Ausdruck gegeben werden muss. Das dokumentiert sich nicht nur in Wortbildungen, die offensichtlich und direkt auf das Zeitphänomen Bezug nehmen (*Zeit, Tempus, zeitlos, vorher, bald, dauernd* usw.), sondern auch in dem Vokabular, das sich nur mittelbar auf das Zeitphänomen bezieht (*Erinnerung, Erwartung, Abfolge, Kausalität, vergessen, wiederholen, langweilig* usw.).

Nicht unwichtig für die Manifestation von Eigenzeiten ist auch das Lebensalter der jeweiligen Personen. Ein Kind von 10 Jahren hat verständlicherweise das Gefühl, in einem kalendarischen Jahr faktisch sehr viel mehr zu erleben als ein Erwachsener von 70 Jahren, weil es ja in diesem einen Jahr ein Zehntel seiner ganzen Lebenserfahrungen macht und nicht ein Siebzigstel. Außerdem ist zu beachten, dass ein Kind in einer bestimmten Zeitspanne subjektiv immer sehr viel mehr Neuartiges erlebt als ein Erwachsener, der subjektiv eher Varianten von etwas schon längst Bekanntem wahrnimmt. Deshalb stehen Erwachsene auch nicht in demselben Ausmaß wie Kinder vor der Notwendigkeit, sich ständig neue Erfahrungsbegriffe für die Benennung ihrer jeweiligen Erfahrungsinhalte auszubilden. Interessant ist in diesem Zusammenhang außerdem, dass Kinder eine besondere Neigung haben, ihre individuelle Größe mit ihrem Alter zu korrelieren, was auch bedeutet, dass für sie Erwachsene alle dasselbe Alter haben, da sie ja nicht mehr wachsen und dadurch dann auch andere werden.

Vielleicht lässt sich sogar sagen, dass alle Organismen sowohl eine individuelle als auch eine gattungsspezifische Eigenzeit haben, die sowohl von der Struktur ihrer Rezeptionsorgane und ihren allgemeinen Lebensbedingungen als auch von ihren Möglichkeiten abhängt, Sinnesdaten durch Zuordnung auf bestimmte kognitive Grundmuster zu verarbeiten. Dadurch ergibt sich dann auch die Berechtigung, das Zeitphänomen sowohl als ein biologisches als auch als

---

[39] Vgl. H. Novotny: Eigenzeit. Entstehung und Strukturen eines Zeitgefühls, 1989.

ein kulturelles Phänomen zu betrachten, das sowohl evolutionäre als auch kulturgeschichtliche Implikationen, wenn nicht Dimensionen hat.

Dieses Problem wird sehr schön in einem antiken Mythos veranschaulicht. Eos, die Göttin der Morgenröte, die von Aphrodite wegen einer Affäre mit Ares mit einer ständigen Begierde nach jungen Sterblichen bestraft worden war, erbat sich von Zeus Unsterblichkeit für ihren jungen Geliebten Tithonos. Leider vergaß sie aber, auch ewige Jugend für diesen zu erbitten. Tithonos wurde so immer älter und älter. Sein Antlitz wurde runzliger und seine Stimme keifend. Als Eos schließlich müde wurde, ihn zu pflegen, da sperrte sie ihn in ihr Schlafgemach ein, wo er sich dann in eine Zikade verwandelte.[40]

Die Frage nach dem Wesen der Zeit ist wegen ihrer Komplexität keine fachwissenschaftlich gut zu perspektivierende und zu beantwortende Frage mit einem klaren Ausgangspunkt und einer klaren Zielorientierung. Sie ist eher eine umfassende philosophische Frage, deren Sinn darin besteht, die vielfältigen Fragemöglichkeiten des Menschen nach der Zeit als einem Ordnungskonzept für seine faktischen Weltwahrnehmungen zu erkunden. Sie impliziert nämlich immer auch Bezüge zu dem fragenden Menschen, der das Phänomen der Zeit nicht neutral von außen als einen vorgegebenen Sachverhalt betrachten kann, weil er immer schon selbst in diesen verwickelt ist. Das schließt abstrahierende Verfahren zur Objektivierung der Zeit natürlich nicht aus, aber es gibt deren Ergebnissen immer auch nur einen eingeschränkten Stellenwert. Gerade wenn man die Frage nach der Zeit als eine philosophische und anthropologische Frage ansieht, dann geht sie notwendigerweise immer in Fragen über, welche die Selbstwahrnehmungen des jeweils Fragenden betreffen. Das Bewusstsein der Menschen von Zeit ist daher auch immer ein Teil ihres Selbstbewusstseins bzw. ihrer Fähigkeiten, über die Mittel nachzudenken, mit denen sie sich das Phänomen der Zeit intersubjektiv auf unterschiedliche Weise objektivieren können.

Solange die sprachlichen und nicht-sprachlichen Mittel der Objektivierung von Zeit funktionieren, wird uns die Zeit nicht zu einem Problem, sondern nur dann, wenn wir uns die Leistungsfähigkeit dieser Mittel zum Thema des Denkens machen und dabei auch deren Historizität aufdecken. Solange diese Mittel ihre jeweiligen pragmatischen Zwecke erfüllen, solange assimilieren wir uns die Zeit geistig immer so, wie es diese Mittel nahelegen. Erst wenn diese Objektivierungsmittel nicht mehr reibungslos funktionieren oder kulturgeschichtlich anachronistisch geworden sind, weil wir andere Wahrnehmungsziele für Zeit entwickelt haben, dann entsteht auch das Bedürfnis, sie zu problematisieren. Das bedeutet, dass wir uns von den vertrauten Assimilationsmöglichkeiten für das

---

40 R. von Ranke-Graves: Griechische Mythologie Bd. 1, 1965, S. 132.

Zeitphänomen zu lösen haben, um in Akkommodationsprozesse einzutreten, in denen wir dann auch neue Aspekte der Zeit wahrnehmen können.

Wenn wir beispielsweise unser zyklisches Verständnis von Zeit nicht mehr als befriedigend verstehen und ein lineares oder sogar teleologisches für angemessener erachten, dann muss sich notwendigerweise auch unser Zeichenrepertoire für die lexikalische, grammatische und textuelle Thematisierung von Zeit verändern. Das mythische, künstlerische und narrative Denken braucht notwendigerweise andere Objektivierungsformen für Zeit als das naturwissenschaftliche und kausale Denken. In bestimmten Lebens- und Denkzusammenhängen kann beispielsweise das lineare und quantifizierbare Verständnis von Zeit wichtiger werden als das zyklische und wertende bzw. umgekehrt.

Auf jeden Fall ergeben sich im Rahmen von bestimmten Erinnerungs- und Erwartungsprozessen andere Erlebnisformen von Zeit als in faktischen Arbeits- oder Argumentationsprozessen. Was chronologisch vergangen ist, das wird dadurch ja nicht inexistent, sondern nur auf eine andere Weise für Menschen wirksam. Das, was bloß zukünftig erwartet wird, ist deshalb inhaltlich keineswegs ohne Belang, sondern beeinflusst nur auf eine ganz andere Weise die menschliche Denk- und Handlungsentscheidungen. Da neue Erfahrungen aus alten hervorgehen, werden in ihnen auch immer die alten zustimmend oder ablehnend aufbewahrt. Was für uns eine erfüllte Zeit (kairos) ist und was nur eine messbare Zeit (chronos), das ist immer abhängig von den Erfahrungen und Erwartungen, die unser jeweiliges Denken prägen und strukturieren.

Prinzipiell lässt sich sagen, dass ein lineares Verständnis von Zeit eine Dominanz der Zeit über den Raum impliziert, da der Raum nur die Bühne für die Entfaltung der Zeit in ganz bestimmten Zeitgestalten ist. Dagegen impliziert ein zyklisches Verständnis eine Dominanz des Raumes über die Zeit, da jeder Raum gleichsam seine eigene Zeit hat bzw. seine eigenen Erlebnisweisen von Zeit. Im Raum wiederholt sich die Zeit als ordnungsstiftende Kraft, aber sie bringt nicht wirklich Neuartiges hervor wie etwa im teleologischen Zeitverständnis, das beispielsweise der Weltgeschichte ja einen Anfang und ein Ende zuordnet.

Die Dominanz des Raumes über die Zeit bedingt auch eine Dominanz des Seins über das Werden. Die Dominanz der Zeit über den Raum impliziert dagegen eine Dominanz des Werdens über das Sein. Die polytheistischen Gottesvorstellungen sind deshalb in der Regel auch immer raumbezogen, weil die einzelnen Götter nur einen räumlich und sachlich begrenzten Herrschaftsanspruch stellen. Die monotheistische Gottesvorstellung ist dagegen sehr zeitbezogen. Der eine Gott herrscht über alle Räume und alle Zeiten, weil er beides geschaffen hat. Deshalb sind die monotheistischen Religionen auch Offenbarungsreligionen, die von einem teleologischen Zeitverständnis geprägt werden, während die polytheistischen Religionen Erlebnisreligionen sind, die von einem zyklischen Zeitverständnis geprägt werden, bei dem weniger das Ergebnis von Prozessen eine dominierende Rolle spielt, sondern eher deren Intensität.

Der Unterschied von Raum und Zeit kann in unserem klaren und bewussten Denken sehr deutlich hervortreten. Im Schlaf bzw. unter dem Einfluss von Drogen verwischt er sich ebenso wie unsere Vorstellung von Kausalität und Zufall. In allen ekstatischen bzw. mystischen Wahrnehmungs- und Lebenssituationen vermindert sich die Differenz von Raum und Zeit ebenfalls beträchtlich. Unter dem Einfluss bestimmter Pharmaka vergeht die Zeit schneller oder langsamer, weil sich durch sie die Aufnahmefähigkeit von Reizen erhöht oder vermindert bzw. die Geschwindigkeit der Verarbeitung von Reizen und Informationen. Auch das Spiel oder die Ausbildung von fiktiven Vorstellungswelten sind Verfahren, sich der Dominanz des linearen und chronologischen Zeitverständnisses zu entziehen. Hier entstehen Denk- und Vorstellungsräume mit Eigenzeiten, in die man eintreten kann, die man aber auch wieder verlassen kann.

Letztlich lässt sich sagen, dass alle Formen des Denkens, die über die einfache Verarbeitung von sensorischen Reizen hinausgehen, eine Entfaltung von Eigenzeiten begünstigen. Das dokumentiert sich nicht nur in religiösen und sozialen Riten, sondern auch in den Denkformen der Logik und der Sprache. Die klassische zweiwertige Logik versucht sich von allen chronologischen Zeitimplikationen zu befreien und die Logik als ein zeitloses System von begrifflichen Relationen zu etablieren, das allenfalls auf die Relationen Rücksicht nehmen muss, die man mit Denkmustern wie *früher* oder *später* kennzeichnen kann.

Wenn wir nun aber die Logik nicht als Lehre vom schlussfolgernden Denken in einem weitgehend zeitunabhängigen Strukturraum verstehen, sondern als Lehre von den Strukturen des sinnbildenden Denkens schlechthin, dann werden wir nicht umhin kommen, auch nach den möglichen Zeitimplikationen der Logik zu fragen. Für die Logik werden nun nämlich auch Sinngebilde interessant, bei denen nicht nur Ordnungskategorien wie *früher* und *später* zu bedenken sind, sondern auch Ordnungskategorien wie *wichtig* und *unwichtig*, *intensiv* und *langweilig* oder *aktuell* und *inaktuell*.

In diesem Denkrahmen wird dann auch offensichtlich, dass sich unser Denken nicht darin erschöpfen kann, aus vorgegebenen Grundinformationen kraft Deduktion und Induktion andere Informationen abzuleiten. Es muss sich nämlich immer auch darum bemühen, aus sinnlichen Erfahrungstypen und aus sprachlichen Denkmustern komplexe Sinngestalten herzustellen, die konstitutive Bezüge zum Zeitphänomen haben. Das impliziert, dass in einem solchen Denken bzw. in einer so strukturierten Logik das Inventar von sprachlichen Zeichen eine große Rolle spielen muss, die direkt oder indirekt auf das Zeitphänomen Bezug nehmen, seien es nun lexikalische, grammatische oder textuelle sprachliche Formen und Strukturen.

4 Die Zeit als semiotisches Problem

Unstrittig ist sicherlich, dass wir mit dem Substantiv *Zeit* kein Begriffsmuster benennen, mit dem wir eine Menge sinnlich wahrnehmbarer ähnlicher Gegenstände kategorial zusammenfassen können wie etwa mit dem Substantiv *Baum*. Vielmehr bezeichnen wir mit dem Substantiv *Zeit* ein sehr abstraktes Denkkonzept, mit dessen Hilfe wir uns sehr komplexe Ordnungszusammenhänge begrifflich zu vergegenwärtigen versuchen, die sich einer unmittelbaren sinnlichen Erfahrungskontrolle weitgehend entziehen.

Aus dieser Sachlage ergibt sich dann zwangsläufig die Aufgabe, unsere Aufmerksamkeit darauf zu lenken, über welche Denkstrategien und Denkmittel wir uns das Phänomen *Zeit* zu einem Denkgegenstand bzw. zu einem Denkkonzept machen können. Das bedeutet dann auch, dass unsere anthropologischen Überlegungen zur Zeitproblematik notwendigerweise durch zeichentheoretische ergänzt werden müssen, weil sich erst dabei zeigt, welche Spielräume und Aspekte sich beim Verständnis des Zeitphänomens in alltäglicher, kultureller und wissenschaftlicher Hinsicht eröffnen können.

Diesbezüglich ergeben sich dann vor allem drei große Problembereiche. Erstens ist zu klären, mit welchem Konzept von Zeichen bzw. von Semiotik wir bei diesem Vorhaben am besten arbeiten können. Zweitens ist zu klären, mit Hilfe welcher Denkstrategien und Zeichentypen wir überhaupt bei der semiotischen Objektivierung von Zeit und Zeiterfahrung arbeiten können. Drittens ist zu klären, welche konkreten sprachlichen Objektivierungsverfahren und Zeichenformen für die pragmatische Bewältigung der Zeitproblematik faktisch zur Verfügung stehen und wie diese sich wechselseitig ergänzen, präzisieren und relativieren können.

4.1 Das zweistellige Zeichenkonzept

Mit der These, dass das Zeitproblem auch als ein genuines Zeichenproblem verstanden werden kann, ist noch nicht viel gewonnen, wenn nicht zugleich auch geklärt wird, welches Zeichenkonzept dabei maßgeblich sein soll. Durch dieses wird nämlich auch immer festgelegt, in welchen semiotischen Wahrnehmungsperspektiven sich das Zeitphänomen ins Auge fassen lässt und mit welchen Problem- und Strukturzusammenhängen wir uns diesbezüglich zu beschäftigen haben. Um das zu veranschaulichen, soll deshalb zunächst auf das zweistellige Zeichenmodell von de Saussure näher eingegangen werden, das in der Sprachwissenschaft zeitweilig eine fast kanonisches Geltungskraft gehabt hat, und dann auf das dreistellige Zeichenkonzept von Peirce, das einen sehr viel umfassenderen Strukturierungsanspruch stellt. Über die idealtypische Konfrontation beider Zeichenmodelle lässt sich nämlich gut veranschaulichen, welche Flexibilität unser Verständnis von Zeichen haben muss, um mit dem Zeitphänomen semiotisch und insbesondere sprachlich fertig zu werden.

Das zweistellige Zeichenverständnis als ein Korrelationsverhältnis zwischen einem sinnlich fassbaren Zeichenträger und einem geistigen Zeicheninhalt ist in den positivistisch orientierten Fachwissenschaften aus verständlichen Gründen sehr beliebt, da es den hier dominierenden Denkzielen und Denkoperationen sehr entgegenkommt. Diese sind nämlich in der Regel eher repräsentations- und abbildungstheoretisch als heuristisch oder hermeneutisch orientiert, da sie Zeichen eher als stabile Bausteine von Wissensgebäuden bzw. Wissenssystemen verstehen möchten und weniger als mediale Erschließungsmittel.

Prototypisch für dieses Zeichenverständnis ist das Zeichenmodell des Sprachwissenschaftlers de Saussure. Dieses versteht ein Zeichen nämlich als ein zweistelliges Relationsgebilde aus einem bezeichnenden Zeichenträger (Signifikant) und einem bezeichneten Zeicheninhalt (Signifikat). Dementsprechend ist ein Zeichen bei de Saussure dann auch durch eine konventionalisierte Stellvertretungsrelation geprägt, insofern bei ihm ein sinnlich fassbares Phänomen uns auf sozial gefestigte Weise ein anderes Phänomen ins Bewusstsein ruft. Diese Konvention wird von de Saussure ebenso wie die Sprache selbst als eine *soziale Tatsache* (fait social) gewertet, die entsprechend dem Postulat seines soziologischen Zeitgenossen Emile Durkheim methodologisch genauso wie ein gegebenes Ding betrachtet werden könne.[41]

Diese spezifische methodische Konzentration des Blicks auf die Zeichenproblematik macht das zweistellige Zeichenmodell natürlich für die formalisierten Wissenschaftssprachen und deren Objektivierungsintentionen sehr attraktiv, weil dadurch der Abbildungsgedanke in den Wissenschaftssprachen gegenüber dem Interpretationsgedanken gestärkt wird. Sprachliche Konventionen bei der Wahrnehmung und der Objektivierung von Phänomenen verlieren auf diese Weise nämlich tendenziell ihren heuristischen Hypothesecharakter und lassen sich sehr leicht als abbildende Repräsentationsformen verstehen, die auch einen Wahrheitsanspruch in einem korrespondenztheoretischen Sinne stellen können, insofern Zeichen und Sache nun immer funktionell als sehr eng zusammengehörig in Erscheinung treten können.

---

41 F. de Saussure: Grundfragen der allgemeinen Sprachwissenschaft, 1967^2, S. 8 und S. 76 ff. Vgl. dazu auch W. Köller: Der sprachtheoretische Wert des semiotischen Zeichenmodells. In: K. H. Spinner (Hrsg.): Zeichen, Text, Sinn, 1977, S. 19 ff.

Für das hier entwickelte Wahrnehmungsinteresse an der Zeitproblematik und an den sprachlichen Objektivierungsverfahren für Zeit ist das zweistellige Zeichenmodell nun aber eher problematisch als hilfreich. Bei ihm läuft man nämlich Gefahr, seine Wahrnehmungsmöglichkeiten für Zeit allzu sehr einzuschränken, Teilaspekte der Zeitwahrnehmung für abschließende Erkenntnisse zu halten und die spezifischen Denkanstrengungen der wahrnehmenden Subjekte bei der konkreten Objektivierung von Zeit für ziemlich randständig anzusehen. Das zweistellige Zeichenmodell ist für das fachsprachliche Denken und Sprechen über Zeit zwar sehr attraktiv, aber anthropologisch, erkenntnistheoretisch und sprachtheoretisch eher problematisch. Es verliert nämlich die Rolle des Menschen als *animal symbolicum* bei der Wahrnehmung und Objektivierung von Zeit schnell aus den Augen, da Zeichen in diesem Denkmodell eher als konventionalisierte Abbildungs- und weniger als heuristische Erkenntniswerkzeuge verstanden werden.

Aus diesen Überlegungen lässt sich nun ableiten, dass alle fachsprachlichen Objektivierungsanstrengungen für Zeit in Physik, Biologie, Geschichte, Psychologie usw. natürlich alle ihr methodisches Recht haben, aber dass sie problematisch im Sinne von einseitig werden, wenn ihre Ergebnisse einen Absolutheitsanspruch beanspruchen und wenn dabei vergessen wird, aus welchen konkreten sinnbildenden Abstraktions- bzw. aus welchen sozialen Konventionsprozessen sie hervorgegangen sind. Das lässt sich am Beispiel der Uhr als Objektivierungsmittel für Zeit (Tag, Stunde, Minute, Sekunde) sehr schön exemplifizieren.

Niemand wird bestreiten können, dass die Uhr einen sinnvollen Beitrag zur Erfassung und Differenzierung von Zeit leistet, wenn sie die Zeit als eine quantifizierbare Größe thematisiert. Aber niemand wird behaupten können, dass damit das Problem der Wahrnehmung und des Verständnisses von Zeit schon gelöst sei. Es darf nämlich nicht vergessen werden, dass die Uhr die Zeit nicht nur misst, sondern zugleich auch immer definiert, da sie uns diese nur in einer ganz bestimmten Perspektive zugänglich macht. Dabei ist auch zu beachten, dass Sonnenuhren, Sanduhren, Analoguhren und Digitaluhren das jeweils auf unterschiedliche Weise tun.[42] Dadurch dokumentiert sich zugleich, dass selbst Uhren die Zeit in ganz unterschiedliche Zusammenhänge einordnen können. Ähnliches gilt natürlich auch für die Zeitobjektivierungen, die Geologen, Biologen oder Historiker vornehmen, wenn sie den Zeitbegriff über den Epochenbegriff zu konkretisieren versuchen. Auch hier verwachsen meist deskriptive und normative Intentionen bei der Aufgliederung von Zeit in bestimmte Zeitgestalten.

---

42 Vgl. R. Wendorff: Zeit und Kultur, 1985³, S. 427 ff.

Nicht nur das Wort *Zeit* wird in den verschiedenen Wissenschaften unterschiedlich gebraucht und verstanden, sondern auch die anderen sprachlichen Formen, die zur Differenzierung unseres Zeitverständnisses in Anspruch genommen werden. Das dokumentieren nicht nur unsere unterschiedlichen Kompositabildungen (*Zeitfluss, Zeitlosigkeit, Zeitstil, Bewährungszeit, Lebenszeit,* Fastenzeit, *Freizeit* usw.), sondern auch die unterschiedlichen grammatischen Objektivierungsformen für Zeit, wie sie uns in Gestalt von Tempusformen, Zeitpräpositionen und Zeitkonjunktionen begegnen, die in den einzelnen Fach- und Volkssprachen oft ein sehr unterschiedliches semantisches Profil haben.

Wenn in der modernen Physik die Zeit als vierte Dimension des Raumes verstanden wird, dann ist damit natürlich ein Verständnis der Zeit verbunden, das mit dem Verständnis von Zeit in der Umgangssprache nicht mehr viel gemeinsam hat. Die Vorstellung, dass die Alltagssprache und die verschiedenen Fachsprachen als unterschiedliche Konventionssysteme anzusehen seien, löst das Problem der unterschiedlichen Objektivierungsweisen von Zeit nicht, sondern veranschaulicht es nur. Die Frage bleibt nämlich unbeantwortet, warum wir überhaupt so viele unterschiedliche Objektivierungsweisen von Zeit haben und warum wir uns dennoch in der Alltagskommunikation recht gut über die Zeit verständigen können.

Aus dem Labyrinth bzw. aus den semantischen Inkohärenzen unserer unterschiedlichen Zeitobjektivierungen und Zeitbegriffe kommen wir nur heraus, wenn wir auch nach den Wurzeln unserer unterschiedlichen sprachlichen Objektivierungsformen für Zeit fragen und uns zugleich auch mit dem Problem beschäftigen, warum wir uns dennoch recht gut über dieses Phänomen verständigen können. Dafür benötigen wir allerdings einen Zeichenbegriff, der sprachliche Formen weniger als konventionalisierte Erfassungs- oder gar Abbildungsformen für vorgegebene Phänomene versteht, sondern eher als operative Erschließungsmittel für komplexe Denkgegenstände, welche wir dann in Sprachspielen im Sinne Wittgensteins auch hermeneutisch variabel nutzen können.

Im Hinblick auf solche Zielsetzungen des sprachtheoretischen Denkens bietet das zweistellige Zeichenmodell von de Saussure keine wirkliche Hilfe, sondern eher das dreistellige Zeichenmodell von Peirce, da dieses ausdrücklich versucht, die innere Dynamik von Zeichenprozessen und deren jeweilige Kontextbindungen in die zeichentheoretische Modellbildung zu integrieren. Das wird dadurch erreicht, dass die zwei Basisrelate von Zeichen (Zeichenträger, Zeicheninhalt) immer im Lichte sowie in der Interpretation durch ein drittes Relat (Zeicheninterpretant) ins Auge gefasst werden. Dadurch bekommen dann Zeichen eher den Charakter von heuristischen und hermeneutischen Werkzeugen für aktuelle Sinnbildungsanstrengungen als den Charakter von konventionalisierten Repräsentations- oder gar Abbildungsmitteln.

4.2 Das dreistellige Zeichenkonzept

Zeichen lassen sich prinzipiell immer als Relationsphänomene bestimmen, da mit ihnen naturgemäß ganz bestimmte Verweisungs- und Korrelationsfunktionen verbunden sind. Das beinhaltet, dass ein konkretes Zeichen sachlich nie auf seine direkt fassbare morphologische Gestalt als Zeichenkörper beschränkt werden kann, weil es ja immer auf etwas verweist, was von diesem unterschieden werden kann und muss. Während das zweistellige Zeichenkonzept dieses Relationsverhältnis über den Konventionsbegriff näher zu bestimmen versucht, ist das dreistellige Zeichenkonzept von Charles Sanders Peirce insbesondere darum bemüht, dieses Relationsverhältnis mit Hilfe des Interpretationsbegriffs genauer zu kennzeichnen. Dadurch ergeben sich dann für die Struktur und Funktion von Zeichen natürlich ganz erhebliche Konsequenzen.

Unter diesen Rahmenbedingungen muss die innere Relationsstruktur von Zeichen nämlich auf sehr viel differenzierte Weise bestimmt werden, da nun nicht nur zwei, sondern drei unterschiedliche Teilgrößen in einen Korrelations- bzw. Interaktionszusammenhang miteinander gebracht werden müssen. Es genügt nun nicht mehr, einen ganz bestimmten konventionalisierten Assoziationszusammenhang zwischen einem Bezeichnenden und einem Bezeichneten herzustellen. Jetzt muss nämlich prinzipiell immer ein Wirkungszusammenhang zwischen drei Teilgrößen hergestellt werden, bei dem auf konstitutive Weise auch die Vorstellung einer variablen perspektivierenden Interpretation ins Spiel kommen muss. Dabei ist dann immer damit zu rechnen, dass jede Einzelgröße ihr spezifisches Profil erst durch die Interaktion mit den beiden anderen Größen erhält. Das hat dann insbesondere zwei wichtige Konsequenzen für die möglichen Sinnbildungsfunktionen von Zeichen.

Einerseits wird dadurch nämlich das Verständnis von Zeichen sehr viel variabler, da nun ihr jeweiliger Sinn davon abhängt, wie die Korrelation der drei Teilgrößen von den jeweiligen Zeichennutzern konkretisiert wird. Andererseits bekommen Zeichen als spezifische Vermittlungsmedien zwischen der Objektsphäre und der Subjektsphäre der Welt eine sehr viel größere Autonomie, weil sie nun als eigenständige, wenn auch interpretationsbedürftige Vorstellungsgrößen sehr viel deutlicher hervortreten als im zweistelligen Zeichenkonzept. Das bedeutet, dass das dreistellige Zeichenkonzept nicht als eine bloß quantitative Ausweitung des zweistelligen anzusehen ist, sondern vielmehr als ein qualitativ ganz anderes Zeichenkonzept. Zeichen können nun nämlich nicht mehr nur als bloße Konventions- oder Assoziationsphänomene verstanden werden, da sie jetzt als Vermittlungsphänomene bzw. als Manifestationsformen von Interpretationsanstrengungen anzusehen sind, über die bestimmte Vorstellungsinhalte nicht nur assoziativ aufgerufen werden, sondern auch geistig hergestellt werden. Das schließt aus, die Zeichenproblematik im Rahmen einer einfachen Stellvertretungsvorstellung zu verstehen. Vielmehr wird nahegelegt, sie im Rahmen einer Interpretations- und Gestaltungsfunktion wahrzunehmen.

Das zweistellige Zeichenkonzept hat zweifellos den Vorteil, dass es uns konsequent aus allen magischen Denkstrukturen herauslöst, die sich über den Begriff *Namenszauber* erläutern lassen. Solche Denkformen sind strukturell nämlich dadurch bestimmt, dass Name und Sache als so eng miteinander verwachsen angesehen werden, dass der Name einer Sache gleichsam als Teil der Sache selbst verstanden wird. Das hat dann auch die Vorstellung begünstigt, dass das, was man dem jeweiligen Namen antut, zugleich immer auch der bezeichneten Sache antut, bzw. dass man über die Kenntnis eines Namens auch eine Macht über die von ihm benannte Sache bekommt (Rumpelstilzchen). Solche weitgehenden Identitätsvorstellungen von Name und Sache wird zwar durch das zweistellige Zeichenkonzept konsequent aufgehoben, weil es die Relation zwischen beiden Phänomenen als ein bloß sozial bedingtes Konventionsverhältnis ansieht und nicht als zwei Aspekte derselben Sache.

Das schließt nun aber nicht aus, dass sich in einem positivistischen Wissenschaftsverständnis der Glaube durchaus zäh gehalten hat, dass man durch richtig gebildete Zeichen bzw. Begriffe die reale Welt auf der Ebene der Zeichen zutreffend abbilden könne. Im zweistelligen Zeichenkonzept ermöglichen Zeichen einerseits zwar immer eine gewisse Distanz bzw. operative Freiheit in Bezug auf das von ihnen Bezeichnete, aber das schließt den Glauben nicht aus, dass Zeichen im Prinzip auch eine große inhaltliche Angemessenheit zu den von ihnen thematisierten Phänomenen haben können oder sollen. Auf jeden Fall erleichtert das zweistellige Zeichenverständnis auch das klassische logische Denken in Form von deduktiven bzw. analysierenden Schlussfolgerungsprozessen.

Das dreistellige Zeichenkonzept schützt uns nun aber nicht nur wie das zweistellige vor einem magischen Denken und Zeichenverständnis, sondern zugleich auch vor einem positivistischen Denken und Zeichenverständnis. Es bewahrt uns insbesondere vor allen Formen der Zeichengläubigkeit, insofern es alle Zeichen prinzipiell als Ausdrucksformen eines hypothetischen und heuristischen Denkens versteht, das sich inhaltlich seinen jeweiligen Bezugsgegenständen allenfalls asymptotisch annähern kann, das diese aber keineswegs abbilden kann im Sinne von geistig ersetzen. Das bedeutet nun, dass das dreistelligen Zeichenkonzept uns nicht nur dabei hilft, uns vor einer naiven Zeichengläubigkeit zu bewahren, sondern uns auch nachhaltig dabei unterstützt, unsere Denk- und Handlungsmöglichkeiten flexibel nach unseren pragmatischen Bedürfnissen zu gestalten. Das lässt sich gerade am Beispiel der sprachlichen Bewältigung des Zeitphänomens exemplarisch recht gut demonstrieren.

Allerdings dürfen wir diesbezüglich nicht vergessen, dass jede Form einer konkreten sprachlichen Wissensfixierung immer problematisch ist, da sie uns das jeweils Thematisierte ja notwendigerweise immer nur auf perspektivisch eingeschränkte Weise zugänglich macht. Deshalb kommt es ganz entscheidend darauf an, nicht nur viele Erfassungsweisen für Welt semiotisch zu erproben, sondern auch darauf, die jeweiligen Zeichen für die geistige Vergegenwärtigung von Welt nicht auf eine mechanische, sondern vielmehr auf eine heuristische Weise so zu nutzen, dass dabei unsere sinnliche, praktische und theoretische Erfahrung mit den jeweiligen Phänomenen nicht vergessen wird.

Das dreistellige Zeichenkonzept von Peirce mildert jede Form einer leichtfertigen Zeichengläubigkeit, weil es die interne Relationsstruktur von Zeichen nicht nur auf den Assoziations- und Konventionsgedanken gründet, sondern vor allem auf den Vermittlungs- und Interpretationsgedanken. Auf diese Weise bekommen Zeichen dann sowohl eine größere ontologische Eigenständigkeit als Sinnbildungswerkzeuge, als auch eine größere semantische Flexibilität. Das wird auch dadurch gewährleistet, dass dreistellige Relationsgebilde eine größere Autonomie haben als zweistellige, da sie sich sehr flexibel auf aktuelle Rahmenbedingungen und spezifische Sinnbildungsziele einstellen können.

Beispielsweise ermöglichen es erst drei Haarsträne, einen formstabilen Zopf zu flechten, und erst drei Beine geben einem Hocker eine verlässliche Standfestigkeit. Das ist dadurch bedingt, dass sich die mögliche Labilität und Einseitigkeit von zweistelligen Relationen durch eine dritte Relationsgröße funktional stabilisieren lässt. Der Biologe Bertalanffy hat deshalb auch von einem „*Fließgleichgewicht*" im Hinblick auf biologischen Ordnungsgestalten gesprochen.[43] Dieses ermögliche dann gerade solchen Organismen größere Überlebenschancen in einer sich verändernden Umwelt, die sich den jeweiligen Umweltbedingungen nicht vollständig angepasst haben und die sich eben dadurch dann auch unterschiedliche Reaktionsmöglichkeiten auf sich verändernde Außenreize und Lebensbedingungen erhalten haben. Unscharfe Begriffe bzw. Sprachkonventionen haben deshalb nicht nur Nachteile, sondern auch Vorteile. Pragmatisch gesehen können sie einerseits zwar Probleme aufwerfen, weil dadurch natürlich ihre jeweilige Informationsgenauigkeit negativ beeinflusst wird, aber andererseits können sie gerade dadurch auch Probleme lösen, insofern sie uns eine erste kognitive Annäherung an unübersichtliche komplexe Phänomene wie etwa die Zeit erleichtern. Das dokumentiert unser reichhaltiger Gebrauch von semantisch recht unscharfen Metaphern bei der sprachlichen Bewältigung des Zeitphänomens sehr schlagend.

---

[43] L. von Bertalanffy: Das biologische Weltbild, 1949, S. 120 ff.

In der Kulturgeschichte ist deshalb auch immer wieder das Bemühen beobachtbar, polarisierende Begriffsdyaden durch flexiblere Begriffstriaden zu ersetzen, um vereinfachende zweistellige Korrelationen in komplexere dreistellige umzuwandeln (These–Antithese–Synthese; Mann–Frau–Kind; wachen–schlafen–träumen usw.).[44] Die stabilisierende Wirkung von Beweglichkeit in Korrelationszusammenhängen dokumentiert sich auch darin, dass Stelzengänger und Seiltänzer ihr Gleichgewicht nicht durch Beharrungsanstrengungen aufrechterhalten, sondern vielmehr durch Ausbalancierungsanstrengungen.

Die Pointe des dreistelligen Zeichenkonzeptes von Peirce besteht daher vor allem darin, dass er ein Zeichen primär nicht als ein Gebilde aus zwei Teilphänomenen versteht, die natürlich immer eine immanente Tendenz zu konventionalisierten Wahrnehmungsverfestigungen haben, sondern vielmehr als ein Gebilde aus drei Teilphänomenen, die immer eine Tendenz zu einer internen Dynamik haben. Jede Veränderung eines Teileelementes im situativen Gebrauch hat nämlich zugleich auch Rückwirkungen auf die Wahrnehmung und das Verständnis der anderen beiden Teilphänomene. Das berechtigt Peirce dann auch zu der Auffassung, dass Zeichen nicht bloß als Mittel der Informationsübermittlung verstanden werden sollten, sondern vor allem als Manifestationen von Sinnbildungsanstrengungen. Ihnen kann daher dann auch von Fall zu Fall eine andere Informationsfunktion zugeschrieben werden, eben weil sie als Erscheinungsweisen von Interaktionsprozessen anzusehen sind, bei denen jede Veränderung eines Faktors immer auch Rückwirkungen auf das Verständnis des gesamten semiotischen Sinngefüges hat. Das schließt eine Verfestigung von Zeichen in Fachsprachen mit definierten Erkenntnisinteressen und Funktionen nicht aus, aber es macht solche Verfestigungsprozesse zumindest im Rahmen der Polyfunktionalität der natürlichen Sprachen ziemlich unwahrscheinlich.

Gleichwohl ist nun aber auch zu beachten, dass auch natürliche Sprachen eine Tendenz zur Stabilisierung von Konventionen bei der Zeichenbildung und dem Zeichenverständnis haben, um der Gefahr vorzubeugen, dass diese zu Privatsprachen werden, die ihre soziale Funktionalität einbüßen. Deshalb ist es vorteilhaft, sich das Korrelations- und Interaktionsverhältnis der drei Zeichenfaktoren noch etwas genauer zu vergegenwärtigen, um das interne Spannungsverhältnis von Kreativität und Konventionalität im dreistelligen Zeichenmodell von Peirce besser verstehen zu können.[45]

---

[44] Vgl. G. Révész: Die Trias. Analyse der dualen und trialen Systeme. Bayrische Akademie der Wissenschaften, phil.-hist. Klasse 1956, H. 10, 1957.
[45] Vgl. W. Köller: Der sprachtheoretische Wert des semiotischen Zeichenmodells. In: K. H. Spinner (Hrsg.): Zeichen, Text, Sinn 1977, S. 33–48; W. Köller: Narrative Formen der Sprachreflexion, 2006, S. 475–514.

Grundlegend für das Zeichenverständnis von Peirce ist es, dass er Zeichen als dynamisches Korrelationsphänomene versteht, die sich aus den Subgrößen *Zeichenträger*, *Zeichenobjekt* und *Zeicheninterpretant* konstituieren. Das bedeutet, dass er ein Zeichen natürlich nicht mit der Einzelgröße identifiziert, die als sinnliche Grundlage des Zeichens fungiert, sondern vielmehr mit dem spezifischen Interaktionsverhältnis zwischen den drei Subgrößen eines Zeichens, das pragmatisch gesehen von Peirce immer als eine Ausdrucksform von menschlichen Sinnbildungsintentionen verstanden wird. Daraus ergibt sich für ihn dann auch, dass ein Zeichen nicht als eine Sachgröße anzusehen ist, sondern vielmehr als eine Relationsgröße mit einem potentiell flexiblen Funktionsprofil.

Als *Zeichenträger* eines Zeichens kann für Peirce letztlich alles in Erscheinung treten, was sinnlich direkt fassbar oder was gut vorstellbar ist und was sich gegenüber anderen Phänomenen auch gut abgrenzen lässt. Das bedeutet, dass für Peirce das Feld der möglichen Zeichenträger keineswegs faktisch, sondern nur methodisch eingrenzbar ist. Daraus ergibt sich für die hier aktuellen Fragestellungen dann die wichtige Konsequenz, dass auch die Menge der möglichen Zeichenträger für das Phänomen *Zeit* in Natur, Kultur und Sprache nicht abschließend fixierbar ist. Alles, was wir geistig über Veränderungs-, Kausalitäts-, Analogie-, oder Konventionserfahrungen sinnvoll mit dem Zeitphänomen in Verbindung bringen können, das können wir prinzipiell auch als einen Zeichenträger für die semiotische Objektivierung des Phänomens *Zeit* oder deren Teilaspekte in Anspruch nehmen. Deshalb ist auch die Menge der lexikalischen, grammatischen und textuellen Zeichenträger für Zeit in der natürlichen Sprache nicht faktisch, sondern nur methodisch begrenzbar, eben weil solche Zeichenträger ja keine direkte Abbildungsfunktion für das Zeitphänomen haben, sondern im Prinzip nur eine Fensterfunktion, die dabei helfen soll, uns dieses insgesamt oder hinsichtlich seiner Teilaspekte faktisch zugänglich zu machen.

Aus diesen Überlegungen zum semiotischen Status des Zeichenträgers im dreistelligen Zeichenkonzept von Peirce deutet sich auch schon an, was Peirce unter dem *Zeichenobjekt* in einer Zeichenvorstellung verstehen möchte. Das Zeichenobjekt lässt sich nämlich für Peirce nicht mit einem schon klar vorgegebenen ontischen Original identifizieren, das nachträglich mit einem Zeichen bloß thematisiert oder gar abgebildet wird. Zeichenobjekte sind für ihn vielmehr geistige Konstitute der Zeichenverwender, die sich allerdings in menschlichen Handlungsprozessen immer als brauchbar und eben dadurch dann auch als realitätshaltig erweisen müssen. Deshalb sind sie letztlich auch keine willkürlichen Konstrukte der Zeichenverwender, sondern zweckdienliche Formen für Objektbildungen, die sich pragmatisch insbesondere auf lange Sicht (in the long run) zu bewähren haben. Dementsprechend müssen dann auch alle Objektbildungen von Zeichen immer zwei grundsätzliche Anforderungen erfüllen.

Einerseits muss bei jeder semiotischen Objektbildung immer etwas aus dem Kontinuum der Welt herauspräpariert werden, dessen Eigenart unseren praktischen Erfahrungen mit den möglichen Ordnungsstrukturen der Welt nicht widerspricht. Andererseits müssen die jeweiligen Objektbildungen den pragmatischen Unterscheidungsbedürfnissen der Menschen entsprechen, um von diesen auch als sinnvoll angesehen werden zu können. Deshalb versteht Peirce das Zeichenobjekt dann auch nicht in einem ontosemantischen Sinne als eine Entität, die nachträglich nur durch einen Zeichenträger repräsentiert und fixiert wird, sondern vielmehr als eine Entität, die als Bedingung oder Ursache der jeweiligen Zeichenbildung anzusehen ist.[46] Daher lassen sich für ihn die Objektbildungen bei Zeichen letztlich auch eher mit Hilfe des Fruchtbarkeitsgedankens rechtfertigen als mit Hilfe des Abbildungsgedankens.

Diese Bestimmung des Zeichenobjekts hat zur Konsequenz, dass jede sinnvoll abgrenzbare Vorstellungseinheit in sinnlichen oder geistigen Welten potentiell als ein Zeichenobjekt angesehen werden kann und dass Peirce seine Zeichenlehre auf keine normativen Ontologie aufbauen muss. Er kann sich vielmehr damit begnügen, sich mit Hilfe von Zeichen der angenommenen *Realität* asymptotisch anzunähern, und muss an sich nicht den Anspruch stellen, diese direkt abzubilden. Deshalb sind semiotische Objektivierungsprozesse für Peirce auch weder direkte Widerspiegelungsprozesse noch freie Konstruktionsprozesse. Sie sind allenfalls interpretative Spiegelungsprozesse im Sinne von sinnvollen Gestaltbildungsprozessen, durch die Sachwelten und Denkwelten in einen fruchtbaren Kontakt miteinander zu bringen sind. Das ist für Peirce prinzipiell möglich, weil für ihn Geist (mind) und Materie (matter) sich nicht wie bei Descartes konträr gegenüberstehen, sondern sich vielmehr wechselseitig bedingen.

Vor dem Hintergrund dieser ontologischen Überlegungen wird nun auch plausibel, warum semiotische Objektivierungsprozesse bei Peirce aus sich ständig fortzeugenden Sinnbildungsanstrengungen hervorgehen und warum er deshalb dann auch zwischen einem *unmittelbaren* und einem *dynamischen Objekt* unterscheidet.[47] Damit will er zweierlei verdeutlichen. Einerseits wird jede sinnvolle semiotische Objektbildung strukturell durch das Spannungsverhältnis zwischen einem mehr oder weniger naiven unmittelbaren Vorwissen und einem praktisch erprobten Erfahrungswissen geprägt. Andererseits muss jede Objektbildung prinzipiell interpretations- und revisionsbedürftig bleiben und darf keinen dogmatischen Endgültigkeitsstatus beanspruchen. Dementsprechend

---

[46] Ch. S. Peirce: Collected Papers 5.473. „*That thing which causes a sign as such is called the object [...] represented by the sign.*"
[47] Ch. S. Peirce: Collected Papers 8.314.

kann sich dann auch das Profil unserer Objektbildungen im Kontext unseres kognitiven und praktischen Umgangs mit den jeweiligen Erfahrungsbereichen durchaus verändern, da Zeichenverwender immer lernfähig bleiben müssen.

Der Stoßseufzer Augustins über das Verständnis des Zeitphänomens exemplifiziert dieses grundlegende erkenntnistheoretische und semiotische Spannungsverhältnis deutlich, insofern ihm klar ist, dass die Objektkonstitution für das Wort *Zeit* nicht normativ fixiert werden kann, sondern sich je nach Wahrnehmungsperspektive unterschiedlich gestalten lassen muss. Finale Objektbildungen werden zwar gerade in den Wissenschaften immer angestrebt, aber sie sind letztlich nicht zu leisten, weil wir dafür schwerlich letztgültige Sehepunkte und Wahrnehmungsverfahren nutzen können. Neue Formen der Zeiterfahrung und der Zeitmessung ermöglichen deshalb dann auch immer neue Formen der sachlichen und der semiotischen Objektivierung des Zeitphänomens.

Um uns das Verständnis der variablen Relation von Zeichenträger und Zeichenobjekt zu erleichtern, hat Peirce dann den Begriff *Zeicheninterpretant* eingeführt. Mit diesem Begriff nimmt er nicht auf etwaige konkrete Zeicheninterpreten Bezug, was leider zuweilen angenommen wird, sondern auf die Menge der Vorstellungen, Zeichen und Verfahren, mit denen wir das Relationsverhältnis zwischen Zeichenträgern und Zeichenobjekten interpretieren können. Deshalb lässt sich der Begriff des Zeicheninterpretanten auch als zusammenfassende Bezeichnung für die Interpretationsperspektiven und Interpretationsmittel verstehen, mit denen die kognitive und kommunikative Funktion von Zeichenträgern bei der Bildung von Zeichenobjekten näher bestimmt werden kann. Der Zeicheninterpretant ist daher das *Interpretierende*, mit dem man die Relation zwischen einem Zeichenträger und einem Zeichenobjekt konkretisieren und beschreiben kann. Er lässt sich deshalb auch mit den Denkstrategien, Denkmitteln und Denkinhalten identifizieren, mit denen die Objektivierungsfunktionen des jeweiligen Zeichenträgers erläutert werden kann. Daher werden für Peirce die Begriffe *Erkennbarkeit* und *Sein* auch weitgehend zu synonymen Begriffen.[48]

Durch die Einführung des Zeicheninterpretanten in die Beschreibung der Struktur von Zeichen will Peirce das Verständnis von Zeichen sowohl stabilisieren als auch flexibilisieren. Auf diese Weise kann er nämlich das Verstehen von Zeichen einerseits an Konventionen und Regeln binden, aber andererseits auch an die Spontaneität und Kreativität von individuellen Denkoperationen. Zugleich kann er damit dann auch darauf aufmerksam machen, dass das Verstehen von Zeichen nicht befriedigend allein mit Hilfe des Codebegriffs beschrie-

---

48 Ch. S. Peirce: Collected Papers 5.257. „In short, cognizability (in its widest sense) and being are not merely metaphysically the same, but are synonymous terms."

ben werden kann, weil es letztlich immer auch etwas mit der geistigen Beweglichkeit und der Erfahrung der jeweiligen Zeichenverwender zu tun hat, die natürlich kulturell und individuell durchaus unterschiedlich ausfallen kann. Außerdem lässt sich mit diesem Begriff auch recht gut darauf aufmerksam machen, dass man Zeichen als Relationsgebilde nicht zureichend versteht, wenn man sie nur mit Hilfe des Stellvertretungsgedanken zu beschreiben versucht und nicht auch mit Hilfe des Hypothesegedankens. Das bedeutet zugleich, dass man die Semiotik auch nicht als eine bloße Systemwissenschaft verstehen sollte, sondern vielmehr eher als eine Sinnbildungswissenschaft, die vor allem den Strukturierungs- und Dialoggedanken in den Mittelpunkt ihres Interesses stellt.

Durch die Idee des Zeicheninterpretanten als eines dritten konstituierenden Faktors von Zeichen kommt nämlich unmissverständlich zum Ausdruck, dass es für Peirce keine Repräsentation ohne Interpretation gibt und dass man die pragmatische Funktion von Zeichen verkürzt versteht, wenn man sie nur im Rahmen des Stellvertretungsgedanken oder der Gedächtnishilfe ins Auge fasst. Für ihn stehen nämlich die Prinzipien der Vermittlung (mediation), der Relationalität (relationship) und der Kontinuität (continuity) im Mittelpunkt seines zeichentheoretischen Denkens. Deshalb ist es auch nicht überraschend, dass Peirce bei seinen zeichentheoretischen Überlegungen auch von einem *unmittelbaren* (immediate), einem *dynamischen* (dynamic) und einem *finalen* (final) Interpretanten spricht, um Zeichen als Vermittlungsphänomene zwischen der Welt der erfahrbaren Sachverhalte und der Welt der wahrnehmenden Subjekte zu kennzeichnen und zu beschreiben.[49]

Dass Zeichen im Rahmen des Zeichenkonzeptes von Peirce immer auch eine anthropologische Grundfunktion haben, dokumentiert sich recht deutlich gerade bei der semiotischen Bewältigung des Zeitphänomens. Sein Zeichenverständnis macht es nämlich erforderlich, die Bedeutung von Zeichen immer auch entstehungsgeschichtlich zu thematisieren, um ihre kognitiven und kommunikativen Funktionen angemessen zu verstehen. Deshalb ergeben sich bei dem zeichentheoretischen Denken von Peirce nicht nur viele Überschneidungen mit dem von Humboldt und Cassirer, sondern auch mit dem des Biologen und Psychologen Piaget. In Piagets *genetischer Erkenntnistheorie* spielen nämlich bei der Wissensbildung nicht nur *Assimilationsprozesse* als Übernahme von Neuem und Fremdartigen durch ein wahrnehmendes Subjekt eine zentrale Rolle, sondern auch *Akkommodationsprozesse* als Anpassungsvorgänge dieses Subjekts an das für ihn jeweils Neue und Fremdartige.[50]

---

49 Ch. S. Peirce: a. a. O., 8.315.
50 J. Piaget: Einführung in die genetische Erkenntnistheorie, 1973, S. 22 ff.

4.3 Die erkenntnistheoretischen Implikationen der Semiotik

Für Peirce sind sprachlichen Zeichen ganz besonders interessant, weil bei diesen seine drei Zeichentypen *Ikon, Index* und *Symbol* in spezifisch abgewandelter Weise vorkommen. Insofern sich nun alle menschliche Gedanken immer in Zeichen objektivieren bzw. verwandeln müssen, wenn sie intersubjektiv verständlich werden sollen, wird für Peirce die Sprache auch anthropologisch ganz besonders wichtig. Gerade weil sich die Identität eines Menschen über dessen jeweilige Denkmöglichkeiten konkretisiert, kann er die Sprache dann auch als Summe der menschlichen Existenz und Identität ansehen.[51]

Wenn man nun von der Interpretationsbedürftigkeit von sprachlichen Zeichen spricht, dann sind natürlich insbesondere diejenigen Zeichen interessant, die sich nicht auf sinnlich fassbare Gegenstandsbereiche beziehen, sondern auf abstrakte, wofür gerade das Wort *Zeit* exemplarisch in Anspruch genommen werden kann. Bei dem Verständnis dieses Wortes können wir nicht direkt auf sinnlich fassbare Erfahrungen zurückgreifen, sondern nur auf ein großes Spektrum von kulturell und pragmatisch gefestigter Verstehensgewohnheiten für Zeit, was ja der Stoßseufzer Augustins exemplarisch veranschaulicht hat.

Bei der Analyse der pragmatischen Funktionen von Zeichen und insbesondere bei der von abstrakten sprachlichen Wörtern spielen für Peirce die Ordnungsbegriffe *Synechismus* und *Abduktion* eine ganz zentrale Rolle. Durch diese Termini kann er nämlich sowohl auf die realen ontischen Voraussetzungen von Zeichenbildungen aufmerksam machen als auch auf die kreativen ontologischen Implikationen von anspruchsvollen komplexen Zeichenbildungen.

Den Terminus *Synechismus* hat Peirce aus dem Sprachgebrauch der antiken griechischen Medizin entlehnt, wo er den Tatbestand bezeichnet, dass alle isolierbaren Körperteile gleichwohl mit anderen in einem bestimmten Interaktionszusammenhang stehen bzw. bei Störungen vom Arzt wieder in einen solchen gebracht werden müssen.[52] Mit dem Synechismusbegriff will Peirce deshalb insbesondere darauf aufmerksam machen, dass auch bei jeder Zeichenbildung isolierbare Teilaspekte immer in einen Wirkungszusammenhang mit

---

[51] Ch. S. Peirce: Collected Papers 5.313–314: „In fact, therefore, men and words reciprocally educate each other [...]. It is that the word or sign which man uses *is* the man himself. For, as the fact that every thought is a sign, taken in conjunction with the fact that life is a train of thought, proves that man is a sign: so, that every thought is an *external* sign, proves that man is an external sign. That is to say, the man and the external sign are identical, in the same sense in which the word *homo* an *man* are identical. Thus my language is the sum total of myself; for the man is the thought."
[52] Ch. S. Peirce: Collected Papers 7.565.

anderen gebracht werden müssen und dass alle Teile erst in diesem konkreten Interaktionszusammenhang ihr spezifisches semantisches Profil bekommen.

Den Synechismusgedanken bezieht Peirce dann insbesondere auf die Unterscheidung von *Materie* und *Geist*. Diese beiden Phänomene lassen sich für ihn nämlich nicht auf eine konträre Weise im Sinne von Descartes bestimmen, sondern nur auf eine gestaltbildenden Weise, da sie letztlich als Teilwelten zu verstehen sind, die sich wechselseitig ihren spezifischen Inhalt geben. Den Synechismusgedanken möchte Peirce dabei allerdings nicht als eine abschließende metaphysische Doktrin verstanden wissen, sondern eher als ein unverzichtbares Prinzip der Logik, die er wiederum als allgemeine Lehre von der Struktur des Denkens und der Zeichennutzung versteht, aber nicht auf reduzierter Weise als eine Lehre von rein begrifflich orientierten Schlussfolgerungsprozessen.[53]

Der Synechismusgedanke von Peirce impliziert im Hinblick auf das Verständnis des Phänomens und des Wortes *Zeit* die immanente Aufforderung, empirische Erfahrungen immer mit geistigen Hypothesen und Interpretationsanstrengungen in Beziehung zu setzen und keiner dieser Teilwelten vorschnell eine generelle Übermacht über die jeweils anderen zuzuordnen. Davor sind nämlich weder das positivistische noch das konstruktivistische Denken beim Umgang mit dem Zeitphänomen wirklich gefeit.

Das Synechismuskonzept ist sicherlich hilfreich, um sich die vielfältigen Dimensionen und Aspekte der Zeitproblematik zu vergegenwärtigen und nicht eine einzige Wahrnehmungsweise von Zeit absolut zu setzen, sei sie nun quantifizierender, qualifizierender oder psychologisierender Art. Das bedeutet, dass bei dem Verständnis und bei der semiotischen Objektivierung von Zeit immer unterschiedliche Gesichtspunkte eine Rolle spielen können und müssen. Diese Grundüberzeugung hat dann auch Auswirkungen darauf, in welchen konkreten sprachlichen Formen wir uns das Zeitphänomen objektivieren können. Die Zusammengehörigkeit von Materie und Geist rechtfertigt Peirce dann auch anticartesianisch dadurch, dass er die Materie bzw. das, was wir üblicherweise als widerständige Gegenständlichkeit betrachteten, letztlich als einen in Gewohnheiten eingebundenen Geist anzusehen hätten. Diese Gegenständlichkeit hätten wir nämlich immer erst über Zeichen zu erschließen, die intersubjektiv verständlich sein müssten.[54]

All das bedeutet nun, dass Menschen bei der Bildung von und bei dem Umgang mit Zeichen nicht nur etwas über ihre Außenwelt erfahren, sondern auch

---

53 Ch. S. Peirce: Collected Papers 7.570.
54 Ch. S. Peirce: Collected Papers 6.158. „[...] what we call matter is not completely dead, but is merely mind hidebound with habits."

immer etwas über sich selbst und über ihre Differenzierungsinteressen an ihr. Dabei dürfen wir nun allerdings nicht vergessen, dass solche Wahrnehmungsprozesse faktisch eigentlich nie abgeschlossen werden können, sondern allenfalls methodisch, da jede Objektbildung als Interpretation von Wahrnehmungen durch Zeichen selbst wieder interpretationsbedürftig ist. Diese Grundstruktur aller Zeichenbildungen bezeichnet Peirce deshalb auch als einen unabschließbaren Semioseprozess, da jede konkretisierte Objektkonstitution bei der Zeichenbildung selbst wieder veränderbar oder zumindest interpretierbar ist.

In diesem Zusammenhang wird dann auch gut verständlich, warum Peirce ausdrücklich davor warnt, unsere Denkprozesse entweder nur als rein analytische Schlussfolgerungsprozesse zu verstehen, bei denen die Implikationen von vorgegebenen Grundannahmen aufgedeckt würden (Deduktionsprozesse), oder nur als Verallgemeinerungsprozesse, in denen aus individuellen Teilerfahrungen generelle Schlussfolgerungen abgeleitet würden (Induktionsprozesse). Vielmehr postuliert er, dass die Logik als eine umfassende Lehre von der Struktur des Denkens sich auch damit zu beschäftigen habe, wie durch die Eigenbeweglichkeit der jeweiligen Denksubjekte erst bestimmte hypothetische Wahrnehmungsformen für das jeweils zu Verstehende hergestellt werden könnten.

Diese menschliche Fähigkeit zur Herstellung von Denkperspektiven, Sinnbildungsstrategien und Denkmustern bezeichnet Peirce als *Abduktion*. Durch dieses Konzept wird dann auch verständlich, welchen konkreten Wert man Deduktionen und Induktionen zubilligen kann. Durch die menschliche Fähigkeit zur Abduktion werden für Peirce nämlich erst die Prämissen hergestellt, die Deduktions- und Induktionsprozesse für ihre spezifischen Denkoperationen benötigen. Deshalb verdichtet sich für ihn auch die Grundproblematik des semiotisch orientierten Pragmatismus in der Frage nach der Logik der Abduktion.[55]

Die Fähigkeit des Menschen zum abduktiven Denken, die trotz aller möglichen Fehlleistungen doch immer wieder fruchtbare Wahrnehmungsperspektiven für bestimmte Wahrnehmungsgegenstände hervorbringe, verankert Peirce in einer genuinen Einsicht (insight) des Denkens in reale und geistige Welten, die letztlich auf einer inneren Affinität des menschlichen Erkenntnisvermögens zum Universum beruhe, aus dem es selbst hervorgegangen sei.[56] Deshalb versteht Peirce das menschliche Bewusstsein auch keineswegs nur als Speicher- oder Vergegenwärtigungsraum für gegebene Vorstellungsinhalte, sondern im-

---

55 Ch. S. Peirce: Collected Papers 5.196. „If you carefully consider the question of pragmatism you will see that it is nothing else than the question of the logic of abduction." Vgl. auch 5.145 und 5.171–173.
56 Ch. S. Peirce: Collected Papers 5.47.

mer auch als einen Operationsraum für abduktive bzw. kreative Sinnbildungsprozesse, in denen neben begriffsfähigen Vorstellungen (notions) auch Gefühle (feelings) und Bestrebungen (efforts) eine legitime Wirksamkeit ausübten.[57]

Es ist nun recht offensichtlich, dass das Interpretanten-, das Synechismus- und das Abduktionskonzept von Peirce wichtige Erklärungsfunktionen haben können, wenn man die semiotischen Aspekte und Implikationen der Zeitproblematik zu konkretisieren versucht. Zumindest können wir davon ausgehen, dass sich in den sprachlichen Objektivierungsformen für Zeit auf evolutionäre Weise ein brauchbares Zugangs- und Handlungswissen für den Umgang mit Zeit angesammelt hat, das wir allerdings nicht völlig überschauen und begrifflich konkretisieren können. Gleichwohl lässt sich aber auch festhalten, dass es pragmatisch gesehen nicht abwegig ist, danach zu fragen, welche expliziten Wahrnehmungsmöglichkeiten für Zeit uns die evolutionär entstandenen und bewährten sprachlichen Objektivierungsformen für Zeit eröffnen können.

Vor dem Hintergrund dieser Überlegungen zu den semiotischen Implikationen der Wahrnehmung von Zeit ist es nun natürlich nicht ganz unproblematisch, gerade auf das Phänomen *Spiegel* Bezug zu nehmen. Unsere Vorstellungen von Spiegeln sind nämlich auf eine fast selbstverständliche Weise mit dem Abbildungsgedanken verbunden bzw. mit der Vorstellung einer natürlichen Widerspiegelung von vorgegebenen Originalen, was nun allerdings nicht gut mit dem Interpretationsgedanken der Semiotik zu harmonieren scheint.

Diese Sichtweise auf Spiegel ändert sich erst, wenn wir Spiegel als ganz spezifische semiotische Objektivierungswerkzeuge für konkrete Erfahrungsmöglichkeiten betrachten, die immer auch von ganz bestimmten Interpretationsinteressen geprägt werden. Unter diesen Rahmenbedingungen konzentriert sich unser Erkenntnisinteresse dann nämlich auf die von Spiegeln erzeugten Spiegelbilder, die Originale nicht verdoppeln, sondern wie andere Zeichen auch auf ganz bestimmte Weise zu erschließen versuchen. Aus diesem Grunde soll dann auch noch das Phänomen *Spiegel* als ein ganz besonderes Erkenntnismittel in einem eigenen Kapitel näher untersucht werden.

4.4 Die sprachlichen Objektivierungsformen für Zeit

Nach den vorangegangenen semiotischen Überlegungen zu den grundsätzlichen Erschließungs- und Interpretationsfunktionen von Zeichen ist verständlich, warum die Menge der sprachlichen Zeichen für die Thematisierung und

---

[57] Ch. S. Peirce: Collected Papers 7.580.

Objektivierung von Zeit weder nach Umfang noch nach Inhalt eindeutig fixiert werden kann. Vielerlei sprachliche Zeichen und Zeichentypen können uns Interpretationsbezüge zu diesem Phänomen herstellen, eben weil die Zeit ein anthropologisches Grundphänomen ist, das vielfältige Einzelaspekte aufweist, die auf ganz unterschiedliche Weise sprachlich thematisiert werden können.

Die Frage nach der Erschließung von Zeit im Spiegel der Sprache kann sich deshalb auch nicht auf das Problem beschränken, was mit dem Substantiv *Zeit* historisch gemeint worden ist bzw. systematisch gemeint werden kann. Sie muss sich grundsätzlich mit allen sprachlichen Zeichen und Zeichentypen beschäftigen, über die wir auf abduktive Weise Kontakt zum Zeitphänomen herstellen können, seien es nun lexikalische, grammatische oder textuelle Zeichenformen, die sich alle nur idealtypisch voneinander abgrenzen lassen.

Bei der Frage nach den möglichen sprachlichen Objektivierungsformen für Zeit denken wir verständlicherweise zunächst an Substantive, Verben und Adjektive bzw. Adverbien. Diese Objektivierungsmuster haben nämlich für uns einen recht deskriptiven Grundcharakter, weil sie uns ihre Inhalte als Substanzen, Prozesse oder Eigenschaften bzw. Besonderheiten zu thematisieren scheinen, was für unsere alltäglichen Unterscheidungs- und Wahrnehmungsprozesse ontologisch und pragmatisch durchaus plausibel ist. Auf diese Weise lässt sich das Zeitphänomen dann auch leicht entweder als substanziell gegebenes selbstständiges Seinsphänomen verstehen, das Träger unselbstständiger Prozesse oder Eigenschaften werden kann, oder als akzidentielles Seinsphänomen, das ein Trägerphänomen braucht, an dem es zur Erscheinung kommen kann. Diese Wahrnehmungsweise von Zeit ist natürlich verständlich, aber sie ist ontologisch gesehen keineswegs unproblematisch. Dabei laufen wir nämlich Gefahr, das Zeitphänomen möglicherweise nur als ein Derivat von Wortarten oder Begriffsmustern insbesondere des indogermanischen Sprachtyps zu verstehen, und zu vergessen, dass andere Sprachfamilien nicht so nachhaltig von solchen typologischen sprachlichen Unterscheidungsformen geprägt werden.

Gleichwohl ist aber wohl einzuräumen, dass dieses sprachtypologisch bedingte Vorverständnis von Zeit sich pragmatisch in unserem alltäglichen Umgang mit Zeit durchaus bewährt hat, weil es ansonsten wohl kulturhistorischen Selektionsprozessen zum Opfer gefallen wäre. Jedenfalls können wir festhalten, dass wir heute zumindest im abendländischen Kulturkreis ohne die Objektivierung von Zeit als Substanzphänomen kaum auskommen, was unsere metaphorische Redeweisen von Zeit recht deutlich dokumentieren (*Zeitfluss, Gang der Zeit, die Zeit wird zeigen*). Der Umstand, dass wir aus dem Substantiv *Zeit* auch Verben (*zeitigen*) und Adjektive (*zeitlos*) und Adverbien (*zeitig*) ableiten können, relativiert zwar unsere substanzielle Vorstellung von Zeit zugunsten einer akzidentiellen, aber sie hebt die dominierende substanzielle Grundvorstellung von

Zeit nicht gänzlich auf, sondern ergänzt sie eher. Das gilt in ähnlicher Weise auch, wenn wir über andere Adjektive und Adverbien Bezug auf das Phänomen *Zeit* nehmen (*vergangen, modern, gestern, morgen*).

Durch diese sprachliche Flexibilität wird verhindert, dass sich in der Sprache eine normativ wirksame Zeitvorstellung etabliert und dass unsere Vorstellung von Zeit immer durch dieselben Interpretanten bestimmt wird bzw. durch strukturell ähnliche Objektivierungsgeschichten. Allenfalls lässt sich in spezifischen Fachsprachen der abduktive Reichtum an möglichen Objektivierungsgeschichten für das Phänomen oder den Begriff *Zeit* methodisch einschränken. Deshalb gibt es dann ja auch in der Physik, in der Biologie, in der Theologie, in der Psychologie und in der Literatur ganz unterschiedliche Zeitobjektivierungen und Zeiterlebnisse. Auf eine normative Regulierung des Sinns unseres Wortes *Zeit* kann sich der natürliche Sprachgebrauch überhaupt nicht einlassen, weil er dann seine natürliche abduktive und heuristische Flexibilität verlöre.

Ähnliches gilt auch für die grammatischen und textuellen Sprachformen, die etwas indirekter auf das Zeitphänomen Bezug nehmen als die lexikalischen. Das alles ist dadurch bedingt, dass die Formen der natürlichen Sprache eher interpretative als abbildende Ordnungsfunktionen haben, die weniger durch den Gültigkeits- als durch den Fruchtbarkeitsbegriff geprägt werden. Wie in biologischen so kann es natürlich auch in sprachlichen Evolutionsprozessen nicht nur zu nützlichen, sondern durchaus auch zu problematischen Formbildungen kommen, die sich entweder in bestimmten Hinsichten oder generell als wenig sinnvoll erweisen und daher dann meist über kurz oder lang auch wieder aus dem Sprachgebrauch verschwinden.

Außerdem haben wir zu beachten, dass bei vielen lexikalischen Zeichen die jeweiligen Musterbildungen nicht auf direkte, sondern eher auf indirekte Weise mit dem Zeitphänomen verbunden sind, insofern dieses gleichsam als eine Art Konterbande in viele Sprachformen integriert ist. Wenn wir etwa an die Wörter *Gedächtnis, Erwartung, Vergangenheit, vergessen, hoffen, später, früher* usw. denken, dann sitzt das Zeitphänomen gleichsam immer mit am Tisch, ob wir das nun wollen oder nicht. Ähnliches gilt auch, wenn wir von *Arbeit, Kausalität, Tradition, Anachronismus* oder *Rhythmus* sprechen. Gerade weil die Zeit ein anthropologisches Grundphänomen ist, haben fast all unsere Erfahrungsinhalte Zeitimplikationen in einem engeren oder weiteren Sinne.

Deshalb ist es auch für wissenschaftliche Fachsprachen letztlich problematisch, einen ganz bestimmten Begriff von Zeit normativ zu fixieren, weil dadurch ganz bestimmte Aspekte der Zeit auf Kosten anderer leichtfertig mit einem Alleinvertretungsanspruch versehen werden. Das dokumentieren die Zeitbestimmungen von Aristoteles über Newton bis zu Einstein sehr deutlich, die natürlich alle ein methodisches Recht haben, aber eben kein generelles. Solche normativen Bestimmungen führen über kurz oder lang immer zu Paradigmenwechseln, in denen durch die kognitive Beweglichkeit der jeweiligen Theoretiker immer wieder neue Aspekte und Dimensionen des Zeitphänomens abduktiv erschlossen werden. Diese sind allerdings oft schon im natürlichen und insbesondere im metaphorischen Sprachgebrauch mehr oder weniger deutlich präsent. Das illustriert recht gut eine Einstein zugeordnete Anekdote. Dieser soll auf einer Reise von Basel nach Zürich dem Schaffner eine Frage gestellt haben, die zeigt, dass in der natürlichen Sprache durchaus auch das neue Zeit-Raum-Verständnis der Relativitätstheorie ansatzweise artikuliert werden kann: *„Bitte schön, hält Baden an diesem Zug?"*[58]

Wenn wir nach den grammatischen Objektivierungsformen für Zeit fragen, dann kommen wir bei unseren semantischen Überlegungen im Denkrahmen einer substanz- und abbildtheoretisch orientierten Ontosemantik nicht sehr viel weiter, sondern allenfalls im Denkrahmen einer operativ orientierten Instruktionssemantik. Grammatische Zeichen haben in Opposition zu lexikalischen in Sinnbildungsprozessen nämlich primär den Status von relationsstiftenden interpretativen Metazeichen. Sie weisen uns nämlich an, wie wir lexikalische Zeichen als autosemantische Inhaltszeichen in komplexen Sinnbildungsprozessen konkret zu verstehen haben.[59] Deshalb lassen diese sich dann auch als synsemantische Funktionszeichen klassifizieren, die keine Benennungs-, sondern vielmehr Organisationsaufgaben zu erfüllen haben, insofern sie ja den Zusammenhang und das Verständnis von lexikalischen Zeichen präzisieren.

Grammatische Zeichen treten deshalb auch meist als semantisch ergänzungsbedürftige Satzelemente auf (Konjunktionen, Präpositionen) oder als unselbstständige Morpheme an lexikalischen Zeichen (Kasusmorpheme, Tempusmorpheme) oder als Reihenfolgemuster für der Abfolge lexikalischer Zeichen (prä- und postdeterminierende Attribute). Diese relationale interpretative Funktionsbestimmung grammatischer Zeichen schließt natürlich nicht aus, sie auf einer anderen Abstraktionsebene so zusammenzufassen, dass sie auch als Repräsentanten von bestimmten sachlichen Denkkategorien verstanden werden können (Tempus, Kasus, Negation). Das gilt insbesondere dann, wenn wir bestimmte grammatische Zeichentypen als sprachliche Universalien ansehen, die notwendigerweise in allen Sprachen vorkommen müssen, um deren pragmatische Funktionalität sicherzustellen (Negationszeichen, Numeruszeichen).

---

58 V. Meyer: Die Zeit in der Relativitätstheorie. In: R. W. Meyer: Das Zeitproblem im 20. Jahrhundert, 1964, S. 30.
59 Vgl. W. Köller: Philosophie der Grammatik, 1988, S. 67.

Zu den grammatischen Zeichen, die ganz offensichtlich etwas mit der Zeitproblematik zu tun haben, gehören natürlich die unterschiedlichen Tempusformen. Diesbezüglich ist allerdings zu beachten, dass diese im Deutschen nicht nur chronologische Differenzierungsfunktionen zu erfüllen haben, sondern auch noch eine Reihe von anderen. Sie können nämlich Prozesse auch nach Verlauf oder Abschluss spezifizieren oder signalisieren, dass bestimmte Aussagen als Vordergrunds- oder als Hintergrundsinformationen verstanden werden sollen. Darauf wird dann noch näher bei der Analyse von Tempusformen einzugehen sein. Auf diese Weise verdeutlicht sich dann, dass Tempora in Texten nicht nur etwas zu unserem chronologischen Zeitverständnis beitragen können, sondern auch etwas zu unserem psychologischen bzw. anthropologischen.

Aufschlussreich für das mehrdimensionale Verständnis von Zeit bei grammatischen Zeichen sind natürlich auch bestimmte Präpositionen wie etwa *vor* oder *nach*, die sowohl zeitlich als auch räumlich verstanden werden können, oder die Konjunktion *wenn*, die sowohl zeitlich als auch konditional rezipiert werden kann. Interessant ist weiterhin, dass auch die zeitliche Reihenfolge von Wörtern, Satzgliedern und Sätzen eine ganz spezifische Sinnbildungsfunktion hat, weil dadurch festgelegt wird, wie die Wahrnehmung einer späteren Information durch eine frühere vorperspektiviert werden kann. Das betrifft dann auch das Sinnverständnis von prä- und postdeterminierenden Attributen oder das Verständnis von Komposita, bei denen im Deutschen das erste Glied als Bestimmungsbegriff das zweite Glied als Gegenstandsbegiff näher präzisiert (*Dachwohnung, Wohnungsdach*).

Beim Sinnverständnis von Sätzen und Texten spielt es eine ganz erhebliche Rolle, welche Inhaltsvorstellung zuerst ins Bewusstsein gerufen wird und damit dann zum Ausgangspunkt eines Sinnbildungsprozess wird (Thema) und welche Zusatzinformation dann die so gesetzte Erwartungsspannung lösen soll (Rhema). Auf diese Weise wird dann die grammatische Determinationsrelation zwischen zwei Satzelementen (Subjekt und Prädikat) durch eine psychologische Determinationsrelation ergänzt. Dadurch können dann sowohl Sätze wie Texte natürlich ein ganz spezifisches Sinnrelief bekommen.

Aus all dem lässt sich nun der Schluss ziehen, dass es sehr unterschiedliche Mittel gibt, uns das Zeitphänomen in sprachlichen Sinnbildungsprozessen direkt oder indirekt zu thematisieren bzw. es auch als einen Ordnungs- bzw. Sinnbildungsfaktor zu nutzen. Diesbezüglich ist dann gerade die polyfunktionale natürliche Sprache sehr viel aufschlussreicher als alle formalisierten Fachsprachen, weil letztere kaum dazu dienlich sind, beispielsweise komplexe ästhetische Sinngestalten mit einer mehrdimensionalen Bedeutung herzustellen, die auf ganz unterschiedlichen Ebenen auf das Zeitphänomen Bezug nehmen können.

Interessant ist diesbezüglich ein Bekenntnis des Physikers Werner Heisenberg. Auf die Frage, ob er die Relativitätstheorie Einsteins und die Rolle der Zeit für einen ruhenden bzw. bewegten Beobachter verstanden habe, hat er nämlich die folgende für einen Physiker sehr aparte Antwort gegeben. Das mathematische Gerüst der Einsteinschen Theorie sei ihm völlig klar, aber er fühle sich dennoch von der Logik dieses Gerüstes irgendwie betrogen, denn er habe „*die Theorie mit dem Kopf, aber noch nicht mit dem Herzen verstanden.*"[60] Diesbezüglich macht er dann geltend, dass Verstehensvorgänge in den Naturwissenschaften eine eindimensionalere Struktur hätten als im alltäglichen Leben.

Die semantische Unschärfe der natürlichen und insbesondere der ästhetischen Sprache ist im positivistischen wissenschaftlichen Denken immer wieder gerügt worden. Diesbezüglich sollte man aber nicht vergessen, dass in den Vagheiten dieses Sprachgebrauchs auch eine Chance liegt, weil dadurch unsere Wahrnehmungs- und Denkperspektiven nicht vorschnell normativ eingeengt werden. Das exemplifiziert das metaphorische Sprechen über die Zeit auf sehr schlagende Weise. Mit dessen Hilfe können wir uns nämlich das Zeitphänomen immer wieder auf andere Weise zu einem Denkgegenstand machen. Diese Sachlage lässt sich durch zwei aphoristische Bemerkungen sehr gut illustrieren.

In seinem Kinderbuch *Alice hinter den Spiegeln* lässt der Logiker und Mathematiker *Lewis Carroll* seinen *Humpty Dumpty* folgendes sagen: „*Wenn i c h ein Wort gebrauche[...], dann heißt es genau, was ich für richtig halte – nicht mehr und nicht weniger.*"[61] Diese Gebundenheit des Denkens an bestimmte Sprachspiele bzw. an den aktuellen Gebrauch semantisch variabler Zeichen hat auch Wittgenstein prägnant thematisiert: „*Wenn man aber sagt: >Wie soll ich wissen, was er meint, ich sehe ja nur seine Zeichen<, so sage ich: >Wie soll e r wissen, was er meint, er hat ja auch nur seine Zeichen<*".[62]

Wenn man seinen Überlegungen zur konkreten Semantik sprachlicher Formen eine solche Gebrauchstheorie zugrunde legt, dann liegt natürlich die Annahme nahe, dass sich in den möglichen sprachlichen Objektivierungsformen für Zeit zumindest ein großes, wenn auch ein sehr hypothetisches Wissen über die mögliche anthropologische Relevanz der Zeit niedergeschlagen hat. Deshalb lohnt es sich dann auch, danach zu fragen, welches Wissen wir über die Zeit gewinnen, wenn wir sie im Spiegel der sprachlichen Formen wahrnehmen, die sich kulturhistorisch für die Objektivierung von Zeit evolutionär herausgebildet und gefestigt haben.

---

60 W. Heisenberg: Der Teil und das Ganze, 1981⁵, S. 48.
61 L. Carroll: Alice hinter den Spiegeln, 1980⁴, S. 88.
62 L. Wittengenstein: Philosophische Untersuchungen § 504, 1967, S. 171.

5 Spiegel und Sprache als Wahrnehmungsmedien

Die Idee, bestimmte Formen der natürlich gewachsenen Sprache als Spiegel anzusehen, deren Spiegelbilder dabei helfen, uns das recht abstrakte Phänomen *Zeit* auf sinnvolle und intersubjektiv verständliche Weise geistig zu objektivieren, ist aus mindestens drei Gründen durchaus problematisch. Erstens ist es erkenntnistheoretisch waghalsig, bestimmte Formen der Sprache zu Spiegeln zu erklären, mit denen sich die Zeit oder zumindest bestimmte Aspekte der Zeit authentisch widerspiegeln lassen. Eine solche Vorstellung lässt sich allenfalls als eine metaphorische Denkweise verstehen, die keinen faktischen Wahrheitsanspruch im üblichen Sinne stellen kann, sondern die man eher als eine Manifestationsweise eines ästhetischen oder spekulativen Denkens ansehen sollte. Zweitens sind reale Spiegel nur sensibel für die Erfassung von konkreten Einzelphänomenen, aber nicht wie sprachliche Begriffe auch sensibel für die begriffliche bzw. für die typologische Kategorisierung dieser jeweiligen Wahrnehmungsinhalte. Drittens ist dieses Verfahren auch wissenschaftstheoretisch ziemlich fragwürdig, weil wir auf diese Weise mit sehr unterschiedlichen Objektivierungsweisen von Zeit konfrontiert werden, die wir schwerlich unter einem allgemeingültigen Begriff von Zeit subsumieren können. Unter diesen Umständen besteht nämlich durchaus die Gefahr, bei der Vielfalt unserer Einzelwahrnehmungen von Zeit gerade das aus den Augen zu verlieren, was dieses Phänomen typologisch und anthropologisch tatsächlich ausmacht.

Gleichwohl ist nun aber nicht zu leugnen, dass Spiegel und Spiegelbilder für uns immer eine sehr große Faszination gehabt haben, da durch sie unsere menschlichen Wahrnehmungsmöglichkeiten oft beträchtlich ausgeweitet werden konnten, und dass in der Erkenntnistheorie der Begriff *Widerspiegelung* entweder zustimmend oder ablehnend immer eine wichtige Rolle gespielt hat. All das rechtfertigt es jedenfalls, uns etwas näher mit dem Problem zu beschäftigen, ob oder wie man Spiegelbildern eine Erkenntnisfunktion zuordnen kann.

Dabei ist allerdings immer zu beachten, dass wir mögliche sprachliche Spiegelbilder nie als Verdoppelungen von Originalen ansehen dürfen, sondern immer nur als Zeichen, die uns einen abstrahierenden und akzentuierenden Zugang zu etwas ermöglichen, was wir nicht direkt sinnlich wahrnehmen können, da es entweder zu vielschichtig ist oder da es uns prinzipiell sonst nie sichtbar wird wie beispielsweise das eigene Gesicht oder die eigenen Augen.

Wenn wir nun aber Spiegelbilder von etwas, entgegen dem unmittelbaren Augenschein, nicht als Formen der Verdopplung von etwas verstehen, sondern als Formen des Zugangs und der Interpretation von etwas, dann entschärft sich die ganze Problematik beträchtlich. Unter diesen Umständen müssen wir Spiegelbilder nämlich nicht mehr als *Was-Dinge* verstehen, sondern können sie als *Wozu-Dinge* im Dienste von ganz bestimmten Verstehensinteressen betrachten. Das Hauptinteresse an Spiegelbildern verschiebt sich dadurch dann auf die Frage, welche Hilfestellungen sie den Menschen bei der kognitiven Bewältigung der menschlichen Lebenswelt leisten. Spiegel und ihre Spiegelbilder treten nun für uns weniger als Naturphänomene in Erscheinung, sondern eher als Kulturphänomene, die nicht dazu bestimmt sind, Phänomene an sich zu objektivieren, sondern vielmehr in bestimmten Hinsichten als Phänomene für uns.

Diese Sicht auf die Funktion von Spiegeln und auf die von ihnen erzeugten Spiegelbilder macht es erforderlich, sich auch etwas genauer mit der Konstitution von optischen und sprachlichen Spiegelbildern zu beschäftigen, um deren Zeichencharakter und deren heuristische Funktionen genauer bestimmen zu können. Wenn wir verstehen, was es heißt, Phänomene mit Hilfe von Spiegeln wahrzunehmen, dann verstehen wir auch besser, was es heißt, die Sprache als eine mögliche Erscheinungsform von Spiegeln wahrzunehmen bzw. bestimmte Sprachformen als Lieferanten für bestimmte Spiegelbilder von Zeit.

Eine solche Vergegenwärtigungsweise von Zeit steht natürlich in einem deutlichen Kontrast zu der von Astronomie, Physik oder Biologie. Aber sie muss nicht als eine Ausschließung von anderen wahrgenommen werden, da sie als eine ganz besondere Ergänzung zu diesen verstanden werden kann. Eine solche Erfassungsweise von Zeit interessiert sich nämlich vor allem für die anthropologische Relevanz der Zeit, die andere Objektivierungsweisen von Zeit nicht als bedeutungslos ansieht, sondern diesen nur einen ganz spezifischen pragmatischen Funktionswert zu geben versucht. Dabei zeigt sich dann auch, dass die Zeit ein sehr widerspenstiges Phänomen ist, das man nicht vollständig, sondern allenfalls partiell in seine kognitive Gewalt bringen kann. Deshalb muss man dann auch nicht nur ein Blick auf die kulturelle Evolutionsgeschichte von Spiegeln aller Art werfen, sondern auch ein Blick auf unser Verständnis der Spiegelbilder, die von den jeweiligen Spiegeln erzeugt werden können.

5.1 Der Spiegel als Objektivierungsmittel

Materiell fassbare Spiegel können sowohl in natürlicher Form (Wasseroberfläche) als auch in artefaktischer Form (polierte Metalloberflächen, metallhinterlegte Glasflächen, konkave und konvexe Spiegelformen) in Erscheinung treten. Unsere empirischen Erfahrungen mit konkreten Spiegeln und ihren Spiegelbildern erleichtern uns dann auch sehr, den Terminus *Spiegel* in einem metaphorischen Sinne zu verwenden und sogar Bauwerke, Kunstwerke, Staatsformen oder Sprachen in einem funktionalen bzw. semiotischen Sinne als Spiegel anzusehen, die uns auf etwas aufmerksam machen, was sie selbst nicht sind, was sie uns aber ikonisch bzw. bildlich ins Bewusstsein rufen können. Konstitutiv für unser Verständnis von Spiegeln bzw. für die von ihnen erzeugten Spiegelbilder ist immer, dass dabei unser Sehsinn eine ganz dominante Rolle spielt.[63]

Die enge Verbundenheit unseres Spiegelverständnisses mit unserem Sehsinn ist keineswegs nebensächlich, weil dieser im Vergleich mit unseren anderen Wahrnehmungssinnen kognitiv meist als besonders vertrauenswürdig angesehen wird. Er ist nämlich im Vergleich mit unserem Tast-, Geschmacks- oder Hörsinn ein ausgesprochener Distanzsinn, der nicht unmittelbar mit seinen jeweiligen Wahrnehmungsgegenständen verbunden oder gar verwachsen ist, weshalb uns die über ihn erworbenen Wahrnehmungsinhalte dann auch nicht so leicht psychisch überwältigen können. Der Sehsinn bietet außerdem auch die Chance, seine jeweiligen Wahrnehmungsgegenstände in einem hohen Grade sowohl ganzheitlich wahrzunehmen als auch selektiv hinsichtlich ganz bestimmter Einzelaspekte. All das lässt sich sehr gut über den dialektisch zu verstehenden fast paradoxen Begriff der *Fernnähe* thematisieren.

Aus der engen Korrelation von Sehsinn und Spiegel ergibt sich weiter, dass der Spiegel ebenso wie das Fernrohr oder die Lupe als ein Medium in Erscheinung tritt, das die Wahrnehmungsmöglichkeiten unserer Augen für die Erfassung von optisch wahrnehmbaren Phänomenen ungemein steigert. Das hat dann auch zur Folge, dass der metaphorische Gebrauch des Wortes *Spiegel* immer auch als ein Verfahren verstanden worden ist, unsere geistigen Wahrnehmungs- und Korrelationskräfte auszuweiten und zu steigern.

Wenn nun optische Spiegel zur Spezifizierung unseres Sehvermögens nützlich sind, dann ist außerdem zu beachten, dass es je nach der Struktur des Spiegels auch zu einer Vergrößerung, Verkleinerung, Vergröberung oder gar zur Verzerrung seiner Spiegelbilder im Vergleich zu den jeweils gespiegelten Originalen kommen kann, was dann je nach den aktuellen Objektivierungszielen als positiv oder als negativ beurteilt werden kann. Auf jeden Fall ist aber zu beachten, dass Spiegelbilder immer mit ganz bestimmten Transformations- und Interpretationsprozessen verbunden sind, da das jeweils Erspiegelte ja in neue Wahrnehmungszusammenhänge eingeordnet wird.

Technisch perfekte Spiegel können Spiegelbilder erzeugen, die es erschweren, zwischen den faktischen Originalen und ihren jeweiligen Spiegelbildern zu unterscheiden, wenn wir die jeweilig genutzten Spiegel nicht klar als mediale Brücken bzw. Hilfsmittel für unsere faktischen Wahrnehmungen identifizieren

---

63 Vgl. W. Köller: Sinnbilder für Sprache, 2012, S. 482–535. Hier wird auch auf die einschlägige Literatur zur Spiegelproblematik hingewiesen.

können. Perfekte Spiegelbilder lassen sich deshalb auch leicht zu Täuschungszwecken verwenden, insofern wir oft nicht mehr ganz eindeutig zwischen Urbild und Abbild unterscheiden können. Deshalb ist es dann auch verständlich, dass den sogenannten *Widerspiegelungen* der Realität durch Begriffe, Aussagen und Theorien oft ein sehr hohes Prestige zugewachsen ist, weil Spiegelbilder dabei nicht immer als abstrahierende oder akzentuierende Interpretationsphänomene verstanden wurden, sondern eher als Verdoppelungsphänomene.

Deshalb hat der späte Wittgenstein auch feinsinnig durch eine nur scheinbar harmlose Frage darauf aufmerksam gemacht, dass der Besitz von Spiegeln bzw. die Erzeugung von Spiegelbildern keineswegs gleichbedeutend mit einer Herrschaft über die Bilder sei, die sich faktisch im Spiegel zeigen: „*Man kann doch einen Spiegel besitzen; besitzt man dann auch das Spiegelbild, das sich in ihm zeigt?*"[64]

Spiegel aller Art können ihre pragmatische Funktion, Spiegelbilder als ikonische Zeichen von Originalen zu erzeugen, nur dann wirklich erfüllen, wenn die jeweiligen Spiegel auch faktisch klar als Produzenten von Spiegelbildern wahrgenommen werden können. Nur dann kann nämlich eindeutig zwischen den jeweiligen Bezugsgegenständen und ihren akzentuierenden Repräsentationen durch Spiegelbilder unterschieden werden bzw. zwischen real gegebenen und künstlich erzeugten Wahrnehmungsgestalten oder Wahrnehmungsräumen. Nur unter diesen Bedingungen können Spiegelbilder dann auch als ikonische Zeichen für etwas anderes verstanden werden, die zugleich immer eine ganz spezifische Wahrnehmungsperspektive für das von ihnen jeweils Repräsentierte eröffnen.

Diese Distanzierungs- und Vermittlungsfunktion von Spiegelbildern kann vielerlei pragmatische Zielsetzungen haben. Sie kann anthropologisch betrachtet insbesondere auch eine Schutzfunktion haben, insofern sie die Menschen vor der physischen oder psychischen Übermacht der jeweils erspiegelten Phänomene zu schützen vermag. Das ist in dem antiken Mythos von Medusa und Perseus sehr eindrücklich dargestellt worden.

In dieser Geschichte wird nämlich berichtet, dass Medusa so furchterregend und hässlich ausgesehen habe, dass bei ihrem Anblick alle Menschen vor Angst sofort versteinerten. Deshalb riet dann auch Athene ihrem Schützling Perseus dazu, Medusa nicht direkt anzusehen, sondern nur indirekt über ihr abstrahierendes Spiegelbild auf seinem blankpolierten Schild. Dieses Verfahren bewahrte Perseus dann auch tatsächlich vor einer Versteinerung und ermöglichte es ihm zugleich, Medusa das Haupt abzuschlagen. Allerdings musste Athene ihm

---

64 L. Wittgenstein: Zettel. Werkausgabe Bd. 8, S. 432.

dabei hilfreich die Hand führen, weil Kämpfe mit Gegnern, die man nur indirekt als Spiegelbilder wahrnimmt, natürlich immer sehr erschwert werden.[65]

Die Distanzierungs-, Abstraktions- und Schutzfunktion von Spiegelbildern angesichts der faktischen Übermacht oder Faszination von Originalen kommt auch sehr einprägsam in einer Anekdote über den Naturforscher und Philosophen Thales zum Ausdruck. Dieser soll nämlich bei einem nächtlichen Spaziergang von dem direkten Anblick der Sterne so fasziniert gewesen sein, dass er unversehens in einen Brunnen gefallen sei. Das habe dann eine lebenspraktische thrakische Magd mit einem ganz untheoretischen Gelächter quittiert. Dieses Unglück wäre Thales sicherlich erspart geblieben, wenn er die Sterne nicht direkt, sondern nur als Spiegelbilder in einem Brunnen betrachtet hätte. Aber was hätte er dann tatsächlich von ihnen wahrnehmen können?[66]

Da Spiegel gegebene Originale in Spiegelbilder verwandeln, eröffnen sie dadurch dann allerdings auch die Chance, die jeweiligen Spiegelbilder in einer ruhigeren und distanzierteren Kontemplation wahrzunehmen als die jeweiligen Originale selbst. Diese Transformationskraft von Spiegelbildern begünstigt es dann auch, die Originale variantenreicher im Rahmen unterschiedlicher Theoriebildungen zu betrachten, weil man sich auf diese Weise zumindest partiell von ihrer physischen oder psychischen Übermacht befreien kann. Dadurch eröffnet sich nämlich die Chance, sich die jeweiligen Originale in ganz unterschiedlichen Perspektivierungen und Kontexten interpretierend zu vergegenwärtigen.

Wenn wir nun den Spiegel als ein ganz spezifisches Objektivierungsmedium betrachten, dann müssen wir seine Bilder natürlich auch deutlich von denen eines Malers unterscheiden. Ein Spiegel kann in seinen Abbildern nur das objektivieren, was physisch tatsächlich existiert und was synchron zu der jeweiligen Wahrnehmungssituation auch faktisch vorhanden ist. Ein Maler kann dagegen in seinem Bild auch das objektivieren, was nur fiktiv existiert (Einhorn) bzw. auch das, was einmal existiert hat oder existieren könnte. Eben weil Spiegel nur das widerspiegeln können, was in der faktischen Realität aktuell vorhanden ist, aber nicht das, was auch durch die menschliche Vorstellungskraft erzeugt werden kann, werden Spiegelbilder oft als besonders realitätshaltig angesehen bzw. als wahr. Dagegen kann bei gemalten Bildern natürlich davon ausgegangen werden, dass sie auch subjektiven Objektivierungsbedürfnissen Ausdruck zu geben vermögen, bei denen dann der Unterschied zwischen faktischer Realität und repräsentierendem Bild leicht verschwimmen kann.

---

65 R. von Ranke-Graves: Griechische Mythologie, Bd. 1, 1965, S. 215f.
66 Vgl. H. Blumenberg: Das Lachen der Thrakerin, 1987.

Allerdings haben wir diesbezüglich nun auch zu beachten, dass gerade zentralperspektivisch gemalte Bilder zumindest in dem Sinne realistisch sein wollen, als sie ja einem möglichen konkreten Seheindruck entsprechen sollen und wollen. Deshalb hat Leonardo da Vinci dann auch ausdrücklich postuliert, dass solche Bilder nach dem Vorbild von Spiegelbildern zu gestalten seien: *„Man muß den Spiegel zum Meister nehmen […]."*[67]

Phänomenologisch und pragmatisch gesehen ist allerdings zu berücksichtigen, dass Spiegelbilder funktional weniger dazu bestimmt sind, die faktische Realität von etwas zu postulieren, sondern eher dazu, die erspiegelte Realität in andere Realitäten zu integrieren, um ganz bestimmte Handlungsprozesse optimal zu organisieren. Das exemplifizieren beispielsweise die Bilder des Rückspiegels von Autos sehr klar. Diese machen uns nämlich etwas zugänglich, was eigentlich nicht im Sehfeld der menschlichen Frontalaugen liegt, was aber gleichwohl für die Handlungsentscheidungen eines Autofahrers von großer Bedeutung ist. Dasselbe gilt auch für Spiegel in einem Zimmer. Diese ermöglichen es uns nämlich, etwas zu sehen, was eigentlich nicht im direkten faktischen Blickwinkel der Augen liegt, was aber gleichwohl dennoch vorhanden ist.

Die besondere Funktionalität von Spiegeln macht sich auch bemerkbar, wenn ein Spiegel in ein Gemälde integriert wird. Dann bekommen wir über dessen Spiegelbild etwas zu sehen, was wir im Rahmen der zentralperspektivischen Ordnung eines Gemäldes als einer sehbildgetreuen Abbildung eines Korrelationszusammenhangs normalerweise nicht sehen. Wir können dann mit Hilfe gemalter Spiegelbilder wirklich um die Ecke sehen, weil eben dadurch gleichsam die optischen Determinanten eines vorgegebenen räumlichen Sehepunktes für etwas außer Kraft gesetzt werden können. Gemalte Spiegelbilder machen nämlich nun in einem Bildraum etwas sichtbar, was wir uns in einem realen Raum nur durch unsere individuellen Eigenbewegungen erschließen könnten oder durch die Spekulationen unserer Einbildungskräfte. Dieser konstitutive Strukturzusammenhang wird auch dann wichtig, wenn wir Spiegel und Spiegelbilder nicht in einem optischen, sondern in einem metaphorischen Sinne verstehen.

Besonders spektakulär ist die Wahrnehmungserweiterung von Spiegelbildern, wenn wir uns selbst im Spiegel sehen. Dann können wir nämlich sogar unser Gesicht sehen sowie unsere Augen, die uns überhaupt erst zum Sehen befähigen. Das offenbart dann besonders eindrucksvoll, dass beim Blick in einen Spiegel unsere jeweilige Sachwahrnehmung immer in eine Selbstwahr-

---

[67] Leonardo da Vinci: Der Denker, Forscher und Poet, 1904. S. 149. Vgl. auch W. Köller: Perspektivität und Sprache, 2004, S. 89–96.

nehmung übergehen kann, insofern wir dadurch auf die medialen Implikationen unserer Wahrnehmungsprozesse aufmerksam gemacht werden. Beim Blick auf unser eigenes Spiegelbild gewinnen wir eine Distanz zu uns selbst und können uns selbst als einen anderen sehen, ohne selbst ein anderer zu sein. Diese verfremdende Wahrnehmung von uns selbst führt notwendigerweise dann zu Selbstreflexionsprozessen, die prinzipiell zur kulturellen Existenzweise des Menschen gehören. Von Dracula, der nicht in die menschliche Welt gehört, gibt es deshalb auch ganz folgerichtig keine Spiegelbilder.

Aufschlussreich für die Wahrnehmungsausweitung und Wahrnehmungseinschränkung von Spiegelbildern ist auch der antike Narzissosmythos. In diesem wird berichtet, dass der Jüngling Narzissos sich in sein eigenes Spiegelbild auf einer Wasseroberfläche verliebt habe, ohne dann allerdings die hier erscheinende Person wirklich berühren zu können. Das heißt, dass er sich faktisch auch gar nicht in sich selbst verliebt hat, sondern allenfalls in eine Projektion von sich selbst. Diese Projektionsimplikationen von Spiegelbildern kommt auch in einer interessanten Variante des Narzissosmythos zum Ausdruck, die von Pausanias im 2. Jh. n. Chr. überliefert worden ist. Danach hatte Narzissos eine Zwillingsschwester, die er sehr geliebt habe. Nach deren Tod habe er das spiegelnde Wasser immer wieder besucht, weil er sich mit Hilfe seines eigenen Spiegelbildes einbilden konnte, seine Schwester sehen zu können.[68]

Wenn wir diese erkenntnistheoretischen Überlegungen zur Spiegelproblematik auf unsere Wahrnehmungsmöglichkeiten von Zeit im Spiegel der Sprache oder anderer Objektivierungsmittel fruchtbar zu machen versuchen, dann werden wir für die folgenden Problemzusammenhänge sensibilisiert. Weder unsere sprachlichen noch unsere nicht-sprachlichen Wahrnehmungsformen für Zeit objektivieren uns dieses Phänomen faktisch als solches, sondern immer nur auf eine ergänzungs- und interpretationsbedürftige Weise in einer ganz bestimmten Perspektive, insofern jede zeichenhafte Spiegelung uns das Zeitphänomen abstraktiv vereinfacht und damit natürlich dann auch verkürzt thematisiert.

Weder unsere sprachlichen noch unsere astronomischen, physikalischen und chronologischen Objektivierungs- und Spiegelungsformen für Zeit dürfen wir mit dem Original *Zeit* gleichsetzen, weil all diese Spiegelungen uns die Zeit nur hinsichtlich ganz bestimmter pragmatischer Differenzierungsbedürfnisse semantisch objektivieren. Aus dem hermeneutischen Zirkel der unterschiedlichen Spiegelungen von Zeit kommen wir faktisch nicht heraus. Jedes sachthematische Objektivierungsinteresse von Zeit geht notwendigerweise in ein refle-

---

68 Ovid: Metamorphosen 3. Buch, 1994, S. 147 ff.; R. von Ranke Graves: Griechische Mythologie Bd. 1, 1965, S. 249; Pausanias: Reisen in Griechenland, Buch 9; 31,7; Bd. 3, 1986/89, S. 160.

xionsthematisches Interesse an den unterschiedlichen Objektivierungsmöglichkeiten von Zeit über. Dadurch lassen sich dann allerdings auch die konkreten unterschiedlichen Wahrnehmungsformen für Zeit auf vergleichende Weise recht gut beurteilen.

Wenn man diese erkenntnistheoretische Position akzeptiert, dann führt es nicht weiter, diesen hermeneutischen Zirkel beim Verständnis von Zeit zu vermeiden. Es wird vielmehr wichtig, auf fruchtbare Weise in diesen hineinzukommen bzw. dessen unterschiedlichen Wahrnehmungsmöglichkeiten für Zeit sinnvoll zu nutzen und zu qualifizieren. Dabei tritt dann natürlich das Phänomen der Zeit nicht als *Was-Ding* in Erscheinung, sondern vielmehr als *Wozu-Ding* mit recht unterschiedlichen Ordnungs- und Strukturierungsfunktionen. Dabei haben wir dann natürlich auch danach zu fragen, was wir als erfahrungslegitimierte und allgemeingültige Erkenntnisse von Zeit anzusehen haben und was eher als historische oder individuell bedingte Projektionen von Zeit.

Phänomenologisch gesehen sind natürlich alle Vorstellungen von medial gespiegelten bzw. abstraktiv regulierten Objektivierungen von Inhalten interessant. Gerade medial erzeugte Wahrnehmungen von etwas haben im Vergleich mit unmittelbaren sinnlichen immer auch eine gewisse systemsprengende Wirkung, weil sie ja unsere direkten sinnlichen Wahrnehmungsweisen transzendieren und ergänzen, was gerade im Hinblick auf die natürliche Sprache sehr klar hervortritt. Besonders eindringlich exemplifiziert das der metaphorische Sprachgebrauch, ohne den die natürliche Sprache ihre pragmatische Flexibilität weitgehend verlöre. Das offenbaren nicht zuletzt auch unsere vielfältigen metaphorischen Redeweisen über die Zeit sehr deutlich.

Außerdem ist in diesem Zusammenhang geltend zu machen, dass insbesondere unsere unterschiedlichen sprachlichen Spiegelbilder für Zeit uns auch davor schützen, uns dieses Phänomen abstrahierend so zu objektivieren, dass von ihm alles weggeschnitten wird, was nicht in das Prokrustesbett bestimmter begrifflicher Objektivierungsformen für Zeit passt. Die Wahrnehmung von Zeit im Spiegel der natürlichen Sprache ist deshalb auch als eine pragmatisch fundierte Sinnbildungsanstrengung zu verstehen, die sowohl objekt- als auch subjektorientierte Erkenntnisfunktionen hat bzw. die analysierende und synthetisierende Verstehensintentionen immer in ein Fließgleichgewicht bringen muss.

Beim Sinnverständnis von Spiegelbildern optischer und anderer Art müssen wir sowohl in kognitive Assimilierungsprozesse eintreten, in denen wir das jeweils Wahrzunehmende in unser schon vorhandenes Wissen einzuordnen haben, als auch in kognitive Akkommodationsprozesse, in denen wir unser Denken und Wahrnehmen an das jeweils Wahrzunehmende anpassen müssen, um dieses in ihrer Eigenständigkeit und möglichen Widerborstigkeit auch wirklich ernst nehmen zu können. Deshalb führt die Wahrnehmung von Spiegelbildern gerade wegen ihrer systemtranszendierenden Grundfunktionen auch immer in Interpretationsprozesse, die zwar methodisch, aber nie sachlich abzuschließen sind, weil es sich dabei ja nicht um reine Feststellungen, sondern vielmehr um die Erprobung von Wahrnehmungsmöglichkeiten handelt.

Von der faktischen und psychischen Übermacht der Zeit können wir uns nur dadurch schützen, dass wir sie uns auf unterschiedliche Weise erspiegeln und damit auch objektivieren. Das ist in der natürlichen Sprache sicherlich leichter zu bewerkstelligen als in den formalisierten Fachsprachen, weil sie von vornherein auf eine Polyperspektivität bei der Wahrnehmung von Phänomenen angelegt ist und da sie das unaufhebbare Spannungsverhältnis zwischen ihren Bezugsgegenständen und den dafür in Anspruch genommenen Zeichen nicht zu überspielen oder gar zu leugnen versucht. Das bringt insbesondere der metaphorische Sprachgebrauch klar zum Ausdruck. Diesem versuchen sich formalisierte Fachsprachen allerdings gern zu entziehen, ohne dass sie diese Intention aber wirklich durchhalten können. Zumindest, wenn der formalisierte Sprachgebrauch an die Grenze seiner sprachlichen Objektivierungs- und Mitteilungsmöglichkeiten gerät, dann muss auch er von Metaphern Gebrauch machen (*Ursuppe, schwarze Löcher*).

Um diese Problematik zu verstehen, ist es hilfreich, sich etwas näher mit dem Denkmodell des *lebenden Spiegels* zu beschäftigen. Diese Metapher verdeutlicht nämlich eindringlich, dass Spiegelungsverfahren nicht als Reproduktionsverfahren im Sinne von Verdopplungsverfahren zu verstehen sind, sondern vielmehr als Erschließungsverfahren für komplexe Phänomene, da sie immer sowohl Objekt- als auch Subjektbezüge aufweisen.

Bei diesem Denkansatz kann nämlich prinzipiell davon ausgegangen werden, dass sich in unserer natürlichen Sprache ein pragmatisch brauchbares Wissen über die Zeit angesammelt hat, das wie der antike Halbgott *Hermes* eine Vermittlungsfunktion zwischen unterschiedlichen Weltsphären hat. Unter diesen Umständen ergibt sich dann auch die Chance, das Zeitphänomen nicht nur als einen möglichen Wahrnehmungsgegenstand zu diskutieren, sondern auch als eine Provokation für das menschliche Wahrnehmungsvermögen. Das durch Metaphern erwerbbare Wissen über die Zeit kann dann als ein Ergebnis von kooperativer kognitiver Arbeit verstanden werden, das zugleich immer auch neue Wahrnehmungsprozesse anzuregen weiß. Auf diese Weise ergibt sich zwar keine konsistente Theorie über die Zeit, aber durchaus die Möglichkeit, sinnvolle Diskurse über die Zeit zu eröffnen bzw. dieses Phänomen über exemplarische Geschichten variantenreich zu deuten. Gerade wenn wir die Sprache als einen *lebenden Spiegel* verstehen, dann werden wir dadurch dann auch weniger zu Opfern als zu Nutznießern des metaphorischen Sprachgebrauchs.

5.2 Lebende Spiegel

Üblicherweise verstehen wir Spiegel als physische Gegenstände, die dazu dienen, uns optische Spiegelbilder von Gegenständen unserer visuell fassbaren Welt zu vermitteln. Inzwischen ist es im Sprachgebrauch aber ganz selbstverständlich geworden, mit dem Terminus *Spiegel* generell alle Phänomene zu bezeichnen, mit denen man medial einen Zugang zu anderen Welten bekommen kann, insofern sie eine Verweisungsfunktion auf anderes haben. Unsere Rede vom Spiegel der Sprache, der Kunst oder der Geschichte wird deshalb auch kaum noch als ein metaphorischer Stolperstein verstanden, sondern eher als eine ganz gängige sprachliche Ausdrucksweise. Das bedeutet nun, dass sich für uns der Begriff des Spiegels eigentlich von einem deskriptiv zu verstehenden gegenständlichen Sachbegriff zu einem operativ zu verstehenden Funktionsbegriff verwandelt hat, mit dem wir alle Phänomene benennen können, die sich als Grundlage von ikonischen Zeichenbildungen verstehen lassen bzw. als Produzenten ikonischer Spiegelbilder von etwas anderem.

Das hat dann zur Folge, dass wir Spiegel heute ganz selbstverständlich nicht nur als leblose physische Phänomene verstehen können, sondern auch als semiotische Werkzeuge mit vielfältigen Sinnbildungsfunktionen. Die Leistungskraft von Spiegeln bzw. die Analogisierung der optischen und der mentalen Reflexionsfunktionen von Spiegeln lässt sich recht gut erläutern, wenn wir Spiegel als *lebende Spiegel* verstehen, die faktisch eine ganz eigenständige und variable Strukturierungs- und Sinnbildungskraft entfalten können.[69]

Abgesehen von den immer schon praktizierten mythischen, ästhetischen und didaktischen Spiegelungsprozessen hat sich als erster wohl Nikolaus von Kues auf ganz explizite Weise mit den erkenntnistheoretischen Implikationen von Spiegeln und Spiegelbildern genauer beschäftigt. Dabei geht er insbesondere von der Grundüberzeugung aus, dass in menschlichen Erkenntnisprozessen das Prinzip der Analogisierung eine ganz grundlegende Funktion hat, weil für ihn die Wahrnehmung von Neuem bzw. von sehr komplexen Phänomenen nur auf dem Weg über die Wahrnehmung von Ähnlichkeiten mit schon Bekanntem Gestalt und Kontur gewinnen kann. Daher bekommt für ihn das Phänomen des Spiegels als Erkenntnismittel dann auch eine wichtige theologische Relevanz.

Ebenso wie ein Gesicht sich in unterschiedlichen Spiegelformen unterschiedlich objektiviere, so könne sich auch Gott in seinen Schöpfungswerken in ganz unterschiedlicher Weise für die Menschen spiegeln. In diesem Denkrahmen hat er dann das Denkmodell des *„lebendigen Spiegels"* (vivum speculum)

---

[69] Vgl. R. Konersmann: Lebendige Spiegel. Die Metapher des Subjekts, 1991.

entwickelt, der über die Brücke von Ähnlichkeiten eine ganz bestimmte Erkenntnis von etwas anderem ermöglichen könne, das unserer Wahrnehmung nicht direkt zugänglich sei.[70] Solche Spiegelungen von Originalen könnten dann zwar keinen Anspruch auf Vollständigkeit stellen, aber durchaus einen Anspruch auf Annäherung. Über diesen semiotischen Tatbestand klärt dann bei ihm sinnigerweise ausgerechnet ein Laie einen Philosophen auf.

Dieser Laie verweist nämlich darauf, dass man einen metallenen Löffel so polieren könne, dass seine einzelnen Teile das vorgegebene Original auf ganz unterschiedliche Weise widerspiegeln könnten. Der flache Griff und die konvexen und konkaven Teile des Löffels erzeugten zwar ganz unterschiedliche Spiegelbilder eines Originals, aber alle Spiegelformen könnten gleichwohl einen authentischen Bezug zu ihrem Original herstellen. Über dieses Spiegelgleichnis bzw. über diesen *„Zauberstab der Analogie"*[71] macht Nikolaus von Kues dann deutlich, dass bestimmte Phänomene bzw. Erfahrungsinhalte durchaus als Spiegelbilder von etwas anderem verstanden werden könnten, da wir über sie Kontakt zu etwas fänden, was nicht immer direkt erfahrbar sei.[72]

Die These, dass sich konkrete sinnliche Wahrnehmungen, mentale Vorstellungen und sprachliche Denkmuster als Spiegelbilder von anderen Phänomenen ansehen ließen, kann kulturhistorisch und erkenntnistheoretisch natürlich sehr unterschiedlich beurteilt werden. Francis Bacon hat in seiner Lehre von den Vorurteilen bzw. von den *Idolen* ausdrücklich betont, dass unsere sinnlich fassbaren Wahrnehmungsinhalte und unsere sprachlichen Begrifflichkeiten dem Weltall keineswegs tatsächlich ganz analog seien. Der menschliche Verstand gleiche vielmehr *„einem unebnen Spiegel zur Auffassung der Gegenstände, welcher ihrem Wesen das seinige beimischt und so jenes verdreht und verfälscht."*[73]

Der Empirist John Locke urteilt diesbezüglich schon etwas optimistischer als Bacon, wenn er herausstellt, dass der Verstand die einfachen Ideen im Sinne einfacher Vorstellungen in seinen Wahrnehmungsprozessen ebenso wenig abweisen könne *„wie ein Spiegel die Bilder oder Ideen abweisen, verändern oder auslöschen kann, die durch vor ihm aufgestellte Objekte auf seiner Fläche hervorgerufen werden."*[74] Leibniz hat dann in seiner Monadenlehre die im menschlichen Wahrnehmen und Denken hergestellten Spiegelbilder von der Welt inso-

---

70 N. von Kues: Der Laie über den Geist. Die philosophisch-theologischen Schriften 2014, Bd. 3 Kap. III, S. 505 und Kap. V, S. 521.
71 Novalis: Christenheit oder Europa, Werke Bd. 2, S. 743.
72 N. von Kues: a. a. O., Bd. 3, Kap. V, S. 519 f.
73 F. Bacon: Neues Organ der Wissenschaften § 41, 1830/1981, S. 32.
74 J. Locke: Über den menschlichen Verstand Bd. 1, Kap. 1.25, 1976³, S. 126.

fern recht positiv beurteilt, als jede einfache Substanz bzw. jede Monade für ihn „*ein lebender, immerwährender Spiegel des Universums ist*", der eine variable perspektivierende Erschließungsfunktion für die Welt habe.[75]

Ein großes Grundvertrauen in die mögliche Spiegelungskraft kultureller und sprachlicher Objektivierungsformen für die differenzierte Wahrnehmung von Welt hat auch Cassirer bekundet. In seiner Philosophie der *symbolischen Formen* betont er zwar, dass keine kulturelle Objektivierungsform von Welt diese an sich und für sich abspiegeln könne, dass aber alle einen hilfreichen aspektuellen Zugriff auf die Welt eröffnen könnten, wenn man ihre jeweiligen Eigenstrukturen und Sinnbildungsintentionen mitbedenke. „*Denn sichtbar ist für den Geist nur, was sich ihm in einer bestimmten Gestaltung darbietet; jede bestimmte Seinsgestalt aber entspringt erst in einer bestimmten Art und Weise des Sehens, in einer ideellen Form- und Sinn g e b u n g.*"[76]

Auch das Konzept der *kulturellen Evolution* als Pendant zur biologischen hat ein großes Vertrauen in die Spiegelungskraft kultureller und insbesondere sprachlicher Formen bei der mentalen Objektivierung von ontischen Ordnungsstrukturen. Dabei geht man in ihm davon aus, dass durch hypothetische kulturelle Setzungen (Mutationen) und durch historische Siebungsprozesse (Selektionen) sich Objektivierungsformen herausgebildet hätten, die durchaus einen Anspruch auf sachliche Angemessenheit stellen könnten, selbst wenn eine solche sich nicht immer klar begrifflich beschreiben und begründen lasse.

All diese Überlegungen zu den möglichen Erkenntnisfunktionen der Spiegelbilder von lebenden Spiegeln, in die sowohl etwas von den gespiegelten Gegenständen als auch von dem spiegelnden Medium als auch von den wahrnehmenden Subjekten eingehen kann, rechtfertigt es, die Spiegelungen von Zeit in ganz bestimmten Sprachformen als potentiell sinnvolle Repräsentationen von Zeit anzusehen. Allerdings haben wir uns dabei immer davor zu hüten, sie als direkte Abbildungsformen von Zeit zu verstehen. Wir sollten sie vielmehr nur als hypothetische und heuristische Erschließungsweisen von Zeit betrachten, deren jeweiliger pragmatischer Wert sich aus ihrer jeweiligen Entstehungsgeschichte und ihren jeweiligen Differenzierungsintentionen ergibt.

Die Vorstellung von *lebenden Spiegeln* impliziert natürlich, dass der Umfang des Spiegelbegriffs sehr ausgedehnt wird, weil nun gleichsam alle Phänomene als Spiegel betrachtet werden können, die auf irgendeine Weise ikonische Zeichen für etwas anderes bereitstellen können. Diese metaphorische Auswei-

---

[75] G. W. Leibniz: Monadologie § 56. Philosophische Werke Bd. 2, 1996, S. 613. Vgl. auch R. Konersmann: Lebendige Spiegel 1991, S. 116 ff.
[76] E. Cassirer: Wesen und Wirkung des Symbolbegriffs, 1976⁵, S. 79.

tung des Spiegelbegriffs schwächt natürlich seine kognitive Differenzierungskraft und informative Präzision, aber sie stärkt zugleich auch seine abduktive Anregungskraft, was ja unsere Spiegelmetaphorik sehr eindrucksvoll exemplifiziert. Es bedeutet zugleich auch, dass der metaphorische Gebrauch des Wortes *Spiegel* nicht nur eine spielerische und ästhetische Funktion hat, sondern auch eine kognitive, weil uns dadurch beispielsweise Aspekte der Zeit in den Blick gebracht werden können, auf die wir ansonsten kaum aufmerksam werden.

Gleichwohl bleibt die Vorstellung eines *lebenden Spiegels* immer eine wissenschaftstheoretische Provokation, weil die gängigen Fachwissenschaften natürlich chamäleonartige Begriffe verschmähen, weil diese sehr leicht zu Aussagen führen können, die sich weder klar verifizieren noch falsifizieren lassen. Deshalb wird diese Vorstellung allenfalls in solchen Wissenschaftsformen goutiert, die auch Denkmuster nicht scheuen, die neben ihren sachthematischen Kategorisierungsfunktionen auch noch reflexionsthematische Interpretationsfunktionen beinhalten bzw. abduktive Einfälle. Diese können unseren Sinnbildungsprozessen nämlich immer eine ganz spezifische Stoßrichtung geben, weil sie Objektbezüge und Subjektbezüge aufeinander abzustimmen vermögen. Das ist dann nicht nur für unser alltägliches Handeln wichtig, sondern insbesondere auch für unser philosophisches Denken, das ohne die Klärung seiner eigenen semiotischen Objektivierungsverfahren kaum denkbar ist.

In den Fachwissenschaften taucht dieses Problem erst dann auf, wenn diese sich gezwungen sehen, im Rahmen eines Paradigmenwechsels neue Denk- und Objektivierungsverfahren für das Zeitphänomen zu entwerfen und zu erproben. Das tritt dann sehr deutlich in den aphoristischen Thematisierungen von Zeit hervor. Deshalb gehört das Konzept des *lebenden Spiegels* natürlich auch nicht in die Analyse- und Synthesestrategien der normalen Fachwissenschaften, die Fortschritte in einem von vornherein begrenzten Denkrahmen anstreben, den sie verständlicherweise zugleich nicht auch noch problematisieren möchten. Es gehört aber sicherlich in den Denkrahmen der Philosophie sowie in den aller Zeichenwissenschaften, die das konkrete Leistungsprofil ihrer Zeichen immer auch metareflexiv zu beurteilen und zu variieren haben.

Interessant ist in diesem Zusammenhang auch die sogenannte *Widerspiegelungstheorie* in der Erkenntnistheorie. Diese bildet nämlich nicht nur unausgesprochen die Grundlage des positivistischen Wissenschaftsverständnisses, sondern auch die Basis des materialistischen philosophischen Denkens, zumindest in seinen orthodoxen Ausprägungsformen. In beiden Denkformen herrscht nämlich der Optimismus, dass man im Denken die gegebene Realität direkt erkennen und adäquat begrifflich abbilden könne. Das impliziert, dass hier nicht die medialen Interpretationsfunktionen von Spiegeln und die heuristischen Funktionen von Spiegelbildern im Mittelpunkt des Interesses stehen, sondern vielmehr die Abbildungsfunktionen von Spiegeln. Dementsprechend sind diese Denkformen dann auch eher an der Perfektionierung und Präzisierung von Begriffen und Theorien interessiert als an der Aufklärung der heuristischen, hermeneutischen oder abduktiven Funktionen von Spiegelbildern, eben weil man seine Aufmerksamkeit mehr auf die Ähnlichkeiten zwischen Originalen und Spiegelbildern richtet als auf die Interpretationsrelationen zwischen ihnen. Das lässt sich sehr gut am Beispiel der naiven und der reflektierten Formen der sogenannten marxistischen *Widerspiegelungstheorie* demonstrieren.

Das positivistische Wissenschaftsverständnis geht ebenso wie das vereinfachende Wissenschaftsverständnis der Vulgärmarxisten von der etwas naiven Denkprämisse aus, dass richtig gebildete Begriffe und Theorien die Welt so objektivieren könnten, wie sie wirklich sei. Das, was sich in der Welt faktisch unterscheiden und miteinander in Beziehung setzen lasse, das lasse sich prinzipiell auch in der Welt der Begriffe klar unterscheiden und theoretisch in Beziehung zueinander setzen. Die Welt und die Theorie über die Welt seien natürlich unterscheidbar, aber beides seien Phänomene, die man prinzipiell in eine Kongruenz miteinander bringen könne. Das Konzept des *lebenden Spiegels* hat in diesem Denken deshalb dann auch keine aufklärende Funktion, sondern eher eine verschleiernde. Deshalb spielt in ihm auch der korrespondenztheoretische Wahrheitsbegriff eine sehr viel wichtigere Rolle als etwa der kohärenztheoretische oder der pragmatische. Die Idee eines *lebenden Spiegels* ist unter diesen Denkumständen dann eine erkenntnistheoretisch eigentlich ziemlich wertlose Metapher, die eher eine verschleiernde als eine aufklärende Funktion hat.

Nur wirklich dialektisch eingestellte marxistische Theoretikern wie etwa Adam Schaff könnte man in ihrem Denken eine Nähe zu dem Konzept des *lebenden Spiegels* zubilligen. Schaff ist sich nämlich durchaus bewusst, dass sich die begrifflich gespiegelte Welt von der faktisch gegebenen Welt deutlich unterscheide, weil erstere immer bestimmte historische und subjektbedingte Einfärbungen aufweise. Deshalb spielt in seinem Denken die Vorstellung der Entsprechung auch eine wichtigere Rolle als die der Gleichheit. Ein quasimechanisches Verständnis der Widerspiegelung im Sinne des Vorbildes von optischen Reflexionsgesetzen ist deshalb für ihn auch ausgeschlossen.

So hat Schaff beispielsweise ausdrücklich betont, dass der Begriff der Widerspiegelung ursprünglich ein Kampfbegriff des Marxismus gegen den subjektiven Idealismus bzw. gegen den Agnostizismus gewesen sei. Die Aufgabe dieses Begriffs sei es vor allem gewesen, klar zu betonen, dass es eine objektiv gegebene und für Subjekte auch durchaus erkennbare Realität gebe.[77] In diesem

---

[77] A. Schaff: Sprache und Erkenntnis, 1964, S. 149–156.

Zusammenhang verweist er dann ausdrücklich auf die 1. Feuerbachthese von Marx, die hervorhebe, dass in Erkenntnisprozessen sowohl die Objektseite als auch die Subjektseite zu berücksichtigen sei bzw. dass Erkenntnis nicht nur als eine reine Spiegelreflexion von etwas Vorgegebenen zu verstehen sei. Daraus folgt für Schaff, dass die Erfassung der vorgegebenen Realität durch Menschen „*nicht nur von dem So-sein der W i r k l i c h k e i t, sondern auch vom So-sein des erkennenden M e n s c h e n abhängt.*"[78] Zum Menschen gehört dann natürlich auch immer die Entwicklung und der Gebrauch der von ihm historisch entwickelten sprachlichen Objektivierungsmittel.

5.3 Die Sprache als lebender Spiegel

Die bisher vorgetragenen semiotischen und erkenntnistheoretischen Überlegungen zum Problem der Spiegelung von Gegebenheiten durch Zeichen sollte verdeutlichen, dass die Vorstellung eines *lebenden Spiegels* eine aufschlussreiche Metapher für die sprachliche Objektivierung des Zeitphänomens sein kann. Gerade weil unsere sprachlichen Objektivierungsmittel für Zeit aus unterschiedlichen Kulturepochen stammen, sich evolutionär entwickelt haben und sprachgeschichtliche Selektionsprozesse erfolgreich überstanden haben, sind sie auch besonders wertvoll für uns. Ihre Funktionsprofile können wir zwar meist nicht erschöpfend begrifflich beschreiben, aber das mindert keineswegs ihren pragmatischen Wert, den wir über unser Sprachgefühl durchaus erfassen können.

Die Tatsache, dass unsere Sprachformen das Zeitphänomen auf sehr unterschiedliche Weise hinsichtlich ganz unterschiedlicher Aspekte objektiviert haben, ist dabei nicht grundsätzlich ärgerlich, sondern durchaus erwartbar, sofern man die Vorstellung eines lebenden Spiegels wirklich ernst nimmt und die Sprache als ein historisch gewachsenes Phänomen mit vielfältigen Teilaspekten ansieht. Die Sprache muss sich, wie andere Kulturformen auch, nämlich ständig evolutionären Veränderungsprozessen nicht nur anpassen, sondern diese auch dämpfen oder beschleunigen, um ihre pragmatischen Funktionen differenziert erfüllen zu können. Sprachliche Formen müssen nämlich nicht nur dazu befähigt sein, sich selbst variabel semantisch umzugestalten, sondern auch dazu, brauchbares Wissen zu überliefern und Denktraditionen nicht abreißen zu lassen. Diese Doppelfunktion sprachlicher Formen beinhaltet dann auch, dass lexikalische, grammatische und textuelle Formen in unterschiedlicher Weise semantisch wahrgenommen und miteinander verbunden werden können.

---

[78] A. Schaff: a. a. O., S. 162.

So betrachtet lassen sich sprachliche Einzelformen für die Thematisierung von Zeit im Sinne Cassirers auch als minimale *symbolische Formen* verstehen, weil sie mitbedingen, wie bestimmte Phänomene für uns ins Bewusstsein treten können. „*Unter einer ‚symbolischen Form' soll jede Energie des Geistes verstanden werden, durch welche ein geistiger Bedeutungsgehalt an ein konkretes sinnliches Zeichen geknüpft und diesem Zeichen innerlich zugeeignet wird.*"[79]

Optisch wahrnehmbare Spiegelbilder ähneln wegen ihrer unbezweifelbaren Ikonizität in vielen, aber nicht in allen Belangen anderen Bildformen wie etwa Fotos oder Gemälden. Wegen ihrer Entstehungsgeschichte sind Spiegelbilder nämlich grundlegend dadurch geprägt, dass sie uns nur das erspiegeln können, was im selben Raum wie der Spiegel und der Betrachter des Spiegelbildes vorhanden ist. Mentale bzw. metaphorisch zu verstehende Spiegelbilder sind nun allerdings nicht an diese grundsätzliche Einschränkung gebunden. Sie können uns nämlich auch das vergegenwärtigen, was woanders existiert oder existiert hat oder was nur abstakt als ein Denkmuster für uns existiert. Das trifft dann insbesondere für alle sprachlichen Formen zu, durch die wir uns das Phänomen der Zeit erspiegeln bzw. zum Denkgegenstand machen können.

Daraus ergibt sich dann die wichtige Konsequenz, dass wir den Inhalt sprachlicher und insbesondere metaphorischer Spiegelbilder weder hinsichtlich ihrer faktischen Referenz noch hinsichtlich ihrer adäquaten Objektivierungsleistung direkt mit dem jeweils gespiegelten Original vergleichen bzw. beurteilen können. Das macht dann natürlich auch den sachlichen Objektivierungsanspruch von mentalen Spiegelbildern sehr viel schwerer beurteilbar als den von optischen Spiegelbildern, weil wir dabei nicht auf sinnlich fassbare Beurteilungskriterien zurückgreifen können, sondern nur auf allgemeine Sacherfahrungen und Plausibilitätskriterien.

Bei den sprachlichen Spiegelungen von Sachverhalten und insbesondere bei denen von Zeit spielen natürlich neben dem sprachlichen Gestaltungswillen des jeweiligen Sprechers und den Verstehensgewohnheiten der jeweiligen Hörer auch der Typus der jeweiligen Sprache eine wichtige Rolle. Sprachliche Spiegelbilder haben deshalb im Gegensatz zu optischen auch eine sehr komplizierte kulturelle Vorgeschichte, bei der vielfältige Einflussfaktoren wirksam werden können. All das lässt sich recht gut berücksichtigen, wenn wir die Sprache nicht als einen toten, sondern als einen *lebenden* Spiegel verstehen, der sich auch subjektbezogenen Spiegelungsintentionen durchaus anpassen lässt.

Die jeweils erzeugten sprachlichen Spiegelungen hängen nämlich nicht nur von den Eigenarten der jeweils gespiegelten Phänomene und der Struktur der

---

[79] E. Cassirer: Wesen und Wirkung des Symbolbegriffs, 1976⁵, S. 175.

jeweiligen Sprache und deren gefestigten Konventionen ab, sondern immer auch von den flexiblen und kreativen Sinnbildungsfähigkeiten der jeweiligen Sprecher und Hörer. Das hat schon Humboldt eindringlich thematisiert. „*Ob, was den Menschen innerlich und äusserlich bewegt, in die Sprache übergeht, hängt von der Lebendigkeit eines Sprachsinnes ab, mit welcher er die Sprache zum Spiegel seiner Welt macht.*"[80]

Diese Wahrnehmungsperspektive für die Spiegelungsfunktion der Sprache hat nun natürlich auch zur Folge, dass wir die auf das Zeitphänomen bezogenen Formen der Sprache nicht nur als mögliche Wahrnehmungsformen für Zeit zu verstehen haben, sondern natürlich auch als Projektionsflächen, auf die wir unser Verständnis von Zeit so projizieren können, dass wir in ihnen dann genau das wiederfinden, was wir selbst schon über die Zeit wissen oder suchen. Dieser Tatbestand lässt sich negativ beurteilen, wenn wir die jeweiligen Spiegelungen von Zeit als bloße mentale Konstrukte ansehen, aber auch positiv, wenn wir sie als pragmatisch motivierte Hypothesen verstehen, die uns den praktischen Umgang mit der Zeit erleichtern. Das gilt selbst dann, wenn wir das Leistungsprofil diese Formen rational nicht vollständig durchschauen bzw. auf den Begriff bringen können. So gesehen lässt sich dann sagen, dass die Menschen beim Gebrauch der sprachlichen Objektivierungsformen für Zeit nicht nur in einen Dialog mit dem Zeitphänomen selbst eintreten können, sondern durchaus auch in einen mit sich selbst, eben weil sie sich gerade dadurch als ein zeichenbildendes und zeichenbedürftiges Wesen (animal symbolicum) verstehen können.

Wenn Menschen nun bei der sprachlichen Objektivierung der Zeit zugleich immer auch ihre eigenen Einbildungskräfte entfalten, dann ist das natürlich für diejenigen Theoretiker etwas problematisch, die im Prinzip eher deckungsgleiche sprachliche Abbilder von der Zeit anstreben als heuristisch brauchbare Hypothesen. Wenn man nun aber Letzteres als eine realistische Zielsetzung ansieht, dann ist es eigentlich selbstverständlich, dass jedes Gegenstandsbewusstsein von Zeit notwendigerweise immer in ein Reflexionsbewusstsein von Zeit übergehen muss. In diesem sind dann die Konstitutionsbedingungen unseres jeweiligen Gegenstandsbewusstseins von Zeit zu thematisieren sowie die Differenzierungs- und Handlungsziele, die man bei der sprachlichen Objektivierung von Zeit anstrebt. Eine solche semiotisch orientierte Theoriebildung über die Zeit schreckt dann natürlich alle positivistisch orientierten Theoretiker, aber nicht die semiotisch orientierten, weil letztere natürlich der Auffassung sind, dass dieses Phänomen immer auf unterschiedliche Weisen sprachlich objektiviert werden muss, wenn man seine vielfältigen Aspekte erfassen möchte.

---

80 W. von Humboldt: Über den Dualis. Werke Bd. 3, S. 140.

Das Konzept des lebenden Spiegels harmoniert so gesehen dann auch mit dem anthropologisch wichtigem Umstand, dass Menschen sich nicht nur aus pragmatischen Notwendigkeiten unterschiedliche Objektivierungsformen für Zeit erarbeiten müssen, sondern dass sie gerade das wegen ihres genuinen sprachlichen Spieltriebes auch gerne machen. Diesbezüglich ist deshalb durchaus verständlich, warum wir syntaktisch das Verb *spiegeln* sowohl transitiv und aktivisch verwenden können (*Der Autor spiegelt sein Zeitverständnis durch seine Erzählweise.*) als auch intransitiv und passivisch (*Das Zeitverständnis des Autors wird durch seine Erzählweise gespiegelt.*).

Nun lässt sich natürlich einwenden, dass die Idee eines lebenden Spiegels und die Vorstellung eines spielerischen Umgangs mit der Semantik von Sprachformen unser Vertrauen erheblich schwächt, mit Hilfe von sprachlichen Formen etwas Wesentliches über die Zeit in Erfahrung zu bringen. Die Hoffnung darauf, dass man am Leitfaden der natürlichen Sprache aus dem Labyrinth unserer unübersichtlichen Zeitvorstellungen herauskommen könne, wird dadurch nämlich ebenso wenig gestärkt wie die Ambition, über die Analyse sprachlicher Formen eine in sich konsistente Ontologie der Zeit entwickeln zu können.

Diese Bedenken gegen das Verfahren, über unsere sprachlichen Spiegelungen von Zeit etwas wirklich Verlässliches über das Zeitphänomen selbst zu erfahren, sind natürlich durchaus berechtigt. Aber man sollte dabei nicht allzu früh das Kind mit dem Bade ausschütten und unser Verständnis von Spiegelbildern allein auf die Wirksamkeit von optischen Reflexionsgesetzen reduzieren und dabei dann die heuristische Funktionen unserer sprachlichen Spiegelbilder vergessen. Diesbezüglich lässt sich nicht nur auf das Sprachspielkonzept von Wittgenstein verweisen, sondern auch auf die sprach- und erkenntnistheoretischen Überlegungen von Lichtenberg, Kleist und Hegel, die gerade dem metaphorischen und aphoristischen Reden über die Zeit einen sehr hohen Erkenntniswert beigemessen haben. Ihrer Meinung nach sollte nämlich dieser Sprachgebrauch nicht nur als eine ästhetische und spielerische Sprachverwendungsweise angesehen werden, sondern durchaus auch als eine genuin philosophische Erkenntnis- und Sinnbildungsanstrengung.

Lichtenberg hat ausdrücklich betont, dass beispielsweise ein Buch zu einem fordernden und damit zugleich auch lebenden Spiegel werde, wenn es richtig gelesen und befragt werde. „*Ein Buch ist ein Spiegel, wenn ein Affe hineinguckt, so kann freilich kein Apostel heraus sehen.*" [81] Außerdem hat er im Anschluss an den platonischen Dialog *Charmides*, in dem sich Sokrates sehr viel weniger für die schöne physische Gestalt von Charmides interessiert als für

---

[81] G. Ch. Lichtenberg: Sudelbücher I, 2005, S. 394, E 215.

dessen Seele und dessen Geist, folgenden Aphorismus formuliert, der rein wörtlich verstanden ziemlich paradox erscheint, aber bildlich verstanden keineswegs: *„Rede, sagte Sokrates zu Charmides, damit ich Dich sehe [...]."* [82]

Kleist hat in seinem Aufsatz *Über die allmähliche Verfertigung von Gedanken beim Reden* ausdrücklich darauf aufmerksam gemacht, dass sich eine sinnträchtige Rede nicht dadurch auszeichne, dass in ihr schon klar vorgegebene Vorstellungen in eine präzise abbildende sprachliche Form gebracht würden, sondern dass beim Reden auch Vorstellungen erzeugt werden könnten, die dem jeweiligen Redner selbst vorab noch gar nicht präsent gewesen seien. *„Ein solches Reden ist ein wahrhaftes lautes Denken [...]. Die Sprache ist als dann keine Fessel, etwa wie ein Hemmschuh an dem Rade des Geistes, sondern wie ein zweites, mit ihm parallel fortlaufendes, Rad an seiner Achse."* [83]

Dieser Gedankengang Kleists lässt sich sicherlich auch auf das spontane und das bildliche Reden über die Zeit übertragen, weil bei diesen Objektivierungsanstrengungen geistige Spiegelbilder von der Zeit in den Fokus der Aufmerksamkeit geraten, die vorher noch gar nicht denkbar geschweige denn sprachlich fixierbar waren. Solche heuristischen Erzeugungsprozesse von Sachvorstellungen hat Lichtenberg sehr einleuchtend folgendermaßen beschrieben: *„Man muß etwas Neues machen, um etwas Neues zu sehen."* [84]

Viele Theoretiker und positivistisch orientierte Wissenschaftler haben die Vernunft immer wieder als einen verlässlichen Spiegel für die Objektivierung der Welt durch das Denken mit richtig gebildeten Begriffen gepriesen. Dabei haben sie aber oft unzureichend beachtet, dass diese Medien auch immer ein gewisses Eigenleben haben, das wiederum Einfluss auf die mit ihnen erzielbaren Ergebnisse hat. Nur das dialektisch und semiotisch orientierte Denken hat von Anfang an immer eine gewisse Nähe zu dem Konzept des lebenden Spiegels gehabt. Es hat nämlich den metaphorischen und analogisierenden Redeweisen nicht nur einen allgemeinen ästhetischen Inspirationswert zugebilligt, sondern immer auch einen unverzichtbaren heuristischen und inhaltlichen Erkenntniswert. So hat Hegel beispielsweise die Verschränkung von Subjektsphäre und Objektsphäre in Sinnbildungsprozessen sinnbildlich folgendermaßen charakterisiert: *„Wer die Welt vernünftig ansieht, den sieht sie auch vernünftig an, beides ist in Wechselbestimmung."* [85]

---

[82] G. Ch. Lichtenberg: Über Physiomik. Schriften und Briefe Bd. 2, 1983, S. 96. Vgl. Platon: Charmides 154 b ff, Werke Bd. 1, S. 129ff.
[83] H. von Kleist: Über die allmähliche Verfertigung der Gedanken beim Reden. Sämtliche Werke und Briefe, Bd. 2, S. 322.
[84] G. Ch. Lichtenberg: Sudelbücher II, 2005, S. 321, J 1770.
[85] G. W. F. Hegel: Vorlesung über die Philosophie der Geschichte, Werke, Bd. 12, S. 23.

Wenn wir das Phänomen *Zeit* sprachlich zu objektivieren versuchen, dann schließt das ein, immer wieder von Gleichnissen, Sinnbildern und Analogien Gebrauch machen zu müssen. Dieser Tatbestand lässt sich auch noch durch eine andere Denkfigur illustrieren, die auf Nikolaus von Kues zurückgeht und die als *Blick aus dem Bilde* bekannt geworden ist.[86] Durch dieses Denkkonzept lässt sich nämlich sinnbildlich sehr schön veranschaulichen, dass wir auch dann durchaus etwas über die Zeit lernen können, wenn wir uns auch von den Sprachformen anblicken lassen, die Menschen im Laufe der Geschichte für die Objektivierung von Zeit entwickelt haben, bzw. wenn wir in einen Dialog mit den pragmatischen Intentionen dieser Formen einzutreten versuchen.

Die Denkfigur vom *Blick aus dem Bilde* hat Nikolaus von Kues aus der visuellen Erfahrung entwickelt, dass diejenigen Personen, die auf flächigen Bildern in frontaler Ansicht dargestellt werden, für den jeweiligen Betrachter so in Erscheinung treten, dass sie ihn auch immer selbst anzusehen scheinen, und zwar ganz unabhängig davon, welchen konkreten Standort dieser jeweils vor dem Bilde einnimmt. Aus dieser Erfahrung bei der Wahrnehmung von Personen auf Bildern leitet Nikolaus von Kues dann ab, dass das wahrnehmende Subjekt ganz unversehens auch zum Wahrnehmungsobjekt der von ihm betrachteten Person werden kann, weil diese sich nicht einfach zu einem passiven Betrachtungsobjekt degradieren lässt, sondern in einem dialektischen Gegenzug auch ihren jeweiligen Betrachter zu einem Wahrnehmungsobjekt machen kann. Das veranschaulicht dann, dass der Wahrnehmende und das Wahrgenommene durchaus ihre Rollen tauschen können und gerade dadurch erst ihr spezifisches Profil bekommen. Das bedingt dann wiederum, dass Wahrnehmungsprozesse letztlich auch als dialogische Prozesse verstanden werden können.

Für das Problem der Wahrnehmung von Zeit im Spiegel unserer sprachlichen Objektivierungsformen für Zeit lässt sich mit Hilfe der Denkfigur vom *Blick aus dem Bilde* nun folgende Einsicht gewinnen. Auf den ersten Blick erscheint es so, dass wir durch unsere sprachlichen Objektivierungsformen das Phänomen *Zeit* unseren kategorisierenden Blicken ganz unterwerfen könnten. Je mehr wir aber glauben, die Zeit auf diese Weise direkt in unsere begriffliche Gefangenschaft bringen zu können, desto widerspenstiger wird sie gegenüber unseren begrifflichen Einordnungsversuchen. Eben dadurch kann sie uns dann auch selbst unter ihre Herrschaft bringen, da sie uns nicht mehr in Ruhe lässt.

---

86 Nikolaus von Kues: Die Gottesschau (De visione dei), Philosophisch-theologische Schriften Bd. 3. S. 95 ff. Vgl. auch H. Herold: Bild der Wahrheit – Wahrheit des Bildes. Zur Bedeutung des „Blicks aus dem Bild". In: V. Gerhardt/H. Herold: Wahrheit und Begründung, 1985, S. 71–98; W. Köller: Perspektivität und Sprache, 2004, S. 192–199.

Wir haben uns nun nämlich die Frage zu stellen, warum wir uns überhaupt für das Zeitphänomen interessieren, wie wir es in unser Weltverständnis einordnen und welche Rolle es bei der Gestaltung unseres Lebens spielen soll. Auf diese Weise biegt sich dann unser Interesse an einem externen Denkgegenstand in ein Interesse an uns selbst zurück, da es auch Fragen nach der inneren Struktur unserer eigenen Identität provozieren kann. Auf diese Weise kann dann die Wahrnehmung von externen Erfahrungsphänomenen auch zu einer Wahrnehmung von internen Denkzusammenhängen werden bzw. zu einer Wahrnehmung von eigenen Wahrnehmungszielen und Wahrnehmungspotentialen.

Diese Strukturverhältnisse in menschlichen Wahrnehmungsprozessen bzw. diese Dialektik der Relation zwischen Wahrnehmungssubjekten und Wahrnehmungsobjekten rechtfertigt dann auch folgende These: Unsere sprachlichen Objektivierungsformen für Zeit sagen uns nicht nur etwas über die Zeit selbst, sondern immer auch etwas über die Menschen, die diese Formen entwickelt haben und faktisch nutzen.

Dabei besteht für die Schöpfer dieser Formen natürlich immer auch die Gefahr, dass sie in die Rolle von Zauberlehrlingen geraten, die ihre jeweils verwendeten Werkzeuge nicht mehr vollständig beherrschen, und dass sie gerade von dem in den Griff genommen werden, von dem sie glauben, dass sie es selbst im Griff haben. Auf jeden Fall lässt sich sagen, dass wir die sprachlich gespiegelte Zeit nicht als beherrschte Zeit verstehen dürfen, sondern allenfalls als interpretierte Zeit. Auch in unserer begrifflich gespiegelten Zeit macht sich die überschießende Macht der Zeit nämlich immer wieder bemerkbar, was ja auch Augustin schon schmerzlich erfahren musste.

Das Sinnbild des *lebenden Spiegels* bzw. des *Blicks aus dem Bilde* verdeutlicht uns, dass unsere sprachlich manifestierten Objektivierungsformen für Zeit keinen Endgültigkeitsstatus beanspruchen können, sondern allenfalls einen pragmatisch zu rechtfertigen heuristischen Vorläufigkeitsstatus. Immer wieder erweist sich die Zeit als ein nicht wirklich beherrschbarer Wahrnehmungsgegenstand. Sie repräsentiert sich vielmehr als ein dynamisches Wahrnehmungsobjekt, das immer einen herausfordernden Grundcharakter behält und das eben dadurch dann auch alle menschlichen Sinnbildungsanstrengungen in Atem zu halten vermag, weil es ständig zu einem Dialog herausfordert.

Diese Grundstruktur von dialogisch strukturierten Sinnbildungsprozessen hat Rilke am Beispiel der Wahrnehmung von Kunstwerken in seinem Sonett *Archaïscher Torso Apollos* folgendermaßen zum Ausdruck gebracht: „[...] *denn da ist keine Stelle, / die dich nicht sieht. Du mußt dein Leben ändern.*"[87]

---

[87] R. M. Rilke: Archaïscher Torso Apollos. Werke in drei Bänden, 1966, Bd. 1, S. 313.

6 Die Gleichzeitigkeit des Ungleichzeitigen

Das Konzept der inneren Ungleichzeitigkeit von konkreten Erfahrungsinhalten haben der Kunsthistoriker Wilhelm Pinder und der Philosoph Ernst Bloch im ersten Drittel des 20. Jh. als Analysestrategie verwendet, um die Ursache von kulturellen und sozialen Spannungsverhältnissen aufzuklären. Dieser Denkansatz ist dann vor allem in der Geschichtswissenschaft und in der Soziologie in der fast paradoxen Formel von der *Gleichzeitigkeit des Ungleichzeitigen* zu einem umfassenden Analysekonzept geworden, um die internen Spannungen in bestimmten sozialen Ordnungsformen, historischen Epochen, geographischen Räumen, Systemzusammenhängen und begrifflichen Denkmustern zu erfassen.

Anfangs richtete sich dabei das Interesse primär auf die spezifischen Inkohärenzen in ganz bestimmten Ordnungszusammenhängen, die vor allem dadurch verursacht wurden, dass man Relikte aus früheren Zeiten in späteren nicht beseitigte wie beispielsweise die Beschäftigung von Heizern auf Elektroloks. Später entwickelte sich dann ein immer größeres Interesse dafür, die historisch widersprüchlichen, aber pragmatisch oft auch fruchtbaren Korrelationszusammenhänge von Handlungs- und Denkformen aus unterschiedlichen Zeiten nicht nur zu erfassen, sondern in ihren spannungsreichen Korrelationen auch näher zu beschreiben.

Das hatte dann zur Konsequenz, dass man sich immer weniger für die Paradoxien interessierte, die sich aus der *Gleichzeitigkeit des Ungleichzeitigen* ergeben konnten, sondern immer mehr dafür, welche Provokations- und Anregungspotentiale sich aus den zeitlichen Inkohärenzen der jeweils korrelierten Einzelsachverhalte ergaben. Das exemplifiziert sich nicht zuletzt auch darin, dass das Denkmodell von der Gleichzeitigkeit des Ungleichzeitigen sogar Eingang in die Werbebranche gefunden hat, was ein Werbespruch der bayrischen Landesregierung sehr schön veranschaulicht: *Laptop und Lederhose.*

In diesem Denkzusammenhang mutet es dann schon etwas merkwürdig an, dass der Topos von der Gleichzeitigkeit des Ungleichzeitigen in der Sprachwissenschaft keine besondere Aufmerksamkeit gefunden hat. Die Sprache lässt sich nämlich sicherlich als ein Ordnungszusammenhang verstehen, in dem Formen aus ganz unterschiedlichen Kulturepochen mit ganz unterschiedlichen semantischen Differenzierungsintentionen in einem Funktions- und Interaktionszusammenhang miteinander stehen. Gerade die natürliche Sprache lässt sich daher als eine soziale Institution verstehen, die prototypisch das Problemfeld exemplifiziert, das man mit Hilfe dieser Formel aufklären wollte. Insbesondere sie verlöre sicherlich ihren pragmatischen und ästhetischen Charme, wenn in ihr dieses Spannungsverhältnis reduziert oder gar ausgemerzt würde.

Wahrscheinlich lässt sich sogar die These vertreten, dass die Gleichzeitigkeit des Ungleichzeitigen ein ganz genuines und konstitutives Strukturphänomen aller evolutionär gewachsenen Ordnungszusammenhänge in Natur und Kultur ist, weil gerade dadurch immer auch ganz bestimmte Kontinuitäten in historischen Veränderungsprozessen sichergestellt werden können. Wenn das nämlich nicht so wäre, dann wären ständig revolutionäre Umbrüche bzw. Paradigmenwechsel zu erwarten, die immer auch die Gefahr beinhalteten, nicht nur Altes zu vergessen, sondern intentional auch ganz bewusst auszusondern.

Die natürlich gewachsene Sprache lebt nun aber als universales Interpretations- und Sinnbildungsmittel davon, dass in ihr die Gleichzeitigkeit des Ungleichzeitigen nicht beseitigt, sondern erhalten und womöglich sogar gepflegt wird, und dass wir uns immer eine hermeneutische Grundeinstellung beim Verständnis ihrer Formen bewahren müssen. Nur auf diese Weise kann sie sich nämlich ständig erneuern, ohne ihre Wurzeln ganz kappen zu müssen. Vollständig funktionslose Relikte und tote Fossilien gibt es in ihr praktisch nicht. Alles, was sich in ihrem Gebrauch faktisch erhält und daher auch nicht vergessen wird, hat auch immer ein bestimmtes Sinnbildungspotential.

Orwells *Neusprache* ließe sich als polyfunktionale Umgangssprache deshalb faktisch auch gar nicht durchsetzen. Als eine institutionelle Versicherung gegen eine zeitlich völlig homogene und semantisch ganz durchsystematisierte Sprache ist sicherlich der metaphorische und ironische Sprachgebrauch anzusehen, den alle formalisierten Fachsprachen daher dann auch so fürchten wie der Teufel das Weihwasser oder die Vampire den Knoblauch.

Vielleicht kann man es sogar als eine *List der Vernunft* ansehen, dass alle vitalen Ordnungszusammenhänge gewisse Inkohärenzen, Vagheiten und Anachronismen aufweisen müssen, weil sie sich ansonsten nicht mehr flexibel neuen Rahmenbedingungen anpassen könnten. Stringent durchstrukturierte Ordnungssysteme veralten deshalb leichter und schneller als solche mit vielfältigen Freiheitsgraden und funktionalen Vagheiten, da sie weniger Funktionsreserven haben, um auch auf ganz neuartige Anforderungen reagieren zu können. Das beinhaltet dann zugleich auch, dass das Strukturmerkmal der Gleichzeitigkeit des Ungleichzeitigen nicht nur Probleme aufwirft, sondern auch lösen kann, wenn etwas ganz Unvorhergesehenes geistig und sprachlich zu bewältigen ist.

Aus alldem lässt sich nun der Schluss ziehen, dass unser vorhandenes sprachliches Inventar zur kognitiven Objektivierung und kommunikativen Handhabung von Zeit, das systemtheoretisch gesehen sicherlich nicht sehr kohärent ist, da es nicht nur aus unterschiedlichen Zeiten stammt, sondern auch durch sehr unterschiedliche Differenzierungsintentionen geprägt ist, sich dennoch ganz gut dazu eignet, auf den kognitiven Wert des Phänomens der Gleichzeitigkeit des Ungleichzeitigen aufmerksam zu machen. Dieser Topos veranschaulicht nämlich nicht nur die immanenten Strukturspannungen von evolutionär gewachsenen Ordnungszusammenhängen, sondern auch die faktischen Hintergründe von deren jeweiligen Leistungsprofilen und Funktionsreserven.

Der Tatbestand der Gleichzeitigkeit des Ungleichzeitigen kann in sehr unterschiedlichen Lebenslagen und Sprechsituationen seinen ganz spezifischen Charme entwickeln. Er kann nämlich im Denken nicht nur klärende Gärungsprozesse in Gang setzen, sondern auch dabei helfen, diese beherrschbar zu machen. Er kann weiterhin dabei helfen, dass alte Denktraditionen auch in ganz neuen Denkformen nicht vollständig verloren gehen, sondern auf fruchtbare Weise dialogisch wirksam werden und gerade dadurch dann auch in unserem Vorstellungsvermögen präsent bleiben. Heisenberg hat diesen komplexen und spannungsvollen Interaktionszusammenhang in folgendem Denkbild sehr plastisch so beschrieben: „[...] *wenn man einen jungen Wein in alte Schläuche füllen will* [...] *anstatt sich des jungen Weins zu erfreuen, müssen wir uns mit dem Zerplatzen der alten Schläuche Sorgen machen.*" [88]

Um die Erklärungskraft des Topos von der Gleichzeitigkeit des Ungleichzeitigen für die hier interessierenden Strukturzusammenhänge herauszuarbeiten, wird nun folgender Weg beschritten. Zunächst werden einige Überlegungen zur Entstehungs- und Wirkungsgeschichte dieses Topos angestellt. Diese sollen dazu dienen, dessen Intentionen und Bezüge zum historischen und evolutionären Denken herauszuarbeiten. Das erleichtert dann auch, das Zeitphänomen hinsichtlich seiner vielfältigen Einzelaspekte im Spiegel seiner unterschiedlichen sprachlichen Objektivierungsformen auf nachvollziehbare Weise zu erfassen und zu verstehen. Das schließt dann natürlich nicht zuletzt auch immer die Beschäftigung mit den Selbstbezüglichkeitsrelationen beim Zeitphänomens ein.

Gerade weil unsere sprachlichen Objektivierungsformen für Zeit aus ganz unterschiedlichen Kulturepochen stammen, aber sich in evolutionären Siebungsprozessen dennoch erhalten und umgestaltet haben, lassen sie sich auch als anthropologisch relevant ansehen, selbst wenn wir ihren kognitiven Gehalt nicht immer befriedigend auf den Begriff bringen können. Deshalb sollte der Topos von der Gleichzeitigkeit des Ungleichzeitigen letztlich auch nicht nur als eine deskriptive Formel verstanden werden, sondern auch als eine heuristische These, insofern sie nämlich verdeutlicht, was es heißt, den Menschen mit Cassirer als ein Zeichenwesen zu bestimmen.

---

88 Zitiert nach H. Pfeiffer: Werner Heisenberg und die Alexander von Humboldt-Stiftung. In: H. Pfeiffer (Hrsg.): Denken und Umdenken. Zum Werk und Wirkung von Werner Heisenberg, 1977, S. 27.

6.1 Die Entstehungsgeschichte der Formel

Die Frage nach dem kognitiven Wert bzw. nach der geistigen Strukturierungskraft der Denkfigur von der Gleichzeitigkeit des Ungleichzeitigen ist nicht leicht zu beantworten, da sie nicht nur ein komplexes Sachproblem betrifft, sondern zugleich auch immer ein vielschichtiges erkenntnistheoretisches Problem. Sie ist nämlich auch eine Frage danach, welche Rolle unser historisches Bewusstsein bei der Wahrnehmung unserer Lebenswelt spielen soll, darf und kann. Bei ihrer Beantwortung müssen wir nämlich immer auch Entscheidungen darüber treffen, welche Bedeutung die Spannungen zwischen unseren alten und neuen Erfahrungen in Wahrnehmungsprozesse haben sollen, dürfen und können bzw. worin der Unterschied zwischen historisch gewachsenen und methodisch konstruierten Ordnungsgebilden besteht.

Die Frage nach der geschichtlichen Genese dieser Formel ist deshalb nicht nur von einem historischen, sondern immer auch von einem systematischen Interesse, insofern sie uns nämlich auch auf die pragmatischen und heuristischen Implikationen dieser Denkfigur aufmerksam machen kann. Sie hilft uns nicht nur dabei, historisch gewachsene Strukturordnungen in Natur und Kultur besser zu verstehen, sondern auch dabei, das Zeitphänomen als einen fundamentalen Faktor für das Verständnis der Implikationen von anthropologisch wichtigen Ordnungszusammenhängen aller Art ins Auge zu fassen. Sie legt zudem auch nahe, die Zeit nicht nur als ein Naturphänomen ins Auge zu fassen, sondern auch als ein Kulturphänomen, insofern sie zugleich auch immer eine Frage nach den Konstitutionsbedingungen unseres historischen Bewusstseins sowie unseres Selbstbewusstseins ist.

Das wird besonders deutlich, wenn wir unsere Aufmerksamkeit auf das Problem richten, ob bestimmte Phänomene eine Eigenzeit haben, durch die sie dann in ganz bestimmte Spannungen zu der anderer Phänomenen geraten können. Das würde nämlich bedeuten, dass es in der Welt faktisch immer Ungleichzeitigkeiten zwischen einzelnen Sachverhalten gibt und dass immer Probleme auftreten, wenn man von der Existenz einer übergeordneten Universalzeit ausgeht, in die alle Eigenzeiten einzuordnen sind. Die Vorstellung einer Universalzeit hat deshalb auch schon Herder ausdrücklich in Frage gestellt und diesbezüglich dann Folgendes postuliert:

> Eigentlich hat jedes veränderliche Ding das Maß *seiner* Zeit in sich; dies besteht, wenn auch kein anderes da wäre; keine zwei Dinge der Welt haben dasselbe Maß der Zeit. Mein Pulsschlag, der Schritt oder Flug meiner Gedanken ist kein Zeitmaß für andere [...]. Es gibt also (man kann es eigentlich und kühn sagen) im Universum zu Einer Zeit unzählbar–

viele Zeiten; die Zeit, die wir uns als das Maß Aller denken, ist bloß ein *Verhältnismaß unserer Gedanken*, [...].[89]

Obwohl also das Spannungsverhältnis zwischen den Eigenzeiten der einzelnen Phänomene schon lange als ein ontologisches Grundproblem erkannt worden ist, hat es erst der Kunsthistoriker Wilhelm Pinder 1928 ausdrücklich als *Ungleichzeitigkeit des Gleichzeitigen* am Beispiel des Korrelationszusammenhangs von Künstlergenerationen in seinen kunstgeschichtlichen Überlegungen thematisiert.[90] Bezeichnend ist dabei, dass er diese „*Polyphonie*" nicht als „*Chaos*" verstanden wissen möchte, sondern vielmehr als einen spezifischen Gestalt- und Sinnzusammenhang, für den man sich allerdings erst sensibilisieren müsse.

Er ist nämlich der festen Überzeugung, dass die „*Gleichzeitigkeit der Verschieden-Altrigen*" eine konstitutive Grundstruktur des menschlichen Lebens bzw. der Kultur sei. Menschen seien in ihren Wahrnehmungsprozessen immer an verschiedenen Gegenwarten beteiligt, weshalb es dann auch einfache bzw. eindimensionale Gegenwarten eigentlich gar nicht gebe. Deshalb möchte er sich das Phänomen *Zeit* auch nicht im Bilde einer linearen Strecke, sondern vielmehr im Bilde eines mehrdimensionalen Zeitraumes vorstellen.

Einen solchen Zeitraum vergegenwärtigt er sich dann als ein Koordinatensystem im Sinnbild eines „*Zeitwürfels*", in dem es sehr vielfältige Kreuzungen von Zeitstrecken gebe und damit dann auch zugleich sehr unterschiedliche Korrelationszusammenhänge von Einzelphänomenen. Für ihn ergibt sich aus dieser Struktur dann folgende Konsequenz für das Verständnis des menschlichen Lebens.

> Jeder lebt mit Gleichaltrigen und Verschiedenaltrigen in einer Fülle von Möglichkeiten. Für jeden ist die gleiche Zeit eine andere Zeit, nämlich eine anderes Zeitalter seiner selbst, das er nur mit Gleichaltrigen teilt [...]. Man kann also von der versteckten „Ungleichzeitigkeit des Gleichzeitigen" reden.[91]

Da für Pinder in der Kunst Darstellungsformen und Stile nicht im „*Gänsemarsch*" aufeinander folgen, wirbt er dann auch für eine Kunstgeschichte der Generationen. Daraus ergibt sich für ihn dann auch die Chance für ein geschichtliches Sehen, bei dem die Dominanz der Chronologie beim Verstehen historischer Tatbestände sehr deutlich relativiert wird.

Während Pinder 1928 von einer „*Ungleichzeitigkeit des Gleichzeitigen*" gesprochen hat, wobei er gerade über die Vorstellung des *Zeitwürfels* und der

---

89 J. G. Herder: Eine Metakritik zur Kritik der reinen Vernunft. Werke Bd. 8, 1998, S. 360
90 W. Pinder: Das Problem der Generationen in der Kunstgeschichte Europas, 1949^4, S. 27 f.
91 W. Pinder: a. a. O. , S. 35.

Polyphonie die innere Zusammengehörigkeit von etwas Unterscheidbaren zu akzentuieren versucht, spricht Bloch 1932 von einer *„Gleichzeitigkeit des Ungleichzeitigen".* Das ist nun insofern bedeutsam, weil mit dieser Formel nun eher auf die trennenden als auf die verbindenden Aspekte von Eigenzeiten aufmerksam gemacht wird. In dieser Fassung ist dann bezeichnenderweise dieses Denkmodell auch in der Geschichtswissenschaft und in der Soziologie aufgenommen worden. Diese Umakzentuierung der Formel ist insofern verständlich, weil Bloch sie insbesondere dazu verwendet hat, um auf die inneren Ungereimtheiten im faschistischen Denken aufmerksam zu machen, in dem sehr Heterogenes zusammengebunden werde, um ganz unterschiedliche Bevölkerungsgruppen, mit ganz verschiedenen Denktraditionen anzusprechen wie etwa Bauern, Industriearbeiter, verarmte Mittelschichtangehörige und Ideologiebedürftige.

Bloch verwendet die Formel von der *Gleichzeitigkeit des Ungleichzeitigen* eher in einer kritischen als in einer deskriptiven oder gar hermeneutischen Grundintention. Er möchte mit ihr insbesondere darauf aufmerksam machen, dass alle, die faktisch in demselben Raum bzw. in derselben chronologischen Zeit leben, keineswegs in derselben historischen oder geistigen Epoche existieren. Je nachdem, wo einer klassenmäßig oder bewusstseinsmäßig stehe, könne er deswegen auch in einer ganz anderen Zeit leben. *„Nicht alle sind im selben Jetzt da. Sie sind es nur äußerlich, dadurch, daß sie heute zu sehen sind. Damit leben sie noch nicht mit den anderen zugleich."*[92]

Dieser kritische Denkansatz zum Verständnis der Leistungskraft dieser Formel ist verständlich, weil es Bloch vor allem darum ging, die sachlichen Inkohärenzen des faschistischen politischen Denkens anzuprangern, dem er keinen wirklichen Gestaltzusammenhang zubilligen möchte. Deshalb drohe diesem Denken dann auch, sich in einem unfruchtbaren Denken zu verheddern.[93]

6.2 Die Erklärungskraft der Formel

Obwohl das eher kritische Verständnis der Formel über die *Gleichzeitigkeit des Ungleichzeitigen* ganz gut nachvollziehbar ist, so sollte man darüber nicht vergessen, dass durch sie auch auf Korrelationszusammenhänge aufmerksam gemacht werden kann, die durchaus als positiv beurteilt werden können. Dabei haben wir dann allerdings auf ein Zeitverständnis zurückzugreifen, das nicht

---

92 E. Bloch: Erbschaft der Zeit. Gesamtausgabe Bd. 4, 1962, S. 104.
93 Vgl. A. Landwehr: Von der „Gleichzeitigkeit des Ungleichzeitigen". Historische Zeitschrift 295, H. 1, 2012, S. 13 ff.

dominant durch den Chronologie- und Fortschrittsgedanken geprägt ist, sondern eher durch den Korrelations- und Interaktionsgedanken. Dass bedeutet, dass die Gleichzeitigkeit des Ungleichzeitigen nicht nur als ein Problem oder gar als ein Negativum verstanden werden kann, sondern auch als eine produktive Kraft und damit dann auch als ein Positivum.

Unter diesen Bedingungen ergibt sich nämlich die Chance, Denkinhalte unterschiedlicher historischer Herkunft in eine dialogische Beziehung miteinander zu bringen, in der etwas sein individuelles Profil jeweils durch seine spezifische Kontrastrelation zu etwas anderem bekommt. Ein solches Denken braucht dann eine gewisse historische Inhomogenität seiner Denkmittel, um Unterschiedliches in eine sinnstiftende Balance miteinander zu bringen und um gerade auf diese Weise neuartige Sinngestalten und Ordnungszusammenhänge stiften zu können. Unter diesen Umständen ließe sich dann die *Gleichzeitigkeit des Ungleichzeitigen* nicht nur als ein zu beseitigendes Problem verstehen, sondern auch als eine dialektische Prämisse für ein kreativen Denken bzw. als eine Ausdrucksform des Lebens, die man eher zu gestalten als zu beseitigen hat.

Dieses Zeitverständnis ist dann natürlich nicht nur chronologisch im Sinne eines Zeitflusses zu verstehen, sondern vor allem auch psychologisch, insofern nun das Verständnis von Zeit auch immer mit dem Erlebnis der Erfülltheit, der Intensität, der Gestaltungsfähigkeit und der Ambivalenz verbunden werden muss. Dabei kann dann auch dasjenige in einem dialektischen Sinne als zusammengehörig betrachtet werden, das chronologisch oder kausal nicht direkt miteinander verbunden ist, was sich aber dennoch wechselseitig bedingt oder ergänzt, weil es Zusammengehörigkeiten auf anderen Relationsebenen zum Ausdruck zu bringen vermag.

Ein solches Verständnis von Zusammengehörigkeit bzw. der psychischen Gleichzeitigkeit von chronologisch Ungleichzeitigem manifestiert sich beispielsweise auf mittelalterlichen Bildern. Hier werden oft Mitglieder von sehr unterschiedlichen Generationen auf einem Bilde vereinigt, die chronologisch gesehen in ganz unterschiedlichen Zeitepochen gelebt haben, aber möglicherweise dennoch in einem gemeinsamen geistigen oder familiären Raum. Auf diese Weise kann sich die Zeit dann auch als ein genuin chronologisches Phänomen auflösen, insofern nun ihre chronologischen Aspekte nur Teilaspekte eines viel komplexeren Sinnzusammenhangs werden. Unter diesen Umständen wird die Zeit dann sogar ziemlich richtungsneutral, weil das chronologische Nacheinander Generationen durch ein geistiges Miteinander überwölbt wird. Die Zeit tritt nun nämlich nicht mehr als rein lineares Phänomen in Erscheinung, das ständig Neuartiges hervorbringt, sondern eher als ein zyklisches Phänomen, das etwas in Abwandlungen immer wieder erneut zur Erscheinung zu bringen vermag.

Ein solch zyklisches und integratives Verständnis von Zeit, das auch maßgeblich das antike Geschichtsverständnis geprägt hat, hat sich bei der Gestaltung von Bildern sogar bis in die neuere Zeit erhalten. Dafür liefern Chagalls Bilder sinnfällige Beispiele. Ein sehr gutes Exempel für das Sinnverständnis der Zeit im Sinne einer positiven Gleichzeitigkeit von chronologisch Ungleichzeitigem bietet auch Raffaels vatikanisches Deckengemälde *Die Schule von Athen*.

Auf diesem eigentlich zentralperspektivisch gestaltetem Bild werden griechische Philosophen (Platon, Aristoteles, Sokrates, Heraklit, Euklid, Zenon, Plotin usw.) aus unterschiedlichen Zeitepochen und Denkschulen in einem gemeinsamen Raum dargestellt, was natürlich eindeutig jedem möglichen realen Seheindruck widerspricht. Diese Darstellungsweise legitimiert sich nur, wenn man der Auffassung ist, dass diese Philosophen zwar nicht in einen gemeinsamen chronologischen Zeitraum gehören, aber durchaus in einen gemeinsamen geistigen Konstellationsraum, in dem sie auf eine ergänzende oder kontrastive Weise miteinander verbunden sind. Das Bild Raffaels entspricht zwar keinem faktisch möglichen optischen Seheindruck, aber durchaus einem vorstellbaren geistigem Wahrnehmungseindruck. Konzeptionell liegt ihm kein bloßes Additionsprinzip zugrunde, sondern vielmehr ein ganz spezifisches sinnbildendes Gestaltungsprinzip, in dem allerdings die rein chronologische Zusammengehörigkeit der jeweils dargestellten Personen keine grundlegende strukturbildende Ordnungsfunktion mehr hat. Das dokumentiert sich auch darin, dass der zentralperspektivische Fluchtpunkt dieses Bildes genau zwischen Platon und Aristoteles liegt, die chronologisch einander zwar nahestehen, aber sachlich letztlich doch recht unterschiedliche Denkwelten repräsentieren, was sich beispielsweise durch die Stichwörter *Idee* und *Empirie* grob andeuten lässt.

Mit einer ganz anderen Realisationsweise der Vorstellung von der Gleichzeitigkeit des Ungleichzeitigen werden wir konfrontiert, wenn wir in den Sternhimmel schauen. Diesen können wir uns zwar über unterschiedliche Sternbilder strukturieren, aber diese Sternkonstellationen sind zeitlich durchaus problematisch. Dabei wird nämlich suggeriert, dass die einzelnen Sterne der jeweiligen Sternbilder chronologisch in die gleiche Zeit- und Raumebene gehören, was sachlich allerdings keineswegs zwingend ist. Faktisch wäre es nämlich möglich, dass bestimmte Sterne gar nicht mehr existieren, obwohl ihr Licht für uns immer noch gleichzeitig mit dem jüngerer Sterne wahrnehmbar ist.

Die Wahrnehmung der Gleichzeitigkeit des Ungleichzeitigen hat auch immer etwas mit der unterschiedlichen Struktur und Sensibilität unserer jeweiligen sinnlichen Wahrnehmungsorgane zu tun. Wenn beispielsweise ein Dachdecker auf einem Kirchturm einen Nagel in einen Balken einschlägt, dann kann dieser Vorgang optisch für uns längst abgeschlossen sein, wenn er akustisch für uns erst beginnt, da wir Hammerschläge in einer größeren Entfernung optisch früher wahrnehmen als akustisch. Die faktische Gleichzeitigkeit von Hammerschlag und Schlaggeräusch tritt deshalb medial für uns zwar als etwas Ungleichzeitiges in Erscheinung, aber in unserem Denken können wir das dann doch als etwas chronologisch Gleichzeitiges verstehen.

Mit dem Problem, dass gleichzeitig Existierendes keineswegs gleichzeitig sprachlich objektiviert werden kann, sondern nur in linearer Reihung nacheinander, sehen sich natürlich alle sprachlichen Darstellungen komplexer Phänomene konfrontiert und insbesondere die der Geschichtswissenschaft. Wenn man bestimmte Zeitepochen als homogene Zeitgestalten darzustellen versucht, dann ist man immer gezwungen, synchron Existierendes und ineinander Verwachsenes linear gereiht zu objektivieren. Daraus ergibt sich dann historiographisch das methodische Problem, ob man Geschichte am besten auf narrative Weise als chronologische Abfolge von Einzelereignissen thematisieren soll oder auf abstraktere Weise strukturanalytisch als eine epochale Abfolge von unterscheidbaren sozialen, kulturellen oder aktionalen Ordnungsgestalten.

Jede sprachliche Darstellung von Geschichte hat dementsprechend dann auch mit dem Problem zu kämpfen, ob sie geschichtliche Zusammenhänge in Querschnitten oder Längsschritten objektivieren soll bzw. wie sie diese sinnvoll miteinander verbinden kann. Damit wird dann auch deutlich, dass die Zeitstruktur der Geschichte immer einen mehrdimensionalen Charakter hat, der sprachlich nicht leicht zu bewältigen ist, weil es dabei in jedem Fall zu Abstraktionen kommt, die hilfreich oder verzerrend in Erscheinung treten können.

Auch Platons Höhlengleichnis dokumentiert eindrucksvoll, dass wir bei der geistigen und sprachlichen Erfassung von Ordnungszusammenhängen nicht nur einen begrifflichen, sondern auch einen zeitlichen und örtlichen Abstand von diesen brauchen. Beispielsweise versteht der entfesselte Gefangene erst in einem örtlichen, zeitlichen und mentalen Erfahrungsabstand den tatsächlichen Stellenwert seiner unmittelbaren sinnlichen Einzelwahrnehmungen in der Höhle. Ohne die Chance der Verknüpfung von aktuellen Einzelwahrnehmungen mit einem allgemeinen strukturellen Hintergrundswissen bzw. ohne die Möglichkeit einer geistigen und räumlichen Selbstbewegung in der jeweiligen Wahrnehmungssituation hätte er nämlich keine Chance, verlässliches bzw. pragmatisch brauchbares Wissen zu erwerben.[94]

Aus all dem lässt sich nun ableiten, dass Menschen bei der Bewältigung ihres faktischen Lebens immer mit Synchronisierungsaufgaben konfrontiert werden, weil sie ständig altes Wissen mit aktuellen Erfahrungen verknüpfen müs-

---

94 Vgl. W. Köller: Das platonische Höhlengleichnis. In: W. Köller: Narrative Formen der Sprachreflexion, 2006, S. 190–221.

sen. Diese Aufgabe können sie nur mit Hilfe genetischer und kultureller Verfahren der Wissensspeicherung und der sinnvollen Korrelation des semiotisch fixierten Wissens mit aktuellen Erfahrungen in der jeweiligen Gegenwart leisten. Deshalb lässt sich die Notwendigkeit der Korrelation des Gleichzeitigen mit dem Ungleichzeitigen bzw. die Verarbeitung von Wissen aus unterschiedlichen Zeitebenen auch als eine pragmatische Universalie der menschlichen Existenzweise ansehen bzw. als eine grundlegende Prämisse der menschlichen Zeitbewältigung.

In dieser Denkperspektive ist es dann auch konsequent, dass der Historiker Reinhart Koselleck das Prinzip der *Gleichzeitigkeit des Ungleichzeitigen* als *„eines der aufschlußreichsten historischen Phänomene"* bezeichnet hat, insofern sich historische *„Konflikte, Kompromisse und Konsensbildungen"* sich in der Regel immer auf die Spannungen und die Bruchlinien dieses Strukturprinzips zurückführen ließen bzw. auf die spezifischen Eigenzeiten der jeweiligen Einzelphänomene.[95]

Nach Koselleck sind alle komplexe Phänomene, zu denen nicht nur die Geschichte, sondern sicherlich auch die Sprache gehören, dadurch geprägt, dass sie auch als Zeitgestalten verstehbar sind, die sich in unterschiedlichen Geschwindigkeiten wandeln können. Daher ist für ihn die Geschichte auch *„immer neu und überraschungsschwanger"*, obwohl es in ihr auch dauerhafte Grundbedingungen gebe, *„in deren Spielraum sich das jeweils Neue einzustellen pflegt."*[96] Da sich im Laufe der Geschichte die räumlichen, rechtlichen und institutionellen Grundbedingungen langsamer wandeln als die konkreten Bedingungen für Einzelentscheidungen, seien gewisse Zukunftsprognosen durchaus möglich. Dennoch sei aber festzuhalten, dass in der Geschichte immer mehr oder weniger geschehen könne, als in den jeweiligen Vorgeschichten schon immanent enthalten sei, was sich gerade in dem Phänomen der Revolution exemplarisch veranschauliche.

Kosellecks Strukturbestimmung von Geschichte lässt sich sicherlich weitgehend mit der von Sprache analogisieren. In beiden gibt es Ordnungsschichten, die ihre spezifische Eigenzeit haben und die sich deshalb auch in unterschiedlichen Geschwindigkeiten transformieren können. So wandeln sich beispielsweise grammatische Formen in einer Sprache weniger schnell als lexikalische und textuelle. Dadurch entstehen dann natürlich immer wieder Probleme, wenn diese unterschiedlichen sprachlichen Ordnungsmuster miteinander verbunden werden. Das ist anthropologisch gesehen allerdings kein unlösbares

---

95 R. Koselleck: Zeitschichten, 2000, S. 9.
96 R. Koselleck: a. a. O., S. 207.

Problem, da Menschen zerebral und kulturell immer schon darauf angelegt sind, die immanenten semantischen und zeitlichen Spannungen zwischen Einzelzeichen geistig zu bewältigen.

Ebenso wie die Geschichtsschreibung mit der Differenz zwischen einem beobachtbaren Einzelereignis und seiner historischen Objektivierung und Interpretation fertig werden muss, so muss auch die Sprachwissenschaft mit der Differenz zwischen der konventionalisierten Bedeutung sprachlicher Formen und ihren aktuellen Sinnbildungsfunktionen fertig werden. Die Ungleichzeitigkeit zwischen den jeweiligen Objektivierungsgegenständen und den jeweils dafür verfügbaren Objektivierungsformen bleibt aber sowohl für das historische als auch für das das sprachliche Denken eine unaufhebbare Grunderfahrung.

Wenn das Prinzip der Gleichzeitigkeit des Ungleichzeitigen ein elementarer Faktor für die Konstitution und die Wandlungsfähigkeit lebender Ordnungszusammenhänge aller Art ist, dann lässt es sich natürlich auch mit dem Evolutionskonzept in Verbindung bringen. Für dieses ist nämlich prägend, dass alle Lebensprozesse in Natur und Kultur aus der Entstehung und der Überwindung von Inkohärenzen hervorgehen, die auf zufällige, geplante oder spielerischer Weise entstehen können. Das bedeutet, dass sich das Prinzip der Gleichzeitigkeit des Ungleichzeitigen sich auch in allen Evolutionsprozessen bemerkbar macht, die sich daher dann auch als Problemlösungsprozesse zur Beseitigung von Ungleichgewichten verstehen lassen. Deshalb sind Evolutionsprozesse dann auch als Verfahren anzusehen, faktische Störungen bei der Bildung, Stabilisierung und Flexibilisierung von Ordnung auszugleichen und alle Ordnungsstrukturen in einem Fließgleichgewicht zu halten.

Das hat dann auch zur Folge, dass in allen evolutionär entstandenen Ordnungszusammenhängen sich immer eine Gleichzeitigkeit des Ungleichzeitigen bemerkbar macht, weil Anachronismen durch Selektionsprozesse nur dann ausgemerzt werden, wenn sie einen wirklich störenden Einfluss auf Lebensprozesse ausüben, aber meist nicht, wenn diese pragmatisch unschädlich sind und möglicherweise sogar als Funktionsreserven wirksam werden können. Dabei ist dann auch zu beachten, dass wir die Funktionalität überlieferter Formen nicht immer rational erklären können, weil diese uns oft nur über unser Sprachgefühl fassbar wird. Auf jeden Fall lässt sich aus evolutionärer Sicht sagen, dass Ordnungsformen, die im Gebrauch bleiben und die sich unscharf reproduzieren, immer eine ganz bestimmte Funktionalität haben, weil sie potentiell die Anpassungsfähigkeit von Ordnungssystemen an neue Rahmenbedingungen und Handlungsmöglichkeiten erleichtern können.

Das bedeutet dann für sprachliche Evolutionsprozesse, dass sprachliche Formen, die auf den ersten Blick anachronistisch und funktionslos erscheinen, auf den zweiten Blick das gar nicht mehr sind, insofern dadurch zumindest ein ironischer, metaphorischer, assoziativer, spielerischer oder ästhetischer Sprachgebrauch ermöglicht wird, der die Sprache als Sinnbildungsinstrument lebendig erhält und ihr gewisse Funktionsreserven für die Bewältigung neuer Objektivierungs- oder Mitteilungsbedürfnisse sichert. Auf jeden Fall lässt sich festhalten, dass eine Sprache, die systematisch ganz durchreguliert ist und die keine Gleichzeitigkeiten des Ungleichzeitigen mehr aufweist, an nuancierenden Sinnbildungsmöglichkeiten einbüßt und eben dadurch dann in pragmatischer Hinsicht durchaus auch selbst anachronistisch werden kann.

Ebenso wie der lügenhafte Sprachgebrauch auf dialektische Weise unsere Sensibilität für einen vertrauenswürdigen Sprachgebrauch schärft, so ist auch die Gleichzeitigkeit des Ungleichzeitigen in der Sprache eine Voraussetzung dafür, dass wir sie nicht nur als ein sprachliches Vergegenwärtigungsmittel für klar vorgegebene Sachverhalte nutzen können, sondern auch als ein flexibles Sinnbildungsmittel zur Verwirklichung unterschiedlicher menschlicher Differenzierungsintentionen. Die Gleichzeitigkeit des Ungleichzeitigen ließe sich deshalb dann auch als eine Art Rückversicherung verstehen, die dabei hilft, die natürliche Sprache weniger als ein durchrationalisiertes Konventionssystem (forma formata) zu verstehen, sondern eher als ein heuristisches Erschließungsmittel (forma formans), über das sich im konkreten Sprachgebrauch ein Fließgleichgewicht zwischen Tradition und Innovation herstellen lässt.

6.3 Sprachliche Exemplifizierungen der Formel

Die These von der Gleichzeitigkeit des Ungleichzeitigen in der Sprache lässt sich recht gut im Hinblick auf das Zusammenwirken von unterschiedlichen Formtypen in sprachlichen Objektivierungsprozessen diskutieren. Dabei kann man sein Augenmerk insbesondere auf die Korrelation von grammatischen, lexikalischen und textuellen Sprachmustern richten, die alle nicht nur eine spezifische sinnbildenden Funktion haben, sondern auch ein unterschiedliches Alter, das dann natürlich auch Einfluss auf ihr faktisches Sinnbildungspotential hat.

Grammatische Formen sind hinsichtlich ihrer morphologischen und funktionalen Konkretisierung oft jünger als lexikalische. Aber das besagt nun nicht, dass sie für die entwickelte Funktionalität der Sprache weniger wichtig wären als lexikalische. Wir können uns zwar schon allein mit lexikalischen Formen situationsverschränkt auf ganz elementare Weise verständigen, was die sogenannten *Einwortsätze* bzw. *Satzwörter* von Kleinkindern sehr klar exemplifizieren. Aber je mehr sprachliche Formen insbesondere im schriftlichen Sprachgebrauch situationsabstrakt verstanden werden müssen, desto mehr rückt dann natürlich die pragmatische Relevanz von grammatischen Formen in das Interesse unserer Aufmerksamkeit bzw. die Frage nach deren spezifischer sinnbildender Funktionalität beim Gebrauch der Sprache. Damit wird dann natürlich zugleich auch die Frage aktuell, ob bzw. inwiefern die historisch jüngeren Sprachformen eine größere pragmatische Relevanz für einen präzisen Sprachgebrauch haben als die historisch älteren, da insbesondere die jüngeren ja der Sprache gerade wegen ihrer meist größeren Kontextfreiheit und gesteigerten Informationsgenauigkeit einen höheren Grad an Autonomie geben können.

Diese Problematik bzw. dieses Systemproblem lässt sich sinnbildlich folgendermaßen verdeutlichen. Systemtheoretisch bzw. funktional gesehen könnte man die grammatischen Formen nämlich durchaus als das Skelett einer funktionierenden Sprache betrachten, auf das sich dann das lexikalische Fleisch in variabler Weise auflagern kann. Dadurch können dann komplexe sprachliche Formen mit einem ganz spezifischen Sinnrelief entstehen. Es bedeutet weiter, dass sich aus den unterschiedlichen Formtypen der Sprache und deren unterschiedlichen strukturbildenden Funktionen vielfältige Gestaltungsmöglichkeiten, Inkohärenzen und Interaktionsrelationen ergeben können, die sich durchaus mit Hilfe der Denkfigur von der Gleichzeitigkeit des Ungleichzeitigen erfassen und hinsichtlich ihrer Sinnbildungsimplikationen interpretieren lassen.

Je vielfältiger und polyfunktionaler die lexikalischen und textuellen Ordnungsmuster der Sprache werden, desto mehr müssen sich dann auch die grammatischen ausdifferenzieren und stabilisieren, um ihre Skelettfunktionen ausüben zu können bzw. um die Stabilität und intersubjektive Verständlichkeit sprachlicher Mitteilungen sicherzustellen. Das exemplifiziert der metaphorische Sprachgebrauch sehr klar, in dem zwar gegen lexikalische bzw. semantische Konventionen verstoßen wird, aber nicht gegen grammatische Regularitäten.

Diesen strukturtheoretischen Zusammenhang zwischen den Elementen lebender Ordnungsgestalten hat der Biologe Ludwig von Bertalanffy in evolutionärer Sichtweise auf erhellende Weise folgendermaßen beschrieben. Anatomische Grundstrukturen wie beispielsweise der Aufbau von Muskeln ließen sich als langsame Prozesswellen ansehen, auf die sich Funktionen wie etwa die Kontraktion von Muskeln zur Realisierung ganz bestimmter Zwecke als kurze Prozesswellen auflagerten.[97] Dementsprechend bedingten dann die langsamen Prozesswellen die faktischen Funktionsmöglichkeiten der schnellen bzw. kurzen. Gleichzeitig beeinflussten aber auch die kurzen Prozesswellen über evolutionäre Siebungs- und Tradierungsprozesse auch wieder das langfristig angelegte Funktionspotenzial der langsamen Prozesswellen.

---

97 L. von Bertalanffy: Das biologische Weltbild, 1949, S. 129.

Daraus lässt sich nun kraft Analogie ableiten, dass sich die interaktive Dynamik von unterschiedlich schnellen Prozesswellen in der Sprache auch als eine Realisierung des Prinzips der Gleichzeitigkeit des Ungleichzeitigen verstehen lässt. Vordergründig betrachtet kann dieses Prinzip zwar zu Ungereimtheiten oder gar Paradoxien führen, aber hintergründig auch zu einer fruchtbaren Dynamik in konkreten Relationsordnungen. Dadurch wird nämlich eine kontinuierliche Umstrukturierung von etablierten Ordnungen erzwungen, die im Prinzip natürlich immer dazu tendieren, starr zu werden und damit dann auch ungleichzeitig mit den Ordnungsproblemen, die sie aktuell jeweils sprachlich zu bewältigen haben.

Diese dynamische Grundstruktur von lebendigen Ordnungsgebilden, wie wir sie nicht nur in der Wirtschaft und im Recht, sondern auch in der Sprache antreffen, lässt sich auch mit Hilfe der Metapher von der *„unsichtbaren Hand"* (invisible hand) erläutern, die der schottische Ökonom und Philosoph Adam Smith in die Welt gesetzt hat. Mit diesem Denkbild will er nicht eine ordnende göttliche Kraft hinter allen Veränderungsprozessen benennen, sondern vielmehr eine immanente ausgleichende Resultante aus verschiedenartigen Ordnungstendenzen in komplexen Relations- und Interaktionsgebilden.[98]

Diese Resultante sorgt seiner Meinung nach nämlich dafür, dass auf ungeplante und spontane Weise sehr komplexe funktionsfähige Ordnungszusammenhänge entstehen können, die rational und begrifflich nicht vollständig zu erfassen sind. Das könne außerdem auch implizieren, dass diese *unsichtbare Hand* sogar Zwecke befördere, die die jeweils handelnden Menschen intentional gar nicht angestrebt hätten. So könne beispielsweise in der Wirtschaft das eigentlich egoistische Streben nach einem rein individuellen Wohlstand auch zu einem allgemeinen Wohlstand führen, weil dadurch das allgemeine Wirtschaftswachstum stimuliert werde. Diese These ist dann verständlicherweise auch zu einer Grundüberzeugung des Wirtschaftsliberalismus geworden.

Wenn man nun Bertalanffys Denkbild der unterschiedlich schnellen Veränderungswellen in lebenden Ordnungszusammenhängen mit der Vorstellung der Wirksamkeit einer *unsichtbaren Hand* in ihnen zu verbinden versucht, dann ergibt sich im Hinblick auf die Sprache vielleicht folgende Einsicht. In der Sprache lassen sich nicht nur die Bereiche *Grammatik*, *Lexik* und *Text* als Exempel für unterschiedlich schnelle Prozesswellen ansehen, die in einem wechselseitigen Verbund stehen. Wir haben außerdem auch damit zu rechnen, dass es innerhalb dieser Bereiche wieder unterschiedlich schnelle Prozesswellen gibt.

---

[98] A. Smith: Der Wohlstand der Nationen, Buch 4, Kap. 2, 2005[11], S. 371. Vgl. auch R. Keller: Sprachwandel. Von der unsichtbaren Hand in der Sprache, 1990.

Beispielsweise sind nicht alle gegebenen Subsysteme der Grammatik aus einem synchronen Guss. Sie weisen vielmehr infolge ihrer jeweiligen Wachstumsgeschichten vielerlei Überlappungen und Inkonsequenzen auf. Diese können systemtheoretisch gesehen sehr inkohärent und ärgerlich sein, aber sie können pragmatisch betrachtet dennoch hilfreich sein, weil sich dadurch auch wider Erwarten die pragmatische Flexibilität von grammatischen Ordnungsstrukturen verbessern kann. Außerdem können uns diese wachstumsbedingten Merkwürdigkeiten auch nachhaltig vor dem Irrglauben bewahren, dass grammatische Ordnungen deckungsgleich ontische Ordnungen widerspiegeln könnten.

Wenn beispielsweise in einem bestimmten Bereich der Grammatik zwei unterschiedliche Formtypen auftauchen wie etwa die Aktivformen und Passivformen des Verbs, so heißt das keineswegs, dass diese beiden Formtypen einen bestimmten Problembereich stringent so aufteilen, dass der Gebrauch der einen Form den Gebrauch der jeweils anderen faktisch ausschließt. Nach den Überlegungen von Jakobson zur Wachstumsgeschichte von Sprachformen stellt sich der Korrelationszusammenhang von gewachsenen Formen vielmehr so dar. Die ältere Form sei meist relativ *merkmallos* bzw. funktional unspezifisch, da sie nur eine recht grobe Strukturierung eines Sachverhalts zum Ausdruck bringe. Die jüngere Form sei dagegen verhältnismäßig *merkmalhaltig*, da sie besondere Aspekte eines Sachverhalts akzentuiert hervorhebe, welche die ältere Form zwar nicht ausschließe, aber auch nicht besonders betonen möchte.[99]

Das bedeutet nun, dass die ältere und die jüngere Form systemtheoretisch gesehen nicht gleichberechtigt nebeneinander stehen. Die jüngere Form kann nämlich gleichsam als eine spezifische Sprossform am Stamm der älteren betrachtet werden, die deren mögliches Gebrauchsfeld nicht generell, sondern nur partiell einschränkt.

Diese Konsequenz der Wachstumsgeschichte von grammatischen Formtypen ist natürlich sprachlogisch gesehen recht ärgerlich, weil dadurch die innere Systematik von grammatischen Ordnungssystemen empfindlich gestört werden kann. Deshalb tendiert die sprachliche Entwicklungsgeschichte auch immer dahin, die Verwendungsmöglichkeiten der beiden Formtypen nicht spezifizierend, sondern alternativ voneinander abzugrenzen. Diese Tendenz setzt sich allerdings nicht immer klar durch, da es im konkreten Sprachgebrauch durchaus auch immer so etwas wie eine *Besitzstandswahrung* gibt. Dieses Phänomen verhindert nämlich, dass die Gebrauchsmöglichkeiten der älteren Formen zugunsten der jüngeren generell eingeschränkt werden und dass sich die Nutzung der beiden Formen nach dem *Entweder-oder-Prinzip* regelt. Beide Formen kön-

---

99 R. Jakobson: Form und Sinn, 1974, S. 55 ff.

nen dann durchaus denselben empirischen Tatbestand benennen, aber sie tun das in unterschiedlich akzentuierten Wahrnehmungsperspektiven.

Beispielsweise hat man versucht, die Aktiv- und Passivformen des Verbs nach dem ontologischen Denkmodell von *Tun* und *Leiden* einander konträr gegenüberzustellen, ohne danach zu fragen, welche kognitiven und kommunikativen Zielsetzungen ursprünglich damit verbunden waren, die älteren Aktivformen des Verbs als Standardformen von Aussagen durch neue Passivformen zu ergänzen. Dabei ging es nämlich weniger darum, den ontologischen Differenzierungskategorien von *Tun* und *Leiden* einen klaren sprachlichen Ausdruck zu verschaffen, sondern eher darum, Vorgänge nicht verlaufsorientiert nach dem gut verständlichen *Agens-Actio-Modell* zu objektivieren (*Der Lehrer lobt den Schüler*), sondern eher ergebnisorientiert nach einem eher neuartigen *Resultatsmodell* (*Der Schüler wird [vom Lehrer] gelobt.*). Bei letzterem muss der jeweils Handelnde nämlich nicht mehr unbedingt benannt werden, weil das Verb in der passivischen Verwendungsform eine obligatorische Ergänzungsstelle (Akkusativobjekt) verliert. Das Agens eines Prozesses kann, aber muss beim passivisch Gebrauch des Verbs *loben* nicht mehr direkt thematisiert werden.

All das dokumentiert, dass man das Funktionsprofil von Aktiv- und Passivformen ohne die Berücksichtigung von deren historischer Genese nicht sachadäquat erfassen kann. Gerade durch den Blick auf die Entstehungsgeschichte dieser grammatischen Formen kann nämlich eine Aufmerksamkeit für das Prinzip der Gleichzeitigkeit des Ungleichzeitigen bei der Beurteilung ihres Funktionsprofils erzeugt werden. Der Unterschied zwischen Aktiv- und Passivformen erweist sich dann weniger als eine ontisch begründbare kategoriale Oppositionsrelation, sondern eher als eine jüngere stilistisch motivierte Akzentuierungsfunktion. Das bedeutet, dass durch die Entwicklung von Passivformen das Prinzip von Ursache und Wirkung seine grundlegende Strukturierungsdominanz bei der Formulierung von Aussagen verliert, weil nun andere pragmatisch orientierte perspektivierende Gestaltungsziele aktuell werden.

Sehr viel offensichtlicher als in dem Bereich der Grammatik werden wir in dem der Lexik mit dem Phänomen der Gleichzeitigkeit des Ungleichzeitigen konfrontiert. Gerade beim Sinnverständnis von Wörtern in älteren Texten, aber auch von altertümlichen Wörtern im aktuellen Sprachgebrauch werden wir immer wieder vor die Aufgabe gestellt, faktisch herauszufinden, was sie ursprünglich besagen sollten und was sie aktuell für uns noch besagen können.

Dadurch werden wir dann zu bewussten oder zu intuitiven hermeneutischen Überlegungen herausgefordert. Bei diesen haben wir dann sowohl den jeweils zu verstehenden Sachverhalt als auch die jeweiligen historischen Sprachkonventionen als auch die jeweiligen Mitteilungsziele des aktuellen Sprechers zu berücksichtigen. Je nach unserem historischen Sprach- und Kulturwissen und unseren Fähigkeiten zur Konstitution fruchtbarer Interpretationsperspektiven können sich dann sehr unterschiedliche Sinnzuschreibungen für einzelne Wörter herausbilden. Auf diese Weise gewinnen diese Wörter dann auch ganz spezifische historische Tiefendimensionen, die in unserem aktuellen lexikalischen Konventionswissen von Sprache eigentlich nicht enthalten sind.

Dieser Problemzusammenhang wird offensichtlich, wenn wir uns explizit mit etymologischen Fragestellungen zu den ursprünglichen Sinnbildungszielen von einzelnen Wörtern beschäftigen bzw. mit der Genese und den historischen Fortentwicklungen von Wortbedeutungen im Laufe der Sprach- und Kulturgeschichte. Für ein rein systemtheoretisch orientiertes Interesse an der Sprache sind etymologische und sprachgeschichtliche Fragestellungen eigentlich nebensächlich, da sich das Hauptinteresse auf die angeblich synchron gültige Semantik und Feldordnung der Sprache richtet, wobei man glaubt, guten Gewissens von der Genese dieser Ordnungszusammenhänge abstrahieren zu dürfen. Für ein sinntheoretisch ausgerichtetes Sprachverständnis ist die scharfe Trennung zwischen einer synchronisch und einer diachronisch orientierten Sprachwahrnehmung aber durchaus problematisch oder sogar kontraproduktiv. Dadurch wird nämlich die Darstellungs- oder gar die Abbildungsfunktion der Sprache dominant in den Mittelpunkt des Interesses gerückt und die Aufmerksamkeit für ihre Erschließungsfunktion weitgehend ausgeblendet.

Wenn man nun aber die Darstellungsfunktion der Sprache nur als eine Teilfunktion ihrer viel umfassenderen Interpretations-, Spiel- und Handlungsfunktion ansieht, dann wird auf ganz natürliche Weise ein besonderes Interesse an den heuristischen Funktionen der Gleichzeitigkeit des Ungleichzeitigen geweckt. Das dokumentiert sich dann ganz offensichtlich in unserem metaphorischen, ironischen, ästhetischen und andeutenden Sprachgebrauch, in dem dieser Ordnungszusammenhang immer eine ganz konstitutive Rolle spielt und spielen muss, da hier die Frage nach der abbildenden Wahrheit von Aussagen in einem korrespondenztheoretischen Sinne keineswegs allein aktuell ist.

In diesem Zusammenhang ist natürlich auch zu berücksichtigen, dass sich das heutige Interesse an der Etymologie nicht mehr wie in ihren Anfangszeiten dadurch motivieren lässt, dass die ursprüngliche Bedeutung eines Wortes auch als die eigentliche bzw. als die wahre Bedeutung anzusehen sei und dass sie eben deshalb dann auch rekonstruiert werden müsse. Ein solches Interesse an der Etymologie ist zwar verständlich, da es unserer tiefen Sehnsucht nach vertrauenswürdigen Wörtern mit einem direkten ontischen Widerspiegelungsbezug entgegenkommt, durch den dann sichergestellt wird, dass unser Sprachwissen und unser Weltwissen einander äquivalent werden kann. Faktisch ist dieser Wunsch nach einer unmittelbar weltabbildende Sprache aber sicherlich eine Utopie, die allenfalls eine Regulationsfunktion haben kann.

Insbesondere in mittelalterlichen etymologischen Überlegungen hat diese utopische Hoffnung zu recht kühnen Spekulationen geführt, bei denen man sich bemüht hat, aus den jeweiligen Bestandteilen lateinischer Wörter eine Sachdefinition der benannten Phänomene abzuleiten. So wurde beispielsweise das lat. Wort *amicus* (Freund) auf die Zusammensetzung *animi custos* (Wächter der Seele) zurückgeführt.[100] In der sogenannten Volksetymologie wird dieses Verfahren noch heute mit meist normativen Zielsetzungen praktiziert, weil man es für naheliegend erachtet, dass die Bausteine der Sprache die jeweiligen Bausteine der Welt widerspiegeln bzw. objektivieren könnten.

Ein ganz anderer Blick auf den pragmatischen Wert etymologischen Wissens bzw. auf die Mitgegenwart der früheren Bedeutungen von Wörtern in späteren ergibt sich, wenn man sich die Frage stellt, welche Motive und Umstände zu den Bedeutungsverschiebungen von Wörtern im Verlaufe der Zeit geführt haben. Unter diesen Umständen wird die Frage nach der Bedeutungsgeschichte von Wörtern nämlich zugleich eine Frage nach den Bedingungsverhältnissen zwischen Sprach- und Kulturgeschichte. Nun ist nämlich zu klären, welche Faktoren den Beutungswandel von Wörtern beeinflussen.

Wenn man sich auf diese Weise ein Wissen darüber erarbeitet, warum sich der Bedeutungsgehalt von Wörtern im Laufe der Zeit verändert hat und wie sich alte Bedeutungen in neuen partiell erhalten können, dann erwerben wir zugleich ein Wissen darüber, wie sich im gegenwärtigen Sprachgebrauch immer auch die Mitgegenwart eines älteren bemerkbar machen kann. Dadurch können wir sensibel dafür werden, dass Wörter in vielfältige historische Geschichten verstrickt sind, die sowohl Ähnlichkeiten als auch Differenzen zueinander aufweisen. Auf diese Weise bekommen dann Wörter für uns historische Tiefendimensionen und semantische Mehrschichtigkeiten, durch die ihr Sinnbildungspotential eher profiliert als wirklich gestört wird. Dadurch werden wir nämlich auf sinnbildende Relationsgeflechte aufmerksam, die nicht nur von einem antiquarischen, sondern auch oft von einem sachlichem Interesse sein können.

Wenn wir beispielsweise in Erfahrung bringen, dass das nhd. Wort *Sinn* etymologisch nicht auf das lat. Wort *sensus* (Gefühl, Empfindung) zurückgeht, sondern auf das ahd. Wort *sind* (Reise, Weg), dann bekommt dieses Wissen einen spezifischen heuristischen Wert. Wir werden dadurch nämlich darauf aufmerksam gemacht, dass Sinnbildungsprozesse immer auch etwas mit subjektbezogenen Anstrengungs- und Selbstveränderungsprozessen zu tun haben und nicht nur mit rein objektbezogenen Repräsentationsprozessen. Diese semantisch-pragmatische Dimension des Wortes *Sinn* haben wir vielleicht immer

---

[100] W. Sanders: Grundzüge und Wandlungen der Etymologie. Wirkendes Wort 17, 1967, S. 374.

schon über unser Sprachgefühl erfasst, falls wir auch ältere Texte kennen, aber hermeneutisch und argumentativ lässt sich ein solches rein intuitives Sprachwissen sicherlich kaum nutzen. Ähnliches gilt wohl auch im Hinblick auf die Bedeutung des nhd. Wortes *Elend*, das etymologisch auf die ahd. Wortbildung *eli-lenti* (anderes, fremdes Land) zurückgeht. Ein solches Wissen hilft uns, auf die möglichen Ursachen eines Elends aufmerksam zu werden bzw. auf die Rahmenbedingungen der möglichen Erfahrungen von Elend.

Interessant für den heuristischen Wert der Denkfigur von der Gleichzeitigkeit des Ungleichzeitigen in der Semantik eines Wortes ist auch unser Wort *Wahrheit*. Dieses geht nämlich auf das ahd. Wort *wara* (Treue, Vertrag, Bündnis) zurück. Über dieses etymologische Wissen werden wir indirekt darauf aufmerksam, dass kulturgeschichtlich unser ursprüngliches Wahrheitsverständnis sich weniger auf die faktische Referenz von Vorstellungen, Wörtern und Aussagen zu vorgegebenen Sachverhalten gründete bzw. auf die sprachliche Repräsentation von empirisch Gegebenheiten, sondern eher auf die Verlässlichkeit und pragmatische Fruchtbarkeit von Zeichen und Vorstellungen bzw. auf die Verlässlichkeit von sprachlichen Objektivierungsinhalten oder gar von Personen (*wahres Wort, wahrer Freund*). Dieses etymologische Wissen ist sicherlich dann auch nicht ohne Belang für die qualitative Bewertung von Wahrheitstheorien, die als *Korrespondenztheorie, Kohärenztheorie, Konsenstheorie* oder als *pragmatische Wahrheitstheorie* bekannt geworden sind.[101]

Besonders aufschlussreich wird das Phänomen der Gleichzeitigkeit des Ungleichzeitigen, wenn wir uns die Etymologie und Begriffsgeschichte des Wortes *Revolution* näher ansehen. Dieses Wort ist wirklich ein lebender Spiegel, der uns sehr vielfältige Korrelationszusammenhängen zu spiegeln vermag, die sich kaum normativ begrifflich fixieren lassen. Etymologisch basiert das Wort *Revolution* auf dem lateinische Verb *revolvere* (zurückdrehen). Dementsprechend wurde das lat. Substantiv *revolutio* in der Astronomie zunächst dazu verwendet, um den Umlauf eines Planeten um seinen Fixstern zu bezeichnen bzw. seine Rückkehr zu seinem Ausgangspunkt. Das exemplifiziert der Titel des Hauptwerkes von Kopernikus sehr klar: *De revolutionibus orbium coelestium* (Über die Umschwünge der himmlischen Kreise / Über die Umläufe der Himmelskörper).

Als dann das Wort *Revolution* 1688 in England vom astronomischen Bereich in den politischen übernommen wurde (*Glorious Revolution*) hatte es ebenso wie vorher im astronomischen Bereich weiterhin eine restaurative Grundbedeutung gehabt. Das politische und ideologische Selbstverständnis der Revolution von 1688 war nämlich maßgeblich dadurch geprägt, dass durch sie nur die

---
101 Vgl. G. Skirbekk (Hrsg.): Wahrheitstheorien, 1977.

absolutistischen Neuerungen der Stuarts wieder beseitigt werden sollten, um zu der alten ständische Verfassung des Staates zurückzukehren. Faktisch war das natürlich nicht der Fall, weil die *Bill of Rights* von 1689 den Grundstein zu der Entwicklung einer dezidierten Parlamentsherrschaft gelegt hat und eben dadurch dann auch etwas durchaus Neuartiges hervorgebracht hat.

Erst mit der Erfahrung der Französischen Revolution von 1789 und der Russischen Revolution von 1917 verschob sich die Semantik des Wortes *Revolution* so, dass dieses Wort immer mehr zur Bezeichnung eines gewaltsamen Umsturzes verwendet wurde, der dann auch zur Entfaltung von ganz neuen politischen Ordnungsstrukturen führte. Darüber sollte nun aber keineswegs vergessen werden, dass in beiden Revolutionen das ideologische Selbstverständnis der Revolution immer noch eine restaurative Komponente hatte, insofern politisch angestrebt wurde, gleichsam zu einem ursprünglichen Naturzustand zurückzukehren (Freiheit, Gleichheit, Brüderlichkeit; klassenlose Gesellschaft). Das impliziert, dass auch heute noch unser Verständnis des Wortes *Revolution* durch eine spannungsreiche Dialektik geprägt wird, die durchaus über die Denkfigur der Gleichzeitigkeit des Ungleichzeitigen veranschaulicht werden kann. Das lässt sich vielleicht noch durch folgende Überlegungen präzisieren.

Im heutigen Verständnis des Revolutionsbegriffs treten Revolutionen auf den ersten Blick als Auslöser für einen gewaltsamen Umsturz von staatlichen und sozialen Ordnungssystemen in Erscheinung. Auf den zweiten Blick können wir Revolutionen aber auch als Folgen und Indizien des Verfalls der Autorität und der Regulationsfunktion von alten staatlichen Institutionen und Ordnungen verstehen. Dadurch bekommt der Begriff der Revolution eine gewisse Janusköpfigkeit. Er zwingt uns nämlich dazu, sowohl auf Altes und in Auflösung Befindliches zu schauen als auch auf Neues, das sich noch formieren muss. Das bedeutet, dass Revolutionen uns erst verständlich werden, wenn wir sie als ein Auseinandersetzungsfeld von Vergangenheit und Zukunft ins Auge fassen und damit als Exempel für das Phänomen der Gleichzeitigkeit des Ungleichzeitigen.

Wenn man die Geschichte der Sprache ähnlich wie die Geschichte von politischen und sozialen Ordnungszusammenhängen nicht nur als Abfolge von Ordnungssystemen zu beschreiben versucht, sondern auch als kontinuierliche Evolutionsgeschichte von Sprache, in der es laufend zu Mutations-, Selektions- und Transformationsprozessen kommt und in denen sich nur dasjenige auf Dauer erhält, was sinnvolle pragmatische Funktionen hat, dann werden wir auch in der Sprachgeschichte ständig mit dem Problem der Gleichzeitigkeit des Ungleichzeitigen konfrontiert. Dabei haben wir allerdings zu beachten, dass das, was wir als gleichzeitig oder als ungleichzeitig ansehen, nicht klar vorgegeben ist, sondern immer auch ein Ergebnis von Interpretationen ist, das natürlich unterschiedlich ausfallen kann. Sprachformen, die bestimmte pragmatisch motivierte Differenzierungsfunktionen erfüllen, erhalten sich, aber unterliegen gleichwohl Transformationsprozessen unterschiedlichen Ausmaßes. Formen, die solche Bedürfnisse nicht oder nicht mehr erfüllen, verschwinden dagegen ganz aus dem Sprachgebrauch. Was ein pragmatisches Bedürfnis ist, liegt dabei nicht von vornherein klar fest, sondern resultiert aus Interpretationen, normativen Zielsetzungen und Machtverhältnissen vielerlei Art.[102]

Die textuellen Exemplifizierungen der These von der Gleichzeitigkeit des Ungleichzeitigen treten besonders deutlich nach der Erfindung der Schrift bzw. nach der authentischen Überlieferung alter Texte in Erscheinung. Der Gebrauch der Schrift führt außerdem zu einer Evolution von Textsorten, in denen dann wiederum ganz unterschiedliche Denk- und Sprechweisen zum Ausdruck kommen können, die nicht immer miteinander kohärent sind.

In mündlich tradierten Texten wie etwa in Mythen, Sagen oder Epen treten diese Diskrepanzen nicht so deutlich hervor, weil hier die verwendeten Denk- und Sprachformen kontinuierlich den jeweils aktuellen Bedürfnissen angepasst werden, sodass gravierende Fremdheitserlebnisse sich so minimieren, dass explizite hermeneutische Metareflexionen weitgehend überflüssig werden. In schriftlichen Texten treffen die Rezipienten dagegen immer wieder auf Denk- und Sprachformen, die ihnen spontan nicht mehr unmittelbar verständlich sind, da sie eine natürliche zeitliche Distanz zu ihren eigenen sprachlichen Objektivierungsintentionen und pragmatischen Mitteilungserwartungen haben. Daher ist es auch verständlich, warum die ersten schriftlich fixierten Texte in der Regel Gesetzestexte waren, die dauerhaft und zeitunabhängig gelten sollten (Gesetzeskodex von Hammurabi, zehn Gebote, Gesetzgebung von Drakon und Solon in Griechenland, Zwölftafelgesetze in Rom, Magna Charta in England).

Während in mündlich überlieferten Texten wie etwa Epen tendenziell das ganze religiöse, rechtliche, medizinische und historische Wissen einer bestimmten Epoche repräsentiert wird, führt der Gebrauch der Schrift immer zur Ausbildung von ganz spezifischen Textsorten, die dann ein je eigenes pragmatisches Relevanzprofil haben. Der Gebrauch der Schrift fördert insbesondere auch die Ausbildung von fiktionaler Literatur, die von einem ganz anderen Wahrheitsanspruch reguliert wird als beispielsweise die Texte der Gesetzgebung oder die der Geschichtsschreibung. Das führt dann auch dazu, dass für die Rezipienten von schriftlich fixierten Texten sehr unterschiedliche Textwelten entstehen, die in einer natürlichen Differenz bzw. Ungleichzeitigkeit mit ihren aktuellen Erfahrungs- und Denkwelten stehen. Auf diese müssen sich die jeweiligen Leser dann

---

102 Vgl. D. Cherubim: Die Gleichzeitigkeit des Ungleichzeitigen in der deutschen Sprache. In: E. Neuland (Hrsg.): Sprache der Generationen, 2015², S. 251.

in einem sehr viel stärkeren Maße einstellen als die Hörer von mündlich vorgetragenen Epen, die in der Regel sprachlich und inhaltlich ständig auf ihre jeweiligen Hörer abgestimmt worden sind.

Angesichts dieser Strukturunterschiede von mündlich und schriftlich fixierten Texten haben Bruner und Olson die These entwickelt, dass mit der Erfindung der Schrift für die Menschen eine zweite Form der Praxis entstehe, die sie „*Deuteropraxis*" nennen.[103] Es ist nun recht offensichtlich, dass die Erfahrungswelten der Menschen, die aus der Rezeption schriftlich fixierter Texte resultieren, in der Regel immer in einer Spannung zu ihren eigenen konkreten empirischen Erfahrungswelten stehen, worauf noch näher eingegangen werden wird (Kap. 10). Ein deutliches Beispiel dafür ist *Don Quichotte*, der im Gegensatz zu *Sancho Pansa* nicht mehr klar zwischen seiner faktisch Erfahrungswelt und seiner erlesenen fiktionalen Vorstellungswelt unterscheidet, da er die Differenzen und Ungleichzeitigkeiten zwischen ihnen nicht wahrnehmen will oder kann.

Das Problem der Gleichzeitigkeit des Ungleichzeitigen offenbart sich nun aber nicht nur im Bereich der Lexik, insofern wir hier dasselbe Wort in unterschiedlichen Denkperspektiven wahrnehmen können und damit dann auch als einen Repräsentanten von unterschiedlichen historischen Denkwelten verstehen können. Es offenbart sich auch in der Syntax bzw. in der Linearität von Sätzen und Texten. Was in diesen nacheinander geäußert wird, soll nicht immer nacheinander gelten, da Sätze und Texte immer auch als mehr oder weniger geschlossene Sinngestalten in Erscheinung treten, in denen alle Teile zugleich gültig sein sollen. Syntaktische Reihenfolgeordnungen repräsentieren nicht zwangsläufig chronologische Reihenfolgeordnungen, sondern in der Regel synthetisierende Ordnungen, selbst wenn sich die jeweiligen Teilinformationen ganz unterschiedlichen chronologischen Ebenen zuordnen lassen.

Das dokumentiert sich exemplarisch in Satzgefügen, wo Nebensätze gleichsam als präzisierende Denkschleifen innerhalb eines Hauptsatzes in Erscheinung treten, insofern sie interpretierende kausale, temporale, modale oder intentionale Metainformationen zu einer Grundaussage beisteuern. Ähnliches gilt auch für Erzählvorgänge, in denen in Form von Rückblenden und Voraussagen etwas in eine umfassende Sinngestalt integriert wird, was chronologisch klar voneinander getrennt werden kann, was aber thematisch doch irgendwie miteinander verwachsen ist und sich wechselseitig ein gestaltbildendes Relief zu geben vermag. Die lineare Reihung von Zeichen wird so gesehen immer von einer sinnbildenden Integrationsfunktion überwölbt, die durch ein rein chrono-

---

[103] J. S. Bruner/D. R. Olson: Symbole und Texte als Werkzeuge des Denkens. In: Piaget und die Folgen. Die Psychologie des 20. Jahrhunderts Bd. 7, 1978, S. 311.

logisches Zeitverständnis nicht zureichend erfasst werden kann. Deshalb soll das Problem der Zeitobjektivierung gerade in Erzählvorgängen auch noch gesondert untersucht werden.

Die hier thematisierten Aspekte der Zeitproblematik in Sätzen und Texten sollte vorerst nur verdeutlichen, dass das Prinzip der Gleichzeitigkeit des Ungleichzeitigen nicht nur ein spezielles Strukturproblem einer konkreten Sprachverwendung ist, sondern vielmehr ein ganz elementares und normales Strukturprinzip unseres Sprachgebrauchs schlechthin. Dieses kann man nicht aufheben, sondern nur zweckdienlich organisieren. Mit ihm kann man nämlich auf die Zusammengehörigkeit gerade von etwas aufmerksam machen, was sich denkstrategisch und chronologisch durchaus trennen lässt. Das rechtfertigt es dann auch, die Sprache als einen *lebenden Spiegel* zu betrachten, der uns darauf aufmerksam macht, dass das Phänomen der Zeit auf sehr unterschiedliche Weise in unseren Sinnbildungsprozessen in Erscheinung treten kann.

Aus den vielfältigen sprachlichen Objektivierungsformen für Zeit lässt sich natürlich keine umfassende und in sich konsistente Theorie der Zeit ableiten. Systemtheoretisch gesehen ist das natürlich unbefriedigend, aber heuristisch gesehen nicht unbedingt. Dadurch werden wir nämlich immanent dazu gezwungen, das Zeitphänomen in unterschiedlichen Perspektiven wahrzunehmen und uns dabei auch selbst geistig zu bewegen, um die sehr vielfältigen Aspekte der Zeit erfassen zu können.

Unter diesen Bedingungen sind dann die in der Sprache vorhandenen Inkohärenzen bei der theoretischen Objektivierung von Zeit auch nicht ein genereller Nachteil. Sie sind nämlich als Ergebnisse von Evolutionsprozessen anzusehen, die nicht durch das Ziel einer theoretischen Homogenität geprägt werden, sondern vielmehr durch das Ziel einer pragmatischen Brauchbarkeit. Die Dimensionen dieser vielgestaltigen Zeiterfahrung können wir nicht immer theoretisch überschauen, aber sie sind uns gleichwohl doch über unser Sprachgefühl als einer Manifestation und Resultante unseres praktischen Wissens von Sprache und Zeit zugänglich. Deshalb lässt sich die Sprache dann auch als eine Fundgrube ansehen, über die wir etwas über das Zeitphänomen erfahren können, was uns auf andere Weise nicht oder nur ansatzweise in den Blick kommen kann. Gerade unsere natürliche Umgangssprache ist nämlich nicht in dem gleichen Maße der Gefahr einer Monoperspektivität ausgesetzt wie unsere anderen semiotischen Objektivierungsmittel für Zeit wie etwa der Kalender oder die Uhr.

Die astronomischen, physikalischen, chronometrischen, biologischen oder psychologischen Objektivierungsmittel für Zeit haben natürlich alle ihren spezifischen funktionalen Wert bei der Bewältigung des Zeitphänomens. Sie werden aber problematisch, wenn sie sich verselbstständigen und ihre Ergänzungsbedürftigkeit durch andere Objektivierungsverfahren vergessen lassen.

7 Die Substantivierung unserer Zeiterfahrung

Die Tatsache, dass in den indogermanischen Sprachen unsere Zeiterfahrung auf recht dominante Weise durch ein Substantiv objektiviert wird, ist nicht selbstverständlich, sondern eine kulturelle Tradition, die unser Verständnis von Zeit schon auf nachhaltige Weise vorstrukturiert. Das wird auch nicht entscheidend dadurch relativiert, dass wir mit Hilfe von Tempusformen, Präpositionen, Konjunktionen, Adverbien, Adverbialen, syntaktischen Reihenfolgemustern und Erzählmustern ebenfalls auf das Zeitphänomen Bezug nehmen können. In Sprachen, in denen die Wortart *Substantiv* keine so dominierende Rolle spielt wie in den indogermanischen Sprachen, ist deshalb auch von vornherein schon mit einem etwas anders akzentuierten spontanem Zeitverständnis zu rechnen.

Immer wenn wir versuchen, uns das Zeitphänomen zu einem expliziten Denkgegenstand zu machen, bzw. wenn wir nach dem Begriff der Zeit fragen, dann bekommt die substantivische Objektivierung von Zeit eine ganz besondere Relevanz gegenüber allen anderen sprachlichen Zugriffsweisen. Augustins Was-ist-Frage nach dem Wesen der Zeit ist dafür ja ein sehr eindrucksvolles Beispiel. Sofern wir etwas definieren bzw. als Denkgegenstand abgrenzen und fixieren wollen, dann werden uns Substantive immer zu ganz unverzichtbaren Objektivierungsmitteln. Das ist nun im Hinblick auf das Zeitphänomen aber durchaus misslich, weil die Zeit keine stabile und sinnlich gut fassbare substanzielle Gestalt für uns aufweist, sondern vielmehr sehr unterschiedliche Erscheinungsweisen. Deswegen scheint sich dieses Phänomen auch allen allgemeingültigen Definitionen entziehen zu können, da Definitionen ja immer eine gewisse Statik und Unveränderlichkeit ihrer Gegenstände voraussetzen. Deshalb haben wir auch zu beachten, dass die substantivische Objektivierung der Zeit keinen rein deskriptiven Charakter hat, sondern eher einen normativen. Diese Denkform legt nämlich von vornherein eine ganz bestimmte Wahrnehmungsweise für Zeit nahe, die wir nicht bedenkenlos generalisieren sollten, da wir dann bestimmte Aspekte dieses Phänomens sehr leicht aus den Augen verlieren können.

Die substantivische Objektivierung von Zeit begünstigt ontologisch gesehen nämlich von vornherein ein substanzorientiertes Verständnis von Zeit und erschwert ein relationsorientiertes. Die Zeit tritt auf dieses Weise für uns gleichsam als eine selbstständige Größe hervor, die dann auch leicht zu einem Träger von unselbstständigen akzidentiellen Eigenschaften werden kann. Dieses Denkmodell ist uns gerade im abendländischen Denken sehr vertraut. Es erscheint uns meist nicht mehr als ein hypothetisches Denkmodell unter anderen, sondern als ein ganz selbstverständliches Denkkonzept, über dessen Berechtigung man eigentlich nicht mehr zu diskutieren braucht. Nicht zuletzt hat die Quantifizierung der Zeit durch die Uhr auch die substanzorientierte Wahrnehmungsweise von Zeit ganz erheblich begünstigt.

Angesichts dieser sprachlichen Denktradition bei der Wahrnehmung von Zeit sollten wir aber nicht vergessen, dass es durchaus problematisch ist, die Zeit als eine substanzielle und messbare Größe zu verstehen bzw. als eine schon klar vorgegebene Seinsform. Dabei geraten wir nämlich immer in die Gefahr, uns keine Mühe mehr geben zu müssen, sie auch als ein variables Relations- und Ordnungsphänomen wahrzunehmen, das in ganz unterschiedlichen Wahrnehmungszusammenhängen in Erscheinung treten kann und das eben deshalb dann auch nur schwerlich auf einen definierbaren substantivischen Begriff zu bringen ist. Diese ontologische Problematik ist schon im Mittelalter eindringlich diskutiert worden, als man darauf aufmerksam gemacht hat, dass man zwischen *Seinsformen* (modi essendi), *Wahrnehmungsformen* (modi intelligendi) und *Bezeichnungsformen* (modi significandi) zu unterscheiden habe.

Gleichwohl lässt es sich aber nicht bestreiten, dass die substantivische Objektivierung von Zeit einen nicht zu leugnenden Erkenntniswert hat, der sich durch die Erfindung der Uhr auch pragmatisch stabilisieren konnte. Außerdem ist zu beachten, dass diese Thematisierungsweise von Zeit auch dazu dienen kann, einen konkreten kontrastiven Hintergrund für andere ontologische und sprachliche Objektivierungsformen für Zeit abzugeben. Gerade das substantivisch manifestierte Verständnis von Zeit wird für uns besonders wichtig, wenn wir versuchen, uns auch die spezifischen Besonderheiten und Leistungsfähigkeiten anderer Objektivierungsweisen von Zeit zu vergegenwärtigen.

Diesen sehr komplexen ontologischen, erkenntnistheoretischen und semiotischen Strukturzusammenhang bei der kognitiven Objektivierung von Zeit hat Kant schon eindrucksvoll herausgearbeitet. Er hat nämlich ausdrücklich betont, dass die Phänomene *Zeit*, *Raum* und *Kausalität* nicht als übliche Seinsformen zu verstehen seien, sondern vielmehr als Denk- bzw. als Analyseformen, über die wir uns unsere konkrete Erfahrungswelt eigentlich erst zugänglich machen könnten. Für ihn gehören diese Phänomene deshalb auch zu einer Welt höherer Ordnung, weil sie uns unsere empirische Erfahrungswelt erst verständlich machten. Die Zeit ist für ihn deshalb auch kein direkt fassbares Phänomen, sondern vielmehr ein transzendentales Phänomen, das vor aller empirischer Erfahrung liege, insofern es eine solche erst ermögliche. Wenn nun aber die Zeit eine transzendentale Prämisse aller Erfahrung ist, dann kann sie auch nicht als ein Denkinhalt gleichen Typs wie empirische Denkinhalte angesehen werden.

Dieses hierarchisch akzentuierte Relationsverhältnis von empirischen und transzendentalen Denkinhalten prägt auch das Zeitdenken der modernen Physik. Wenn diese von einer *Raumzeit* spricht und wenn sie das klassische Verständnis Newtons von der *absoluten Zeit* und dem *absoluten Raum* aufgibt, in denen wieder relative Zeiten und relative Räume enthalten seien, dann wird auch hier das Verständnis der Zeit als eines selbstständigen Substanzphänomens hinfällig. Jeder Raum bekommt dann seine Eigenzeit und jede Zeit ihren Eigenraum, da Zeit und Raum auf konstitutive Weise miteinander verwachsen sind und sich wechselseitig bedingen. Deshalb wird es dann auch nicht prinzipiell problematisch, die Zeit als eine vierte Dimension des Raumes zu verstehen.

Diese erkenntnistheoretischen Grundprobleme können hier aus verständlichen Gründen nicht ausführlich erörtert werden. Diskutiert werden kann aber durchaus, wie es kulturhistorisch zu substantivisch objektivierten Zeitvorstellungen gekommen ist und welchen Stellenwert diese in Opposition zu anderen Zeitthematisierungen in der natürlichen Sprache haben. Die unterschiedlichen sprachlichen und nicht-sprachlichen Objektivierungsweisen von Zeit stehen nämlich nicht nur in einem oppositiven bzw. kontrastierenden, sondern auch in einem sich ergänzenden Relationszusammenhang miteinander, insofern sie jeweils ganz andere mögliche Aspekte der Wahrnehmung von Zeit betreffen.

Die verschiedenen Wahrnehmungsmöglichkeiten von Zeit können wir nicht immer in einen kohärenten und konstruktiven Zusammenhang miteinander bringen, weil sie oft aus ganz unterschiedlichen Epochen mit ganz unterschiedlichen Wahrnehmungsinteressen stammen, die wir kaum systematisch in einem gemeinsamen Denkrahmen verorten können. Gleichwohl können wir aber sagen, dass die unterschiedlichen Objektivierungsformen für Zeit in der natürlichen Sprache alle eine bestimmte pragmatische Brauchbarkeit haben, da sie natürlich aus spezifischen menschlichen Differenzierungsbedürfnissen resultieren. Deshalb haben sie auch alle eine anthropologische Berechtigung, weil sie ansonsten wohl evolutionären Selektionsprozessen zum Opfer gefallen wären. Allerdings haben wir sicherlich auch zuzugeben, dass wir die Funktionalität und Fruchtbarkeit dieser sprachlichen Objektivierungsformen für Zeit nicht immer befriedigend theoretisch erfassen können. Es ist wohl so, dass wir uns durchaus auf die Klugheit der natürlichen Sprache bei der sprachlichen Bewältigung der Zeit einstellen können, da ihre Thematisierungsformen für Zeit im Prinzip als Resultanten von ganz unterschiedlichen Wahrnehmungsinteressen für Zeit zu beurteilen sind. Deshalb sollten wir auch nicht glauben, dass unsere gegenwärtig üblichen Denkformen über die Zeit immer die alleinigen Maßstäbe für die Objektivierung von Zeit in einer natürlichen Sprache sein müssten.

7.1 Die Welt der Substantive

Auf den ersten Blick erscheint es ziemlich naheliegend, unsere lexikalischen Grundwortarten *Substantive*, *Verben* und *Adjektive* als sprachliche Repräsentationsformen für ontisch vorgegebene Seinsformen anzusehen. Sie scheinen nämlich auf genuine Weise dazu bestimmt zu sein, kategorial zwischen *Substanzen, Prozessen* und *Eigenschaften* zu unterscheiden, was sich zumindest bei der pragmatischen Bewältigung der Welt als eine ganz brauchbare Unterscheidung erwiesen hat und was sich daher dann auch als ein Grundprinzip sprachlicher Musterbildung stabilisiert hat.

Bei einer genaueren Betrachtung stellt sich nun allerdings heraus, dass diese sprachlichen Objektivierungsmuster durchaus ihre Tücken haben und deshalb auch nicht einfach als naturgegeben anzusehen sind, sondern eher als pragmatisch motiviert bzw. als kulturerzeugt. Unsere Wortarten sollten deshalb auch nicht vorschnell als Manifestationsweisen ontischer Seinskategorien betrachtet werden, sondern eher als idealtypische Kategorisierungen von Erfahrungsmöglichkeiten, die nur für bestimmte Differenzierungs- und Sinnbildungsintentionen als brauchbar angesehen werden können, aber nicht für alle.

Deshalb hat es im Deutschen dann beispielsweise auch Bestrebungen gegeben, den sprechenden Namen *Substantiv* durch den neutraleren Terminus *Nomen* zu ersetzen. Damit wird aber das grundsätzliche Problem der Differenz zwischen Seinsformen und ihren möglichen sprachlichen Objektivierungsformen nicht gelöst, sondern nur verschoben. Auf diese Weise wird nämlich etwas vertuscht, dass die Sprache weniger als ein Benennungs- oder gar Abbildungsmittel für Welt zu verstehen ist, sondern eher als ein Interpretations- und Erschließungsmittel für Welt, bei dem wir nicht nur auf die sachliche Referenz von Wörtern zu achten haben, sondern auch auf die strukturierenden Sinnbildungsintentionen, die jeweils dahinter stehen.

Dieses Problem wird ganz offensichtlich, wenn wir unsere Aufmerksamkeit auf Substantive richten, die man als *Privativa* zusammengefasst hat, weil durch sie gerade die Abwesenheit von etwas substanziell Fassbarem thematisiert wird (*Armut, Loch, Nichts*). Probleme hinsichtlich von Substanzvorstellungen ergeben sich auch, wenn wir unsere Aufmerksamkeit auf solche Substantive richten, die eigentlich keine Gegenstände bezeichnen, sondern vielmehr Vorgänge bzw. Prozesse. Hier erleichtert uns dann offensichtlich die Fiktion einer vorgegebenen Substanz, die Kategorie der Kausalität zum Verständnis und zur Strukturierung von konkreten sinnlichen Erfahrungen zu nutzen (*Der Wind weht. Der Blitz blitzt.*). Durch den Gebrauch von semantisch sehr eng verwandten Subjekten und Prädikaten in Aussagen können wir uns anscheinend die Ursache von ziemlich unfassbaren Vorgängen besser vorstellbar machen.

Unter dem Eindruck der Auflösung der Kategorie der Substanz in der modernen Physik und insbesondere in der Relativitätstheorie Einsteins hat der englische Physiker Eddington 1928 eine aufschlussreiche Feststellung gemacht. Diese betrifft sicherlich auch unser allgemeines Verständnis von Zeit, die wir heute physikalisch wohl kaum noch mit der Kategorie der Substanz in Verbindung bringen können, obwohl uns das in unserem alltäglichen Denken und Sprechen immer noch recht nahe liegt und auch plausibel erscheint.

> Indem wir die Trugbilder der Phantasie verbannten, haben wir zugleich auch die Substanz ausgeschlossen, jenes mächtige Gebilde unserer Einbildungskraft. Später werden wir vielleicht untersuchen müssen, ob wir in unserem Eifer, alles Nicht-Wirkliche auszumerzen, das Messer nicht zu unbarmherzig angesetzt haben. Es ist in der Tat möglich, daß die Wirklichkeit einem Kinde ähnelt, das nur in seinen Kinderphantasien leben kann [...]. In der Welt der Physik betrachten wir das Drama des Lebens im Schattenspiel [...].[104]

Obwohl wir wissen, dass das Zeitphänomen im Rahmen einer Substanzenontologie heute nicht mehr befriedigend zu erfassen und zu objektivieren ist, kommen wir im alltäglichen Leben und Sprechen nicht ohne die Fiktion aus, dass die Zeit eine eigenständige autonome und zumindest substanzähnliche Größe ist. Offenbar brauchen wir zumindest im alltäglichen Leben und Denken *Als-ob-Vorstellungen* als heuristische Denkhilfen, um uns sinnvoll in der Welt zu orientieren.[105] Solche Fiktionen können allerdings keinen deskriptiven Abbildungsanspruch stellen, aber durchaus einen heuristisch-operativen Erschließungsanspruch. An dieser Messlatte sind dann Fiktionen auch pragmatisch zu bewerten, insofern sie zumindest als zweckmäßige Irrtümer angesehen werden können. Allerdings dürfen sie sich als Produkte der menschlichen Einbildungskraft auch nicht zu Dogmen verhärten und dann ohne Vorbehalt in der klassischen Schlussfolgerungslogik verwendet werden. Diesbezüglich gleichen heuristische Fiktionen deshalb dann funktional auch Metaphern.

Wenn wir uns das Phänomen der Zeit im Sinne einer Als-ob-Vorstellung substantivisch objektivieren, dann finden wir sicherlich auch einen Zugang zu der anthropologische Relevanz der Zeit für die menschliche Weltwahrnehmung. Dabei werden wir dann allerdings kaum den faktischen Anspruch erheben können, das Phänomen der Zeit im Sinne einer platonischen Idee oder einer aristotelischen Substanz zu objektivieren, da wir die natürliche Sprache nun ja eher im Denkrahmen einer Vermittlungs- als einer Abbildungsfunktion betrachten. Vielleicht könnte man sogar in Betracht ziehen, abstrakte Substantive wie beispielsweise *Zeit* pragmatisch sogar als eine Art Pronomen im Sinne von Umrisswörtern anzusehen, insofern Pronomen ja inhaltlich immer mit ganz unterschiedlichen faktischen Inhaltsvorstellungen bzw. Objektivierungsgeschichten gefüllt werden können.

---

[104] A. Eddington: Das Weltbild der Physik, 1931, S. 1 ff.
[105] H. Vaihinger: Die Philosophie des Als-Ob, 1911, S. 142, 226 und 411. Vgl. dazu auch W. Köller: Formen und Funktionen der Negation, 2016, S. 357–382.

Obwohl viele Grammatiker wie beispielsweise Adelung[106] Substantive als Hauptwörter immer wieder mit dem Substanzgedanken in Verbindung gebracht haben und die anderen lexikalischen Grundwortarten mit dem Akzidensgedanken, hat es immer wieder Anstrengungen gegeben, dieses Denkschema als viel zu simpel zu qualifizieren. So hat beispielsweise der französische Logiker und Grammatiker Arnauld in Erwägung gezogen die Wörter *König, Philosoph* und *Arzt* nicht zu den Substantiven bzw. Nomina zu rechnen, sondern vielmehr zu den Adjektiven, da sie ja nur eine variable funktionale Seinsweise eines Menschen bezeichneten, aber nicht dessen Substanz.[107]

Auch der Spracherwerbsprozess von Kindern verdeutlicht, dass der Substanzgedanke im Hinblick auf die sprachliche Objektivierungsfunktion von Substantiven seine Grenzen hat. Kinder repräsentieren sich selbst und anderen in ihren Einwortsätzen mit dem Wort *Stein* keineswegs nur einen existierenden Gegenstand mit Substanzcharakter, sondern immer auch Handlungsmöglichkeiten oder Eigenschaften (*Ein Stein ist das, was man werfen kann. / Ein Stein ist das, was schwer ist.*) Aus den Gebrauchsweisen von Substantiven lässt sich deshalb durchaus ableiten, dass diese ganz unterschiedlichen sprachlichen Objektivierungsfunktionen dienlich gemacht werden können, die sich keineswegs darauf reduzieren lassen, Substanzvorstellungen zum Ausdruck zu bringen. Wortarten sollten deshalb auch weniger als sprachliche Repräsentationsformen für bestimmte vorgegebene Seinsformen verstanden werden, sondern eher als sprachliche Ausdrucksformen einer typisierenden Denkenergie, deren Ergebnisse eine heuristische Funktion im Sinne des Als-ob-Gedankens haben.

Wenn man sich nun die Wortartproblematik als eine Hypothesenproblematik vergegenwärtigt, dann ist es hilfreich, sich die Überlegungen Fritz Mauthners zu den pragmatischen Typisierungsfunktionen unserer drei Grundwortarten zu vergegenwärtigen. Dadurch lässt sich dann nämlich verdeutlichen, dass gerade das Substantiv *Zeit* ein Denkmodell repräsentiert, das ontologisch gesehen einen hochgradigen heuristisch orientierten Hypothesencharakter hat, aber keineswegs einen ontischen Abbildungscharakter.

Mauthner hat beispielsweise grundsätzlich postuliert, dass die adjektivisch objektivierten Denkinhalte in der Regel die Welt der unmittelbaren Sinneseindrücke bzw. der seelischen Empfindungen repräsentierten. Diese Welt sei insofern eine realistische Welt, als dabei auf unsere konkreten faktischen Welterfahrungen zurückgegriffen werde. Ihr könne daher auch ein hoher Grad an Realität zugebilligt werden, insofern sich die Sinnbildungsfunktion von Adjektiven auf

---

106 J. Ch. Adelung: Deutsche Sprachlehre 1781/1977, § 98, S. 84 f.
107 A. Arnauld: Die Logik oder die Kunst des Denkens (1685), 1972, S. 95.

die Feststellung und Deskription von konkreten menschlichen Wahrnehmungen konzentriere. Dagegen sei die durch Verben objektivierte Welt eine Welt des Werdens und der unaufhörlichen Bewegung und Veränderung.[108]

Verben sind nach Mauthner deshalb zu Recht als *Zeitwörter* zu verstehen, weil sich durch sie gut auf Veränderungs- und Handlungsprozesse aufmerksam machen lasse. Die Welt der Verben stehe deshalb auch in einer natürlichen Spannung zu der Welt, die der naive Realismus ins Auge zu fassen versuche, da ihre Welt eine Welt des Werdens und Vergehens bzw. der Transformation sei, aber keine Welt des stabilen Seins. In dieser Welt könne deshalb auch die klassische begriffliche Schlussfolgerungslogik keine wirkliche Anwendung finden, weil es in ihr allenfalls um chronologische Abfolgerelationen gehe, aber keineswegs um zeitunabhängige Begriffe und Begriffsimplikationen. Deshalb spiele in der Begriffslogik dann auch nur das Kopulaverb *sein* eine ganz wichtige Rolle, aber kaum normale Verben.[109]

Im einem ganz deutlichen Kontrast zu der Welt der Adjektive und Verben steht für Mauthner deshalb auch die Welt der Substantive, die für ihn eine Welt der Abstraktionen und der Mythologie ist. Diese Welt gründe sich nämlich nicht auf unmittelbare Wahrnehmungen, sondern nur auf bestimmte Abstraktionen von diesen. Substantive objektivieren für ihn nicht konkret fassbare Dinge und Erscheinungen, sondern Ordnungsvorstellungen bzw. Ideen, die möglicherweise hinter diesen stehen könnten. Das bedeute, dass sie eigentlich Begriffe repräsentierten, die durch konkrete Einzelphänomene lediglich exemplifiziert werden könnten. Daher ist für Mauthner die Welt der Substative auch die Welt der bloßen Begriffe, Hypothesen, Denkmuster und Götter, die nicht zur sinnlich wahrnehmbaren Welt gehörten. Selbst die substantivischen Konkreta wie etwa das Wort *Apfel* würde mehr oder weniger willkürlich aus adjektivisch repräsentierbaren sinnlichen Einzelerfahrungen (rund, rot, süß usw.) zusammengesetzt.

Die substantivisch objektivierten Denkmuster stehen für Mauthner immer in der Gefahr, zu bloßen Konstrukten oder gar Scheinbegriffen zu werden. „*In einem gewissen Sinne sind die konkretesten Substantive eben solche Scheinbegriffe wie die abstraktesten Begriffsungeheuer der Scholastik.*"[110] Bei letzteren denkt Mauthner offenbar an scholastische substantivische Begriffskonstruktionen wie etwa *quidditas* (Washeit) oder *haecceitas* (Diesheit), also an etwas, von dem man bei seinen praktischen Welterfahrungen faktisch noch gar nichts wusste, bevor diese Wörter von den Scholastikern in die Welt gesetzt worden sind.

---

108 F. Mauthner: Wörterbuch der Philosophie Bd. 1, 1910/1980, S. 12–14.
109 F. Mauthner: a. a. O. Bd. 2, 1911/1980, S. 526–531.
110 F. Mauthner: a. a. O. Bd. 2, 1911/1980, S. 465.

Die Frage ist nun, ob das substantivisch manifestierte Denkmuster *Zeit* letztlich auch ein solches mythologisches Denkkonstrukt ist bzw. ein hypothetisches Begriffsungeheuer im Sinne von Mauthner, das in unterschiedlichen Abstraktionen und Verkleidungen als astronomische, kalendarische, chronometrische, physikalische, biologische, geschichtliche Zeit usw. dann in unsere Denkwelt eintritt und eben dadurch dann als eigenständige Ordnungsmacht einen ontischen Seinsstatus bekommt. Weiterhin hätten wir zu fragen, ob wir das Phänomen *Zeit* sprachlich überhaupt in Form eines Substantivs objektivieren sollten, weil dadurch natürlich auch immer nahegelegt wird, es als ein autonomes Substanzphänomen zu verstehen, das zur unwandelbare Welt des Seins im traditionellen Sinne gehört und nicht zur Welt der Denkmittel bzw. Zeichen, mit denen sich Menschen Ordnungszusammenhänge in der Welt hypothetisch verständlich zu machen versuchen.

Unter diesen Rahmenbedingungen läge es dann auch nicht nahe, das Wort *Zeit* als Repräsentanten eines natürlichen Begriffs im Sinne einer ewigen platonischen Idee zu verstehen, die als ontisches Seinsmuster hinter allen konkreten empirischen Zeiterfahrungen stünde. Es läge vielmehr eher nahe, sich das Zeitphänomen über die Funktionsanalyse von temporalen Konjunktionen und Präposition sowie von Zeitadverbien und Tempusformen zu erschließen, weil wir es über diese sprachlichen Formen leichter als ein transzendentales ordnungsstiftendes Relationsphänomen vor aller empirischen Erfahrung verstehen könnten. Unter diesen Umständen rückte dann vor allem die Frage in den Mittelpunkt des Interesses, welche Instruktionsaufforderungen uns sprachliche Formen dieses Typs für den sinnvollen Umgang mit dem Zeitphänomen geben könnten.

Festzuhalten ist aber gleichwohl, dass uns die Sprache in ihrem Formeninventar immer vielfältige Wege eröffnet, das Zeitphänomen in semiotischer Perspektive näher ins Auge zu fassen. Deshalb lässt sich die Sprache dann ja auch als ein möglicher *lebender Spiegel* für die kognitive Objektivierung von Zeit ansehen. Zu diesen Möglichkeiten gehört dann auch die substantivische heuristische Objektivierung von Zeit. Sicherlich haben wir nämlich einzuräumen, dass wir für unsere Wahrnehmungs- und Denkprozesse durchaus stabile substanzorientierte Gegenstandsbegriffe brauchen, um faktische Erfahrungen typologisch zusammenfassen zu können. Ansonsten wären wir nämlich kaum in der Lage, Aussagen über die Welt zu machen, die einen Anspruch auf eine gewisse Allgemeingültigkeit und Verstehbarkeit erheben könnten und die eben dadurch dann auch unser schlussfolgerndes Denken erleichterten.

So gesehen kommen wir schon aus rein pragmatischen Gründen gar nicht darum herum, uns das Zeitphänomen auch substantivisch zu objektivieren, obwohl wir vielleicht wissen, dass dieser Zugriff durchaus einen ziemlich hypothetischen Charakter mit vielerlei Tücken beinhaltet. Dieses Problem mildert sich aber theoretisch und praktisch, wenn wir unserem substantivisch manifestierten Begriff von Zeit von vornherein nur eine metaphorische, heuristische oder operative Grundfunktion zuordnen.

7.2 Die Genese und Begriffsbildungskraft des Wortes *Zeit*

Um Sinn und Wert eines Wortes zu erfassen, versuchen wir in der Regel, den Begriff zu bestimmen, der mit diesem Wort jeweils sprachlich objektiviert wird oder werden soll. Das stellt sich aber gerade bei dem Wort *Zeit* als eine schier unlösbare Aufgabe heraus, was uns ja auch schon der Stoßseufzer Augustins sehr plastisch veranschaulicht hat. Bei einem solchen Bemühen zeigt sich nämlich sehr deutlich, dass mit dem Wort *Zeit* Denkmuster verbunden werden können, die nicht nur in einem historischen, sondern auch in einem systematischen Sinne ganz unterschiedlich ausfallen können, weshalb dann eine akzeptable allgemeingültige Definition unseres Begriffs *Zeit* praktisch unmöglich wird.

Wie kommt es nun aber dazu, dass wir uns mit diesem Substantiv so viele unterschiedliche Denkmuster für das Phänomen *Zeit* repräsentieren können, die sich kaum unter einem einzigen allgemeingültigen Begriff subsumieren lassen? Um dieses Problem zu verstehen, bietet sich an, die Implikationen näher zu untersuchen, die mit unserem gängigen Zeitbegriff verbunden sind. Dabei lässt sich ganz gut auf den Analysebegriff *Kollektivsingular* zurückgreifen, mit dem man üblicherweise folgende Tatbestände ins Auge zu fassen und zu strukturieren versucht.

Einerseits haben wir nämlich zur Kenntnis zu nehmen, dass es in der Sprache Begriffsbildungen gibt, die nur im Singular verwendbar sind wie etwa *Vernunft*, *Obst* oder *Laub*. Hier handelt es sich um pauschalierende Begriffe, die bestimmte Phänomene als komplexe Substanzen thematisieren sollen, die man allerdings intentional gar nicht weiter differenzieren oder aufgliedern möchte, um deren Autonomie als ontische Grundgrößen nicht in Frage zu stellen.

Andererseits gibt es aber auch Pauschalbegriffe, die sich sowohl im Singular als auch im Plural gebrauchen lassen, obwohl sie tendenziell eigenständige Grundphänomene bezeichnen sollen wie etwa die Substantive *Kunst*, *Religion*, *Geschichte* oder *Zeit*. Diese bezeichnet man dann gerne als Kollektivsingulare, um hervorzuheben, dass sie im Prinzip etwas Gleichartiges bezeichnen, obwohl sich dieses eigentlich Homogene dann doch noch so ausdifferenzieren lässt, dass dadurch recht unterschiedliche Erscheinungsformen von Sachverhalten fassbar werden können. Deshalb wird es dann möglich, diese Kollektivsingulare auch im Plural zu verwenden und von *Künsten, Religionen, Geschichten* und *Zeiten* zu sprechen, da unterstellt wird, dass sie alle Ausdrucksformen einer einzigen ontischen Grundsubstanz seien. Ob das dann tatsächlich so ist oder ob es sich diesbezüglich nur um eine ontologische Überhöhung von bloßen Ähnlichkeiten handelt, ist dann noch ein ganz anderes Problem. Nicht zu leugnen ist aber wohl, dass alle Kollektivsingulare eine immanente Neigung zu Substanzialisierungen haben, mit denen dann wiederum auch immer ein hohes Potential von Vorurteilen verbunden sein kann.

Kollektivsingulare haben pragmatisch gesehen immer die Tendenz, eine Einheitlichkeit von Phänomenen zu signalisieren, die sich zwar nicht immer argumentativ rechtfertigen lässt, die aber intuitiv dennoch irgendwie als gegeben oder erwünscht angesehen wird. So wird beispielsweise beim Gebrauch des Begriffs *Geschichte* oder *Zeit* immer schon irgendwie nahegelegt, dass über allen historischen Teilgeschichten eine *Universalgeschichte* stehe bzw. über allen Teil- und Eigenzeiten eine *Universalzeit*. Diese immanente Implikation von Kollektivsingularen ist natürlich nicht unwichtig, wenn wir uns die Frage stellen, warum das Substantiv *Zeit* in ganz unterschiedlichen syntaktischen Sinnbildungsrollen als Subjekt, Objekt, Adverbial, Attribut bzw. als Grund- oder Bestimmungsbegriff in Komposita verwendet werden kann.

Aus den vielfältigen Verwendungsweisen des Substantivs *Zeit* ergibt sich, dass wir die damit bezeichneten Sachphänomene gar nicht so leicht auf eine gemeinsame Grundvorstellung bzw. auf einen gemeinsamen Grundnenner bringen können. Zumindest wird dadurch klar, dass die Semantik des Wortes *Zeit* durch eine große, aber auch lebendige Spannung zwischen Einheitlichkeit und Vielfältigkeit geprägt wird. Deshalb fällt es uns natürlich ebenso wie Augustin auch schwer, den begrifflichen Kern und die peripheren Besonderheiten des Zeitbegriffs zu fixieren.

Immer wieder müssen wir nämlich feststellen, dass wir das Wort *Zeit* grammatisch als handlungsfähiges Satzsubjekt (*Die Zeit bringt es an den Tag.*), als behandelbares Akkusativobjekt (*Er schlägt seine Zeit tot.*), als intentional qualifizierbares Dativobjekt (*Sie gibt der Zeit eine Chance.*) oder als attributiven Teil einer adverbialen Bestimmung (*Einsiedler leben am Rande der Zeit.*) verwenden können. Natürlich lassen sich all diese Redeweisen als uneigentlich bzw. als metaphorisch qualifizieren. Aber auf diese Weise wird der Aspektreichtum des Zeitphänomens und des Zeitbegriffs eher kreativ ausgeweitet als begrifflich näher bestimmt.

Keineswegs unwichtig ist auch, dass wir bei der Bildung von Komposita, die ja auch als Begriffsmuster angesehen werden können, das Substantiv *Zeit* sowohl als einen determinierbaren Grundbegriff verwenden können (*Steinzeit, Lebenszeit, Sommerzeit*) als auch als einen determinierenden Bestimmungsbegriff (*Zeitfluss, Zeitgenosse, Zeitnot*). Das ist insofern nicht ganz unwichtig, weil dadurch natürlich die ontische Differenz von *Substanz* und *Akzidens* deutlich relativiert wird bzw. als eine nur ontologisch bzw. methodisch zu rechtfertigende Unterscheidung für uns in Erscheinung tritt, aber nicht als eine ontische.

Wenn man nun die vielschichtige Semantik des Kollektivsingulars *Zeit* näher zu klären versucht, dann ist ein Blick auf seine Etymologie durchaus hilfreich. Die Frage nach der sprachlichen Genese und Entwicklungsgeschichte des Wortes *Zeit* berührt nämlich kein antiquarisch-historisches Randproblem unseres Zeitverständnisses, sondern durchaus ein konstitutives Kernproblem. Durch diesen Zugriff gewinnen wir nämlich wichtige Hinweise auf die ursprünglichen pragmatischen Intentionen dieser Wort- und Begriffsbildung. Gerade im Kontext dieser Frage kann nämlich die Sprache wirklich zu einem *lebenden Spiegel* für unser Verständnis von Zeit werden, weil wir uns auf diese Weise wichtige Informationen über die ursprünglichen Zielsetzungen und über die Lebensrelevanz dieser Wort- und Begriffsbildung vor Augen führen können.

Das nhd. Wort *Zeit* geht über das mhd. Wort *zît* auf die indogermanische Wurzel **di* zurück, mit deren Hilfe ursprünglich vor allem der Vorgang des Schneidens, des Abtrennens und des Aufteilens thematisiert worden ist. Das verweist uns indirekt darauf, dass unser ursprüngliches Verständnis von Zeit sich aus der Grundvorstellung entwickelt hat, dass man einen komplexen Gestaltzusammenhang in untergeordnete Teilgestalten aufzugliedern versuchte, ohne dabei die innere und damit auch die zeitliche Kohärenz der jeweiligen Gesamtvorstellung grundsätzlich in Frage zu stellen.

Wenn man sich auf diese Weise den etymologischen Hintergrund des Wortes und des Begriffs *Zeit* vergegenwärtigt, dann wird offensichtlich, dass diese Wort- und Begriffsbildung mit dem Grundgedanken verknüpft war, dass ein Ganzes sich sinnvoll in Subformen bzw. in Subaspekte aufgliedern lässt, ohne dass diese dadurch ihren Zusammenhang mit einem Ganzen verlieren. Dadurch rechtfertigt sich dann auch die These, dass die jeweiligen Teilformen und Teilaspekte gerade dadurch ihre Eigenart gewinnen, dass sie immer sowohl in einer Kontrast- als auch in einer Ergänzungsrelation zueinander stehen können.

Diese These hat nun nicht nur ontologische, sondern auch ästhetische Dimensionen, weil durch sie auch die Intensität unserer Erlebnisformen von Zeit berührt wird. Das lässt sich vielleicht über eine Denkfigur plausibel machen, die Hölderlin im Anschluss an Überlegungen Heraklits für die Bestimmung des Phänomens *Schönheit* entwickelt hat. Er hat nämlich im Hyperion die Schönheit als eine Gestalt bestimmt, die aus dem Interaktionszusammenhang von unterscheidbaren Teilen resultiere, weshalb ihr dann auch folgende Grundstruktur zugeordnet werden könne: *„Das Eine in sich selbst unterschiedene."*[111]

---

[111] F. Hölderlin: Hyperion. Sämtliche Werke Bd. 3, S. 81.

Die spannungsreiche Dialektik von Einheit und Vielheit bei der Wahrnehmung von Zeit kann sich in der Sprache auf vielfältige Weise konkretisieren. Komplexe Zeitgestalten können wir uns nämlich als linear gereiht, als zyklisch wiederkehrend oder als immerwährend vorstellen. Wir können unser lineares Zeitverständnis durch absolut gültige Zeitmarken strukturieren (Weltschöpfung, Weltuntergang) oder durch relative (Gründung Roms, Geburt Christi, Hedschra). Das zyklische Zeitverständnis lässt sich mit Hilfe wiederkehrende Ereignisse oder Erlebnisse konkretisieren (Jahrszeiten, Monate, Feste). Immer gibt es vielfältige Möglichkeiten, Zeitgestalten als spezifische Eigenzeiten voneinander abzugrenzen und sie dennoch auch als Teilzeiten eines umfassenderen Zeitverständnisses wahrzunehmen.

In etymologischer Sicht ist im Hinblick auf die Genese und die Funktion des Wortes *Zeit* festzuhalten, dass unser Zeitverständnis von Anfang an immer mit der menschlichen Fähigkeit zur Analyse und Synthese in Verbindung gebracht worden ist bzw. mit der menschlichen Fähigkeit, etwas von etwas anderem abzugrenzen und gleichzeitig doch aufeinander zu beziehen. Die sprachliche Objektivierung von Zeit lässt sich deshalb auch nicht unabhängig von der Wahrnehmung von Veränderungs- und Beharrungsprozessen ins Werk setzen, die beide natürlich sowohl einen Objekt- als auch einen Subjektbezug haben können. Daraus ergibt sich dann, dass unser Verständnis von Zeit auch immer eine soziale Dimension hat, insofern alle zeitbezogenen Differenzierungsprozesse auch mit intersubjektiven Anerkennungsprozessen verbunden sind.

Die dynamische Grundstruktur unserer substantivisch manifestierten Zeitkonstitution wird auf exemplarische Weise fassbar, wenn wir unsere Aufmerksamkeit auf Komposita richten. Bei diesen kann nämlich das Substantiv *Zeit* sowohl als Grundbegriff als auch als Bestimmungsbegriff eine Rolle spielen. Komposita sind im Hinblick auf die Begriffsbildungskraft des Substantivs *Zeit* gerade deswegen so aufschlussreich, weil sich Komposita im Prinzip als *durchsichtige Wörter*, bzw. als *sprechende Namen* ansehen lassen, die Sachphänomene nicht nur benennen, sondern zugleich auch schon auf eine rudimentäre Weise definieren. Das ist dadurch bedingt, dass Komposita syntaktisch eine prädikative Grundstruktur haben, insofern ihr erstes Wort als Bestimmungsbegriff immer ihr zweites Wort als Gegenstandsbegriff ganz ähnlich wie ein adjektivisches Attribut näher determiniert. Deswegen sollten Komposita auch nicht nur als bloße Benennungen von Sachverhalten verstanden werden. Sie lassen sich nämlich auch als verdeckte Sachbehauptungen ins Auge fassen, obwohl sie rein formal ja nur als Einzelbegriffe in Erscheinung zu treten scheinen.

Die Art der Determinationsrelation zwischen Bestimmungs- und Grundbegriffen bleibt bei Komposita ziemlich offen. Sie muss nämlich immer auf der Basis unseres allgemeinen Weltwissens genauer präzisiert werden (*Schweine-*

schnitzel, Jägerschnitzel, Paprikaschnitzel; Hausverkäufer, Straßenverkäufer). Diese Offenheit der faktischen Determinationsleistung zwischen Bestimmungsbegriff und Grundbegriff macht Komposita bei der Konkretisierung unserer Zeitvorstellungen natürlich sehr attraktiv, weil wir mit Hilfe von ihnen vielfältige Interpretationsperspektiven für das Zeitphänomen erproben können.

Wenn wir das Wort *Zeit* bei Kompositabildungen als einen Grundbegriff verwenden, der durch einen Bestimmungsbegriff präzisiert wird, dann lassen sich die jeweiligen Kompositabildungen als einen Rundgang um die interpretationsbedürftige und interpretationsfähige Grundgröße *Zeit* verstehen, durch den wir immer wieder neue mögliche Teilaspekte des Zeitphänomens entdecken oder postulieren können (*Bronzezeit, Schulzeit, Endzeit*). Kompositabildungen können deswegen faktisch immer zu kognitiven Provokationen bzw. zu hermeneutischen Herausforderungen werden, um uns unbekannte Dimensionen des Zeitphänomens mit Hilfe von uns schon bekannten Phänomenen aspektuell zu erschließen. Aus eben diesem Grunde spielen dann auch Komposita eine zentrale Rolle, um uns das Phänomen *Zeit* auf metaphorische Weise zu erschließen, worauf noch näher eingegangen werden wird.

Ähnliche Strukturverhältnisse liegen vor, wenn wir den Begriff *Zeit* nicht als Grundbegriff, sondern vielmehr als Bestimmungsbegriff verwenden (*Zeitkarte, Zeitverschwendung, Zeiträuber, Zeitsparkasse*). Obwohl bei diesen Kompositabildungen der Begriff der Zeit formal als ein Bestimmungsbegriff verwendet wird, wird er faktisch doch auch durch den jeweiligen Grundbegriff näher bestimmt, weil dieser als ein konkreter Erfahrungsbegriff eine größere semantische Schwerkraft besitzt und damit dann auch eine größere Interpretationskraft. Unter diesen Umständen kommt es dann gleichsam zu einer reziproken Determination. Das macht diesen Typ von Zeitkomposita dann ebenfalls wieder sehr attraktiv für die Bildung von Zeitmetaphern. Das ist dadurch bedingt, dass jede Relationsbildung die beteiligten Relationsgrößen natürlich im Lichte der jeweils anderen konkret zur Erscheinung bringt.

7.3 Der syntaktische Gebrauch des Wortes *Zeit*

Das Substantiv *Zeit* kann in Sätzen sehr unterschiedliche syntaktische Funktionsrollen übernehmen. Je nachdem, ob es als Subjekt, als Objekt, als Teil von adverbialen Bestimmungen oder als Attribut verwendet wird, bekommt es recht unterschiedliche inhaltliche Sinnbildungsfunktionen, eben weil es auf diese Weise natürlich auch in ganz unterschiedliche Sprachspiele bzw. Sinnbildungsgeschichten verstrickt werden kann. Um diesen Sachverhalt aufzuklären, lohnt es sich, einen Blick auf grundlegende Syntaxkonzepte zu werfen, die diesbezüglich eine mehr oder weniger aufschlussreiche Erklärungskraft haben.

Recht wenig Hilfe ist in diesem Zusammenhang von dem syntaktischen Dependenzkonzept von Tesniére zu erwarten. Dieses ist nämlich in einem bloß formalen Sinne strukturtheoretisch orientiert, weil es sich eigentlich nur für die grammatische Bindefähigkeit eines Verbs (Valenz) für andere Satzelemente interessiert und nur nachrangig für die unterschiedlichen inhaltlichen Sinnbildungsrollen der verschiedenen Satzglieder in Aussagen. Das bedeutet, dass wir durch dieses Syntaxkonzept auch wenig darüber erfahren können, welche konkreten Sinnbildungsrollen das Substantiv *Zeit* in Aussagesätzen übernehmen kann. Deshalb bietet dieses Konzept auch wenig Hilfen, das Phänomen der Zeit im Spiegel der Sprache näher kennenzulernen, weil es sich vor allem für die formale Wohlgeordnetheit von syntaktischen Ordnungsmustern interessiert, aber kaum für die Implikationen dieser Strukturen bei der Ausbildung von komplexen Inhaltsvorstellungen.

Eine etwas größere Hilfe bietet diesbezüglich schon ein eher psychologisch orientiertes Syntaxkonzept, das sich vor allem auf die lineare Abfolge von Satzgliedern bzw. von Inhaltsvorstellungen in sprachlichen Äußerungen interessiert. Dabei wird von dem Grundgedanken ausgegangen, dass bei der Analyse von Sätzen zwischen einem grammatischen Subjekt und Prädikat einerseits und einem psychologischen Subjekt und Prädikat andererseits unterschieden werden kann. Als *psychologisches Subjekt* wird dabei diejenige sprachliche Einheit verstanden, die in einer Äußerung zuerst geäußert wird und somit zum Ausgangspunkt einer konkreten Vorstellungsbildung gemacht wird, und als *psychologisches Prädikat* diejenige sprachliche Einheit, welche die jeweilige Basisinformation dann näher bestimmt und eben dadurch dann auch eine zuvor gesetzte Erwartungsspannung inhaltlich auf konkretisierende Weise löst.

Dieses syntaktische Denkmodell gibt uns zwar wenig Hinweise darauf, wie das Substantiv *Zeit* bzw. andere sprachliche Inhaltseinheiten mit möglichen Zeitimplikationen verwendet werden müssen oder können, aber es hilft uns dennoch dabei, wie wir in unseren sprachlichen Gestaltungsprozessen mit dem Phänomen der Zeit umgehen können. Insbesondere macht es uns auf das Problem aufmerksam, dass sprachliche Sinnbildungsprozesse nicht nur etwas mit formalen und logischen Ergänzungsstrukturen zu tun haben, sondern auch etwas mit psychologischen Erwartungsstrukturen. Auf diese Problematik soll unter dem Stichwort *Thema-Rhema-Relation* im Kap. 15 über die Eigenwelt und Eigenzeit von Texten noch etwas genauer eingegangen werden.

Für die Klärung der syntaktischen Verwendungsmöglichkeiten des Substantivs *Zeit* ist das klassische *Prädikationskonzept* wohl am aufschlussreichsten, da es sowohl logische als auch ontologische als auch strukturelle Dimensionen hat. Es legt nämlich nahe, Satzgliedern nicht nur ein bestimmtes formales Profil zuzuordnen, sondern auch ein semantisches und pragmatisches. Wegen dieser Polyfunktionalität und Vielschichtigkeit ist es allerdings auch immer wieder kritisiert worden, weil es ontologischen und ideologischen Spekulationen allzu große Spielräume eröffne. Dennoch sollte aber auch bedacht werden, dass solche Denkweisen praktisch nicht ausgeschlossen werden können, wenn man die Sprache nicht nur als ein formales Ordnungssystem begreifen möchte, sondern auch als ein heuristisches Werkzeug, bei dessen Nutzung nach Humboldt von endlichen Mitteln ein unendlicher Gebrauch gemacht werden kann und muss. Das ist insbesondere dann sehr wichtig, wenn man sich die möglichen Sinnbildungsfunktionen des Substantivs *Zeit* im Kontext seiner vielfältigen syntaktischen Verwendungsweisen vergegenwärtigen möchte.

Für das klassische syntaktische Prädikationsmodell ist konstitutiv, dass es einen Satz nicht nur als ein bloßes Formgebilde verstehen möchte, das bestimmte grammatische Formpostulate erfüllen muss, sondern auch als eine bestimmte Sachbehauptung, die mit Hilfe einer konkreten syntaktischen und semantischen Determinationsrelation in die Welt gesetzt wird. Diese ist dann dadurch bestimmt, dass einem *Gegenstandsbegriff* in Form eines grammatischen Subjekts ein *Bestimmungsbegriff* in Form eines grammatischen Prädikats bzw. eines Prädikatsverbandes zugeordnet wird. Durch diese Korrelation von zwei unterschiedlichen Denkgrößen wird dann eine konkrete Sachbehauptung erzeugt, die dann der Wahrheitsfrage in einem korrespondenztheoretischen Sinne unterworfen werden kann, da sich nun die jeweilige Prädikation bzw. Determinationsrelation als zutreffend oder als nicht zutreffend qualifizieren lässt.

Dieses syntaktische Denkmodell beinhaltet, dass bei einer Prädikation mit Hilfe eines Subjekts als Gegenstandsbegriff zunächst eine Grundvorstellung erzeugt wird, die dann durch das Prädikat als Bestimmungsbegriff spezifiziert wird. Das bedeutet, dass man das grammatische Subjekt faktisch dann als etwas Zugrundeliegendes (subjectum, hypokeimenon) verstehen kann, das über eine präzisierende Erläuterungsvorstellung (praedicatum) in der Weise näher bestimmt wird, dass eine Tatsachenbehauptung erzeugt wird, die faktisch zutreffend sein kann oder nicht.

Diese Determinationsrelation zwischen einem grammatischen Subjekt einerseits und einem grammatischen Prädikat andererseits lässt sich ontologisch auf unterschiedliche Weise verstehen. Je nach den thematisierten Vorstellungsgrößen und unseren aktuellen Sinnbildungszielen kann diese Determinationsrelation entweder als eine sprachliche Repräsentation oder gar Abbildung einer gegebenen Seinsrelation verstanden werden, bei der einer selbständigen ontischen Grundgröße (Substanz) eine unselbständige Eigenschaft bzw. Besonderheit (Akzidens) zugeordnet wird, oder als eine analysierende Kausalrelation, bei der auf die Ursache eines bestimmten Vorgang aufmerksam gemacht wird, oder als eine Handlungsrelation, bei der ein Täter (Agens) für eine ganz bestimmte Tat (Actio) benannt wird.

Wenn man nun eine Prädikation als eine sprachliche Determinationsrelation zwischen zwei unterschiedlichen Einzelvorstellungen versteht, dann ist zu beachten, dass es in einem konkreten Satz neben der expliziten Subjekt-Prädikat-Relation auch immer noch implizite Determinationsrelationen geben kann. Diesbezüglich wäre dann etwa an die konkrete Determinationsrelation zwischen Verben und Objekten, zwischen Verben und adverbialen Bestimmungen sowie an solche zwischen Substantiven und ihren jeweiligen Attributen (Adjektivattribute, Genitivattribute, Präpositionalattribute, Attributsätze) zu denken.

Wenn man nun die expliziten und impliziten syntaktischen Determinationsrelationen in Sätzen als Ausdrucksformen von Analyseanstrengungen versteht, dann genügt es nicht, diese nur als rein formale syntaktische Ordnungsmuster zu betrachten. Wir müssen sie immer auch als ontologische Interpretationsformen ansehen, die nicht nur eine bestimmte Sicht von Menschen auf die Ordnung der Welt thematisieren, sondern auch ein bestimmtes Erfahrungswissen von ihr. Deshalb haben sich Philosophen wie etwa Aristoteles auch nicht gescheut, Ontologie am Ariadnefaden der lexikalischen und grammatischen Ordnungsformen der Sprache zu betreiben, was dann insbesondere im 19. Jahrhundert im Kontext des gestiegenen Sprachbewusstseins kritisiert worden ist.

So hat etwa Trendelenburg Aristoteles vorgeworfen, seine philosophischen Ordnungskategorien unreflektiert aus der Struktur der griechischen Sprache und insbesondere aus deren Wortarten und Satzgliedern abgeleitet zu haben. Beispielsweise entspreche die Kategorie der Substanz bei ihm der grammatischen Kategorie des Substantivs bzw. des Subjekts, die beide als ein Substrat von konkreten Aussagen wahrgenommen werden könnten. Die Kategorie der Akzidens entspreche weitgehend unseren anderen Satzgliedern, Wortarten und grammatischen Formen, insofern durch diese Sprachformen mögliche Besonderheiten von Substanzen bzw. von Subjekten ausgesagt werden könnten.[112]

Auch Steinthal hat Aristoteles eine gewisse sprachtheoretische Naivität vorgeworfen, weil er sprachliche Ordnungskategorien etwas vorschnell mit ontischen identifiziert habe.

> Indem nun Aristoteles mit seinem Denken so völlig unter der Herrschaft der Sprache steht, dass er meint, in jedem Wort müsse nicht nur ein Begriff, sondern auch eine Sache sein: hat er von der Sprache als solcher kein Bewusstsein; und es begegnet ihm wol, dass

---

[112] A. Trendelenburg: Geschichte der Kategorienlehre, 1846, S. 18f. und 33 f.

er meint, bei den Sachen, Metaphysiker zu sein, während er wie ein Lexikograph Wortbedeutungen bestimmt.[113]

Die harsche Kritik von Steinthal an der mangelnden Differenzierung von Sachebene und Sprachebene bei Aristoteles mag etwas überspitzt sein. Sie wirft aber ein bezeichnendes Licht auf das Problem, ob man das Sachphänomen *Zeit* wirklich im Spiegel unserer sprachlichen Objektivierungsformen für dieses Phänomen aufklären kann, wobei dann natürlich insbesondere unser Substantiv *Zeit* eine ganz dominierende Rolle spielen würde. Es stellt sich nämlich diesbezüglich zwangsläufig die Frage, ob es überhaupt gerechtfertigt ist, das Substantiv *Zeit* in Sätzen als Subjekt zu verwenden. Dadurch wird nämlich schnell nahegelegt, dieses Phänomen auch als eine selbstständige Substanz zu verstehen, die ganz bestimmte akzidentielle Eigenschaften hat bzw. die in Prozessen sogar ganz bestimmte Handlungsfunktionen übernehmen kann.

Diese Frage wird nicht dadurch gegenstandslos, dass wir das Substantiv *Zeit* auch als Objekt verwenden können (*Er vergeudet seine Zeit. Gib der Zeit eine Chance!*) oder als eine adverbialen Bestimmung (*Sie trainiert zur Zeit.*), was ja nahelegt, dieses Substantiv auch als sprachliche Repräsentationsform für eine unselbstständige Akzidens zu verstehen, die immer einer bestimmten Trägersubstanz bedarf, um faktisch in Erscheinung treten zu können. Unter diesen Umständen stellt sich deshalb dann auch schnell die Frage, ob eine solche Verwendungsweise des Substantivs *Zeit* nicht als eine eigentlich irreguläre metaphorische Redeweise zu verstehen sei, bei der die Unterscheidung von *Substanz* und *Akzidens* gar nicht mehr greift, insofern hier ganz andere sprachliche Objektivierungs- und Sinnbildungsziele verfolgt werden als im üblichen darstellenden Sprechen. Einen solchen eher spielerischen und heuristischen Sprachgebrauch exemplifiziert das Gedicht „*Die Krüge*" von Paul Celan sehr eindrucksvoll, in dem uns die folgende etwas irritierende attributive Verwendung des Substantivs *Zeit* begegnet, der wir wohl kaum einen weltabbildende Sinn zuschreiben können: „*An den langen Tischen der Zeit / zechen die Krüge Gottes.*"

Auf jeden Fall haben wir wohl einzuräumen, dass der substanzorientierte Gebrauch des Substantivs *Zeit* unserem alltäglichen Verständnis von Zeit zwar nahelegt, aber diesen dennoch nicht vollständig dominiert. Er ist vielmehr nur als ein besonderer hypothetischer Zugriff auf das Zeitphänomen zu verstehen, der andere keineswegs überflüssig und sinnlos macht. Deshalb verbietet sich dann natürlich auch, das Substantiv *Zeit* als ein direktes sprachliches Spiegel-

---

[113] H. Steinthal: Geschichte der Sprachwissenschaft bei den Griechen und Römern Bd. 1, 1890²/1971, S. 212 f.

bild für eine vorgegebene ontische Größe zu verstehen. Vielmehr ist ein solcher Sprachgebrauch nur ein heuristische Sprachspiel unter anderen, um mit dem Zeitphänomen in sprachlichen Objektivierungsprozessen fertig zu werden.

Ein solches Eingeständnis ist für das positivistisch orientierte sprachwissenschaftliche Denken natürlich ziemlich unbefriedigend. Für das hermeneutisch orientierte ist es aber durchaus realistisch. Dieses versteht die Sprache nämlich weniger als ein begriffliches Abbildungsinstrument, sondern eher als ein perspektivierendes Erschließungsinstrument, dessen jeweilige sachthematische Leistung reflexionsthematisch immer näher interpretiert und qualifiziert werden muss.

Dieser ganze Problemzusammenhang lässt sich recht gut durch eine erkenntnistheoretische Maxime verdeutlichen, die als sogenanntes *Ockhamsche Rasiermesser* in die Philosophiegeschichte eingegangen ist. Sie besagt, dass wir insbesondere bei der Bildung substantivischer Ordnungskategorien äußerste Sparsamkeit walten lassen sollten bzw. dass wir die Zahl unserer Seinskategorien nicht ohne zwingenden Grund vermehren dürften (Entia non sunt multiplicanda praeter necessitatem.)

Die konkrete Formulierung dieser erkenntnistheoretischen Maxime ist in den Schriften Ockhams zwar nicht belegt und wohl erst in der Rezeptionsgeschichte seines nominalistischen Denkens formuliert worden, aber sie macht dennoch sehr prägnant auf ein sehr grundsätzliches erkenntnis- und sprachtheoretisches Problem aufmerksam. Einerseits wird durch diesen Leitsatz nämlich klargestellt, dass nicht jedes Wort bzw. nicht jeder sprachlich fixierte Begriff direkt mit einem tatsächlichen Seinstatbestand korrespondiere und dass wir deshalb sehr vorsichtig bei der Bildung von solchen sprachlichen Begriffen sein sollten, für die wir einen unmittelbaren Seinsbezug beanspruchten. Andererseits wird aber auch eingeräumt, dass es pragmatische Notwendigkeiten geben könne, hypothetisierende Begriffe in die Welt zu setzen, um uns ganz bestimmte komplexe Erfahrungszusammenhänge überhaupt zu intersubjektiv verständlichen und diskutierenswerten Denkgegenständen machen zu können.

Das bedeutet, dass es durchaus gute Gründe dafür geben kann, uns das vielschichtige Erfahrungsphänomen *Zeit* sprachlich mit Hilfe eines Substantivs im Sinne eines lebenden Spiegelbildes zu vergegenwärtigen. Das schließt dann auch ein, dieses Substantiv syntaktisch als Subjekt, Objekt, Adverbial oder Attribut verwenden zu können. Aus pragmatischen Gründen wäre es nämlich ziemlich unbefriedigend, uns das Zeitphänomen sprachlich nur mit Hilfe von Tempusformen, Zeitkonjunktionen, Zeitpräpositionen oder Zeitadverbien zu vergegenwärtigen. Offenbar befriedigte es uns weder kognitiv noch sprachpraktisch, wenn wir unsere Denkmöglichkeiten über die Zeit nur auf die Relation der Vorzeitigkeit, der Nachzeitigkeit oder der Gleichzeitigkeit von Denkinhalten zu einem gesetzten Orientierungszeitpunkt reduzierten. Wir müssten dann nämlich gänzlich darauf verzichten, diesem Erfahrungsbereich irgendeine Form von ontischer Gegenständlichkeit oder Eigenständlichkeit zuzusprechen, die quantifizierbar oder qualifizierbar ist. Die substantivische Objektivierung von Zeit scheint so gesehen zumindest zur *inneren Form* der indogermanischen Sprachfamilie zu gehören, insofern gerade in dieser eine solche Objektivierungsweise von Zeit offenbar als ein sehr naheliegendes Grundbedürfnis der menschlichen Weltinterpretation verstanden worden ist.

Die Denkfigur der *inneren Form* von Sprachen hat Humboldt wahrscheinlich in der Nachfolge Plotins und der ästhetischen Überlegungen von Shaftesbury zu den formschaffenden Kräften hinter den direkt beobachtbaren Gestaltungsformen in die Sprachwissenschaft eingeführt.[114] Damit will er nämlich kenntlich machen, dass es in der Sprache neben den morphologisch gut fassbaren Sprachformen (formae formatae) auch noch eine hintergründige formbildende Kraft (forma formans) gebe, die dazu anrege, konkret fassbare Sprachformen auszubilden. *„Nicht, was in einer Sprache ausgedrückt zu werden vermag, sondern das, wozu sie aus eigner, innerer Kraft anfeuert und begeistert, entscheidet über ihre Vorzüge oder Mängel."*[115] Daraus ergeben sich für Humboldt dann auch noch folgenreiche Interdependenzen bei der sprachlichen Objektivierung und pragmatischen Bewältigung der Welt.

> Durch denselben Act, vermöge welches der Mensch die Sprache aus sich herausspinnt, spinnt er sich in dieselbe ein, und jede Sprache zieht um die Nation, welcher sie angehört, einen Kreis, aus dem es nur insofern hinauszugehen möglich ist, als man zugleich in den Kreis einer andren Sprache hinübertritt.[116]

Wenn wir diese Strukturverhältnisse beim Sprachgebrauch ernst nehmen, dann ist es kein Wunder, dass wir bei der kognitiven und kommunikativen Bewältigung des Zeitphänomens immer wieder hypothetisch oder metaphorisch reden müssen, um unseren Analyse- und Syntheseintentionen einen konkreten sprachlichen Ausdruck geben zu können. Dieser hypothetische Sprachgebrauch kann dann allerdings so selbstverständlich werden, dass wir oft nicht mehr eindeutig zwischen einem metaphorischen und einem nicht-metaphorischen Sprachgebrauch unterscheiden können, was dann natürlich zu ganz spezifischen Konflikten gerade bei unserem Verständnis von Zeit führen kann.

---

[114] Vgl. R. Schwinger: Innere Form. In R. Schwinger/H. Nicolai: Innere Form und dichterische Phantasie, 1935, S. 1–39.
[115] W. von Humboldt: Werke Bd. 3, 1969³, S. 34.
[116] W. von Humboldt: a. a. O. , S. 224 f.

Deshalb hat Nietzsche dann auch immer wieder darauf verwiesen, dass sich in den Denkformen der Sprache eine Volksmetaphysik ausbilde, die sich zu einer „*Gewalt für sich*" verfestigen könne, „*welche nun wie mit Gespensterarmen die Menschen faßt und schiebt, wohin sie eigentlich nicht wollen [...].*"[117] Dabei denkt er vor allem an das Subjekt-Prädikat-Schema des indogermanischen Satzbaus, das uns leicht suggeriere, kategorial immer zwischen einem Täter und einem Tun zu unterscheiden, obwohl wir faktisch nur Prozesse wahrnehmen könnten (*Der Blitz blitzt. Die Zeit bringt Veränderungen.*).

Gerade im Hinblick auf die sprachliche Objektivierung des Zeitphänomens wird offensichtlich, dass hier eine Sachaufklärung ohne eine Sprach- und Zeichenaufklärung eigentlich unmöglich ist, wenn man seine Erkenntnisinteressen nicht von vornherein abstraktiv und methodisch so einengt, dass die Zeit nur noch als ein kalendarisches, chronometrisches bzw. quantifizierbares Phänomen in Erscheinung tritt. Der Anspruch, das Zeitphänomen im Spiegel bzw. am Leitfaden der Sprache wahrzunehmen ist natürlich ein prinzipiell waghalsiges Unternehmen, das vielerlei Tücken beinhaltet. Gleichwohl eröffnet dieses Verfahren aber auch ganz bestimmte Wahrnehmungschancen.

Wolfgang Wieland hat in seiner Auseinandersetzung mit der aristotelischen Philosophie zu Recht geltend gemacht, dass der Prozess der theoretischen Wissensbildung nie voraussetzungslos auf einer Nullstufe beginnen könne. Er müsse immer auf Prämissen und Vorstufen unterschiedlichen Typs aufbauen, wozu neben unserem praktischen Handlungs- und Erfahrungswissen auch unser allgemeines Strukturwissen gehöre, das sich vor allem in unseren sprachlichen Formbildungen manifestiert habe. Gerade weil die aristotelische Philosophie als Prinzipienforschung in Erscheinung trete, könne sie sich nicht nur mit den jeweiligen Sachverhalten selbst beschäftigen, sondern müsse auch die Rahmenbedingungen aufklären, unter denen wir überhaupt Kontakt zu diesen Sachverhalten bekämen. Unter diesen Umständen rechtfertige es sich deshalb, seine philosophischen Überlegungen bei den sprachlichen Formen anzusetzen, mit denen wir uns die jeweiligen Phänomene als Denkinhalte vergegenständlichen könnten. Das ermögliche dann auch, am Leitfaden der Sprache zu philosophieren, ohne dass dadurch die Sprache prinzipiell die Oberhand über das philosophische Fragen und Strukturieren bekommen müsse.

Wieland hebt ausdrücklich hervor, dass für uns der Unterschied zwischen Sprache und Sache in unserer natürlichen Einstellung zur Welt phänomenologisch zunächst gar nicht existiere, da das konkrete Bewusstsein für eine solche Differenz erst das Ergebnis von ganz bestimmten philosophischen Reflexionen

---

117 F. Nietzsche: Unzeitgemäße Betrachtungen, Werke Bd. 1, S. 387 f.

sei. In der natürlichen Einstellung zur Welt wisse das Sprechen nämlich nichts von sich selbst und seinen eigenen Ordnungsstrukturen. Wenn nun Aristoteles seine philosophischen Überlegungen bei den sprachlichen Objektivierungsformen für bestimmte Phänomene beginne, so untersuche er dabei immer *„zugleich die Strukturen der Wirklichkeit – nur eben, daß es sich bei dieser Wirklichkeit um die Lebenswelt des natürlichen Bewußtseins handelt und nicht um eine bewußtseinstranszendente ‚Außenwelt'."*[118]

Aus dieser phänomenologischen Argumentation zur Struktur des philosophischen Denkens lässt sich nun ableiten, dass es im Prinzip nicht völlig sach- und wirklichkeitsfremd ist, das Zeitphänomen im Spiegel unserer natürlich gewachsenen lexikalischen und grammatischen Objektivierungsformen für Zeit zu betrachten und zu konkretisieren. Dabei haben wir allerdings immer zu beachten, dass dieser Zugriff natürlich kein letzter und abschließender Zugriff sein kann, sondern nur ein unverzichtbares heuristisches Erkenntnisverfahren, dem dann allerdings eine ganz bestimmte transzendentale Grundfunktion bei unserer Wissensbildung über das Zeitphänomen zugeordnet werden kann.

Daher kommt Wieland dann zu einer Grundüberzeugung, die es recht plausibel macht, uns das Zeitphänomen auch im Spiegel unserer lexikalischen, grammatischen und textuellen Objektivierungsformen zu erschließen, die sich in den natürlichen Sprachen für die semiotische Repräsentation dieses Phänomens kulturell herausgebildet haben. Dabei ist dann allerdings zu beachten, dass dieser Zugriff natürlich kein abschließender Zugriff sein kann. Er ist nur ein vorläufiges, aber gleichwohl doch ganz unverzichtbares heuristisches und methodisches Verfahren bei unseren faktischen Wissensbildungsanstrengungen zu einem äußerst vielschichtigen Erkenntnisgegenstand.

Diesbezüglich hat Wieland dann auch eine grundlegende erkenntnistheoretische These entwickelt, die es rechtfertigt, uns das Zeitphänomen im Spiegel der Formen unserer natürlich gewachsenen Sprache zu erschließen. Dabei ist allerdings zu berücksichtigen, dass dieser Spiegel immer als ein *lebender* und damit auch veränderbarer Spiegel zu verstehen ist, in dessen Spiegelungsergebnis immer auch etwas von dessen eigener Struktur (innerer Form) eingeht und nicht nur etwas von dem, was er intentional erspiegeln will oder soll.

> Die Sprache ist also nicht Gegenstand unter Gegenständen, sondern sie ist aller Gegenständlichkeit vorgeordnet, alle Gegenständlichkeit erst ermöglichend. Man kann ihren Grundstrukturen insofern eine *transzendentale* Funktion zusprechen.[119]

---

[118] W. Wieland: Die aristotelische Physik, 1970^2, S. 145.
[119] W. Wieland: a. a. O., 1970^2, S. 148.

8 Die Zeitmetaphorik

Unbestreitbar ist sicherlich, dass wir bei der sprachlichen Bewältigung des Zeitphänomens mit einem rein begrifflichen Sprachgebrauch immer wieder an die Grenzen unserer sprachlichen Objektivierungsmöglichkeiten gelangen und eben deshalb dann auch auf einen ergänzenden metaphorischen angewiesen sind. Das ist durchaus verständlich, wenn wir anerkennen, dass *Sprache* und *Zeit* Phänomene sind, die beide eine transzendentale Konstitutionsfunktion für unsere möglichen Weltwahrwahrnehmungen und Lebensgestaltungen haben. Zwar können beide Phänomene in bestimmten Hinsichten für uns durchaus zu konkreten Erfahrungstatbeständen werden, aber in anderen sind sie für uns eben doch apriorische Prämissen für die Ausbildung von faktischen Wahrnehmungen bzw. für die Konstitution einer ganz bestimmten Gegenständlichkeit.

Diese Strukturverhältnisse machen plausibel, warum sich unsere begriffliche und unsere metaphorische Rede gar nicht trennscharf von einander abgrenzen lassen, da beide sich wechselseitig bedingen und Profil geben. Das dokumentiert sich deutlich in unseren Redeweisen über die Zeit, die zeigen, dass beide Nutzungsweisen von Sprache sehr eng und sich ergänzend miteinander verbunden sind. Auch Augustins Stoßseufzer exemplifiziert ja eindringlich, wie schnell man daran scheitern kann, das Zeitphänomen auf einen befriedigenden und abschließenden Begriff zu bringen. Wenn wir über die Zeit reden, dann verwenden wir notwendigerweise immer wieder Metaphern (*Zeitraum, Zeitfluss, Zeitpunkt*), die faktisch schon in Form von *toten Metaphern* lexikalisiert worden sind. Allerdings sind sie oft gar nicht so tot, wie es zunächst erscheint. Sie können uns nämlich bei einer genaueren Betrachtung durchaus in eine kognitive Unruhe versetzen, da sie meist mehr Fragen aufwerfen als beantworten.

Unser natürlicher Sprachgebrauch lässt sich nicht sinnvoll auf einen rein deskriptiven bzw. kategorisierenden begrifflichen Sprachgebrauch reduzieren. Es zeigt sich nämlich recht schnell, dass nicht nur unsere metaphorischen, sondern auch unsere begrifflichen Denkmuster letztlich alle einen hypothetischen und interpretativen Grundcharakter haben und sich eben deshalb auch gar nicht so fundamental von einander unterscheiden, wie es auf den ersten Blick erscheinen mag. Das schließt dann allerdings nicht aus, dass man beide Sprachverwendungsweisen im Hinblick auf ganz bestimmte Sinnbildungsziele auch auf erhellende Weise einander kontrastiv gegenüber stellen kann.

Aus guten Gründen lässt sich aber rechtfertigen, dass der begriffliche Sprachgebrauch mit seiner analysierenden Grundtendenz und der metaphorische Sprachgebrauch mit seiner synthetisierenden Grundtendenz symbiotisch zusammengehören. Erst durch ihr Zusammenwirken wird uns die pragmatische

Leistungskraft der natürlichen Sprache wirklich fassbar und verständlich. Dabei lässt sich dann durchaus annehmen, dass der metaphorische Sprachgebrauch nicht nur der ältere, sondern wohl auch der fundamentalere ist, da er unverzichtbar wird, wenn wir uns etwas ganz Neuartiges sprachlich zu objektivieren versuchen. Das räumen wir in der Regel zwar nicht so gerne ein, da wir gewohnt sind, den metaphorischen Sprachgebrauch als einen uneigentlichen, spielerischen und ästhetischen anzusehen. Demgegenüber betrachten wir den begrifflichen Sprachgebrauch meist als den eigentlichen, insofern dieser einen rein sachthematischen bzw. abbildenden Grundcharakter zu haben scheint, der zugleich immer auch einen verlässlichen Kontakt zur Wahrheit stiften kann.

Eine solche Sprachauffassung lässt sich nun aber durchaus relativieren, wenn wir die Sprache entstehungsgeschichtlich betrachten und uns die Frage stellen, wie wir uns mit Hilfe von schon bekannten Denkinhalten auch neue Erfahrungen und neue Objektivierungsziele intersubjektiv verständlich machen können. In dieser Denkperspektive stoßen wir nämlich unvermeidlich auf das *Analogieprinzip*. Dieses beinhaltet, dass wir Neuartiges nur erfassen und intersubjektiv verständlich fixieren können, wenn wir es nicht gleich begrifflich zu konkretisieren und zu isolieren versuchen. Vielmehr sind wir verständlicherweise immer bestrebt, das Neuartige zumindest in bestimmten Hinsichten mit schon Bekanntem zu analogisieren, was allerdings keineswegs bedeutet, es auch mit dem schon Bekannten gleichzusetzen. Es heißt nur, dass wir versuchen, uns das Neuartige über die Brücke von Ähnlichkeiten mit etwas schon Bekanntem zugänglich zu machen.

Novalis hat in diesem Zusammenhang auf erhellende Weise von „*Zauberstab der Analogie*" gesprochen, den man insbesondere in Bezug auf das Verständnis der Geschichte nutzen könne, um Neues im Bilde von schon Bekanntem zu erschließen.[120] Das bedeutet dann, dass Analogien immer auch eine gewisse Janusköpfigkeit haben, weil sie uns dazu verleiten, einen Sachverhalt nicht für sich wahrzunehmen, sondern in Relation zu dem, was ihm irgendwie ähnlich zu sein scheint. Deshalb hat André Gide sich dann auch nicht gescheut, von einem „*Dämon der Analogie*" zu sprechen, der der schärfste Feind des Denkens sei.[121] Dabei sollte allerdings berücksichtigt werden, dass mit dem Terminus *Dämon* bei den Griechen ursprünglich nur eine unbegreifliche göttliche Kraft bezeichnet worden ist, die sich den gewöhnlichen Verstehensmöglichkeiten entzieht. Erst im Christentum ist mit diesem Terminus eine wirklich böse

---

120 Novalis: Christenheit oder Europa, Werke Bd. 2, 1999, S. 743.
121 A. Gide: Journal 1889–1939, 1951, S. 822. „Il n'y a pas pire ennemi de la pensée, que le démon de l'analogie."

Macht thematisiert worden. So hat beispielsweise Sokrates seine innere Stimme, die ihn immer davor warnte, Böses zu tun, als *Daimonion* bezeichnet.

Dieses Verständnis des Denkprinzips der Analogie beinhaltet, dass der analogisierende metaphorische Sprachgebrauch kein randständiger und uneigentlicher Sprachgebrauch ist, sondern vielmehr ein ganz natürlicher. Das schließt im Prinzip nicht aus, dass dieser auch eine spezifisch ästhetische Dimension hat, da er ja durchaus bestrebt ist, unseren sprachlichen Äußerungen einen hohen Grad an semantischer Intensität und Mehrdimensionalität zu geben. Außerdem bietet uns die Analyse von Metaphern und insbesondere die von Zeitmetaphern die Chance, uns auch sehr elementare und meist auch unbewusste Substrukturen unseres Denkens zu erschließen.

Um diese grundlegenden semiotischen Problemzusammenhänge bei der Erfassung von Zeit im Spiegel der Sprache zu erfassen, ist es hilfreich, sich zugleich auch zu vergegenwärtigen, mit Hilfe welcher Denkmodelle, man sich die Struktur und Leistungsfähigkeit des metaphorischen Sprachgebrauchs selbst erschließen kann. Das ist natürlich angesichts einer über zweitausendjährigen Metaphorndiskussion ein ziemlich waghalsiges Unternehmen. Es lässt sich nur dann realisieren, wenn man dabei vereinfachende Idealisierungen vornimmt, durch die wir unsere Wahrnehmung des Metaphernproblems dann auf ganz bestimmte Teilaspekte konzentrieren können.

Dabei lässt sich zugleich auch verdeutlichen, dass insbesondere unser metaphorisches Sprechen über die Zeit durchaus als eine exemplarische Ausdrucksform des dynamischen Sprachdenkens von Humboldt verstanden werden kann bzw. als eine des Sprachspielgedankens von Wittgenstein. Gerade beim metaphorischen Sprechen über die Zeit tritt der jeweilige Sprecher nämlich nicht nur als jemand hervor, der Zeit auf rein kontemplative Weise wahrnimmt, sondern auch als jemand, der seine Wahrnehmungsmuster für Zeit erst konstruktiv erzeugen muss. Er entwirft bei der metaphorischen Objektivierung von Zeit nämlich nicht nur Korrelationen, die unsere schon empirisch erworbenen Zeiterfahrungen thematisieren, sondern auch solche, die ganz neuartige Zeiterfahrungen ermöglichen können. Auf diese Weise kann dann jemand, der metaphorisch und nicht nur konventionell bzw. begrifflich über die Zeit spricht, dann sogar auf eine höchst dialektische Weise durchaus zu einem Produkt seiner eigenen Produkte werden. Wenn das nun aber auf eine spielerische Weise geschieht, dann steht er auch kaum in einer sehr großen Gefahr, auf direkte Weise selbst von seinen eigenen Denkerzeugnissen abhängig zu werden.

Anders ausgedrückt: Sowohl im Spiel als auch im metaphorischen Sprechen ist ein Spieler und ein Sprecher immer sowohl Subjekt als auch Objekt eines Prozesses. Dabei kann er dann sogar etwas finden, was er gar nicht gesucht hat, was aber hernach doch sein Wissen und sein Handeln strukturieren und bestimmen kann. Jede Metapher für die Thematisierung und Objektivierung von Zeit geht nämlich aus einem ganz bestimmten Sprachspiel hervor, das subjektbezogene und objektbezogene Komponenten hat. Die Ergebnisse dieser Sprachspiele lassen sowohl ihre Erzeuger als auch ihre Nutzer oft nicht mehr los, denn beide können zumindest in bestimmten Hinsichten durchaus selbst zu Gefangenen ihrer jeweiligen analogisierenden Hypothesen werden, ohne es freilich zu müssen.

8.1 Die Struktur und Funktion von Metaphern

Im Laufe der Kulturgeschichte sind recht unterschiedliche Hypothesen und Erklärungsmodelle für den metaphorischen Sprachgebrauch entwickelt worden. Diese können uns natürlich nicht nur auf bestimmte sprachliche Strukturen von Metaphern bzw. metaphorischen Sprachspielen aufmerksam machen, sondern auch auf die Intentionen von Personen und Epochen, die Metaphern bilden oder zum Gegenstand ihres sprachtheoretischen Denkens machen.[122]

Grundsätzlich lässt sich nämlich sagen, dass der metaphorische Sprachgebrauch eine doppelte pragmatische Funktion hat. Einerseits soll er uns sachthematisch auf die innere Struktur eines bestimmten außersprachlichen Sachverhalts aufmerksam machen und uns diesen als Denkgegenstand sprachlich objektivieren. Andererseits soll er aber auch reflexionsthematisch immer auf sich selbst als eine ganz bestimmte sprachliche Sinnbildungsstrategie bei der Wahrnehmung von Sachverhalten hinweisen. Das bedeutet, dass man Metaphern sowohl als Manifestationsformen eines bestimmten Gegenstandswissens über bestimmte Phänomene ansehen kann als auch als Manifestationsformen eines operativen Handlungswissens, wie man bestimmte Phänomene sich selbst und anderen auf verständliche Weise zu einem Denkthema machen kann. Diese Doppelfunktion macht Metaphern deshalb dann auch nicht nur in semantischer, sondern auch in methodischer Hinsicht ganz besonders wertvoll.

So ist es dann auch kein Wunder, dass sich im Laufe der Kulturgeschichte und der Sprachreflexion sehr unterschiedliche Erklärungsmuster zur Struktur und Funktion von Metaphern herausgebildet haben. Diese Erklärungsmodelle sollen hier nun kurz und idealtypisch akzentuiert unter den Stichwörtern *Substitutionsmodell*, *Prädikationsmodell*, *Projektionsmodell* und *Interaktionsmodell* vorgestellt und hinsichtlich ihrer jeweiligen Ansätze und Ziele beschieben werden. Dabei können sich dann für Metaphern gerade hinsichtlich ihrer Erklä-

---

[122] Vgl. W. Köller: Sinnbilder für Sprache, 2012, S. 38–118.

rungskraft für die sprachliche Objektivierung von Zeit auch ganz unterschiedliche Leistungsfähigkeiten offenbaren.

Das älteste und bis heute immer noch wirksame Erklärungsmodell für Metaphern ist sicherlich das sogenannte *Substitutionsmodell*, das auf Überlegungen von Aristoteles und der klassischen antiken Rhetorik zurückgeht. Es basiert sprachtheoretisch und ontologisch auf dem Grundvertrauen, dass Kosmos und Logos letztlich deckungsgleiche Ordnungssysteme sind. Das impliziert dann die Vorstellung, dass es im Prinzip eigentlich für jede gegebene Seinsform auch eine entsprechende adäquate Begriffs- bzw. Benennungsform gibt.

Aus dieser Grundüberzeugung lässt sich dann recht leicht die These ableiten, dass man im aktuellen Sprachgebrauch aus ornamentalen und spielerischen Gründen die eigentlich zu verwendenden Benennungen auch durch andere ersetzen kann, sofern beide bestimmte inhaltliche Überschneidungen zueinander aufweisen. So kann dann beispielsweise in bestimmten Äußerungen das Wort *Krieg* durch das Wort *Schwert*, das Wort *sterben* durch das Wort *einschlafen* und das Wort *unerfahren* durch das Wort *grün* ersetzt werden.

Die sprachtheoretische Pointe des Substitutionsmodells besteht nun darin, dass in ihm zwei durchaus problemträchtige Denkprämissen in Erscheinung treten. Erstens wird die Metaphernproblematik primär als eine Wort- und Benennungsproblematik verstanden und nur marginal als eine Denk- und Interpretationsproblematik, da sich das Hauptinteresse natürlich immer auf die sprachliche Etikettierung von schon klar vorgegebenen Seinsformen richtet. Zweitens wird die Metaphernproblematik nicht als eine genuine Sinnbildungsproblematik ins Auge gefasst, bei der es prinzipiell immer auch um die perspektivische Erfassung und Interpretation von Phänomenen durch den jeweiligen Sprecher geht. Das bedeutet dann, dass das Substitutionsmodell das Metaphernproblem oft eher als ein Verrätselungsproblem und weniger als ein Erkenntnis- oder Sinnbildungsproblem zu verstehen versucht.

Nun ist allerdings auch einzuräumen, dass jede Übertragung eines sprachlichen Ausdrucks aus seinem ursprünglichen auf einen anderen Anwendungsbereich bestimmte kognitive Implikationen hat. Eine solche Übertragung geschieht ja nicht völlig willkürlich, sondern vielmehr motiviert und zielgerichtet, insofern dabei immer offensichtliche oder verdeckte Ähnlichkeiten zwischen den jeweiligen Denkbereichen eine wichtige Rolle spielen. Deshalb hat Aristoteles dann auch ausdrücklich postuliert, dass zur Bildung guter Metaphern eine spezifische persönliche Begabung gehöre: *„Denn gute Metaphern zu bilden bedeutet, daß man Ähnlichkeiten zu erkennen vermag."*[123]

---

[123] Aristoteles: Poetik, Kap. 22, 1459a, 1994, S. 77.

Erkenntnistheoretisch gesehen sind mit dem Substitutionsmodell immer zwei grundsätzliche Probleme verbunden. Erstens stellt sich nämlich die Frage, ob sich wirklich alle Metaphern als uneigentliche Redeformen durch eigentliche ersetzen lassen. Vor dem Hintergrund dieser Problematik hat sich dann die Idee der *absoluten Metapher* konkretisiert. Für solche absoluten Metaphern wird nämlich postuliert, dass es für sie keine äquivalenten anderen sprachlichen Objektivierungsformen gebe, weil wir bei ihnen an die Grenze unseres begrifflichen Wissens und unserer konventionalisierten sprachlichen Objektivierungsformen geführt würden. Das zeige sich dann beispielsweise sehr deutlich an den Metaphern *schwarze Löcher* und *Ursuppe* im Sprachgebrauch der Physik.

Zweitens ergibt sich in diesem Zusammenhang dann auch die nicht unwichtige Frage, wie wir uns das Phänomen der Ähnlichkeit inhaltlich konkretisieren sollen, das die Substitution eines sprachlichen Ausdrucks durch einen anderen rechtfertigt. Sollen wir dabei auf vorgegebene ontische Ähnlichkeiten des jeweils Bezeichneten zurückgreifen oder auf Ähnlichkeiten, die wir aus methodischen Gründen mehr oder weniger hypothetisch oder konstruktiv postulieren, um uns unser spielerisches *Als-ob-Denken* zu erleichtern. Je abstrakter die von Metaphern thematisierten Phänomene sind, desto brennender wird nämlich die Frage nach der ontologischen Rechtfertigung der jeweils postulierten Analogien in metaphorischen Äußerungen. Dieses Problem wird dann insbesondere im Denkrahmen des sogenannten Prädikationsmodells aktuell.

Die Pointe des *Prädikationsmodells* besteht nämlich darin, dass eine Metapher nicht als ein lexikalisches Einzelwort mit einer spezifischen Substitutionsimplikation verstanden wird, sondern nach Weinrich vielmehr als eine „*widersprüchliche Prädikation*" bzw. als ein kleines „*Stück Text*".[124] Das bedeutet, dass Metaphern sprachlogisch eigentlich weniger als lexikalische, sondern eher als syntaktische Phänomene anzusehen sind, weil sie aus einer eigentlich unzulässigen Determinationsrelation zwischen einem Gegenstandsbegriff und einem präzisierenden Bestimmungsbegriff resultieren, der faktisch kein sinnvoller Realitätsbezug mehr zuzuordnen ist. Da nun aber einer Metapher in der Regel durchaus eine sinnvolle Information bzw. Aussage zugeschrieben werden kann oder soll, lässt sich nach Strub eine Metapher dann auch in begrifflicher Sicht als eine „*kalkulierte Absurdität*" beschreiben:[125] *Die Ruinen reden; scharfe Zunge; farbig erzählen.*

Als eine Variante des Prädikationsmodells lässt sich das *Projektionsmodell* ansehen, insofern auch in ihm der Determinationsgedanke eine gewisse Rolle

---

[124] H. Weinrich: Sprache in Texten, 1976, S. 308 und 319.
[125] Chr. Strub: Kalkulierte Absurditäten, 1991.

spielt. Dieses Modell geht maßgeblich auf den Psychologen Karl Bühler zurück und ist in jüngerer Zeit im angelsächsischen Raum im Sinne eines *Überblendungsmodells* (blending) allerdings ohne Hinweise auf Bühler erneut zur Debatte gestellt worden.[126] Die Pointe des Projektionsmodells besteht nach Bühler darin, dass bei Metaphern unterschiedliche Sach- bzw. Begriffssphären so aufeinander projiziert werden (*Salonlöwe*), dass dadurch eine Sphärenmischung entsteht, aus der dann eine neuartige Vorstellungsgestalt hervorgeht, insofern bei einer solchen Projektion bestimmte Charakteristika der jeweiligen Einzelvorstellungen entweder gelöscht oder verstärkt werden. Das hat dann natürlich die Konsequenz, dass Metaphern immer auch einen spracherneuernden Effekt haben, weil durch sie unser Denken und Wahrnehmen auf eine innovative Weise herausgefordert wird. Auf diese Weise entstehen dann aus schon bekannten Vorstellungsbildern ganz neuartige, die man nicht logisch aus den alten ableiten kann. Auf diese Weise lässt sich durch Metaphern dann verhindern, dass nach den Befürchtungen von Nietzsche unsere Begriffe immer auch Gefahr laufen, zu einer „*Begräbnisstätte der Anschauungen*" zu werden.[127]

Im dem sogenannten *Interaktionsmodell* wird nun bei der Strukturbeschreibung von Metaphern vor allem die Wechselwirkung der Einzelteile zur Grundlage aller Überlegungen gemacht. Das hat dann natürlich auch weitreichende ontologische Implikationen. Bei der Beurteilung des Leistungsprofils von Metaphern wird nun nämlich die Analogievorstellung zugunsten einer Korrelations- und Handlungsvorstellung etwas in den Hintergrund gerückt. Das wird sehr offensichtlich, wenn wir zureichend beachten, dass bei der Funktionsbeschreibung von Metaphern nun insbesondere die Formel „*Beleuchten und Verbergen*" (highlighting and hiding) ins Spiel gebracht werden kann.[128]

Diese Formel macht nämlich eindringlich darauf aufmerksam, dass die Sinnbildungsfunktion von Metaphern eher in dem Denkrahmen von Dialog- als in dem von Monologvorstellungen beschrieben werden sollte, da sie ja weniger zur begrifflichen Kategorisierung von bestimmten Phänomenen beitragen soll, sondern eher zu der Strukturierung unserer Aufmerksamkeit bei deren differenzierter Wahrnehmung. Das bedeutet zugleich, dass bei der Funktionsbeschreibung von Metaphern der Erschließungs- und Erzeugungsgedanke eine wichtigere Rolle zu spielen hat als der Behauptungs- und Wahrheitsgedanke. Unter diesen Umständen sind dann Metaphern dann auch eher als Indizien für heuris-

---

[126] K. Bühler: Sprachtheorie, 1965², S. 348 ff.; G. Fauconnier/M. Turner: Mental spaces. In: D. Geeraerts (ed.): Cognitive linguistics: Basic Readings, 2006, S. 303–371.
[127] F. Nietzsche: Über Lüge und Wahrheit im außermoralischen Sinne. Werke Bd. 3 , S. 319.
[128] G. Lakoff/M. Johnson: Leben in Metaphern, 2004⁴, S. 18.

tische Denkprozesse anzusehen und weniger als Indizien für ergebnisorientierte sprachliche Objektivierungsprozesse im Sinne von Kategorisierungsprozessen.

Weiterhin wird durch diesen Denkansatz nahegelegt, dass Metaphern ihren genuinen Platz nicht in logischen Deduktionsprozessen haben, sondern vielmehr in kreativen Abduktionsprozessen, da diese vornehmlich ja dadurch bestimmt werden, unsere mögliche Erfahrungswelt in neuartigen Perspektiven und Korrelationsverhältnissen kennenzulernen. Metaphern sollen so gesehen deshalb dann auch eher unser synthetisierendes als unser analysierendes Denken anregen, weil sie uns eher auf Wechselwirkungsprozesse aufmerksam machen als auf isolierende Hervorhebungen von Einzelaspekten.

Diese pragmatische Grundfunktion von Metaphern hat uns Nelson Goodman in einem erotischen Denkbild metaphorisch folgendermaßen sehr plastisch vergegenwärtigt: *„Kurz gesagt, eine Metapher ist eine Affaire zwischen einem Prädikat mit einer Vergangenheit und einem Objekt, das sich unter Protest hingibt."* Das beinhaltet für ihn zugleich auch, dass man Metaphern nicht als einen Kategorienfehler bei der Formulierung von Aussagen ansehen sollte, sondern eher *„als eine glückliche und neue Kraft schenkende, wenn auch bigamieverdächtige Wiederverheiratung."*[129]

Der Rückgriff auf den Interaktionsgedanken bei der Modellierung der Metaphernproblematik wird auch durch die These des Phänomenologen Wilhelm Schapp legitimiert, dass im natürlichen Sprachgebrauch Wörter eher als Repräsentanten oder Überschriften von Geschichten anzusehen seien und weniger als Repräsentanten von vorgegebenen Seinseinheiten oder konventionalisierten Begriffsbildungen, insofern sie immer erst im konkreten Gebrauch bzw. in dialogischen Prozessen mit bestimmten Partnern und Welterfahrungen ihr konkretes semantisches Profil bekämen. Darauf hat ja auch schon Humboldt verwiesen, als er betonte, dass die Sprache nicht als ein *Werk* (Ergon), sondern als eine *Wirkungskraft* (Energeia) verstanden werden sollte.

Gerade im metaphorischen Sprachgebrauch überlagern sich in einer sehr viel intensiveren Form als in den üblichen Redeweisen sachthematische (intentio recta) und reflexionsthematische (intentio obliqua) Sinnbildungsanstrengungen. Martin Seel hat das auf die folgende Formel gebracht: *„Eine Sichtweise a l s Sichtweise während der I n a n s p r u c h n a h m e dieser Sichtweise artikulieren, das vermag allein die figürliche, zum Beispiel die metaphorische Rede."*[130] Auf ganz ähnliche Weise hatte schon zuvor Bruno Liebrucks diese Grundüber-

---

[129] N. Goodman: Sprachen der Kunst, 1973, S. 79 und 82.
[130] M. Seel: Am Beispiel der Metapher. In: Intentionalität und Verstehen, hrsg. vom Forum für Philosophie, 1990, S. 252.

zeugung zum Ausdruck gebracht: „*Die Metapher ist eine Reflexion des Tuns der Sprache innerhalb der Sprache.*"[131]

Die hier thematisierten Überlegungen zur Metaphernproblematik veranschaulichen insbesondere im Hinblick auf unsere metaphorischen Redeweisen über die Zeit, dass Antworten auf dialektische Weise durchaus auch zu Fragen werden können und umgekehrt. Sie können weiterhin beinhalten, dass eine Metapher nach Lichtenberg auch „*weit klüger als ihr Verfasser*" sein kann.[132]

Einmal in die Welt gesetzte Metaphern zum Zeitphänomen scheinen einen gewissen Midas- bzw. Pygmalioneffekt zu haben. Sie können ihren Schöpfern durchaus über den Kopf wachsen oder uns selbst anblicken, wenn wir sie anblicken. Vielleicht lässt sich unseren Metaphern sogar die Funktion von *Hofnarren* zuordnen. Sie können nämlich Wahrheiten aussprechen, die nach dem Hofzeremoniell des konventionalisierten Sprachgebrauchs eigentlich als *ver-rückt* zu gelten haben. Gleichwohl können sie uns aber auch Wahrheiten mitteilen, die die Chance haben, sozial akzeptiert zu werden, weshalb sie dann oft auch schnell in unsere gängigen Rede- und Denkweisen eingehen. Daher sind Metaphern aller Art dann auch gute Beispiele dafür, dass die natürliche Sprache kein toter, sondern ein lebender Spiegel für die differenzierte Wahrnehmung unserer Lebenswelt bzw. für die Struktur unseres Denkens ist, da sie ja nicht nur einen Sach-, sondern immer auch einen Reflexions- bzw. einen Selbstbezug haben.

8.2 Die Zeitmetaphorik bei Komposita

Wenn wir Komposita als *durchsichtige Wörter* bzw. als Begriffsbildungen ansehen, die strukturell durch implizite Determinationsrelationen bzw. Sachbehauptungen geprägt werden, dann sind sie natürlich ganz besonders für den metaphorischen Sprachgebrauch und insbesondere für die metaphorische Objektivierung des Zeitphänomens prädestiniert. Bei der Rechtfertigung und der Präzisierung dieser These lässt sich vor allem auf das Prädikations-, Projektions- und Interaktionsmodell zur Strukturierung der Metaphernproblematik zurückgreifen, weil alle drei nicht den Substitutions-, sondern den Korrelationsgedanken in den Mittelpunkt ihres Interesses stellen. Dabei spielt es dann auch keine entscheidende Rolle, ob der Begriff der Zeit bei der Kompositabildung als Grundbegriff (*Steinzeit*) oder als Bestimmungsbegriff (*Zeitfenster*) verwendet wird. Wichtig ist vielmehr, dass die relativ abstrakte Zeitvorstellung mit mög-

---

[131] B. Liebrucks: Sprache und Bewusstsein Bd. 1, 1964, S. 482.
[132] G. Chr. Lichtenberg: Sudelbücher I , 2005, S. 512, F. 369.

lichst konkreten Sachvorstellungen verknüpft wird, was ja gerade für das Projektions- und Interaktionsmodell besonders aktuell ist.

Ganz wichtig für die Beschreibung der Sinnbildungsleistung von Zeitkomposita ist immer, dass wir bei ihrem Verständnis nicht nur auf unser sprachliches, sondern auch auf unser enzyklopädisches Weltwissen und unsere faktischen Sacherfahrungen mit Zeitphänomenen zurückgreifen. Nur dann lässt sich klären, welche Determinations-, Projektions- und Interaktionsbezüge zwischen den Teilen eines Kompositum wirksam werden können und welche heuristischen und hermeneutischen Dienste die jeweiligen Zeitkomposita zu leisten vermögen. Nicht zuletzt ist es dabei hilfreich, dass diese Komposita auch Elemente enthalten, mit denen wir sehr klare sinnliche Vorstellungen verbinden können.

Generell lässt sich sagen, dass das Verständnis von bereits konventionalisierten sowie von ganz neuen Zeitkomposita auf Denkoperationen beruht, die der englische Kognitionspsychologe Bartlett bereits 1932 sehr treffend als eine Interpretations- bzw. Sinnbildungsanstrengung (effort after meaning) bezeichnet hat, die logische Schlussfolgerungsprozesse beträchtlich transzendiere.[133]

In solche Verstehens- und Sinnbildungsanstrengungen müssen nämlich immer sowohl im Gedächtnis gespeicherte sachliche und sprachliche Wissensbestände eingehen als auch persönliche Annahmen über die Denk- und Mitteilungsziele des jeweiligen Sprechers als auch individuelle Hypothesen über die Struktur der jeweils benannten Realitätsbereiche. Das bedeutet, dass es keineswegs genügt, den jeweiligen Zeitkomposita einen ganz bestimmten Denkinhalt zuzuordnen, selbst wenn sie schon weitgehend konventionalisierte Denkmuster repräsentieren. Zeitkomposita sollten vielmehr immer als Manifestationsformen von ganz spezifischen heuristischen Denkstrategien verstanden werden, um mit dem Zeitphänomen kognitiv fertig zu werden, selbst wenn sie sich zuweilen schon zu toten Metaphern verfestigt haben. Das gilt grundsätzlich für alle Zeitkomposita unabhängig davon, ob das Wort *Zeit* in ihnen syntaktisch als Grundbegriff oder als Bestimmungsbegriff verwendet wird.

In den üblichen Zeitkomposita fungiert der abstrakte Begriff *Zeit* normalerweise als ein Grundbegriff, der durch einen Bestimmungsbegriff präzisiert wird, mit dem wir in der Regel ganz konkrete Erfahrungsvorstellungen verbinden können: *Steinzeit, Kriegszeit, Arbeitszeit, Lebenszeit* usw. Dadurch festigt sich dann natürlich die Vorstellung, dass sich die Zeit als eine komplexe Sub-

---

[133] F. C. Bartlett: Remembering, 1932/1967, S. 127. „Hence it is legitimate to say that all the cognitive processes which we have been considered, from perceiving to thinking, are ways in which some fundamental ‚effort after meaning' seeks expression. Speaking very broadly, such effort is simply the attempt to connect something that is given to something other than itself."

stanz ansehen lässt, die dann Träger von unselbstständigen Eigenschaften bzw. Akzidentien sein kann, die sich als mögliche Attribute dieser Substanz betrachten lassen. Deshalb ist dann auch ganz gut verständlich, warum solche Komposita recht schnell zu konventionell gefestigten Begriffsmustern werden können.

Etwas schwieriger wird es allerdings bei der Interpretation des Kompositums *Raumzeit*. Hier ergibt sich nämlich das Problem, dass wir in unserem Alltagsverständnis sowohl den Raum als auch die Zeit als Substanzphänomene betrachten. Unter diesen Umständen fällt es uns dann natürlich etwas schwer, den Raum als ein Akzidensphänomen zu verstehen, das unsere sehr abstrakte Zeitvorstellung attributiv konkretisiert bzw. fassbar einkleidet.

Dieses Alltagsverständnis von Raum und Zeit als eigenständigen Substanzphänomenen harmoniert noch mit dem physikalischen Denken Newtons, aber nicht mehr mit dem von Einstein, weil letzterer beide Phänomene als Korrelationsphänomene versteht, die sich wechselseitig bedingen und konstituieren. Deshalb stellt sich in seinem Denken das Kompositum *Raumzeit* auch gar nicht als eine widersprüchliche Determinationsrelation bzw. als Metapher dar, sondern eher als ein ganz normaler Ordnungsbegriff, der eher einen deskriptiven als einen hypothetischen bzw. metaphorischen Charakter hat.

Ähnliche Probleme stellen sich beim Verständnis des Kompositums *Eigenzeit*. Unser chronologisch orientiertes klassisches Zeitverständnis macht uns die Annahme schwer, dass bestimmte Einzelphänomene eine spezifische Eigenzeit haben könnten und eben dadurch dann auch aus der allgemeinen Zeit herausfallen. In diesem Denkrahmen würde es uns dann natürlich auch schwerfallen das Kompositum *Eigenzeit* nach demselben Denkschema zu verstehen, wie etwa die Komposita *Eigenname* oder *Eigengewicht*. Für die moderne Physik ist es dagegen eigentlich ganz unproblematisch, dem Kompositum *Eigenzeit* einen sinnvollen deskriptiven Sachinhalt zuzuordnen, weil für sie Raum und Zeit symbiotisch miteinander verwachsen sind und sich wechselseitig konstituieren, insofern ja jeder Raum seine eigene Zeit und jede Zeit ihren eigenen Raum hat.

Etwas andere Verstehensstrukturen ergeben sich, wenn in Zeitkomposita das Wort *Zeit* als Bestimmungsbegriff und nicht als Grundbegriff verwendet wird wie etwa in den Komposita *Zeitraffung* oder *Zeitdehnung*. Durch diese Begriffsprägungen wird nämlich unser rein chronologisch und chronometrisch orientiertes Zeitverständnis von einer gleichmäßig dahinfließenden und quantifizierbaren Zeit grundsätzlich in Frage gestellt. Es wird vielmehr ein psychologisches Zeitverständnis nahegelegt, in dem die Zeit nicht als eine quantifizierbare und damit messbare Größe in Erscheinung tritt, sondern eher als eine qualifizierbare und damit dann auch individuell erlebbare Größe, die aus der Wahrnehmung von Veränderungsprozessen resultiert bzw. aus der Intensität des Erlebnisses von Wahrnehmungsinhalten. Im Gegensatz dazu legen Zeitkomposita wie *Zeitkonto* und *Zeitguthaben* nahe, die Zeit nicht als eine mentale Größe zu verstehen, sondern vielmehr als eine materielle Größe, die ähnlich wie etwa das Geld auch ihre Quantität und ihren Besitzer wechseln kann.

Die Möglichkeit, dass der eigentlich ziemlich abstrakte Bestimmungsbegriff *Zeit* in einem Kompositum auch durch einen sehr viel konkreteren Gegenstandsbegriff determiniert werden kann, ist zwar sprachlogisch etwas merkwürdig, aber pragmatisch keineswegs, insofern natürlich bei allen sprachlichen Korrelationen eine sprachliche Einheit jeweils immer im Lichte einer anderen in Erscheinung tritt.

Das beinhaltet dann auch, dass gerade bei metaphorisch zu verstehenden Zeitkomposita das Konzept der Prädikation bzw. der Determinationsrelation nur noch eine begrenzte Erklärungskraft hat. In vielen Fällen ist hier dann das Projektions- und das Interaktionskonzept sehr viel aufschlussreicher und fruchtbarer. Dadurch legitimiert sich dann auch die These, dass wir die sinnbildende Kraft der Sprache nicht zureichend verstehen, wenn wir die Sprache nur als gesetzmäßig wirksamen Spiegel verstehen und nicht als *lebenden Spiegel*, der in seinen Spiegelungsprozessen sich selbst und anderes ins Spiel bringen kann.

Diese Strukturzusammenhänge verdeutlichen sich sehr schön, wenn wir das Kompositum *Zeitgeist* näher betrachten, bei dem zwei sinnlich nicht gut fassbare Vorstellungsgrößen syntaktisch miteinander korreliert werden. Diese Umstände erschweren es, den Sinngehalt dieses Kompositums mit Hilfe des Determinationskonzeptes zu verstehen, weil man nicht genau weiß, welches Element das andere faktisch näher bestimmt. Einerseits kann man bei diesem Kompositum nämlich den Grundbegriff *Geist* merkwürdigerweise als eine Größe verstehen, die aus einer bestimmten Zeit bzw. Epoche hervorgeht. Andererseits kann man den Geist aber auch als eine Größe verstehen, durch deren Wirksamkeit bestimmte Zeitabschnitte erst den Charakter von bestimmten Zeitgestalten bekommen. Unter diesen Umständen lässt sich das Relationsverhältnis zwischen den beiden Teilen des Kompositums dann auch als ein genuines Interaktionsverhältnis charakterisieren, das man nicht sinnvoll mit Hilfe einer linear verstandenen Determinations- oder Kausalrelation strukturieren kann, weil es ja gerade auf die Wechselbezüge zwischen Geist und Zeit ankommt.

Unter diesen Umständen lässt sich das Phänomen *Geist* dann sowohl als eine Größe verstehen, die aus einer bestimmten Epoche bzw. Zeitgestalt hervorgeht, aber auch als eine Größe, die als eine Antriebskraft oder gar Ursache für die Ausbildung einer Zeitgestalt wirksam werden kann. So gesehen eröffnet sich dann die Möglichkeit, die Denkformen einer Epoche einerseits als zeitabhängig zu betrachten, aber andererseits auch als zeitstiftend. Dadurch wird dann sowohl die Vorstellung ermöglicht, dass jede Zeit als Zeitgestalt zwar ihren eigenen Geist hat, als auch die Vorstellung, dass jede Manifestationsform von Geist eine eigene Zeit braucht, um in Erscheinung treten zu können. Das eröffnet dann die Möglichkeit, jeden Menschen sowohl als Zögling als auch als Günstling der Zeit zu betrachten, selbst wenn dieser selbst weder ein Zögling noch ein Günstling der Zeit sein will, sondern vielmehr anstrebt, ein Herrscher oder Gestalter der Zeit zu sein. Deshalb hat sich dann auch derjenige, der über die Zeit nachdenkt, immer auch die kaum zu beantwortende Frage zu stellen, ob er über oder in der Zeit steht, in der er lebt und denkt.[134]

Rein formal kann man bei Zeitkomposita natürlich klar identifizieren, ob das Wort *Zeit* prädikativ die Funktion eines Bestimmungsbegriffs oder eines Grundbegriffs hat. Pragmatisch ist das aber keineswegs so leicht, da die semantische Spannweite des Wortes *Zeit* sehr groß ist und sich eben deswegen dann auch sehr viel verschiedene determinierende Interaktionsmöglichkeiten zwischen den Bestandteilen des jeweiligen Kompositums eröffnen können. Das kann für formalisierte Fachsprachen ärgerlich sein, da darunter natürlich die Informationsgenauigkeit von Zeitkomposita leidet. Für das Funktionsspektrums der natürlichen Sprache ergibt sich dadurch aber auch die große Chance, das Wort *Zeit* bei Kompositabildungen sehr variabel zu verwenden. Die Sprache lässt sich auf diese Weise dann nicht nur als ein Repräsentations-, sondern auch als ein Sinnbildungsmittel nutzen und damit dann auch als eine Form der Kunst (ars combinatoria).

8.3 Die Zeitmetaphorik in Sätzen

Bei Komposita liegen die etwaigen begrifflichen Widersprüchlichkeiten zwischen einem Grundbegriff und einem Bestimmungsbegriff, die natürlich immer ein metaphorisches Verstehen nahelegen, nicht so offensichtlich zu Tage wie in denjenigen Formen von Determinationsrelationen, die wir in expliziten Aussagesätzen antreffen. Das liegt vor allem daran, dass Komposita weniger als Sachbehauptungen wahrgenommen werden, sondern eher als komplexe Begriffsbildungen, die nur auf implizite Weise Sachbehauptungen beinhalten.

Das hat zur Konsequenz, dass die Identifizierung von begrifflichen Inkohärenzen zwischen den beiden Teilen des Kompositums, abgesehen von ganz neu geprägten Komposita, eigentlich nicht dem jeweiligen aktuellen Sinnbildungsprozess angehören, sondern eher einem früheren, in dem das Kompositum als Begriffsmuster und Mitteilungsmittel hergestellt worden ist. Das hat dann zur

---

[134] Vgl. R. Konersmann: Zeitgeist. Historisches Wörterbuch der Philosophie, Bd. 12, 2004, Sp. 1266–1270.

Folge, dass wir die begrifflichen Inkohärenzen zwischen den Bestandteilen eines gängigen Kompositums eigentlich nur in zusätzlichen interpretierenden Reflexionsschleifen identifizieren können, die nicht direkt dem jeweiligen Mitteilungsakt selbst zuzuordnen sind.

Diese Strukturverhältnisse bedingen, dass uns in Sätzen begriffliche Widersprüchlichkeiten zwischen den syntaktisch verbundenen Satzgliedern sehr viel deutlicher und schneller ins Auge fallen als solche zwischen den jeweiligen Kompositumsgliedern. Außerdem haben wir zu beachten, dass wir Aussagesätze pragmatisch üblicherweise als behauptende Sprechakte verstehen, deren Inhalte wir zustimmend oder ablehnend wahrnehmen können. Die direkte Behauptungsfunktion von Aussagesätzen hat dann natürlich auch ganz erhebliche Auswirkungen auf unsere Wahrnehmung und Verarbeitung von begrifflichen Unstimmigkeiten. Das betrifft dann nicht nur die Widersprüchlichkeiten zwischen einem grammatischen Subjekt als dem logischen Gegenstandsbegriff einer Aussage und dem grammatischen Prädikat bzw. Prädikatsverband als dem logischen Bestimmungsbegriff einer Aussage, sondern auch die möglichen semantische Inkohärenzen zwischen den einzelnen Satzgliedern.

Die metaphorische Thematisierung von Zeit in Aussagen tritt strukturell immer dann am deutlichsten hervor, wenn das Substantiv *Zeit* in einer Prädikation als grammatisches Subjekt bzw. als Gegenstandsbegriff verwendet wird, der mit Hilfe des Kopulaverbs *sein* und einem anderen Substantiv als Bestimmungsbegriff prädikativ näher determiniert wird. Auf diese Weise entsteht dann formal eine ontologische Seinsbestimmung bzw. eine Definition: *Die Zeit ist Leben. Die Zeit ist Freiheit. Die Zeit ist Gefangenschaft.*

Mit dem Kopulaverb *sein* gehen wir in definierenden Aussagen in der Regel recht großzügig um, obwohl es wegen seiner semantischen Mehrdeutigkeit gerade den Logikern große Kopfschmerzen bereitet, da mit ihm logische Zuordnungen sehr unterschiedlicher Art postuliert werden können. Deshalb haben sie für die logischen Verknüpfungsleistungen der Kopula auch ganz unterschiedliche Notationssymbole entwickelt. Außerdem lässt sich bemängeln, dass mit diesem Aussagemittel das vereinfachende klassifizierende Denken zu Lasten des relationalen und interpretierenden Denkens bevorzugt wird, was unser Denken dann in bestimmten Hinsichten durchaus unrealistisch machen kann.

Diese Bedenken gegen die ungenaue oder gar proteische Determinationsleistung des Kopulaverbs *sein* ist natürlich nicht unberechtigt. Diesbezüglich braucht man nämlich nur darauf aufmerksam machen, dass mit seiner Nutzung als Prädikat oder Prädikatsteil eine normative Existenzbehauptung aufgestellt werden kann (*Gott ist.*), eine identische Sachreferenz von zwei unterschiedlichen sprachlichen Ausdrücken postuliert werden kann (*Berlin ist die Hauptstadt Deutschlands.*), ein Einzelelement in eine Klasse von Elementen eingeordnet werden kann (*Hannibal ist ein Feldherr.*), eine Teilklasse einer übergeordneten Klasse zugeordnet werden kann (*Wale sind Säugetiere.*) oder einem Einzelelement eine ganz bestimmte Eigenschaft zugeschrieben werden kann (*Diese Rose ist rot.*).

Die ambivalente Determinationsrelation des Kopulaverbs *sein* macht es verständlich, warum dieses so gerne in metaphorischen Aussagen verwendet wird. Es eröffnet nämlich unserem heuristischen und hermeneutischen Denken außerordentlich große Spielräume. Das kann allerdings auch problematisch werden, wenn es sich nicht um spielerische, hypothetische und ästhetische Aussagen handelt, sondern um konstatierende, die den Gegenstandsbegriff einer Aussage klassifizieren bzw. präzise kategorial bestimmen sollen.

Die mögliche Brisanz des Kopulaverbs *sein* hat sich besonders deutlich und exemplarisch im Streit zwischen Luther und Zwingli über den Sachgehalt bzw. um die adäquate deutsche Übersetzung der biblischen Abendmahlsworte aus dem Lateinischen dokumentiert (Hoc est corpus meum.). Zwingli wollte diese Formel ausdrücklich allegorisch verstehen. Deshalb hat er auch dafür plädiert, das lateinische Kopulaverb *est* nicht mit dem deutschen Wort *ist* wiederzugeben, sondern vielmehr mit dem deutschen Verb *bedeuten* (*Dies bedeutet meinen Leib.*).

Luther hat dagegen ausdrücklich darauf bestanden, das lateinische Wort *est* mit dem deutschen Wort *ist* wiederzugeben, wofür er nicht nur theologische, sondern auch sprachpraktische Gründe geltend gemacht hat. Das Kopulaverb *sein* diene im allgemeinen Sprachgebrauch nämlich nicht dazu, ontische Identitäten zu bezeichnen, sondern nur dazu, sachlich begründbare Ähnlichkeiten zwischen zwei unterschiedlichen Sachverhalten hervorzuheben. So unterscheide sich beispielsweise eine pflanzliche Rose faktisch durchaus von einer artifiziellen silbernen Rose. Dennoch gebe es zwischen beiden Rosen unbestreitbare Ähnlichkeiten, die dann dazu berechtigten, auch eine silberne Rose mit Hilfe des folgenden Satzes klassifizierend in unser Bewusstsein zu rufen: *Dies ist eine Rose.* Es sei deswegen wenig zweckdienlich, nur die folgende Aussageweise zuzulassen: *Dies bedeutet eine Rose.*[135]

Wenn wir nun im Kontext dieser Überlegungen die Frage stellen, wie wir mit Hilfe des Kopulaverbs *sein* Aussagen über das Phänomen *Zeit* machen können, dann kann man sowohl eine Existenzbehauptung als auch eine kategorisierende Zuordnungs- bzw. Definitionsaussage in Betracht ziehen. Existenzaussagen mit dem Kopulaverb *sein* sind zwar ungewöhnlich, aber syntaktisch möglich, wenn in Streitfragen z. B. eine normative Basisbehauptung gemacht

---

[135] Vgl. P. Meinhold: Luthers Sprachphilosophie, 1958, S. 39 ff.

werden soll, die dann eine Grundlage für weitere Aussagen bilden soll: *Gott ist. Die Zeit ist.*

In diesem Fall hätten wir dann allerdings anschließend zu klären, ob wir mit einem solchen Satz die Existenz eines ontischen Sachverhalts normativ behaupten wollen oder ob wir mit ihm lediglich auf eine Denkprämisse verweisen wollen, die dazu dienlich ist, unsere Wahrnehmung von Welt zu strukturieren. Im letzteren Fall könnte man solche Aussagen dann durchaus als metaphorisch ansehen, weil sie kommunikativ dazu bestimmt sind, auf konstitutive transzendentale Prämissen unseres Wahrnehmens und Denkens aufmerksam zu machen, die inhaltlich nicht jenseits unserer empirischen Weltwahrnehmung liegen, sondern vielmehr davor. Solche Aussagen bzw. Existenzbehauptungen wären dann sprachliche Äußerungen, die normativ festlegen, wie wir über die Phänomene *Gott* oder *Zeit* nachdenken können oder gar sollen.

Vordergründig betrachtet lassen sich solche Existenzbehauptungen als Aussagen über die Prämissen unseres Denkens über Gott und die Zeit ansehen, hintergründig erfüllen sie aber auch noch eine andere Funktion. Sie zwingen nämlich immanent dazu, uns Rechenschaft darüber abzulegen, wie wir uns die möglichen Denkgegenstände *Gott* oder *Zeit* sprachlich oder semiotisch überhaupt thematisieren bzw. intersubjektiv verständlich objektivieren können. Beispielsweise ließe sich fragen, ob wir uns den Denkgegenstand *Gott* über kosmische Ordnungszusammenhänge bzw. Naturgesetze geistig repräsentieren sollten, wie es beispielsweise der sogenannte *Deismus* angestrebt hat, oder über religiöse Offenbarungstexte, wie es die monotheistischen Religionen postulieren. Im Hinblick auf den Denkgegenstand *Zeit* könnten wir fragen, ob wir uns diesen mit Hilfe der zyklischen Bewegungen von Himmelskörpern, mit Hilfe von Uhren bzw. von quantifizierenden Messinstrumenten oder mit Hilfe von psychischen Befindlichkeiten wie etwa Langeweile, Spannung, Erwartung oder Erinnerung thematisieren und objektivieren sollten.

Allerdings haben wir nun sicherlich einzuräumen, dass wir das Kopulaverb *sein* meist nicht dazu verwenden, Existenzbehauptungen zu machen oder auf die transzendentalen Prämissen unseres Denkens aufmerksam zu machen. Vielmehr verwenden wir es eher dazu, auf Relationszusammenhänge aufmerksam zu machen bzw. kategorisierende Definitionen zu formulieren. Dann dient es pragmatisch vor allem dazu, zwei unterschiedliche Vorstellungsgrößen in ganz bestimmten Hinsichten, aber keineswegs in allen, als gleichwertig anzusehen. Das dokumentiert sich syntaktisch dadurch, dass das zweite Glied einer Prädikation im gleichen Kasus wie das jeweilige Subjekt steht. Deshalb wird es dann terminologisch auch nicht gerne als ein Objekt bezeichnet, sondern etwas umständlicher als ein sogenannter *Gleichsetzungsnominativ*: *Die Zeit ist ein Rätsel.*

Auf diese Weise kann dann darauf aufmerksam gemacht werden, dass das jeweilig thematisierte Phänomen nicht durch eine Handlung hervorgebracht oder modifiziert wird, was ja beispielsweise die übliche Aussagefunktion von Akkusativobjekten ist. Vielmehr wird bei dieser Prädikationsform darauf verwiesen, dass mit dem Kopulaverb *sein* ein Kategorisierungsziel verfolgt wird, das weniger eine deskriptive Beschreibungs- und Zuordnungsfunktion hat, sondern eher eine heuristische Erschließungs- oder hermeneutische Interpretationsfunktion. Deshalb lassen sich solche Zuordnungssätze dann auch leicht als metaphorische Sprachspiele verstehen, obwohl sie syntaktisch als Feststellungssätze oder Identitätsbehauptungen in Erscheinung zu treten scheinen und nicht als veranschaulichende Hypothesen: *Die Zeit ist ein Fluss.*

Diese Strukturverhältnisse berechtigen dann zu der These, dass Aussagesätze dieses Typs als sprachliche Ausdrucksformen hermeneutischer Analogisierungsprozesse zu verstehen sind, die pragmatisch gesehen hilfreich oder weniger hilfreich sind. Deshalb hat die klassische Rhetorik metaphorische Aussagen dieses Typs ja auch als *verkürzte Vergleiche* klassifiziert, die natürlich sowohl etwas aufdecken als auch verschleiern könnten.

Wenn wir unser Verständnis des recht abstrakten Phänomens *Zeit* mit Hilfe des konkreten Erfahrungsphänomens *Fluss* zu erläutern versuchen, dann heben wir durch ein solches Projektionsverfahren Merkmale der Zeit hervor, die sich durch folgende und zum Teil auch gegenläufige Begriffe verdeutlichen lassen: *Ursprung, Ziel, Kontinuität, Beweglichkeit, Gestaltwandel, eingeschränkte Beherrschbarkeit, Zerstörungskraft, Erzeugungskraft* usw. Außerdem lässt sich auf diese Weise hervorheben, dass Zeit und Raum in einem symbiotischen Verhältnis zueinander stehen, insofern das eine Phänomen nicht ohne das andere denkbar ist. Die Zeit bedarf des Raumes, um sich in ihrer Beweglichkeit und Veränderungskraft entfalten zu können, und der Raum bedarf der Zeit, um in seiner Stabilität und Beharrungskraft hervortreten zu können.

Die Korrelation unserer Vorstellung von Zeit und Raum durch die metaphorische Qualifizierung der Zeit als Fluss eröffnet eine Fülle weiterer Denkperspektiven für das Verständnis von Zeit. Kommt die Zeit aus der Vergangenheit und fließt dann in die Zukunft, oder kommt die Zeit aus der Zukunft und fließt dann in die Vergangenheit? Stehen wir bei der Wahrnehmung der Zeit an einem festen Ufer und lassen sie wie ein Fluss an uns vorbeiziehen, oder befinden wir uns in der Zeit wie in einem Boot auf einem Fluss und lassen dann den Raum bzw. unsere Erlebnisse im Raum an uns vorüberziehen? Können wir den Fluss der Zeit nur kontemplativ und passiv beobachten, oder können wir das Zeitphänomen aktiv handelnd individuell oder kollektiv gestalten? All diese Fragen lassen sich natürlich nicht abschließend beantworten, aber sie zeigen, dass unsere unterschiedlichen Wahrnehmungsmöglichkeiten von Zeit immer sehr nachhaltige Rückwirkungen auf unsere jeweiligen Handlungsdispositionen und unser Lebensgefühl haben.[136]

Ähnliche, wenn auch etwas weniger interpretationsbedürftige Analogien, treten in Erscheinung, wenn wir und uns das Zeitphänomen folgendermaßen prädikativ erschließen: *Die Zeit ist ein Faden.* Auch diese metaphorische Als-ob-Thematisierung von Zeit lässt sich vielfältig ausdeuten. Das dokumentiert sich sprachlich nicht nur im Sinnbild des *Sensenmanns,* der den Lebensfaden des Menschen, der ja zugleich immer auch ein Zeitfaden ist, abschneidet, sondern auch im Sinnbild der Göttinnen oder Nornen, die den Schicksalsfaden der Menschen spinnen, der ja zugleich natürlich ebenfalls als ein Zeitfaden verstanden wird. Beide Sinnbilder machen die Frage unausweichlich, ob die Zeit als eine letzte Ordnungskraft im Universum abzusehen ist oder ob es hinter ihr noch eine höherrangige Ordnungskraft gibt, die auch die Zeit konstituieren kann.

Sehr umstritten, aber durchaus sinnträchtig, ist eine metaphorische Objektivierung der Zeit, die Benjamin Franklin im 18. Jahrhundert in die Welt gesetzt hat: *„Bedenke, dass Zeit auch Geld ist!"* Diese Aussage mit Hilfe des Kopulaverbs *sein* ist insofern interessant, weil hier der recht abstrakte Begriff *Zeit* mit dem letztlich nicht weniger abstrakten Begriff *Geld* analogisiert wird, für den wir allerdings auch noch gut fassbare sinnliche Manifestationsformen besitzen.

Die Analogisierung von Zeit und Geld fällt uns nach der Erfindung und ständigen Nutzung von Uhren natürlich besonders leicht, weil man nun *Zeit, Arbeit* und *Geld* recht leicht als quantifizierbare Größen verstehen kann, die man nicht nur relativ problemlos miteinander verknüpfen darf, sondern die sich sogar durchaus miteinander verrechen lassen. Das hat bei Karl Marx dann dazu geführt, den Geldwert einer Ware nach der Menge der Arbeitszeit zu bestimmen, die zu seiner Herstellung erforderlich ist. Deshalb konnte er dann das Geld sogar auch als eine Manifestationsform von Arbeitszeit verstehen.[137] Diese Verständnisweise von Zeit beinhaltete, dass sie nun weniger als ein mentales Phänomen wahrgenommen wurde, das aus der Wahrnehmung von Veränderungen oder der Intensität von Erlebnissen resultiert, sondern eher als eine Rechengröße, die man insbesondere bei der Festlegung von Warenpreisen nutzen kann.

Diese Analogisierung von Zeit und Geld wirft nun natürlich auch das Problem auf, ob man Zeit ähnlich wie Geld akkumulieren und sparen kann. Daraus ergibt sich dann wiederum die Frage, ob man sich die Erfahrung und das Verständnis von Zeit vor der Erfindung und der ständigen Nutzung von Uhren und

---

[136] Vgl. H. Rosa: Beschleunigung. Die Veränderung der Zeitstrukturen in der Moderne, 2005.
[137] Vgl. W. Köller: Die Sprache als Geld. In W. Köller: Sinnbilder für Sprache, 2012, S. 398–481, S. 419f.

Geld ganz anders strukturiert hat als nachher, da jeweils ganz andere Interaktionsformen zwischen Zeit und Geld dominant werden konnten.

Michael Ende hat in seinem Märchen-Roman *Momo* die metaphorische Analogisierung von Zeit und Geld in sehr aparter Weise auf die Spitze getrieben.[138] Einerseits spricht er nämlich ganz ungeniert von *Zeitdieben, Zeitzinsen* und einer *Zeitsparkasse*. Andererseits macht er aber auch deutlich, dass die Quantifizierung und Materialisierung von Zeit ziemlich absurd werden kann, weil sich durch diese Denkmuster das Verständnis von Zeit als *Lebenszeit* und *Erlebniszeit* nahezu auflöst. Das gelingt ihm dadurch, dass er ein ziemlich paradoxes Relationsverhältnis im menschlichen Umgang mit der Zeit aufdeckt. Je mehr man das knappe Gut *Zeit* in anscheinend unnützen Aktivitäten vergeudet, wie etwa in Gesprächen mit einsamen Menschen, desto mehr Zeit hat man, und je mehr man durch stringent organisierte Arbeitsabläufe Zeit einspart, desto weniger Zeit hat man bzw. desto weniger erlebt man. Das bedeutet dann sogar, dass man sich paradoxerweise sogar seine eigene Zeit stehlen kann, wenn man sie zu sparen versucht.

Im Zusammenhang mit der Analogisierung unseres Zeitverständnisses mit unserem Geldverständnis kann man auch an die Motive für das frühe kirchliche Zinsverbot erinnern. Dieses ist nämlich in einer Anleitung für Beichtväter einmal folgendermaßen begründet worden.

> Der Wucherer leiht dem Schuldner nicht, was ihm gehört, sondern nur die Zeit, die Gott gehört. Er darf also keinen Gewinn aus dem Verleih fremden Eigentums machen. Die Wucherer sind Diebe, denn sie handeln mit der Zeit, die ihnen nicht gehört; und mit dem Eigentum eines anderen gegen den Willen des Besitzers zu handeln, ist Diebstahl.[139]

Zu einer metaphorischen Substanzialisierung unserer Zeitvorstellung kommt es natürlich nicht nur in Aussagen mit dem Kopulaverb *sein*, sondern auch in sprachlichen Aussageformen, in denen das Wort *Zeit* als Subjekt mit Verben verbunden wird, die keine oder die ganz bestimmte Objekte erforderlich machen: *Die Zeit kommt. Die Zeit löst das Problem. Die Zeit hilft dem Tüchtigen. Die Zeit bemächtigt sich alter Bauwerke.* Ähnliches gilt, wenn das Wort *Zeit* als Akkusativ-, Dativ-, Genitiv- oder Präpositionalobjekt verwendet wird: *Er organisiert seine Zeit sinnvoll. Er gibt der Zeit eine Chance. Er bemächtigt sich der knappen Zeit. Er spielt mit seiner Zeit.* In all diesen syntaktischen Verwendungs-

---

[138] M. Ende: Momo oder die seltsame Geschichte von Zeitdieben und von dem Kind, das den Menschen die gestohlene Zeit zurückbrachte, 1973[15].
[139] Zitiert nach K. H. Geißler: Eine kleine Geschichte der Zeit. In: E. P. Fischer/K. Wiegandt: Dimensionen der Zeit, 2012, S. 11–34, hier S. 17 f.

formen des Wortes *Zeit* ist unübersehbar, dass hier Sprachspiele vorliegen, die einen metaphorischen Grundcharakter haben, obwohl sie vordergründig gar nicht mehr als begrifflich inkohärente Aussageweisen in Erscheinung treten.

8.4 Die Zeitmetaphorik bei Attributen

Attribute spielen in unserem metaphorischen Sprachgebrauch aus mindestens zwei Gründen eine recht wichtige Rolle. Erstens stehen Attribute als Satzglieder 2. Ordnung bzw. als Beifügungen zu Satzgliedern 1. Ordnung nicht im Zentrum unserer kognitiven Aufmerksamkeit, da sie ja eigentlich nur präzisierende Zusatzinformationen zu bestimmten Grundinformationen liefern sollen. Sie verschmelzen daher auch leicht mit ihren sprachlichen Bezugselementen ganz ähnlich wie die Teile eines Kompositums zu einer einzigen komplexen Vorstellungsgröße. Zweitens ist ihr begrifflicher Determinations- und Präzisierungseffekt oft recht vage, da sie neben ihren konkreten Sachinformationen auch immer assoziative oder emotionale Zusatzinformationen ins Spiel bringen können.

Dieser syntaktische und informative Status von Attributen hat für ihre metaphorische Verwendung nun allerdings wichtige Konsequenzen. Auf diese Weise bekommen Attribute nämlich sowohl für das analysierende als auch für das synthetisierende Nachdenken über komplexe Phänomene wie beispielsweise die Zeit große gestalterische Freiräume. Durch sie wird nämlich nicht nur das deduktive Denken angeregt, sondern auch das abduktive bzw. hypothetische. Attribute ermöglichen dem Denken, sich nicht nur auf vorgebahnten Wegen zu bewegen, sondern sich heuristisch auch ganz neuartige Wege zu erschließen und das deskriptiv orientierte Denken mit einem wertenden, analogisierenden und emotionalisierenden Denken zu verbinden.

Außerdem ist in diesem Zusammenhang zu beachten, dass gerade im Deutschen Attribute eine große Spannweite an morphologischen und funktionalen Realisationsmöglichkeiten haben. Sie können nämlich ihren jeweiligen Bezugselementen als prädeterminierende Adjektivattribute vorangestellt werden, wodurch sie dann eine sehr große Ähnlichkeit mit den ersten Wörtern in Komposita bekommen, da sie ja als präzisierende Bestimmungsgrößen festlegen, in welcher Denkperspektive die jeweiligen Grundgrößen wahrgenommen werden sollen. Das begünstigt dann natürlich gerade das integrierende und synthetisierende Denken. Dieses Sinnbildungsverfahren wird noch dadurch verstärkt, dass sich Adjektivattribute in der Flexion auch ihren jeweiligen Bezugselementen anpassen und auf diese Weise auch morphologisch in gewisser Weise mit ihnen verschmelzen. Attribute können allerdings ihren jeweiligen Bezugsgrößen auch in Form vom Genitivattributen, Präpositionalattributen oder Attributsätzen nachgestellt werden, was wiederum das analysierende Denken begünstigt, weil eine allgemeine Grundvorstellung nachträglich spezifiziert wird.

Morphologisch können Attribute als Adjektive, Substantive, Präpositionalkonstruktionen oder als Gliedsätze in Erscheinung treten, was unser ontologisches Denken dann natürlich immer schon auf eine ganz bestimmte Art und Weise kanalisiert. Wir haben nämlich immer zu entscheiden, ob wir die über Attribute thematisierten Besonderheiten nur mit Akzidens- oder auch mit Substanzvorstellungen in Zusammenhang bringen wollen bzw. ob wir mit ihnen interpretierende oder konstatierende Denkkategorien hervorheben möchten.

Semantisch kann man über Attribute auf Sacheigenschaften, auf Besitzverhältnisse, auf Herkunftsbezüge oder auf Funktionszusammenhänge aufmerksam machen. Dieser Aspekt- und Funktionsreichtum von Attributen macht dann auch plausibel, warum sie bei der sprachlichen Bewältigung und Objektivierung von Zeit eine so große Rolle spielen können. Dabei ist natürlich nicht immer eindeutig zu klären, wo beispielsweise die sachlich und begrifflich orientierte Objektivierung von Zeit aufhört und wo der metaphorische, spielerische und heuristische Umgang mit Zeit beginnt.

Um diese vielschichtigen Strukturverhältnisse exemplarisch für das Problem der Zeitmetaphorik zu verdeutlichen, soll hier vor allem auf den Gebrauch von Adjektiv-, Genitiv-, und Präpositionalattributen eingegangen werden. Über diese morphologischen Realisationsweisen unserer Zeitmetaphorik lässt sich nämlich recht gut auf die Spannweite der Denkmöglichkeiten aufmerksam machen, mit denen wir Zugang zu den ontologischen, anthropologischen und sprachlichen Dimensionen der Zeitproblematik finden können bzw. wie sich sprachliche Formen als Erschließungs- und Vermittlungswerkzeuge für komplexe Phänomene nutzen lassen.

Da im Deutschen Adjektivattribute im Gegensatz zum Französischen vor ihr Bezugswort gesetzt werden und sich diesem auch flexivisch anpassen müssen, begünstigen sie unsere synthetisierenden Sinnbildungsstrategien in zweierlei Hinsicht. Zum einen wird durch das vorangestellte Adjektiv informationspsychologisch schon die Denkperspektive konkretisiert, in der das Zeitphänomen ins Auge zu fassen ist bzw. welche möglichen Aspekte der Zeit hervorgehoben werden sollen. Zum andern verschmilzt auf diese Weise der Begriff der Zeit mit dem jeweiligen semantischen Gehalt des Adjektivs zu einer eigenständigen komplexen Begriffseinheit. Diese Vorstellungseinheit geht zwar aus einem synthetisierenden Denkprozess hervor, aber sie verselbstständigt sich dann doch zu einer eigenständigen Größe mit einem individuellen Profil.

Ganz zentral für die adjektivische attributive Konkretisierung unserer Zeitwahrnehmung ist der Umstand, dass wir uns die Erfahrung von Zeit meist mit Hilfe unserer Erfahrung von Raum sprachlich konkretisieren: *lange Zeit, kurze*

Zeit, erfüllte Zeit, leere Zeit, überschaubare Zeit, begrenzte Zeit usw. Diese sprachliche Analogisierung von Raum und Zeit ist uns so selbstverständlich geworden, dass wir das gar nicht mehr als eine spezifische metaphorische oder heuristische Strategie betrachten, sondern als ein ganz normales sprachliches Objektivierungsverfahren. Das ist sprachpsychologisch zwar verständlich, aber ontologisch nicht unbedingt. Sinnliche Wahrnehmungskategorien für Zeit können nämlich nicht einfach als kognitive genutzt werden, ohne dadurch bestimmte andere Aspekte der Zeit aus den Augen zu verlieren oder gar verzerrend zu vereinfachen. Auch die wechselseitigen Bedingungsrelationen von Raum und Zeit lassen sich nicht einfach in Analogierelationen ummünzen. Allerdings wird eine solche Objektivierungsstrategie von Zeit dadurch begünstigt und stabilisiert, dass auch unsere Zeitkomposita das Zeitphänomen mit Hilfe von Prozessvorstellungen im Raum zu objektivieren versuchen: *Lebenszeit, Arbeitszeit, Erfahrungszeit* usw.

Die Thematisierung von Zeit mit Hilfe von raumbezogenen adjektivischen Attributen bestätigt auch die These Mauthners, dass die Welt der Adjektive weitgehend der Welt unserer unmittelbaren Sinnes- und Gefühlseindrücke entspreche, was uns dann wiederum nahelegt, uns auch unsere abstrakten Denkinhalte auf diese Weise zu vergegenwärtigen. Das macht zugleich dann auch verständlich, warum wir uns die Zeit gerne über wertende Attribute zugänglich und verständlich machen: *gute Zeit, schreckliche Zeit, leere Zeit* usw. Gerade die Verwendung von wertenden adjektivischen Attributen verdeutlicht, dass es uns eigentlich bei der sprachlichen Thematisierung von Zeit in der natürlichen Sprache nicht deskriptiv um die Zeit *an sich* geht, sondern vielmehr wertend um die Zeit *für uns*. Auf dieses Strukturverhältnis bei der Versprachlichung von Zeit lässt sich dann auch sehr gut mit Hilfe des Projektions- und Interaktionsmodells bei der Strukturierung der Metaphernproblematik aufmerksam machen.

In einer spezifischen Analogie und Differenzrelation zu den prädeterminierenden adjektivischen Attributen stehen die postdeterminierenden substantivischen Genitiv- und Präpositionalattribute: *Die Zeit des Krieges, die Zeit für Reisen*. Im Prinzip gehen diese sprachlichen Gebilde aus einem analogisierenden Denkakt hervor, in dem zunächst eine sehr allgemeine Vorstellung sprachlich thematisiert wird, die anschließend durch eine spezifizierende Zusatzvorstellung erläutert wird. Da beide Einzelvorstellungen nun aber wieder zu einem Satzglied verschmolzen werden, kommt es nun aber beim Verständnis dieses Satzgliedes zugleich auch zu einem synthetisierenden Sinnbildungsakt. Dieser hat dann allerdings nicht die gleiche Intensität wie derjenige, der mit prädeterminierenden Attributen verbunden ist, weil die jeweilige Grundvorstellung und die präzisierende Zusatzvorstellung morphologisch recht deutlich von einander unterschieden werden.

Eine ähnliche analysierende Verstehensstrategie offenbart sich, wenn in Genitiv- und Präpositionalattributen das Wort *Zeit* nicht als Grundbegriff, sondern als Bestimmungsbegriff in Erscheinung tritt: *der Fluss der Zeit, die Hälfte der Zeit, das Nachdenken über Zeit, die Wahrnehmung von Zeit*. Zwar werden auch bei diesen Sprachmustern Einzelvorstellungen klar voneinander unterschieden, aber sie werden gleichwohl doch zu einer Gesamtvorstellung miteinander verbunden, ohne dass dabei der Substanzcharakter und die Eigenständigkeit des Zeitphänomens in Frage gestellt wird.

Aufschlussreich für das substanzielle, aber auch für das relationale Verständnis von Zeit in attributiven Präzisierungsverfahren für Zeit ist eine aphoristische Äußerung von Francis Bacon über die Zeit, die historisch aber wohl auf Leonardo da Vinci bzw. auf den römischen Schriftsteller Aulus Gellius zurückgeht: „*Mit Recht nennt man die Wahrheit eine T o c h t e r d e r Z e i t, nicht des Ansehens.*"[140] Dieser Aphorismus ist durch sehr komplizierte sprachliche Determinationsrelationen geprägt. Das Begriff „*Zeit*" wird hier nämlich syntaktisch als präzisierender Bestimmungsbegriff für den Grundbegriff „*Tochter*" verwendet. Der sprachliche Gesamtausdruck „*Tochter der* Zeit" wird dann wiederum determinierend auf den Basisbegriff „*Wahrheit*" bezogen. Dadurch ergibt sich dann eine etwas verschleierte behauptende Sachaussage, die sich explizit folgendermaßen formulieren ließe: *Die Wahrheit ist eine Tochter der Zeit.*

Wenn man auf diese Weise das Phänomen *Wahrheit* syntaktisch gleichsam rückläufig über die spezifizierenden Bestimmungsbegriffe *Tochter* und *Zeit* näher erläutert, dann ergibt sich eine aparte Konsequenz. Diese besteht darin, dass der Begriff *Wahrheit* seinen normativen und absoluten Grundcharakter verliert und historisert wird. Das Phänomen der Wahrheit ist nun nämlich nicht mehr als eine überzeitlich gültige substanzielle Größe zu verstehen, sondern eher als ein Relationsphänomen, das sich historisch durchaus in unterschiedlichen Gestalten manifestieren kann. Das bedeutet, dass die Wahrheit für die Menschen phänomenal auch nicht mehr *an sich* in Erscheinung tritt, sondern nur als etwas, was sich zeitlich bzw. historisch erst in unterschiedlichen historischen Erscheinungsformen und Abhängigkeiten konkretisieren kann.

Dieses Verständnis von Wahrheit impliziert weiterhin, dass sie letztlich auch nicht durch unser schlussfolgerndes Denken zu erfassen ist, sondern eher durch unser experimentelles Denken und Handeln. Dieses kann sich dann auch nicht an dem Kriterium der deckungsgleichen sprachlichen bzw. begrifflichen Abbildung von etwas orientieren, sondern eher am Kriterium der pragmatischen Fruchtbarkeit und Belastbarkeit von Denkinhalten in Lebensprozessen.

---

140 F. Bacon: Neues Organ der Wissenschaften, 1830/1981, 1. Buch, Nr. 84, S. 63.

Aus alldem ergibt sich letztlich, dass Attribute in Form von Adjektivattributen, Genitivattributen, Präpositionalattributen und Attributsätzen bzw. Relativsätzen kognitiv nicht nur einen analysierenden Charakter haben, sondern immer auch einen synthetisierenden. Entgegen dem ersten Anschein sind Attribute deshalb auch nicht nur dem rein beschreibenden oder gar abbildenden Denken verpflichtet, sondern immer auch dem heuristischen und hermeneutischen oder gar konstruktivistischen. Deshalb ist der Gebrauch von Attributen für das metaphorische Denken und Sprechen auch ganz unverzichtbar.

8.5 Die aphoristischen Redeweisen über die Zeit

Die aphoristischen Redeweisen über die Zeit haben sowohl in struktureller als auch in pragmatischer Hinsicht eine große Ähnlichkeit mit den metaphorischen. In beiden Fällen kann das Wort *Zeit* in ganz unterschiedliche syntaktische Determinationsrelationen eingebunden werden, wodurch dann semantische Inkohärenzen in unterschiedlicher Intensität hervortreten können. In beiden Redeweisen wird nämlich versucht, abstrakte Denkgegenstände über Analogien zu sinnlich fassbaren besser verständlich zu machen. Dadurch bekommen Aussagen dann eher einen experimentellen als einen deskriptiven Grundcharakter bzw. eher eine perspektivierende als eine deskriptive Funktion.

Aphoristische und metaphorische Rede- und Denkweisen über die Zeit gründen sich auf die Grundüberzeugung, dass sich bestimmte Denkgegenstände sprachlich nicht direkt objektivieren lassen, sondern nur indirekt über einen analogen bzw. einen unüblichen Gebrauch von Sprachmitteln, die eigentlich durch ganz andere Gebrauchskonventionen vorgeprägt sind. Das bedeutet, dass sowohl Metaphern als auch Aphorismen ihren vordergründigen Informations- und Behauptungsgehalt implizit immer schon selbst dementieren bzw. zumindest als vorläufig und hypothetisch kennzeichnen. Dadurch verwickeln uns Metaphern und Aphorismen ständig in reflexionsthematische Denkprozesse, weil wir ihre faktischen sachthematischen Aussagen eigentlich nur im Rahmen eines hypothetisierenden Als-ob-Modus zu verstehen haben.

Diese komplexen pragmatischen Sinnbildungsfunktionen von Aphorismen, in denen sich affirmierende und negierende Informationsintentionen überlagern, lassen sich durch einen Blick auf die Entstehungs- und Funktionsgeschichte von Aphorismen gut veranschaulichen.[141] Der Terminus *Aphorismus* als Bezeichnung für einen bestimmten Typ von Text leitet sich von dem gr. Verb

---

141 Vgl. W. Köller: Formen und Funktionen der Negation, 2016, S. 300–320.

aphorizein ab, das so viel wie *abgrenzen, unterscheiden* oder *bestimmen* bedeutet. Das macht verständlich, warum der Terminus *Aphorismus* im griechischen Kulturkreis zunächst dazu benutzt worden ist, die kurzen medizinischen Lehrsätze von Hippokrates zu bezeichnen, die die Aufgabe hatten, gesichertes medizinisches Erfahrungswissen prägnant zu formulieren und von einem ungesicherten Quacksalberwissen zu unterscheiden. Deshalb wurden Aphorismen dann auch nach und nach als spezifische Formen der Speicherung eines allgemeingültigen Wissen angesehen.

Von hier aus wird dann auch ganz gut verständlich, warum Francis Bacon seine wissenschaftlichen Thesen und Lehrsätze als *Aphorismen* bezeichnet hat. Dadurch wollte er nämlich darauf aufmerksam machen, dass diese auf empirischen Erfahrungen beruhten und nicht auf einem dogmatischen bzw. scholastischen Wissen, das eher spekulativ als erfahrungsgesättigt war.

Gleichwohl stellte sich im Laufe der Zeit nun aber immer deutlicher heraus, dass aphoristische Sätze nicht nur als sprachliche Mitteilungsformen für empirisch gesicherten Sachwissens in Erscheinung treten konnten, sondern auch als ein erkenntnistheoretisches Hilfsmittel bzw. als eine Art Lichtspender für die sprachliche Objektivierung und Konkretisierung ganz neuer Erfahrungen. Damit wuchs ihnen dann auch eine heuristische Qualität zu, da sie nun durchaus als erhellende Blitze für ein ganzes Problemfeld verstanden werden konnten bzw. als ein Verfahren, neue Wahrnehmungsperspektiven für altbekannte Sachverhalte oder Problemfelder zu eröffnen. Damit konnten dann Aphorismen zu heuristischen Denkmitteln werden, um traditionell verfestigte Wahrnehmungsweisen für bestimmte Sachverhalte zu transzendieren und etwas wahrzunehmen, was vorher gar nicht als wahrnehmbar oder gar als existent angesehen worden war. Lichtenberg hat das folgendermaßen sinnbildlich erläutert.

> Durch das planlose Umherstreifen durch die planlosen Streifzüge der Phantasie wird nicht selten das Wild aufgejagt, das die planvolle Philosophie in ihrer wohlgeordneten Haushaltung gebrauchen kann.[142]

Daher hat Lichtenberg sich auch nicht gescheut, für das erkenntnissuchende Denken aller Art die folgende konstruktivistisch anmutende Maxime zu formulieren. Man müsse nämlich in ihm wie in der Chemie „*die Dinge vorsätzlich zusammenbringen. Man muß mit Ideen e x p e r i m e n t i e r e n.*"[143]

Wenn man nun Aphorismen nicht nur als sprachliche Repräsentationsformen von Erfahrungen ansieht, sondern auch als Mittel, neue Erfahrungen ma-

---

[142] G. Ch. Lichtenberg: Sudelbücher II, 1980, S. 286, J 1550.
[143] G. Ch. Lichtenberg: a. a. O., S. 454, K. 308.

chen zu können, dann lassen sich ihre vordergründigen semantischen Unstimmigkeiten auch als hintergründige Stimmigkeiten verstehen, weil sie uns nicht nur Verborgenes erschließen können, sondern uns auch dazu zwingen, unseren konventionellen Sprachgebrauch zu flexibilisieren. Das ist allerdings nur dann möglich, wenn wir selbst nicht in unseren traditionellen Sprech- und Wahrnehmungsgewohnheiten verharren, sondern bereit sind, uns selbst räumlich und geistig zu bewegen, um uns neue Aspekte von eigentlich schon bekannten Erfahrungsphänomenen zu erschließen.

Die pragmatische Funktion von Aphorismen besteht so gesehen dann darin, entweder eine Anerkennung für ihren jeweiligen faktischen Aussageinhalt einzufordern oder einen begründeten Widerspruch gegen diesen zu entwickeln. Auf jeden Fall fordern Aphorismen immer sowohl zu Assimilations- als auch zu Akkommodationsprozessen auf. Vor allem dienen sie dazu, das monoperspektivische und dogmatische Denken in seine Schranken zu verweisen und das bloße monologische, mechanische und deduktive Denken zugunsten eines dialogischen, heuristischen und dialektischen zu überwinden.

Die Wahrheit eines Aphorismus lässt sich daher auch nicht im Denkrahmen der Korrespondenz- und Kohärenztheorie der Wahrheit erfassen, sondern allenfalls im Rahmen einer Konsens- und Fruchtbarkeitstheorie. Deshalb sind Aphorismen auch keine Denk- und Mitteilungsinstrumente für Heilige und Propheten, sondern eher für Skeptiker, Experimentatoren und Metaphoriker, die für Fragen mindestens ein ebenso großes Interesse haben wie für Antworten. Liebhaber von Aphorismen wissen nicht nur, dass viele Wege nach Rom führen, sondern auch, dass Rom ihnen auf den verschiedenen Wegen auch immer in ganz anderer Gestalt sichtbar werden kann.

Wenn wir uns nun die Frage stellen, welche Einsichten wir mit Hilfe der Aphorismen über das Phänomen *Zeit* gewinnen können bzw. über das Sinnpotenzial des Wortes *Zeit* im Sinne eines *lebenden Spiegelbildes*, dann ergibt sich folgende Einsicht. Wir haben einzuräumen, dass uns begriffliche und theoretische Aussagen nicht immer weiter helfen, weil sie uns oft nur etwas schon Gewusstes präzisieren. Dagegen können uns metaphorische und aphoristische Äußerungen durchaus neuartiges Wissen erschließen. Solche Äußerungen mögen logisch und argumentativ problematisch sein, weil sie manchmal nicht nur begrifflich widersprüchlich sind, sondern oft auch selbstbezüglich. Sie versuchen nämlich, sich selbst am eigenen Schopf aus dem Sumpf des jeweiligen Unwissens zu ziehen, indem sie auf sich selbst und ihre spekulative Grundstruktur aufmerksam machen. Gleichwohl können sie aber gerade dadurch auch erhellend und aufschlussreich sein, weil sie nicht den Anspruch erheben, bestimmte Sachverhalte direkt bzw. gesetzmäßig widerzuspiegeln, sondern allenfalls indirekt und heuristisch. Das mögen zwei aphoristisch-metaphorische

Äußerungen des Naturwissenschaftlers und Aphoristikers Erwin Chargaff illustrieren. Er hat nämlich sein Wissen und seine Wertschätzung von Aphorismen als Sinnbildungsmittel folgendermaßen aphoristisch zusammengefasst.

> Aphorismen sind die Lyrik der Vernunft.
> Aphorismus ist die Wortwerdung der Wörter.[144]

Diese beiden Aphorismen über das Phänomen *Aphorismus* sind für das rein sachthematisch orientierte Denken natürlich ziemlich unzulänglich oder gar abstrus, da sie unser sach- und reflexionsthematische Denken auf einer gemeinsamen Ebene zusammenzuführen versuchen, was ja auf ganz ähnliche Weise auch metaphorische Aussageweisen anstreben. Sie entsprechen aber gleichwohl den sprachtheoretischen Grundüberzeugungen Humboldts über die Leistungskraft der natürliche Sprache und ihre Spiegelungsfunktionen für anderes und für sich selbst. Für Humboldt repräsentiert die Sprache nämlich „*die sich ewig wiederholende Arbeit des Geistes, den articulirten Laut zum Ausdruck des Gedanken fähig zu machen*" bzw. das Verfahren, „*von endlichen Mitteln einen unendlichen Gebrauch*" zu machen.[145]

Die sprachtheoretischen Überzeugungen Chargaffs und Humboldts lassen sich gut durch einer Reihe von Aphorismen veranschaulichen, die alle recht unterschiedliche, aber sich doch auch ergänzende Perspektiven auf das Phänomen und das Wort *Zeit* eröffnen. Diese Aphorismen sind alle recht zufällig aus dem Internet gefischt. Sie stammen von Zeitgenossen, die alle gegen ein eindimensionales und dogmatisches Zeitverständnis Front machen, um den Aspektreichtum dieses Phänomens und seine anthropologischen Implikationen vor dem Vergessen zu bewahren.

> Die Uhr kann die schönste Zeit verderben.   (Manfred Hinrich)
> Vergiss die Uhr, entdecke die Zeit.   (Walter Ludin)
> Wir sind Meister der Zeitrechnung, aber Sklaven der Zeit.   (Ernst Reihardt)
> Eine wertvolle Richtigstellung: Zeit ist nicht Geld, Zeit ist Leben.   (Ernst Ferstel)
> Wer seine Zeit zu Geld macht, stirbt.   (Siegfried Wache)
> Wer die Zeit totschlägt, begeht Selbstmord.   (Alexander Eilers)
> Wenn die Zeit nicht abfließen kann, wird sie schlecht.   (Gregor Brand)
> Wem die Zeit davon läuft, der hat sie mit Sicherheit nicht fair behandelt.   (Willy Meurer)
> Ob man Zeit spart oder investiert, bringt keinen Zeitgewinn.   (Bruno Ziegler)
> Gott hat die Zeit erschaffen, damit nicht alles auf einmal passiert.   (Graf Fito)
> Die modernste Form menschlicher Armut ist das Keine-Zeit-Haben.   (Ernst Ferstel)
> Wer wartet, misst die Zeit intensiver.   (Volkmar Frank)

---

144 E. Chargaff: Bemerkungen 1981, S. 142 und 167.
145 W. von Humboldt: Werke Bd. 3, 1963³, S. 418 und 477.

9 Die Zeitimplikationen anthropologischer Basisbegriffe

Die bisherigen Überlegungen zu den anthropologisch und kulturell wichtigen sprachlichen Objektivierungsformen des Zeitphänomens haben sich zunächst auf die lexikalische Ebene der Sprache und hier insbesondere auf das Substantiv *Zeit* konzentriert, da sich auf diese Weise ein einfacher und zugleich umfassender Zugang zum Problem der Spiegelung von Zeit in der Sprache finden ließ. Deshalb wurde dann auch das Substantiv *Zeit* hinsichtlich seiner Entwicklungsgeschichte, seinen syntaktischen Verwendungsmöglichkeiten und seinen metaphorischen Gebrauchsweisen näher untersucht.

Dieser Ansatz hätte sich dann natürlich von der Ebene der Substantive auch noch auf die der Verben (*zeitigen, beginnen, aufhören* usw.) und die der Adjektive (*zeitig, zeitlos, heutig* usw.) ausweiten lassen, bevor man die genuinen grammatischen und textuellen Formen der Zeitobjektivierungen näher ins Auge fasst. Darauf wurde hier allerdings verzichtet, weil das mit dem Substantiv *Zeit* verbundene Zeitverständnis dadurch nicht wesentlich verändert worden wäre. Es würde nur in prädikativer und attributiver Hinsicht so ausdifferenziert, dass nunmehr das Zeitphänomen nicht nur unter der Kategorie der Substanz, sondern auch noch unter der Kategorie der Akzidens diskutiert werden könnte. Etwas anders stellt sich die Lage allerdings bei den Zeitadverbien dar, weil man sich bei diesen durchaus darüber streiten kann, ob sie der lexikalischen oder der grammatischen Ebene der Sprache zuzuordnen sind (*heute, bald, demnächst* usw.). Diese machen uns nämlich vor allem auf Relationsverhältnisse aufmerksam. Deshalb sollen Zeitadverbien auch noch im Zusammenhang mit den grammatischen Objektivierungsformen für Zeit näher betrachtet werden.

Auf der Ebene der Lexik bzw. auf der der Substantive treten nun allerdings auch noch ganz andere Dimensionen der Zeitproblematik in Erscheinung, wenn wir beispielsweise nach den Zeitimplikationen unserer drei Begriffsbildungen *Gedächtnis, Vergessen* und *Erwartung* fragen, die sicherlich ebenso wie die Substantive *Zeit* und *Sprache* auch als anthropologische Basisbegriffe angesehen werden können. Alle drei Begriffe spielen zweifellos für unser Verständnis von Zeit eine ganz erhebliche Rolle, obwohl es keineswegs leicht fällt, diese These stringent zu begründen. Außerdem ist diesbezüglich auch zu beachten, dass alle drei Begriffe hilfreich sind, um die grammatischen und textuellen Formen der Objektivierung von Zeit angemessen zu verstehen. Ohne den Rückgriff auf diese drei anthropologischen Basisbegriffe können wir uns nämlich kaum die konkreten Funktionen von grammatischen und textuellen Ordnungsformen für unser Verständnis von Zeit adäquat vergegenwärtigen.

9.1 Das Gedächtnis

Augustins These, dass man zu dem Phänomen *Zeit* keinen befriedigenden anthropologischen Zugang findet, wenn man es nur in die ontisch orientierten Zeitstufen *Vergangenheit*, *Gegenwart* und *Zukunft* aufgliedert, ist gut nachvollziehbar. Zu Recht hat er betont, dass es für das menschliche Erlebnis von Zeit eigentlich nicht drei verschiedenen Seinsformen von Zeit gebe, sondern nur drei unterschiedliche psychische Vergegenwärtigungsformen von Zeit, um menschliche Vorstellungsinhalte hinsichtlich ihrer lebenspraktischen Relevanz zu erfassen und zu ordnen. Deswegen hat er dann auch postuliert, dass es für die Menschen im Prinzip eigentlich nur eine *Gegenwart* gebe, die dann allerdings in drei unterschiedlichen Erlebnisformen zur Erscheinung kommen könne, nämlich als *Gegenwart des Vergangenen* (memoria), als *Gegenwart des Gegenwärtigen* (contuitus) und als *Gegenwart des Zukünftigen* (expectatio).

Diese phänomenologisch orientierte Argumentation von Augustin sollte verdeutlichen, dass alle menschlichen Wahrnehmungs-, Denk- und Handlungsprozesse unaufhebbar mit dem Phänomen der Zeit verknüpft oder gar verwachsen sind. Ohne Berücksichtigung der Zeit können sich Menschen nämlich die Welt weder geistig aneignen (Assimilation) noch sich in ihrem Denken und Handeln auf die Welt einstellen (Akkommodation). Das bedeutet konkret, dass Menschen ohne die Fähigkeit zur Speicherung von Erfahrungsinhalten im Gedächtnis, ohne Fähigkeit zum Vergessen von zerstörerisch wirksamen Wissensinhalten und ohne die Fähigkeit zur Erwartung von neuartigen Erfahrungsinhalten eigentlich gar nicht als Menschen existieren könnten.

Die Wirkungsintensitäten dieser drei Fähigkeiten sowie ihr konkretes Zusammenwirken können sich von Kultur zu Kultur natürlich sehr unterschiedlich ausgestalten, aber ihre konstitutiven Beiträge zu einer anthropologisch relevanten Wahrnehmung von Zeit lässt sich wohl kaum leugnen. Deshalb spricht man dann ja auch von einem unterschiedlich schnellen Fluss der Zeit, von der Beschleunigung oder der Entschleunigung von Lebensvorgängen oder sogar von geschichtslosen und geschichtsbewussten Kulturen.

Grundsätzlich ist zu berücksichtigen, dass die Zeit von Menschen umso intensiver erfahrbar wird, je deutlicher sie Veränderungsprozesse erleben und je nachhaltiger sich ihnen die Frage stellt, welche Relevanz bestimmte Gedächtnisinhalte für die Gestaltung der Zukunft haben oder haben sollten. Auf jeden Fall lässt sich aber sagen, dass jede Gegenwart ihre faktische Gestalt erst dadurch gewinnt, dass sie auch auf eine ganz bestimmte Weise mit einer im Gedächtnis manifestierten Vergangenheit und einer gedanklich entworfenen Zukunftserwartung korreliert werden kann.

Ein frühes Zeugnis für die Thematisierung der Interaktionen zwischen Erinnertem, Gegenwärtigem und Zukünftigem bei dem Verständnis von aktuellen Wahrnehmungen verdanken wir Platons Höhlengleichnis.[146] Solange die gefesselten Gefangenen in der Höhle ihre aktuellen Wahrnehmungen nur mit Hilfe des in ihrem Gedächtnis gespeicherten Erfahrungswissen aus der Höhle interpretieren können, gewinnen sie nur eine unzureichende Vorstellung von der Welt, in der sie leben, und von der Zeit, in der sie handeln können. Erst der Gefangene, der durch eine externe Kraft entfesselt wird und dann auch noch gezwungen wird, die Höhle zu verlassen, um in der Außenwelt neues Wissen zu erwerben, kann sich anschließend ein zutreffendes Bild von der Struktur seiner Höhlenwelt und von seinen hier realisierbaren Erfahrungsmöglichkeiten machen. Damit kann er dann auch die Zeit als Voraussetzung für den Erwerb neuen Wissens ganz anders einschätzen als seine Mitgefangenen, die nicht nur an einen bestimmten Raum, sondern auch an ganz bestimmte Erfahrungsmöglichkeiten von Zeit gebunden bleiben. Deshalb kann diesen die weitreichende Interdependenz von Raum und Zeit dann auch gar nicht verständlich werden.

Die von Platon thematisierten Konstitutionsstrukturen unserer sinnlichen und geistigen Weltwahrnehmungen dokumentieren sich auch bei unserer Wahrnehmung des Phänomens *Geschichte*. Komplexe historische Tatbestände sind für uns ebenso wie komplexe sinnliche Wahrnehmungen in einem gewissen Sinne immer unfertig. Je nach unseren neuen geschichtlichen Erfahrungen, je nach der Abrufbarkeit von anderen Wissensbeständen und je nach unseren eigenen geistigen Beweglichkeiten bzw. Hypothesefähigkeiten können nämlich gegebene Tatbestände für uns immer wieder ganz anders in Erscheinung treten.

Deshalb hat der Theoretiker der Geschichtsschreibung Chladenius schon im 18. Jh. davon gesprochen, dass die Historiker die eigentlich unabschließbare Aufgabe hätten, die Geschichte immer wieder „*in verjüngten Bildern*" darzustellen und nicht nur detailreicher, da sie die vergangene Geschichte in späteren Zeiten ja immer in ganz anderen Perspektiven erfassen könnten.[147] In ganz ähnlicher Weise hat dann auch Max Scheler davon gesprochen, dass der „*historische Tatbestand*" eigentlich unfertig sei und erst am „*Ende der Weltgeschichte fertiges Sein*" werde.[148] Tucholsky hat diesbezüglich etwas süffisant auch noch Folgendes angemerkt: „*Jeder historische Roman vermittelt ein ausgezeichnetes*

---

[146] Platon: Politeia, 7. Buch, 514a–517a, Werke Bd. 3, S. 224–226. Vgl. W. Köller: Das platonische Höhlengleichnis. In: W. Köller: Narrative Formen der Sprachreflexion, 2006, S. 190–221.
[147] J. M. Chladenius: Einleitung zur richtigen Auslegung vernünftiger Reden und Schriften 1742/1969, Kap. 8, § 345, S. 229.
[148] M. Scheler: Die Wissensformen und die Gesellschaft. Gesammelte Werke, Bd. 8, 1960², S. 150.

Bild von der Epoche des Verfassers."[149] All diese Hinweise verdeutlichen, dass der Geschichtsschreiber ähnlich wie die natürliche Sprache als ein lebender Spiegel in Erscheinung treten kann, weil seine Spiegelungen der Geschichte nicht nur etwas extern Gegebenes zum Ausdruck bringen, sondern immer auch sein individuelles Vorwissen und seine spezifischen Sinnbildungsintentionen.

Wenn man nun aber die jeweiligen sprachlich objektivierten Sachverhalte nicht als direkte Widerspiegelungen von etwas klar Vorgegebenem ansieht, sondern vielmehr als Ergebnisse einer bestimmten Sinnbildungsstrategie, die natürlich immer auch auf schon gespeicherte Gedächtnisinhalte und auf bestimmte Erwartungen zurückgreift, dann wird Folgendes offensichtlich. Das Ergebnis der sprachlichen Objektivierung von Sachverhalten setzt sich aus Teilvorstellungen zusammen, die aus unterschiedlichen Zeiten stammen, aber sich gleichwohl doch wechselseitig ergänzen und erhellen können. Unsere Gesamtvorstellungen bilden sich aus Bestandteilen eines tradierten Gedächtniswissens, aus gegenwärtiger Erfahrungen sowie aus bestimmten Zukunftserwartungen.

All das bedeutet, dass unser sprachlich objektiviertes Wissen notwendigerweise immer ein Wissen ist, das sachlich sowie zeitlich aus ganz unterschiedlichen Quellen stammen kann. Das kann einerseits natürlich zu inhaltlichen Inkohärenzen führen, aber andererseits wird dadurch auch sichergestellt, dass dieses Wissen sich nicht isoliert und immer Anschluss an die Vergangenheit und die Zukunft bekommt, insofern es interpretationsbedürftig und interpretationsfähig bleibt und damit auch interaktionsfähig. Das gilt natürlich insbesondere für dasjenige Wissen, das sich in der natürlichen Sprache manifestiert hat, die anders als die formalisierten Fachsprachen ihre situationsbedingte Interpretationsbedürftigkeit weder verleugnen kann noch will. Deshalb stellt die natürliche Sprache dann auch viel umfassendere und differenziertere Ansprüche an unser Gedächtnis als die jeweiligen Fachsprachen. Letztere möchten nämlich ihre eigene Historizität gern in Vergessenheit geraten lassen, um gerade dadurch ihre eigene Informationsgenauigkeit und Systematik zu steigern.

Die konstitutive Rolle des Gedächtnisses bei der Speicherung und Nutzung von Informationen hat man durch unterschiedliche Denkmodelle zu erfassen versucht. So hat man beispielsweise zwischen einem *angeborenen* bzw. *genetischen*, einem *kollektiven* bzw. *kulturellen*, einem *prozeduralen* bzw. *operativen*, einem *begrifflichen* bzw. *semantischen* und einem *episodischen* bzw. *narrativen Gedächtnis* unterschieden. All diese Gedächtnismodelle thematisieren unterschiedliche Aspekte des Gedächtnisses und sind deshalb auch nicht gegeneinander ausspielbar.

---

[149] K. Tucholsky: Zitiert nach H. Fricke: Aphorismus, 1984, S. 149.

Das *genetische* bzw. das *angeborene Gedächtnis* fixiert elementare Wissensinhalte, die sich als Basis von grundlegenden Handlungspraktiken bewährt haben. Seine Inhalte sind mit Hilfe von evolutionären Selektionsprozessen genetisch verankert worden, damit sie nicht Gefahr laufen, in kulturellen Tradierungsprozessen als Wahrnehmungs- und Handlungsschemata wieder verloren zu gehen. Vom ihnen können Lebewesen deshalb dann bei Bedarf auch auf ganz intuitive Weise Gebrauch machen. Zu diesem Typ von Gedächtnisinhalten gehören dann auch die ganz elementaren Umgangsformen der Menschen mit der Zeit, die sich aber gleichwohl aber noch kulturell ausdifferenzieren lassen.

Wenn Kant die Zeit als einen apriorischen bzw. transzendentalen Faktor der menschlichen Weltbegegnung angesehen hat, so könnte man dieses Wissen über die Zeit sicherlich diesem Gedächtnistyp zurechnen. Dessen Inhalte und Wirksamkeiten bleiben uns allerdings in unseren alltäglichen Lebensprozessen meist verborgen, eben weil sie menschliche Lebensformen erst ermöglichen. Dazu würde dann beispielsweise die Fähigkeit gehören, bei Ereignissen klar zwischen einem *Vorher* und einem *Nachher* zu unterscheiden bzw. die chronologischen Implikationen von Kausalrelationen angemessen zu verstehen. Dieses genetisch schon vorprogrammierte Verständnis und Wissen von Zeit wäre dann allerdings nicht nur auf Menschen beschränkt, sondern beträfe in unterschiedlichen Differenzierungsformen prinzipiell alle Lebewesen.

Als eine evolutionäre Ergänzung unseres genetisch programmierten Wissens von Zeit ließe sich dasjenige Wissen von Zeit ansehen, das in unserem *kollektiven* bzw. *kulturellen Gedächtnis* verankert ist. Es zeigt sich insbesondere bei Menschen, aber ansatzweise auch schon bei allen höher entwickelten Lebewesen, die in sozialen Verbänden leben. Es beinhaltet alle soziale Praktiken, unser Wissen von Zeit mit Hilfe von Denkformen und Handlungsmitteln wie etwa Ritualen, Festen, Kalendern, Uhren usw. zu objektivieren und zu differenzieren. Die so objektivierten Wissensformen von Zeit müssen nicht immer explizit semiotisch repräsentiert werden, sie können auch implizit über Handlungsmuster, Gefühlsmuster oder Erwartungsmuster in Erscheinung treten, die zur Rhythmisierung von Lebensprozessen beitragen. Dazu gehören dann auch die typisierten Gebrauchsweisen von Sprache, die immer dabei helfen, bestimmte Erfahrungsmöglichkeiten von Zeit zu konkretisieren wie beispielsweise die lyrischen, epischen, dramatischen, begrifflichen, argumentativen, metaphorischen oder ästhetischen Verwendungsweisenweisen von Sprache, die ja alle auch unterschiedliche Erfahrungs- und Repräsentationsweisen von Zeit beinhalten.

Das *prozedurale* bzw. *operative Gedächtnis* konzentriert sich nun ganz ähnlich wie das genetische und kollektive Gedächtnis eher auf die Speicherung unseres Handlungswissens über den adäquaten Umgang mit bestimmten Phänomenen als auf ein begrifflich fixierbares Gegenstandswissen von diesen. Im Hinblick auf die sprachliche Thematisierung von Zeit beinhaltet es insbesondere ein Wissen darüber, wie wir lexikalische, grammatische und narrative sprachliche Formen sowie Formbildungsstrategien verwenden und ausbilden können, die eine unmittelbare oder mittelbare Affinität zur Zeit haben. Auch über diese Wissensformen können wir meist keine explizite Auskunft geben, aber in unserem Sprachgefühl als unserem impliziten Wissen von Sprache ist es gleichwohl relativ stabil verankert. Augustins Stoßseufzer darüber, dass er das Wort *Zeit* sinnvoll verwenden könne, obwohl er unfähig sei, es begrifflich zu definieren, exemplifiziert sehr schön, welcher Typ von Wissen in dieser Erscheinungsform des Gedächtnisses verankert ist.

Das *begriffliche* bzw. *semantische Gedächtnis* umfasst nun solche Wissensinhalte, die sich in Form von definierbaren Begriffen repräsentieren lassen, was natürlich gerade für unseren argumentativen Sprachgebrauch immer eine konstitutive Voraussetzung ist. Deshalb überscheidet es sich auch zum Teil mit unserem kulturellen Gedächtnis. Philosophie und Wissenschaften sind ohne diese Gedächtnisform kaum vorstellbar.

Gleichwohl ist es aber keineswegs leicht und problemfrei, diese Gedächtnisinhalte auf konkret definierte oder definierbare Begriffe zu bringen. Das exemplifizieren die berühmten und berüchtigten Was-ist-Fragen von Sokrates sowie die kaum beantwortbare Was-ist-Frage von Augustin nach der Zeit sehr klar. Begriffliche Gedächtnisinhalte und Wissensformen sind nämlich gar nicht so gut isolierbar und fixierbar, wie viele es sich wünschen. Diese Gedächtnisform hat in der abendländischen Kultur- und Wissenschaftsgeschichte zwar einen sehr hohen Prestigewert. Zugleich ist aber auch immer wieder kritisiert worden, dass diese Form von Wissen meist als normativ für die sprachliche Repräsentation von Wissen überhaupt angesehen worden ist bzw. dass ihr gegenüber andere sprachliche Wissensformen oft als niederrangig eingestuft werden.

Die Besonderheit des *episodischen* bzw. *narrativen Gedächtnisses* besteht nun darin, dass in ihm Wissensformen verankert sind, die nicht in Form von abstrahierenden begrifflichen Denkmustern objektiviert werden, sondern vielmehr in Form von veranschaulichenden Geschichten. Diese Form der Speicherung von Wissen macht es dann auch verständlich, warum wir unser Wissen von Zeit auch in Form von Geschichten über unsere konkreten Zeiterfahrungen im Gedächtnis verankern können bzw. in anschaulichen Metaphern über Zeit, die sich durchaus als verdichtete ikonische Geschichten über Zeit verstehen lassen. Der Vorteil dieser Objektivierungsweisen von Zeit besteht vor allem darin, dass sie von vornherein kein abschließendes Wissen über Zeit vermitteln wollen. Jede exemplarische Geschichte über Zeit tendiert nämlich grundsätzlich dazu, durch andere Geschichten ergänzt, präzisiert, kontrastiert oder relativiert zu werden.

Das narrativ bzw. episodisch oder bildlich objektiviertes Wissen über die Zeit bzw. über ähnliche Denkgegenstände hat in wissenschaftstheoretischer Hinsicht meist kein großes Prestige, da dabei die jeweiligen Bezugsphänomene nicht auf abschließende bzw. auf kategorial einordnende Begriffe gebracht wird. Pragmatisch ist ein solches Wissen aber unverzichtbar, weil es durch übersichtliche Geschichten exemplifiziert und konkretisiert wird, die sich im Gedächtnis gut einwurzeln können. Deshalb bleibt ein solches Wissen auch lebendig, weil es zu Veranschaulichungs- und Erklärungszwecken leichter aus dem Gedächtnis abrufbar ist als das begrifflich fixierte Wissen. Das bildlich und narrativ objektiviertes Wissen über die Zeit prägt deshalb nicht nur unser Wissen über die Zeit, sondern auch unseren Umgang mit der Zeit oft sehr viel nachhaltiger als das begrifflich objektiviertes Wissen von ihr, da es leichter in konkrete Korrelationszusammenhänge eingeordnet werden kann und eben dadurch dann auch einen gut fassbaren Platz im menschlichen Leben bekommt.

Geschichten, die man über die Zeit erzählen kann, haben zwar einen Anfang und ein Ende, aber faktisch keinen Beginn und keinen Schluss, da man sie sowohl im Hinblick auf ihre Prämissen als auch im Hinblick auf ihre Folgen ausspinnen kann. Auf diese Weise wird dann unsere Neugier auf die Zeit weniger gestillt, sondern eher angeregt. Das beinhaltet dann auch, dass das narrativ thematisierte Wissen über die Zeit durchaus eine philosophische Dimension bekommt, insofern es unser Wissen über die Zeit entscheidend erweitert und kontrastiv gegenüber unserem begrifflichen Wissen abgrenzt. Alle Geschichten über die Zeit können uns nämlich nicht nur etwas über die pragmatischen Ordnungsfunktionen der Zeit erzählen, sondern uns diese auch exemplifizierend konkretisieren.

Für das bessere pragmatische Verständnis des Gedächtnisses sind im Laufe der Kulturgeschichte recht unterschiedliche Sinnbilder entwickelt worden, die unsere Aufmerksamkeit auch immer auf ganz bestimmte Aspekte der Zeitproblematik lenken. Diese Sinnbilder lassen sich zugleich auch oft als Sinnbilder für Sprache verstehen, weil die pragmatische Funktionalität der Sprache ohne eine direkte und indirekte Thematisierung von Zeit gar nicht wirklich beschreibbar wäre.[150] In diesem Zusammenhang sind dann die folgende Sinnbilder für das Gedächtnis ganz besonders interessant: *Speicher, Tafel, Falte* und *Schwamm*. Die konkrete Musterung dieser vier Sinnbilder bringt uns nicht nur genauere Einsichten darüber, welche Rolle die Zeit bei der sprachlichen Objektivierung

---

[150] Vgl. W. Köller: Sinnbilder für Sprache, 2012.

des jeweils Gedachten spielt, sondern auch darüber, welche spezifischen Erkenntnisinteressen man im Hinblick auf das Phänomen der Zeit überhaupt entwickeln kann.

Unser gängigstes Sinnbild für das Gedächtnis ist sicherlich die Vorstellung eines *Speichers*, die sich dann auch noch durch die Vorstellung einer *Schatztruhe* oder eines *Museums* ergänzen und ausdifferenzieren lässt. Dieses Sinnbild ist weitgehend durch die Denkprämisse geprägt, dass das Gedächtnis im Gehirn ein festen Platz hat und dass sich unserem jeweiligen Einzelwissen ähnlich wie einer Einzelware auch ein bestimmter Platz im Raum des Gedächtnisses zuweisen lässt. Diese Vorstellung ist nun aber sowohl in anatomischer als auch in physiologischer Hinsicht durchaus problematisch. Die Gehirnforschung ist nämlich weder in der Lage, den Ort des Gedächtnisses im Gehirn klar zu lokalisieren, noch fähig, einzelnen Gedächtnisinhalten einen stabilen Inhalt und festen Systemplatz im Ensemble anderer Wissensinhalte zuzuordnen.

Diese Einsicht der Gehirnforschung relativiert dann natürlich auch den Erkenntniswert der Speichervorstellung für die sinnbildliche Objektivierung unseres Gedächtnisses als eines systematisch durchstrukturierten Wissensspeichers, obwohl uns diese Grundvorstellung im Rahmen unseres Alltagsdenkens eigentlich recht plausibel vorkommt. Insbesondere legt uns die Gehirnforschung nahe, unsere Gedächtnisvorstellung weniger mit Raumvorstellungen in Verbindung zu bringen, sondern eher mit der Vorstellung von typisierten Interaktionen zwischen unterschiedlichen kognitiven Operationen im Gehirn. Das schließt dann auch aus, Gedächtnisinhalte mit Warenvorstellungen zu analogisieren, denen man eine stabile Konsistenz und Funktionalität zuordnen könnte bzw. einen festen Systemplatz im Feld anderer Gedächtnisinhalte. Vielmehr liegt hier die Vorstellung nahe, dass unsere Gedächtnisinhalte eine flexible Form besitzen und deshalb in unterschiedlichen Relationszusammenhängen auch in unterschiedlicher Gestalt in Erscheinung treten können.

Wenn man diese These von der immanenten Flexibilität von Gedächtnisinhalten teilt, dann ist es unrealistisch, dem Wort *Zeit* einen festen Begriff zuzuordnen, der dann aus dem Gedächtnis als einem Magazin konventionalisierter Begriffe abrufbar wäre. Vielmehr haben wir damit zu rechnen, dass wir mit dem Wort *Zeit* nur verhältnismäßig ähnliche Geschichten über unsere Erlebnisformen von Zeit aktivieren können, aber keineswegs identische. Das bedeutet, dass es eigentlich ziemlich unrealistisch ist, unser Gedächtnis als einen möglichen Speicherraum für eine feste Vorstellung von Zeit anzusehen. Realistischer wäre es schon, das Gedächtnis als einen Operationsraum anzusehen, wo aus unterschiedlichen Zeiterfahrungen variable Denkmuster für Zeit hergestellt werden können. Das hätte dann auch zur Konsequenz, dass wir uns die Struktur des Gedächtnisses eher mit Hilfe von Prozess- und variablen Tradierungsvorstellungen repräsentieren sollten als mit Hilfe von Speichervorstellungen.

Diese Auffassung lässt sich auch durch den Hinweis auf die die anatomische Struktur des Gehirns untermauern. Unsere Gehirnzellen bzw. Neuronen sind über sehr vielfältige Kontaktstellen bzw. Synapsen miteinander verknüpft. Welche Synapsen in Wahrnehmungs- und Denkprozessen aktiviert werden bzw. wie Erregungsimpulse miteinander verknüpft werden können, hängt von unterschiedlichen inhaltlichen und emotionalen Faktoren ab, deren Interaktionswirkungen nicht stringent vorausgesagt werden können. Deshalb sind die Vorstellungsinhalte, die wir in der natürlichen Sprache durch bestimmte Wörter aus dem Gedächtnis abrufen können auch nicht immer identisch miteinander, sondern einander allenfalls in bestimmten Hinsichten ähnlich.

Das betrifft dann insbesondere auch die Vorstellungen, die wir über das Wort *Zeit* mit Hilfe unseres Gedächtnisses sprachlich objektivieren können. Etwas anders stellt sich die Lage natürlich in den formalisierten Fachsprachen dar, wo zumindest zentrale Begriffe natürlich relativ eindeutig definiert sind bzw. mit ganz bestimmten neuronalen Erregungsmustern korreliert sind. Hier gibt es deshalb dann gleichsam auch gut nutzbare Trampelpfade bei der Nutzung von Synapsen und damit dann auch relativ eindeutige und gleichartige Inhaltsvorstellungen bei den jeweils verwendeten Fachbegriffen.

Eine lange Tradition hat seit der Antike neben der Vorstellung eines Speichers auch noch ein anderes Sinnbild für das Verständnis unseres Gedächtnisses, das insbesondere das empirische Denken fasziniert hat. In dieser Denktradition repräsentiert man sich das Gedächtnis gern im Bilde einer zunächst unbeschriebenen *Wachstafel*, auf die sich bestimmte Denkinhalte einritzen lassen, die dann allerdings auch wieder zugunsten anderer beseitigt werden können. Dieses Modell über die Struktur unseres Gedächtnisses hat dann insbesondere in der Gestalt des sogenannten *Wunderblocks* Siegmund Freud fasziniert.[151]

Mit diesem Terminus nimmt Freud auf ein zeitgenössisches Aufzeichnungsverfahren für Notizen Bezug, das inzwischen kaum noch bekannt ist. Bei diesem Verfahren wird eine durchsichtige Folie auf eine Wachspapierschicht gelegt. Wenn man nun mit einem Stift Druck auf diese Folie ausübt, verbindet sich die Folie an den jeweiligen Druckstellen mit den Wachspapier, sodass Bilder bzw. Schriftzeichen deutlich hervortreten können. Wenn man nun die Folie gegenüber dem Wachspapier verschiebt, dann verschwinden die mit dem Stift einge-

---

[151] S. Freud: Notiz über den ‚Wunderblock‘, Gesammelte Werke, Bd. 14, 1976⁵, S. 3–8.

prägten Konfigurationen wie von Geisterhand wieder und geben Raum für neue Einprägungsformen.

Dieser Wunderblock hat Freud nun insbesondere deshalb so fasziniert, weil er damit kraft Analogie darauf aufmerksam machen konnte, dass einmal ausgeprägte und eingeprägte Gedächtnisinhalte trotz Löschungen bzw. Überlagerungen in einer Tiefenschicht dennoch rudimentär erhalten bleiben könnten, selbst wenn sie auf der Oberflächenebene wieder verschwänden. Allerdings bedürfte es dazu interpretierender Rekonstruktionsanstrengungen, um aus bestimmten Fragmenten und Überlagerungen die ursprünglichen Vorstellungen wieder ins Bewusstsein zu bringen.

Das Sinnbild der Tafel bzw. des Wunderblocks ist nun für die Frage nach den Zeitimplikationen unseres Gedächtnisses in mindestens zwei Hinsichten aufschlussreich. Zum einen lässt sich durch diese beiden Sinnbilder darauf aufmerksam machen, dass Erfahrungsinhalte im Laufe der Zeit aus unserem Gedächtnis verschwinden, da sie durch andere verdrängt werden. Zum anderen lässt sich durch sie unsere Aufmerksamkeit darauf lenken, dass sich alte Vorstellungsbilder durch neue zwar überschreiben lassen, aber gleichwohl in den neuen dennoch mehr oder weniger deutlich durchschimmern können. Das wird insbesondere dann deutlich, wenn wir bei unserem Sinnverständnis von Wörtern auch unser etymologisches Wissen aktivieren und dabei feststellen, dass viele unserer vermeintlich abbildenden Begriffe eigentlich als tote Metaphern einzuordnen sind. Das exemplifiziert nicht zuletzt auch der Terminus *Begriff*, weil dieser uns darauf aufmerksam macht, dass unser ursprünglicher Wissenserwerb wohl immer eine sehr ausgeprägte sinnlich-taktile Dimension gehabt hat (begreifen).

Gerade bei der langen sprachlichen Objektivierungsgeschichte des unübersichtlichen Erfahrungsphänomens *Zeit* exemplifiziert sich sehr schön, wie eine bestimmte Gebrauchsweise des Wortes *Zeit* eine andere nicht gänzlich beseitigt, sondern eher überschreibt bzw. in ein anderes Sprachspiel integriert. Frühere Gebrauchsweisen des Wortes können wir zwar für überholt, metaphorisch oder gänzlich gegenstandslos erklären, aber nicht für unsinnig, weil sie uns in jedem Fall etwas darüber sagen, wie Menschen mit dem Zeitphänomen im Verlaufe der Kulturgeschichte sprachlich umgegangen sind.

Das substanziell orientiertes Verständnis von Zeit werden wir heute theoretisch sicherlich mehr oder weniger als mythologisch inspiriert und sachlich unangemessen verstehen müssen, aber in unserem Alltagsdenken können wir ohne ein solches auch in unserem Gedächtnis verankerten Verständnis von Zeit praktisch gar nicht auskommen. Das wird dann auch dadurch unterstützt, dass wir im Laufe der Kulturgeschichte Verfahren für die Quantifizierbarkeit von Zeit erfunden haben, die es uns ermöglichen, sie als eine eigenständige Größe zu verstehen und nicht als eine bloß mentale Ordnungshypothese zur Interpretation von Erfahrungen. Wenn wir heute von *Arbeitszeit, Fluss der Zeit* oder dem *Erlebnis von Zeit* sprechen, dann verstehen wir diese Versprachlichungsformen von Zeit wohl kaum als bloß hypothetisierende Metaphern.

Eine gewisse Ähnlichkeit mit der sinnbildlichen Thematisierung des Gedächtnisses als beschreibbarer Tafel hat sicherlich seine Verbildlichung als *Falte*. Diese Vorstellung hat Schopenhauer in Opposition zu der Thematisierung der Zeit als Speicher entwickelt, um auf die dynamische innere Grundstruktur unseres Gedächtnisses aufmerksam zumachen. Er wollte nämlich das Gedächtnis keineswegs im Sinne eines Behälters verstehen wissen, in dem wir einen Vorrat fertiger Vorstellungsinhalte aufbewahren, sondern vielmehr im Sinne *„eines Tuchs, welches die Falten, in die es oft gelegt ist, nachher gleichsam von selbst wieder schlägt."*[152] Wenn wir versuchten, bestimmte Vorstellungsinhalte wieder aus dem Gedächtnis abzurufen, dann hätten diese eine natürliche Tendenz, immer wieder ihre alten Formen anzunehmen, selbst wenn wir versuchten, ihnen eine neue Gestalt zu geben. Deshalb stünden wir auch ständig vor der Aufgabe, tradierte Denkinhalte mit neuen in Einklang bringen zu müssen.

Das Sinnbild der Falte macht uns im Hinblick auf das Phänomen des Gedächtnisses und seiner Zeitimplikationen außerdem auch darauf aufmerksam, dass frühere Erfahrungsinhalte und Formgebungen unser Wahrnehmen und Denken sehr viel nachdrücklicher prägen als spätere und dass wir unsere Denkgegenstände meist im Rahmen der sprachlichen Denkmustern sehen, in denen wir sie ursprünglich kennengelernt haben. Das bedeutet, dass unser altes Verstehen von etwas nicht nur ein früheres ist, sondern auch ein normgebendes. Das Faltenmodell für die Erläuterung der zeitlichen Implikationen unseres Gedächtnisses macht uns deshalb auch gut verständlich, warum wir Gedächtnisinhalte aus unserer Jugend weniger schnell vergessen als die aus späteren Lebensaltern. Erstere werden daher für uns auch in einem viel höheren Maße als spätere traditionsbildend, da sie uns geistig ja meist besonders präsent bleiben.

Das Faltenmodell Schopenhauers hat auch sachliche Bezüge zu Kuhns Theorie des Paradigmenwechsels, weil es eine spezifische Interpretation der Wirksamkeit der Zeit und des Fortschritts beinhaltet. Neue Denkparadigmen setzen sich nach Kuhn nämlich keineswegs immer dadurch als Denkmuster durch, weil sie sofort als erklärungsmächtiger angesehen werden, sondern auch deswegen, weil die Vertreter der alten Paradigmen faktisch sterben und ihre Sicht der Dinge nicht mehr direkt an jüngere Generationen weitergeben können.

---

[152] A. Schopenhauer: Über die vierfache Wurzel des Satzes vom zureichenden Grund, § 45, Werke Bd. 3, 1988, S. 156.

Ein ganz andere Vorstellung vom Funktionsprofil des Gedächtnisses ergibt sich, wenn wir es uns mit Hilfe des Sinnbildes *Schwamm* zu vergegenwärtigen versuchen. Wenn wir davon ausgehen, dass Menschen und insbesondere Kinder durch eine natürlichen Neugier geprägt werden, die dazu führt, dass sie alle Sach- und Sprachinhalte so in sich aufsaugen wie ein Schwamm das Wasser, dann thematisieren wir die Gedächtnisproblematik von vornherein nicht als ein anatomisches und inhaltliches Problem, sondern eher als ein physiologisches und funktionales. Durch das Sinnbild des Schwammes wird nämlich auf implizite Weise nahegelegt, dass das Gedächtnis keine festen, sondern eher fluide Inhalte in sich aufnimmt, und dass diese nicht nur nach ihrer Relevanz ausgewählt werden, sondern auch nach unseren jeweiligen Aufnahmekapazitäten. Weiterhin wird kraft Analogie nahegelegt, dass das Gedächtnis bei einer zu großen Menge von Gedächtnisinhalten relativ unkontrolliert auch wieder Gedächtnisinhalte abgeben kann.

Weiterhin kann das Sinnbild des Schwamms auch Spekulationen darüber auslösen, ob das Gehirn bzw. das Gedächtnis, welches keine neuen Wahrnehmungs- oder Denkinhalte mehr erhält, sich selbst kraft Halluzinationen solche produziert, um sich funktionsfähig zu halten. Von hier aus wird dann auch verständlich, warum immer wieder die Auffassung vertreten worden ist, dass man die Zeit erst im Zustand der Langeweile entdecke, wenn keine Informationen mehr verarbeitet oder gespeichert werden müssten, bzw. im Zustand der Zeitnot, wenn zu viel Informationen für Entscheidungsprozesse anfielen.

Einen vielleicht überraschenden, aber durchaus aufschlussreichen Beitrag zur Aufklärung der Gedächtnisproblematik hat der Biologe und Gehirnforscher Gerhard Roth mit der These geleistet, dass das Gedächtnis *„unser wichtigstes Sinnesorgan"* sei.[153] Diese These scheint auf den ersten Blick ziemlich paradox zu sein. Üblicherweise gehen wir nämlich davon aus, dass das Gedächtnis unsere sinnlichen und geistigen Wahrnehmungen nur speichert und dadurch vor dem Verschwinden im Fluss der Zeit bewahrt, aber nicht davon, dass das Gedächtnis ähnlich wie ein Sinnesorgan Inhalte erst selbst konkretisiert. Diese These wird allerdings plausibel, wenn man das Gedächtnis nur als ein Glied im Verlaufe von Sinnbildungsprozessen betrachtet bzw. als ein Teil der Kreislaufprozesse von *„Wahrnehmung, Gedächtnis, Aufmerksamkeit, Erkennen, Handeln und Bewerten."*[154]

So betrachtet wird nämlich sehr offensichtlich, dass das Gehirn nicht nur ein informationsaufnehmendes, sondern auch ein informationsschaffendes Or-

---

[153] G. Roth: Das Gehirn und seine Wirklichkeit, 1997^5, S. 261.
[154] G. Roth: a. a. O., S. 263.

gan ist, in dem das Gedächtnis immer eine ganz konstitutive Rolle spielt. Dieses ermöglicht es nämlich, unsere aktuellen Erfahrungen mit früheren Erfahrungen zu korrelieren und auf eben diese Weise komplexe Sinnzusammenhänge zu stiften. Dadurch wird das Gedächtnis dann auch zu einem ganz wichtigen Organisationsfaktor, wenn Erfahrungen aufeinander bezogen werden müssen, die aus unterschiedlichen Quellen und Zeiten stammen.

Das hat dann auch zu bedeuten, dass ohne unser Gedächtnis die Zeit als ein apriorisches Ordnungsfaktor für die menschliche Weltwahrnehmung gar nicht in Erscheinung treten könnte, weil erst mit Hilfe des Gedächtnisses Veränderungsprozesse bzw. Gestaltbildungs- und Gestaltauflösungsprozesse faktisch wahrnehmbar werden. Ohne unser Gedächtnis und unsere Fähigkeit zum Vergleichen wäre uns die Wahrnehmbarkeit von Zeit, in welcher Form auch immer, ganz unmöglich. Ohne solche Vergleichsmöglichkeiten, die natürlich auch semiotisch bzw. sprachlich objektiviert werden müssen, existierte die Zeit für uns eigentlich gar nicht. Mit unseren Sinnesorganen können wir die Zeit nicht direkt wahrnehmen, sondern nur mit Hilfe unseres Gedächtnisses, da man erst mit dessen Hilfe konkrete Sinnesreize faktisch interpretieren und korrelieren kann.

Alle höheren Lebewesen haben unterschiedlich ausgeprägte Formen des Gedächtnisses, insbesondere dann, wenn sie bestimmte Wahrnehmungsinhalte nicht nur als bloße Fakten, sondern auch als Verweisungsmittel auf bzw. als Zeichen für etwas anderes wahrnehmen können. Der Mensch als ein *animal symbolicum* im umfassenden Verständnis von Cassirer hat deshalb auch die größten Chancen, mit Hilfe seines polyfunktionalen Gedächtnisses und seiner Verbalsprache das Zeitphänomen nicht nur hinsichtlich unterschiedlicher Aspekte wahrzunehmen, sondern auch semiotisch sehr vielfältig zu objektivieren.

Das funktionale Verständnis des Gedächtnisses als Sinnesorgan, das aktuelle Reize als Zeichen für etwas anderes sachlich und zeitlich interpretieren kann, macht das Verständnis des menschlichen Gedächtnisses als Speicher bzw. als beschreibbare Tafel nicht sinnlos, aber gibt diesen Erklärungsmodellen gleichwohl doch nur beschränkte Stellenwerte. Das Faltenmodell bzw. das Modell des Schwammes hat dagegen eine größere Nähe zu Roths Verständnis des Gedächtnisses als Sinnesorgan, weil beide Konzepte eine deutlichere Neigung haben, das Gedächtnis nicht in einem elementaristisch geprägten Denkhorizont zu erfassen, sondern eher in einem pragmatisch und relational geprägten.

Das bedeutet, dass diese beiden Sinnbilder das Gedächtnis nicht gleich mit bestimmten Inhaltsvorstellungen in Zusammenhang bringen, sondern eher mit Interaktions- und Intentionsvorstellungen, die auch emotionale Aspekte haben können. Dadurch ergibt sich dann auch die Chance, die anthropologischen Implikationen des Gedächtnisses umfassender ins Auge zu fassen. Das hat Nietzsche auf sehr eindrückliche Weise so veranschaulicht: *„nur was nicht auf-*

hört, w e h z u t u n, bleibt im Gedächtnis".[155] In einer anderen anthropologischen Stellungnahme zur Funktion des Gedächtnisses in menschlichen Denkvorgängen äußert sich Nietzsche auch noch folgendermaßen: „ *»Das habe ich getan«, sagt mein Gedächtnis. »Das kann ich nicht getan haben«, sagt mein Stolz und bleibt unerbittlich. Endlich – gibt das Gedächtnis nach.*"[156]

9.2 Das Vergessen

Wie auch immer wir den Begriff des Gedächtnisses näher bestimmen, im Prinzip bleibt das Gedächtnis für uns immer ein positiv konnotiertes Phänomen, da wir davon ausgehen, dass es Lebewesen erst ermöglicht, ihr jeweiliges Erfahrungswissen im Ablaufe der Zeit zu bewahren, um es in Entscheidungs- und Handlungsprozessen sinnvoll nutzen zu können. Damit verstehen wir das Gedächtnis dann auch als ein ganz unverzichtbares Mittel, um mit den Erosionskräften der Zeit fertig zu werden und um das Vergessen als ein Verschwinden von Wissen einzudämmen. Gleichwohl haben wir uns nun aber auch die Frage zu stellen, ob die Veränderungskraft der Zeit, die zum Vergessen führt, nicht auch positiv zu beurteilen ist, da dadurch das menschliche Leben zumindest in bestimmten Hinsichten auch erleichtert werden kann.

Dieses Problem stellt sich in anthropologischer und kultureller Hinsicht um so dringender, weil durch die Erfindung der Schrift und der elektronischen Speicherungsverfahren sich die faktischen Speichermöglichkeiten der nutzbaren Gedächtnisformen gewaltig ausgeweitet haben. Menschen laufen nun nämlich durchaus Gefahr, im Meer ihrer möglichen Wissensinhalte zu ertrinken, wenn diese nicht auch in Maßen vergessen werden können. In diesem Zusammenhang ergibt sich dann die Frage, ob die Erosionskraft der Zeit beim Verschwinden von Wissen nicht auch eine positive Funktion haben könnte, eben weil Individuen auch Opfer ihrer überbordenden Gedächtnisinhalte werden können, wenn diese keinen natürlichen oder kulturellen Selektionsprozessen mehr unterworfen sind.

Letztlich haben wir es wohl zu akzeptieren, dass das Behalten und das Vergessen wie Dioskuren zusammengehören, die man nur zusammen haben kann, aber nicht einzeln, da beide Phänomene sich wechselseitig Sinn und Gestalt geben. Wenn wir alles erworbene Wissen in unserem Gedächtnis speichern könnten, dann könnten wir in unserem spontanen Entscheidungs- und Hand-

---

155 F. Nietzsche: Zur Genealogie der Moral. Werke Bd. 2, S. 802.
156 F. Nietzsche: Jenseits von Gut und Böse. Werke Bd. 2, S. 625, Nr. 68.

lungsvermögen auch gelähmt werden, da wir unsere unterschiedlichen Wissensinhalte nicht mehr schnell und effektiv miteinander koordinieren könnten und uns eben dadurch dann leicht in unbegrenzbare Metareflexionen verstrickten. Das bedeutet, dass wir nicht nur eine Kunst des Erinnerns zu entwickeln haben, sondern auch eine solche des Vergessens, die beide als lebensdienlich anzusehen sind.[157] Zu diesen beiden Künsten für die Bewältigung der Zeit ließe sich dann wohl auch Platons Annahme einer möglichen Wiedererinnerung an ein ursprüngliches bzw. angeborenes Wissens (Anamnesis) rechnen als auch die Löschtaste des Computers für elektronisch gespeichertes Zusatzwissens.

Dabei stellt sich dann natürlich immer auch die Frage, ob bzw. inwieweit das Vergessen eine beabsichtigte Tätigkeit eines handlungsfähigen Subjekts ist, was das Tätigkeitsverb *vergessen* ja durchaus nahelegt, oder ob es ein Vorgang ist, der sich im Fluss der Zeit von selbst einstellt und der dann gerade dadurch verhindert wird, dass man etwas intentional vergessen will. Die heilende Wirkung der Zeit kann nämlich offensichtlich nicht dadurch wirksam werden, wenn man etwas ganz bewusst vergessen möchte. Das illustriert sehr schön ein persönlicher Merkzettel Kants, den man in dessen Nachlass im Hinblick auf seinen entlassenen Diener Lampe gefunden hat: *„Der Name Lampe muß nun völlig vergessen werden."*[158] Die heilenden Kräfte des Vergessens können sich offenbar nur dann wirklich entfalten, wenn die jeweiligen Gedächtnisinhalte sich auflösen oder sich in andere Sinngestalten integrieren. Über solche Transformationen verlieren sie dann zwar ihre ursprünglichen phänomenalen Eigenständigkeiten, aber sie bleiben gleichwohl doch noch in unserem intuitiven Wissen bzw. in unserem Sprachgefühl in Spuren präsent.

Die These, dass das Behalten und das Vergessen in unserem Gedächtnis in ein Fließgleichgewicht gebracht werden muss und dass es dazu nicht nur eines individuellen gestalterischen Willens bedarf, sondern auch der natürlichen Transformationsfunktion der ablaufenden Zeit, wirkt auf den ersten Blick vielleicht etwas merkwürdig oder gar paradox, weil ja etwas Gegensätzliches in einen konstruktiven Zusammenhang zu bringen versucht wird. Es entspricht aber dennoch wohl unserer allgemeinen Lebenserfahrung. Deshalb ist dieses Problem auch nicht nur modellhaft in der fiktionalen Literatur immer wieder thematisiert worden, sondern auch juristisch zu lösen versucht worden, um ein gedeihliches soziales Zusammenleben der Menschen zu befördern.

Im juristischen Bereich gibt es beispielsweise bei Vergehen und Verbrechen Verjährungsfristen, die es ermöglichen sollen, Schlussstriche zu ziehen, um

---

157 Vgl. H. Weinrich: Lethe. Kunst und Kritik des Vergessens, 1997.
158 Zitiert nach H. Weinrich: a. a. O., S. 94.

nicht in den unfruchtbaren Zirkel von Vergeltung und Widervergeltung zu geraten, der Konflikte oft unlösbar macht. Selbst in Gesellschaften mit der Institution der Blutrache hat es immer Verfahren gegeben, durch Sühneopfer ein heilsames Vergessen zu befördern, das man auch als eine faktische Form der Vergebung ansehen kann. Im historischen Bereich hat es bei Friedensschlüssen immer wieder Amnestien für moralisches und politisches Fehlverhalten gegeben, um eine gedeihliche Zukunft für alle Konfliktparteien zu ermöglichen. Das Kriegsbeil durfte dann auch nicht nur weggeworfen werden, es musste vielmehr so begraben werden, dass man es nicht so leicht wiederfinden konnte. Das zeigt dann auch, dass man bei Friedensschlüssen den zukünftigen Frieden immer wieder als ein höheres Gut angesehen hat als die faktische Gerechtigkeit.[159]

Grundsätzlich lässt sich deshalb sagen, dass eine eingeschränkte oder ungenaue Wissensspeicherung nicht nur als ein Verlustphänomen verstanden werden sollte, sondern auch als ein Gewinnphänomen. In der Geschichte der Natur dokumentiert sich das darin, dass bei Lebewesen Unschärfen in der Weitergabe von genetisch gespeichertem Wissen (Mutationen) Überlebenschancen nicht nur verschlechtern, sondern auch verbessern können. In der Geschichte der Kultur zeigt es sich darin, dass Unschärfen in der Fixierung und Tradierung von Wissen das interpretierende und abstrahierende Denken der Menschen auch kreativ anregen können. Dadurch können diese sich nämlich von einer bloß schematischen Weitergabe von Wissen emanzipieren und ihre konkreten Wissensformen immer wieder an neue Ziele und Lebensbedingungen anpassen.

Die These, dass das Behalten und das Vergessen von Wissensinhalten in ein Fließgleichgewicht miteinander gebracht werden muss und dass es dazu eines heilsamen Vergessens im Verlaufe der Zeit bedarf, harmoniert sicherlich mit unserer allgemeinen Lebenserfahrung. Deshalb ist es auch keine Überraschung, dass dieses Problem auch in der fiktionalen Literatur immer wieder modelltheoretisch durchgespielt worden ist, da diese ja der genuine Ort ist, um das abduktive und heuristische Denken zu entwickeln und zu schulen. Gerade in ihr wird die Zeit ja nicht nur als ein Rahmen verstanden, in dem Wissen von einer Generation auf die andere weitergegeben werden kann, sondern auch als Bedingung dafür, dass sich Wissen bilden und transformieren kann. Das hat dann natürlich nicht nur positive, sondern auch negative Implikationen für unser Verständnis und für unseren Umgang mit der Zeit. Auf jeden Fall lässt sich gerade in der fiktionalen Literatur das Problem des Behaltens und Vergessens in seinen vielfältigen Realisationsmöglichkeiten in illustrativer Weise durchspielen, was nun an Beispielen veranschaulicht werden soll.

---

159 Vgl. Chr. Meier: Erinnern – Verdrängen – Vergessen. Merkur 50, 1996, S. 937–952.

Als ein aufschlussreiches Exempel kann diesbezüglich die sogenannte *Lebenslüge* gelten. Mit diesem Begriff wird im Anschluss an Ibsen die Konstruktion von komplexen Vorstellungen bezeichnet, die nicht aus der realistischen Verarbeitung und Speicherung von tatsächlichen empirischen Erlebnissen und Erfahrungen resultieren, sondern vielmehr aus illusionären Denkinhalten, die man retrospektiv als Realitäten ansieht, um das eigene Denken und Handeln zu legitimieren. Dadurch entstehen dann natürlich erhebliche Diskrepanzen zwischen der Füllung eines bestimmten Zeitrahmens mit authentischen ursprünglichen Inhalten und seiner nachträglichen Füllung mit erwünschten Inhalten, an deren Realität ihre jeweiligen Erzeuger schließlich selbst glauben. Das bedeutet letztlich dann auch, dass sich die Produzenten von Lebenslügen gleichsam retrospektiv auch ihre eigene Zeit in Form von eigenen Zeiterlebnisgestalten erzeugen, weil sie den Unterschied zwischen den Inhalten in der real abgelaufenen Zeit und den Inhalten, die sie später in diese Zeitspannen projiziert haben, vergessen oder verwischen. Dass solche selbstrechtfertigenden Bestrebungen genuine Themen der psychologisch orientierten fiktionalen Literatur sind, ist deshalb natürlich auch gut verständlich.

Daneben gibt es allerdings auch Formen der fiktionalen Literatur, die noch andere Aspekte des Problems des Vergessen und des Behaltens ins Auge fassen. Das soll hier an zwei exemplarischen gegenläufigen Fällen näher ins Auge gefasst werden. Gabriel García Márquez hat in seinem Roman *Hundert Jahre Einsamkeit* sehr eindrucksvoll die möglichen Implikationen der Krankheit des Vergessens beschrieben, die sich in dem abgeschiedenen Dorfe Macondo ausbreitet und die dort zu vielfältigen Problemen in der alltäglichen Lebenspraxis führt. Siegfried Lenz hat sich demgegenüber in seiner Erzählung *Der Spielverderber* sehr eindrucksvoll mit der Krankheit des Behaltens beschäftigt, die einen Jungen betrifft, der durch diese Krankheit in eine vollkommene soziale Isolation geführt wird. Beide Erzählungen verdeutlichen, dass unsere Erfahrungsmöglichkeiten im Verlaufe der Zeit höchst problematische Konsequenzen haben können, wenn wir unser Behalten und Vergessen nicht in ein sinnvolles Gleichgewicht miteinander zu bringen vermögen.[160]

Márquez beschreibt auf faszinierende Weise zunächst, wie sich in dem fiktiven Dorf Macondo zuerst die Krankheit der Schlaflosigkeit ausbreitet. Das wird zunächst noch als recht positiv beurteilt, weil sich dadurch ja die Erlebnis- und Arbeitszeit der Betroffenen vergrößert. Aber im Gefolge dieser Krankheit breitet

---

[160] G. G. Márquez: Hundert Jahre Einsamkeit, 1987[8]; S. Lenz: Der Spielverderber. In: S. Lenz: Die Erzählungen, 1959–1964, S. 194–216. Vgl. dazu auch: W. Köller: Die Krankheit des Vergessens. In: W. Köller: Narrative Formen der Sprachreflexion, 2006, S. 349–389.

sich dann allerdings auch die Krankheit des Vergessens aus, die sehr viel gravierendere Konsequenzen hat. Zunächst entwickelt man dagegen aparte Gegenstrategien, um die lebenspraktischen Folgen dieser Krankheit in den Griff zu bekommen. So schreiben beispielsweise die Betroffenen zunächst kleine Zettel, auf denen sie die Namen der Gegenstände vermerken, die dem Vergessen anheimzufallen drohen. Diese kleben sie dann wie Etiketten auf die jeweiligen Objekte. Aber abgesehen von den dabei auftretenden technischen Schwierigkeiten hilft auch diese Strategie nur partiell und vorübergehend.

Im Fortschritt der Krankheit vergessen die Bewohner des Dorfes nämlich auch, wofür die jeweiligen Gegenstände eigentlich nützlich sind. Das hat dann zur Folge, dass sie zusätzlich kleine Geschichten aufschreiben müssen, in denen die praktischen Verwendungsmöglichkeiten der jeweiligen Dinge beschrieben werden: „*Das ist die Kuh, die man jeden Morgen melken muß, damit sie Milch gibt, und die Milch muß man aufkochen, um sie mit Kaffee zu mischen und damit Milchkaffe zu machen.*"[161] Als dann die Krankheit des Vergessens weiter fortschreitet, hilft auch diese Methode nicht mehr weiter. Die Dorfbewohner vergessen nämlich schließlich auch, wie sich ihr Wissen über die Welt mit Hilfe der Schrift und der Sprache fixieren lässt, um es zumindest bis zu einem bestimmten Grade den Auflösungsprozessen der Zeit zu entziehen.

Im alltäglichen Denken und Leben liegt es uns nun sicherlich sehr viel weniger nahe, von der Krankheit des Behaltens zu sprechen als von der des Vergessens. Deshalb soll vor der fiktionalen Behandlung dieser Problematik durch Siegfried Lenz noch kurz auf einen derartigen realen Fall aufmerksam gemacht werden, den der russische Psychologe Lurija dokumentiert hat. Er hat nämlich die Lebensgeschichte des Gedächtniskünstlers Schereschewski rekonstruiert und dabei auch untersucht, welche Rückwirkungen dessen großartige Gedächtnisleistungen auf sein individuelles Denken und seine sozialen Beziehungen gehabt haben. Dabei ist er dann zu erschütternden Ergebnissen gekommen.[162]

Lurija berichtet, dass die außerordentlichen Gedächtnisleistungen Schereschewskis diesen nicht nur in eine soziale Isolierung getrieben hätten, sondern dass sie von diesem selbst auch als eine sehr sublime Art von Folter erlebt worden seien. Immer wieder seien Erinnerungen so auf ihn eingestürzt, dass sich für ihn die Grenzen zwischen der gegenwärtigen und der erinnerten Welt verwischt hätten. Dadurch hätten die einzelnen Wörter für ihn dann auch eine ganz andere Bedeutung bekommen als für seine Gesprächspartner, was dann nicht nur zu Missverständnissen, sondern auch zu einer sozialen Vereinsamung

---

161 G. G. Márquez: Hundert Jahre Einsamkeit, 1987[8], S. 59.
162 A. R. Lurija: Der Mann, dessen Welt in Scherben ging, 1992.

geführt habe. Für ihn habe sich die erinnerte Welt wie ein Krake über seine aktuelle Erfahrungswelt ausgebreitet. Alle Denkgegenstände hätten nämlich für ihn dieselbe pragmatische Relevanz bekommen, weil er keine unterschiedliche zeitliche Distanz zu ihnen hätte aufbauen können, die ihm dann auch eine Orientierungshilfe hätte sein können. Alle Denk- bzw. Wahrnehmungsinhalte hätten gleichsam psychisch denselben unmittelbaren Bann auf ihn ausgeübt.

Mit ähnlichen Problemzusammenhängen, wie sie Lurija in seiner Biographie des Gedächtniskünstlers Schereschewski beschrieben hat, hat sich auch Lenz in seiner fiktiven Geschichte *Der Spielverderber* beschäftigt. Auch hier erlebt ein Junge seine eigenen überbordenden Gedächtnisleistungen nicht als ein Geschenk, sondern als einen Fluch. Er war nämlich nicht nur in der Lage, sich an alles zu erinnern, was er persönlich in vergangenen Zeiten erlebt und gedacht hatte. Er konnte sich merkwürdigerweise auch alles mental vergegenwärtigen, was im Gedächtnis anderer Personen gespeichert war, was diese aber anderen nie preisgegeben hatten.

Wenn nun dieser Junge andere Personen mit ihren eigenen, aber anderen Menschen immer verschwiegenen Gedächtnisinhalten konfrontierte, dann fühlten sich diese natürlich völlig durchschaut und brachen verständlicherweise jeglichen Kontakt mit ihm ab, weil keine symmetrische Kommunikation zwischen ihnen mehr möglich war. Jeder Kommunikationspartner fühlte sich nämlich nun nicht nur um seine Privatsphäre betrogen, sondern auch psychologisch völlig durchschaut. Dadurch entfiel dann natürlich auch die grundlegende Voraussetzung für fruchtbare Dialoge. Diese leben nämlich von der Voraussetzung, dass es in ihnen ein fruchtbares Spannungsverhältnis von Wissen und Nicht-Wissen bzw. von Offenbaren und Verschweigen gibt, das dann in Gesprächen in ein fruchtbares und respektvolles Gleichgewicht miteinander gebracht werden kann. Wer immer schon alles weiß oder zu wissen glaubt, der kann nicht zu einem wirklichen Dialogpartner werden, weil er sich durch Gespräche auch selbst nicht mehr weiter entwickeln kann.

Immer mehr erkennt der Junge, welche Wohltat darin besteht, etwas vergessen zu können und sich der Erosions- und Transformationskraft der Zeit anvertrauen zu können. Deshalb kommt er dann auch zu folgendem Schluss:

> Ich bin soweit gekommen, daß ich das Gedächtnis für ein kleines Meisterwerk des Teufels halte, mit dessen Hilfe er uns unaufhörlich zu verstehen gibt, daß der Mensch genügt, um dem Menschen Höllen zu Lebzeiten zu errichten. Was liegt näher, als uns dieser unangenehmen Mitgift zu entledigen![163]

---

163 S. Lenz: Der Spielverderber. In: S. Lenz: Erzählungen 1959–1964, S. 212–213.

Aus alldem wäre dann wohl der Schluss zu ziehen, dass es für eine Kultur nicht nur notwendig ist, Formen des Behaltens zu entwickeln und zu kultivieren, sondern auch Formen des Vergessens. Zum menschlichen Leben gehört wohl auch die Einsicht, dass der Zahn der Zeit prinzipiell sowohl an materiellen Gütern als auch an geistigen Inhalten nagen kann und dass das nicht in jedem Fall nachteilig ist. Dadurch können sich nämlich nicht zuletzt auch neue Handlungs- bzw. Sprachnutzungsformen entwickeln, welche die vielfältigen Spiegelungsfunktionen der Sprache für die Welt lebendig halten.[164]

9.3 Die Erwartung

Es ist wohl kaum bestreitbar, dass der Mensch unter allen Lebewesen dasjenige ist, das am stärksten durch die Spannung zwischen Erinnerung und Erwartung geprägt ist. Während das tierische Leben weitgehend dadurch bestimmt wird, dass es unmittelbar auf gegenwärtige Situationen und Wahrnehmungen zu reagieren hat, wird das menschliche Leben entscheidend dadurch geprägt, dass es das Spannungsverhältnis zwischen dem in der Vergangenheit erworbenen Wissen und den aktuellen Zukunftserwartungen produktiv bewältigen muss, wobei seine Vorsorgemaßnahmen nicht nur instinktgeleitet sind, sondern auch intentional geplant. Das bedeutet, dass die geistige Vorwegnahme der Zukunft im menschlichen Denken eine ganz konstitutive Rolle spielt und spielen muss.

Zweifellos ist auch das tierische Leben durch bestimmte artspezifische Erwartungshorizonte geprägt, die entweder schon genetisch vorstrukturiert sind oder durch Prägungsprozesse in frühen Lebensphasen erworben worden sind. Diese haben die pragmatische Funktion, den Tieren in bestimmten Handlungssituationen Entscheidungen zu erleichtern, weil dadurch auf ein Repertoire von evolutionär bewährten Handlungsmustern zurückgegriffen werden kann.

Demgegenüber haben Anthropologen immer wieder betont, dass der Mensch unter allen Lebewesen dasjenige sei, das den höchsten Grad von *Weltoffenheit* besitze, da sein Repertoire an Reaktionsmöglichkeiten und Gestaltungsfähigkeiten in Handlungsprozessen am größten sei. Das bedeutet, dass sein Leben nicht nur durch genetische Anlagen und kulturelle Traditionen bestimmt wird, sondern auch durch Erwartungshaltungen und Intentionen, die dann in seiner Hypothesenfreudigkeit und in seinem Gestaltungswillen zum Ausdruck kommen können. Es bedeutet weiter, dass die Zeit für den Menschen nicht nur ein Lebensraum ist, der durch Wiederholungen geprägt wird, sondern

---

[164] Vgl. A. Assmann: Formen des Vergessens, 2016.

auch ein Lebensraum, der zielgerichtet umgestaltet werden kann, ohne dass die dabei erzielten Ergebnisse völlig überschaubar und qualifizierbar werden. Deshalb kommt dann auch dem Spiel im menschlichen Leben eine ganz fundamentale Rolle zu, weil in diesem alle möglichen Erwartungsspannungen in einem überschaubaren Zeitrahmen erprobt und ausgelebt werden können.

Die Zukunftsspannungen im menschlichen Leben können natürlich sehr unterschiedliche Formen und Inhalte haben. Das exemplifiziert sich sehr schön in dem antiken Ikarus-Mythos. Während Dädalus in Zukunftserwartungen lebt, die ein klares Ziel haben, das er planerisch und technisch zu realisieren versucht, kommt Ikarus im konkreten Vorgang des Fliegens in eine Erwartungsspannung, die er weder inhaltlich konkretisieren noch sprachlich objektivieren kann. Seine jugendliche Weltoffenheit ist deshalb auch beträchtlich größer als die seines Vaters, da er mögliche Risiken kaum in seine Handlungsentscheidungen einbeziehen will und kann. Sein Umgang mit der Zeit ist dementsprechend dann auch ein ganz anderer als der seines Vaters.

Ein anderes eindrucksvolles Gleichnis für den Umgang eines Lebewesens mit der Zeit hat Kierkegaard entwickelt, das für die hier thematisierten Probleme in doppelter Weise aufschlussreich ist. Zum einen veranschaulicht es nämlich sehr schön, dass unsere Handlungsentscheidungen insofern eine Zukunftsoffenheit eigen ist, als sie Konsequenzen zeitigen können, die wir nicht alle schlüssig voraussehen und berechnen können. Zum anderen macht es aber auch deutlich, dass unsere Zukunftserschließungen zwar immer einen bestimmten Ausgangspunkt mit ganz bestimmten Prämissen haben, aber dass sie uns gleichwohl doch in Regionen führen können, die wir vorab nicht ausreichend überschauen und verstehen können, aber denen wir uns dann doch durch eigene Anstrengungen und selbst produzierte Hilfsmittel annähern können.

> Was wird kommen? Was wird die Zukunft bringen? Ich weiß es nicht, ich ahne nichts. Wenn eine Spinne von einem festen Punkt sich in ihre Konsequenzen hinabstürzt, so sieht sie immer stets einen leeren Raum vor sich, in dem sie nirgends festen Fuß fassen kann, wie sehr sie auch zappelt. So geht es mir; vor mir steht ein leerer Raum, was mich vorwärts treibt, ist die Konsequenz, die hinter mir liegt.[165]

Wenn wir die Zeit als einen Gestaltungsraum für den Menschen betrachten, dann ergeben sich auch ganz spezifische Fragen hinsichtlich der möglichen Korrelationsverhältnisse zwischen Zeit und Sprache. Diese betreffen dann insbesondere das ontologische Grundproblem, ob bzw. in welchen Hinsichten sich die Sprache als genuine Ausdrucksform des menschlichen Bewusstseins anse-

---

165 S. Kierkegaard: Entweder-Oder, 1968, S. 33.

hen lässt, insofern sie ja das umfassendste Mittel ist, um menschliche Erkenntnisinhalte auf intersubjektiv verständliche Weise durch Zeichen zu objektivieren und kulturelle Entwicklungsprozesse im Verlaufe der Zeit zu steuern.

Diese Problematik ist begrifflich kaum befriedigend in den Griff zu bekommen. Sie ist aber sinnbildlich sehr prägnant in der biblischen Geschichte über das Essen vom Baum der Erkenntnis und der Vertreibung aus dem Paradiese auf narrative Weise thematisiert und objektiviert worden.[166] Diese biblische Erzählung hat gerade die Protagonisten der Aufklärung fasziniert, weil sie diese nicht als eine Geschichte vom Sündenfall verstehen wollten, sondern vor allem als eine Geschichte von der Selbstwerdung des Menschen in der Zeit bzw. in der Nutzung von Vernunft und Sprache in der Geschichte. Für die Aufklärer wird durch die hier erzählten Inhalte der faktische Schöpfungsprozess gleichsam erst abgeschlossen. Es werde nämlich mitgeteilt, wie der Mensch aus dem Orden der Tiere heraustrete und aus eigener Kraft als Mensch zu sich selbst komme.

Diese These erscheint auf den ersten Blick recht erstaunlich, weil wir gewohnt sind, den Ausschluss aus dem Paradies als Bestrafung für ein Vergehen anzusehen, aber nicht als einen Vorgang, der zur Selbstverwirklichung des Menschen als Menschen führt. Diese These gewinnt aber an Plausibilität und Erklärungskraft, wenn wir danach fragen, welche Rolle das Phänomen der Erwartung bei der Entfaltung des menschlichen Bewusstseins und Selbstbewusstseins gespielt hat. In dieser Wahrnehmungsperspektive lässt sich nämlich die Geschichte über die Vertreibung aus dem Paradiese als eine Geschichte über die Entstehung der Autonomie des Menschen verstehen bzw. als eine Geschichte über die Selbstverwirklichung des Menschen in Zeit und Geschichte, die ohne die Entwicklung von Sprache und Selbstbewusstsein gar nicht denkbar wäre.

In der biblischen Erzählung (1. Mose 2, 3) wird nämlich berichtet, dass Gott den Menschen in den Garten Eden gesetzt habe und dass er sich dort zureichend von dessen Früchten habe ernähren können. Nur von dem Baum der Erkenntnis des Guten und Bösen sowie vom Baum des Lebens habe er nicht essen dürfen, da er ansonsten *„des Todes sterben"* sterben müsse. Dann tritt nun aber die Schlange auf den Plan, die als *„listiger"* als alle anderen Tiere bezeichnet wird, was nach alten Sprachgebrauch eigentlich nichts anders heißt als klüger. Diese tritt mit einer verführerischen Hypothese an Eva und Adam heran. Wenn sie vom Baum der Erkenntnis des Guten und Bösen äßen, dann würden sie keineswegs des Todes sterben. Vielmehr würden dadurch ihre Augen aufgetan. Sie würden sein *„wie Gott und wissen, was gut und böse ist."*

---

166 Vgl. W. Köller: Der Baum der Erkenntnis. In: Narrative Formen der Sprachreflexion, 2006, S. 61–90. W. Köller: Die Sprache als Schlange. In: Sinnbilder für Sprache 2012, S. 120–156.

In dieser Erwartungshaltung essen Adam und Eva dann von den verbotenen Früchten und sterben tatsächlich nicht in einem biologischen Sinne. Allenfalls sterben sie in einem metaphorischen Sinne, weil sie sich dadurch von ihrer animalischen Existenzweise lösen. Als erstes entdecken sie nämlich, dass sie nackt sind und machen sich Schürze aus Feigenblättern. Das ist wohl als ein Hinweis darauf zu verstehen, dass das Essen vom Baum der Erkenntnis als erstes die Entwicklung eines Schamgefühls auslöst. Dieses lässt sich als ein Ausdruck der Wahrnehmung eines Spannungsverhältnisses zwischen *Sein* und *Sollen* verstehen, das in rein biologischen Lebensformen keine wichtige Rolle spielt, aber in kulturellen durchaus. Nach dieser Gebotsübertretung verweist Gott Eva und Adam aus dem Garten Eden und erlegt ihnen als Sühne auf, sich hinfort durch mühsame Arbeit auf dem Acker im Schweiße ihres Angesichts zu ernähren. Das ist dann zugleich auch ein Hinweis darauf, dass nun die Vorsorge für die Zukunft für sie eine ganz zentrale Bedeutsamkeit für die Gestaltung ihres Lebens im Verlaufe der Zeit bekommt.

Als Hypothesenmacherin führt die Schlange Eva auf den schlüpfrigen Pfad der Interpretation von vordergründig ganz eindeutigen Aussagen. Dabei lösen sich dann natürlich zugleich auch immer die schon etablierten konventionellen Verstehens- und Wahrnehmungshorizonte auf. Deshalb liegt es auch nahe, die Schlange als eine sinnbildliche Manifestation des hypothetischen menschlichen Denkens zu verstehen, durch das im Prinzip alle verfestigten Strukturen aufgelöst werden können. Auf jeden Fall lässt sich sagen, dass die Schlange Eva in eine Welt von Denkweisen führt, in der alle etablierten Grenzziehungen ihre Unantastbarkeit verlieren und sogar dazu reizen, diese experimentell zu überschreiten. Damit ist dann natürlich auch eine Tendenz zur Erosion oder zumindest zur Transformation der bisherigen Realitätsannahmen verbunden, da nun die angenommene Seinsformen der Welt natürlich immer dazu reizen, im Sinne von konstruktiven Interpretationsformen von Welt verstanden zu werden.

So betrachtet wird dann die Schlange für Eva zu einer Geburtshelferin einer neuen Lebensform, in welcher der Mensch aus dem Orden der Tiere austritt und in einen neuen eintritt. In diesem gelten dann allerdings ganz neue Regularien, die nun die alte Antworten auf aktuelle Fragen nicht mehr als plausibel oder gar als fraglos gültig erscheinen lassen. Auf diese Weise wird dann zugleich auch die menschliche Einbildungskraft auf Kosten des tradierten Realitätsverständnisses gestärkt, wobei dann natürlich auch immer ganz neue Zukunftsperspektiven eröffnet werden. Das lässt sich recht gut an Hand dieser Geschichte im Hinblick auf das Verständnis des Guten und Bösen veranschaulichen.

Die Hypothese der Schlange, dass Eva und Adam nach dem Genuss der verbotenen Früchte keineswegs des Todes sterben würden, sondern dass stattdessen ihre Augen aufgetan und sie klug gemacht würden, bewahrheitet sich tatsächlich. Allerdings ist das nur die halbe Wahrheit, denn nach dem Genuss der Früchte vom Baum der Erkenntnis bekommen sie nun auf durchaus prägende Weise ein Bewusstsein vom Tode. Sie beginnen nun nämlich zu wissen, dass sie auf den Tod zuleben und dass sie diesen daher auch in ihr Leben einzubeziehen haben. Deshalb unterscheiden die Psychologen ja auch gerne zwischen dem *kleinen* biologischen Tod und dem *großen* gewussten Tod. Das Wissen vom zukünftigen Tod hat nämlich die unabwendbare Konsequenz, dass man Vorsorge für die Zukunft zu treffen hat bzw. dass man die Lebensformen des bloßen Jägers und Sammlers aufgeben muss, die ja im Prinzip auch für Tiere prägend ist. Eva und Adam müssen nun in die Lebensform von Ackerbauern eintreten, die im Schweiße ihres Angesichts für vielerlei Dinge Vorsorge treffen müssen. Das führt dann natürlich auch zu einem ganz anderen Verständnis von Zeit bzw. von der Funktion der Kultur für die konkrete Lebensgestaltung.

Weiterhin wird durch diese Geschichte sinnbildlich auch verdeutlicht, dass das Essen vom *Baum der Erkenntnis* Eva und Adam bezeichnenderweise kein materielles Wissen von dem bringt, was das *Gute* und *Böse* faktisch ist, sondern nur das kulturelle Wissen darüber, dass man zwischen dem Guten und Bösen unterscheiden muss. Beide können nach dem Essen vom Baum der Erkenntnis ihre Handlungsentscheidungen nun nicht mehr naiv auf genetisch fixierte oder traditionell verfestigte Reiz-Reaktions-Schemata gründen. Jetzt stehen sie nämlich vor der Notwendigkeit, ihre Handlungsweisen argumentativ rechtfertigen zu müssen. Das impliziert dann die Entwicklung einer Ethik, die auch den Umgang mit der Zeit zu strukturieren hat. Das erleichtert zwar die Aufgabe, dem Leben eine Richtung bzw. einen Sinn zu geben, es erschwert aber zugleich auch, konkrete Handlungsentscheidungen zu treffen, da nun menschliche Handlungsnormen immer auch hierarchisiert werden müssen, was tragische Konflikte dann auf ganz exemplarische Weise demonstrieren.

Die Entwicklung der menschlichen Fähigkeit, Denkinhalte metareflexiv im Kontext einer Rückschau und Vorschau zu qualifizieren, ist so gesehen eine zwangsläufige Konsequenz der menschlichen Evolutionsgeschichte, in der biologische Strukturierungsmuster durch kulturelle ergänzt und differenziert werden müssen. Durch die Ausweitung des interpretativen Denkens in der Kulturgeschichte werden die synaptischen Verschaltungen von Neuronen im Gehirn quantitativ und qualitativ entscheidend ausgeweitet. Dadurch wird gewährleistet, dass Denkverfahren immer eine innere Dynamik behalten können und nicht zu starren Denkschablonen werden, die sich kaum noch variieren lassen.

Wenn das Denken nur durch Erinnerungen und aktuelle Wahrnehmungen und Befindlichkeiten geprägt würde, aber nicht auch durch Gestaltungsintentionen bzw. durch die Vorsorge für die Zukunft, dann würde es natürlich einschichtiger und eingeschränkter. Das lässt sich sehr schön durch eine kleine

Anekdote illustrieren, die auf den Polarforscher Peary zurückgeht. Als dieser einen Eskimo fragte, woran er gerade denke, soll dieser nämlich geantwortet haben: *„Ich habe an nichts zu denken, [...] ich habe eine Menge Fleisch."*[167]

Die sogenannte Vertreibung aus dem Paradiese ist so gesehen dann auch nicht als eine Vertreibung aus einem bestimmten Lebensraum zu verstehen, sondern vielmehr als ein Übergang des Menschen in eine andere Lebensform und Zeiterfahrung, in der er nicht mehr von der Natur bedient wird, sondern für sich selbst sorgen muss. Durch das Essen vom Baum der Erkenntnis verliert der Mensch seine vorherige Form des Lebens, die psychisch gesehen gleichsam als ewiges Leben verstanden werden kann, weil der Tod nicht zu seiner faktischen Gegenwart gehört bzw. über den Vorsorgegedanken in seine konkrete Lebensgestaltung einbezogen werden muss. Auf diese Weise löst sich der Mensch dann auch aus seinem instinktgesicherten Leben und damit aus der Welt Tiere, die im Prinzip kulturunbedürftig sind, weil sie über evolutionär entstandene und genetisch gefestigte Lebens- und Entscheidungsprogramme verfügen.

Wenn man auf diese Weise die Geschichte über das Essen vom Baum der Erkenntnis als eine Geschichte über die Entstehungsgeschichte von menschlichen Kulturordnungen im Verlaufe der Zeit versteht, die natürlich immer auch der Zukunftsbewältigung dienen, dann wird auch verständlich, warum man diese Erzählung gerade im Zeitalter der Aufklärung nicht als eine Geschichte vom Sündenfall verstehen wollte, sondern vielmehr als eine Geschichte von der Menschwerdung des Menschen in der Zeit bzw. in der Geschichte. Deshalb ist für Kant der Schritt aus dem sogenannten Paradiese eigentlich nichts anderes gewesen *„als der Übergang aus der Rohigkeit eines bloß tierischen Geschöpfes in die Menschheit, aus dem Gängelwagen des Instinkts zur Leitung der Vernunft, mit einem Worte: aus der Vormundschaft der Natur in den Stand der Freiheit [...]."*[168]

Noch enthusiastischer als Kant hat Schiller die positiven Folgen des Essens vom Baum der Erkenntnis gepriesen. Auch für ihn ist diese Tat der entscheidende Schritt des Menschen aus dem Reiche der Natur in das Reich des Geistes bzw. in das Reich der Freiheit zur Entwicklung einer die Zukunft gestaltenden Ethik. Ebenso wie Kant sieht er in diesem Vorgang einen Abfall des Menschen vom bloßen Instinkte:

> – also, erste Aeußerung seiner Selbstthätigkeit, erstes Wagestück seiner Vernunft, erster Anfang seines moralischen Daseyns. Dieser Abfall des Menschen vom Instinkte der das moralische Uebel zwar in die Schöpfung brachte, aber nur um das moralisch Gute darinn möglich zu machen, ist ohne Widerspruch die glücklichste Begebenheit in der Menschen-

---

167 Zitiert nach R. Riedl: Die Strategie der Genesis, 1980², S. 291.
168 I. Kant: Mutmaßlicher Anfang des Menschengeschichte A 13, Werke Bd. 11. S. 92.

geschichte, von diesem Augenblick her schreibt sich seine Freiheit, hier wurde zu seiner Moralität der erste entfernte Grundstein geleget.[169]

Auch Hegel hat die Geschichte vom sogenannten Sündenfall positiv verstanden, weil sie zeige, wie der Mensch sich aus der Welt seiner Instinkte löse und in den Bereich der Reflexion eintrete. *„Das Paradies ist ein Park, wo nur die Tiere und nicht die Menschen bleiben können. Denn das Tier ist mit Gott eins, aber nur an sich. Nur der Mensch ist Geist, d. h. für sich selbst.[...] Der Sündenfall ist daher der ewige Mythus des Menschen, wodurch er eben ein Mensch wird."*[170] Hegels Urteil gewinnt zudem noch eine ganz besondere Kontur, wenn man es im Kontext seiner Theorie der *Entzweiung* bzw. *Entfremdung* sieht, die zugleich eine Theorie der Geschichte und der anthropologischen Dimension der Zeit ist.

Für Hegel ist nämlich der Begriff der Entfremdung die entscheidende Kategorie, um die dialektische Dynamik des Geistes und des Denkens strukturell zu erfassen. Sprache und Arbeit sind dann für ihn die entscheidenden Kräfte, um den jeweiligen Erfahrungsgegenständen ihre traditionelle Identität und stabile relationale Kohärenz zu nehmen bzw. um Widersprüchlichkeiten zu erzeugen, die dann auf einer höheren Ebene durch neue Syntheseprozesse wieder zu überwinden sind. Sprache und Arbeit sind deshalb für Hegel nicht nur Ursachen für Entzweiungs- und Entfremdungsprozesse, sondern zugleich auch Mittel für Versöhnungsprozesse zwischen Widersprüchlichkeiten. Beide Phänomene sind hinsichtlich ihrer Wirkungsmöglichkeiten auf das konstruktive Zusammenspiel von rückblickenden Erinnerungen, aktuellen Wahrnehmungen und vorausschauenden Erwartungen angewiesen, die deshalb zugleich auch als Formen des menschlichen Umgangs mit der Zeit oder als Formen der Realisierung von Geschichte angesehen werden können. In diesem Zusammenhang versteht sich dann auch gleichsam von selbst, dass all diese Prozesse ohne die differenzierte Ausbildung und Fortentwicklung der Sprache faktisch unmöglich wären.

Was die Aufklärer in ihren Kommentaren zur biblischen Geschichte über das Essen vom Baum der Erkenntnis als glorreiche Emanzipation des Menschen von seiner Instinktgebundenheit beschrieben haben, das ist später dann immer wieder als Grundlage der Kulturfähigkeit und Weltoffenheit des Menschen thematisiert worden bzw. als Voraussetzung für dessen Fähigkeit zum Entwurf von Fiktionen, Utopien, und Paradigmenwechseln. Diese lassen sich evolutionär betrachtet dann sogar als kulturelle Formen von Mutationen in Entwicklungsprozessen verstehen, die dann allerdings nicht nur einen zufälligen, sondern auch

---

[169] F. von Schiller: Etwas über die erste Menschengesellschaft nach dem Leitfaden der mosaischen Urkunde. Schillers Werke, Nationalausgabe, Bd. 13. S. 399–400.
[170] G. W. F. Hegel: Vorlesungen über die Philosophie der Geschichte, Werke Bd. 12, S. 389.

einen intentionalen Charakter haben können. Deshalb kann man die sprachlichen Konkretisierungen von Zukunftserwartungen dann sogar als wissenserzeugende Arbeitsprozesse in der Zeit oder in der Geschichte ansehen.

Erwartungen sind immer mit Wissensunsicherheiten und Fragemöglichkeiten verknüpft, die beide konstitutiv für die Lebensform des Menschen sind. Gott braucht nicht zu fragen, weil er alles weiß, Tiere brauchen nicht zu fragen, weil ihre grundlegenden Wissensbedürfnisse schon in Form von Instinkten bzw. von Wahrnehmungs- und Handlungsschemata genetisch mehr oder weniger genau geregelt sind. Nur wenn eine wirkliche Zukunftsoffenheit besteht, dann besteht auch das Bedürfnis nach Fragen als Ausdrucksformen des Suchens.

Das Suchen und Fragen ist dabei von einer spezifischen Paradoxie geprägt, insofern man das Gesuchte bzw. Erfragte in groben Umrissen ja meist schon irgendwie kennt, aber leider nicht genau genug, um es dem Leben auf eine fruchtbare Weise unmittelbar dienstbar machen zu können. Typisch dafür ist gerade die Frage nach der Zeit, bei deren Beantwortung sich natürlicherweise immer wieder neue Fragen ergeben. Das offenbart, dass Fragen keineswegs nur dazu dienen, konkrete Wissenslücken zu schließen, sondern auch dazu, Denkperspektiven zu konkretisieren, die einerseits Denkhorizonte eröffnen, aber andererseits auch verschieben, wenn man sie zu beantworten versucht. Das bedeutet, dass der Mut zur Frage zugleich auch ein Mut zur Vermutung ist bzw. zur Identitätskonstitution des Menschen als fragendes Lebewesen.

Von hier aus wird dann auch verständlich, warum alle in Hypothesen, Fiktionen und Utopien konkretisierten Erwartungen eine gewaltige Sprengkraft für alle Formen von geschlossenen Ordnungssystemen haben. Sie vermitteln nämlich zugleich auch ein Wissen darüber, dass die von uns *erfassten* Ordnungen auch *gemachte* Ordnungen sind, für die durchaus Alternativen denkbar sind. Das beinhaltet dann die Einsicht, dass man das Phänomen der Erwartung auf ganz erhebliche Weise verkürzt, wenn man es nur im Sinne der Konkretisierung von logischen Schlussfolgerungsprozessen aus vorgegebenen Prämissen versteht und nicht auch im Sinne der Erzeugung von Wissen durch heuristisches und faktisches Handeln im Rahmen der jeweils gegebenen Situation und Zeit.

Deshalb lässt sich dann nicht nur das *Leben*, sondern auch die *Geschichte* insgesamt als ein wissenserzeugender Prozess verstehen. Diese These lässt sich sinnbildlich recht gut durch die Gestalt von *Janus*, dem altrömischen Gott der Zeit, exemplifizieren, der zugleich auch Hüter der Tür ist. Auf Münzen ist dieser nämlich in Form eines Kopfes dargestellt worden, der zwei Gesichter hat, von denen das eine in die Vergangenheit blickt und das andere in die Zukunft.[171]

---

[171] Vgl. A. Demandt: Zeit. Eine Kulturgeschichte, 2015, S. 60 ff.

10 Die Zeitimplikationen des schriftlichen Sprachgebrauchs

Von Aristoteles bis zu de Saussure wurde die Schrift in der Regel als ein technisches Notationsverfahren zur Fixierung der gesprochenen Sprache angesehen, dem sprachtheoretisch keine besondere Bedeutsamkeit zukomme, weil die sinnbildende Kraft der Sprache dadurch nicht wesentlich berührt werde. Seit Platon und seinem Mythos über die Erfindung der Schrift durch den ägyptischen Gott Theuth gibt es zwar eine Schriftkritik im Sinne der Abwägung der Vor- und Nachteile des schriftlichen Sprachgebrauchs, aber das hat meist nicht dazu geführt, die schriftlich gebrauchte Sprache als eine relativ eigenständige Realisationsform von Sprache in Opposition zur mündlich gebrauchten anzusehen.

Erst im 20. Jh. gibt es eine intensive Diskussion darüber, ob der schriftliche Sprachgebrauch nicht neben dem mündlichen als eine ganz eigenständige Nutzungsform von Sprache angesehen werden könne, weil damit ganz besondere kognitive und kommunikative Sinnbildungsfunktionen verbunden seien, die zudem auch noch Rückwirkungen auf die innere Struktur der Sprache hätten. Das hat dann zu der These geführt, dass die schriftlich gebrauchte Sprache nicht nur als mediale Variante der mündlich gebrauchten zu betrachten sei, sondern durchaus als eine besondere Erscheinungsform von Sprache mit eigenständigen Funktionen und Strukturen.[172] Wenn das zutrifft, dann ergeben sich natürlich auch sehr weitreichende Konsequenzen für die Spiegelung der Zeit in diesen beiden Realisationsformen von Sprache. In der Schriftsprache könnte dann nämlich das Zeitphänomen für uns nicht nur in anderen sprachlichen Formen präsent werden, sondern auch hinsichtlich anderer Aspekte.

Diese Diskussion über den unterschiedlichen Status der mündlich und schriftlich genutzten Sprache ist maßgeblich auch durch Ethnologen angeregt worden, die zwischen oralen und literalen Kulturen unterschieden haben, sowie durch Psychologen, die darauf verwiesen haben, dass der Erwerb der Schriftsprache die Sinnbildungsfähigkeiten von Kindern nicht nur quantitativ ausweite, sondern auch qualitativ umgestalte. Das hat dann auch dazu geführt, dass man sich immer intensiver mit dem Unterschied zwischen dem mündlichen und dem schriftlichen Sprachgebrauch beschäftigt hat. Diese Diskussionen haben nun nicht nur Auswirkungen auf die Sprachdidaktik gehabt, sondern auch auf die Konkretisierung sprachwissenschaftlicher Fragestellungen. Deshalb lohnt es sich durchaus, die Frage zu stellen, ob mit dem Gebrauch der Schriftsprache

---

[172] Vgl. Ch. Dürscheid: Einführung in die Schriftlinguistik, 2016⁵.

sich nicht auch neue Wahrnehmungsperspektiven für die Wahrnehmung von Zeit im Spiegel der Sprache ergeben.

Diese Frage lässt sich sicherlich nicht abschließend beantworten, weil sich inzwischen durch neue technische Kommunikationsmöglichkeiten die einfache Opposition von mündlich und schriftlich gebrauchter Sprache nicht mehr aufrechterhalten lässt und damit auch nicht die Opposition von zwei unterschiedlichen Zeiterfahrungen in der mündlich und der schriftlich genutzten Sprache. Gleichwohl ist es aber angebracht, sich Gedanken darüber zu machen, welche Rückwirkungen der mündliche und schriftliche Sprachgebrauch auf unsere Wahrnehmungsmöglichkeiten von Zeit haben können. Es ist nämlich recht offensichtlich, dass wir bei der Rezeption dieser unterschiedlichen Erscheinungsformen von Sprache auch auf ganz unterschiedliche Weise mit dem Zeitphänomen und seiner strukturierenden Ordnungskraft bekannt gemacht werden.

Um diese Zusammenhänge zu klären, ist es vorteilhaft, zunächst ein paar grundsätzliche phänomenologische Überlegungen zur Struktur und Funktion des mündlichen und schriftlichen Sprachgebrauchs zu entwickeln und sich anschließend etwas genauer mit der Eigenwelt bzw. der Autonomie schriftlich fixierter Texte zu beschäftigen. Auf der Basis dieser Überlegungen lässt sich dann auch das Problem sinnvoller diskutieren, inwieweit Texte und Textformen als Erscheinungsformen des kulturellen Gedächtnisses angesehen werden können und welche Konsequenzen das Phänomen der Zeitdehnung bei der Produktion oder der Rezeption schriftlich fixierter Texte haben kann.

10.1 Zur Phänomenologie des schriftlichen Sprachgebrauchs

Die Phänomenologie lässt sich als ein analytisch orientiertes Denkverfahren bestimmen, das bestrebt ist, von ganz elementaren und unstrittigen Wahrnehmungsinhalten zu verdeckten und interpretationsbedürftigen vorzustoßen. Deswegen kann das phänomenologische Denken dann auch als ein relationales oder semiotisch sensibles Denken angesehen werden, da es grundsätzlich bestrebt ist, sinnlich gut fassbare Basisfakten als ikonische, als indexikalische oder als symbolische bzw. konventionalisierte Zeichenträger für etwas anderes wahrzunehmen, das nicht direkt sinnlich fassbar ist, aber das gleichwohl doch für unser Verständnis von Welt bedeutsam ist. Das beinhaltet, dass phänomenologische Analysen prinzipiell nicht nur an den bloßen Relationen zwischen wahrnehmbare Einzelgrößen interessiert sind, sondern auch an den möglichen Interaktionsprozessen zwischen diesen, insofern es dadurch zur Ausbildung von sehr komplexen neuen Sinngestalten kommt. Außerdem ist die Phänomenologie natürlich auch immer daran interessiert, in welchen konkreten Relationsverhältnissen die wahrnehmenden Menschen zur ihren jeweiligen Wahrnehmungsgegenständen stehen.

Ganz grundlegend für die analytische Unterscheidung zwischen dem mündlichen und dem schriftlichen Sprachgebrauch ist dementsprechend auch der Umstand, dass in der mündlichen Sprachverwendung die Wahrnehmung von Sprache über das Ohr erfolgt und in der schriftlichen über das Auge. Diese Feststellung erscheint auf den ersten Blick ziemlich trivial und nebensächlich zu sein, aber sie hat doch eine grundlegende Bedeutsamkeit für die Wahrnehmung und das Verständnis von sprachlichen Zeichen bzw. Informationen. Zudem wird dadurch auch die Wahrnehmung und die Strukturierung von Zeit in sprachlichen Sinnbildungsprozessen auf eine ganz entscheidende Weise immer schon vorstrukturiert.

Das Ohr ist nämlich als ein sinnliches Rezeptionsorgan anzusehen, das in einem sehr hohen Maße dem Gesetz der gut fasslichen Reihenfolge von Einzelreizen unterworfen ist und damit der ständigen Änderung seiner konkreten Wahrnehmungsgegenstände im Verlaufe der Zeit. Seine jeweiligen Wahrnehmungsinhalte haben keine anhaltende Stabilität, sondern werden ständig durch neue abgelöst oder gar aufgehoben. Sie sind sinnlich nur kurz präsent und existieren ansonsten nur in Form von Erinnerungen oder als Teile eines recht labilen größeren Gestaltzusammenhangs. Menschen können ihre Ohren im Gegensatz zu ihren Augen nicht schließen oder durch eine spezifische Eigenbewegung auf ganz bestimmte Teile von Sachverhalten konzentrieren. Deshalb ist das Hören auch primär auf das Werden bezogen und nicht auf das Sein bzw. auf die Wahrnehmung von Verlaufsgestalten und nicht auf die von Simultangestalten.

Hörereignisse integrieren den Menschen daher auch sehr viel stärker als Sehereignisse in eine nur momentan gegenwärtige Gesamtwelt, deren Ordnungsstruktur dann so hinzunehmen ist, wie sie dem passiven Ohr fassbar ist. Deshalb ist es dann auch kein Zufall, dass in der Sprache die Bezeichnungen für passive Denkdispositionen und Verhaltensweisen oft von dem Verb *hören* abgeleitet worden sind: *gehorchen, hörig, Gehorsam* usw.

Im Gegensatz dazu ist der Sehsinn des Menschen sehr viel stärker mit den Eigenaktivitäten des jeweils Wahrnehmenden verbunden. Die Augen kann man schließen und öffnen und ihren Blick kann man auf ganz bestimmte Gegenstände konzentrieren. Die Bezugsobjekte des Sehsinns haben außerdem meist eine relativ große zeitliche Beständigkeit, die es dem Sehenden ermöglichen, sie hinsichtlich ihrer Gestalt, Genese und Funktion zu interpretieren und sich selbst immer wieder in eine andere Wahrnehmungsrelation zu ihnen zu setzen. Außerdem ist wichtig, dass sich das wahrnehmende Subjekt zu seinen Sehgegenständen in eine kontemplative Distanz bringen kann, die es dann auch ermöglicht, eine ausgesprochen analytische Wahrnehmungshaltung zu ihnen einzunehmen, die zudem auch immer wieder variiert werden kann. Dadurch wird es dann auch möglich, bestimmte Wahrnehmungsobjekte auf synthetisierende Weise mit anderen in Verbindung zu bringen und dadurch ganz neue Wahrnehmungsgestalten zu konstituieren. Das exemplifizieren die sogenannten *Kippfiguren* der Wahrnehmungspsychologie auf schlagende Weise, bei denen dieselben optische Wahrnehmungsreize jeweils zu ganz anderen Wahrnehmungsgestalten miteinander verbunden werden können.

Diese recht unterschiedlichen Wahrnehmungsdispositionen und Wahrnehmungsstrategien des menschlichen Hörsinns und Sehsinns bei der Verarbeitung von konkreten Sinnesreizen hat Jacob Grimm dann zu folgendem Urteil veranlasst: *„Das auge ist ein herr, das ohr ein knecht, jenes schaut um, wohin es will, dieses nimmt auf, was ihm zugeführt wird."*[173]

Diese phänomenologisch fassbaren Strukturverhältnisse machen nun auch verständlich, warum unsere Denkinhalte und Denkoperationen meist mit einem Vokabular objektiviert werden, das eigentlich aus der Sphäre des Sehsinns stammt: *Ansicht, Einsicht, Perspektive, Reflexion* usw. Die Vorsokratiker haben sogar darüber spekuliert, ob die Augen nicht ein inneres Licht hätten, mit dem sie dann ihre jeweilige Wahrnehmungswelt erhellen könnten (Empedokles), bzw. darüber, ob sich im Sehvorgang möglicherweise kleine Abbilder von den jeweiligen Sehgegenständen ablösten, die dann in die Augen eindringen könnten (Leukipp, Demokrit, Epikur), wodurch es dann im konkreten Sehvorgang zu einer mehr oder weniger deutlichen Berührung von Objekt- und Subjektwelt kommen könne.[174]

Wenn man prinzipiell die phänomenologische These akzeptiert, dass der Sehsinn dem analytischen Wahrnehmen und Denken näher steht als der Hörsinn, dann rechtfertigt sich auch die Auffassung, dass die geschriebene Sprache eine bessere Grundlage bietet, um das Phänomen *Sprache* kognitiv zu bewältigen als die gesprochene Sprache. Nur wenn sprachlichen Formen und Ordnungszusammenhänge durch ihre schriftliche Fixierung dem Fluss der Zeit entzogen werden bzw. nicht fortlaufend durch andere abgelöst werden, können sie für uns zu stabilen Objekten von Analyseanstrengungen werden. Dadurch wird es außerdem ermöglicht, sie auch leichter als kulturspezifische Interpretationsformen von Welt wahrzunehmen und nicht als bloße Abbildungsformen von vorgegebenen Seinstatbeständen. Das ist nicht zuletzt auch dadurch bedingt, dass der Sehsinn nicht nur die Eigenbeweglichkeit der jeweiligen Wahrnehmungsobjekte im Verlaufe der Zeit gut erfassen kann, sondern auch dadurch,

---

[173] J. Grimm: Rede auf Wilhelm Grimm. Rede über das Alter, 1963, S. 58.
[174] W. Capelle: Die Vorsokratiker, 1968, S. 230, 306, 430f.

dass durch ihn an den jeweiligen Wahrnehmungsgegenständen immer auch andere Aspekte erkennbar werden, wenn man sich selbst als Wahrnehmungssubjekt bewegt und sie daher dann auch in ganz anderen Perspektiven wahrnimmt.

Gerade weil der Sehsinn ein ausgesprochener Distanzsinn ist, haben die jeweiligen Wahrnehmungssubjekte die Chance, eine theoretisierende und interpretierende Einstellung zu ihren Wahrnehmungsobjekten zu entfalten, in denen sie wiederum ganz unterschiedliche Wahrnehmungsweisen für diese entfalten können. Dieser intentionale Freiheitsspielraum erleichtert es dann, Wahrnehmungsgegenstände nicht nur passiv als solche zu registrieren, sondern sie auch als Hinweise bzw. als Zeichen für etwas ganz anderes zu verstehen.

Diese Implikationen von zeitgedehnten optischen Wahrnehmungsprozessen im Vergleich zu simultanen akustischen macht es dann auch recht leicht, optische Erfahrungsinhalte zum Gegenstand von Interpretationen zu machen, insofern sich nun genügend Zeit bietet, um bei ihrem Verständnis auf bestimmte Gedächtnisinhalte zurückzugreifen. Das hat dann zur Folge, dass sich die schriftlich fixierte Sprache auch sehr viel leichter als die gehörte zum Gegenstand lexikalischer, grammatischer und textueller Analysen machen lässt. Daraus ergeben sich dann wiederum Rückwirkungen darauf, wie wir das Phänomen der Zeit im Spiegel der Sprache erfassen und problematisieren können.

Bei der phänomenologischen Analyse des schriftlichen Sprachgebrauchs ist nun allerdings auch immer zu berücksichtigen, dass bei dieser Verwendung von Sprache ihre faktische Wahrnehmung abstraktiv vereinfacht wird. So wird beispielsweise die Einbindung der Sprache in die jeweilige Kommunikationssituation entscheidend reduziert, insofern die Korrelation von sprachlichen Zeichen mit mimischen, gestischen, und rhythmischen Begleitzeichen nicht mehr berücksichtigt wird. Dadurch schwächen sich die dialogischen und personalen Bezüge des Sprachgebrauchs natürlich zugunsten von monologischen und sachorientierten ab.

Das bedeutet dann einerseits, dass die Sprache hinsichtlich ihrer vielfältigen kommunikative Bezüge sehr viel karger wird, da sich nun nicht mehr so viele unterschiedliche Informationsebenen überlagern. Andererseits ist aber auch festzuhalten, dass die Sprache in bestimmten Hinsichten auch informativ präziser wird, da sich ihre pragmatische Funktion meist auf ihre Darstellungs- und Argumentationsfunktionen konzentriert. Das macht es dann zwar leichter, bestimmte chronologische Zeitimplikationen der Sprache aufzudecken, aber auch schwieriger, andersartige Zeitbezüge von ihr in den Blick zu bekommen und zu qualifizieren. Gleichwohl ist aber festzuhalten, dass die schriftlich fixierte Sprache wegen der Möglichkeit zu ihrer zeitgedehnten Wahrnehmung es grundsätzlich erleichtert, sehr unterschiedlich orientierte analytische Analysestrategien auf sie zu richten.

Gerade weil die schriftlich fixierte Sprache mit Ausnahme persönlicher Briefe einen offenen Adressatenkreis hat, muss sie notwendigerweise allgemeiner und normierter werden, um von vielen verstanden zu werden. Das bedeutet auch, dass ihre Objektivierungsformen für Zeit sowohl in formaler als auch in inhaltlicher Hinsicht stärker differenziert und konventionalisiert werden müssen. Ebenso wie wir über die grammatischen Formen der Sprache erst dann intensiv nachdenken können, wenn schriftlich fixierte Sprachzeugnisse vorliegen, an denen wir intersubjektiv gut nachvollziehbare Beobachtungen machen können, so können wir auch erst dann einigermaßen verlässlich auf die Frage antworten, welche konkreten sprachlichen Formen überhaupt zu Differenzierung und Objektivierung des Zeitphänomens beitragen können.

Insbesondere durch den Gebrauch der Buchstabenschrift wird unsere analytische Grundeinstellung zur Sprache sehr viel stärker begünstigt als etwa durch den Gebrauch von Begriffschriften. Bei der Nutzung der Buchstabenschrift werden nämlich sowohl die Produzenten als auch die Rezipienten von Schrift in einem sehr hohen Maße ständig dazu gezwungen, in analysierende und synthetisierende Denkprozesse einzutreten und diese auch wechselseitig aufeinander zu beziehen. Dadurch wird dann zwar einerseits das bildliche bzw. ganzheitliche Vorstellungsvermögen beim Gebrauch der Sprache abgeschwächt, aber andererseits tritt gerade dadurch auf eine fast hinterlistige dialektische Weise der metaphorische und ikonische Sprachgebrauch auch als eine ganz besondere sprachliche Sinnbildungsstrategie klarer hervor. Das kann dann natürlich gerade für die sprachlichen Objektivierungs- und Spiegelungsmöglichkeiten von Zeit wiederum sehr bedeutsam werden.

Wegen ihrer Nähe zu analysierenden Denkoperationen hat Humboldt deshalb auch betont, dass insbesondere die Buchstabenschrift „*das Theilungsgeschäft der Sprache*" mehr als alle anderen Verfahren der Verschriftlichung von Sprache vollende.[175] Auch Hegel hat postuliert, dass gerade die Buchstabenschrift ebenso wie der Grammatikunterricht als ganz wesentliche Bildungsmittel anzusehen seien, insofern beide „*den Geist von dem sinnlich Konkreten zu der Aufmerksamkeit auf das Formellere*" lenkten.[176]

Ganz gleich wie man nun den pragmatischen Wert der verschiedenen sprachlichen Verschriftlichungsstrategien beurteilt, auf jeden Fall ist festzuhalten, dass die Verschriftlichung von Sprache zu einem Denkhabitus führt, der bei der Objektivierung und Differenzierung unserer Wahrnehmungsmöglichkeiten

---

[175] W. von Humboldt: Über die Buchstabenschrift und ihren Zusammenhang mit dem Sprachbau. Werke, Bd. 3, S. 90.
[176] G. W. F. Hegel: Enzyklopädie. Werke, Bd. 10. S. 276.

für Zeit immer eine ganz wichtige Rolle spielt. Über den Gebrauch der Schrift werden wir nämlich immanent daran gewöhnt, Ganzes und Teil sowohl analytisch von einander zu trennen als auch synthetisch die so erzeugten Teile wieder zu etwas Ganzem zu verbinden. Gerade diese Fähigkeit wird nun aber ganz besonders wichtig, wenn wir unsere sehr komplexe Gesamterfahrung von Zeit analytisch aufzugliedern versuchen, ohne dabei den inneren Gestaltzusammenhang des Zeitphänomens aus den Augen zu verlieren.

Deshalb hat gerade die Gestaltpsychologie auch immer wieder darauf aufmerksam zu machen versucht, dass unsere Denkprozesse immer als ein Wechselspiel von Analyse und Synthese zu beurteilen seien. Beide dienten nämlich dazu, aus groben Vorgestalten des Wissens immer durchstrukturiertere und damit auch profiliertere Endgestalten herzustellen. Dabei ist dann natürlich immer auch zu beachten, dass das Ganze immer mehr ist als die Summe seiner Teile, weil in einem Ganzen die Teile für uns nicht isoliert für sich hervortreten, sondern immer in einem ganz bestimmten konstruktiven Korrelations- oder gar Interaktionszusammenhang.

10.2 Eigenzeit und Autonomie schriftlicher Texte

Die phänomenlogischen Überlegungen zu den strukturellen Implikationen des schriftlichen Sprachgebrauchs sollten verdeutlichen, dass schriftlich manifestierte Texte wegen ihrer optischen Rezeptionsweise, wegen ihrer sehr reduzierten Verschränkung mit einer konkreten Kommunikationssituation, wegen ihrer Adressatenoffenheit und wegen ihrer natürlichen Konzentration auf die monologischen Darstellungsfunktionen der Sprache immer eine recht große semantische Autarkie zuwächst. Diese Besonderheit rechtfertigt es dann auch, schriftlichen Texten einen sehr hohen Grad an Eigenzeit und Autonomie zuzusprechen, und zwar in einem doppelten Sinne.

Einerseits können sich verschriftliche Texte nämlich verhältnismäßig leicht aus der jeweiligen kalendarischen Realzeit und der entsprechenden Realwelt lösen und eine textuelle Eigenwelt konstituieren. Das exemplifizieren insbesondere fiktionale Texte, aber auch religiöse, juristische, argumentative und deskriptive Texte sehr deutlich, da sich diese in einem hohen Maße auf die Thematisierung von allgemeinen Strukturverhältnissen konzentrieren und weniger auf die einer direkt erfahrbaren empirischen Realwelt. Andererseits ergibt sich bei der Verschriftlichung von Sprache aber immer auch die innere Notwendigkeit, bei der konkreten Fixierung von Texten mit Hilfe von grammatischen Organisations- und Instruktionszeichen eigenständige zeitrelevante Ordnungsstrukturen aufzubauen, um in den jeweiligen Textwelten die chronologische Abfolge von

Ereignissen, die kausalen Bedingungsrelationen zwischen Sachverhalten, die Rezeptionsweise von Informationen sowie die jeweils zu aktivierenden Gedächtnisinhalte und Zukunftserwartungen auf verständliche Weise klar zu kennzeichnen. Auf diese Weise kann ein Text dann auch als ein eigenständiger Sach- und Zeitkosmos in Erscheinung treten.

Diese Autonomie von schriftlich konzipierten und fixierten Texten dokumentiert sich nach einer treffenden Bemerkung von Paul Ricoeur insbesondere darin, dass es in ihnen zu einer Loslösung des *„Gesagten"* vom Vorgang des *„Sagens"* komme. Dadurch entstünden dann eigenständige Textwelten, die nur mittelbar mit der Realwelt und der Realzeit verknüpft seien.[177] Diese Besonderheit von schriftlich konzipierten und vermittelten Texten gegenüber mündlich konzipierten und vermittelten hat dann natürlich auch ganz bestimmte Rückwirkungen auf die Konkretisierung ihrer jeweiligen lexikalischen, grammatischen und textuellen Ordnungsstrukturen.

Wygotski hat das im Zusammenhang mit seinen Überlegungen zum Erwerb der schriftsprachlichen Kompetenz von Kindern sehr prägnant herausgearbeitet. Die geschriebene Sprache müsse sich im Vergleich mit der mündlich verwendeten von allen Verstehenshilfen emanzipieren, die sich aus der Intonation, der begleitenden Gestik und den jeweiligen situativen Kontexten ergäben. Deshalb würde die Sprache von schriftlich konzipierten Texten im Prinzip auch intellektueller als die von mündlich konzipierten. *„Es ist eine auf die maximale Verständlichkeit für andere Personen gerichtete Sprache. Alles muß darin bis zu Ende gesagt werden."*[178]

Diese Verselbständigung der Sprache im schriftlichen Sprachgebrauch geht kulturhistorisch einher mit der überregionalen Normierung der Sprache und einem expliziten Grammatikunterricht. Dadurch soll nämlich sichergestellt werden, dass schriftlich fixierte Texte über räumliche, zeitliche und personale Schranken hinweg so optimal wie möglich verstanden werden können. Das ist natürlich insbesondere auch deshalb sehr wichtig, weil es beim Lesen von Texten ja keine Möglichkeiten gibt, Verstehensprobleme über dialogische Rückfragen direkt zu beseitigen.

Die Verselbständigung von Sprache im schriftlichen Gebrauch ist natürlich nicht so harmlos, wie es auf den ersten Blick vielleicht erscheinen mag. Damit sind nämlich kulturelle und kognitive Konsequenzen verbunden, die es ausschließen, die Schrift nur als ein bloß technisches Hilfsmittel zur Fixierung der

---

177 P. Ricoeur: Die Schrift als Problem der Literaturkritik und der philosophischen Hermeneutik. In: J. Zimmermann (Hrsg.): Sprache und Welterfahrung, 1978. S. 67.
178 L. S. Wygotski: Denken und Sprechen, 1971², S. 227f.

gesprochenen Sprache anzusehen, das keine nachhaltigen Auswirkungen auf die Wahrnehmungs- und Denkprozesse der so kommunizierenden Menschen hat. Die Schrift muss vielmehr als ein Kulturphänomen angesehen werden, das sehr nachhaltig auf die Wahrnehmungs- und Denkprozesse der Menschen einwirkt, obwohl sie zunächst nur als ein technisches Problem zur verlässlichen Fixierung von Texten in Erscheinung zu treten scheint. Das lässt sich recht gut durch ethnologische Untersuchungen zu den unterschiedlichen bzw. zu den bevorzugten Denkverfahren in oralen und literalen Kulturen verdeutlichen.

Beispielsweise hat Patricia Greenfield festgestellt, dass schriftunkundige Wolofkinder im Senegal große Schwierigkeiten gehabt hätten, klar zwischen ihren eigenen Meinungen bzw. Aussagen über einen bestimmten Sachverhalt und dem Sachverhalt selbst zu unterscheiden. Dagegen hätten sich schriftkundige Wolofkinder diesbezüglich kaum von den schriftkundigen Kindern in Europa oder Amerika unterschieden.[179] Aus diesem Tatbestand lässt sich nun wohl folgern, dass der Umgang mit Schrift sowie das schulische Lernen auf der Basis von schriftlichen Texten die Fähigkeit beträchtlich steigern kann, etwas auf distanzierte und kontemplative Weise wahrzunehmen und dabei das jeweils Wahrgenommene nicht einfach in die eigene aktuelle Raum- und Zeitwelt zu integrieren. Der Gebrauch von Schrift gewöhnt uns nämlich offenbar ganz entscheidend daran, Phänomene unter spezifischen Vorbedingungen auf eine kontrollierbare Weise perspektivisch wahrzunehmen und das sprachlich jeweils Vermittelte nicht vorschnell schon als einen direkt gegebenen Tatbestand anzusehen. Weiterhin wird man durch den Gebrauch der Schrift und schriftlich fixierter Texte dafür konditioniert, einzelne Seins- und Zeitwelten klar voneinander zu unterscheiden, insofern man ja in diese eintreten oder auch aus ihnen austreten kann. Das hat dann natürlich immer auch einen ganz beträchtlichen Einfluss darauf, wie schulische Lernprozesse auf die jeweilige Identitätsbildung bei Kindern einwirken können.

Zu ganz ähnlichen Ergebnissen wie Greenfield ist auch der russische Psychologe Lurija schon fünfzig Jahre vorher gekommen, als er nach der russischen Revolution die spezifischen Wahrnehmungs- und Denkstrategien analphabetischer Landbewohner in Usbekistan näher untersucht hat. Bei seinen Experimenten hat er sein Wahrnehmungsinteresse insbesondere darauf gerichtet, wie seine Probanden ganz bestimmte Gegenstände des alltäglichen Lebens kognitiv erfassten und kategorial in ihre eigene Vorstellungswelt einordneten. Beispielsweise hat er seinen Versuchspersonen Bilder vorgelegt, auf denen ein *Beil*, eine *Säge*, ein *Holzscheit* und ein *Spaten* abgebildet waren. Anschließend hat er sie

---

[179] P. M. Greenfield: Oral or written language. In: Language and Speech, 1972, S. 109–178.

dann aufgefordert, die Abbildung desjenigen Gegenstandes auszusondern, der sachlich nicht zu der jeweiligen Gruppe von Dingen gehöre.[180]

Bei diesem Experiment stellte sich dann heraus, dass die schriftunkundigen Bauern, das Spatenbild aussonderten, da sie nach ihrer praktischen Lebenserfahrung das Beil, die Säge und den Holzscheit wegen ihrer funktionellen Zusammengehörigkeit immer auch als kategorial zusammengehörig empfanden. Die schriftkundigen Bauern sonderten dagegen das Bild des Holzscheits aus, weil sie durch ihre abstrakter strukturierten schulischen Lernprozesse daran gewöhnt waren, Werkzeuge von Nicht-Werkzeugen zu unterscheiden.

Auch ein anderes Experiment von Lurija stützt die These, dass Schriftunkundige größere Schwierigkeiten als Schriftkundige haben, Textwelten als eigenständige Welten wahrzunehmen, aus deren jeweiligen Besonderheiten man kraft logischer Schlussfolgerungsprozesse andere gültige Informationen ableiten kann, ohne diese jeweils empirisch überprüfen zu müssen. So wurden beispielsweise Versuchspersonen mit und ohne Schulbildung die Aufgabe gestellt, aus zwei Sachaussagen eine dritte gültige Aussage abzuleiten: *Im hohen Norden, wo Schnee liegt, sind alle Bären weiß. Nowaja Semlja befindet sich im hohen Norden. Welche Farbe haben dort die Bären?*

Während die schriftkundigen Versuchspersonen keine Schwierigkeiten hatten, aus den jeweils gegebenen Informationen eine weitere abzuleiten, hatten die schriftunkundigen Versuchspersonen diesbezüglich große Schwierigkeiten. Sie waren nämlich gewohnt, ihr Wissen aus ihren persönlichen Erfahrungen und Gedächtnisinhalten abzuleiten und nicht aus einem rein sprachlich objektivierten Vorwissen. Sie erklärten nämlich, dass sie diese Frage nicht beantworten könnten, weil sie nie im hohen Norden gewesen seien. Deshalb könnten sie natürlich auch keine Auskünfte über die Fellfarbe der dortigen Bären geben. Dieses Experiment verdeutlicht sehr schön, dass die Fähigkeit, Textwelten als eigenständige Raum- und Zeitwelten zu erfassen, die nur mittelbar mit ihren eigenen Lebenswelten zusammenhängen, bei Alphabeten sehr viel ausgeprägter ist als bei Analphabeten. Letztere verlassen sich bei Aussagen nämlich immer sehr viel stärker auf eigene empirische Erfahrungen als Schriftkundige.

Greenfields und Lurijas Untersuchungen zum Problem der kognitiven Auswirkungen des Umgangs mit schriftlich fixierter Sprache auf das Wahrnehmen und Denken stehen auch im Einklang mit der schon erwähnten These Bruners und Olsons, dass der Umgang mit Texten zu einer zweiten menschlichen Lebenspraxis (Deuteropraxis) führe. Diese zweite Lebenspraxis, die mit einer eigenen Raum- und Zeiterfahrung verbunden ist, lässt sich natürlich prinzipiell mit der

---

[180] A. R. Lurija: Die historische Bedingtheit individueller Erkenntnisprozesse, 1986, S. 115 ff.

ersten Lebenspraxis konstruktiv verbinden, aber keineswegs immer, was das Beispiel von Don Quichotte und Sancho Pansa sehr deutlich exemplifiziert.

Die Eigenwelt und Eigenzeit von Texten dokumentiert sich für uns heute wohl am deutlichsten in schriftlich fixierten Mythen, deren Fiktionscharakter für den heutigen Leser natürlich ganz außer Frage steht. Das war bei der Rezeption von Mythen in rein oralen Kulturen sicherlich nicht im gleichen Ausmaß der Fall, da hier Mythen weitgehend als eine sprachliche Objektivierung der Frühgeschichte des Menschen bzw. als eine Ausdrucksform eines authentischen historischen Wissens verstanden worden sind. Im Gegensatz dazu verstehen wir heute Mythen eher als heuristische Denkmodelle, die dann allerdings nicht in begrifflicher, sondern vielmehr in narrativer bzw. in analogisierender Form in Erscheinung treten.

In diesem Zusammenhang fügt es sich dann auch recht gut, dass Platon aus dem Munde von Sokrates uns einen Mythos über die Erfindung der Schrift überliefert hat, auf den im folgenden Unterkapitel noch näher eingegangen werden soll. Das Verständnis dieses Mythos ist natürlich nicht mit einem historischen Wahrheitsanspruch zu verbinden. Ihm kann allenfalls ein heuristischer Funktionswert zugeordnet werden, da Sokrates ihn didaktisch dazu verwendet, um in einem philosophischen Dialog die Vorteile und Nachteile des Schriftgebrauchs gut fassbar zu erörtern. Die besondere Pointe dieses Mythos besteht kulturgeschichtlich daher auch darin, dass er für unser kulturelles Gedächtnis wahrscheinlich verloren gegangen wäre, wenn Platon ihn nicht schriftlich fixiert hätte.

10.3 Texte als Formen des kulturellen Gedächtnisses

Maurice Halbwachs hat uns darauf aufmerksam gemacht, dass man Gedächtnisinhalte nicht nur mit Individuen in Verbindung bringen sollte, sondern auch mit sozialen Gruppen. In allen menschlichen Erinnerungen amalgamiere sich Individuelles mit Kollektivem.[181] Konkrete Gedächtnisinhalte würden einzelnen Menschen erst im Rahmen von bestimmten Sozialisations- und Kommunikationsprozessen zuwachsen bzw. im Rahmen von konventionalisierten kulturellen Wahrnehmungs-, Klassifikations- und Erinnerungsverfahren. Deshalb seien Gedächtnisinhalte auch immer sozialbedingt, da sie auf sozialen Erfahrungen, Wünschen, Erwartungen, Zeichen und Traditionen beruhten. So gesehen könnten nicht nur überlieferte Texte als Manifestationsformen des kollektiven Ge-

---

[181] M. Halbwachs: Das kollektive Gedächtnis, 1967.

dächtnisses angesehen werden, sondern auch die überlieferte Sprache selbst, da sie ja Denkmuster für konkrete Textbildungen zur Verfügung stelle.

Jan Assmann hat die Überlegungen von Halbwachs aufgenommen und auf dieser Grundlage das Konzept eines *kulturellen Gedächtnisses* entwickelt.[182] In einem solchen werde das ganze Wissen einer Kultur in Form von gemeinsamen Wissensinhalten bzw. in Form von gemeinsamen Zeichen, Riten und Objektivierungsverfahren fassbar. Da man sich im Prinzip auch individuell nur an das erinnere, was im Rahmen einer Kultur erfahrbar, objektivierbar und kommunizierbar sei, habe das kulturelle Gedächtnis nicht nur eine Relation zur Vergangenheit, sondern auch zur Zukunft, da man in ihm nur das zu bewahren versuche, was in irgendeiner Hinsicht auch als wichtig für die Zukunft eingeschätzt werde und was man deshalb dann auch vor dem Vergessen bewahren möchte.

Die Spannweite der Phänomene, die man als Manifestationsformen des kulturellen Gedächtnisses betrachten kann, ist dementsprechend natürlich sehr groß. Sie reicht von unbeabsichtigt hinterlassenen Relikten (Faustkeilen), die man später dann als typisch für eine bestimmte Lebensform ansehen konnte, über Bauwerke (gotische Kathedralen) oder Regierungsformen (Monarchie, Demokratie) bis hin zu Erfindungen und zu Kunstwerken. Deshalb spielte in der römischen Antike dann auch die Zerstörung der Denkmäler von Staatsfeinden (damnatio memoriae) eine so große Rolle.[183]

Unbestreitbar ist in diesem Zusammenhang sicherlich, dass gerade schriftlich fixierte Texte eine ganz fundamentale Rolle spielen, um gegen zeitliche Erosionsprozesse und kulturelle Vergessensprozesse anzukämpfen. Zwar können auch mündlich tradierte Texte und insbesondere Epen dazu dienen, der *Toten Tatenruhm* verklärend zu bewahren, aber erst schriftlich fixierte Texte sind in der Lage, kulturell erarbeitetes Wissen in einem Ausmaß zu bewahren und zu tradieren, das alle anderen Formen individueller und kollektiver Gedächtnisleistungen weit übertrifft.

Bücher und Bibliotheken lassen sich daher auch als externe Wissensspeicher verstehen, die kulturell erarbeitete Wissensinhalte in einem Maße authentisch erhalten und verfügbar machen, welches das Maß und die Genauigkeit von individuellen Gedächtnisleistungen weit übersteigt. Deshalb hat man die Zerstörung von Bibliotheken und insbesondere den Brand der Bibliothek von Alexandria auch immer als eine besonders große Kulturkatastrophe empfunden.

---

[182] J. Assmann: Das kulturelle Gedächtnis, 1999; A. und J. Assmann: Schrift, Tradition und Kultur. In: W. Raible (Hrsg.): Zwischen Festtag und Alltag, 1988, S. 25–49.
[183] Vgl. A. Demandt: Zeit. Eine Kulturgeschichte, 2015, S. 465–508.

Gleichzeitig ist diesbezüglich nun aber auch zu beachten, dass der Gebrauch der Schrift es erforderlich macht, neue Wissensformen zu entwickeln und verfügbar zu machen. Dieses Wissen besteht nicht nur darin, wie man das schriftlich fixierte Wissen bei Bedarf auffindet, sondern auch darin, wie man es über große Zeitspannen hinweg adäquat verstehen und unter neuen Rahmenbedingungen sinnvoll nutzen kann. Das hat dann beispielsweise auch die Entwicklung der Hermeneutik und Textkritik notwendig gemacht. Es bedeutet weiterhin, dass der Gebrauch der Schrift auch den Begriff der Kultur nachhaltig verändert hat. Das betrifft dann nicht nur die quantitative Ausweitung kultureller Wissensbestände, sondern auch das Spannungsverhältnis zwischen materiellem Sachwissen und einem Metawissen über den adäquaten Umgang mit diesem Sachwissen. Deshalb spricht man dann ja auch zu Recht von oralen und literalen Kulturen, in denen sich notwendigerweise immer auch ein ganz unterschiedliches Verständnis von Zeit ausgeprägt hat.

Schon Herder hat nachdrücklich darauf verwiesen, dass das aus Büchern erworbene Wissen im Vergleich mit dem sinnlich erworbenen Wissen immer ein Wissen sei, das von der konkreten individuellen Erfahrung abstrahiere.

> Da lernen wir eine ganze Reihe von Bezeichnungen aus Büchern, statt sie aus und mit den Dingen selbst, die jene bezeichnen sollen, zu erfinden: wir wissen Wörter und glauben Sachen zu wissen, die sie bedeuten: Wir umarmen den Schatten statt des Körpers, der den Schatten wirft.[184]

Herders Kritik an dem in Büchern verschriftlichten Wissen ist natürlich auch eine Kritik des sprachlich objektivierten Wissens, das notwendigerweise immer auf Abstraktionen beruht, was dann natürlich sowohl Vor- als auch Nachteile haben kann. Aber gerade dadurch, dass das versprachlichte Wissen sich aus seinen personalen und situativen Bindungen zu lösen vermag, gewinnt es ja als kulturelles Wissen eine überzeitliche Relevanz, die auch eine kulturelle Regulationsfunktion übernehmen kann. Es regt nämlich auch die individuellen Einbildungskräfte der Menschen an, gerade weil es die rein sinnlichen Erfahrungsmöglichkeiten der Menschen transzendiert.

Gerade weil die Schrift auch eine große Dokumentationskraft hat, ist es keine Überraschung, dass am Anfang der schriftlichen Fixierung von Informationen wahrscheinlich Zählsteine, Warenlisten und elementare Buchhaltungsverfahren gestanden haben.[185] Aus dieser dokumentarisierenden Funktion der

---

[184] J. G. Herder: Die kritischen Wälder zur Ästhetik. Viertes Wäldchen. Werke Bd. 4, S. 203.
[185] D. Schmandt-Besserat: Vom Ursprung der Schrift. Spektrum der Wissenschaft 12, 1978, S. 5–12.

ersten Schriftzeichen ergab sich dann auch ganz folgerichtig, dass schon früh vor allem Gesetze schriftlich fixiert worden sind (die Straf-, Zivil- und Handelsgesetze Hammurabis in Babylon, die Gesetzgebung von Drakon und Solon in Griechenland, die Zwölftafelgesetze in Rom, die Magna Charta in England, der Sachsenspiegel in Deutschland).

All diese rechtlichen Festlegungen sind schriftlich fixiert, um ihren authentischen Wortlaut und ihre Regulationsfunktion dauerhaft zu stabilisieren. Ähnliches gilt auch für die drei großen monotheistischen Religionen, die sich alle auf kanonische Texte mit dem Anspruch auf eine überzeitliche Gültigkeit gründen und die sich eben dadurch dann auch von den sehr variablen ritengebundenen polytheistischen Religionen abzusetzen versuchten. Im Gegensatz zu den sehr raumorientierten polytheistischen Religionen lassen sich deshalb auch die monotheistischen Religionen als ausgesprochen zeitorientierte Religionen verstehen, insofern sie sich von einem ganz konkreten geographischen Raum emanzipieren und zugleich einen universalen zeitlichen Geltungsanspruch beanspruchen. Deshalb machen sie dann ja auch Aussagen über den Anfang und das Ende der Welt und verstehen die Geschichte als einen zielgerichteten Prozess und nicht als die ewige Wiederkehr des Gleichen.

In literalen Kulturen gibt es große strukturbedingte Chancen, das konkrete Hier und Jetzt geistig zu transzendieren und Andersartigkeiten bzw. Fremdheiten nicht nur als Bedrohungen wahrzunehmen, sondern auch als Anregungen und Herausforderungen. Dadurch kann es dann auch sehr viel leichter zu einer Kopräsenz des Vergangenen und Zukünftigen im Gegenwärtigen kommen bzw. zu einer Gleichzeitigkeit des Ungleichzeitigen, was dann wiederum nicht nur irritierende, sondern durchaus auch inspirierende Konsequenzen haben kann.

Auch orale Kulturen können natürlich durch ihre Riten die Vergangenheit und Zukunft in die Gegenwart integrieren, aber eher im Sinne der Bestätigung des eigenen Denkens und Wahrnehmens als im Sinne einer Erweiterung des eigenen Lebenshorizontes. Zur Charakteristik literaler Kulturen gehört deshalb dann auch ein ausgesprochener Drang, selbst Spuren in der Geschichte zu hinterlassen, die nicht so schnell und leicht vergehen können.

Die grundlegenden Implikationen des Schriftgebrauchs für unser individuelles und kulturelles Gedächtnis bzw. für unsere individuelle und kulturelle Identitätsbildung hat schon Platon in seinem Phaidros-Dialog auf erhellende Weise thematisiert. Hier lässt er nämlich Sokrates einen Mythos über die Erfindung der Schrift durch Theuth vortragen, den Sokrates dann anschließend ausführlich mit seinen Gesprächspartner Phaidros diskutiert. Für das Verständnis dieser Diskussion ist wichtig, dass sie im Kontext von Überlegungen zum richtigen Gebrauch der Sprache in der Redekunst steht. Dabei wird die Redekunst ausdrücklich mit der Heilkunst analogisiert, insofern beide nämlich dazu bestimmt seien, heilsame Einflüsse auf den Körper bzw. die Seele von Menschen auszuüben. Das bedeutet, dass die Sprache von vornherein nicht nur als bloßes Informations- oder als Darstellungsmittel verstanden wird, sondern vor allem auch als ein Mittel zur richtigen Seelenleitung im Sinne einer richtigen Leitung des Denkens. Dabei spielt dann natürlich die Frage nach der Besonderheit der mündlich und der schriftlich gebrauchten Sprache eine ganz wichtige Rolle.

Um die pragmatische Funktionalität der Sprache für die richtige Seelenleitung bzw. für die richtige Strukturierung des Denkens zu klären, erzählt Sokrates zu heuristischen und didaktischen Zwecken eine Geschichte über die Erfindung der Schrift durch Theuth, für deren faktischen Wahrheitsgehalt er sich allerdings selbst nicht verbürgen möchte. Die Frage der historischen Wahrheit der Geschichte ist Sokrates auch gar nicht so wichtig, sondern allein die Frage der Erklärungskraft dieser Geschichte für die Objektivierung und Strukturierung des diskutierten Sachproblems.[186]

Nach Auskunft von Sokrates hat Theuth zunächst Zahl und Rechnung erfunden, dann die Messkunst und Sternenkunde sowie Brett- und Würfelspiele und schließlich als Krönung seiner kreativen Einbildungskraft die Buchstaben und die Schrift. Diese Miteilungen sind keine nebensächlichen Ausschmückungen des Mythos, sondern wichtige Hinweise darauf, dass Theuth ein Meister der Abstraktionen ist. Durch diese entfernt er sich einerseits von der sinnlich direkt wahrnehmbaren Welt, aber andererseits kann er mit ihrer Hilfe auch die verborgenen abstrakten Ordnungsstrukturen der empirischen Welt klarer und vielfältiger wahrnehmen. Deshalb ergibt sich bei der Diskussion über diese Geschichte zur Erfindung der Schrift auch sofort die Frage, welcher pragmatischer Nutzen mit dieser Neuerung faktisch verbunden ist.

Nach der Erfindung der Schrift wird nämlich Theuth sofort beim ägyptischen König Thamus vorstellig, um diesem die Schrift als ein Mittel anzupreisen, mit dessen Hilfe die Ägypter weiser und gedächtnisreicher werden könnten. Der Pragmatiker Thamus ist aber angesichts der Euphorie von Theuth über den Nutzen der Schrifterfindung eher skeptisch als euphorisch gestimmt. Er ist nämlich der Auffassung, dass der Gebrauch der Schrift in den Seelen der Menschen eher zur Vergesslichkeit als zur Weisheit führe, weil die Fähigkeit zur Erinnerung durch das Vertrauen auf die Speicherfunktion der Schrift eher geschwächt als gestärkt werde. Mit Hilfe der Schrift könne man sich nämlich nur noch äußerlich durch künstliche und fremde Zeichen erinnern, aber nicht mehr

---

[186] Platon: Phaidros 274 c–277 a., Werke Bd. 4, S. 54 ff. Vgl. auch W. Köller: Der Theuthmythos über die Erfindung der Schrift. In: Narrative Formen der Sprachreflexion, 2006, S. 158–189.

innerlich durch die dafür zuständigen eigenen Seelenkräfte. Die Schrift stärke nicht die Erinnerung in einem inhaltlichen Sinne, da sie allenfalls ein äußeres Hilfsmittel für das Erinnern sei.

Ebenso wie Thamus macht auch Sokrates auf die eher problematische Seite des Schriftgebrauchs aufmerksam. Mit verschriftlichten Texten sei ebenso wie mit bloß anschaubaren Bildern kein wirklicher Dialog möglich, weil beide nicht auf Fragen antworten könnten. Den mündlichen Sprachgebrauch könne man immer auf seine jeweiligen Gesprächspartner abstimmen, den schriftlichen aber nicht. Schriftlich fixierte Spracherzeugnisse könnten unkontrolliert durch ihre Urheber in der Welt herumvagabundieren und würden zudem auch leicht missverstanden, da ihr tatsächlicher Sinn nicht durch den jeweiligen Situationszusammenhang präzisiert werde. Die Verschriftlichung von sprachlichen Äußerungen sei problematisch, weil dadurch die Gefahr entstehe, diese Texte abstrahierend auf ihren bloßen semantischen Wortlaut bzw. Inhalt zu reduzieren, der dann als Handelsware in Umlauf kommen könne. Das demonstrierten die Sophisten sehr deutlich, die ihre Lehrsätze gegen Geld veräußerten, ohne deren faktische Verwendung anschließend noch kontrollieren zu können.

Aus dieser Beurteilung des Nutzens der Schrift hat Sokrates selbst dann ja auch die Konsequenz gezogen, seine philosophischen Überlegungen nicht schriftlich zu fixieren, um die Kontrolle über seine Aussagen nicht zu verlieren und um sicherzustellen, dass diese nicht als autonome Lehrsätze verstanden werden statt als philosophische Sinnbildungsanstrengungen mit ganz spezifischen Zielsetzungen. Platon selbst hat dann eine gewissen Kompromiss zwischen dem mündlich und dem schriftlich objektivierten philosophischen Denken darin gefunden, dass er dieses Denken in Form von Dialogen dargestellt hat. Dadurch bekommt dann jede einzelne Aussage einen bestimmten sachlichen und zeitlichen Stellenwert in einem konkreten Argumentationszusammenhang, der es weitgehend verbietet, ihr einen situationsabstrakten Bedeutungswert mit einem allgemeingültigen Wahrheitsanspruch zuzuordnen.

Die Schriftkritik von Thamus, Sokrates und Platon ist so gesehen auch nicht als eine generelle Verdammung des schriftlichen Sprachgebrauchs zu verstehen, sondern vielmehr als eine immanente Aufforderung, die abstrahierenden Implikationen der schriftlichen Sprachnutzung nicht aus den Augen zu verlieren. Diese Gefahr besteht nämlich vor allem deshalb, weil schriftliche Aussagen natürlich immer Gefahr laufen, ihre Entstehungsgeschichte, ihre situative Einbindung und ihre ursprüngliche pragmatische Funktion zugunsten ihrer aktuellen Darstellungs- und Behauptungsfunktion in Vergessenheit geraten zu lassen. Auf diese Weise wird dann die schriftlich verwendete Sprache in der Regel sehr viel abstrakter als die mündlich genutzte. Das führt dann wiederum dazu, dass individuelle Gedächtnisinhalte und Erfahrungen zugunsten von kollektiven geschwächt werden, weil das Wissen und Denken in einem sehr hohen Maße entpersonalisiert und entzeitlicht wird.

Diese verdeckten Implikationen des schriftlichen Sprachgebrauchs kann man natürlich positiv oder negativ bewerten. Sokrates und Platon sehen sie im Hinblick auf das von ihnen angestrebte philosophische Wissen wohl eher als eine Gefahr an und weniger als eine Chance. Diese Wissensform lässt sich ihrer Meinung nach nämlich nicht zutreffend in Form von allgemeingültigen Lehrsätzen objektivieren und vermitteln. Nach dem Zeugnis des erkenntnistheoretischen Diskurses im sogenannten *siebenten Brief* soll Platon im Zusammenhang mit der Aufforderung, seine Lehre schriftlich für seine Nachwelt zusammenzufassen, sich nämlich diesbezüglich folgendermaßen geäußert haben.

Eine zusammenfassende und schriftlich fixierte Lehre über seine Einsichten mit einem allgemeingültigen überzeitlichen Geltungsanspruch könne es eigentlich gar nicht geben. Diese Einsichten hätten nämlich eine innere Struktur, die sich einer solchen Objektivierungsweise weitgehend entzögen. Das von ihm angestrebte philosophische Wissen erzeuge sich nämlich erst durch die intensive Beschäftigung mit den jeweiligen Denkgegenständen gleichsam *„wie ein durch einen abspringenden Feuerfunken plötzlich entzündetes Licht in der Seele […]"*.[187]

Die sokratisch-platonische Schriftkritik sowie die Kritik an der semantischen Autonomie philosophischer Texte relativiert und mildert sich allerdings, wenn man solche Texte weniger als Wissensspeicher ansieht, sondern eher als widerspenstige, aber zugleich auch als inspirierende Dialogpartner. Das bedeutet dann, dass man solchen Texten ähnlich wie Personen eine spezifische Identität, Autonomie und Eigenzeit zuschreiben kann, auf die man sich als Partner einzustellen hat, aber keinen unwandelbaren und ewig gültige Bedeutungsinhalt. Deshalb können dann schriftlich fixierte Texte durchaus auch die Chance eröffnen, mit ihnen auf eine dialogische Weise ins Gespräch zu kommen, wenn man Fragen an sie stellt, die in der Lage sind, die natürliche sprachliche, sachliche und zeitliche Distanz zu ihnen zu überbrücken. Auf diese Weise kann man variable Beziehungen zu ihnen aufbauen, die dann ihre mögliche Fremdheit und Unzugänglichkeit deutlich abmildern.

---

[187] Platon. Siebenter Brief 341 c–d, Werke Bd. 1, S. 317. Die Echtheit dieses Briefes ist allerdings umstritten. Aber das ist im Hinblick auf die strukturelle Analyse dieses Problemzusammenhangs von weniger großer Bedeutung als im Hinblick auf die mögliche authentische Rekonstruktion des platonischen Denkens insgesamt. Jedenfalls ist offensichtlich, dass Platon große Vorbehalte gegen alle Wissensformen gehabt hat, die in einer fertigen dogmatischen Gestalt als allgemeingültiges Gegenstandswissen in Erscheinung treten. Vgl. dazu: W. Wieland: Platon und die Formen des Wissens, 1982, S. 13–38.

Diese Chance bietet sich insbesondere auch deshalb, weil schriftlich fixierte Texte, die Sprache von einem vorübergehenden Schallphänomen zu einem beobachtbaren Gegenstandsphänomen im Raum machen, das man in variablen Perspektiven zeitgedehnt zu einem relativ stabilen Betrachtungsgegenstand machen kann. Ebenso wie man seine eigenen komplexen Gedächtnisinhalte durch unterschiedliche Fragestellungen inhaltlich variabel erschließen kann, so kann man dies auch hinsichtlich des Sachinhalts von schriftlich fixierten Texten. Solche Fragen haben dann auch die Chance, wie *„abspringende Feuerfunken"* ein Erhellungslicht für die Textwahrnehmung zu erzeugen. Voraussetzung dafür ist allerdings, dass man seine Verstehensprozesse zeitlich dehnen kann und nicht unter dem Zwang steht, Texte genauso schnell verstehen zu müssen, wie man sie faktisch lesen kann.

10.4 Zeitdehnungen im schriftlichen Sprachgebrauch

Der Umstand, dass man im schriftlichen Sprachgebrauch sprachliche Zeichen von Gegenständen des Hörens zu solchen des Sehens macht, hat weitreichende Konsequenzen, die sich mit Hilfe der Vorstellung der Zeitdehnung recht gut erläutern lassen. Während der mündliche Sprachgebrauch dadurch geprägt ist, dass man sprachliche Zeichen in einer ganz bestimmten Geschwindigkeit erzeugen und verstehen muss, kann man im schriftlichen Sprachgebrauch zeitgedehnt darüber nachdenken, welche Formen man verwenden sollte und welche nicht bzw. wie man diese am besten zu bilden und zu verstehen hat. Das bedeutet, dass der faktische Sprachgebrauch nicht nur sachthematisch orientiert ist, sondern immer auch reflexionsthematisch, da es ja nicht nur darum geht, was jemand einem anderen mitteilt, sondern auch darum, in welchen Perspektivierungen das jeweils geschieht.

Das hat dann zur Folge, dass im schriftlichen Sprachgebrauch die Sprache als Medium sehr viel deutlicher hervortritt als im mündlichen, weil man nun gleichsam jede einzelne sprachliche Form in zeitgedehnten Reflexionsschleifen auf den Prüfstand stellen kann, um herauszufinden, was sie tatsächlich zu leisten vermag und was nicht. Solche hermeneutischen Anstrengungen brauchen notwendigerweise Zeit. Allerdings können sie auch nicht ewig andauern, sondern müssen aus pragmatischen oder methodischen Gründen nach einer gewissen Zeit wieder abgebrochen werden, weil sie ansonsten eher eine verunklärende als eine klärende Funktion bekommen. Dabei ist dann auch nicht ausgeschlossen, dass das spontane und vom Sprachgefühl gesteuerte Verstehen bestimmter sprachlicher Formen oft die gleichen oder gar brauchbarere Ergebnisse erbringt als das zeitgedehnte und methodisch organisierte Verstehen.

Letzteres ist allerdings unverzichtbar, wenn es um das Verstehen von historischen Texten bzw. Sprachformen geht, die mit Hilfe unseres intuitiven Gegenwartswissen von Sprache im Hinblick auf ihre ursprünglichen bzw. früheren Sinnbildungsintentionen oft nicht mehr zureichend zu verstehen sind.

Der zeitgedehnte Produktions- und Rezeptionsprozess im schriftlichen Sprachgebrauch ist kulturgeschichtlich sicherlich als eine große Chance zu verstehen, unser Wissen über die Leistungskraft des Mediums *Sprache* zu vergrößern und zu präzisieren. Ohne den schriftlichen Sprachgebrauch wäre jedenfalls Literatur und Wissenschaft in der uns heute vertrauten Form gar nicht mehr denkbar. Beide Phänomene wären für uns heute kaum noch verständlich, wenn es nicht zugleich auch ein klares Bewusstsein davon geben würde, dass die Sprache eine eigenständige vermittelnde *Zwischenwelt* zwischen der Welt der Gegenstände einerseits und der Welt der Menschen andererseits ist. Auf jeden Fall haben wir zu beachten, dass die Sprache für uns ein ganz anderes Funktionsprofil bekommt, wenn sie für uns nicht mehr als ein neutrales und passives Abbildungsinstrument in Erscheinung tritt und wenn wir ihre Einzelformen nicht mehr nur im Rahmen der natürlichen Sprechgeschwindigkeit erzeugen und verstehen müssen, sondern auf zeitgedehnte Weise.

Allerdings ist der zeitgedehnte schriftliche Sprachgebrauch nicht nur mit Chancen verbunden, sondern auch mit Problemen. Durch das zeitgedehnte Erzeugen und Verstehen von Sprache kann nämlich die synthetisierende und gestaltbildende Kraft der Sprache zugunsten ihrer analysierenden und logischen Kraft geschwächt werden. Bei letzterem Sprachgebrauch greifen wir nämlich weniger auf unser intuitives Sprachwissen zurück, sondern eher auf unser begriffliches. Dieses Sprachwissen ist zwar in informativer Hinsicht exakter, aber zugleich auch weniger vielschichtig. Deshalb lebt der schriftliche Sprachgebrauch gerade in der fiktionalen Literatur ja auch in vielfältiger Weise von der direkten und indirekten Imitation des mündlichen Sprachgebrauchs (direkte Rede, erlebte Rede).

Paul Valéry hat durch ein eindrucksvolles Denkbild darauf aufmerksam gemacht, dass die Brückenfunktion der Sprache durchaus gefährdet werden kann, wenn dabei unsere Möglichkeiten zu zeitgedehnten Produktions- und Rezeptionsweisen überstrapaziert werden. Funktional gesehen seien sprachliche Brücken nämlich nur zu einer transitorischen Nutzung bestimmt, aber nicht dazu, sich auf ihnen niederzulassen, sie dauerhaft zu belasten oder über Metareflexionen ihre kognitiven und kommunikativen Belastungsgrenzen zu prüfen. Deshalb hat er auch Wörter mit leichten Planken verglichen, die man über Gräben oder Felsspalten lege. Über diese müsse man immer zügig hinweggehen. Man dürfe sich nicht das vielleicht reizvolle Vergnügen erlauben, auf diesen fragilen Brettern zu tanzen, um ihre Festigkeit auf die Probe zu stellen.

Sogleich schaukelt die zerbrechliche Brücke oder bricht durch, und alles stürzt in die Tiefe. Befragen Sie ihre eigene Erfahrung; Sie werden finden, daß wir die anderen nur verstehen und daß wir uns selbst nur verstehen dank der *Schnelligkeit, mit der wir über die Worte hinweggehen*. Man darf sich auf ihnen nicht schwer machen, wenn man nicht damit gestraft werden will, daß man die klarste Rede in Rätsel, in mehr oder weniger gelehrte Illusionen zerfallen sieht.[188]

Die Konsequenzen der Zeitdehnung bei Herstellung und dem Verständnis von schriftlich fixierten Texten lassen sich recht gut herausarbeiten, wenn wir die Begriffe *Stil* und *Hermeneutik* hinsichtlich ihrer Herkunft und Funktionalität etwas näher betrachten. Das ist sowohl in einem kulturhistorischen als auch in einem pragmatischen Sinne interessant, weil beide Begriffe sehr eng mit dem Phänomen der Schrift verbunden sind. Dabei spielt dann in beiden Fällen auch die schon erwähnte These Ricoeurs eine wichtige Rolle, dass sich im schriftlichen Sprachgebrauch das *Gesagte* weitgehend vom Vorgang des *Sagens* ablöse, sowie die These Wygotskis, dass in dieser Sprachnutzung alles bis zum Ende gesagt werden müsse, da die intonatorischen und situativen Hilfen des mündlichen Sprachgebrauchs ja weitgehend entfielen.

Aus diesen Rahmenbedingungen ergibt sich dann beim schriftlichen Sprachgebrauch in einem hohen Maße die Notwendigkeit, das Inventar der lexikalischen, grammatischen und textuellen Formen auszubauen und zu konventionalisieren. Das beinhaltet dann auch, dass der schriftliche Sprachgebrauch sehr viel stärker als der mündliche einem ständigen Korrekturpostulat unterliegt, was ohne die Möglichkeit zu einer zeitgedehnten Herstellung von Texten gar nicht realisierbar wäre. Dieser Strukturzusammenhang lässt sich gerade durch den Blick auf die Genese des Stilbegriffs gut veranschaulichen.

Unser heutiges Wort *Stil* geht nämlich auf das lat. Substantiv *stilus* zurück, mit dem ursprünglich der Griffel bezeichnet worden ist, den man zur Beschriftung von Wachstafeln verwendete. Dieser hatte ein spitzes Ende, mit dem man Wörter auf Tafeln einritzen konnte, und ein plattes Ende, mit dem man diese Einritzungen wieder löschen oder verbessern konnte. Das verdeutlicht, dass die Verschriftlichung von Sprache immer mit der Norm- und Korrekturproblematik verbunden war bzw. mit dem Problem, Texte semantisch möglichst autonom zu machen und für sich selbst sprechen zu lassen, ohne dabei Hilfen aus der Intonation und der situativen Einbindung in Anspruch nehmen zu müssen.

Dieser semantische Autonomieanspruch von schriftlich fixierten Texten bezog sich anfangs vor allem darauf, eine optimale sprachliche Repräsentation

---

[188] P. Valéry: Dichtkunst und abstraktes Denken. In: F. R. Hausmann u. a. (Hrsg.): Französische Poetiken, Teil II, 1978, S. 364.

von Sachverhalten zu finden bzw. eine solche in einem bestimmten Texttyp zu konkretisieren. Später bezog sie sich dann auch darauf, der Individualität des jeweiligen Textproduzenten einen prägnanten Ausdruck zu geben. Optimierungen des Stils waren dementsprechend dann auch immer als zeitgedehnte Korrekturprozesse bei der Nutzung von lexikalischen, grammatischen und textuellen Formen im schriftlichen Sprachgebrauch zu verstehen. Das schloss dann natürlich nicht aus, dass sich solche spezifischen Stiloptimierungen auch zu einem ganz bestimmten Individual- oder Epochenstil konkretisieren konnten.

Die Relation des Stilbegriffs zu Optimierungsprozessen macht auch die folgende These Schopenhauers recht gut verständlich: *„Der Stil ist die Physiognomie des Geistes [...]. Fremden Stil nachahmen heißt eine Maske tragen. [...] Die Sprache, in welcher man schreibt, ist die Nationalphysiognomie."*[189] Auch Nietzsche hat sich auf ganz ähnliche Weise zur Stilproblematik geäußert. *„Den Stil verbessern – das heißt den Gedanken verbessern, und gar nichts weiter!"*[190] Der Stiltheoretiker Spitzer hat dann auch die Bemühungen um einen guten Stil als einen ganz wesentlichen Beitrag für die Durchstrukturierung der Sprache bzw. für die allgemeine Sprachentwicklung angesehen. *„Syntax, ja Grammatik sind nichts als gefrorene Stilistik."*[191]

Der Biochemiker Chargaff hat einen Aphorismus formuliert, der prägnant auf die dialektische Spannung aufmerksam macht, die allen Stilphänomenen eigen ist. Diese helfen nämlich dabei, unsere Wahrnehmung von bestimmten Sachverhalten gerade dadurch zu konzentrieren und zu verbessern, dass sie etwas anderes verdecken bzw. unsichtbar machen. Das wird dann nur dadurch abgemildert, dass wir nicht kontemplativ in einer einzigen Wahrnehmungsperspektive verharren, sondern uns konzeptionell und methodisch selbst bewegen. *„Stil ist die Scheuklappe, die es einem gestattet, den Weg zu sehen."*[192]

All diese Stellungnahmen zum Stil verdeutlichen, dass Stilfragen immer auch als Sinnbildungsfragen zu verstehen sind. Das bestätigt dann auch Humboldts Grundauffassung, dass die Sprache für uns nicht als ein Werk (Ergon) im Sinne einer fertigen Form (forma formata) in Erscheinung treten sollte, sondern vielmehr als eine wirkenden Kraft (Ernergeia) im Sinne eines formbildenden Prinzips (forma formans). Weiterhin harmoniert es auch mit der These Bühlers, dass die Sprache ein Werkzeug (organon) sei, das als *„geformter Mittler"* zu werten sei, der sich ständig regenerieren müsse.[193]

---

189 A. Schopenhauer: Über Schriftstellerei und Stil § 282. Werke Bd. 5, 1988, S. 455.
190 F. Nietzsche: Menschliches, Allzumenschliches, Werke Bd. 1, 1973^7, S. 930, Nr. 131.
191 L. Spitzer: Stilstudien, Bd. 2, 1961^2, S. 517.
192 E. Chargaff: Bemerkungen, 1981, S. 121.
193 K. Bühler: Sprachtheorie, 1965^2, S. XX.

Wenn man nun weiterhin berücksichtigt, dass nicht nur einfache lexikalische und grammatische Sprachformen, sondern auch komplexe Stilformen historischen Wandlungsprozessen unterliegen, dann ergibt sich natürlich die Frage, wie man mit den sprachlichen Fremdheitserfahrungen umgehen soll und kann, die sich natürlich zwangsläufig bei der Rezeption von schriftlich fixierten Texten aus vergangenen Zeiten immer wieder ergeben.

Dieser Aufgabe hat sich insbesondere die philosophische, literarische und juristische Hermeneutik als Lehre von der Theorie und Praxis der Interpretation von solchen Texten gestellt, die man spontan nicht mehr auf befriedigende Weise verstehen konnte, weil sich die Semantik der jeweils verwendeten sprachlichen Formen im Laufe der Zeit natürlich verändert hat. Deshalb hat die Hermeneutik sich vor allem auch darum bemüht, die gestörte Assimilation von überlieferten Texten zu verbessern, die als besonders sinnträchtig angesehen wurden. Sie hat daher Verfahren entwickeln, um fremdartig erscheinende Denk- und Sprachformen wieder besser verständlich zu machen. Voraussetzung dafür war natürlich, dass die jeweiligen Leser selbst bereit waren, ihre eigenen Denk- und Sprachformen zu überprüfen bzw. sich selbst geistig zu bewegen, um sich über solche Akkommodationsprozesse etwas zunächst schwer Verständliches besser verstehbar zu machen.

Die Überwindung von sprachlichen Fremdheiten bzw. von Verstehensbarrieren macht es erforderlich, Verstehensprozesse zu verlangsamen. Durch solche interpretativen Zeitdehnungen beim Verstehen lassen sich Verstehensschwierigkeiten zwar nicht generell aufheben, aber doch abmildern und damit dann zugleich auch das historische Verfallsdatum von Texten. Fortschrittsenthusiasten mögen das vielleicht als Wiederbelebungsversuche von Mumien ansehen, aber Kulturökologen können darin durchaus einen Beitrag zur Rettung des geistigen Genpools der Menschheit sehen, auf den man nicht leichtfertig verzichten sollte. Über hermeneutische Bemühungen können historisch fremdartige und zunächst unverständliche Texte nämlich durchaus zu Resonanzräumen bzw. zu Dialogpartnern für das gegenwärtige Denken gemacht werden und auf diese Weise dann auch einen Sitz im aktuellen Leben bekommen.

Der Terminus *Hermeneutik* als zusammenfassende Bezeichnung für alle Verfahren, die Fremdheit und Schwerverständlichkeit von Texten zu mildern, hat sich in Deutschland erst im 18. Jh. eingebürgert, als man sich im Kontext des sich entfaltenden historischen Bewusstseins verstärkt um die Rezeption alter Texte bemüht hat, die sprachlich und sachlich zwar nicht mehr spontan verständlich waren, denen man aber prinzipiell eine bedeutsame Sinnfülle zuzuordnen geneigt war. Das macht dann auch verständlich, warum man sich bei der Wahl dieser Bezeichnung auf den griechischen Götterboten *Hermes* bezogen hat, der bezeichnenderweise nicht nur ein Abgesandter der Götter war, sondern zugleich auch der Gott der Händler und Diebe.

Der Sache nach, wenn auch nicht dem Namen nach, gab es die Hermeneutik allerdings schon seit der hellenistischen Antike, als man in der Bibliothek von Alexandria die Erfahrung machte, das man die schriftlich überlieferten Homertexte aus sprachlichen und sachlichen Gründen nicht immer spontan verstehen konnte und dass man sich deshalb genötigt sah, sich ein spezifisches sprachliches, sachliches und methodisches Zusatzwissen anzueignen, mit dem man sich diese Texte wieder besser verständlich machen konnte. All das wurde in der Antike und im Mittelalter dann allerdings unter dem Begriff *Grammatik* zusammengefasst, der daher umfangmäßig ursprünglich in etwa dem heutigen Begriff *Textwissenschaft* entsprach.

Diese Vorgeschichte der Hermeneutik ist nun insofern interessant, als sie zeigt, dass sich das Problem des adäquaten Verstehens zunächst auf schon kanonisierte Texte konzentrierte, deren überzeitlich gültiger Sinngehalt eigentlich außer Frage stand. Das hatte dann zur Folge, dass es bei deren Verstehen primär zunächst immer darum ging, ihren ursprünglichen Sinngehalt zu rekonstruieren bzw. historisch bedingte Verstehensbarrieren zu überwinden, aber nicht darum, diese Inhalte auch kritisch zu beurteilen. Erst nach und nach hat sich das Erkenntnisinteresse der Hermeneutik dann auch darauf ausgeweitet, eine Würdigung der jeweiligen Textinhalte aus zeitlicher Distanz vorzunehmen und auf diese Weise zugleich eine dialogische Beziehung zu ihnen aufzubauen.

Diese Entstehungsgeschichte der Hermeneutik macht nun auch verständlich, warum der Kirchenvater Origines versucht hat, die alexandrinischen Interpretationsverfahren für Homertexten auch für das Verständnis biblischer Texte fruchtbar zu machen. Diesbezüglich hat er dann die Theorie des mehrfachen Schriftsinns für das Bibelverständnis entwickelt, die dann nach und nach zu einer Theorie des vierfachen Schriftsinnes ausgearbeitet wurde. Dabei unterschied man dann zwischen einem *buchstäblichen* bzw. historischen, einem *allegorischen* bzw. bildlichen, einem *moralischen* bzw. handlungsanleitenden und einem *anagogischen* bzw. heilsgeschichtlichen Sinn biblischer Texte.

Diesbezüglich verwundert es dann auch nicht, dass sich nach und nach eine juristische Hermeneutik entwickelt hat, um insbesondere den Sinn von schriftlich fixierten Gesetzen in historischer und systematischer Hinsicht besser zu verstehen, was dann natürlich gerade hinsichtlich alter Gesetze zu einem immer wichtigeren Grundbedürfnis wurde. Dabei wurde dann zwischen einem *wörtlichen*, einem *systematischen*, einem *genetisch-historischen* und einem *finalistischen* Sinn von Gesetzen unterschieden. Auf diese Weise sollte dann die praktische Anwendung von kodifizierten alten Gesetzen erleichtert werden, was für eine funktionierende Rechtsstaatlichkeit natürlich unabdingbar war.

Im Kontext der Entwicklung eines historischen Bewusstseins von der Andersartigkeit frühere Denk- und Textwelten ist dann auch nicht überraschend, dass die Zielsetzungen der Hermeneutik nicht nur in der Theologie und Jurisprudenz, sondern auch in der Philosophie und der Literaturwissenschaft bzw. in allen Formen von Textwissenschaft immer aktueller wurden. Auch hier stellte sich nämlich nun prinzipiell die Frage, auf welche Weise man die historisch bedingte Fremd- und Andersartigkeit von Texten auf der Basis von zeitgedehnten Rezeptionsweisen vermindern könne.

Kant hat in diesem Zusammenhang dann sogar angemerkt, dass es eigentlich „*gar nichts Ungewöhnliches sei*" durch vergleichende Gedanken einen Verfasser „*so gar besser zu verstehen, als er sich selbst verstand, indem er seinen Begriff nicht genugsam bestimmte, und dadurch bisweilen seiner eigenen Absicht entgegen redete, oder auch dachte.*"[194] Ein solches Besserverstehen sei möglich, weil jemand aus der historischen Distanz nicht nur die Entstehungsgeschichte eines Gedankens, sondern auch seinen pragmatischen Stellenwert besser beurteilen könne als derjenige, der diesen als erster ausgesprochen habe.

Humboldt hat hinsichtlich der Verstehensproblematik geltend gemacht, dass nur die Sprache in der Lage sei, zwischen „*Denkkraft und Denkkraft*" wirklich zu vermitteln. Dabei sei allerdings immer zu berücksichtigen, dass keiner bei einem Worte gerade das denke, was der andere denke. „*Alles Verstehen ist daher immer zugleich ein Nicht-Verstehen [...] alle Uebereinstimmung in Gedanken und Gefühlen zugleich ein Auseinandergehen.*"[195]

Schleiermacher, der als der eigentliche Begründer der theoretischen Hermeneutik gilt, hat dann zwischen einer „*grammatischen*" bzw. sprachlichen und einer „*psychologischen*" bzw. intentionsbezogenen Auslegung von Texten unterschieden, um dem historischen bzw. dem zeitbedingten Verständlichkeitsschwund von Texten wirksam begegnen zu können. Schleiermachers Schüler Boeckh hat anschließend die Aufgabe der Hermeneutik im Sinne einer methodisch reflektierten Textphilologie sogar dahingehend bestimmt, dass es in ihr um „*das vom menschlichen Geist P r o d u c i r t e n, d.h. des E r k a n n t e n*" zu gehen habe.[196]

Heute wird man nach der Anfangseuphorie der Hermeneutik wohl realistischerweise davon ausgehen müssen, dass man weder die historische noch die psychologisch bedingte Fremdheit von Texten vollständig aufheben kann bzw.

---

[194] I. Kant: Kritik der reinen Vernunft B 371, Werke Bd. 3, S. 322.
[195] W. von Humboldt: Über die Verschiedenheit des menschlichen Sprachbaues, Werke Bd. 3, S. 201 und 228.
[196] A. Boeckh: Enzyklopädie und Methodenlehre der philologischen Wissenschaften 1886²/1966, S. 10 und 125.

dass man die von einem Autor thematisierte Welt tatsächlich auch mit dessen Augen sehen kann. Das ist vielleicht auch gar nicht wünschenswert, weil dadurch dann ja auch die Anregungskraft von Texten zu einem großen Teil entfallen kann, die faktischen Denkweisen der aktuellen Rezipienten zu beleben bzw. die sehr konkrete Frage zu stellen, welche der in Texten thematisierten Tatbestände als verweisende Zeichen für noch etwas anderes anzusehen sind. Nur wenn Texte einen Teil ihrer Fremdheit behalten, dann können sie für uns auch zu wirklichen Dialogpartnern werden und uns dazu anregen, im Sinne Gadamers zu versuchen, vermeintlich für sich existierende Denkhorizonte miteinander zu verbinden oder sogar miteinander zu verschmelzen.[197]

Eine solche Korrelation unterschiedlicher Denkhorizonte ist ohne die Sensibilität für die Historizität bzw. für die Evolutionsgeschichte sprachlicher Formen kaum denkbar. Diese Sensibilität kann sich aus einem expliziten historischen Sprachwissen speisen, aber auch aus einem impliziten oder intuitiven Sprachwissen bzw. Sprachgefühl, das als Resultante aus der Lektüre von Texten aus unterschiedlichen Sprach- und Kulturepochen entstehen kann. Ein Sprachwissen, das sich allein aus dem Konventionswissen des jeweils gängigen Sprachgebrauchs herleitet, reicht dazu in keinem Fall aus, da sich das Sinnprofil von Texten aller Art sich erst über bestimmte Kontrastrelationen erschließt, seien sie nun zeitlicher oder sachlicher Art.

Dieser Zusammenhang dokumentiert sich sehr klar im metaphorischen, ironischen und imitatorischen Sprachgebrauch. Sprachliche Verstehensprozesse aller Art stoßen ohne Hilfe von historischem und systematischem Sprachwissen, von Sachwissen und von kreativer Einbildungskraft sehr schnell an ihre Grenzen. Deshalb hat man ja auch immer wieder ausdrücklich betont, dass Verstehensprozesse im Prinzip unabschließbar seien, da sie von einer Zirkelstruktur geprägt würden und immer auch ihre eigenen Prämissen und Zielsetzungen mitzubedenken hätten.

Das muss nun aber keineswegs bedeuten, dass Verstehensprozesse ständig in sich selbst kreisen, sondern es heißt nur, dass Verstehensprozesse in konstruktiver Weise immer auch durch interpretierende Denkschleifen geprägt werden. Diese können sowohl sach- als auch denk- als auch sprachorientiert sein, weil sie letztlich dazu dienen, der Zirkelstruktur des Verstehens faktisch die Gestalt einer Spirale zu geben. Auf diese Weise ist es nämlich für das Denken möglich, sich nicht nur auf einer Ebene zu bewegen, sondern auf gestuften Ebenen, die sich dann allerdings wechselseitig durchaus bedingen und erhellen können.

---

[197] Vgl. H.- G. Gadamer: Wahrheit und Methode, 1965², S. 289.

11 Die grammatischen Objektivierungsformen für Zeit

Die Frage nach den Wahrnehmungsmöglichkeiten für Zeit im Spiegel der Sprache lässt sich natürlich nicht nur auf die lexikalischen Objektivierungsmöglichkeiten für Zeit beschränken. Sie muss neben den textuellen sprachlichen Formen auch immer die grammatischen einschließen. So etwas ist allerdings leichter gesagt als getan, weil die grammatischen Sprachformen auf einer ganz anderen Sinnbildungsebene der Sprache wirksam werden als die lexikalischen. Sie sind nämlich nicht mit eigenständigen Vorstellungsformen für Sachverhalte verknüpft, weil sie funktional als Interpretationsformen für lexikalische Formen in Erscheinung treten und keine Benennungs- bzw. Darstellungsfunktionen für konkrete Sachverhalte haben, sondern vielmehr eine Instruktionsfunktion dafür, wie wir diese in bestimmten Kommunikationssituationen faktisch verstehen sollen. Deshalb sind direkte Aussagen über die Objektivierungsleistungen grammatischer Formen für Zeit nach den üblichen Maßstäben für die Objektivierung von konkreten Sachverhaltsvorstellungen auch kaum möglich. Das schließt allerdings nicht aus, dass man mit diesen Formen überhaupt keinen Bezug auf das Phänomen der Zeit nehmen kann. Man muss sich nur im Klaren darüber sein, dass diese Bezüge besonderer Art sind und dass sie aus mindestens zwei Gründen nicht leicht zu konkretisieren sind.

Zum einen stellt sich nämlich heraus, dass die einzelnen Sprachen im Laufe von sprachlichen und kulturellen Evolutionsprozessen sehr unterschiedliche Lösungen gefunden haben, wie man auf der grammatischen Ebene auf das Zeitphänomen Bezug nehmen kann. Das macht sich dann gerade bei Übersetzungen sehr deutlich bemerkbar, weil beispielsweise Tempusformen in den einzelnen Sprachen recht unterschiedliche Instruktionen darüber vermitteln, wie in sprachlichen Sinnbildungsprozessen mit dem Zeitphänomen umgegangen werden kann. Da sich diese Tempusformen keineswegs nur auf die chronologischen Aspekte der Zeit beziehen, wird es dann auch schwierig, in den jeweils anderen Sprachen einigermaßen äquivalente sprachliche Tempusformen auszumachen.

Zum anderen stellt sich auch heraus, dass die Grenze zwischen Lexik und Grammatik in den einzelnen Sprachen gar nicht so leicht zu ziehen ist, wie es auf den ersten Blick als möglich erscheint. Viele grammatische Instruktionszeichen sind nämlich sprachhistorisch gesehen aus lexikalischen Repräsentationszeichen hervorgegangen und stehen deshalb untergründig mit diesen auch noch in einem mehr oder weniger lebendigen semantischen Sinnzusammenhang. Außerdem ist zu berücksichtigen, dass die faktischen Sinnbildungsinstruktionen grammatischer Zeichen gerade wegen ihrer besonderen Typisierungstendenzen einen recht hohen Grad an Abstraktivität und Komplexität haben. Daher sind ihre Funktionen in der Regel auch eher über unser Sprachgefühl als über unser begrifflich fixierbares Sprachwissen erfassbar.

Die erschwerte begriffliche Objektivierbarkeit grammatischer Instruktionen hat psychologische und systemtheoretische Gründe. Verständlicherweise richtet sich unsere Hauptaufmerksamkeit nämlich zunächst immer auf die lexikalischen Basisinformationen und erst dann auf die grammatischen Instruktionsinformationen, die klären sollen, wie wir die jeweiligen lexikalischen Basisinformationen situativ verstehen sollen. Diese grammatischen Interpretationsinformationen sind pragmatisch gesehen nicht weniger wichtig, sie werden allerdings erst dann relevant, wenn wir schon konkrete inhaltliche Grundvorstellungen besitzen, deren pragmatische Relevanz dann aber noch genauer zu bestimmen ist. Mit lexikalischen Zeichen können wir schon auf rudimentäre Weise kommunizieren, mit grammatischen aber nicht, da wir uns mit deren Hilfe ja keine konkreten inhaltlichen Sachvorstellungen ins Bewusstsein rufen können.

Außerdem dürfen wir natürlich nicht vergessen, dass sowohl stammesgeschichtlich bzw. phylogenetisch als auch individualgeschichtlich bzw. ontogenetisch das sprachliche Interesse sich zunächst immer auf die sprachliche Objektivierung von Sachverhalten gerichtet hat und erst dann auf die sprachliche Objektivierung der Relationsgeflechte, in denen diese Sachverhalte für uns in Erscheinung treten können oder sollen. Dazu hat dann natürlich insbesondere auch der schriftliche Sprachgebrauch ganz erheblich beigetragen.

Diese Rahmenbedingungen lassen es sinnvoll erscheinen, sich vor der Beschäftigung mit den möglichen Zeitimplikationen grammatischer Zeichen ein paar grundsätzliche Gedanken über den system- und sprachtheoretischen Status von grammatischen Zeichen zu machen. Ihre morphologischen Formen und ihre sinnbildende Funktionen können wir uns allerdings explizit sehr viel schwerer zugänglich machen als die von lexikalischen Zeichen.

11.1 Der semiotische Status grammatischer Zeichen

Die Struktur, Funktionalität und Autonomie von komplexen Zeichensystemen, wozu insbesondere die Sprache gehört, sind dadurch geprägt, dass sie nicht nur einfache und komplexe Denkinhalte objektivieren können, sondern dass sie auch immer auf die Relationszusammenhänge aufmerksam machen können, durch die diese entstanden und geprägt sind. Die bloße Addition von Vorstellungen bzw. von Zeichen ist zwar auch eine Erscheinungsform von Relationalität, aber sicherlich eine sehr einfache. Deshalb ist dann auch ein Steinhaufen eine primitivere Ordnungsgestalt als ein Haus, bei dem schon Steine auf unterschiedliche Weise je nach Form, Gewicht und zusätzlichem Mörtel auf konstruktive Weise zu einer komplexen Ordnungsgestalt miteinander verbunden sind.

Angesichts dieser Grunderfahrung hat Lambert im 18. Jh. in seinen semiotischen Überlegungen schon prinzipiell postuliert, dass in komplexen Zeichensystemen wie etwa der Mathematik sowohl Zeichen für „*Größen*" bzw. für Zahlen vorhanden sein müssten als auch Zeichen für „*Operationen*", die man mit diesen Größen durchführen könne.[198] Ganz ähnlich hat auch Humboldt im Hinblick auf die Sprache betont, dass es in ihr notwendigerweise Wörter bzw. Zeichen geben müsse, „*welche die Materie, den Gegenstand, und solche, welche die Form, die Thätigkeit des Denkens betreffen.*"[199]

Aus dieser semiotischen Basisthese lässt sich nun ableiten, dass grammatischen Sprachzeichen in einem funktionalen Kontrast zu lexikalischen Sprachzeichen strukturell der Status von interpretierenden und organisierenden Metazeichen zugeordnet werden kann. Diese Zeichen stehen dann wahrnehmungspsychologisch zwar nicht im Mittelpunkt unserer sachthematischen Aufmerksamkeit, aber sie bestimmen dennoch auf grundlegende Weise, was wir mit Hilfe der Sprache inhaltlich objektivieren können. Grammatische Zeichen legen nämlich fest, wie wir lexikalische Zeichen hinsichtlich ihres faktischen Sachbezuges perspektivisch wahrzunehmen haben bzw. welche konkreten Sinnbildungsrollen sie bei der Bildung komplexer Vorstellungen spielen sollen.

In dieser Sichtweise sind dann sprachlogisch gesehen lexikalische Zeichen auch als *Inhaltswörter*, als *Nennwörter* oder als *autosemantische Zeichen* eingeordnet worden und grammatische Zeichen als *Funktionszeichen*, als *Operationszeichen* oder als *synsemantische Zeichen*. Deshalb lässt sich auch sagen, dass sich unser Denken und unser theoretisches Bewusstsein auf ganz natürliche Weise zunächst immer auf die autosemantischen lexikalischen Zeichen konzentriert, obwohl die synsemantischen grammatischen Zeichen festlegen, in welcher Perspektive bzw. hinsichtlich welcher Aspekte wir die von ihnen thematisierten Inhalte wahrnehmen sollen.

Sprachliche Äußerungen, in denen nur autosemantische Inhaltswörter vorkommen, was für den frühkindlichen Sprachgebrauch ja typisch ist, sind trotz ihrer additiven Kombinationsstruktur gleichwohl irgendwie noch verständlich, da sie ja die fundamentalen Grundvorstellungen für die Bildung von Ordnungszusammenhängen liefern. Sprachliche Äußerungen, in denen es nur synsemantische grammatische Funktionszeichen gibt (Pronomen, Präpositionen, Kon-

---

198 J. H. Lambert: Neues Organon, 1764/1990, Bd. 2, S. 33.
199 W. von Humboldt: Grundzüge des allgemeinen Sprachtypus. Gesammelte Schriften, Bd. 5, S. 439.

junktionen, Tempusmorpheme, Deklinationsmorpheme usw.) wären dagegen inhaltlich unverständlich und kommen deshalb faktisch auch gar nicht vor. In einem solchen Fall würden wir zwar grammatische Interpretations- bzw. Instruktionsinformationen bekommen, aber keinerlei Hinweise darauf, auf welche konkreten Sachvorstellungen wir diese interpretativ zu beziehen haben.[200]

Die morphologischen Realisationsmöglichkeiten von synsemantischen grammatischen Instruktionszeichen sind natürlich sehr vielfältig und vielgestaltig. Sie reichen von selbstständigen Wörtern (Pronomen) über unselbstständige Morpheme (Tempuszeichen), Stellungspositionen in Aussagen (Attributspositionen) bis zu Intonationskurven (Fragen). All das ist nun für das hier thematisierte Problem der Objektivierung von Zeit im Spiegel von sprachlichen Formen keineswegs nebensächlich. Wir haben nämlich immer damit zu rechnen, dass sich unsere Erlebnis- und Vorstellungsweisen von Zeit nicht nur in autosemantischen lexikalischen Sprachformen bemerkbar machen, sondern auch in synsemantischen grammatischen Sprachformen, mit deren Hilfe wir uns den pragmatischen Stellenwert lexikalisch manifestierter Vorstellungsinhalte konkretisieren. In der Sprache haben nämlich Relationsverhältnisse zwischen Denkinhalten nicht nur eine räumliche, kausale und attributive Dimension, sondern natürlich auch immer eine spezifisch zeitliche. Letztere macht sich nicht nur durch Tempusmorpheme bemerkbar, sondern beispielsweise auch durch Zeitpräpositionen und Zeitkonjunktionen.

Gerade weil die Zeit für uns nicht direkt sinnlich wahrnehmbar ist, sondern nur indirekt über die Veränderungsprozesse bei sinnlich wahrnehmbaren Phänomenen, können wir auch grammatische Zeichen als lebende Spiegel für die Objektivierung von Zeit in Betracht ziehen. Wenn wir akzeptieren, dass das Phänomen der Zeit sich nicht in dem erschöpft, was sich mit der Uhr chronometrisch messen oder über den Umlauf von Gestirnen erfahren lässt, und wenn wir mit Kant die Zeit auch als ein apriorisches Ordnungsprinzip für das menschliche Wahrnehmen und Denken verstehen, dann ist damit zu rechnen, dass wir auch etwas über die Zeit erfahren, wenn wir uns mit den Instruktionsfunktionen grammatischer Zeichen näher beschäftigen und nicht nur mit den Repräsentationsfunktionen lexikalischer Zeichen.

Grundsätzlich ist unter diesen Umständen dann davon auszugehen, dass alle sprachlichen Formen, die Bühler nicht zum „*Symbolfeld*", sondern zum „*Zeigfeld*" der Sprache rechnet, auch irgendwelche mittelbaren und unmittelbaren Zeitimplikationen haben können, eben weil sie zu dem „*hier-jetzt-ich System der subjektiven Orientierung*" in der Welt gehören und gerade dadurch dann natür-

---

[200] Vgl. W. Köller: Philosophie der Grammatik, 1988, S. 55–71.

lich auch eine Wegweisungsfunktion in Sinnbildungsprozessen bekommen.[201] Über die Zeigwörter der Sprache kann nämlich der jeweilige Sprecher verdeutlichen, von welchem räumlichen und zeitlichen Ausgangspunkt (Origopunkt) er seine sprachlichen Objektivierungs- und Relationierungsanstrengungen vornimmt, was ja die Wörter *ich, jetzt* oder *hier* exemplarisch verdeutlichen.

Die konkreten morphologischen Erscheinungsformen und pragmatischen Sinnbildungsfunktionen von grammatischen Instruktionszeichen sind natürlich sehr vielfältig und interpretationsbedürftig. In der Regel erfassen wir ihre Funktionalität spontan über unser Sprachgefühl als einer Manifestationsform unseres intuitiven Sprachwissens. Wir können uns ihre Funktionen aber auch explizit vergegenwärtigen, wenn wir sie nicht nur als Instruktionszeichen aktiv oder passiv nutzen, sondern sie uns auch als eigenständige Betrachtungsgegenstände methodisch isolieren. Auf diese Weise transformieren wir sie uns dann auch nach Heidegger von etwas praktisch *Zuhandenem* zu etwas theoretisch *Vorhandenem*, von dem wir uns dann immer auch ein relativ abstraktes Gegenstandsbewusstsein zu bilden versuchen.

Diese phänomenologischen Überlegungen zu den möglichen Zeitimplikationen von grammatischen Instruktionszeichen lassen sich am Beispiel des *bestimmten* und des *unbestimmten Artikels* konkretisieren. Diese Artikel scheinen auf den ersten Blick gar nichts mit der Zeitproblematik in sprachlichen Sinnbildungsprozessen zu tun zu haben. Das ändert sich aber, wenn wir sie als grammatischen Instruktionszeichen verstehen, die dazu dienen, uns beim Verstehen von Texten in dem komplizierten Relations- und Zeitgeflecht von Informationserwartungen und Informationserinnerungen zurechtzufinden, was andere Funktionen von Artikeln natürlich nicht ausschließt wie etwa die Kennzeichnung des grammatischen Geschlechts der jeweils verwendeten Substantive.

Weinrich hat die textuelle Orientierungsfunktion des unbestimmten und bestimmten Artikels auf erhellende Weise mit den Begriffen *Nachinformation* und *Vorinformation* beschrieben.[202] Mit dem unbestimmten Artikel *ein* (*Es war einmal ein König.*) werde der Rezipient eines Textes mit Hilfe eines grammatischen Zeichens indirekt darauf aufmerksam gemacht, dass er sich im Einklang mit dem üblichen Sprachgebrauch zunächst eine sehr allgemeine begriffliche Grundvorstellung von etwas zu machen hat, die dann darauf warte, durch die nachfolgenden Informationen näher präzisiert zu werden. Deshalb kann dann auch im Folgesatz der schon begrifflich thematisierte Vorstellungsinhalt problemlos als ein schon bekannter Denkgegenstand mit Hilfe eines bestimmten

---

201 K. Bühler: Sprachtheorie, 1965², S. 149.
202 H. Weinrich: Sprache in Texten, 1976, S. 163–176.

Artikels wieder aufgenommen werden und durch eine zusätzliche Nachinformation präzisiert werden, die dann natürlich grammatisch wieder als eine neue Information mit einem unbestimmten Artikel gekennzeichnet werden kann (*Der König hatte eine Tochter, die ...*). Auf diese Weise lässt sich dann schon durch die bloße zeitliche Abfolge von unbestimmten und bestimmten Artikeln den jeweiligen Sätzen und Texten schon eine übersichtliche narrative Kohärenz geben.

Wenn nun ein Satz mit einem Substantiv eingeleitet wird, vor dem zwar ein bestimmter Artikel steht, obwohl es zu ihm noch keine textuelle Vorinformation gibt, dann wird damit grammatisch signalisiert, dass der Rezipient bei seinem Verständnis nur auf den konventionalisierten begrifflichen Gehalt dieses Substantivs als Vorinformation zurückgreifen soll (*Der Wal ist ein Säugetier.*). Die nachfolgende Information ist dann keine wirklich neue Information, sondern nur die Bekräftigung einer Grundinformation, die der Sachkundige eigentlich schon immer kennt oder kennen müsste. Sätze dieser Art sind deshalb dann auch als analytische Definitionsaussagen zu werten, die unser Sachwissen nicht erweitern, sondern nur präzisieren. Sie spielen daher in Spracherwerbsprozessen eine wichtige Rolle, aber nicht in rein sachbezogenen Informationsprozessen, in denen der reale Wissenstand eines Partners ausgeweitet werden soll.

Grundsätzlich lässt sich deshalb sagen, dass der Gebrauch des unbestimmten und bestimmten Artikels in Texten den Prozess der Informationsaufnahme und Informationsverarbeitung auf eine sehr zweckdienliche Weise strukturiert. Beide grammatische Zeichenformen helfen nämlich dabei, Teilinformationen zeitlich und semantisch zweckdienlich aufeinander zu beziehen. Das hat vor Weinrich auch schon Boost klar thematisiert. „*So drückt der Artikel das Verhältnis des Berichtenden zum Substantiv aus. Er sagt uns, ob der Substantivinhalt unbekannt war, also erst eingeführt werden muß, ob er bereits bekannt ist, also nur auf ihn hingewiesen werden kann [...].*"[203]

11.2 Die Zeitadverbien

Adverbien sind aus unterschiedlichen Gründen sehr widerspenstige Sprachelemente, da sie sich morphologisch, semantisch und funktional keineswegs leicht von anderen Wortarten abgrenzen lassen. Deshalb sind sie auch sehr oft als eine Restklasse von Wörtern angesehen worden, der man mit den üblichen Klassifikationskriterien nicht auf überzeugende Weise wirklich Herr werden konnte. Aus gut nachvollziehbaren Gründen hat es deshalb dann auch einen

---

[203] K. Boost: Arteigene Sprachlehre, 1938, S. 32.

Streit darüber gegeben, ob man Adverbien zur Lexik oder zur Grammatik rechnen solle bzw. ob man sie am besten als autosemantische Inhaltswörter oder als synsemantische Funktionswörter zu klassifizieren habe.

Dieser Streit hat nun auch bedeutsame ontologische und sprachtheoretische Implikationen. Man wird bei dieser Frage nämlich immer mit dem Problem konfrontiert, ob sich unser Welt- und Sprachwissen sinnvoll und befriedigend nach den oppositiven Kategorien *Substanz* bzw. Wesen oder *Akzidens* bzw. Eigenschaft kategorisieren lässt und welchen Stellenwert man in diesem Zusammenhang den Ordnungsbegriffen *Relation* und *Funktion* zu geben hat. Das ist insofern keine nebensächliche Frage, da man sich dabei zugleich entscheiden muss, ob man die Abbildungs- bzw. Darstellungsfunktion der Sprache zum Ausgangspunkt seiner sprachtheoretischen Überlegungen machen soll oder ihre Erschließungs- bzw. Handlungsfunktion.

Wenn man in einem pragmatisch orientierten Denkansatz den Relations- und Handlungsgedanken zur Grundlage seiner sprachtheoretischen Überlegungen macht, dann entschärft sich das Problem allerdings etwas, ob man die Adverbien und insbesondere die Zeitadverbien der Lexik oder der Grammatik der Sprache zuzurechen hat, weil diese beiden Klassifizierungsbegriffe dann eher einen typisierenden als einen kategorisierenden Status bekommen. Unter diesen Umständen muss die Abgrenzung von Lexik und Grammatik nämlich nicht nur schematisiert nach bestimmten vorgegebenen Kriterien vorgenommen werden, sondern kann auch pragmatisch nach bestimmten aktuellen Kognitions- und Kommunikationszielen erfolgen. Diese können sich sprach- und kulturhistorisch aber durchaus ändern, sodass die Grenze zwischen Lexik und Grammatik dann auch osmotisch durchlässig werden kann. All das bedingt dann wiederum, dass man bei der klassifizierenden Zuordnung von sprachlichen Zeichen zur Lexik oder zur Grammatik mit einer Entweder-oder-Logik meist nicht viel weiter kommt. Das desavouiert die Unterscheidung von Lexik und Grammatik nicht grundsätzlich, aber es verdeutlicht doch, dass diese Unterscheidung nicht nur nach ontischen und systemtheoretischen Kriterien getroffen werden sollte, sondern auch nach historischen, evolutionären und pragmatischen.

Diese Sicht auf die Adverbienproblematik rechtfertigt sich auch dadurch, dass viele Adverbien ihre Herkunft oder Nähe zu lexikalischen Zeichen gar nicht leugnen können und in ihrer syntaktischen Funktion als adverbiale Bestimmungen bzw. als Adverbiale sogar die Sinnbildungsfunktionen von bestimmten Satzgliedern übernehmen können (am *Morgen/morgens, am Anfang/anfangs*). Ähnliches gilt übrigens auch für Konjunktionen als eigentlich typisch grammatischen Zeichen (*die Weile/weil*). Auf jeden Fall lässt sich konstatieren, dass Adverbien wegen ihrer pragmatischen Instruktionsfunktionen uns nicht nur darüber Auskunft geben, wie Sachverhalte ontisch bzw. sachlich einzuordnen sind, sondern immer auch darüber, wie ein Sprecher sie für sich und andere ontologisch bzw. funktional interpretiert wissen möchte.

Die Instruktionsfunktionen von Adverbien lassen es gerechtfertigt erscheinen, sie auch als grammatische Zeichen ins Auge zu fassen, insofern sie uns sowohl Aufschluss über die Struktur eines Sachverhaltes geben können als auch über die Denkweisen und die Mitteilungsziele der jeweiligen Sprecher. Das kann dann Raumverhältnisse (*dort*), Kausalverhältnisse (*folglich*), Argumentationsverhältnisse (*freilich*), Frequenzverhältnisse (*oft*), Modalverhältnisse (*eilends*), Graduierungsverhältnisse (*ziemlich*) und insbesondere auch Zeitverhältnisse (*gestern, jetzt, damals, nachher*) betreffen.

Gerade bei Zeitadverbien entschärft sich der Streit, ob sie der Lexik oder der Grammatik zuzurechnen sind, weil zumindest in unserem heutigen Verständnis von Zeitrelationen klar ist, dass sie semantisch nicht vom Substanz- und Abbildungsgedanken, sondern letztlich nur vom Relations- und Funktionsgedanken her erschlossen werden sollten. Auf diese Weise können wir nämlich recht gut thematisieren, was uns pragmatisch als zusammengehörig erscheint, ohne zu postulieren, dass es auch ontisch zusammengehört. Das dokumentiert sich auch darin, dass viele Zeitadverbien ihre metaphorische Herkunft aus Raumadverbien überhaupt nicht verbergen können. Dadurch wird ganz offensichtlich, dass sie sowohl Beziehungen zu unterscheidbaren Sachwelten haben können als auch zu intentionalen Denk- bzw. zu Subjektwelten.

Damit wird zugleich deutlich, dass Zeitadverbien als heuristische sprachliche Ordnungszeichen auch eine große Nähe zu sehr abstrakten lexikalischen Ordnungsmustern (*Recht, denken, gut*) haben, weil auch diese sehr komplexe Korrelationsverhältnisse zu objektivieren versuchen, die nicht direkt sinnlich wahrnehmbar sind, sondern nur mit Hilfe unserer theoretischen Einbildungskraft. So gesehen ist es deshalb auch eher ein methodisches Perspektivierungsproblem und kein Seinsproblem, ob wir Zeitadverbien der Sphäre der Lexik oder Sphäre der Grammatik zuordnen sollten bzw. ob wir sie als autosemantische lexikalische Inhaltszeichen oder als synsemantische grammatische Funktionszeichen zu betrachten haben.

Die funktionale Nähe von Zeitadverbien zu lexikalischen Zeichen dokumentiert sich auch darin, dass sie etwa im Gegensatz zu Präpositionen und Konjunktionen als sehr prototypischen grammatischen Zeichen auch die Rolle von bestimmten Satzgliedern übernehmen können (*Sie kommen am Abend/abends.*). Diesbezüglich ähneln Zeitadverbien dann strukturell auch den Pronomen, die ungeachtet ihrer inhaltlichen Sachbezüge zunächst immer als innersprachliche Verweisungszeichen zu verstehen sind. Auf jeden Fall können Zeitadverbien sowohl Bezüge zu Sachverhalten haben als auch zu den Personen, die diese Sachverhalte in ganz bestimmten Perspektiven wahrnehmen sollen.

Die von Zeitadverbien vermittelten Orientierungshilfen können sich auf die Objektivierung von Zeitpunkten (*jetzt*), von Zeitabschnitten (*nachts*), von Zeitzuordnungen (*zeitlebens*), von Zeitabfolgen (*danach*), von Zeitverlaufsergebnissen (*schließlich*), von Wiederholungen in bestimmten Zeiträumen (*immer*), von Zufälligkeiten im Verlaufe der Zeit (*manchmal*), von Reihenfolgen in Zeitverläufen (*zuerst*) usw. beziehen. Auf jeden Fall tragen Zeitadverbien immer dazu bei, das Zeitphänomen als Ordnungsfaktor für unsere Wahrnehmung von Welt bzw. von Prozessen ins Spiel zu bringen. Deshalb überschneiden sich die pragmatischen Funktionen von Zeitadverbien auch oft mit denen von Modalpartikeln (*nun, schon, bereits*), die ebenfalls zeitliche Perspektivierungsfunktionen in sprachlichen Mitteilungsprozessen übernehmen können.

Besondere Aufmerksamkeit ist diesbezüglich dann auch auf das Zusammenspiel von Zeitadverbien und Tempusformen zu richten. Beide Typen von Zeichen für unser pragmatisches Verständnis von Zeit in sprachlichen Handlungsprozessen sind heute nämlich nicht nur Mittel, Geschehensabläufe chronologisch im Hinblick auf ganz bestimmte Zeitimplikationen zu ordnen, sondern auch Mittel, diese auf den konkreten Wahrnehmungszeitpunkt hinzuordnen, den ein Sprecher für die Erfassung von bestimmten Denkinhalten wählen kann. Das macht sich dann beispielsweise darin bemerkbar, dass man bestimmte Geschehensabläufe in einer expliziten Rückschau darstellen kann oder in einer expliziten Mitschau. Im literarischen Sprachgebrauch kann das auch noch durch ein artifizielles Zusammenspiel von Rückschau, Mitschau und Vorausschau konkretisiert werden bzw. durch das Zusammenspiel von Rückblenden und Vorausdeutungen, wodurch die jeweiligen Texte dann ein sehr eigenständiges Zeitrelief bekommen können.

Da unser Verständnis von Zeit immer durch die metaphorische Analogisierung von Zeit und Raum geprägt wird, so spielt diese Analogisierung auch beim Verständnis unserer Zeitadverbien eine wichtige Rolle. Für unser heutiges Zeitverständnis ist nämlich die chronologische Unterscheidung derjenigen Zeitrelationen von fundamentaler Bedeutung, die heute üblicherweise mit den Zeitadverbien *gestern, heute* und *morgen* vorgenommen wird. Das ist nun aber sprach- und kulturgeschichtlich keineswegs immer im gleichen Ausmaß der Fall gewesen, was sich beispielsweise in der Kindersprache auch heute noch bemerkbar macht. Ebenso wie wir bei der sprachlichen Objektivierung des Raumes zunächst immer klar zwischen *hier* und *nicht-hier* unterscheiden, so hat man auch bei der Objektivierung der Zeit zunächst immer klar zwischen *jetzt* und *nicht-jetzt* unterschieden. Das hat dann zugleich auch eine klare Unterscheidung zwischen *Gegenwart* und *Nicht-Gegenwart* impliziert, insofern die Gegenwart die Bezugsgröße war, an der man die pragmatische Bedeutsamkeit von bestimmten Denkinhalten sinnvoll qualifizieren konnte.

Wenn man sich nun aber Zeiterlebnisse sprachlich in Analogie zu räumlichen Distanzerlebnissen objektiviert, dann wird verständlich, warum Zeitadverbien wie *gestern, heute* und *morgen* neben ihren chronologischen Differenzierungsfunktionen auch noch psychologische zum Ausdruck bringen können. So hat beispielsweise Cassirer darauf verwiesen, dass in der afrikanischen Ewe-Sprache dasselbe Adverb dazu dienen könne, sowohl auf ein *Gestern* als auch auf ein *Morgen* aufmerksam zu machen. In der Sambala-Sprache könne auf ganz ähnliche Weise das gleiche Wort dazu verwendet werden, „*um sowohl auf die graue Vorzeit zurück-, als auch auf die späte Zukunft hinauszuweisen.*"[204] Auch Jensen hat in Bezug auf die Kindersprache darauf hingewiesen, dass die Zeitadverbien *morgen* und *gestern* eigentlich als Synonyme für *nicht-heute* bzw. für *nicht-jetzt* und *nicht-hier* anzusehen seien.[205]

Diese Argumentation lässt sich für das Deutsche auch etymologisch untermauern und rechtfertigen. Das nhd. Wort *gestern* geht nämlich auf den gotischen Ausdruck *gistra dagis* zurück, der ursprünglich in Opposition einem gegenwärtigen aktuellen Tag einen *anderen Tag* bezeichnet hat. Mit dieser Verwendung des Zeitadverbs *gestern* sollte deshalb ursprünglich wohl eher eine psychische Distanz zu einem Ereignis ausgedrückt werden als dessen spezifische kalendarische bzw. chronologische Einordnung, da es sich ja faktisch sowohl auf einen vergangenen als auch auf einen zukünftigen Tag beziehen konnte. Das erscheint uns im Rahmen eines rein chronologischen Zeitverständnisses natürlich ziemlich paradox, aber keineswegs im Rahmen eines psychologischen und zyklischen Zeitverständnisses. Hier erscheint ein solcher Sprachgebrauch nämlich durchaus plausibel, weil das zeitlich und räumlich Entfernte psychisch natürlich nicht dieselbe pragmatische Aktualität hat wie das räumlich und zeitlich unmittelbar Präsente.

Bei der aktuellen Verwendung von Zeitadverbien und Tempusformen, die in Kulturepochen mit einem anderen Zeitverständnis als dem gegenwärtig vorherrschenden entstanden sind, haben wir deshalb immer mit dem schon diskutierten logischen Problem der Gleichzeitigkeit des Ungleichzeitigen zu rechnen. Das macht Verstehensprozesse nicht unbedingt leichter, aber kann diesen auch eine historische und psychologische Tiefendimension geben, weil unterschiedliche Verständnisweisen von Zeit immer in ein produktives Korrelationsverhältnis miteinander gebracht werden können und müssen.

---

[204] E. Cassirer: Philosophie der symbolischen Formen, Bd. 1, 1964⁴, S. 176.
[205] H. Jensen: Der sprachliche Ausdruck für Zeitauffassungen insbesondere am Verbum. Archiv für die gesamte Psychologie 101, 1938, S. 305.

11.3 Die Zeitpräpositionen

Präpositionen, die oft auch als *Verhältniswörter*, *Verknüpfungswörter* oder *Fügewörter* bezeichnet werden, haben die grammatische Funktion, uns Instruktionen darüber zu vermitteln, in welchen konkreten Korrelationszusammenhängen wir uns ganz bestimmte Denkgegenstände vorstellen sollen. Das kann dann natürlich nicht nur Zeitverhältnisse, sondern auch Raum-, Kausalitäts- oder Modalitätsverhältnisse betreffen. Sprachlogisch gesehen lassen sich Präpositionen daher auch als Funktoren bestimmen, deren syntaktische Leerstellen im konkreten Sprachgebrauch durch entsprechende Argumente bzw. Sachvorstellungen gefüllt werden müssen, um ganz bestimmte Korrelationszusammenhänge sprachlich zu objektivieren. Die konkreten Perspektivierungsfunktionen von Präpositionen lassen sich auf zwei unterschiedlichen Ebenen näher ins Auge fassen, die sich mit den Stichwörtern *Kognition* und *Kommunikation* bzw. *Sprachsystem* und *Sprachgebrauch* näher charakterisieren lassen.

Wenn wir die sprachlichen Ordnungsfunktionen von Präpositionen auf der Ebene der Kognition und des Sprachsystems näher betrachten, dann haben wir uns auf die mit ihnen verbundenen Objektivierungskonventionen zu konzentrieren, die sich im Verlaufe der Sprachgeschichte jeweils für sie herausgebildet und stabilisiert haben. Die einzelnen Präpositionen repräsentieren dann bewährte Korrelationsmöglichkeiten, die sich in der Sprachgeschichte so typisiert haben, dass sie als Repräsentationsformen für ein sozial brauchbares Relationswissen angesehen werden können. Solche Musterbildungen sind allerdings in den verschiedenen Sprachen keineswegs deckungsgleich, weshalb Präpositionen bei Übersetzungen dann auch oft erhebliche Probleme verursachen.

Das genuine Gestaltungsfeld von Präpositionen ist sicherlich die Differenzierung und Konkretisierung von Korrelationszusammenhängen im Raum. Da diese sinnlich meist gut fassbar sind, gibt es dann natürlich auch immer eine große Neigung, solche Raumrelationen kraft Analogie auf andere Relationszusammenhänge zu übertragen, wobei natürlich vor allem an den Bereich der Zeit zu denken ist, da dieser Bereich nicht direkt über unsere Sinne zu erfassen ist, sondern nur mit Hilfe unserer geistigen bzw. begrifflichen Einbildungskraft. Deshalb liegt es dann auch immer sehr nahe, uns Zeitverhältnisse auf metaphorische Weise über Raumverhältnisse zu erschließen.

Solange wir mit Newton davon ausgehen, dass Raum und Zeit als absolute Größen zu betrachten sind, die allerdings wiederum untergeordnete und damit relative Räume und Zeiten beinhalten können, dann ergeben sich bei der heuristischen Analogisierung von Raum und Zeit keine fundamentalen erkenntnistheoretischen Probleme. Beiden kann grundsätzlich ein eigenständiges Profil zugesprochen werden, mit dem man dann metaphorisch und heuristisch spielen kann, um ganz bestimmte Einsichten gewinnen zu können.

Diese Situation ändert sich allerdings, wenn man Raum und Zeit keine ontische Eigenständigkeit mehr zubilligt, weil man beispielsweise die Zeit als vierte Dimension des Raumes betrachtet. Das legt dann nämlich nahe, dass beide Phänomene einander wechselseitig bedingen und daher konstitutiv miteinander verwachsen sind. Allerdings darf in diesem Zusammenhang auch nicht übersehen werden, dass das Zeitverständnis der modernen Physik nicht dem Zeitverständnis des alltäglichen Lebens entspricht und damit dann auch nicht dem der natürlichen Sprache. Deshalb stellt die Analogisierung von Raum und Zeit für den alltäglichen Sprachgebrauch auch kein wirkliches Problem dar. Aus diesem Grunde wird dann auch kein Anstoß daran genommen, die Präpositionen *vor, nach, in, bis, zwischen* usw. sowohl in einem räumlichen als auch in einem zeitlichen Sinne zu verstehen und zu gebrauchen.

Wenn wir nun die Ordnungsfunktionen von Präpositionen auf einer kommunikativen oder textuellen Ebene näher zu erfassen versuchen bzw. auf der Ebene des konkreten Sprachgebrauchs, dann stehen natürlich andere Problemzusammenhänge im Mittelpunkt der Aufmerksamkeit. Unter diesen Bedingungen können wir nämlich unser Wahrnehmungsinteresse auf die spezifischen Perspektivierungsziele des jeweiligen Sprechers richten sowie auf dessen Fähigkeiten, sich auf die Denkwelt seiner jeweiligen Partner einzustellen. Das bedeutet, dass das konkrete Instruktionspotential von Präpositionen einerseits zwar durchaus konventionalisiert sein kann, dass es andererseits aber dennoch immer auch hermeneutisch erschlossen und beurteilt werden muss.

Ein erhellendes Beispiel dafür, dass die Präposition *zwischen* sowohl in einem räumlichen als auch in einem zeitlichen Sinne verstanden werden kann, ist die Redewendung *zwischen den Jahren*, mit der gemeinhin der Zeitraum zwischen Weihnachten und Neujahr bezeichnet wird. Die Pointe dieser Redewendung liegt nun darin, dass sie indirekt postuliert, dass die Zeit nicht kontinuierlich dahin fließt und quantitativ gemessen werden kann, sondern dass sie sich zumindest in psychologischer Hinsicht in eigenständigen inhaltlich abgrenzbaren Zeitphasen bzw. Zeitgestalten manifestiert, die einander ablösen, wobei es durchaus wieder Zwischengestalten geben kann. Diese können dann die pragmatische Funktion haben, zwischen zwei unterschiedlichen Zeit- und Lebensgestalten zu vermitteln, weil sie eine Brückenfunktion übernehmen können. Damit verbietet sich dann auch indirekt, die Zeit nur als ein chronologisches oder gar chronometrisch fassbares Phänomen zu betrachten. Wir haben immer damit zu rechnen, dass Zeitabschnitte auch als psychologische Phänomene zu betrachten sind, die den Menschen auch vermittelnde Gestaltungsaufgaben zu stellen vermögen.

So hat es beispielsweise die Redewendung *zwischen den Jahren* sogar geschafft, zum Titel eines Films aus dem Jahre 2017 zu werden. In diesem geht es um einen gewalttätigen Rocker und Doppelmörder, der bei einem Raubüberfall ein Frau und deren Kind getötet hat und nach der Verbüßung einer achtzehnjährigen Gefängnisstrafe wieder freigelassen wird und dann auf den Ehemann bzw. den Vater der von ihm Ermordeten trifft. Die Zwischenzeit im Gefängnis hat zwar zu einer Reue des Täters geführt, aber diese wird nicht produktiv, weil er in einem aufflammenden Streit nun auch noch den früheren Ehemann tötet. Er findet nach den zwischenzeitlichen Gefängnisjahren keine neue Lebensgestalt, sondern fällt in sein gewalttätiges Vorleben als Rocker zurück.

Hinsichtlich aller Zeit- und Raumpräpositionen ist festzuhalten, dass sie nach der Terminologie von Bühler zum *„Zeigfeld"* der Sprache gehören.[206] Zeigefunktionen können Präpositionen allerdings nur dann ausüben, wenn es einen konkreten Ausgangs- bzw. Origopunkt des Zeigens gibt. Dieser kann sich durch die jeweilige Redesituation konstituieren, aus der der jeweilige Sprecher rückwärts und vorwärts auf andere Zeiten und Räume verweisen kann. Der Zeigepunkt kann aber insbesondere in Erzählprozessen aber auch frei gesetzt werden, um von ihm aus dann einen bestimmten zeitlichen oder räumlichen Korrelationszusammenhang herzustellen. Über Zeitpräpositionen kann ein Sprecher auch verdeutlichen, dass etwas zwar zugleich geschieht, aber dass er das notwendigerweise immer erst nacheinander sprachlich objektivieren kann.

Das Verfahren, uns Zeitrelationen nach dem Muster von Raumrelationen sprachlich zu konkretisieren, liegt zwar anthropologisch gesehen nahe, aber das ist nicht selbstverständlich. Zumindest müssen solche Verfahren phylogenetisch und ontogenetisch erlernt und gut vorstellbar semiotisch objektiviert werden. Präpositionen wie *vor, in,* oder *nach* stiften nicht nur einen bestimmten räumlichen Erwartungshorizont, sondern auch einen spezifisch zeitlichen. Um die sich daraus ergebenden Konsequenzen zu erfassen, bedarf es oft genauer historischer Kenntnisse, um die pragmatische Instruktionsfunktion einer Zeitpräposition adäquat zu verstehen (*Er trat vor/nach 1933 in die NSDAP ein.*).

Zeitpräpositionen helfen uns wegen ihrer Herkunft aus Raumvorstellungen dabei, uns die Zeit auch als ein quantifizierbares Phänomen wahrnehmbar zu machen. Das kann zwar ontologisch problematisch werden, aber es kann zugleich pragmatisch auch hilfreich sein, weil dadurch unser sinnliches Vorstellungsvermögen angesprochen wird. Weinrich hat deshalb auch darauf verwiesen, dass Präpositionen nicht nur nach einer abstrakten Relationenlogik zu beurteilen seien, sondern auch nach einer hermeneutischen und emotionalen Lo-

---

[206] K. Bühler: Sprachtheorie, 1965², S. 79 ff.

gik, insofern wir gerade über Präpositionen auf grundlegende anthropologische Differenzierungs- und Relationierungsbedürfnisse Bezug nehmen können.[207]

11.4 Die Zeitkonjunktionen

Als grammatische Zeichen sind Konjunktionen ebenso wie Präpositionen nicht als autosemantische Inhaltszeichen, sondern als synsemantische Funktionszeichen zu klassifizieren. Sie haben sich sprach- und kulturgeschichtlich erst nach und nach herausgebildet, wobei der schriftliche Sprachgebrauch sowie die sich verstärkende argumentative Nutzung der Sprache diesen Entwicklungsprozess natürlich nachhaltig befördert haben. Auf jeden Fall lässt sich sagen, dass die Entwicklung und der Gebrauch von Konjunktionen entscheidend dazu beigetragen haben, Sätze und Texte semantisch autonomer zu machen, weil durch ihre Nutzung die faktische Situationsbindung des Sprachgebrauchs vermindert sowie die Korrelation von Einzelaussagen präzisiert werden kann. Dabei ist allerdings zu beachten, dass man durch Konjunktionen die Korrelation von Teilaussagen auf vielfältige Weise thematisieren kann und dass sich dabei Zeitrelationen keineswegs nur auf ihre chronologischen Aspekte reduzieren lassen.

Während nun aber Präpositionen syntaktisch als Bestandteile von Satzgliedern in Erscheinung treten und in dieser Funktion auch Einfluss auf den Kasus der mit ihnen verbundenen Größen nehmen, stehen koordinierende und subordinierende Konjunktionen syntaktisch über den Teilsätzen, die sie miteinander verbinden. Sie beinhalten nämlich Metainformationen über den inhaltlichen Zusammenhang der Einzelaussagen, die durch sie miteinander in Beziehung gesetzt werden, insofern sie den zeitlichen, kausalen, modalen, intentionalen usw. Zusammenhang zwischen ihnen genauer bestimmen.

Das bedeutet, dass Konjunktionen auch wichtige Beiträge zur Selbstinterpretation sprachlicher Äußerungen leisten. Durch sie bekommen konjunktional verbundene Aussagegefüge nämlich einen sehr hohen Grad an innerer semantischer Autonomie, was gerade für den schriftlichen Sprachgebrauch sehr wichtig ist, weil sich hier die situativen Verstehenshilfen gegenüber dem mündlichen Sprachgebrauch beträchtlich reduzieren. Deshalb hat Wygotski ja auch betont, dass bei der schriftlichen Nutzung der Sprache gleichsam alles zu Ende gesagt werden müsse, um die semantische Autonomie von Texten sicherzustellen.

---

[207] H. Weinrich: Für eine Grammatik mit Augen und Ohren, Händen und Füßen – am Beispiel der Präpositionen. Rheinisch-westfälische Akademie der Wissenschaften, Vorträge G. 217, 1976.

Aus diesen Strukturzusammenhängen ergeben sich nun wichtige Konsequenzen für das pragmatische Funktionsprofil von Zeitkonjunktionen. Dieses lässt sich nämlich nicht zureichend verstehen, wenn wir uns nur auf die chronologischen Ordnungsfunktionen von Zeitkonjunktionen konzentrieren und darüber vergessen, dass sie zugleich auch kausale, modale, adversative, konditionale bzw. interpretative Implikationen vielerlei Art haben können.

Erstens ist nämlich zu beachten, dass sich unser Inventar von Zeitkonjunktionen evolutionär entwickelt hat und dass es bei ihnen vielerlei Ungereimtheiten gibt, wenn wir ihr Funktionsprofil ausschließlich im Rahmen eines chronologischen und chronometrischen Zeitverständnisses zu bestimmen versuchen. Wir können nämlich nicht außer Acht lassen, dass unser Verständnis von Zeit immer auch mit unterschiedlichen psychischen Erlebnisweisen von Zeit im Kontext von Veränderungsprozessen verknüpft ist.

Zweitens ist zu beachten, dass die vorhandenen Zeitkonjunktionen natürlich immer eine immanente Tendenz haben, sich feldmäßig für einen intersubjektiv gut verständlichen Sprachgebrauch zu ordnen. Eine solche Feldordnung zu konkretisieren, wird allerdings sehr schwierig, wenn wir das semantische und pragmatische Funktionsprofil unserer Zeitkonjunktionen nicht systematisch nach einheitlichen und hierarchisch geordneten Kriterien klar bestimmen können, sondern dieses allenfalls nach historisch und systematisch unterschiedlichen Kriterien mehr oder weniger zutreffend zu erläutern vermögen. Dabei haben wir nämlich immer damit zu rechnen, dass die Feldordnung von Zeitkonjunktionen eine evolutionäre Entstehungsgeschichte aufweist, die natürlich auch durch die Gleichzeitigkeit des Ungleichzeitigen geprägt sein kann.

Drittens ist zu beachten, dass wir das grammatische Instruktionspotential von einzelnen Zeitkonjunktionen gerade wegen seiner evolutionären Genese nicht normativ festlegen können. Wir müssen uns nämlich immer bewusst sein, dass in der Sprache die chronologischen Aspekte der Zeit immer nur Teilaspekte unter anderen sind. Im Prinzip haben wir alle Zeitkonjunktionen als hypothetische und heuristische Denkmuster anzusehen, um bei der Korrelation von Aussagen auf pragmatisch befriedigende Weise mit dem Zeitphänomen fertig zu werden. Das gilt dann gleichermaßen auch für die Kennzeichnung des Instruktionspotentials unserer Tempusformen.

Unter diesen Rahmenbedingungen ist es dann auch nicht nur als eine Schwäche von Zeitkonjunktionen anzusehen, dass sie chronologisch nicht eindeutig zu fassen und zu qualifizieren sind, sondern möglicherweise auch als eine Stärke, da das rein chronologische Verständnis von Zeit zumindest in anthropologischer Hinsicht keinen normativen Geltungsanspruch beanspruchen kann. Deshalb soll nun an einigen Beispielen veranschaulicht werden, dass die pragmatische Polyfunktionalität und die semantische Mehrdeutigkeit von Zeitkonjunktionen im Prinzip kein genereller Mangel ist, sondern eher ein Ausdruck für die Notwendigkeit, den Aspektreichtum des Zeitphänomens auf der Ebene der Korrelation von Aussagen abstraktiv nicht allzu sehr zu verkürzen.

So könnte man beispielsweise das grammatische Instruktionspotential der deutsche Konjunktion *wenn* einerseits als doppeldeutig und informativ ungenau beurteilen, weil sie ja sowohl eine temporale als auch eine konditionale Instruktionsfunktion ausüben kann (*Ich gehe, wenn du kommst.*). Daher könnte es dann auch als besonders vorteilhaft erscheinen, dass im Englischen klar zwischen der temporalen Konjunktion *when* und der konditionalen Konjunktion *if* unterschieden wird. Es ist nun aber durchaus die Frage, ob eine semantisch eindeutige grammatische Information in jedem Fall pragmatisch brauchbarer ist als eine mehrdeutige. Es kann nämlich durchaus Mitteilungssituationen geben, in der es zum Charme einer Aussage gehört, dass sie nicht eindeutig, sondern mehrdeutig ist. Eine klare Unterscheidung zwischen einer temporalen und einer konditionalen Korrelation von zwei Teilaussagen wäre dann eher kontraproduktiv als produktiv. Das bedeutet dann auch, dass doppeldeutige Konjunktionen in ganz bestimmten Sinnbildungszusammenhängen durchaus realistischer sein können als eindeutige. So etwas könnte dann beispielsweise gerade im ironischen Sprachgebrauch der Fall sein, wo die reine Darstellungsfunktion der Sprache meist nicht im Zentrum der Aufmerksamkeit steht, sondern eher ihre Spielfunktion.

Gerade wenn es in sprachlichen Mitteilungen nicht nur darum geht, vorgegebene chronologische Zeitverhältnisse sprachlich zu objektivieren, sondern auch darum, einer sehr komplexen Mitteilungsintention sprachlichen Ausdruck zu geben, dann haben Konjunktionen mit einer ganz präzisen Informationsfunktion nicht immer einen größeren pragmatischen Wert. Dieses Problem kann dann auch bei Übersetzungen in Erscheinung treten, wenn entschieden werden muss, ob die deutsche Konjunktion *wenn* am besten mit der englischen Konjunktion *when* oder *if* zu übersetzen ist. Sofern die deutsche Konjunktion *falls* ins Englische zu übersetzen ist, dann stellt sich dieses Problem allerdings nicht, da dieser eine recht eindeutige konditionale Instruktionsfunktion zukommt.

Auch die deutsche Konjunktion *während* ist doppeldeutig, insofern sie sowohl eine temporale als auch eine adversative Instruktionsfunktion haben kann, was nur im Kontext der jeweiligen Gebrauchssituation entschieden werden kann (*Er schlief ein, während sie ihm ihre Lebensgeschichte erzählte.*). Durch diese Konjunktion kann nämlich sowohl darauf aufmerksam gemacht werden, dass zwei Ereignisse zugleich ablaufen, als auch darauf, dass beide Ereignisse in einer kontrastierenden oder gar adversativen Spannung zueinander stehen können. Das verdeutlicht dann auch, dass bestimmte zeitliche Zusammenhänge eben nicht nur einen rein chronologischen Aspekt haben, sondern auch noch ganz andere Aspekte, die immer mit unseren jeweiligen Erwartungshorizonten zu tun haben bzw. mit unseren jeweiligen Verstehenszielen.

Auf ähnliche doppeldeutige Instruktionsfunktionen treffen wir auch bei der Zeitkonjunktion *indem* (*Sie reichte ihm eine vergiftete Praline, indem sie lächelte.*). Rein chronologisch betrachtet scheint diese Konjunktion nur zu signalisieren, dass zwei unterscheidbare Handlungsprozesse synchron ablaufen. Pragmatisch betrachtet kann sie aber zugleich auch modale oder kausale Instruktionsimplikationen haben, weil dem Tatbestand des Lächelns bei der Übergabe der Praline durchaus eine perfide Täuschungsfunktion zukommen könnte. Das bedeutet, dass die rein chronologische Korrelation von Prozessen auf einer anderen Verstehensebene auch mit kausalen oder intentionalen Verstehensmöglichkeiten in Zusammenhang gebracht werden kann oder gar muss.

In der Logik ist deshalb dann auch immer wieder darauf verwiesen worden, dass die zeitliche Reihenfolge von Ereignissen auch eine Kriterium dafür sein kann, dass ein früheres Ereignis Ursache für ein folgendes sein kann und dass Zeitkonjunktionen deshalb auch mit kausale Implikationen verbunden sein können, was insbesondere die Zeitkonjunktion *nachdem* verdeutlicht (*Nachdem der Blitz in das Haus eingeschlagen war, brannte es ab.*). Allerdings ist natürlich nicht jedes frühere Ereignis auch als Ursache für ein späteres anzusehen (*Nachdem die Zahl der Störche abgenommen hatte, sank auch die Zahl der Geburten.*). Die bloße Abfolge von Ereignissen ist nämlich keine hinreichende, sondern nur eine mögliche Bedingung für eine kausale Relation zwischen ihnen.

Sprachhistorisch ist weiterhin interessant, dass die deutsche Kausalkonjunktion *weil* auf das mhd. zeitliche Verknüpfungszeichen *die wīle* (solange wie, während) zurückgeht und erst nach und nach zu einer primär kausal zu verstehenden Konjunktion geworden ist. Das dokumentiert sich auch heute noch in dem etwas altertümlichen Verknüpfungszeichen *alldieweil*, in dem die mentale Nähe von Temporalität und Kausalität noch deutlich durchschimmert. Das Motiv dafür liegt offenbar darin, dass wir ein grundlegendes psychisches Bedürfnis haben, hinter chronologischen Abfolgerelationen immer auch verborgene kausale zu vermuten.[208] Interessant ist in diesem Zusammenhang dann auch, dass die deutsche Kausalkonjunktion *da* sprachhistorisch sowohl Beziehungen zu dem mhd. Ortsadverb *dâ* als auch zu dem mhd. Zeitadverb *dô* hat und dass sie erst im 19. Jh. diese räumlichen und zeitlichen Implikationen zugunsten von kausalen verloren hat, was ein etwas altertümliche Sprachgebrauch sehr schön verdeutlicht (*Da ich ein Knabe war, ...*).

---

[208] Vgl. E. Arndt: Das Aufkommen des begründenden WEIL. Beiträge zur Geschichte der deutschen Sprache und Literatur 81, 1959, S. 383–415.

12 Die Tempusformen als Objektivierungsformen für Zeit

Die Gewohnheit, Verben auch als *Zeitwörter* zu bezeichnen, ist eigentlich nicht überraschend. Verben haben nämlich sowohl auf der Betrachtungsebene der Lexik als auch auf der der Grammatik Beziehungen zum Phänomen der verfließenden Zeit. Diese sollten nicht vernachlässigt werden, da sie eine grundlegende Rolle für die sprachliche Strukturierung unserer Zeiterfahrungen spielen.

Hinsichtlich der lexikalischen Betrachtungsebene der Sprache ist festzuhalten, dass Verben Denkmuster repräsentieren, die sich im Prinzip auf die sprachliche Objektivierung von Vorgängen beziehen und damit auch auf die Prozesse des Gestaltwandels von Wahrnehmungsinhalten. Dieser Gestaltwandel von Beobachtungsgegenständen ist für uns nun aber zweifellos eine grundlegende Voraussetzung dafür, um einen brauchbaren Zugang zu dem Phänomen der Zeit zu finden, weil uns Zeit erst im Rahmen von Veränderungs- bzw. Bewegungsprozessen wirklich fassbar wird. Das dokumentiert sich dann nicht nur darin, dass wir eine Vielzahl von Verben haben, um die Intensität von Veränderungsprozessen in der Zeit von einander abzugrenzen (*gehen, laufen, rennen*), sondern auch darin, dass wir unserer Interesse an solchen Prozessen inhaltlich auch ganz unterschiedlich akzentuieren können (*blühen, erblühen, verblühen*).

Hinsichtlich der grammatischen Betrachtungsebene der Sprache ist festzuhalten, dass wir uns Veränderungsvorgänge über den Gebrauch von unterschiedlichen Tempusformen perspektivisch unterschiedlich objektivieren können. Wir können Veränderungsvorgänge dabei nicht nur auf chronologische Weise auf unseren jeweiligen Sprechzeitpunkt beziehen, sondern auf psychologische Weise auch so, dass wir ihnen durch die Nutzung bestimmter Tempusformen eine unterschiedliche pragmatische Relevanz zu geben vermögen, insofern wir sie uns als Erinnerungen, Gegenwärtigkeiten oder Erwartungen ins Bewusstsein rufen können. Solche psychischen Wahrnehmungsformen von Prozessen sind sprachlich allerdings nicht nur durch Tempusformen zu konkretisieren, sondern beispielsweise auch durch Modusformen oder durch andere sprachliche Modalisierungsmittel für die Kennzeichnung der Relevanz von bestimmten Denkinhalten.

Da nun aber Tempusformen in allen konkreten Aussagen obligatorisch verwendet werden müssen, spielen sie natürlich für unsere Wahrnehmung und sprachliche Objektivierung von Zeit eine ganz zentrale Rolle. Nach Jakobson besteht nämlich der Hauptunterschied zwischen den Einzelsprachen weniger darin, worauf sie uns durch ihr jeweiliges Formeninventar überhaupt aufmerksam machen können, sondern vielmehr darin, worauf sie uns bei jeden Sprachgebrauch obligatorisch aufmerksam machen müssen. „*Der wahre Unterschied zwischen den Sprachen besteht somit nicht in dem, was ausgedrückt werden kann oder nicht, sondern in dem, was die Sprecher mitteilen müssen.*"[209]

Wenn nun in jedem konkreten Sprachgebrauch eine obligatorische Entscheidung über die jeweils zu verwendenden Tempusformen getroffen werden muss, dann ist das ein deutliches Indiz dafür, welche Relevanz diese für unser alltägliches Zeit- und Sinnverständnis haben. Dieser Hinweis sollte dann allerdings nicht nur auf die chronologischen Ordnungsfunktionen von einzelnen Tempusformen bezogen werden, sondern auch auf andere. Diese lassen sich zusammenfassend als psychologische Funktionen bezeichnen, da sie in einem hohen Maße vor allem unsere subjektorientierten Erlebnisse von Zeit betreffen.

Auf diese kognitiven und kommunikativen Differenzierungs- und Sinnbildungsfunktionen von Tempusformen werden wir natürlich insbesondere dann aufmerksam, wenn Äußerungen aus Sprachen mit einem obligatorischen Tempusgebrauch in solche zu übersetzen sind, die gar keine Tempusformen im Sinne der indogermanischen Sprachen kennen, was beispielsweise für das Chinesische zutrifft. In diesem Fall steht man nämlich vor dem Problem, dass man die obligatorischen grammatischen Tempusinstruktionen des Deutschen nicht passend ins Chinesische übertragen kann, weil entsprechende Formen gar nicht vorhanden sind. Umgekehrt ergibt sich das Problem, dass bei Übersetzungen aus dem Chinesischen ins Deutsche Aussagen mit grammatischen Tempusinstruktionen angereichert werden müssen, die es in dieser Form im Chinesischen gar nicht gibt. Das bedeutet, dass in all diesen Fällen Übersetzungen notwendigerweise in temporaler bzw. in zeitlicher Hinsicht über- oder unterpointierter sein müssen als die jeweiligen Originalaussagen, insofern sie ähnliche Sinnbildungseffekte nur über ganz andere sprachliche Mittel erzielen können.

Aber selbst bei Übersetzungen zwischen Sprachen mit ausgebildeten Tempussystemen sind Übersetzungen nicht ohne Tücken, weil die jeweiligen Tempussysteme eine je unterschiedliche Entwicklungsgeschichte haben und daher das jeweilige Instruktionsprofil der einzelnen Formen nicht deckungsgleich ist. Die Differenzierungsintentionen hinter den einzelnen Tempusformen sind nämlich keineswegs nur chronologischer Natur, sondern werden in der Regel durch recht unterschiedliche Sinnbildungsziele geprägt. Zwar haben Theoretiker immer wieder versucht, das Funktionsprofil von Tempusformen nach rein chronologischen Kriterien zu beschreiben, aber diese Versuche haben keinen durchschlagenden Erfolg gehabt, weil dabei die faktischen Sinnbildungsfunktionen von einzelnen Tempusformen immer abstraktiv vereinfacht werden mussten.

---

[209] R. Jakobson: Form und Sinn, 1964, S. 71.

Schon die Rede von sprachlichen Tempussystemen bzw. von einer stringenten Feldordnung der sechs deutschen Tempora ist recht problematisch, weil eine solche Vorstellung kaum Rücksicht auf die historische Entwicklungsgeschichte der einzelnen Tempusformen nehmen kann. Aus der sprachgeschichtlichen Evolution der einzelnen Tempusformen ergibt sich nämlich, dass diese nicht immer in einer klaren Oppositionsrelation zu ihren jeweiligen Feldnachbarn stehen, sondern oft nur in der Relation einer spezifisch akzentuierten Variation. Durch die beträchtliche Gebrauchsflexibilität von Tempusformen wird dann zwar die semantische Informationsgenauigkeit der einzelnen Tempusformen beeinträchtigt, aber nicht unbedingt die pragmatische Leistungsfähigkeit der historisch gewachsenen Feldordnung der Tempusformen insgesamt. Nietzsche hat die Ursache der semantischen und logischen Inkohärenzen historisch gewachsener Begriffs- und Ordnungszusammenhänge auf folgende Weise sehr überzeugend erklärt: „*alle Begriffe, in denen sich ein ganzer Prozeß semiotisch zusammenfaßt, entziehn sich der Definition; definierbar ist nur das, was keine Geschichte hat.*"[210]

Auf jeden Fall können wir im Hinblick auf die Analyse des Ordnungszusammenhangs der sechs deutschen Tempusformen festhalten, dass man ihre interne Feldordnung nicht so einfach festlegen kann, wie man eine Torte sektoral in sechs Tortenstücke aufteilen kann. Wir haben nämlich grundsätzlich immer damit zu rechnen, dass die sechs deutschen Tempora sich überlappende Instruktionsfunktionen besitzen, in denen sich dann auch ihre historische Entwicklungsgeschichte spiegelt. Dieser komplexe interne Korrelationszusammenhang zwischen den einzelnen Tempusformen verbietet es, ihren Gebrauch nach dem Entweder-oder-Prinzip zu beschreiben, weil unter diesen Umständen die Historizität und die pragmatische Funktionalität von Tempusformen nicht zureichend erfasst werden kann. Jakobson hat das auf sehr überzeugende Weise am Beispiel der russischen Verbformen erklärt.[211]

Für Jakobson sind nämlich im Prinzip alle älteren grammatischen Verbformen relativ merkmalslos, da sie sehr allgemeinen Differenzierungsinteressen Ausdruck geben. Die jüngeren Formen sind dagegen für ihn vergleichsweise merkmalhaltiger, insofern sie als nachträglich entwickelte Zusatz- und Sprossformen durch ganz spezifische Differenzierungsinteressen geprägt werden, die sich meist erst in späteren Kulturphasen ausgebildet haben. Das hat dann natürlich zur Folge gehabt, dass die älteren Formen im Sinne einer Besitzstandswahrung sich ihr angestammtes Operationsgebiet nicht einfach zu Gunsten der

---

[210] F. Nietzsche: Zur Genealogie der Moral. Werke Bd. 2, S. 820.
[211] R. Jakobson: Form und Sinn, 1974, S. 55–67.

jüngeren Formen haben beschneiden lassen. Daraus hat sich dann ergeben, dass die jüngeren Formen zwar ein sehr viel schärfer ausgeprägtes Instruktionsprofil haben als die älteren, aber natürlich auch ein sehr viel weniger komplexes. Das hat dann natürlich die Informationsschärfe der jüngeren Formen gesteigert, aber nicht unbedingt deren Sinnbildungspotential insgesamt.

Aus diesen historischen und funktionalen Strukturverhältnissen ergibt sich nun, dass die faktischen Bezüge der einzelnen Tempusformen zum Phänomen der Zeit nicht so klar fixiert werden können, wie es theoretisch wünschenswert wäre, und dass man sich vor vorschnellen ahistorischen Schematisierungen zu hüten hat. Abstraktionen und Typisierungen sind bei der Qualifizierung des Leistungsprofils von einzelnen Tempusformen natürlich unausweichlich, aber sie dürfen bei der Beschreibung ihres Funktionspotentials nicht zu unrealistischen theoretischen Idealisierungen oder gar Verzerrungen führen. Diese Gefahr ergibt sich insbesondere dann, wenn man sein Wahrnehmungsinteresse ausschließlich auf die chronologisch orientierten Differenzierungsfunktionen von Tempusformen richtet und darüber ihre psychologisch und anthropologisch orientierten ganz aus den Augen verliert.

Außerdem ist zu beachten, dass die Tempusmorpheme bei Verben ebenso wie die Modus- und Genusmorpheme nicht nur Verbmorpheme sind, sondern zugleich auch Satzmorpheme, da sie nicht allein die Semantik der jeweiligen Verben betreffen, sondern auch der ganzer Aussagen. Das bedeutet dann, dass die grammatische Bedeutung von Tempusmorphemen sowohl in unserer empirischen Erfahrungswelt (Objektsphäre) zu verankern ist als auch in unserem individuellen Gestaltungswillen (Subjektsphäre). Die sinnbildende Leistung von Tempusformen lässt sich daher auch nicht nur im Rahmen der reinen Darstellungsfunktion der Sprache bzw. von bloßen chronologischen Ordnungsfunktionen bestimmen, weil dabei die konkreten Sinnbildungsintentionen der beteiligten Sprecher ausgeblendet werden, die ja die pragmatische Relevanz bestimmter Vorgänge für die aktuelle Kommunikation akzentuieren sollen.

Bei der Analyse der Sinnbildungsfunktionen von Tempusformen werden wir sehr deutlich mit der logischen und sachlichen Problematik des sogenannten *hermeneutischen Zirkels* konfrontiert. Wir müssen nämlich immer schon ein intuitives oder begriffliches Wissen von der Zeit haben, um die möglichen Zeitimplikationen von konkreten Tempusformen kontrastierend und präzisierend beschreiben zu können. Dabei stellt sich dann insbesondere auch das Problem, ob unser gegenwärtiges Verständnis und Wissen von Zeit überhaupt mit dem kompatibel ist, welches zur Entstehungszeit der jeweiligen Tempusformen kulturgeschichtlich aktuell war. Diese Formen haben sich nämlich in Kulturepochen herausgebildet, in denen man das Zeitphänomen meist im Rahmen ganz anderer Erkenntnisinteressen ins Auge gefasst hat als heutzutage.

Deshalb ergibt sich dann zugleich auch die Frage, ob sich in unseren Tempusformen nicht ein Zeitverständnis objektiviert und konserviert hat, welches uns heute eigentlich etwas anachronistisch anmuten müsste, das aber gleichwohl anthropologisch relevant ist, weil es sehr elementaren Formen der menschlichen Zeitwahrnehmung entspricht, die im Rahmen des chronologischen und chronometrischen Zeitverständnisses oft ziemlich vernachlässigt werden. Diese Strukturverhältnisse beim Instruktionsprofil von Tempusformen könnten dann die positive Konsequenz haben, unser Zeitverständnis flexibel zu halten, weil die einzelnen Tempusformen dann ja weniger als chronologische Abbildungsformen von Zeit in Erscheinung treten, sondern eher als komplexe Interpretationsformen für Zeit und damit dann auch als lebende Spiegel für Zeit, die zugleich sich selbst und anderes zur Erscheinung zu bringen vermögen.

In denjenigen Sprachen, in denen zwischen dem Seinsphänomen *Zeit* und dem Sprachphänomen *Tempus* unterschieden wird wie beispielsweise im Deutschen oder im Englischen (time, tense), stellt sich dann natürlich die Frage etwas anders, was jeweils als Primär- und was als Sekundärphänomen bzw. was als Original und was als mentales Spiegelbild dafür anzusehen ist, als in denjenigen Sprachen, in denen für die beiden Phänomene nur ein einziger sprachlicher Ausdruck zur Verfügung steht wie beispielsweise im Lateinischen (tempus) oder im Französischen (temps). Im ersten Fall liegt es nahe, Tempusformen als mehr oder weniger brauchbare sprachliche Spiegelbilder von Erscheinungsformen der ontisch vorgegebenen Zeit zu verstehen. Im zweiten Fall liegt es eher nahe, ein Zeitverständnis zu entwickeln, das Seinsformen und sprachliche Spiegelungsformen nicht so scharf kategorial voneinander unterscheidet, sondern von Anfang an eng aufeinander zu beziehen versucht. In beiden Fällen wird es dann aber zum Problem, welche Erfahrungsformen von Zeit normativ auf die jeweils anderen einwirken bzw. welche Objektivierungsformen von Zeit als primär und welche als sekundär angesehen werden sollen.

Aus diesen Rahmenbedingungen wird hier nun die methodische Konsequenz gezogen, nicht gleich mit der Beschreibung und Analyse der Zeitimplikationen der einzelnen Tempusformen zu beginnen, sondern zunächst zwei unterschiedliche Tempuskonzepte vorzustellen, mit denen sich die Tempusproblematik in verschiedenartigen Perspektiven erfassen lässt. Das eine Konzept lässt sich als *Zeitstufenkonzept* charakterisieren, insofern es chronologisch orientiert ist und auf der Vorstellung eines linearen Zeitflusses basiert, in dem einzelne Ereignisse klar positioniert werden können. Das andere Konzept lässt sich als *Zeiterlebniskonzept* charakterisieren, insofern es psychologisch, pragmatisch und hermeneutisch orientiert ist und sich für die Bedingungen und Ziele interessiert, die bei der Wahrnehmung und Differenzierung von Zeit im menschlichen Leben eine Rolle spielen. Beide Konzepte negieren einander nicht auf eine grundsätzliche Weise. Sie stehen aber gleichwohl in einem Spannungsverhältnis zueinander, weil sie uns das Tempusproblem in unterschiedlichen, aber sich durchaus ergänzenden Perspektiven vor Augen führen.[212]

12.1 Das Zeitstufen- und das Zeiterlebniskonzept

Die System- bzw. Feldordnung der sechs deutschen Tempusformen ist etwas unübersichtlich, weil diese nicht konstruktiv geplant worden ist, sondern sich erst nach und nach historisch entwickelt hat. Das beinhaltet, dass die einzelnen Tempusformen Differenzierungs- und Informationsleistungen erbringen, die nicht immer auf derselben Abstraktionsebene liegen und die deshalb auch nicht nach denselben Kriterien ermittelt werden können. Das ist systemtheoretisch gesehen natürlich ziemlich ärgerlich, aber pragmatisch und erkenntnistheoretisch nicht unbedingt. Dadurch wird nämlich verhindert, dass sich unsere Wahrnehmung für die Tempusproblematik von vornherein monoperspektivisch verengt und wir zu Gefangenen unserer eigenen Denkschemata werden.

Gleichwohl ist natürlich nicht abzustreiten, dass die begriffliche Beschreibung der Sinnbildungskraft von Tempusformen abstrahierender Vereinfachungen bedarf, um intersubjektiv verständlich und praktikabel werden zu können. Um das zu gewährleisten, eignet sich das Zeitstufenkonzept und das Zeiterlebniskonzept recht gut, da beide dabei helfen können, uns Rechenschaft über unsere Erkenntnisprämissen und Erkenntnisziele bei der Beschreibung der vielfältigen Zeitimplikationen von Tempusformen abzulegen. Dabei kann dann auch deutlich werden, dass sich unsere Wahrnehmungsinteressen an der Zeit und die sprachlichen Objektivierungsmöglichkeiten für Zeit im Laufe der Kulturgeschichte durchaus verändert haben.

Im Rahmen unseres heutigen Zeitverständnisses scheint uns auf den ersten Blick das Zeitstufenkonzept für die Analyse der Tempusproblematik durchaus sachadäquat zu sein. Es entspricht nämlich weitgehend unserem gegenwärtigen kulturellen Zeitverständnis und scheint uns plausible Analysekriterien an die Hand zu geben, um das Funktionsprofil der einzelnen Tempusformen genauer bestimmen zu können. Eine andere Frage ist nun aber, ob dieses Konzept wirklich in der Lage ist, die durchaus vielschichtigen Sinnbildungsfunktionen von

---

[212] Vgl. zu dieser ganzen Problematik die Vorarbeiten des Verfassers: W. Köller: Funktionaler Grammatikunterricht. Tempus, Genus, Modus: Wozu wurde das erfunden? 1997[4]. W. Köller: Perspektivität und Sprache, 2004, S. 421–473. Vgl. auch C. Fabricius-Hansen: Tempus fugit. Über die Interpretation temporaler Strukturen im Deutschen, 1986.

Tempusformen befriedigend in den Blick zu bekommen, da diese sehr unterschiedliche historische Wurzeln und intentionale Zielsetzungen haben. Die theoretische Übersichtlichkeit und Stringenz dieses Konzepts verbürgt nämlich keineswegs von vornherein zugleich auch seine überlegene sachliche Erklärungskraft, weil die ihm zugrundeliegenden Abstraktionen relevante Ordnungsstrukturen nicht nur sichtbar machen, sondern zugleich auch verdecken können.

Im Denkrahmen unseres gegenwärtigen Verständnisses von Zeit erscheint uns das Zeitstufenkonzept für die Funktionsbestimmung der einzelnen Tempora durchaus adäquat zu sein, weil es von der Grundvoraussetzung geprägt wird, dass unsere Tempusformen primär dazu bestimmt seien, die chronologischen Relationen zwischen Sachereignissen und Sprechereignissen auf einer faktisch gegebenen bzw. auf einer angenommenen Verlaufsachse von Zeit zu präzisieren. Deshalb haben in ihm auch die Kategorien der *Gleichzeitigkeit, Nachzeitigkeit* und *Vorzeitigkeit* einen wichtigen analytischen Stellenwert. Auf deren Basis lässt sich nämlich eine chronologisch orientierte Zeitlogik entwickeln, mit deren Hilfe der chronologische Zusammenhang von Einzelereignissen stringent erfasst werden kann. Aus eben diesem Grunde hat dann auch das Zeitstufenkonzept alle Grammatiker fasziniert, die sich eher rationalistischen als hermeneutischen Denkweisen verpflichtet gefühlt haben. Dabei spielte es dann auch keine große Rolle, dass sie sich mit der empirischen Erfahrung konfrontiert sahen, dass es mehr Tempusformen als Zeitstufen (Gegenwart, Vergangenheit, Zukunft) gibt und dass Tempusformen neben den chronologischen auch noch modale und aktionale Implikationen haben können, die gerade bei ihrer historischen und morphologischen Ausbildung eine wichtige Rolle gespielt haben.

Auf der Grundlage der Vorstellung von Zeitstufen hat dann der Physiker und Philosoph Hans Reichenbach 1943 in seinen Überlegungen zur symbolischen Logik eine einflussreiche chronologisch orientierte Tempustheorie ausgearbeitet.[213] Dabei geht er von der Grundüberzeugung aus, dass Tempusformen im Prinzip dazu dienten, die chronologischen Relationen zwischen Einzelereignissen bzw. Zeitintervallen zu thematisieren und zu qualifizieren. Dementsprechend sieht er dann Tempusformen auch als indexikalische Zeichen an, welche die möglichen Relationen zwischen chronologisch fixierbaren einzelnen Ereignissen bzw. Zeitpunkten zu kennzeichnen hätten.

Auf der linearen chronologischen Zeitachse unterscheidet Reichenbach dabei zwischen dem *Sprechzeitpunkt* (point of speech) und dem *Ereigniszeitpunkt* (point of event). Diese Sachlage macht dann allerdings nur drei Tempusformen

---

[213] H. Reichenbach: Elements of symbolic logic, 1966², § 51, S. 287 ff.; dt.: Grundzüge der symbolischen Logik, Gesammelte Werke Bd. 6, 1999 § 51, S. 273 ff.

erforderlich, nämlich eine Tempusform, bei der die sprachlich thematisierten Ereignisse mit dem aktuellen Sprechvorgang zusammenfallen, eine Tempusform, bei der die benannten Ereignisse in einer Zukunftsrelation zu dem aktuellen Sprechereignis liegen, und eine Tempusform, bei der die benannten Ereignisse in einer Vergangenheitsrelation zu dem aktuellen Sprechzeitpunkt stehen.

Da nun aber auch noch andere Zeitrelationen in Kommunikationssituationen denkbar sind, bringt Reichenbach neben dem *Ereigniszeitpunkt* und dem *Sprechzeitpunkt* auch noch einen anderen Zeitpunkt auf der allgemeinen Zeitachse ins Spiel, den er *Betrachtungszeitpunkt* (point of reference) nennt. Durch diesen Begriff trägt er dem Umstand Rechnung, dass ein Sprecher seinen Sehepunkt für Ereignisse auf der allgemeinen Zeitachse so nach vorn oder hinten verschieben kann, dass er chronologisch nicht mit seinem eigenen faktischen Sprechzeitpunkt zusammenfällt. Aus dieser Möglichkeit ergibt sich für ihn dann die Chance, den Bedarf von weiteren Tempusformen logisch zu motivieren. Das betrifft dann insbesondere die Notwendigkeit, die Tempusformen *Plusquamperfekt* und *Futur II* zu rechtfertigen, sofern man es nicht vorzieht, solche frei wählbaren Betrachtungszeitpunkte über Zeitadverbien bzw. Zeitadverbiale sprachlich zu kennzeichnen (*morgen, gestern*).

Dieser relationslogische Denkansatz Reichenbachs zur Analyse der Instruktionsfunktion von Tempusformen hat natürlich insbesondere bei denjenigen Sprachtheoretikern Anklang gefunden, die bestrebt waren, das Leistungsprofil von Tempusformen primär nach chronologischen Gesichtspunkten näher zu bestimmen. Das lässt sich natürlich methodisch motivieren, aber pragmatisch gesehen beinhaltet ein solcher Analyseansatz sowohl in historischer als auch in systematischer Hinsicht ganz erhebliche Einschränkungen bei der Wahrnehmung der Sinnbildungsfunktionen von Tempusformen. Dadurch wird nämlich die Gefahr heraufbeschworen, zu einer unrealistischen Einschätzung des faktischen Tempusgebrauchs zu kommen, bei dem die einzelnen Tempusformen eher zu einem verzerrenden als zu einem lebenden Spiegel für die sprachliche Objektivierung von Zeit und Zeitrelationen werden.

Ein typisches Beispiel für die von Reichenbach entworfene Strategie, die Funktionen von Tempusformen zu analysieren, ist die Dissertation von Dieter Wunderlich.[214] Er ist sich zwar durchaus bewusst, dass die deutschen Tempusformen nicht nur dazu dienen, die chronologischen Relationen zwischen Sprechzeitpunkten, Betrachtungszeitpunkten und faktischen Ereignissen auf einer allgemeingültigen Zeitachse zu kennzeichnen. Gleichwohl beschränkt er aber sein Erkenntnisinteresse an Tempusformen methodisch darauf, nur diese

---

[214] D. Wunderlich: Tempus und Zeitreferenz im Deutschen, 1970.

Relationen näher zu beschreiben und das Zusammenspiel von Tempusformen mit expliziten lexikalischen Zeitverweisen näher zu untersuchen.

Wunderlich ist sich dabei durchaus bewusst, dass die chronologischen Ordnungsfunktionen der Tempusformen historisch gesehen keineswegs die primären waren. Aus dieser Einsicht ergibt sich für ihn aber kein grundsätzliches methodologisches Problem bei der Analyse des Leistungsprofils von Tempusformen. Er hält es nämlich durchaus für gerechtfertigt, dass man sich bei der Analyse von Tempusformen ganz auf die Ergebnisse ihrer jeweiligen historischen Entwicklungsgeschichte konzentrieren könne, in denen frühere Funktionen produktiv verarbeitet oder faktisch aufgehoben worden seien, weshalb man sie dann auch nur am Rande zu berücksichtigen habe.

Das Problem des Ungleichzeitigen im Gleichzeitigen stellt sich Wunderlich nicht und daher dann auch nicht die Notwendigkeit, Tempusformen in einer entwicklungsgeschichtlichen und hermeneutischen Perspektive ins Auge zu fassen. Einerseits ist er sich zwar bewusst, dass die extensionalen chronologischen Zeitrelationen unserer heutigen Tempusformen sich historisch aus intensionalen Qualifizierungen von Zeiterlebnissen entwickelt haben. Andererseits sieht er aber, ganz im Banne der methodologischen Postulate de Saussures, keine Notwendigkeit, diachrone und synchrone Analyseanstrengungen integrativ miteinander in Beziehung zu setzen.[215] Er hält es deshalb auch für gerechtfertigt, seine Tempusanalysen ganz auf die chronologischen Deixisfunktionen der einzelnen Tempusformen zu konzentrieren bzw. auf die chronologischen Korrelationsverhältnisse zwischen den jeweiligen Sachverhalten, Sprechzeitpunkten und Betrachtungszeitpunkten in konkreten sprachlichen Äußerungen.

Nun ist zweifellos einzuräumen, dass mit der kulturgeschichtlichen Ausbildung unseres chronologisch akzentuierten Zeitbewusstseins auch die chronologischen Ordnungsfunktionen der Tempusformen immer wichtiger geworden sind, obwohl dafür natürlich auch Zeitadverbien, Zeitpräpositionen und Zeitkonjunktionen verwendet werden könnten. Dennoch kann man aber feststellen, dass die ursprünglich eher psychologisch orientierten Ordnungsfunktionen von Tempusformen insbesondere in der fiktionalen Literatur weiterhin sehr wirkungsmächtig geblieben sind. Das lässt sich sehr gut verdeutlichen, wenn man versucht, die Leistungskraft des Zeiterlebniskonzeptes näher zu beschreiben.

Das Zeiterlebniskonzept ist hinsichtlich seiner Erkenntnisinteressen und Ordnungsfunktionen sehr viel unschärfer strukturiert als das Zeitstufenkonzept, aber eben deshalb kann man es dann auch als vielschichtiger, sinnträchtiger und realistischer ansehen. Vor allem ist es sehr viel besser als das Zeitstufen-

---

215 D. Wunderlich: a. a. O., 1970, S. 23–27.

konzept dazu geeignet, Zeiterfahrungen miteinander in Beziehung zu setzen, die einerseits aus der Welt der vorgegebenen Objekte und Sacherfahrungen stammen, aber andererseits auch aus der Welt der denkenden bzw. sinnstiftenden Subjekte. Das bedeutet, dass für dieses Konzept chronologische Relationen zwischen Sachereignissen und Redeereignissen zwar auch eine wichtige Rolle spielen, aber gleichzeitig auch die psychologische Relevanz der sprachlich objektivierten Denkinhalte für die jeweiligen Kommunikanten.

Unter diesen Umständen wird dann allerdings die Zeit weniger als ein chronologisch strukturierbarer Ordnungsfaktor wichtig, sondern eher als ein Ordnungsfaktor, über den man die pragmatische Relevanz von Ereignissen bzw. von Denkinhalten für die kommunizierenden Subjekte näher qualifizieren kann. Das bedeutet, dass die Zeit nun auch als eine Ordnungsgröße in Erscheinung treten kann, die nicht nur eine chronologische Relevanz hat, sondern auch eine psychologische, insofern sie nämlich dazu beiträgt, die sprachlich objektivierten Ereignisse mental in eine psychische Nähe oder Distanz zu rücken. Das bedeutet, dass nun das Zeitphänomen an chronologischer Ordnungskraft verliert, aber an psychologischer Ordnungsrelevanz durchaus gewinnt, weil über Tempusformen das jeweils Ausgesagte nun immer auch in eine geistige Nähe oder Distanz gebracht werden kann.

Die sprachtheoretische Legitimierung und die sprachwissenschaftliche Strukturierung des Zeiterlebniskonzeptes geht in einem hohen Maße auf die Tempusanalysen von Harald Weinrich zurück, obwohl solche Gesichtspunkte auch schon vor ihm für die Beschreibung von Tempusfunktionen fruchtbar gemacht worden sind. Das dokumentiert sich beispielsweise darin, dass bei der Funktionsbestimmung von Tempusformen Analysebegriffe verwendet worden sind, denen bei einem rein chronologischen Verständnis von Tempusformen eigentlich keine große Bedeutsamkeit zukommt: *Erzählform, Urteilsform, Erlebnisstufe, Erinnerungsstufe, Distanzierungsform, Aktualisierungsform* usw.

Weinrichs Leistung besteht nun vor allem darin, dass er die pragmatischen Sinnbildungsfunktionen der einzelnen Tempusformen in unterschiedlichen europäischen Sprachen übersichtlich dargestellt hat, ohne dabei ihre chronologischen gänzlich auszuklammern, eben weil er Tempusformen nun auch mit Hilfe von psychologisch orientierter Aktualitäts- und Relevanzkriterien zu qualifizieren versucht hat. Dabei hat er selbst auch einen Lernprozess durchgemacht, weil er den chronologischen Ordnungsfunktionen der Tempusformen in der ersten Auflage seines Tempusbuches eine viel weniger große Bedeutsamkeit zugeordnet hat als in den folgenden.[216]

---

[216] H. Weinrich: Tempus. Besprochene und erzählte Welt, 1961^1, 2001^6.

Das grammatische bzw. zeitliche Sinnbildungspotential der einzelnen Tempusformen versucht Weinrich dadurch in den Griff zu bekommen, dass er zwei große Tempusgruppen bildet. Diesen ordnet er im Hinblick auf den jeweiligen Sprecher zwei unterschiedliche psychische Aktivitätstypen zu, die er dann näher als *Besprechen* und als *Erzählen* bestimmt. Das bedeutet, dass er die einzelnen Tempusformen als Instruktionsmittel ansieht, die vornehmlich dazu dienen, den jeweiligen Aussageinhalten metainformativ bestimmte Gültigkeitsansprüche bzw. Relevanzimplikationen zuzuordnen, die nicht nur chronologische Dimensionen haben, sondern auch andere. Deshalb hält er es auch nicht für besonders sinnvoll, die grammatischen Kategorien *Tempus* und *Modus* scharf von einander abzugrenzen. Stattdessen versucht er, beide Formkategorien in ein umfassendes Tempusparadigma zu integrieren, in dem die verschiedenen Verbformen vor allem danach unterschieden werden, ob sie primär dem *Erzählen* oder dem *Besprechen* von bestimmten Sachverhalten dienen bzw. dem Aufbau einer erzählten oder einer besprochenen Welt.

Zu der Tempusgruppe der *besprochenen Welt* rechnet er das Präsens als Basistempus sowie das Perfekt und das Futur I und II als spezifizierende Zusatztempora. Zu der Tempusgruppe der *erzählten Welt* rechnet er das Präteritum als Basistempus sowie das Plusquamperfekt, das Konditional I und II bzw. die Konjunktive I und II als spezifizierende Zusatztempora. Diese Unterteilung der Tempora in zwei Grundtypen und in weitere spezifizierende Zusatzformen ist sprachgeschichtlich durchaus plausibel, da beispielsweise im Deutschen das Präsens und das Präteritum die ältesten Tempora sind, die erst in der Wende vom Althochdeutschen zum Mittelhochdeutschen durch präzisierende Sprossformen ergänzt worden sind. Offenbar haben sich nämlich erst in dieser Kulturepoche die kognitiven und kommunikativen Differenzierungsbedürfnisse so ausgeweitet, das eine solche spezifizierende Strukturierung des Tempusparadigmas bei Verben als wünschenswert erachtet worden ist.

Die Tempusformen der besprochenen Welt sind nach Weinrich vor allem dazu bestimmt, die jeweiligen Aussageinhalte in einer Wahrnehmungsperspektive zu rezipieren, die sich mit Hilfe der Vorstellung einer psychischen Gespanntheit oder einer pragmatischen Aktualität näher qualifizieren lässt. Im Unterschied dazu legten die Tempusformen der erzählten Welt eine Wahrnehmungsperspektive nahe, die sich eher durch die Vorstellung der psychischen Entspanntheit und der kontemplativen Distanz näher bestimmen lässt. Während wir durch die Tempusformen der besprochenen Welt indirekt dazu aufgefordert würden, auf das jeweils Mitgeteilte direkt zu reagieren, legten es die Tempusformen der erzählten Welt nahe, die einzelnen Mitteilungsinhalte auf kontemplative Weise als Bestandteile umfassenderer Zusammenhänge wahrzunehmen, auf die man nicht unmittelbar reagieren müsse. Deshalb hat das Präteritum für Weinrich dann auch seinen genuinen Platz im erzählenden und im fiktionalen Sprachgebrauch und das Präsens und Perfekt im dialogischen und im argumentativen, im dem eher an die Urteilskraft als an die Vorstellungskraft der Menschen appelliert werde.

Weinrichs Differenzierungen und Beschreibungen von Tempusformen und Tempusgruppen exemplifiziert sich besonders klar im metaphorischen Sprachgebrauch. Während sich in diesem das Präteritum immer recht problemlos gebrauchen lässt, da es sehr eng mit unserem geistigen Einbildungsvermögen verwachsen ist, ist der Gebrauch des Perfekts hier in der Regel unzulässig, weil es auf genuine Weise mit unserem Urteilsvermögen verbunden ist, in dem natürlich immer das wortwörtliche Verständnis von Aussagen aktuell ist, aber nicht das bildliche bzw. analogisierende: *Die Fenster der Wohnung gingen zur Straße.* / **Die Fenster der Wohnung sind zur Straße gegangen. Der Brunnen drohte zu versiegen.* / **Der Brunnen hat gedroht zu versiegen.*

Wenn man nun den Tempusformen der erzählten Welt und insbesondere dem Präteritum die primäre Funktion zuordnet, nicht die chronologische Relationen zwischen der jeweiligen Sprechzeit und der jeweiligen Ereigniszeit zu kennzeichnen, sondern vielmehr die Grundfunktion, uns indirekt zu ganzheitlichen Vorstellungsbildungen aufzufordern, dann wird auch verständlich, warum im erzählenden bzw. im fiktionalen Sprachgebrauch das Präteritum merkwürdigerweise problemlos mit Adverbien kombinierbar ist, die Bezug auf die Gegenwart oder die Zukunft nehmen. Das wäre im Rahmen eines argumentativen Sprachgebrauchs, in dem die chronologische Zeitlogik eine zentrale Rolle spielt, natürlich ziemlich absurd, aber nicht unbedingt in einem narrativen Sprachgebrauch, in dem von vornherein an unsere Einbildungskraft appelliert wird. Darauf hat Käte Hamburger schon in ihren Überlegungen zur Logik der Dichtung durch das folgende Beispiel aufmerksam gemacht: „*Heute durchstreifte er zum letztenmal die europäische Hauptstadt, denn morgen ging sein Schiff nach Amerika.*"[217]

Die Überlegungen Weinrichs zur Tempusproblematik machen auch gut verständlich, warum der Tempusgebrauch und insbesondere der Tempuswechsel ein sehr wichtiges Stilmittel ist. Auf diese Weise kann nämlich Texten ein spezifisches Sinnrelief gegeben werden, weil sich auf implizite Weise verdeutlichen lässt, welche Mitteilungen als thematische Vordergrundsinformationen anzusehen sind, die psychisch in einer gespannten Haltung wahrzunehmen sind, und welche als thematische Hintergrundsinformationen zu werten sind, die in einer entspannten und distanzierten Haltung wahrgenommen werden können,

---

217   K. Hamburger: Die Logik der Dichtung, 1968², S. 65.

da sie vor allem eine kontrastbildende Sinnbildungsfunktion haben. Das bedeutet, dass Tempusmorpheme sich deshalb sogar als Indikatoren für die Realisierung bestimmter Sprechakte ansehen lassen (Erzählen, Berichten, Behaupten, Erinnern, Voraussagen, Vermuten usw.).

Vor dem Hintergrund dieser Überlegungen zu den Sinnbildungsfunktionen von Tempusformen wird nun auch gut verständlich, warum Weinrich sogar von einer Tempusmetaphorik sprechen kann, wenn der faktische Tempusgebrauch in Texten von den üblichen Sprachkonventionen abweicht.[218] Ebenso wie in metaphorischen Aussagen bestimmte Wörter nicht im Sinne der üblichen lexikalischen Sprachkonventionen verwendet würden, so könnten auch bestimmte Tempusformen nicht im Sinne der üblichen grammatischen Sprachkonventionen verwendet werden. Dadurch ergibt sich dann ein spezifisches Aufmerksamkeitssignal dafür, dass das jeweils Gesagte auf andere Weise als üblich zu rezipieren ist. Diese Aufgabe ist nicht immer leicht zu lösen, weil es natürlich vielfältiger Anstrengungen bedarf, sprachlichen Stolpersteine dieser Art aus dem Weg zu räumen, um vordergründig Inkohärentes hintergründig doch wieder kohärent zu machen. Aber gerade dadurch erweist sich dann auch hier die Sprache als ein *lebender Spiegel* für Welt, den man nicht bloß konventionsgemäß bzw. mechanisch nutzen kann und darf.

Wenn man den faktischen Tempusgebrauch im Rahmen des rein chronologischen Zeitstufenkonzepts untersucht, dann kann man den jeweiligen Tempusformen schwerlich einen ganz spezifischen Stilwert zuordnen, da sich dann der Tempusgebrauch im Prinzip immer an schon klar vorgegebenen chronologischen Relationen zwischen den Ereignis-, Betrachtungs- und Sprechzeitpunkten zu orientieren hat. Dagegen eröffnet das Zeiterlebniskonzept vielfältige Möglichkeiten, Tempusformen nicht nur chronologische Ordnungsfunktionen zuzuschreiben, sondern auch einen ganz spezifischen sinnbildenden Stilwert. Dafür hat Weinrich dann den Begriff *Reliefbildung* ins Spiel gebracht, da mit diesem recht gut zwischen Vordergrunds- und Hintergrundsinformationen in Äußerungen unterschieden werden kann.

In dieser Wahrnehmungsperspektive lassen sich dann Tempusformen auch als Mittel ansehen, nicht nur dem Inhaltsaspekt von Kommunikationsprozessen Ausdruck zu geben, sondern auch dem Beziehungsaspekt, insofern durch sie implizit ganz unterschiedliche Mitteilungsintentionen signalisiert werden können.[219] Das bedeutet, dass man Tempusformen nicht nur als chronologisch orientierte Seinskategorien ins Auge fassen kann, sondern auch als psychologisch

---

218 H. Weinrich: Tempus. Besprochene und erzählte Zeit, 2001⁶, S. 197–207.
219 Vgl. P. Watzlawick u. a.: Menschliche Kommunikation, 1974⁴, S. 53–72.

orientierte Interpretationskategorien, insofern sie unseren anthropologisch wichtigen Wahrnehmungsformen für Zeit einen konkreten sprachlichen Ausdruck geben können. All das schließt natürlich keineswegs aus, dass sich sowohl für lexikalische als auch für grammatische Formen stabile Gebrauchskonventionen herausbilden können und sogar müssen, weil diese ansonsten nicht als lebende Spiegel in Erscheinung treten können, die sowohl schon vertraute als auch neuartige Denkinhalte sprachlich thematisieren können.

12.2 Das Präsens

Das Präsens lässt sich im Deutschen sicherlich als die älteste und ursprünglichste Tempusform ansehen. Entstehungsgeschichtlich liegt es sogar nahe, das Präsens zunächst gar nicht als eine besondere Tempusform ins Auge zu fassen, sondern nur als eine grundständige Aussageform des Verbs, der erst historisch nach und nach ganz bestimmte Tempusqualitäten zugewachsen sind. Das zeigt sich morphologisch auch darin, dass die Präsensformen eine große Nähe zu den jeweiligen Infinitivformen der Verben als sprachlichen Begriffsmustern haben. Eine Tempusfunktion im heutigen Sinne hat das Präsens wohl erst dann bekommen, als sich kulturgeschichtlich das Bedürfnis ergeben hatte, mit dem Präteritum eine konkurrierende Aussageform für Verben zu entwickeln, die dazu dienen sollte, den jeweiligen Mitteilungen metainformativ eine andere pragmatische Zielsetzung zu geben als den grundständigen Aussagen im Präsens.

Dieser Differenzierungsprozess war wohl dadurch motiviert, dass man es als hilfreich angesehen hat, beim Sprechen nicht nur Aussagen über bestimmte Tatbestände zu machen, sondern diese auch hinsichtlich ihrer pragmatischen Aktualität so zu akzentuieren, dass man sie entweder als allgemeingültig bzw. als unmittelbar aktuell wahrnehmen konnte oder auf eine distanzierte Weise als nur mittelbar aktuell bzw. als bloß erzählt. Das berechtigt dann zu der These, dass erst durch die Ausbildung der Präteritumsformen des Verbs die Präsensformen den Status von Tempusformen bekommen haben und dass das relational orientierte Denken gerade im Hinblick auf die inhaltliche Qualifizierung von grammatischen Formen angemessener ist als das substanziell orientierte Denken. Von einem Tempus lässt sich deshalb auch erst dann sinnvoll sprechen, wenn mindestens zwei konkurrierende Tempusformen zur Verfügung stehen.

Dieser sprachliche Entwicklungsprozess hat nun allerdings nicht dazu geführt, dass das Präsens seine ursprüngliche Funktion als prädikative Universalform beim Gebrauch der Sprache gänzlich verloren hätte, sondern nur dazu, dass es eine pragmatische Funktionalität bekommen hat, die sowohl innerhalb als auch außerhalb des chronologisch oder des psychologisch akzentuierten

Tempusparadigmas angesiedelt werden kann. Es gibt nämlich auch heute noch Verwendungsweisen des Präsens, bei denen weder die besondere psychische Aktualität von Aussagen eine besondere Rolle spielt noch die Kongruenz zwischen Sprechzeit und Ereigniszeit. Eine solche Gebrauchsweise des Präsens liegt beispielsweise dann vor, wenn logische Aussagen, Definitionen, Sprichwörter oder Aphorismen formuliert werden, in denen es allein auf die Formulierung von allgemeingültigen bzw. von relativ zeitlosen Strukturverhältnissen ankommt (*Drei mal drei ist neun. Ehrlich währt am längsten.*), aber nicht auf die Vermittlung von zeitbedingten Sachverhalten.

Das pragmatische Bedürfnis nach einer zeitlich unmarkierten sprachlichen Aussageform hat sich auch nach der Integration des Präsens in das zwei- und mehrstellige Tempusparadigma erhalten. Das dokumentiert sich nicht nur im Hinblick auf die Verwendung des Präsens in allgemeingültigen Strukturaussagen, sondern auch durch seinen Gebrauch in religiösen Fundamentalaussagen, denen man natürlich immer einen zeitunabhängigen Geltungsanspruch zuordnen wollte, seien es nun Aussagen über Gott oder über Handlungsgebote bzw. Handlungsverbote. So verweist beispielsweise Jensen darauf, dass es im Altgeorgischen eine als *Permansiv* oder als *Perpetualis* bezeichnete Verbform gegeben habe. Deren pragmatische Funktion habe darin bestanden, allgemeingültige bzw. chronologisch nicht bedingte Wahrheiten zu formulieren, die sich vor allem auf Gott bezogen hätten.[220]

Die These, dass die Präsensformen von Verben in bestimmten Gebrauchsweisen als tempusmäßig unmarkierte Verbformen angesehen werden können, lässt sich auch dadurch motivieren, dass es die Gegenwart als einen eigenen chronologisch abgrenzbaren Zeitraum zwischen Vergangenheit und Zukunft eigentlich gar nicht gibt, weil sie faktisch nur als Berührungspunkt zwischen dem Zeitraum der Vergangenheit und dem der Zukunft in Erscheinung tritt. So gesehen hat die Gegenwart dann auch gar keine phänomenal beschreibbare und abgrenzbare Eigenständigkeit, sondern ist allenfalls ein theoretisches Konstrukt anzusehen, das sich einer stabilen chronologischen Verortung als beschreibbare Zeit entzieht, was ja Augustin schon eindrucksvoll thematisiert hat. Das bestätigt sich auch dadurch, dass die Präsensformen diejenigen Verformen sind, die für die Realisierung von expliziten Sprechakten verwendet werden.

Als explizite Sprechakte werden üblicherweise sprachliche Mitteilungsformen bezeichnet, die in der 1. Person Singular Präsens verwirklicht werden und bei denen diejenige Handlung faktisch vollzogen wird, die sprachlich benannt

---

[220] H. Jensen: Der sprachliche Ausdruck von Zeitauffassungen, insbesondere am Verbum. Archiv für die gesamte Psychologie 101, 1938, S. 332.

wird (*Ich warne dich vor dem Hund. Ich taufe dich auf den Namen ...*). Wenn solche Äußerungen in einer anderen Tempusform realisiert würden, dann wird die jeweilige Handlung nicht mehr faktisch vollzogen. Über sie würde vielmehr nur mit einem Zukunfts- oder Vergangenheitsbezug berichtet.

Nun ist natürlich nicht zu leugnen, dass das Präsens nicht nur eine zeitneutrale logische Aussagefunktion hat, die es gleichsam aus dem Paradigma der Tempusfunktionen heraustreten lässt, sondern natürlich auch eine temporal qualifizierbare Mitteilungsfunktion, die es durchaus zu einem Mitglied des Tempusparadigmas macht. Das wird besonders dann deutlich, wenn wir das Präsens im Rahmen des Zeiterlebniskonzeptes näher betrachten. In diesem können wir dem Präsens nämlich eine psychische Vergegenwärtigungsfunktion von sehr hoher Intensität zuschreiben, die es wiederum erlaubt, es in das Tempusparadigma einzuordnen. Bei einer solchen Qualifizierung der pragmatischen Funktionalität des Präsens erweist es sich dann allerdings als notwendig, auf den Intensitätsbegriff zurückzugreifen. Das lässt sich außerdem auch dadurch rechtfertigen, dass jede sprachliche Objektivierung von Sachverhalten eine mentale Vergegenwärtigung von Tatbeständen ist, die dann allerdings sehr unterschiedliche Grade an Intensität in psychischer oder pragmatischer Hinsicht haben kann.

Die intensivierende Vergegenwärtigungsfunktion des Präsens kann bei logischen, religiösen oder emotionalen Aussagen darin bestehen, dass mit diesen sprechaktmäßig betrachtet zugleich immer auch eine implizite Wahrheitsbehauptung verbunden ist. Diese soll weder chronologisch noch modal eingeschränkt werden, da sie beansprucht, für den jeweiligen Rezipienten einen hohen Grad von Unmittelbarkeit zu haben, die eine distanzierte und rein kontemplative Wahrnehmung natürlich zugunsten einer sehr direkten ausschließt. Das wird insbesondere dann aktuell, wenn sprachliche Mitteilungen von dem Gebrauch des Präteritums in den des Präsens übergehen. In solchen Fällen wird dann auch gern von einem *szenischen Präsens* gesprochen. Damit soll dann signalisiert werden, dass die so realisierten Aussagen nicht auf neutrale Weise, sondern vielmehr in psychischer Anspannung und in einer ganz bestimmten Erwartungshaltung auf Folgeinformationen zu rezipieren sind.

Ein Tempuswechsel von einem erzählenden Präteritum in ein szenisches Präsens bietet sich daher immer dann an, wenn der jeweilige Sprecher von der Rolle des distanzierten und erzählenden Berichterstatters in die Rolle eines unmittelbar Beteiligten überwechseln möchte. Auf diese Weise kann er dann natürlich auch dem jeweils Mitgeteilten ein ganz spezifisches Relevanzrelief geben, insofern er Hintergrunds- und Vordergrundsinformationen auf eine ganz bestimmte gestaltbildende Weise aufeinander bezieht (*Als ich gestern durch den Wald ging, kommt plötzlich ein Wildschwein auf mich zu.*).

Auf einen solchen sinnbildenden Perspektivenwechsel bei der Vermittlung von Informationen treffen wir beispielsweise auch in der Geschichtsschreibung, wenn Historiker nach der distanzierenden narrativen Darstellung von historischen Tatbeständen dazu übergehen, allgemeingültige Schlüsse zu ziehen, die zugleich natürlich immer auch eine überzeitliche Geltung beanspruchen.

> Indem sie [die Französische Revolution] den Versuch unternahm, ein Vernunftideal zu verwirklichen, konnte sie dieses Ziel nur teilweise und nur eine kurze Zeit lang erreichen, und ihr Werk wurde an so manchen Stellen wieder rückgängig gemacht durch Napoleon, an andern dagegen von ihm in mächtiger Weise gefördert und weitergeführt. So ist die Französische Revolution in ihrem endgültigen und weltgeschichtlichen Ergebnis eine gewaltige Zusammenfassung und Verwirklichung vieler in der Vergangenheit ruhender Möglichkeiten, und sie ist zugleich eine Weltbewegung von unerhörtem Ausmaß.[221]

Wenn es in diesem Text keinen Tempuswechsel vom Präteritum zum Präsens gäbe, dann verlöre er sein spezifisches informatorisches Relief, weil gleichsam alle Aussagen auf derselben narrativen Objektivierungsebene gemacht würden. Das Spannungsverhältnis von Geschichtsbeschreibung und Geschichtsbeurteilung könnte stilistisch nicht auf implizite Weise durch die Verwendung unterschiedlicher Tempusformen kenntlich gemacht werden. Das semantische Sinnrelief dieses Textes vereinfachte sich dadurch dann allerdings sehr deutlich.

12.3 Das Präteritum

Der Tatbestand, dass man im Althochdeutschen mit den beiden Tempusformen Präsens und Präteritum ausgekommen ist, um seinen jeweiligen temporalen Differenzierungsbedürfnissen sprachlichen Ausdruck zu geben, hat bis heute noch Auswirkungen auf die Funktionalität und die Feldordnung der sechs deutschen Tempusformen. Offenbar genügte es in althochdeutscher Zeit den Kommunizierenden, mit dem Präsens eine Tempusform zu haben, mit der man entweder die Allgemeingültigkeit oder die unmittelbare Aktualität einer sprachlichen Äußerung grammatisch kennzeichnen konnte, und mit dem Präteritum über eine Tempusform zu verfügen, mit der man grammatisch signalisieren konnte, dass das jeweils Gesagte keine unmittelbare Aktualität hat und dass es eben deshalb dann auch in einer kontemplativen Gelassenheit zur Kenntnis genommen werden kann.

---

221 F. Schnabel: Deutsche Geschichte im neunzehnten Jahrhundert, Bd. 1, 1964, S. 138.

Aus diesen sprachhistorischen Umständen lassen sich nun zwei wichtige Schlüsse ziehen. Zum einen reicht es für unsere elementaren Kommunikationsbedürfnisse offenbar aus, zwei unterschiedliche Tempusformen zu besitzen, um die pragmatische Relevanz von Aussagen differenzieren und qualifizieren zu können. Dabei spielen dann offenbar die psychologischen Kategorien *Nähe* und *Distanz* eine größere Rolle als die Kategorien *Gegenwart* und *Vergangenheit* in einem rein chronologischen Sinne. Zum anderen scheint es so zu sein, dass es kulturgeschichtlich offenbar zunächst kein sehr großes Bedürfnis gab, bestimmte chronologische Differenzierungsziele mit grammatischen Mitteln zu konkretisieren, da man das ja auch mit lexikalischen bewerkstelligen konnte.

Aus dieser Vorgeschichte unserer heutigen Tempusformen lässt sich deshalb auch folgern, dass sich das Funktionsspektrum von Präsens und Präteritum eher mit psychologischen als mit chronologischen Analysekategorien beschreiben lässt und dass man das Funktionsprofil unserer heutigen Tempusformen schwerlich nach ganz einheitlichen Kriterien qualifizieren kann. Deshalb hat Weinrich dann ja auch das Präsens und das Präteritum als Basistempora von zwei unterschiedlichen Tempusgruppen angesehen, zu denen sich im Laufe der Sprachgeschichte spezifizierende Sprossformen herausgebildet haben, mit denen sich dann auch bestimmte aktionale und chronologische Differenzierungsziele konkretisieren lassen.

Wenn man nun dem Präteritum prinzipiell eine psychologisch motivierte Distanzierungsfunktion zuordnet, dann kann man ihm auch ganz problemlos eine natürliche Erzählfunktion zubilligen. Das Erzählen setzt nämlich nicht nur voraus, dass man den Ablauf von Ereignissen auf zutreffende Weise reiht, damit auch etwaige Kausalrelationen ins Auge fallen, sondern auch, dass der jeweilige Sprecher nicht mehr selbst in die von ihm sprachlich vermittelten Ereignisse verwickelt ist, sondern diese aus einer gewissen psychischen Distanz auf eine Weise kontemplativ so betrachten kann, dass er Wichtiges und Unwichtiges bzw. Folgenreiches und Folgenloses deutlich voneinander unterscheiden kann.

Sinnvolle Erzählvorgänge setzen allerdings auch voraus, dass man Ereignisse nicht nur chronologisch zutreffend reiht, sondern auch, dass man sie in einen sinnvollen Gestalt- und Sinnzusammenhang bringen kann, was dann durchaus auch eine Kombination von Aussagen im Präteritum und im Präsens zulässt oder sogar erforderlich macht. Das bedeutet, dass das Präteritum und das Präsens deshalb auch nicht zu völlig unterschiedlichen Sach- und Denkwelten gehören, sondern eher als kontrastive Gestaltungsmittel derselben komplexen Vorstellungswelt anzusehen sind, insofern sie dazu dienen, dieser ein bestimmtes Zeitprofil im Sinne eines bestimmten Relevanzprofils zu geben.

Das wird nun gut verständlich, wenn wir uns an die These Augustins erinnern, dass es im Denken eigentlich nur eine Gegenwart gebe, die sich in die

Gegenwart des Vergangenen, des Gegenwärtigen und des Zukünftigen aufgliedern lasse. Das exemplifiziert sich recht gut, wenn wir den Tatbestand ins Auge fassen, dass in Satzgefügen eine Hauptaussage durch zusätzliche Nebenaussagen präzisiert werden kann, die dann durchaus chronologische Bezüge zu anderen Zeitstufen haben können. Das lässt sich grammatisch dann dadurch gut kennzeichnen, dass bei den ergänzenden Zusatzaussagen von anderen Tempusformen Gebrauch gemacht wird als in der jeweiligen Hauptaussage.

Im argumentativen Sprachgebrauch, in dem üblicherweise das Präsens verwendet wird, kann aus stilistischen Gründen das Präteritum nämlich verwendet werden, um Texten ein spezifisches Sinnrelief zu geben. Unter diesen Umständen kann das Präteritum dann sogar die Funktion von Konjunktivformen übernehmen, um erläuternde Hintergrundsinformationen für das Verständnis von behauptenden Vordergrundsinformationen zu vermitteln. Dieser grammatische Gestaltbildungsprozess lässt sich sehr schön an einer Textpassage exemplifizieren, in der der Historiker Golo Mann zunächst eine zusammenfassende These über den Inhalt von Oswald Spenglers Buch *Der Untergang des Abendlandes* im Präsens formuliert. Diese erläutert er dann anschließend durch Aussagen im Präteritum, wofür natürlich der Gebrauch der indirekten Rede bzw. von Konjunktivformen denkbar gewesen wäre.

> Sein Grundgedanke läßt sich in wenigen Sätzen ausdrücken. Kulturen behauptete er, entstehen und vergehen wie organische Wesen. Was anderen Kulturen schon geschehen war, das stand nun der europäisch-amerikanischen bevor, der Tod. Vorher waren jedoch noch interessante Dinge zu erwarten. Jede Kultur ging, wenn sie dem Ende nahe kam, durch die Phase der »Zivilisation«: Technisierung, Zusammenballung der Massen in riesigen Städten, Herrschaft des Geldes. Dem entsprach im Politischen die Demokratie: eine pfiffige Erfindung der Kapitalisten, um ihre Herrschaft zu verlarven [...].[222]

Wenn in diesem Text nach der Eingangsbehauptung die nachfolgenden erklärenden Aussagen im Konjunktiv formuliert worden wären, was grammatisch ja durchaus nahegelegen hätte, dann würde Golo Manns These über den Grundgedanken Spenglers und seine folgenden Hinweise zur inhaltlichen Rechtfertigung dieser These als zwei ganz unterschiedliche Denkwelten mit zwei ganz unterschiedlichen Zeithorizonten sehr viel dezidierter hervortreten. Das wäre informationslogisch gesehen zwar eigentlich angemessen gewesen, um das Denken des berichtenden Historikers von dem Denken Spenglers deutlich zu unterscheiden. Dadurch würde der historiographische Darstellungsduktus Golo Manns aber doch empfindlich gestört. Diesem kommt es nämlich in dieser Pas-

---

[222] G. Mann: Deutsche Geschichte des neunzehnten und zwanzigsten Jahrhunderts, 1960, S. 713.

sage eher auf die sprachliche Darstellung einer bestimmten historischen Denkweise an und weniger darauf, seine eigene Denkwelt als Historiograph von der Denkwelt Spenglers deutlich zu unterscheiden. Das kann man gutheißen oder kritisieren. In jedem Fall hat man aber wohl einzuräumen, dass hier durch die Verwendung des Präteritums statt des Konjunktivs die Entfaltung der historische Vorstellungskraft von Lesern eher erleichtert als gestört wird.

Wenn Golo Mann die erläuternden Sätze zu dem von ihm postulierten Grundgedanken Spenglers im Konjunktiv formuliert hätte, dann wäre zwar klar zum Ausdruck gekommen, welche Person für den Wahrheitsgehalt welcher Sätze die faktische Verantwortung trüge. Aber dadurch würde der inhaltliche Vorstellungsprozess des Lesers eher geschwächt als gestärkt werden. Dadurch, dass Golo Mann in dieser Textpassage vom Präsens ins Präteritum wechselt und nicht in den Konjunktiv als der üblichen sprachliche Mitteilungsform für referierte Inhalte, ergibt sich nämlich die Chance, eine recht einheitliche Wahrnehmungsperspektive für die jeweiligen Aussageinhalte aufrechtzuerhalten, aber durch den Übergang vom Präsens zum Präteritum grammatisch gleichwohl doch zu signalisieren, dass nicht alle Aussagen auf derselben Informationsebene liegen und deshalb dann auch auf unterschiedliche Weise zu rezipieren sind.

Diese reliefbildenden Funktionen des Tempusgebrauchs mit ihren unterschiedlichen wahrnehmungspsychologischen und chronologischen Implikationen spielen natürlich nicht nur in historiographischen Texten eine große Rolle, sondern auch in juristischen Texten, um die angemessene Rezeption von Aussagen zu erleichtern. So hat beispielsweise der Jurist Hans Berg ohne direkte Rückbindung an die sprachwissenschaftliche Tempusforschung aus seinen konkreten Erfahrungen im juristischen Sprachgebrauch folgende plausiblen Normen für die Verwendung von Tempora und Modi vorgeschlagen. Die Respektierung dieser Normen soll dabei vor allem dazu dienen, den juristischen semantischen Stellenwert von Einzelaussagen in Texten auf grammatische Weise metainformativ so zu kennzeichnen, dass dadurch die Rezeption komplexer juristischer Argumentationen erleichtert wird.[223]

Bei der sprachlichen Objektivierung des jeweiligen *„Sachstandes"* bzw. bei der narrativen Thematisierung und Rekonstruktion von unbestrittenen Tatsachen sei das Präteritum zu verwenden bzw. auch das Präsens, wenn ein noch anhaltender bzw. gegenwärtiger Zustand darzustellen sei. Sprachliche Handlungen, die sich vor Gericht abspielten oder abgespielt hätten, seien im Präsens zu formulieren (*Der Kläger behauptet, dass ...*). Bei der sprachlichen Darstellung des *„Streitstandes"* bzw. von strittigen Parteibehauptungen sei der Konjunktiv

---

[223] H. Berg: Gutachten und Urteil, 1977[10], S. 142–145.

zu verwenden, und zwar insbesondere dann, wenn auf Vorspannsätze mit Verben des Sagens und Denkens verzichtet werde. Bei der Darstellung abgeschlossener Beweisverfahren (*Der Zeuge hat behauptet, dass* ...) oder bei Gerichtsbeschlüssen (*Das Gericht hat den Zeugen vereidigt.*) sei das Perfekt zu verwenden.

Diese detaillierten Regeln für den Tempus- und Modusgebrauch in juristischen Schriftsätzen erscheinen auf den ersten Blick etwas formalistisch zu sein. Auf den zweiten Blick sind sie aber sicherlich recht hilfreich, weil dadurch der jeweilige juristische Stellenwert von Einzelinformationen schon auf implizite Weise grammatisch akzentuiert bzw. qualifiziert wird. Das erleichtert das Sinnverständnis von Aussagen und macht es überflüssig, interpretative Metasätze zu formulieren, um den jeweiligen pragmatischen Informationswert von Einzelaussagen explizit zu kennzeichnen.

Wenn man das Präteritum grundsätzlich als eine sprachliche Ausdrucksform für Erzählhandlungen ansieht bzw. als eine Realisierung narrativer Sprechakte, dann hat das natürlich mindestens zwei wichtige sprachpragmatische Konsequenzen. Zum einen wird dadurch indirekt signalisiert, dass das im Präteritum Mitgeteilte in eine bestimmte zeitliche und psychische Distanz zu der jeweiligen aktuellen Kommunikationssituation gerückt wird. Diese Distanz dient dann dazu, das jeweils Mitgeteilte auf kontemplative Weise ganzheitlich wahrzunehmen, da man nun ja nicht mehr unmittelbar durch eine bestimmte Handlungsentscheidung darauf reagieren muss. Zum andern wird dadurch auch nahegelegt, nicht nur den jeweiligen Erzähler als einen Dialogpartner wahrzunehmen, auf den man sich in seinem Verstehensprozess einzustellen hat, sondern auch das jeweils Erzählte, da man dieses natürlich auf unterschiedliche Weise in seine eigene Denkwelt integrieren kann.

Diese pragmatische Funktionalität des Präteritums hat Käte Hamburger dann wohl auch zu der These inspiriert, dass das Präteritum zumindest in der erzählenden Dichtung als sogenanntes *episches Präteritum* seine übliche chronologische Ordnungsfunktion verliere, „*das Vergangene zu bezeichnen.*"[224] Es werde vielmehr zu einem Mittel, unsere Einbildungskraft zu inspirieren und sich in Welten hineinzudenken, die keine unmittelbare lebenspraktische Relevanz hätten, da es fiktionale Welten bzw. Als-ob-Welten seien. Diese nicht-chronologischen Implikationen des Präteritums dokumentieren sich auch darin, dass selbst Zukunftsromane üblicherweise im Präteritum abgefasst werden.

Die Distanzierungsfunktion des Präteritums, die eine kontemplative Wahrnehmung von Sachverhalten sehr begünstigt, macht dann auch verständlich, warum das Präteritum sogar als ein *Fiktionssignal* verstanden werden kann,

---

[224] K. Hamburger: Die Logik der Dichtung, 1968², S. 61.

das gerade die Rezeption metaphorischer Redeweisen erleichtert, weil das Gesagte nicht mehr wortwörtlich verstanden werden muss, sondern vielmehr sinngemäß. Außerdem ist hinsichtlich der Erzählfunktion des Präteritum auch noch zu beachten, dass sich das synthetisch gebildete Präteritum im Gegensatz zum analytisch gebildeten zweigliedrigen Perfekt zum reihenden narrativen Gebrauch besonders gut eignet, da bei seiner Verwendung die störende Wiederholung von Hilfsverben entfällt.

12.4 Das Perfekt und das Plusquamperfekt

Aus der Bildungsweise von Perfekt- und Plusquamperfektformen mit Hilfsverben im Präsens bzw. im Präteritum und einem Partizip II bzw. Partizip Perfekt lässt sich schon schließen, dass es sich bei beiden Tempusformen um jüngere Sprossformen im Bestand der deutschen Tempora handelt (*Er ist/war gefallen. Er hat/hatte gearbeitet.*) Für die Entwicklung dieser Tempusformen hat es offenbar kulturgeschichtlich erst im Übergang vom Althochdeutschen zum Mittelhochdeutschen ein wirkliches kognitives und kommunikatives Bedürfnis gegeben, weil die vereinfachende temporale Differenzierung von Vorgängen durch Präsens- und Präteritumsformen nach unmittelbar oder mittelbar aktuell nicht mehr als zureichend empfunden worden war. Die beiden schon vorhandenen Tempusformen waren außerdem auch nicht in der Lage, aktionale Unterschiede bei der Objektivierung von Prozessen zu thematisieren, die sich auf den Verlauf und den Abschluss von Vorgängen bezogen bzw. auf die Betrachtungszeitpunkte, von denen aus man diese ins Auge fassen wollte.

Die Bildung von Perfekt- und Plusquamperfektformen durch die Kombination der Hilfsverben *sein* oder *haben* im Präsens bzw. im Präteritum mit dem Partizip II eines Vollverbs verdeutlicht schon, dass beide Tempusformen sowohl in einer Ähnlichkeits- als auch in einer Kontrastrelation zueinander stehen (*Er ist gefallen. Er war gefallen*). Dieses Spannungsverhältnis lässt sich mit Hilfe des chronologisch orientierten Zeitstufenkonzept weniger gut erfassen als mit Hilfe des eher psychologisch orientierten Zeiterlebniskonzepts. Mit letzterem lässt sich nämlich auch ganz gut auf die aktionalen Implikationen der deutschen Tempora Bezug nehmen. Diese bestehen darin, dass die Tempora auch darauf aufmerksam machen können, ob man die sprachlich thematisierten Prozesse jeweils im Hinblick auf ihren Verlauf oder auf ihren Abschluss ins Auge fassen soll. Diese Sinnbildungsfunktion wird nämlich insbesondere durch die Verwendung des Partizips II ermöglicht.

Aufschlussreich ist in diesem Zusammenhang, dass das Partizip II ursprünglich nicht zur Ausdifferenzierung der Tempusformen entwickelt worden ist, sondern eher zur Erweiterung des Adjektivbestandes der Sprache. (Der *Junge fällt. Der Junge ist ein Gefallener. Der gefallene Junge ... . Der Junge ist gefallen.*). Das Partizip II ist nämlich faktisch das Ergebnis eines Wortartwechsels gewesen, bei dem mit Hilfe von einem Präfix zunächst ein substantivisches Kollektivum hergestellt wurde (*ein Gefallener*) und dann ein attributiv und prädikativ verwendbares Adjektiv. Bei diesem Wortartwechsel wurde dann der ursprüngliche prozessuale Vorstellungsinhalt des Verbs getilgt, um das Endresultat eines Vorgangs als Eigenschaft thematisieren zu können. Dieses Resultat konnte dann relativ problemlos attributiv einem Substantiv (*der gefallene Junge*) oder prädikativ einem Subjekt (*Der Junge ist gefallen.*) zugeordnet werden.

Wenn man sich diese Entstehungsgeschichte des Partizips II vor Augen hält, dann wird deutlich, dass die pragmatische Funktion dieser grammatischen Form insbesondere darin besteht, das Interesse an Prozessen nicht auf deren Verlauf, sondern auf deren Ergebnis zu richten. Das hatte dann zur Folge, dass die neue Verbform mit dem Partizip II insbesondere dafür verwendet wurde, der jeweiligen Aussage einen ausgesprochen resultativen Akzent zu geben, und zwar unabhängig davon, ob das jeweils verwendete Verb einen durativen Grundcharakter hat (*arbeiten*) oder einen ergebnisorientierten (*geben*), und auch unabhängig davon, ob das jeweilige Partizip II mit den Hilfsverben *sein, haben* oder *werden* kombiniert wird.

Die aktional resultative Komponente, die durch die Nutzung des Partizips II in die Tempusform *Perfekt* kommt, hat faktisch dann dazu geführt, dass es üblicherweise als Vergangenheitstempus klassifiziert wird, weil mit ihm ja das Ergebnis von schon abgeschlossenen Prozessen bezeichnet wird. Dieser chronologische Vergangenheitsbezug des Perfekts trifft allerdings nur so lange zu, wie bei der sprachlichen Objektivierung von Sachverhalten Sprechzeitpunkt und Betrachtungszeitpunkt faktisch zusammenfallen. Das dokumentiert sich beispielsweise sehr deutlich dadurch, dass wir mit Hilfe von Zeitadverbien den Betrachtungszeitpunkt von dem jeweiligen Sprechzeitpunkt lösen können (*Morgen Abend habe ich die Arbeit erledigt.*). Auf diese Weise kann der chronologische Vergangenheitsbezug des Perfekts zum aktuellen Sprechzeitpunkt aufgehoben werden und der jeweiligen Aussage insgesamt sogar ein chronologischer Zukunftsbezug zugeordnet werden. Das ist möglich, weil die pragmatische Hauptfunktion des Perfekts nicht darin besteht, ein Geschehen chronologisch einzuordnen, sondern vielmehr darin, den jeweiligen Vorgang aktional als abgeschlossen zu kennzeichnen.

Dieses genuine Sinnbildungsprofil des Perfekts könnte dann sogar dazu berechtigen, das Perfekt grammatisch als eine Aktionalitätsform anzusehen, die nur ganz bestimmte chronologische Implikationen hat, insofern sie den Abschluss eines Prozesses zu einem bestimmten Zeitpunkt signalisiert. Die Möglichkeit einer Zeitstufenzuordnung des Perfekts ergibt sich nämlich erst dadurch, dass das aktional klar akzentuierte Partizip II mit den Präsensformen des Hilfsverbs kombiniert wird. Dadurch kann nämlich grammatisch signalisiert werden, dass ein abgeschlossenes Geschehen auf vergegenwärtigende Weise auf die jeweilige Sprechsituation zu beziehen ist, wodurch es dann auch in eine psychische Nähe zu den jeweiligen Kommunikanten rückt.

Das Perfekt hat sich nach seiner morphologischen Herausbildung am Ende der althochdeutschen Sprachperiode aus verständlichen pragmatischen Differenzierungs- und Akzentuierungsbedürfnissen sehr schnell im allgemeinen Sprachgebrauch durchgesetzt. Dabei hat dann natürlich auch seine übersichtliche Morphologie als Kombinationsform eine wichtige Rolle gespielt. Gerade bei starken Verben lässt sich die Perfektform nämlich sehr viel leichter bilden und verstehen als die jeweiligen Präteritumsformen, weil der Wurzelvokal von Verben nicht verändert werden muss (*essen, aß, hat gegessen*).

Wenn Kinder im konkreten Sprachgebrauch das Perfekt meist früher als das Präteritum verwenden, so hat das neben der klaren Ergebnisorientierung der Perfektformen auch noch Gründe, die morphologisch bedingt sind. Im Oberdeutschen war der Siegeszug des Perfekts nämlich wegen des hier zu beobachtenden Endsilbenverfalls so unaufhaltsam, dass es sogar in die Rolle eines Erzähltempus hineingewachsen ist.[225] Das hatte dann auch zur Folge, dass die funktionale Opposition zwischen Präteritum und Perfekt im Oberdeutschen keineswegs so ausgeprägt ist wie im Norddeutschen.

Interessant ist in diesem Zusammenhang nun auch, dass die resultative aktionale Akzentuierung des Perfekts im Deutschen durch die Verwendung des Partizips II im Tempussystem des klassischen Lateins keine Entsprechung hat, da das Perfekt hier nicht als zusammengesetzte Form in Erscheinung tritt. Das hat dann auch mitbedingt, dass das Perfekt im Lateinischen die Funktion eines Erzähltempus bekommen hat. Das Bedürfnis nach einer Tempusform mit einer resultativen Akzentuierung von Vorgängen war allerdings so groß, dass im spätmittelalterlichen Latein dann merkwürdigerweise eine Verbform aufgetaucht ist, die nach demselben Prinzip wie im Deutschen gebildet worden ist, was im klassischen Latein nicht zulässig gewesen wäre (*promissum habemus = wir haben versprochen*).[226]

Wenn man nun die Sinnbildungsfunktion des Perfekts im Kontrast zu der des Präteritums idealtypisch bestimmen will, dann eignet sich der Begriff *Urteilsfunktion* in Opposition zum Begriff *Erzählfunktion* sicherlich am besten.

---

225 Vgl. K. B. Lindgren: Über den oberdeutschen Präteritumsschwund, 1957.
226 H. Fränkel: Grammatik und Sprachwirklichkeit, 1974, S. 171.

Mit diesem Begriff kann nämlich sowohl auf den aktionalen Charakter des Perfekts zur Akzentuierung des Resultats von Prozessen hingewiesen werden als auch auf seinen dominanten Gebrauch im logischen, argumentativen und behauptenden Sprachgebrauch.[227] Diese Sprachverwendung ist nämlich sprechaktmäßig dadurch bestimmt, dass der jeweilige Sprecher dem Inhalt seiner Rede psychisch nicht kontemplativ gegenübersteht, sondern inhaltlich meist irgendwie in diesen verwickelt ist. Er will nämlich weniger etwas narrativ darstellen, sondern eher Aussagen machen, die pragmatisch die Funktion einer Feststellung, einer Behauptung, einer Folgerung, einer Kritik usw. haben. Gerade weil das Perfekt Ereignisse als schon vollzogen thematisiert, ist die Grundvoraussetzung der urteilenden Verwendung des Perfekts auch sachlich gegeben. Nur wenn ein Geschehen sich als schon abgeschlossen wahrnehmen lässt, kann sich nämlich unsere Aufmerksamkeit ganz auf die mit ihm jeweils verbundenen Konsequenzen konzentrieren.

Obwohl das Perfekt ein Geschehen als schon abgeschlossen thematisiert, ist damit keineswegs die Instruktion verbunden, dass es keine praktische Relevanz mehr hat. Deshalb hat Weinrich dann ja auch betont, dass das Perfekt wie das Präsens zur Tempusgruppe der besprochenen Welt gehöre. Gerade weil das Perfekt die sprachlich jeweils thematisierten Sachverhalte als unumstößliche Tatsachen kennzeichnet, kann es nämlich sehr eng mit der jeweiligen Sprechsituation verflochten sein und wichtige Konsequenzen für diese haben.

Als ein eindrucksvolles Beispiel dafür, dass ein Sprecher über den Wechsel vom Präteritum zum Perfekt indirekt einen Rollenwechsel vom Erzähler zum Beurteiler eines Geschehens vollziehen kann, wodurch sich dann zugleich natürlich auch ein anderes Agieren in Welt und Zeit dokumentiert, ist immer wieder auf die letzte Passage in Goethes *Werther* hingewiesen worden, in der der Erzähler die Umstände des Begräbnisses des Selbstmörders beschreibt:

> Der Alte folgte der Leiche und die Söhne, Albert vermocht's nicht. Man fürchtete für Lottes Leben. Handwerker trugen ihn. Kein Geistlicher hat ihn begleitet.[228]

Von dem Tempuswechsel im letzten Satz hat Goethe sicherlich sehr stilsicher Gebrauch gemacht. Dadurch kann er nämlich in unauffälliger Weise einen Perspektivenwechsel in seinem Darstellungsvorgang vornehmen, durch den implizit signalisiert wird, dass die letzte Aussage in einer anderen Rezeptionshaltung

---

227 Vgl. W. Kluge: Perfekt und Präteritum im Neuhochdeutschen, 1961. H. Hempel: Über Bedeutung und Ausdruckswert der deutschen Vergangenheitstempora. In: Festschrift für Philipp Strauch zum 80. Geb., 1932, S. 15 ff.
228 J. W. von Goethe: Die Leiden des jungen Werther, Goethes Werke, Bd. 6, S. 124.

wahrzunehmen ist als die vorangegangenen Aussagen. Der Erzähler wechselt hier nämlich von der Rolle des Vermittlers eines Geschehens in die eines Beurteilers. Während sich der Erzähler beim Gebrauch des Präteritums ganz auf seine narrative Darstellungsaufgabe konzentriert, tritt er im letzten Satz durch den Gebrauch des Perfekts als eine urteilende Instanz in Erscheinung, die auf eine verdeckte grammatische Weise implizit dazu auffordert, den letzten Satz in einer anderen Verstehensdisposition zu rezipieren als die jeweils vorangegangenen Sätze.

Durch den Gebrauch des Perfekts im letzten Satz wird der Leser nämlich indirekt dazu aufgefordert, sich von seinem rein kontemplativen Nachvollzug der jeweils erzählten Sachverhalte zu lösen und sich darauf zu konzentrieren, wie die Amtskirche mit Selbstmördern umgeht. Die letzte Aussage des Erzählers lässt sich deshalb sprechaktmäßig auch als eine verdeckte Kritik des Erzählers oder gar Goethes verstehen. Auf jeden Fall ist festzuhalten, dass der Tempuswechsel im letzten Satz implizit nahelegt, diesen in einer ganz anderen psychischen Wahrnehmungsdisposition wahrzunehmen als die vorangegangenen Sätze. Wenn der letzte Satz auch im Präteritum formuliert worden wäre, dann gehörte er zweifellos noch in den deskriptiven Narrationsprozess, der vorher für die Vorstellungsbildung sinn- und zeitbestimmend gewesen ist, aber er verlöre seine Funktion, das jeweils thematisierte Geschehen auch indirekt zu problematisieren oder gar zu kritisieren.

Die urteilende bzw. die emphatisch hervorhebende Grundfunktion des Perfekts wird auch morphologisch durch seine Zweigliedrigkeit unterstützt. Dadurch, dass das Perfekt aus zwei Teilelementen besteht, zwischen die im Prinzip noch andere Informationen eingeschoben werden können, wird erreicht, dass sich bei seinem Gebrauch immer eine gewisse inhaltliche Erwartungsspannung aufbaut, die erst am Ende der jeweiligen Aussage durch die Wahrnehmung des Partizip II semantisch gelöst wird. Das begünstigt dann auch, Sätze im Perfekt als isolierte Tatsachenbehauptungen zu rezipieren, an die sich leicht die Wahrheitsfrage stellen lässt, da solche Aussagen nicht nur als Bestandteile einer deskriptiv orientierten Gesamtdarstellung zu verstehen sind, sondern zugleich auch als isolierbare Tatsachenbehauptungen.

Aus eben diesem Grund ist es dann auch sprachlich verfehlt, wenn ein Obsthändler auf seine neue Ware mit einer Werbeaussage im Präteritum statt im Perfekt aufmerksam macht (*Frische Erdbeeren trafen ein!*). Ein solcher Einzelsatz soll faktisch ja nicht als Teil einer Erzählung rezipiert werden, sondern vielmehr als eine isolierbare Einzelaussage. Beide Sätze haben chronologisch zwar einen Vergangenheitsbezug, aber dieser ist durchaus zweitrangig angesichts der unterschiedlichen Sprechaktimplikationen der beiden Tempusformen.

Ähnliches trifft auch für die Entscheidungsfrage eines Lehrers zu, die nur im Perfekt, aber nicht im Präteritum formuliert werden kann (*Mogeltest Du? / Hast Du gemogelt?*). Der Vergangenheitsbezug beider Fragen ist nämlich angesichts der möglichen Konsequenzen des erfragten Tatbestandes ziemlich nebensächlich, da es bei einer solchen Frage primär darauf ankommt, ob eine Handlung aktional vollzogen worden ist oder nicht. Bei einer Frage dieses Typs ist nicht der zeitliche Vergangenheitsbezug der Frage aktuell, sondern vielmehr das Problem, ob eine Handlung aktional vollendet worden ist oder nicht.

Obwohl metaphorische Aussagen in der Regel eine natürliche Nähe zum Gebrauch des Präteritums haben, weil dieses Tempus weite Assoziations- und Analogieräume eröffnet, so gibt es gleichwohl metaphorische Äußerungen, die nur im Perfekt realisiert werden können (*Sie hat an dem Kleinen einen Narren gefressen. Manche Menschen haben nahe am Wasser gebaut.*). Bei Sätzen dieses Typs wäre die Verwendung des Präteritums höchst merkwürdig. Hier handelt es sich nämlich um isolierbare Einzelfeststellungen, die nicht als Teile einer Erzählung zu verstehen sind, sondern vielmehr als emphatische Einzelbehauptungen, obwohl sie natürlich nicht in ein begriffliches, sondern vielmehr in ein bildliches Denken eingebunden sind. Gerade weil solche Einzelsätze als behauptende Sprechakte verstanden werden sollen, aber nicht als Teile von Erzählungen, wäre hier der Gebrauch des Präteritums sowohl aus aktionalen als auch aus psychologischen Gründen ganz unangemessen.

Ebenso wie bei der Funktionsbestimmung des Perfekts gibt auch beim Plusquamperfekt schon der Blick auf seine morphologische Form wichtige Hinweise auf die spezifischen Sinnbildungsfunktionen dieser Tempusform. Der Gebrauch des Partizip II signalisiert nämlich, dass es sich bei Aussagen im Plusquamperfekt aktional um ein abgeschlossenes Geschehen in Bezug auf einen ganz bestimmten Betrachtungszeitpunkt handelt. Zu ihm können und sollen die jeweiligen Sprecher und Hörer immer eine gewisse psychischen Distanz einnehmen, zumal das Partizip Perfekt ja auch mit einem Hilfsverb im Präteritum kombiniert wird. Deshalb hat Weinrich das Plusquamperfekt dann auch zur erzählten Welt mit dem Präteritum als Basistempus gerechnet, da Aussagen im Plusquamperfekt immer in einer kontemplativen Distanz wahrzunehmen sind.

Für diese Einschätzung spricht auch, dass das Plusquamperfekt in der Regel nur in temporalen Nebensätzen verwendet wird, in denen Informationen über abgeschlossene Vorgänge nachgetragen werden, die chronologisch vor dem im Hauptsatz thematisierten Geschehen liegen. In Erzählvorgängen wird auf solche Ereignisse allerdings verständlicherweise erst dann aufmerksam gemacht, wenn sie einen faktischen Erklärungswert für das im Hauptsatz benannten Geschehen haben (*Er rief die Polizei, nachdem alle Einigungsversuche gescheitert waren.*). Auf diese Weise kann in Satzgefügen nicht nur durch die jeweilige Zeitkonjunktion, sondern auch durch den Tempusgebrauch, ein ganz spezifisches chronologisches Relief mit ganz bestimmten kausalen Implikationen für die Gesamtaussage herausgearbeitet werden.

Im Präteritum werden in Satzgefügen dieses Typs diejenigen Aussagen gemacht, die im thematischen Zentrum des jeweiligen Erzählvorgangs stehen, und im Plusquamperfekt diejenigen, welche die Entstehungsgeschichte der jeweiligen Hauptaussage betreffen. Dadurch bekommt dann das Plusquamperfekt bei der Darstellung komplexer Sachzusammenhänge eine wichtige aufmerksamkeitslenkende Ordnungsfunktion. Der Erzähler wird dadurch nämlich von dem immanenten Zwang befreit, alle Ereignisse in genauer chronologischer Reihenfolge zu erzählen. Es ergibt sich nun nämlich die Möglichkeit, bestimmte Informationen erst dann zu vermitteln, wenn sie einen konkreten Erklärungswert für die aktuellen Hauptaussagen haben. Ähnlich wie in Mitteilungsprozessen mit Hilfe des Perfekts auf einer vom Präsens dominierten Aussageebene erst dann zusätzliche Informationen einfließen, wenn sie den jeweiligen Verstehensprozess faktisch erleichtern, so leistet das dann auch das Plusquamperfekt als Sprossform auf der präteritalen Darstellungsebene. Das bedeutet dann, dass in beiden Fällen nicht die chronologische Reihenfolge von Ereignissen der Maßstab für ihre erzählerische Erwähnung ist, sondern vielmehr ihr funktionaler Korrelationszusammenhang.

Die resultativ akzentuierte Rafffunktion des Plusquamperfekts ermöglicht es dann sogar, dieses Tempus ausnahmsweise auch in selbständigen Aussagesätzen zu verwenden und nicht nur in syntaktisch abhängigen Sätzen. Dabei kann dann die präteritale Erzählebene grundsätzlich beibehalten werden, aber dennoch können auf etwas unkonventionelle Weise doch bedeutsame Hintergrundsinformationen im Plusquamperfekt thematisiert werden. Ein gutes Beispiel für diese etwas außergewöhnlich Verwendungsweise des Plusquamperfekts dokumentiert sich in der Eingangspassage von Goethes Roman *Die Wahlverwandtschaften*.

> Eduard – so nennen wir einen reichen Baron im besten Mannesalter – Eduard hatte in seiner Baumschule die schönste Stunde eines Aprilnachmittags zugebracht, um frisch erhaltene Pfropfreiser auf junge Stämme zu bringen. Sein Geschäft war eben vollendet; er legte die Gerätschaften in das Futteral zusammen und betrachtete seine Arbeit mit Vergnügen, als der Gärtner hinzutrat und sich an dem teilnehmenden Fleiße des Herrn ergetzte.[229]

In dieser Eingangspassage wird eine der Hauptpersonen des Romans durch den Erzähler in einem selbständigen Satz im Plusquamperfekt mit einem erweiterten

---

[229] J. W. von Goethe: Die Wahlverwandtschaften, Werke Bd. 6, S. 244.

Infinitiv so eingeführt, dass in geraffter Form eine komplexe, schon abgeschlossene Tätigkeit von ihm mitgeteilt wird. Diese ist faktisch zu Beginn des eigentlichen Erzählvorgangs zwar schon abgeschlossen, aber sie repräsentiert in Bezug auf den Fortgang des Romans dennoch eine Art zukunftsungewisser Vorausdeutung, durch die metaphorisch auf eine charakteristische generelle Handlungsdisposition Eduards aufmerksam gemacht wird. Diese besteht darin, dass er die Natur nicht so bestehen lassen will, wie sie ist, sondern bestrebt ist, sie nach seinen Vorstellungen zu veredeln. Das schließt dann natürlich auch ein, dass er auf ganz besondere Weise planerisch mit der Zeit umzugehen versucht. Das hier im Plusquamperfekt zusammengefasste Geschehen ist vordergründig zwar abgeschlossen, aber hintergründig keineswegs, weil es ikonisch einen Handlungshabitus Eduards thematisiert, der auch weiterhin wirksam ist.

12.5 Das Futur I und das Futur II

Weinrich hat die beiden Futurformen ebenso wie die Präsens- und Perfektformen zu den Tempora der *besprochenen Welt* gerechnet, da sie pragmatisch dazu bestimmt seien, dass die jeweiligen Hörer nicht entspannt und kontemplativ auf das jeweils Gesagte reagieren sollen, sondern gespannt und reaktionsbereit. Das ist vor allem auch dadurch bedingt, dass mit den Futurformen immer ganz bestimmte Sprechaktimplikationen verbunden sind (Voraussage, Vermutung, Behauptung, Befehl). Diese Sprechakte bedürfen dann allerdings noch einer chronologischen und modalen Präzisierung, da sie natürlich wegen ihres Zukunftsbezuges immer auch einen gewissen Vermutungscharakter haben.

Aus diesem Grunde kann man sich dann natürlich auch darüber streiten, ob man die Futurformen am besten den Tempus- oder den Modusformen des Verbs zuordnen sollte. Bei diesem Problem spielt nicht zuletzt auch die Verwendung des Hilfsverb *werden* bei der Bildung der Futurformen eine wichtige Rolle, da es ebenso wie die Hilfsverben *sollen* oder *müssen* durchaus als ein Modalverb angesehen werden könnte. Deshalb hat Peter Klotz auch die These entwickelt, dass Futurformen zwar eine einheitlich morphologische Form aufwiesen, aber semantisch durchaus zwei unterschiedliche pragmatische Funktionen zum Ausdruck bringen könnten, nämlich *Zeit* und *Modus*. „Futur b e d e u t e t dann immer die Möglichkeit, beides oder eins von beiden zu sein."[230]

Als Futur I bezeichnet man heute ein Verbalgefüge, das sich im Deutschen erst in der frühneuhochdeutschen Sprachperiode aus dem Hilfsverb *werden*

---

[230] P. Klotz: Ein Tempus mit zwei temporalen Modi, 1974, S. 19 und 111.

und den Infinitivformen von Vollverben herausgebildet hat. Im Mittelhochdeutschen wurden Aussagen mit einem chronologischen Zukunftsbezug in der Regel mit den Modalverben *soln, wellen* und *müezen* formuliert, wodurch die modale Komponente von solchen Aussagen natürlich besonders deutlich in Erscheinung getreten ist, was ja sachlich auch durchaus plausibel ist.

Im Neuhochdeutschen hat sich nach den kulturhistorischen und grammatischen Untersuchungen von Hannes Maeder das Werden-Gefüge als Standardform für das Futur I erst durch den maßgeblichen Einfluss Martin Luthers durchgesetzt. Dieser sei nämlich auf Grund seiner theologischen Grundüberzeugungen bemüht gewesen, die modalen Komponenten in den sprachlichen Ausdrucksformen für zukunftsorientierte Aussagen zu schwächen. Für Luther habe nämlich alles Geschehen in der Welt eine klare Ziel- und Zukunftsorientierung gehabt, auf die der planende Wille des Menschen nur einen begrenzten Einfluss nehmen könne. Deshalb habe für ihn auch die modale Interpretation von Zukunftsbezügen keine zentrale Rolle gespielt.[231]

Hinsichtlich der Entstehungs- und Funktionsgeschichte von Futurformen ist weiterhin bezeichnend, dass im Althochdeutschen zunächst zwei unterschiedliche Werden-Gefüge im Umlauf waren, nämlich eine Fügung mit *werden* + Partizip I und eine Fügung mit *werden* + Infinitiv. Beide Formen haben eine Weile nebeneinander existiert. Erst am Ende der mittelhochdeutschen Sprachperiode hat das Gefüge mit dem Infinitiv das Gefüge mit dem Partizip I verdrängt, das sich nur noch in bestimmten Mundarten erhalten hat.[232]

Die beiden ursprünglichen Futurformen haben zweifellos ein etwas anderes sinnbildendes Funktionsprofil gehabt. Während die Fügung mit dem Partizip I bzw. Partizip Präsens (*Er wird sehend.*) offenbar dazu gedient hat, das zukünftige Eintreten eines bestimmten Zustandes nach einem abgeschlossenen Prozess zu bezeichnen, hat die Fügung mit dem Infinitiv offenbar eher dazu gedient, der Erwartung des Sprechers Ausdruck zu geben, dass der vom Infinitiv bezeichnete Prozess faktische Realität wird (*Er wird sehen.*).

Die Tatsache, dass sich das Gefüge mit dem Partizip I im Neuhochdeutschen nicht dauerhaft etabliert hat, lässt sich auf monokausale Weise kaum befriedigend erklären. Einerseits wird wohl das Bemühen der normativen Grammatiker eine Rolle gespielt haben, das Inventar der Tempusformen übersichtlich bzw. systemhaft zu gestalten und in eine gewisse Symmetrie zu den lateinischen Tempusformen zu bringen. Andererseits war aber wohl auch von Bedeu-

---

[231] H. Maeder: Versuch über den Zusammenhang von Sprachgeschichte und Geistesgeschichte, 1945, S. 86, S. 89 ff.
[232] L. Saltveit: Studien zum deutschen Futur, 1962, S. 174 ff. und 250 ff.

tung, dass die Fügung mit dem Partizip Präsens wegen ihrer spezifischen aktionalen Akzentsetzung bei durativ strukturierten Verben (*sehen*) problemlos zu verwenden war, aber sicherlich weniger problemlos bei perfektiv und punktuell akzentuierten Verben (*töten, treffen*).

Angesichts dieser evolutionären Vorgeschichte des Futur I im Deutschen und seinen chronologischen, modalen und aktionalen Implikationen wird es natürlich nicht leicht, dessen Sinnbildungspotential auf einen Begriff zu bringen. Um die ganze Funktionsbreite des Futur I zusammenfassend zu charakterisieren, hat Glinz folgende Kennzeichnung vorgeschlagen: „*noch nicht erfüllt oder bestätigt, noch ausstehend.*"[233] Das Gemeinsame aller Verwendungsweisen des Futur I besteht für ihn nämlich darin, dass die faktische Gültigkeit der mit ihm gemachten Aussagen noch nicht gesichert sei. Entweder stehe die faktische Erfüllung noch aus, dann beziehe sich die jeweils gemachte Aussage auf die Zeitstufe der Zukunft (*Ohne Schutzimpfung wird er erkranken.*) oder es stehe noch eine intersubjektiv akzeptable Bestätigung für den benannten Sachverhalt aus (*Nächste Woche wird er die Angelegenheit regeln.*).

Der Terminus *ausstehend* ist hinsichtlich seiner chronologischen und modalen Instruktionen sicherlich ganz gut brauchbar, um das Funktionspotential des Futur I global zu bestimmen. Seine Grenze hat er allerdings darin, dass durch ihn das Hauptinteresse immer auf die chronologischen Zeitstufen sowie die faktischen Wahrnehmungsbedingungen des jeweiligen Sprechers zum Zeitpunkt seines jeweiligen Sprechens gelegt wird. Unter diesen Rahmenbedingen gerät nämlich die Aufmerksamkeit des jeweiligen Ansprechpartners für den persönlichen temporalen Strukturierungswillen des Sprechers etwas aus dem Blickfeld bzw. die Sprache als ein individuell gestaltbarer *lebender Spiegel* für eine intersubjektiv verständliche Objektivierung von Sachverhalten. Die Verwendung des Futur I ist nämlich keineswegs immer nur eine notwendige Reaktion des Sprechers auf die faktischen chronologischen Rahmenbedingungen der jeweiligen Redesituation. Sie kann auch als ein Indiz für die jeweilige psychische Verfasstheit des Sprechers verstanden werden bzw. für seinen Willen, konkrete Aussageinhalte perspektivisch in einen ganz bestimmten Denkhorizont einzuordnen und damit individuell auf bestimmte Weise hinsichtlich ihrer aktuellen spezifischen pragmatischen Relevanz zu akzentuieren.

Einen konkreten Versuch, neben den chronologischen Rahmenbedingungen der jeweiligen Redesituation auch den spezifischen Gestaltungswillen des Sprechers bzw. dessen besondere Zeiterlebnisweisen in die Funktionsanalyse des Futur I einzubeziehen, hat Brinkmann unternommen. Seiner Meinung nach

---

233 H. Glinz: Die innere Form des Deutschen, 1973[6], S. 339.

setze der Gebrauch dieser Tempusform nämlich voraus, dass das Kontinuum der Zeit zwischen Gegenwart und Zukunft für den jeweiligen Sprecher unterbrochen sei. Auf diese Weise könnten bei der Verwendung dieser Tempusform die subjektiv und psychologisch akzentuierten Kategorien „*Vorschau*" und „*Erwartung*" ins Spiel gebracht werden und ihr rein chronologisch orientierter Zeitbezug etwas in den Hintergrund gerückt werden. Der Gebrauch des Futur I diene so gesehen dann vor allem dazu, zwischen dem jeweiligen *Jetzt* und dem *Dann* einen „*Erwartungsschnitt*" zu legen und eben dadurch das Mitgeteilte aus einer mehr oder weniger persönlichen Sicht modal zu qualifizieren.[234]

Das bedeutet dann, dass ein Sprecher mit dem Gebrauch des Futur I bewusstseinsmäßig nicht wie bei der Nutzung des Präteritums in eine kontemplativ zu betrachtende andere Welt springt, sondern vielmehr in eine zukünftige Welt, die durchaus Bezüge zur gegenwärtigen Welt haben kann. Aussagen im Futur I haben deshalb gemeinsam, dass sie hinsichtlich ihres Realitätsgehaltes nicht direkt verifizierbar sind. Deshalb stehen sie pragmatisch gesehen auch immer unter einem ganz bestimmten Erwartungs- oder Bestätigungsdruck.

Die Faktoren, die auf den konkreten Informationsgehalt von futurischen Aussagen Einfluss nehmen können, sind natürlich sehr vielfältig. Dabei kann sowohl die aktionale Besonderheit des jeweiligen Verbs eine Rolle spielen als auch die jeweilige grammatische Person, die beim Gebrauch der konkreten Verbform in Erscheinung tritt. Wenn ein aktional perfektives Verb in der 1. Person verwendet wird, dann bekommt die ganze Aussage chronologisch natürlich einen klaren Zukunftsbezug und kann zugleich als Sprechakt einer expliziten Voraussage angesehen werden (*Ich werde die Schuld nächste Woche begleichen.*), weil der Sprecher ja eine Aussage über sein eigenes zukünftiges Handeln macht. Beim Gebrauch dieses Satzes in der 3. Person kann die Aussage natürlich auch einen Zukunftsbezug haben, aber gleichwohl liegt es nahe, mit einer solchen Aussage eher den Sprechakt einer Vermutung als den einer Voraussage zu verbinden (*Er wird die Schuld nächste Woche begleichen.*). Das bedeutet, dass sich das konkrete Sinnrelief der jeweiligen futurischen Aussage eher danach richtet, in welcher grammatischen Person die Aussage gemacht wird, als danach, dass das Futur I einen genuin chronologischen Zukunftsbezug hat.

Bezeichnend für die Gebrauchsmöglichkeiten des Futur I ist es, dass ein Sprecher mit ihm hypothetische Aussagen auf einer gleitenden Intensitätsskala zu machen vermag. Sprechaktmäßig und modal können diese von einer versprechenden Voraussage bis zu einer bloßen Vermutung oder gar zu einem verdeckten Imperativ reichen (*Du wirst die Schuld nächste Woche begleichen!*).

---

234 H. Brinkmann: Die deutsche Sprache, 1971², S. 330–334.

Aus diesen Rahmenbedingungen lässt sich nun ableiten, dass der chronologische Zukunftsbezug des Futur I zumindest entstehungsgeschichtlich und pragmatisch betrachtet nicht als die grundlegende grammatische Sinnbildungsfunktion dieser Tempusform anzusehen ist. Diese ergibt sich vielmehr erst aus der spezifischen Konstellation von ganz bestimmten semantischen, grammatischen und situativen Faktoren. Dabei spielen dann insbesondere die aktionalen Implikationen der jeweiligen Verben sowie die grammatische Person, in der es verwendet wird, eine wichtige Rolle. Außerdem ist diesbezüglich auch zu beachten, welche Zeitadverbiale jeweils verwendet werden und welche faktischen Möglichkeiten der konkrete Sprecher hat, um realitätsnahe Aussagen über ein zukünftiges Geschehen zu machen. So hat beispielsweise ein Satz einen ganz anderen sachlichen und chronologischen Informationswert, je nach dem ob er von einem Stammtischbruder oder von einem Regierungschef geäußert wird (*Die Regierung wird sich dem Ultimatum nicht beugen.*).

Wenn man in Aussagen semantisch eindeutige Zeitadverbiale verwendet, dann kann man sich nicht nur mit dem Futur I, sondern auch mit dem Präsens eindeutig auf die Zeitstufe der Zukunft beziehen (*Morgen wird die Entscheidung fallen. Morgen fällt die Entscheidung.*). Allerdings haben beide Aussageweisen einen unterschiedlichen kommunikativen Wert. Während der Satz im Futur I pragmatisch eher als eine Voraussage zu beurteilen ist, für deren Angemessenheit der jeweilige Sprecher dann gerade zu stehen hat, ist der Satz im Präsens eher dazu bestimmt, einen möglichen zukunftsbezogenen Vorgang psychisch zu vergegenwärtigen bzw. einen darstellenden Sprechakt zu realisieren.

Der Gebrauch des Präsens schließt nicht aus, dass entsprechende Aussagen sich chronologisch auf die Zeitstufe der Zukunft beziehen können. Die pragmatische Grundfunktion des Präsens besteht ja, wie schon erwähnt, insbesondere darin, sich Vorstellungsinhalte psychisch so zu vergegenwärtigen, dass die Differenz zwischen der Verlaufszeit des thematisierten Geschehens und der Zeit seiner sprachlichen Objektivierung auf der chronologischen Zeitachse nicht wirklich ins Gewicht fällt. Das ist beim Gebrauch des Futur I dagegen anders. Durch diese Tempusform wird nämlich deutlich signalisiert, dass es eine chronologische Differenz zwischen einem bestimmten Tatbestand und seiner sprachlichen Vergegenwärtigung gibt. Insofern spiegelt sich dann auch in beiden Tempusformen eine andere Wahrnehmungsweise für die strukturbildende Ordnungsfunktion von Zeit wider. Das bedeutet weiterhin, dass mit der Verwendung des Futur I immer die Sprechakte der Voraussage, der Vermutung, des Versprechens oder gar des Befehls verbunden sein können, was beim Gebrauch des Präsens nicht so deutlich der Fall ist.

Da das Futur I ähnlich wie das Perfekt durch seine Zweigliedrigkeit sprachrhythmisch sehr viel markanter hervortritt als das Präsens oder das Präteritum, eignet es sich auch nicht sehr gut zum reihenden Gebrauch in Texten. Dagegen liegt es nahe, es in Einzelsätzen zu verwenden, die auf isolierbare Tatbestände aufmerksam machen wollen. Das schließt dann in der Regel auch ein, dass diesen Sätzen immer schon ein ganz spezifisches Relevanzprofil zugeordnet werden kann, eben weil es in ihnen nicht nur um die sprachliche Repräsentation von Sachverhalten geht, sondern auch darum, dass der jeweilige Sprecher auf diese Weise einer spezifisch akzentuierte Erwartungsperspektive für diese Inhalte zum Ausdruck bringen möchte, die dann insbesondere sprechaktmäßig noch näher konturiert werden kann.

Auf ähnliche Strukturzusammenhänge wie beim Futur I stoßen wir auch beim Futur II, das vom Duden inzwischen terminologisch auch als Futurperfekt bezeichnet wird. Das Funktionsprofil des Futur II als einer jüngeren Sprossform im System der deutschen Tempusformen wird nämlich wesentlich dadurch bestimmt, dass in ihm das Hilfsverb *werden* nicht mit einem Infinitiv, sondern mit einem Partizip II in Kombination mit den Infinitiven *haben* oder *sein* verbunden wird (*Er wird den Rat befolgt haben. Er wird verreist sein.*). Durch diese morphologische Form wird grammatisch nämlich schon verdeutlicht, dass das jeweils thematisierte Geschehen nicht nur im Hinblick auf seine bloße Gegebenheit bzw. auf seinen bloßen Verlauf aktuell sein soll, sondern vielmehr auch im Hinblick auf seinen aktionalen Abschluss bzw. auf seine Vollendungsstufe. Wegen dieser aktionalen Implikationen hat das Futur II dann auch eine große Ähnlichkeit mit den Sinnbildungsfunktionen des Perfekts und des Plusquamperfekts.

In bestimmten Fällen kann deshalb das Futur II sogar durch das Perfekt ersetzt werden, ohne dass dadurch die chronologische Einordnung eines Sachverhalts wirklich gestört wird bzw. die chronologischen Instruktionsfunktionen von bestimmten Zeitadverbien (*Morgen hast du dieses Problem sicherlich gelöst.*). Gleichzeitig ist natürlich aber auch zu berücksichtigen, dass durch die morphologische Verwandtschaft zwischen dem Futur II und dem Perfekt auch wieder einer bestimmte Opposition zwischen den beiden Tempusformen entsteht, weil beide ihre Daseinsberechtigung erst dadurch bekommen, dass sie unterschiedliche Sinnbildungsfunktionen übernehmen können.

Das Futur II gewinnt sein spezifisches Instruktionsprofil insbesondere durch zwei morphologische Merkmale. Einerseits wird unser Wahrnehmungsinteresse durch die Verwendung des Partizips II auf den Abschluss des benannten Geschehens gerichtet. Andererseits wird durch die Verwendung des Hilfsverbs *werden* darauf aufmerksam gemacht, dass das Ergebnis des jeweiligen Geschehens auch hinsichtlich seiner Entstehungsgeschichte von Interesse sein soll, was dann natürlich wiederum auch ganz bestimmte chronologische Implikationen hat. Je nach den aktuellen Kontextbedingungen, der Verwendung einer ganz bestimmten grammatischen Person und der Präzisierung der jeweiligen Aussage durch Zeitadverbiale kann sich eine Prädikation im Futur II auf ganz unterschiedliche chronologische Zeitstufen beziehen. Sie kann nämlich durchaus auch dazu dienen, den Sprechakt der Voraussage, des Befehls oder der Vermutung sprachlichen Ausdruck zu geben (*Ich werde die Arbeit morgen beendet haben. Du wirst das in einer Stunde geregelt haben. Er wird den Brief gestern bekommen haben.*).

Da die grammatische Instruktionsfunktion des Futur II durch die Nutzung des Partizips II primär darin besteht, auf die Vollendungsstufe eines Geschehens aufmerksam zu machen und nicht auf seine chronologische Zuordnung auf einen bestimmten Sprechzeitpunkt, kann es interessanterweise mit Zeitadverbialen verbunden werden, die Bezüge zur Zukunft oder zur Vergangenheit herstellen können (*Er wird morgen/gestern die Nachricht bekommen haben.*). Dieser Umstand verdeutlicht sehr gut, dass es bei der chronologischen Interpretation des Futur II sehr wichtig ist, zwischen dem Sprechzeitpunkt und dem Betrachtungszeitpunkt bei der Formulierung von Sachaussagen zu unterscheiden. Weiterhin ist insbesondere im Hinblick auf die Sprechaktimplikationen des Futur II immer zu beachten, ob ein Autoritätsgefälle zwischen dem Angesprochen und dem Sprecher vorliegt, weil nur dann die modalen Implikationen des Futur II präzisiert werden können. Das bedeutet, dass man die kommunikativen Funktionen dieser Tempusform nach rein chronologischen Kriterien nicht zureichend erfassen und bewerten kann.

Die These Brinkmanns, dass mit dem Gebrauch des Futur I psychologisch immer ein bestimmter Erwartungsschnitt verbunden sei, trifft auch auf das Futur II zu. Die jeweiligen chronologischen und aktionalen Informationsfunktionen des Futur II werden nämlich nicht eindeutig konstatiert, sondern ergeben sich eher indirekt aus den jeweiligen Kommunikationsumständen. Insgesamt hat man dem Futur sicherlich auch eine Vermutungsfunktion zuzuschreiben. Am klarsten kommt diese zum Ausdruck, wenn die jeweilige Aussage grammatisch in der 3. Person realisiert wird. Dagegen kann beim Gebrauch in der 1. Person eher der Handlungsakt des Versprechens und beim Gebrauch in der 2. Person eher der des Befehlens realisiert werden.

Die realen chronologischen Bezüge von Aussagen im Futur II werden in der Regel eher durch Zeitadverbien bzw. durch Zeitadverbiale konkretisiert als durch die Tempusform selbst. Insofern ist diese Tempusform dann auch sprachpragmatisch gesehen wesentlich mehr als eine bloße sprachliche Spiegelungsform von Zeit im einem rein chronologischen Sinne. Vielmehr ist sie eher eine Spiegelungsform für die Wahrnehmungsmöglichkeiten von Sachverhalten im Rahmen eines Zeitverständnisses, das auch aktionale, modale und sprechaktorientierte Aspekte einschließt.

13 Die Zeitimplikationen anderer Verbformen

Wenn man grundsätzlich der Überzeugung ist, dass die kognitive und kommunikative Funktion von Verben in der Sprache sowohl darin besteht, Vorgänge begrifflich bzw. typologisch voneinander zu unterscheiden, als auch darin, diese zugleich hinsichtlich ihrer jeweiligen pragmatischen Geltungsansprüche mit Hilfe von verbspezifischen grammatischen Morphemen genauer zu bestimmen, dann ist klar, welch große Bedeutung den Tempus- und Modusformen der Verben für unsere faktische Weltorientierung zukommt. Diese Differenzierungen spielen dann in den indogermanischen Sprachen eine besonders große Rolle, weil hier der Gebrauch der entsprechenden Morpheme bei jedem Sprachgebrauch obligatorisch ist und nicht auf einer individuellen Entscheidung beruht wie beispielsweise der Gebrauch von Attributen.

Das Problem der Inkongruenz der grammatischen Verbformen zwischen den einzelnen Sprachen kann einerseits daraus resultieren, dass manche Sprachen wie beispielsweise das Chinesische überhaupt keine Tempus- und Modusmorpheme beim Verb haben, oder andererseits auch daraus, dass diese Morpheme hinsichtlich ihrer jeweiligen grammatischen Instruktionen sehr unterschiedlich ausfallen können. Dadurch ergeben sich dann natürlich bei Übersetzungen erhebliche Probleme. Das fällt dann beispielsweise besonders spektakulär bei Übersetzungen aus dem Chinesischen ins Deutsche bzw. umgekehrt ins Gewicht. Gerade weil im Chinesischen der temporale und modale Sinn von Aussagen nicht obligatorisch durch Tempus- und Modusformen spezifiziert werden muss, kommt es bei Übersetzungen zwangsläufig zu dem Problem, dass der Sinn von Aussagen in temporaler und modaler Hinsicht entweder über- oder unterakzentuiert werden muss, da in beiden Sprachen bei Verben keine analogen grammatischen Instruktionsmorpheme zur Verfügung stehen.

Ähnliches trifft dann auch bei Übersetzungen aus dem Russischen ins Deutsche bzw. umgekehrt zu. Das Russische hat nämlich bei Verben neben den Tempusformen auch grammatische Aktionalitätsformen, die explizit darauf aufmerksam machen wollen, ob die jeweils thematisierten Vorgänge abgeschlossen sind oder nicht. Darauf kann im Deutschen nur implizit über bestimmte Begriffsbildungen bei Verben sowie über bestimmte Tempusformen aufmerksam gemacht werden oder explizit über ganz bestimmte Adverbiale.

Hier soll nun versucht werden, die Zeitimplikationen von Verbformen, die nicht als Tempusformen klassifiziert werden, exemplarisch in vier unterschiedlichen Hinsichten näher ins Auge zu fassen. Erstens soll danach gefragt werden, welche Zeitimplikationen im Deutschen die Modusformen des Verbs haben, die natürlich von vornherein eher nach psychologischen als nach chronologischen

Kriterien erfasst werden können. Zweitens soll danach gefragt werden, welche Zeitimplikationen insbesondere die beiden Konjunktivtypen im Deutschen haben. Drittens soll danach gefragt werden, welche Zeitimplikationen diejenigen Verbformen haben, die man mit Hilfe der Kategorien der Aktionalität oder des Aspekts näher beschreiben kann. Viertens soll danach gefragt werden, wie sich der indogermanische Sprachtypus hinsichtlich seiner Zeitimplikationen beim Gebrauch von Verben von dem Sprachtypus unterscheidet, den Whorf beispielsweise für die indianische Hopisprache geltend zu machen versucht hat.

Für die Hopisprache scheint das chronologische Zeitverständnis offenbar keine sehr große Relevanz gehabt zu haben. Das bedeutet nun aber keineswegs, dass es in der Hopisprache auf der Ebene der Grammatik des Verbs überhaupt keine Sensibilität für Zeit gibt. Sicherlich hat man einzuräumen, dass man auch hier über Verbformen sehr wohl unterscheiden kann, ob bestimmte Prozesse beispielsweise andauern oder abgeschlossen sind. Das ist auch pragmatisch gesehen plausibel, weil das natürlich immer eine ganz wichtige Voraussetzung dafür ist, sprachlich auch auf kausale Relationen aufmerksam machen zu können.

All diese Fragestellungen zu den unterschiedlichen Verbformen in den verschiedenen Sprachen sind natürlich eher von einem deskriptiven als von einem normativen Verständnis von Zeit geprägt. Sie sollen nämlich nur aufzeigen, in welch unterschiedlichen Perspektiven man das Phänomen der Zeit im Bereich der Verbformen näher ins Auge fassen kann bzw. in welch unterschiedlichen Perspektiven sich Zugang zum Verständnis von bestimmten Veränderungsprozessen gewinnen lässt. Dadurch kann dann auch gut verdeutlicht werden, dass Verbformen ursprünglich weniger an der chronologischen Differenzierung von Zeit bzw. Zeitstufen interessiert waren, sondern eher daran, durch unterschiedliche Formen einen pragmatisch sinnvollen Zugang zum Zeitproblem in einem umfassenderen psychologisch orientierten Sinne finden zu können.

Die historisch älteren Objektivierungsformen für Zeit erscheinen uns heute im normativen Rahmen des chronologisch orientierten Verständnis von Zeit meist ziemlich undifferenziert oder gar mythisch zu sein. Aber das sollte uns nicht dazu verführen, diese Verständnisweisen von Zeit anthropologisch für gegenstandslos anzusehen. Auch hier tritt die Zeit nämlich durchaus als ein Ordnungsfaktor für menschliche Weltwahrnehmungen in Erscheinung, wenn auch auf eine Weise, die uns heute oft als wenig realistisch erscheint, da wir inzwischen das chronologisch orientierte Zeitverständnis meist als das einzig realistische Zeitverständnis ansehen, gerade weil es uns problemlos ermöglicht, die Zeit in einem vorwiegend quantifizierbaren Sinne zu objektivieren.

13.1 Die Modusformen als Zeitformen

Idealtypisch vereinfacht werden Tempusformen heute in der Regel als Differenzierungsformen für bestimmte chronologische Geltungsansprüche von Aussagen verstanden und Modusformen als Differenzierungsformen für modale. Diese Auffassung ist verständlich, aber durchaus interpretationsbedürftig, weil die Modusformen von Verben auch immer etwas mit dem Verständnis von Zeit zu tun haben. Das hat Weinrich dann ja auch dazu motiviert, die Konjunktiv- bzw. Konditionalformen des Verbs in das Paradigma der Tempusformen einzuordnen, da beide grammatische Gebrauchsweisen von Verben auch immer etwas mit den Ordnungsfunktionen der Zeit in konkreten Mitteilungen zu tun haben.

Dennoch gibt es aber auch gute Gründe dafür, die Modusformen von Verben (Imperativ, Indikativ, Konjunktiv) als eigenständige grammatische Ordnungsformen von den Tempusformen abzugrenzen. Insbesondere die Konjunktivformen bilden zusammen mit den Modalwörtern bzw. Modaladverbialen, Modalpartikeln, modalen Infinitiven und Modalverben ein eigenständiges Modalparadigma, mit dessen Hilfe die grammatische Kategorie der Modalität sowohl morphologisch als auch funktional ausdifferenziert werden kann.

So gesehen kann man mit Franziska Raynauld den Modalitätsbegriff idealtypisch über die beiden Unterbegriffe *Modifikation* und *Modalisierung* näher bestimmen.[235] Bei der Modifikation handelt es sich dabei dann um das Bemühen, auf objektorientierte Weise die jeweiligen lexikalischen Kategorisierungen von Sachverhalten hinsichtlich ihrer aktuellen Gültigkeit grammatisch näher zu qualifizieren. Bei der Modalisierung handelt es sich dagegen um das Bemühen, Sachverhalte hinsichtlich ihrer pragmatischen Relevanz und Gültigkeit auf eher subjektorientierte Weise näher zu bestimmen.

Es ist nun ziemlich offensichtlich, dass die Modusformen des Verbs und insbesondere die Konjunktivformen bei diesen Qualifikations- und Interpretationsbemühungen eine ganz wichtige Rolle spielen, weil dabei sowohl chronologische als auch psychologische Differenzierungsintentionen ins Spiel kommen. Dadurch wird dann auch verständlich, warum Modusformen durchaus als sprachliche Gestaltungsformen verstanden werden können, mit denen die jeweiligen Sprecher den zeitlichen und pragmatischen Geltungsanspruch ihrer Aussagen grammatisch ausdifferenzieren können. Dadurch bestätigt sich dann außerdem, dass die Kategorie der Zeit als ein ganz fundamentaler Ordnungsfaktor anzusehen ist, mit dem wir unsere Weltwahrnehmung und Weltinterpretation spezifizieren können.

---

235 F. Raynauld: Noch einmal Modalverben. Deutsche Sprache, 1977, H. 1, S. 1–30.

Die Imperativformen des Verbs dienen im Prinzip dazu, Sachverhalte zu thematisieren, die noch nicht gegeben sind, aber die im Rahmen der chronologisch überschaubaren Zukunft verwirklicht werden sollen. Sprecher und Hörer stehen zu diesen Denkinhalten deshalb dann auch immer in einer bestimmten Zukunftsspannung. Das schließt ein, dass sich Imperativformen auch als Befehlsformen verstehen lassen, da sich in ihnen natürlich auch ein ganz bestimmtes Machtgefälle von Sprecher und Angesprochenen spiegelt.

Wilhelm Schmidt hat deshalb den Imperativ als *„Modus der Aufforderung"* bestimmt, der allerdings nur dann verwendbar ist, wenn der Angesprochene auch Einfluss auf die Verwirklichung der jeweilig thematisierten Sachverhalte bzw. Handlungen hat.[236] Hennig Brinkmann hat aus ähnlichen Überlegungen den Imperativ deshalb dann auch als *„Modus der Realisierung"* bezeichnet, der vor allem im Hinblick auf erwünschte Handlungen verwendbar ist, aber nicht im Hinblick auf unerwünschte (**Verschluck dich!*).[237] Dementsprechend kann dann Imperativformen auch ein modifizierender Zukunftsbezug bzw. ein modalisierender Situationsbezug zugeordnet werden. Außerdem spezifizieren Imperativformen auch immer das Beziehungsverhältnis zwischen dem Sprecher und den Angesprochenen. Imperativische Sprechakte können allerdings nicht nur auf explizite Weise über grammatische Imperativformen des Verbs realisiert werden, sondern auf implizite Weise auch über formal deskriptive Äußerungen, die dann aber sprechaktmäßig gleichwohl doch einen zukunftsbezogenen Aufforderungscharakter haben (*Es zieht hier!*).

Die Indikativformen von Verben lassen sich als Modusformen sowohl morphologisch als auch funktional sehr viel schwerer beschreiben als die Imperativ- und Konjunktivformen. Im System der Modusformen repräsentieren sie nämlich die Standardformen von sprachlichen Aussagen, die faktisch erst in der Opposition zu den Sprossformen der Imperativ- und Konjunktivformen ihr spezifisches pragmatisches Sinnbildungsprofil bekommen. Deshalb haben die lateinischen Grammatiker den Indikativ auch als verbale Grundform von Aussagen bzw. als gradlinigen Modus (modus rectus) bzw. als anzeigenden Modus (modus indicativus) bezeichnet. Ein spezifisches pragmatisches Profil ist den Indikativformen nämlich erst dadurch zugewachsen, dass sie zugleich auch als Abwahlformen für den möglichen Gebrauch von Imperativ- und Konjunktivformen in Erscheinung treten konnten.

Im normalen Gebrauch signalisieren Indikativformen grammatisch nämlich nur, dass die jeweiligen Aussagen so gelten sollen, wie sie in einer deskriptiven

---

[236] W. Schmidt: Grundfragen der deutschen Grammatik, 1973³, S. 238.
[237] H. Brinkmann: Die deutsche Sprache, 1972², S. 366.

Darstellungsabsicht formuliert worden sind und dass der jeweilige Sprecher den Geltungsanspruch der jeweiligen Äußerungen nicht metainformativ auf grammatische Weise irgendwie zusätzlich modifizieren oder modalisieren möchte. Das schließt dann allerdings die Verwendung anderer sprachlicher Modifikations- und Modalisierungsmittel nicht aus.

Besonders deutlich tritt die rein setzende Grundfunktion von Indikativformen in Aussagen dann hervor, wenn der propositionale Aussagegehalt einer Äußerung mit seiner illokutionären Handlungsfunktion zusammenfällt (*Ich verurteile Sie im Namen des Volkes zu ...*). Solche Äußerungsformen können ihre pragmatische Wirksamkeit allerdings nur dann entfalten, wenn sie in der 1. Person Präsens Indikativ gemacht werden. Alle anderen grammatischen Realisationsweisen von Äußerungen würden deren pragmatische Funktion nämlich völlig verändern und hätten dementsprechend auch eine ganz andere zeitliche Bindungskraft, weil Handlungen nicht mehr vollzogen, sondern beispielsweise nur nachträglich erzählt oder prospektiv in Aussicht gestellt werden.

Ein ganz anderes zeitliches Sinnbildungsprofil als die Imperativ- und Indikativformen von Verben haben nun ihre jeweiligen Konjunktivformen. Diese haben sich als spezifizierende Sprossformen kultur- und sprachgeschichtlich in der Regel erst recht spät oder auch gar nicht in den einzelnen Sprachen herausgebildet. Das dokumentiert sich beispielsweise darin, dass im Hebräischen Konjunktivformen überhaupt nicht vorkommen und dass Kinder in ihrem Spracherwerbsprozess Konjunktive aktiv zunächst nicht verwenden, obwohl sie passiv ja schon frühzeitig mit ihnen konfrontiert werden. Das liegt offensichtlich daran, dass Konjunktivformen hinsichtlich ihrer pragmatischen Sinnbildungsfunktionen recht hohe kognitive Ansprüche stellen und daher erst unter bestimmten kulturellen und individuellen Rahmenbedingungen pragmatisch wirklich relevant werden.

Aufschlussreich ist in diesem Zusammenhang, dass der Gebrauch des Konjunktivs in emotional angespannten Sprachgebrauchssituationen wie beispielsweise der Wut oder Angst faktisch ausfällt. Er kommt eigentlich nur im Rahmen von zeitgedehnten Mitteilungssituationen als grammatisches Sinnbildungsmittel vor, wozu dann insbesondere auch der schriftliche Sprachgebrauch zählt, der sehr viel weniger als der mündliche situationsverschränkt ist.

Der Konjunktiv ist immer wieder als ein Mittel gepriesen worden, sich gegen die normative Kraft des Faktischen zur Wehr zu setzen, was sowohl in einem sachlichen als auch in einem zeitlichen Sinne verstanden werden kann. Der Konjunktiv kann nämlich als ein sprachliches Hilfsmittel genutzt werden, sich das Tatsächliche auf distanzierende Weise über ein hypothetisch orientiertes Denken bzw. über bestimmte Gedankenexperimente zu relativieren. Deshalb lässt sich der Konjunktiv dann auch als eine Aussage- und Mitteilungsform verstehen, mit der man sich zumindest mental von der Tatsächlichkeit des faktisch Gegebenen lösen kann.

Schon 1889 argwöhnte deshalb Rudolf Hildebrand, dass der für ihn kulturell besonders wichtige Konjunktivgebrauch mehr und mehr verfalle: „*Ich glaube, es hängt mit dem sogenannten Cultus der Thatsachen zusammen, der in der Gegenwart immer mehr in Blüthe kommt.*"[238] Auch Musil hat betont, dass der Konjunktiv eine sprachlichen Ausdrucksform des menschlichen „*Möglichkeitssinns*" sei, der dem menschlichen „*Wirklichkeitssinn*" erst auf kontrastierende Weise seinen spezifischen pragmatischen Stellenwert gebe. „*So ließe sich der Möglichkeitssinn geradezu als die Fähigkeit definieren, alles, was ebensogut sein könnte, zu denken und das, was ist, nicht wichtiger zu nehmen als das, was nicht ist.*"[239]

Diese beiden Stellungnahmen qualifizieren den Konjunktiv als eine Manifestationsform des experimentellen Denkens, mit dem man sich sowohl von der Übermacht des rein sachorientierten als auch des primär chronologischen Denkens zu lösen vermag, insofern man dadurch dann das vordergründig Getrennte in einer anderen Perspektive auf ganz bestimmte Weise wieder als zusammengehörig betrachten kann. Diese kulturgeschichtliche Bewertung des Konjunktivs als einer spezifischen Realisationsform des hypothetischen Denkens, das sich keinen vorgegebenen Autoritäten beugt, passt auch zu dem Urteil, das Manes Kartagener über die möglichen Gründe für das Fehlen des Konjunktivs in der hebräischen Sprache angestellt hat.

> Die größte Überraschung für das an indogermanische Sprachen gewöhnte Denken stellt aber das Fehlen des Konjunktivs dar. Für die Welt des Möglichen, des nur bedingt Wirklichen und des Irrealen gibt es keine eigene Sprachform [...] Es ist, wie wenn die hebräische Sprache nur für klare assertorische Sätze, für klare Positionierungen und Negationen, ohne jeden Sinn für Problematik, geschaffen wäre. Zusammengesetzte Sätze sind selten, eigentliche 'Perioden' kommen nicht vor. Möglicherweise hängt damit das Fehlen eines jeden Hinweises auf ein Jenseits (wenigstens im Pentateuch) zusammen, – es gibt nur die Wirklichkeit des Diesseits.[240]

---

[238] R. Hildebrand: Der vorsichtige Conjunctiv. Zeitschrift für den deutschen Unterricht 3, 1889, S. 549.
[239] R. Musil: Der Mann ohne Eigenschaften. Gesammelte Werke, Bd. 1, S. 16.
[240] M. Kartagener: Zur Struktur der hebräischen Sprache. Studium Generale 15, 1962, S. 39.

13.2 Die Konjunktivformen als Hinweise auf andere Welten

Wenn man nach den möglichen Zeitimplikationen der deutschen Konjunktivformen fragt, dann hat man zu beachten, dass nicht jede Tempusform im Indikativ mit einer entsprechenden Form im Konjunktiv parallelisiert wird. Vielmehr unterscheidet man zwischen dem sogenannten Konjunktiv I (K I) und dem Konjunktiv II (K II). Diese beiden Konjunktive unterscheidet man dann allerdings nicht in temporal-chronologischer Weise voneinander, sondern vielmehr hinsichtlich der Intensität ihrer modalisierenden Instruktionen für die jeweiligen sprachlichen Sinnbildungsprozesse.

Als K I werden alle Konjunktivformen bezeichnet, bei denen das jeweils gebeugte Verb aus dem Infinitivstamm hervorgegangen ist (*Er hat mitgeteilt, dass er anrufe / angerufen habe / anrufen wolle.*). Als K II werden alle Konjunktivformen bezeichnet, bei denen das jeweils gebeugte Verbs aus dem Präteritumsstamm hervorgegangen ist (*Er hat mitgeteilt, dass er anriefe / angerufen hätte / anrufen wollte.*).

Für die Qualifizierung der unterschiedlichen Konjunktivformen nach der Intensität ihrer modalisierenden Implikationen spricht vieles und zwar insbesondere dann, wenn man die indikativischen Tempusformen in einem chronologisch akzentuierten Sinne zu verstehen versucht. Gleichwohl sollte man darüber aber auch nicht vergessen, dass die morphologische Nähe des K I zum Präsens und des K II zum Präteritum zumindest bei einem psychologischen Verständnis der Tempusformen nicht unerheblich ist. Dadurch wird nämlich nahegelegt, dass der K I Zeitimplikationen hat, die eine psychische Nähe zu den jeweils thematisierten Denkinhalten nahelegen, und der K II Zeitimplikationen, die eher eine psychische Distanz zu diesen hervorheben.

Außerdem ist in diesem Zusammenhang zu beachten, dass alle Konjunktivmorpheme ebenso wie alle Tempusmorpheme funktional gesehen nicht bloße Verbmorpheme sind, sondern immer auch als spezifische Satzmorpheme anzusehen sind, insofern sie intentional den Geltungsanspruch von ganzen Aussagen metainformativ qualifizieren sollen. Deshalb ist es auch verständlich, dass der genuine Anwendungsbereich der beiden Konjunktivtypen Satzgefüge sind bzw. indirekte oder abhängige Reden.

In solchen Sprachgebrauchsweisen werden nämlich in einem Aussagegefüge zwei unterschiedliche Denkhorizonte miteinander in Verbindung gesetzt. Einerseits geht es dabei thematisch nämlich immer um bestimmte außersprachliche Sachverhalte, aber andererseits zugleich auch immer um die Interpretation und Bewertung dieser Sachverhalte durch einen konkreten Sprecher. Das macht es dann natürlich schwer, den faktischen Geltungsanspruch einer komplexen Gesamtaussage präzise zu bestimmen, da es in solchen Aussagen sowohl um die Existenz bestimmter Sachverhalte selbst geht als auch um die Interpretation bzw. um die Relevanz dieser Sachverhalte für den jeweiligen Sprecher. Eine solche informative Doppelschichtigkeit von Äußerungen kann ein Sprecher abgesehen von seiner Begleitmimik und Intonation einerseits durch die Wahl eines bestimmten Vokabulars zum Ausdruck bringen (*lügen*, *flunkern*) und andererseits aber eben auch durch die Verwendung von bestimmten Konjunktivformen.

Bei dem Gebrauch von Konjunktivformen in der abhängigen und insbesondere in der indirekten Rede haben wir es nicht nur mit unterschiedlichen Denk- und Sachwelten zu tun, sondern natürlich immer auch mit zwei unterschiedlichen Zeitwelten. Gerade weil die abhängige Rede durch die Sprechakte des Vermittelns, des Referierens und Interpretierens geprägt werden kann, spielt in ihr der Gebrauch des Konjunktivs als grammatische Form der Korrelation von unterschiedlichen Aussagen und Welten immer eine ganz zentrale Rolle.

Das erklärt dann auch, warum sich für den Gebrauch des K I und des K II sinnvolle Konventionen herausgebildet haben, um Sachinformationen und zusätzliche Kommentarinformationen zu unterscheiden und anderen zu vermitteln. Das spielt dann nicht nur im wissenschaftlichen und journalistischen Sprachgebrauch eine wichtige Rolle, sondern auch im alltäglichen Sprachgebrauch, um unterschiedliche Informationskategorien in Kommunikationsprozessen auseinanderzuhalten. Dafür lassen sich vielleicht idealtypisch vereinfacht folgende Gebrauchsnormen geltend machen.

Bei der Wiedergabe bzw. der sprachlichen Zusammenfassung fremder Aussagen und Denkinhalte sollte der jeweilige Sprecher immer den K I verwenden. Dadurch kann er schon auf der grammatischen Ebene signalisieren, dass er die jeweiligen Denkinhalte nicht persönlich als existierende Sachverhalte behauptet, sondern diese nur als Denkinhalte von anderen Personen vermittelt. Das beinhaltet dann auch, dass er persönlich für den Wahrheitsgehalt der übermittelten Sachinformationen keinerlei Verantwortung übernehmen möchte, sondern nur dafür, dass er diese nach besten Wissen und Gewissen sachgerecht weitergibt. Das ist gerade dann wichtig, wenn diese Inhalte nicht im ursprünglichen Wortlaut wiedergegeben werden, sondern in komprimierter und akzentuierter Form. Aus diesem Grunde lässt sich der K I dann auch nicht nur als ein grammatisch realisiertes *Zitiersignal* verstehen, sondern auch als ein grammatisch realisiertes *Raffsignal* dafür, dass zweckdienliche Abstraktionen und Akzentuierungen vorgenommen worden sind. Durch den Gebrauch des K I gibt der jeweilige Sprecher sich deshalb dann auch als ein lebender Spiegel zu erkennen, der sowohl auf anderes als auch auf sich selbst als Informationsvermittler aufmerksam macht.

Für den Gebrauch des K I ist im Deutschen außerdem kennzeichnend, dass er nicht nur in syntaktisch abhängigen Nebensätzen verwendet werden kann, sondern auch in formal selbstständigen Sätzen oder gar in ganzen Textpassagen. Dadurch lässt sich dann über den Gebrauch des K I fortlaufend kenntlich machen, dass das jeweils Gesagte einen referierenden Charakter hat, zu dem der aktuelle Sprecher in einer natürlichen zeitlichen und sachlichen Distanz steht. Ein solcher Konjunktivgebrauch ist beispielsweise im Französischen nicht möglich, weil hier der Konjunktiv nur in syntaktisch abhängigen Sätzen verwendet werden darf. Deshalb wird er hier auch terminologisch als *Subjunktiv* (subjonctif) bezeichnet, um zu verdeutlichen, dass er eher eine subordinierende als eine koordinierende und interpretierende Sinnbildungsfunktion hat.

Wenn man im Deutschen den Konjunktiv nun nicht nur als ein grammatisches Unterordnungssignal versteht, sondern auch als eine indirekte Aufforderung, das mit ihm jeweils Gesagte in einer ganz bestimmten modalisierenden Rezeptionshaltung aufzunehmen, dann liegt es natürlich auch nahe, die Distanz zwischen der Denkwelt des jeweils referierenden Sprechers und der Denkwelt des jeweils referierten Sprechers intensitätsmäßig zu variieren. Dadurch ergeben sich dann auch gute Möglichkeiten, das pragmatische Funktionspotential des K I von dem des K II abzugrenzen und beiden Konjunktivformen einen ganz spezifischen Informations- und Stilwert zuzuordnen.

Insbesondere eröffnet sich in dieser Denkperspektive die Chance, den Sinnbildungswert des K II nicht nur wie oft üblich mit Hilfe des Begriffs der Irrealität zu beschreiben, sondern auch mit Hilfe des Begriffs der Fiktion oder gar der Negation, wodurch der K II dann doch ein etwas anderes kognitives und kommunikatives Sinnbildungsprofil bekommt als der K I. Diese beiden Analysebegriffe lassen sich nämlich recht gut mit dem Distanzierungsgedanken in Beziehung setzen, durch den die menschlichen Vorstellungskräfte ja keineswegs nur geschwächt, sondern auch inspiriert werden können. Außerdem kann auf diese Weise zugleich plausibel gemacht werden, warum der K II morphologisch eng mit dem Präteritum verbunden ist, das unsere Vorstellungskräfte ja auch anzuregen vermag. Insofern lässt sich daher der K II dann sogar auch als eine spezifische Sross- und Differenzierungsform des Präteritums ansehen.

Rainer Graf hat diesbezüglich den plausiblen Vorschlag gemacht, die Konjunktivformen als grammatische Mittel zu werten, über welche die jeweiligen Einzelaussagen die modale Qualität *„gültig in einer anderen Welt"* bekommen können, was sich dann sowohl in einem zeitlichen als auch in einem räumlichen Sinne verstehen lässt.[241] Dabei kann in der referierenden abhängigen Rede

---

[241] R. Graf: Der Konjunktiv in der gesprochenen Sprache, 1977, S. 140 ff.

das Denkmuster *andere Welt* dann „*Welt eines anderen*" bedeuten und in irrealen Wunsch- oder Bedingungssätzen „*nicht reale Welt*" (*Könnte ich doch fliegen! Wenn ich unsichtbar wäre, könnte ich anderen viele Streiche spielen.*).

Da die im K II objektivierte Vorstellungswelt in einem maximalen Kontrast zu der im Indikativ thematisierten steht, verwenden Kinder in ihren individuellen Spracherwerbsprozessen den K II verständlicherweise auch wesentlich früher als den K I, da der K II sehr klare Grenzen zwischen der Normalwelt und der Phantasiewelt zieht (*Ich wäre der König, und du wärest die Königin.*). Diesbezüglich spielt dann natürlich auch eine wichtige Rolle, dass die Form des K II sich für Kinder meist besser als die des K I identifizieren lässt, da er eine morphologische Nähe zum erzählenden bzw. fiktionalisierenden Präteritum aufweist.

Wenn man das grammatische Instruktionspotential des K II als Hinweis auf eine nicht-reale Welt versteht, dann wird auch gut verständlich, warum Karl Boost versucht hat, die grammatische Sinnbildungsfunktion des K II aus seinen Negationsimplikationen abzuleiten.[242] Dabei ist die Negationsfähigkeit des K II natürlich weniger im Sinne der Aufhebung von ganz bestimmten Vorstellungsinhalten zu verstehen, sondern eher in dem Sinne, dass wir mit ihm in eine ganz andere Raum- und Zeitwelt geführt werden können, die als eine ausgedachte Welt dann natürlich auch durch ganz andere Ordnungsprinzipien strukturiert und geprägt sein kann als die übliche Lebenswelt.

Die These von den Negationsimplikationen des K II lässt sich auch noch auf eine andere Weise exemplifizieren. In Satzgefügen, in denen der Sprecher einen bestimmten Obersatz formuliert, von dem dann ein referierender Untersatz abhängt, ergibt sich wahrheitstheoretisch eine recht komplizierte Struktur. Für den Wahrheitsgehalt des Obersatzes trägt nämlich allein der aktuelle Sprecher die volle Verantwortung, aber nicht für den Wahrheitsgehalt des referierten Satzes, der ja den Denkinhalt einer anderen Person objektivieren und vermitteln soll. In dem syntaktisch abhängigen Satz kann der aktuelle Sprecher im Prinzip sowohl den Indikativ als auch den K I als auch den K II verwenden: *In seinen Vortrag vertrat der Redner die Auffassung, dass die Weltgeschichte eine Geschichte von Klassenkämpfen gewesen ist / gewesen sei / gewesen wäre.*

Wenn der referierende Sprecher in seinem syntaktisch abhängigen Satz den Indikativ verwendet, dann liegt die Auffassung nahe, dass er seine eigene Denkwelt nicht von der des ursprünglichen Redners abgrenzen möchte und sich möglicherweise sogar mit dieser identifiziert. Wenn er den K I verwendet, der ja als Normalform der indirekte Rede gilt, die im seriösen Journalismus üblicher-

---

[242] K. Boost: Die mittelbare Feststellungsweise. Eine Studie über den Konjunktiv. Zeitschrift für Deutschkunde 54, 1940. S. 289.

weise penibel respektiert wird, dann kann der jeweilige Berichterstatter eine klare Grenzlinie zwischen seiner eigenen Denkwelt und der Denkwelt eines anderen ziehen, über die er so neutral wie möglich Bericht zu erstatten versucht. Wenn er dagegen den K II bei der Wiedergabe fremder Redeinhalte verwendet, dann liegt natürlich die Auffassung recht nahe, dass er diesen Denkinhalten eher skeptisch oder gar negierend als zustimmend gegenübersteht.

Aus diesen Strukturverhältnissen bei den sprachlichen Möglichkeiten der Wiedergabe der Aussagen anderer Personen lässt sich schließen, dass sich die Verwendung des K II in der indirekten Rede stilistisch durchaus als ein implizites Skepsis- oder gar Negationssignal verstehen lässt. Dieses kann dann dazu dienen, den Wahrheitsgehalt von vermittelte Aussagen auf verdeckte Weise in Frage zu stellen oder zumindest zu problematisieren.

Die Verwendung des K II als Skepsissignal kann sich dann auch in sehr alltäglichen Redeweisen dokumentieren, wenn sich ein Sprecher nicht nur darauf beschränkt, den Sachinhalt der Rede eines anderen rein referierend wiederzugeben, sondern zugleich auch die Intention verfolgt, den Inhalt seiner Berichterstattung mit dem Sprechakt des Zweifelns anzureichern: *Er hat seinem Chef mitgeteilt, dass er krank ist / sei / wäre.*

Eine ganz andere interessante Verwendung des K II als Hinweis auf eine andere Welt bzw. auf ganz spezifische interne Negationsimplikationen einer eigenen Äußerung offenbart sich in formal selbstständigen Aussagen folgenden Typs: *Ich hätte gern ein Bier!* Mit einem solchen Satz wird weder eine irreale Hypothese in die Welt gesetzt noch auf verdeckte Weise der Wunsch nach einem Bier negiert. Vielmehr wird mit dem K II die Direktheit einer Handlungsaufforderung an eine andere Person negiert bzw. abgemildert. Unter diesen Umständen bekommt der K II dann gleichsam die Funktion eines Höflichkeitssignals, um das Hierarchieverhältnis zwischen einem Gast und einem Kellner abzumildern. Dadurch lässt sich dann auch signalisieren, dass man zumindest fiktiv in eine andere Raum- und Zeitwelt eintreten möchte als die, die üblicherweise für einen Kneipe als konstitutiv angesehen wird. Der Inhaltsaspekt einer Bestellung wird auf diese Weise durch den Gebrauch des K II nicht für fiktiv erklärt oder gar aufgehoben. Der Beziehungsaspekt zwischen Gast und Kellner wird aber bei dieser sprachlichen Bestellform doch ganz anders gestaltet als bei der Bestellform, die ohne den Gebrauch des K II in Erscheinung treten würde.

Die sprachliche Objektivierung anderer Welten ist sicherlich ein kognitives und ein kommunikatives Bedürfnis aller Kulturen. Die Frage ist nur, ob dieses Ziel auf explizite Weise über lexikalische Mittel realisiert wird oder auf implizite Weise über grammatische Mittel. Die letztere Verfahrensweise ist sicherlich ein sehr elegantes Verfahren, weil es weniger auffällig ist und eben deshalb auch recht große Variationsspielräume eröffnen kann.

Zwar ist dem Konjunktivgebrauch immer wieder ein baldiger Tod vorausgesagt worden, aber für einen nuancierten Sprachgebrauch bzw. für eine differenzierte Raum- und Zeitorientierung wird er sicherlich unverzichtbar bleiben, zumal er immer auch dazu anregt, nicht nur das zur Kenntnis zu nehmen, was explizit gesagt wird, sondern auch das, was implizit mitgesagt wird bzw. mitgesagt werden kann.

13.3 Die aktionalen Implikationen von Verbformen

Wenn man die Sinnbildungsfunktionen von Verben nicht nur darin sieht, unsere Vorstellungsmöglichkeiten für Vorgänge auf lexikalische Weise zu objektivieren und zu spezifizieren, sondern auch auf grammatische, dann kommt man mit der Untersuchung der Tempus- und Modusformen von Verben allein nicht aus. Gerade wenn man nach den von Verben objektivierten Ereignisstrukturen und deren Zeitimplikationen fragt, dann kann man seine Aufmerksamkeit nicht nur auf die grammatische Kategorie der Temporalität und Modalität richten, sondern muss auch der grammatischen Kategorie *Aktionalität* Aufmerksamkeit schenken, da diese insbesondere dazu dient, den Anfang, den Verlauf und die Ergebnisorientierung von Prozessen näher zu kennzeichnen.

Die praktische Brauchbarkeit der grammatischen Kategorie der Aktionalität ist im Hinblick auf die Analyse der deutschen Verbformen allerdings etwas umstritten, weil diese im Gegensatz zu den Kategorien der Temporalität und Modalität nicht mit einem gut fassbaren morphologischen Formenparadigma korrespondiert. Anders sieht diese Lage allerdings in den slavischen Sprachen und insbesondere im Russischen aus, wo es bei den Verben nicht nur Tempus- und Modusformen, sondern auch Aktionalitäts- bzw. Aspektformen gibt. Diese haben dann die Aufgabe, unsere sprachliche Aufmerksamkeit darauf zu richten, ob in Mitteilungsprozessen ein bestimmter Prozess hinsichtlich seines Beginns, seiner Verlaufsstruktur oder seines Resultats ins Auge gefasst werden soll, was natürlich immer auch mit ganz bestimmten Wahrnehmungs- und Erlebnisweisen von Zeit verbunden ist.

Diesbezüglich stellt sich dann natürlich das Problem, ob diese unterschiedlichen Wahrnehmungs- und Erlebnisformen von Vorgängen bzw. von Zeit eine objektorientierte oder eine subjektorientierte Grundlage haben. Daher hat man dann auch oft von Aktionalität gesprochen, wenn man sein Erkenntnisinteresse auf die unterschiedliche Erscheinungsformen von Vorgängen gerichtet hat, und von Aspektualität, wenn man auf die unterschiedlichen persönlichen Wahrnehmungsinteressen an Vorgängen aufmerksam machen wollte. Diese beiden Analysebegriffe eindeutig voneinander abzugrenzen, ist allerdings ein nahezu unlösbares Problem, obwohl es natürlich eine große kognitive und kommunikative Relevanz hat, die man sprachlich nicht einfach links liegen lassen kann.

Da es in den germanischen und romanischen Sprachen keine ausgeprägten Formparadigmen für Aktionalitäts- und Aspektunterschiede gibt, wird hier meist der Begriff *Aktionsart* verwendet, um sich mit den diesbezüglichen Differenzierungsinteressen näher zu beschäftigen. Mit ihm lässt sich nämlich sowohl auf die lexikalischen als auch grammatischen Ausprägungsformen von Aktionalität und Aspektualität Bezug nehmen, um die unterschiedliche Verlaufsweise und Dynamik von Vorgängen in der Zeit zu erfassen. Das lässt sich dann durch folgende Qualifizierungsbegriffe spezifizieren: *durativ, dynamisch, statisch, progressiv, faktitiv, perfektiv, imperfektiv, transitiv, intransitiv, inchoativ, habitativ, iterativ, resultativ* usw.

Wenn wir die möglichen Zeitimplikationen von Verbformen mit dem Analysebegriff *Aktionsart* herauszuarbeiten versuchen, dann stellt sich natürlich noch deutlicher als bei den Begriffen *Tempus* und *Modus* das sprachtheoretische Grundproblem, wie wir bei diesem Vorhaben objekt- und subjektorientierte Wahrnehmungsinteressen miteinander in Einklang bringen können. Zugleich wird dabei auch deutlich, dass wir bei den entsprechenden sprachlichen Analysen meist nicht weit kommen, wenn wir den Zeitbegriff nur als ontisch orientierten Seinsbegriff verstehen und nicht auch als einen anthropologisch und hermeneutisch orientierten Ordnungsbegriff, um unserer menschlichen Wahrnehmung und Strukturierung von Welt einen differenzierten Ausdruck zu geben.

So besitzen wir beispielsweise im Deutschen neben dem aktional relativ unmarkierten Verb *blühen* die aktional sehr viel klarer markierten Verbformen *aufblühen* und *verblühen,* die jeweils den Anfang und das Ende des Blühvorgangs thematisieren. Durch diese lexikalischen Sprossformen hat dann das Grundverb *blühen* aktional nach und nach einen ausgesprochen durativen Charakter bekommen, der sich deutlich von den anderen Mitgliedern dieses Wortfeldes unterscheidet (*erblühen, ausblühen, weiterblühen, nachblühen* usw.).

Das schließt dann natürlich nicht aus, dass das aktional eigentlich recht unmarkierte Grundverb *blühen* hinsichtlich seiner aktionalen Verstehensmöglichkeiten auch noch durch Adverbien spezifiziert werden kann (*dauerhaft, unaufhörlich*) bzw. durch andere lexikalische Mittel (*aufhören zu blühen, zum Blühen bringen*). Bei der lexikalischen Ausdifferenzierung von aktional relativ unmarkierten Verben lässt sich über bestimmte Wortbildungsmorpheme im Deutschen auch das Resultat von Aktionen deutlich hervorheben (*schlagen, erschlagen*) oder das Ziel von Prozessen (*kämpfen, erkämpfen*) sowie die Intensität von Vorgängen (*hören, horchen*).

Interessant ist weiterhin, dass sich auch über die sogenannten *Funktionsverbgefüge* eine spezifische aktionale Interpretation und Akzentuierung von

Prozessen vorgenommen werden kann. Mit diesem etwas sperrigen Begriff wird nämlich eine syntaktische Konstruktion bezeichnet, bei der ein ursprünglich dynamisch akzentuiertes Verb zu einem statischen Substantiv gemacht wird. Dadurch verliert das Verb seine ursprüngliche sinnbildende Funktion, Vorgänge im Verlauf von Zeit zu objektivieren. Stattdessen bekommt es nach seiner morphologischen Transformation die Aufgabe, einen ursprünglich dynamischen Vorgang nun als ein gestalthaftes Ganzes zu thematisieren, das seinen Vorgangscharakter weitgehend verliert und sich zu einer eher statischen Vorstellung umwandelt, die einen Substanzcharakter zu haben scheint (*aufführen / zur Aufführung bringen; erwähnen / Erwähnung finden*).

Die syntaktische Notwendigkeit, in Aussagen immer ein prädizierendes Verb verwenden zu müssen, wird in Funktionsverbgefügen dann von einem semantisch ganz blassen Verb übernommen, das eigentlich nur noch eine syntaktische Funktionsrolle ausfüllt, aber keine relevante inhaltliche Information mehr vermittelt. Das bedeutet, dass die eigentliche semantische Aussagefunktion ein Verbalabstraktum übernimmt, das als Substantiv den ursprünglichen dynamischen Vorgang perfektiv akzentuiert und so als ein statisches Produkt erscheinen lässt. Diese aktionale Transformation von ursprünglich dynamischen Verlaufsgestalten in der Zeit zu statischen Ergebnisgestalten im Raum erleichtert zwar unser abstraktes und eigentlich zeitenthobenes Denken, aber es schwächt eben dadurch auch unsere Aufmerksamkeit für dynamische Veränderungsprozesse im Verlaufe der Zeit.

Obwohl sich im Deutschen für die Differenzierung von Aktionalität bzw. von Aktionsarten kein eigenständiges grammatisches Formparadigma herausgebildet hat, so macht sich diese pragmatisch wichtige Differenzierungsaufgabe dennoch in Bereich der Verben bemerkbar. Verben, die ursprünglich einen durativen bzw. imperfektiven Vorgang thematisieren, verlieren diese sprachliche Objektivierungsfunktion, wenn sie in Gestalt eines Partizips Perfekt in eine komplexere Verbform integriert werden (*Sie hat gesprochen / hatte gesprochen / wird gesprochen haben*). Durch die Verwendung des Partizips Perfekt wird nämlich unsere Wahrnehmung eines Vorgangs in aktionale Hinsicht gegenüber anderen grammatischen Realisierungsformen von Aussagen ganz entscheidend verändert (*Sie spricht / sprach / wird sprechen.*). Eine etwas andere Lage ergibt sich allerdings bei Verben, die lexikalisch von vornherein schon einen resultativen Grundcharakter haben (*ankommen, abreisen, zerbrechen*).

Die aktionale Uminterpretation von Prozessen durch das Partizip Perfekt hat auch Rückwirkungen auf die Sprechaktimplikationen der jeweiligen Aussagen. Das Partizip II hat als resultativ akzentuierte Vorstellungsform immer eine semantische Nähe zu Adjektiven. Das hat dann zur Folge, dass eine Äußerung mit einem Partizip Perfekt eher als eine feststellende Sachbehauptung und weniger als eine deskriptive Veranschaulichung eines Vorgangs verstanden wird. Daraus ergeben sich dann natürlich auch Konsequenzen für die pragmatische Verarbeitung einer Sachinformation, weil diese natürlich in andere Kontexte integriert wird und dadurch dann auch eine andere Erwartungsspannung für Folgeinformationen auslöst. All das hat dann natürlich auch konkrete Rückwirkungen auf unser Verständnis von Zeit in Veränderungsprozessen.

Ob nun Prozesse verlaufs- oder resultatsorientiert wahrgenommen bzw. sprachlich objektiviert werden, ist keineswegs nur eine reine Sachfrage, sondern sicherlich immer auch eine Interpretationsfrage, die etwas über die Wahrnehmungsinteressen und Handlungsintentionen des jeweiligen Sprechers zum Ausdruck bringt. Deshalb ist die spezifische aktionale Akzentuierung von Aussagen immer auch als ein Stil- und Gestaltungsproblem anzusehen.

Der Umstand, dass es im Deutschen kein eigenständiges grammatisches Formparadigma zur Differenzierung von aktionalen Unterschieden von Aussagen gibt, das mit dem Paradigma von Tempus- und Modusformen vergleichbar wäre, hat sowohl Nachteile als auch Vorteile. Die möglichen Nachteile bestehen darin, dass es in sprachlichen Äußerungen keine systematisch organisierten grammatischen Instruktionen über die spezifische Aktionalität von Aussagen gibt und dass entsprechende Informationen aus vielerlei lexikalischen und grammatischen Indizien abgeleitet werden müssen (Begriffsbildungstypen bei Verben, Tempusformen, Genusformen, Zeitadverbiale usw.). Die Vorteile bestehen darin, dass sich gerade durch die Vielfalt der sprachlichen Zeichenformen für die Kennzeichnung von Aktionalitätsunterschieden ein weites und flexibles stilistisches Gestaltungsfeld für die sprachliche Thematisierung von aktionalen Besonderheiten herausbilden konnte, über das vielfältige aktionale Akzentsetzungen möglich geworden sind.

In diesem Zusammenhang ist auch nicht zu vergessen, dass sich im Deutschen am Ende der althochdeutschen Sprachperiode neben den vielfältigen Tempusformen auch unterschiedliche grammatische Genusformen bei Verben herausgebildet haben, die ebenfalls nicht unerheblich zur Markierung von Aktionalitätsunterschieden beitragen. Die mit Hilfe des Partizips Perfekt gebildeten Passivformen (*Das Kind wird gelobt.*) lassen sich nämlich durchaus als Sprossformen zu aktional unmarkierten Aktivformen ansehen.

Die gängige Bezeichnung von Aktivformen als Tätigkeitsformen und von Passivformen als Leideformen ist deshalb sowohl ontologisch als auch grammatisch ziemlich unbefriedigend. Durch diese sprechenden Bezeichnungen wird nämlich das Sinnbildungspotential der Genusformen deskriptiv nicht adäquat erfasst, weil eine solche Bestimmung nur auf einige Verben (*schlagen*), aber keineswegs auf alle (*lieben*) zutrifft und infolgedessen auch nicht als eine generelle grammatische Strukturbeschreibung gelten kann.

Sehr viel aufschlussreicher ist dagegen in aktionaler Hinsicht die Funktionsbestimmung der Genusformen des Verbs durch Jacob Grimm. Dieser hat nämlich betont, dass in Aussagen die Aktivformen von Verben dazu dienten, unsere Aufmerksamkeit auf das Phänomen des *„Wirkens"* zu richten und die Passivformen auf dass Phänomen der *„Wirkung"*.[243] Diese Funktionsbestimmung der Genusformen passen auch gut zu dem Umstand, dass transitive Verben im passivischen Gebrauch zu intransitiven werden, da sie bei dieser Verwendung nicht mehr durch ein Akkusativobjekt ergänzt werden müssen. Das in aktivischen Sätzen erforderliche Akkusativobjekt kann in resultatsorientierten passivischen Sätzen dann sogar die Rolle eines Subjekts übernehmen (*Die Polizei verhaftete den Einbrecher. Der Einbrecher wurde verhaftet.*)

Diese Umorientierung unserer aktionalen Aufmerksamkeit in Passivsätzen vom Verlauf eines Vorgangs auf sein Ergebnis hat Leo Weisgerber dann auch dazu motiviert, die aktivische Aussage eines Geschehens als *„täterbezogene"* Darstellungsweise zu charakterisieren und die passivische als *„täterabgewandte"*, weil durch letztere nicht Handlungsvorgänge, sondern Handlungsergebnisse in das Zentrum der Aufmerksamkeit gerückt würden.[244] Aktivisch und passivisch formulierte Aussagen können sich beide auf denselben faktischen außersprachlichen Tatbestand beziehen, obgleich sie diesen perspektivisch auf ganz unterschiedliche Weise sprachlich objektivieren, da sie ihm ja eine unterschiedliche aktionale Interpretation zuordnen.

Interessant ist in aktionaler Hinsicht auch, dass im Deutschen im Gegensatz zum Lateinischen, Französischen und Englischen zwei verschiedene Passivvarianten entwickelt worden sind, bei denen das jeweilige Resultat von Prozessen in ziemlich unterschiedlicher Intensität hervorgehoben wird. Im sogenannten *Vorgangspassiv* (werden + Partizip Perfekt) wird die Dynamik des Geschehens vor dem erzielten Endresultat noch ganz gut fassbar (*Die Mannschaft wird geschlagen.*). Dagegen wird im sogenannten *Zustandspassiv* (sein + Partizip Perfekt) das Resultat des Geschehens eher im Sinne einer Eigenschaft des jeweiligen Satzgegenstandes wahrgenommen (*Die Mannschaft ist geschlagen.*).

Daraus ergibt sich, dass die beiden Passivvarianten für denselben faktischen Tatbestand eine je unterschiedliche Wahrnehmungsaufmerksamkeit erzeugen können. Während im Vorgangspassiv die Endverfassung der jeweiligen Subjektgröße sprachlich als Ergebnis eines Werdensprozesses objektiviert wird, zentriert sich beim Gebrauch des Zustandspassiv die Aufmerksamkeit auf die Endverfassung der Subjektgröße nach dem Abschluss eines bestimmten Vor-

---

243 J. Grimm: Deutsche Grammatik Bd. IV, 1967, S. 3.
244 L. Weisgerber: Die vier Stufen in der Erforschung der Sprache, 1963, S. 255.

gangs, da ja nun die Verfassung dieser Größe perspektivisch nicht als eine gewordene, sondern als eine seiende Größe ins Auge gefasst wird.

Die Existenz von zwei morphologisch unterschiedlichen Passivformen eröffnet im Deutschen die Chance, die täterabgewandte Darstellungsweise eines Geschehens stilistisch in zwei unterschiedlichen Varianten zu konkretisieren, um dadurch hervorzuheben, welche Aspekte an dem jeweils objektivierten Tatbestand besonders interessieren sollen. Das hat dann auch zur Konsequenz, dass sich von manchen durativen Verben oft kein direktes sinnvolles Zustandspassiv bilden lässt, weil dieses ja immer bestrebt ist, die Dynamik eines Geschehens zugunsten seines Ergebnisses soweit wie möglich auszublenden (*Das Bild wird betrachtet. *Das Bild ist betrachtet.*).

13.4 Die Verbformen in der Hopi-Sprache

Nach den bisherigen Überlegungen zur Zeitproblematik in der Sprache muss es eigentlich als selbstverständlich gelten, dass die sprachlichen Objektivierungsformen für Zeit ebenso wie die für Raum, Kausalität und Negation aus pragmatischen Gründen zu den inneren Notwendigkeiten jeder natürlichen Sprache gehören und eben deswegen dann auch als sprachliche Universalien anzusehen sind. Bei der sprachlichen Bewältigung der Zeit können dann sowohl lexikalische als auch grammatische als auch textuelle Formen wichtig werden. Vor allem ist diesbezüglich an die Sinnbildungsfunktionen von Verben zu denken. Diese spielen nämlich nicht nur für die syntaktische Organisation von Aussagen eine ganz zentrale Rolle, sondern auch für unsere Erfahrung von Zeit, die sich ja vor allem auf die Wahrnehmung von Veränderungsprozessen gründet.

Angesichts dieser Sachlage ist es dann eigentlich schon etwas erstaunlich, dass Whorf bei seinen Überlegungen zur Abhängigkeit des menschlichen Wahrnehmens und Denkens von der Sprache, die unter dem zusammenfassenden Denkmodell *sprachliches Relativitätsprinzip* bekannt geworden sind, eine recht provokante These formuliert hat. Diese beinhaltet, dass die Sprache der Hopi-Indianer aus Arizona eigentlich gar keine sprachlichen Objektivierungsformen für Zeit hätten und deshalb dann auch keine allgemeine Anschauung von Zeit.

> Der Hopi hat insbesondere keinen allgemeinen Begriff oder keine allgemeine Anschauung der ZEIT als eines gleichmäßig fließenden Kontinuums, in dem alle Teile des Universums mit gleicher Geschwindigkeit aus einer Zukunft durch eine Gegenwart in die Vergangenheit wandern oder in dem – um das Bild umzukehren – der Beobachter mit dem Strom kontinuierlich von der Vergangenheit fort in die Zukunft getragen wird.
>
> Nach langer und sorgfältiger Analyse ist man zu der Feststellung gekommen, daß die Hopisprache keine Wörter, grammatische Formen, Konstruktionen oder Ausdrücke ent-

hält, die sich direkt auf das beziehen, was wir „Zeit" nennen. Sie beziehen sich auch weder auf Vergangenheit, Gegenwart oder Zukunft noch auf Dauern oder Bleiben [...]. Kurz – die Hopisprache enthält weder ausdrücklich noch unausdrücklich eine Bezugnahme auf „Zeit".[245]

Diese Ausführungen Whorfs sind in mindestens zwei Hinsichten sowohl aufschlussreich als auch provokant im Hinblick auf unser sprachlich objektivierbares Verständnis von Zeit. Zum einen scheinen sie der Grundannahme zu widersprechen, dass es eine pragmatische Notwendigkeit geben könne, das Zeitphänomen durch unterschiedliche sprachliche Formen so zu objektivieren, dass man eben dadurch die menschliche Erfahrungs- und Lebenswelt praktisch und theoretisch erfolgreich bewältigen kann. Zum andern ließe sich zur Debatte stellen, ob nicht nur die Hopi mögliche Gefangene ihrer einschränkenden Denk- und Sprachformen seien, sondern auch Whorf selbst, insofern er die in seiner eigenen Kultur und Sprache vorhanden Objektivierungsformen für Zeit etwas unreflektiert und vorschnell zu einem allgemeingültigen Maßstab für die Wahrnehmung von Zeit überhaupt ansieht.

Angesichts dieser Problemlage bleibt von Whorf leider undiskutiert, ob sein eigenes Zeitverständnis, das ganz offensichtlich durch die klassische Physik Newtons und die sprachlichen Strukturen der indogermanischen Sprachen geprägt ist, wirklich als alleinige Norm verwendet werden kann, um das Phänomen *Zeit* in sprachlicher Hinsicht abschließend zu thematisieren und zu qualifizieren. Man könnte deshalb auch durchaus argwöhnen, dass Whorf die Implikationen seines *sprachlichen Relativitätsprinzips* für die Beurteilung von sprachlichen Strukturierungsleistungen und Wissensbildungen gar nicht so bedacht hat, wie es eigentlich in der Konsequenz dieses wissenschaftstheoretischen Denkansatzes angebracht gewesen wäre. Sein sogenanntes sprachliches Relativitätsprinzip kann nämlich im Prinzip nicht als ein ganz selbstverständliches und neutrales Analyseinstrument eingesetzt werden, um die Ordnungsstrukturen der menschlichen Erfahrungswelt aufzuklären. Es muss vielmehr

---

245 B. L. Whorf: Sprache, Denken Wirklichkeit, 1965, S. 102; B. L. Whorf: Language, thought, and reality, 1974[11], S. 57–58:
„In particular, he has no general notion or intuition of TIME as a smooth flowing continuum in which everything in the universe proceeds at an equal rate, out of a future, through a present into a past; or, in which, to reverse the picture, the observer is being carried in the stream of duration continuously away from a past and into a future.
After long and careful study and analysis, the Hopi language is seen to contain no words, grammatical forms, constructions or expressions that refer directly to what we call ‚time', or to past, present, or future or to enduring or lasting [...] Hence, the Hopi language contains no reference to ‚time', either explicit or implicit."

immer auch danach gefragt werden, welche selbstbezüglichen Implikationen und Konsequenzen mit ihm verbunden sind. Solche Metareflexionen sind in den üblichen Wissenschaften natürlich nicht sehr populär und praktikabel, aber als sachfremd sind sie gleichwohl nicht anzusehen.

Etwas anders stellt sich diese ganze Problemlage nun allerdings dann dar, wenn man Whorfs Überlegungen nicht als rein deskriptive und konstatierende Äußerungen rezipiert, sondern vielmehr als provozierende und aufmerksamkeitslenkende Thesen. Diese haben dann selbstverständlich auch problematische Implikationen, da sie ja notwendigerweise selbst immer auf ganz bestimmte Denkprämissen angewiesen sind, die nicht ständig mitbedacht werden können, wenn man sie faktisch als heuristische Instrumente verwendet. Unter diesen Umständen ist es dann aber auch durchaus möglich, in den Sprachformen der Hopi-Indianer ein ganz besonderes Verständnis von Zeit widergespiegelt zu finden. Dieses entspricht dann faktisch zwar nicht demjenigen, das in den indogermanischen Sprachen anzutreffen ist, aber deswegen ist es noch keineswegs in einem generellen Sinne als defizitär anzusehen, sondern allenfalls in einem speziellen.

In den indogermanischen Sprachen hat sich in der Tat ein ganz anderer Habitus für die kulturelle und sprachliche Objektivierung der Zeit herausgebildet als in der Hopisprache. Aber das heißt noch lange nicht, dass das Zeitverständnis der Hopi-Indianer deswegen in einem anthropologischen Sinne auch unbrauchbar wäre, sondern vorerst nur, dass es von ganz anderen Zielsetzungen bei der Erfassung und dem Verständnis von Zeit geprägt ist. Dieses mag uns heute als ziemlich merkwürdig und anachronistisch erscheinen, aber deswegen ist es noch keineswegs obsolet und heuristisch uninteressant.

Empirische Untersuchungen von Helmut Gipper und Andrea Stahlschmidt haben außerdem verdeutlicht, dass Whorf das mögliche Inventar sprachlicher Objektivierungsmittel für Zeit bei den Hopi-Indianern nicht so sorgsam untersucht hat, um wirklich abschließende Aussagen über das fehlende oder zu simple Zeitverständnis der Hopi-Indianer machen zu können.[246] Auf jeden Fall lässt sich sagen, dass Whorf prinzipiell von einem reduzierten Sprachverständnis ausgegangen ist. In diesem wird die Sprache nämlich eher als ein begriffsorientierter Abbildungsspiegel für Welt und insbesondere für Zeit verstanden und weniger als ein heuristischer Erschließungsspiegel mit ganz spezifischen Zielorientierungen, die eher anthropologischer als chronologischer Natur sind. Das ist möglicherweise auch dadurch bedingt, dass Whorf als Chemieingenieur und Naturwissenschaftler eher von einem abbildenden Sprachverständnis in

---

[246] H. Gipper: Gibt es ein sprachliches Relativitätsprinzip?, 1972, S. 212 ff.

einem positivistischen Sinne ausgegangen ist als von einem heuristisch erschließenden bzw. hermeneutisch interpretierenden Sprachverständnis, wie es den Geisteswissenschaften eigentlich eher naheliegt.

Aus der sprachempirischen Beobachtung, dass die Verben der Hopi-Sprache keine Tempusformen im Sinne der indogermanischen Sprachen haben, in denen die Unterscheidung zwischen Vergangenheit, Gegenwart und Zukunft zweifellos eine wichtige Rolle spielt, zieht Whorf den etwas voreiligen Schluss, dass man von einem „*zeitlosen Hopiverb*" sprechen könne.[247] Das ist insofern recht kühn, weil dadurch der Zeitbegriff auf seine rein chronologische Aspekte reduziert wird und weil infolgedessen psychologische, modale, aktionale und zyklische Verständnisweisen von Zeit als *nicht-zeitlich* ausgeklammert werden. Dabei fällt dann gleichsam ganz aus dem Spektrum unserer Aufmerksamkeit heraus, dass auch das chronologische Zeitverständnis eine evolutionäre und kulturelle Genese hat und daher kaum als eine völlig selbstverständliche und zeitlose Objektivierungsweise des Phänomens *Zeit* beurteilt werden sollte.

Außerdem hat Andrea Stahlschmidt bei ihren Untersuchungen zur Hopi-Sprache auch festgestellt, dass der Gebrauch der Hopi-Verben selbst bei einer chronologischen Betrachtungsweise von Zeit keineswegs so zeitlos ist, wie es Whorf glaubhaft machen möchte. Die mit Hilfe von Verben objektivierte Sachverhalte könnten nämlich durchaus mit Hilfe von Suffixen bestimmte Zeitstufen und aktionale Unterschiede (imperfektiv, perfektiv, durativ, iterativ) grammatisch kenntlich machen.[248] Sie glaubt sogar, auch bei Verben der Hopisprache so etwas wie Tempusformen feststellen zu können. Diese Formen stellten sich allerdings formal und funktional etwas anders dar, als wir es im Bereich der indogermanischen Sprachen gewohnt seien. Mit ihnen seien nämlich Differenzierungsintentionen verbunden, bei denen chronologische Unterscheidungen keine große konstitutive Rolle spielten, sondern eher die Unterscheidung von *Faktizität* und *Nicht-Faktizität* mit Hilfe von sinnlich überprüfbaren Verfahren.

In sprachpragmatischer Sicht überraschen diese Befunde im Prinzip nicht, wenn man sich vergegenwärtigt, dass auch bei der Entwicklung der Tempusformen in den indogermanischen Sprachen modale und aktionale Differenzierungen von Aussagen ursprünglich wichtiger gewesen sind als ihre Bezüge zu den chronologischen Ebenen von Vergangenheit, Gegenwart oder Zukunft. Das ist auch durchaus verständlich, weil der Verlauf, der Abschluss und der Gel-

---

[247] B. L. Whorf: Sprache, Denken, Wirklichkeit, 1965, S. 16. Originalausgabe 1974[11], S. 217, „timeless Hopi verb".
[248] A. Stahlschmidt: Über den Zeitbezug im Verbalsystem des Hopi. In: F. Bühlow/P. Schmitter (Hrsg.): Integrale Linguistik. Festschrift für H. Gipper, 1979, S. 592 ff.

tungsanspruch von Aussagen pragmatisch gesehen wahrscheinlich zunächst wohl sehr viel wichtiger gewesen ist als ihre chronologische Zuordnung zu bestimmten Zeitstufen und weil die spezifische Aktionalität von Vorgängen natürlich auch immer sehr direkte Bezüge zu ihrem jeweiligen Realitätsverständnis von Aussagen gehabt hat.

Aus all diesen Umständen erklärt sich dann wohl auch der für uns recht merkwürdige Tatbestand, dass die Hopi-Indianer in ihrer Sprache eine Verbform besitzen, die potentiell sowohl einen Vergangenheits- als auch einen Gegenwartsbezug haben kann, und eine Verbform, die ausschließlich einen Zukunftsbezug besitzt. Das erklärt sich wohl dadurch, dass die chronologischen Zeitbezüge von Aussagen sich für die Hopi-Indianer eher durch faktisch mögliche Erfahrungsbezüge konstituieren als durch die sprachliche Zuordnung von Tatbeständen auf eine allgemeine chronologische Verlaufsachse von Zeit. Deshalb ist Andrea Stahlschmidt auch zu folgendem bemerkenswerten Schluss für die sprachlich objektivierte Zeiterfahrung der Hopiindianer gekommen:

> Weiter bedeutet die Zweiteilung der Hopi-Zeitstufen in Vergangenheit + Gegenwart und Zukunft nicht, daß die Inbeziehungsetzung dieser Position zum Ich des Sprechers nicht möglich wäre; sie läßt vielmehr darauf schließen, daß der Zeitstufenbezug im Hopi, soweit er durch grammatische Kategorien des Verbs zur Darstellung gelangt, nicht an das Subjekt, sondern an das Objekt als Bezugspunkt gebunden ist: Im zweiteiligen Zeitstufensystem des Hopi ist eine *realitätsbezogene Zeitauffassung* grammatikalisiert.[249]

Nun ist es natürlich nicht so, dass Whorf nicht gesehen hätte, dass das System der Verformen in der Hopi-Sprache ganz anders organisiert ist als das in den sogenannten SAE Sprachen (Standard Average European). Aber er sieht in diesem sprachlichen Zugriff weniger ein besonderes perspektivierendes Verfahren, um das Phänomen der Zeit für die Bedürfnisse des menschlichen Lebens zu objektivieren und zu strukturieren, sondern eher eine defizitäre Strategie, um auf angemessene Weise mit dem Zeitphänomen in newtonscher Weise umzugehen. Er begnügt sich deshalb damit, die Verbformen der Hopi-Sprache als eine exotische und letztlich ziemlich unangemessene Objektivierungsform von Zeit zu thematisieren.

Bei diesem Denkansatz stellt Whorf sich nicht die Frage, ob sich bei den Hopi-Indianern im sprachlichen Umgang mit der Zeit vielleicht ein Zeitverständnis spiegele, das eine ganz andere heuristische Zugriffsweise auf Zeit repräsentiert als diejenige, die in den sogenannten SAP Sprachen konkretisiert worden ist. Das hätte nämlich durchaus nahegelegen, wenn man berücksich-

---

249 A. Stahlschmidt: a. a. O., 1979, S. 619.

tigt, dass er deskriptive Überlegungen folgender Art zu der Leistungskraft der Verformen in der Hopi-Sprache angestellt hat.

Whorf ist nämlich der Überzeugung, dass sich in dieser Sprache eine ganz andere Metaphysik konkretisiere als in den SAP Sprachen. In der Hopi-Sprache werde nämlich auf kontrastive Weise zwischen dem *Manifestierten* bzw. dem objektiv Gegebenen einerseits und dem sich *Manifestierenden* bzw. subjektiv Vorstellbaren andererseits unterschieden, das allerdings vorerst allein im Bewusstsein existiere. Dementsprechend gebe es bei den Verben der Hopisprache dann auch keine Tempusformen, sondern vielmehr „Gültigkeitsformen", durch die unterschiedlichen Formen von Behauptungen Ausdruck gegeben werden könne.[250] In einer *Berichtsform* könne das thematisiert werden, was in der Vergangenheit und Gegenwart als faktisch Gegebenes wahrgenommen werde. In einer *Erwartungsform* werde das benannt, was geistig antizipierbar sei, was aber faktisch noch nicht existiere oder existiert habe.

Diese Zeit- und Realitätsinterpretation von sprachlich objektivierten Denkinhalten entspricht zwar nicht dem Denkhabitus, der den indogermanischen Sprachen zugrunde liegt. Man wird aber schwerlich leugnen können, dass diese beiden Gültigkeitsformen bzw. grammatischen Denkmuster bei Verben auch zeitliche Implikationen haben bzw. dass sich durch sie die Zeit als anthropologischer Ordnungsfaktor durchaus bemerkbar macht, wenn auch nicht nach den uns vertrauten Maßstäben für die Weltwahrnehmung und die Differenzierung von Zeit. Auf jeden Fall lässt sich sagen, dass die beiden unterschiedlichen Verbformen der Hopi-Sprache für schon manifestierte und für sich noch manifestierende Sachverhalte dazu dienen, diese zeitlich zu ordnen und auf spezifische Weise auch nach ihrer pragmatischen Relevanz zu qualifizieren, wenn auch auf eine dem abendländischen Denken etwas ungewohnte Weise.

Gerade weil bei diesen sprachlichen Objektivierungsformen von Denkinhalten nicht mit chronologischen Kriterien im Hinblick auf die jeweiligen Sprech- und Betrachtungszeitpunkte gearbeitet wird, sondern vielmehr mit ontologischen Gültigkeitskriterien, sind diese beiden Verbformen aber keineswegs als unzeitlich anzusehen, sondern durchaus als temporal, allerdings nicht in einem chronologischen, sondern eher in einem psychologischen Sinne. Dadurch erweist sich die Hopi-Sprache dann auch gerade im Hinblick auf das Zeitphänomen durchaus als ein *geformter Mittler* bzw. als ein *lebender Spiegel*. Sie vermag uns nämlich Aspekte der Zeit sprachlich zu objektivieren, die uns bei einer rein chronologischen Wahrnehmungsweise von Zeit überhaupt nicht deutlich ins Blickfeld geraten.

---

[250] B. L. Whorf: Sprache, Denken, Wirklichkeit, 1965, S. 85.

14 Die Eigenwelt und Eigenzeit von Sätzen

Wenn man den Grundgedanken akzeptiert, dass sich alle komplexen Ordnungszusammenhänge als Eigenwelten mit spezifischen Eigenzeiten betrachten lassen, dann ergeben sich dadurch zugleich auch weitreichende Konsequenzen für die Wahrnehmung der möglichen Interaktionszusammenhänge zwischen Sprache und Zeit. Auf diese Weise können wir dann nämlich nicht nur Texte als eigenständige Subsysteme von Sprache betrachten, sondern auch Sätze als Subsysteme von Texten, denen man jeweils auch spezifische Eigenwelten und Eigenzeiten zuordnen kann. Dialektisch gesehen gehören Eigenwelten und Eigenzeiten wie Dioskuren immer zusammen, weil sie sich wechselseitig Gestalt und Funktion geben. In der Sprache lassen sich dabei die Phänomene der Simultaneität und der Linearität zwar durchaus auf eine methodische bzw. abstrahierende Weise von einander trennen, aber letztlich sind sie doch immer auf konstitutive Weise sinnbildend miteinander verwachsen.

So betrachtet sind deshalb konkrete Wortbildungen, Sätze und Texte für uns Menschen nicht nur Spiele mit der Sprache, sondern auch Spiele mit der Zeit, insofern sie als Formen des Umgangs, der Repräsentation und der Objektivierung von Zeit angesehen werden können. Der künstlerische Sprachgebrauch ist diesbezüglich besonders aufschlussreich, weil hier die Freiheitsgrade für den Umgang mit Sprache und damit auch mit Zeit besonders groß sind. In ihm lassen sich nämlich mit Hilfe der gängigen Sprache auf sehr differenzierte Weise *Als-ob-Welten* objektivieren und strukturieren. Dabei lassen sich dann die konventionalisierten sprachliche Zeichen nicht nur nutzen, sondern auch ständig ergänzen und verändern.[251]

Generell lässt sich sagen, dass die Sprache, in welcher Gebrauchsform auch immer, uns im Prinzip in eine interpretierende Distanz zur Zeit zu bringen vermag, weil wir über sie unsere Wahrnehmungs- und Erfahrungsformen ständig variieren können. Daher können wir die Sprache dann funktional auch immer sinnvoll als einen lebenden Spiegel für Zeit verstehen. Allerdings ist es nun keineswegs leicht, die Freiheitsgrade zu erfassen und zu beschreiben, die dabei wirksam werden können. Die Sprache kann uns in dieser Spiegelungsfunktion sicherlich nicht ganz von der Ordnungskraft der Zeit befreien. Sie kann aber über die Flexibilität und Variabilität ihrer Formen durchaus einen Beitrag dazu leisten, die Macht der Zeit in bestimmten Hinsichten zu bändigen und eben

---

251 Vgl. M. Seel: Form als eine Organisation der Zeit. In: J. Früchtl/M. Moog-Grünewald (Hrsg.): Ästhetik in metaphysik-kritischen Zeiten, 2007, S. 33–44. Vgl. dazu auch die Beiträge in: Ch. Dürscheid/J. H. Schneider (Hrsg.): Handbuch. Satz, Äußerung, Schema, 2015.

dadurch dann auch das Funktionsprofil vor allem der natürlich gewachsenen Sprache besser zu verstehen.

Bei unseren kognitiven und kommunikativen Sprachspielen mit der Zeit lernen wir nicht nur, das Zeitphänomen aspektuell besser zu verstehen, sondern zugleich auch uns selbst, da wir dabei immer ganz verschiedene Denkverfahren entwickeln müssen, um mit den faktischen Widerständigkeiten der Zeit gegenüber unseren sprachlichen Formgebungen für sie fertig zu werden. Gerade weil die Zeit sicherlich nicht nur als ein menschliches Konstrukt anzusehen ist, sondern immer auch als ein widerborstiges Erfahrungsphänomen, das sich zwar über bestimmte sprachliche Formen thematisieren, aber nicht vollständig beherrschen lässt, können wir mit Hilfe unserer semiotischen und insbesondere unserer sprachlichen Spiegelungsversuche nicht nur etwas über die Zeit selbst erfahren, sondern auch immer etwas über uns selbst als Zeichenerzeuger.

Wenn wir von der Eigenwelt und Eigenzeit von Sätzen sprechen, dann stellt sich natürlich zunächst die grundsätzliche Frage, wie wir Sätze als komplexe sprachliche Ordnungsformen einerseits von Wörtern als einfachen und andererseits von Texten als vielschichtigeren sprachlichen Ordnungsformen abgrenzen können. Diese Aufgabe zu lösen, ist nicht leicht und wird sicherlich nur ansatzweise gelingen. Unter bestimmten Rahmenbedingungen lassen sich Wörter nämlich durchaus als Sätze ansehen, wenn man beispielsweise an die Einwortäußerungen von Kindern denkt, und Sätze durchaus auch als autonome Texte, wenn man an Aphorismen, Sentenzen und Sprichwörter denkt.

Diese kurzen Hinweise haben vielleicht schon verdeutlicht, dass es sich durchaus lohnen kann, nicht nur nach den semantischen Eigenwelten von Sätzen zu fragen, sondern auch nach den besonderen Vorstellungswelten für Zeit, die in Sätzen auf implizite Weise zum Ausdruck kommen können. Dieser Problemzusammenhang lässt sich in einem ersten Ansatz schon dadurch verdeutlichen, dass man sich dafür interessiert, in welchem Spannungsverhältnis die Ordnungsfaktoren *Linearität* und *Synchronizität* beim Gebrauch von Einzelzeichen in Sätzen miteinander stehen bzw. potentiell stehen können.

Nicht nur Texte, sondern auch Sätze und komplexe Wortbildungen werden nämlich strukturell dadurch geprägt, dass in ihnen einerseits die sprachliche Einzelzeichen immer linear bzw. zeitlich gereiht verwendet werden müssen, obwohl sie doch andererseits auch immer als konstruktiv korrelierte Bausteine einer einzigen synchron zu verstehenden Sinngestalt in Erscheinung treten sollen, die alle zugleich gültig und wirksam sein sollen. Der faktische bzw. referenzielle Geltungsanspruch von Aussagen wird in der Regel nämlich so verstanden, dass er letztlich nicht völlig davon abhängt, wie seine Bausteine im Verlaufe der Sprechzeit nach und nach faktisch erzeugt bzw. linear gereiht worden sind. Das bedeutet, dass eigentlich nur das Ergebnis von bestimmten Prädikationen interessant ist und dass der sukzessive Aufbau der jeweiligen Sinngestalten im Verlaufe der Zeit dabei dann durchaus etwas in Vergessenheit geraten kann.

Dieses sprachliche Strukturmerkmal von komplexen sprachlichen Einheiten begegnet uns natürlich nicht nur in Satzbildungen, sondern auch schon in Wortbildungen, was Komposita als implizite Aussagen deutlich exemplifizieren (*Weinfass, Fasswein*). Die lineare Abfolge von sprachlichen Zeichen spielt beim Aufbau unserer Vorstellungsinhalte zwar immer eine wichtige sinnbildende Rolle, aber kaum bei der inhaltlichen Speicherung der dabei jeweils erzielten Ergebnisse. Das dokumentiert sich nicht nur beim Verständnis von Komposita, sondern auch beim Verständnis von Sätzen und Texten recht gut.

Das spezifische Spannungsverhältnis zwischen den linearen und den synchronen Ordnungsstrukturen sprachlicher Sinnbildungsprozesse gründet sich insbesondere auf die Besonderheiten der Entwicklungsgeschichte unserer Sprache. Sprachliche Zeichen sind nämlich evolutionär betrachtet ursprünglich Zeichen für die Ohren und nicht Zeichen für die Augen gewesen. Erst durch die schriftliche Objektivierung sprachlicher Zeichen sind diese dann auch zu Zeichen für die Augen geworden, die von vornherein sehr viel stärker als die Ohren immer auf die synchrone Wahrnehmung von isolierbaren Teilphänomenen spezialisiert waren. Das verdeutlicht die unterschiedliche Wahrnehmung von Texten und Bildern sehr klar. Diese evolutionären Rahmenbedingungen haben nun erhebliche Auswirkungen auf die Gebrauchsweise sprachlicher Zeichen gehabt, ohne diese allerdings auf mechanische Weise vollständig einzuschränken. Sprachliche Zeichen aller Art (Morpheme, Wörter, Sätze, Texte) müssen zwar auf lineare Weise sukzessiv artikuliert und wahrgenommen werden, aber verstanden werden sie in ihren konkreten Sinnbildungsleistungen erst in einem ganzheitlich orientierten synchronen Rückblick. Das exemplifizieren komplexe Satzgefüge sowie komplexe Sachbeschreibungen auf unwiderlegbare Weise, aber auch Epen und Romane insbesondere dann, wenn wir diese als Exempel für bestimmte historische Denkweisen und Epochen zu verstehen versuchen.

Während unsere Augen als Sinnesorgane von vornherein dazu dienlich sind, komplexe Sachverhalte bzw. Korrelationszusammenhänge aus der Distanz auf integrative und ganzheitliche Weise wahrzunehmen, um diese dann erst anschließend auf analytische Weise in ihre jeweiligen konstitutiven Einzelbestandteile zerlegen zu können, sind unsere Ohren von vornherein dazu disponiert, Einzelphänomene wahrzunehmen, die dann erst nachträglich mehr oder weniger intuitiv zu komplexen Gesamtvorstellungen oder Sinneinheiten miteinander verschmolzen werden.

Die lineare Rezeption sprachlicher Zeichen und ihre anschließende synthetisierende Korrelation zu komplexen Sinngestalten wird in der gesprochenen Sprache sehr nachdrücklich dadurch gefördert, dass Sätze immer in einer spezifischen Tonkurve artikuliert werden. Diese Tonkurve fällt am Ende von Aussagen signifikant ab und signalisiert dadurch auf ikonische Weise, dass auch ein bestimmter Sinnbildungsprozess abgeschlossen ist und nun nur noch hinsichtlich seines Ergebnis im Gedächtnis präsent bleiben soll, aber nicht hinsichtlich seiner konkreten zeitlichen Verlaufsgeschichte sowie seiner Einzelbestandteile.

Erika Essen hat solche Tonkurven im mündlichen Sprachgebrauch für das Sinnverständnis von Sätzen für so wichtig gehalten, dass sie diese sogar didaktisch zu einer Grundlage des Verständnisses der Struktur von Sätzen und Satzgefügen im Grammatik- und Sprachunterricht gemacht hat.[252] Das beinhaltet dann auch, dass sie die Architektur von Sätzen und insbesondere von Satzgefügen nicht über die Begriffe *Satzgegenstand* bzw. *Subjekt* und *Satzaussage* bzw. *Prädikat* oder die Begriffe *Hauptsatz* und *Nebensatz* erschließen möchte, sondern vielmehr über die akustische Wahrnehmung von Tonkurven bzw. über die graphische Repräsentation dieser Tonkurven. Informationen, die bei der mündlichen Artikulation von Sätzen im Fluss der Zeit in einer konkreten Tonkurve untergebracht werden, gehören daher für sie auch inhaltlich zusammen, da sie semantisch und semiotisch eine Sinneinheit repräsentieren.

Über dieses grammatische Analyseverfahren von Sätzen und Satzgefügen gelingt es ihr dann, unsere Aufmerksamkeit auf den Tatbestand zu lenken, dass eingeschobene Nebensätze die kontinuierliche Tonkurve des Hauptsatzes unterbrechen und eben dadurch dann auch indirekt auf sich selbst als präzisierende Zusatzaussagen aufmerksam machen. Zugleich kann sie dadurch aber auch verdeutlichen, dass solche Teilsätze in einer ganz bestimmten sinnbildenden Korrelationsrelation zu einer übergeordneten Aussage stehen, durch die diese dann hinsichtlich ihres inhaltlichen Geltungsanspruchs näher qualifiziert wird. Gerade durch die graphische Objektivierung von Tonkurven bei der syntaktischen Strukturierung von komplexen Satzgefügen gelingt es ihr, bei der grammatischen Analyse von Sätzen zwei Fliegen mit einer Klappe zu schlagen.

Einerseits kann sie dadurch nämlich die lineare zeitliche Abfolgestruktur von Einzelaussagen in komplexen Satzgefügen sinnfällig kenntlich machen. Andererseits kann sie dadurch aber auch veranschaulichen, dass alle nacheinander vermittelten Teilaussagen zu einer einzigen komplexen Sinngestalt gehören. Durch diese Transformation von abstrakten syntaktischen Ordnungszusammenhängen in die Form von optisch wahrnehmbare Tonkurven wird auf ikonische Weise für Schüler sehr gut verständlich, dass das Verstehen von Sätzen auf grundlegende Weise einerseits an die sukzessive Artikulation von sprachlichen Einzelzeichen gebunden ist, aber andererseits auch an die Verschmelzung

---

[252] E. Essen: Methodik des Deutschunterrichts, 1968, S. 89–128.

von Teilzeichen zu einer synchron zu verstehenden Gesamtgestalt. Dadurch wird dann auch klar, dass die Zeit in sprachlichen Sinnbildungsprozessen sowohl als ein differenzierender als auch als ein integrierender Ordnungsfaktor in Erscheinung treten kann, eben weil sie sowohl in analysierenden als auch in synthetisierenden Sinnbildungsprozessen eine konstitutive Rolle spielen kann.

Vor dem Hintergrund dieser grundsätzlichen Überlegungen soll nun versucht werden, die spezifische Eigenwelt und die damit verbundene Eigenzeit von Sätzen näher ins Auge zu fassen. Dabei wird die Aufmerksamkeit zunächst auf zwei unterschiedliche Syntaxkonzepte gerichtet, die sich terminologisch als *Dependenzkonzept* und *Prädikationskonzept* kennzeichnen lassen. Diese beiden Konzepte richten unsere Aufmerksamkeit zwar auf sehr unterschiedliche syntaktische Ordnungsstrukturen, aber beide haben gemeinsam, dass sie den Zeitimplikationen von Sätzen eigentlich gar keine besondere Aufmerksamkeit schenken. Das liegt vor allem daran, dass sie ihr Erkenntnisinteresse ganz auf die logischen Ordnungsstrukturen von Sätzen richten und dabei die zeitlichen Ordnungsimplikationen von Sätzen ziemlich aus den Augen verlieren bzw. als randständige Faktoren mehr oder weniger bewusst ausklammern.

Erst als man bei syntaktischen Überlegungen sein Interesse auch auf die psychologisch bedingten Ordnungsstrukturen von Sätzen richtete, änderte sich dieses faktische Desinteresse an der Zeitproblematik in syntaktischen Überlegungen. Gerade die Frage nach der ontogenetischen und phylogenetischen Entwicklungsgeschichte von syntaktischen Ordnungsstrukturen sowie nach den Unterschieden zwischen Einzelsätzen und Satzgefügen legte es nun aber nahe, sich auch näher mit den Zeitimplikationen von sprachlichen Äußerungen zu beschäftigen und das Phänomen der Zeit nicht nur als einen chronologischen, sondern auch als einen sprachlichen Ordnungsfaktor ernst zu nehmen.

Unter diesen geänderten Rahmenbedingungen wurde es nun nämlich notwendig, die Frage nach den Zeitimplikationen der Grammatik nicht mehr nur auf die Frage nach den Funktionsprofilen von Tempusformen, Zeitkonjunktionen und Zeitadverbien zu beschränken, sondern darüber hinaus auch die Frage zu stellen, warum sich Satzglieder wie *Subjekte, Objekte, Adverbiale* und *Attribute* syntaktisch nicht nur in Form von lexikalischen Größen repräsentieren lassen, sondern durchaus auch in Form von syntaktischen Größen wie etwa relativ eigenständigen Gliedsätzen. Mit dieser Frage ergab sich dann zwangsläufig auch das Problem, ob man sich Satzglieder semantisch nur als mehr oder weniger statische Größen ins Bewusstsein zu rufen hat oder auch als dynamische Größen in Form von eigenständigen Verlaufsprozessen in der Zeit. Dadurch ergab sich dann weiterhin auch das ontologische Problem, ob wir in sprachlichen Aussagen unsere Vorstellung von zeitneutralen Seinsgrößen in die Vorstellung von zeitbedingten Prozessgrößen überführen können oder müssen.

Schließlich soll dann auch noch auf die sogenannte *Thema-Rhema-Relation* in Sätzen bzw. in sprachlichen Äußerungen eingegangen werden. Dieses syntaktische Ordnungskonzept macht uns nämlich in einer informationspsychologisch orientierten Wahrnehmungsperspektive nachdrücklich darauf aufmerksam, dass die bloße zeitliche Reihenfolge von Satzelementen bzw. Satzgliedern unabhängig von ihrem syntaktischen Status schon einen ganz erheblichen Einfluss auf unsere sprachlichen Sinnbildungsprozesse hat. Deshalb ist dann auch die Beschäftigung mit der bloßen Abfolge von Satzelementen ganz unabhängig von deren syntaktischen Sinnbildungsfunktionen ein wichtiges Kriterium für den pragmatischen Stellenwert von konkreten sprachlichen Äußerungen bzw. von Sätzen und Texten. Was Äußerungen pragmatisch besagen, ist nämlich keineswegs nur als eine Frage nach der internen logisch-grammatischen Struktur der jeweiligen Sätze zu verstehen, sondern immer auch als eine Frage nach der zeitlichen Reihenfolge der einzelnen Satzglieder in Sätzen. Wir nehmen nämlich heuristisch und hermeneutisch gesehen jede sprachliche Einzelinformation immer im Lichte von semantischen Vor- und Nachinformationen wahr und nicht nur im Lichte der syntaktischen Rollenfunktion der Satzglieder, durch die sie jeweils grammatisch repräsentiert werden.

14.1 Die Leistungskraft von Syntaxkonzepten

Die üblichen Konzepte für die Erfassung von syntaktischen Ordnungsstrukturen schenken der Frage nach den Zeitimplikationen von Sätzen keine besondere Aufmerksamkeit bzw. verlagern dieses Problem im Prinzip auf die Tempusformen der jeweils verwendeten Verben sowie auf Zeitkonjunktionen, Zeitpräpositionen und Zeitadverbiale. Das ist durchaus verständlich, weil diese Konzepte primär an der internen logischen Ordnungsstruktur von Sätzen interessiert sind und weniger an deren pragmatischen Funktionen. Für die Logik ist nämlich das Zeitphänomen im Prinzip ein Störfaktor, der es erschwert, generelle bzw. zeitunabhängige Strukturaussagen über Sachverhalte und Aussagen zu machen. Das wird offensichtlich, wenn wir unseren Blick auf das seit der Antike überlieferte Prädikationskonzept und das neuere Dependenzkonzept für die syntaktische Analyse von Sätzen richten, die heute als gängige, wenn auch als idealtypisch strukturierte Konzepte für die syntaktische Analyse von Sätzen gelten.

Dabei ist zu beachten, dass das jüngere Dependenzkonzept noch weniger Berührungspunkte mit der Zeitproblematik hat als das ältere Prädikationskonzept, weil es sich bei der Analyse von syntaktischen Ordnungen ausschließlich auf meist zeitlose Strukturfragen konzentriert und darüber dann insbesondere die Frage nach dem Realitätsbezug und den Wahrheitsgehalt von Sätzen ganz aus den Augen verliert. Diese Frage wird nun aber im Kontext des pragmatischen Interesses an den Zeitimplikationen von Sätzen ganz unabdingbar. Gleichwohl lohnt sich aber, einen kurzen Blick auf das Dependenzkonzept zu werfen, weil es uns einen kontrastiven Hintergrund für die Beurteilung der Leistungskraft des Prädikationskonzeptes eröffnet, wenn wir die Frage nach den Zeitimplikationen von Sätzen bzw. von prädikativen sprachlichen Äußerungen zu beantworten versuchen.

Das *Dependenzkonzept* für die Analyse syntaktischer Ordnungsstrukturen ist in der Mitte des vorigen Jahrhunderts von Lucien Tesnière entwickelt worden.[253] Dieser geht dabei von dem Grundgedanken aus, dass ein Satz neben seiner morphologisch direkt fassbaren Ordnungsstruktur auch noch eine nur kognitiv fassbare hierarchische Ordnungsstruktur besitze, auf die sich sein ganzes Erkenntnisinteresse konzentriert. Deshalb stellt er dann auch die Valenz bzw. die syntaktische Bindungsfähigkeit des Verbs in den Mittelpunkt seiner syntaktischen Aufmerksamkeit.

Das bedeutet nun, dass das Verb für diesen Denkansatz als grundlegende Ansatzstelle für syntaktische Relationen in Erscheinung tritt. Es besitze nämlich gleichsam unterschiedliche Häkchen, an denen dann notwendige Satzglieder (Ergänzungen) oder fakultative Satzglieder (Angaben) angehängt werden könnten. Aus diesen Strukturbedingungen ergibt sich dann die syntaktische Konsequenz, dass ein Sprecher mit der Wahl des Verbs bei einer sprachlichen Äußerung gleichsam immer schon strukturell entscheidet, welche spezifische Sachszene der jeweilige Satz objektivieren soll. Durch die Valenz des jeweils gewählten Verbs wird nämlich immer schon vorherbestimmt, welche Mitspieler und welche Umstände bei der sprachlichen Objektivierung eines Sachverhalts bzw. einer Vorstellungsszene zur Geltung kommen sollen bzw. müssen.

Diese kurzen Hinweise verdeutlichen schon, dass im Wahrnehmungshorizont des Dependenzkonzeptes der Eigenwelt von Sätzen im Kontext der Zeitproblematik eigentlich keine genuine Aufmerksamkeit geschenkt wird, insofern sich das Wahrnehmungsinteresse ganz auf die interne direkte oder indirekte Abhängigkeit der jeweiligen Satzelemente vom Verb richtet. Je nach der Notwendigkeit, Verben obligatorisch durch andere Satzglieder zu ergänzen, kann man einzelnen Verben dementsprechend dann auch eine einwertige, zweiwertige, dreiwertige oder gar vierwertige Valenz bzw. Bindefähigkeit zuordnen.

Aus diesen Strukturprämissen folgt, dass sich das primäre Analyseinteresse des Dependenzkonzeptes auf die internen hierarchischen Strukturen von Sät-

---

253 L. Tesnière: Eléments de syntaxe structurale, 1959; dt.: Grundzüge der strukturellen Syntax, 1980.

zen richtet, aber nicht auf die Bedingungen, unter denen gegebene Sätze eine konkrete Darstellungsfunktion für außersprachliche Sachverhalte bekommen. Das Phänomen der Zeit wird unter diesen Prämissen allenfalls in zwei Hinsichten relevant. Das Verb kann zwar Träger von Tempusmorphemen werden, die bestimmte Zeitbezüge herstellen, und es kann außerdem auch ermöglichen, es mit fakultativen Zeitangaben in Form von Zeitadverbialen zu verknüpfen. Für diese Formen der Objektivierung von Welt und die damit verbundenen Konkretisierungen von Zeitrelationen interessiert sich das Dependenzkonzept aber eigentlich nicht besonders. Durch seine prinzipiellen Vereinfachungen bzw. Abstraktionen wird es als syntaktisches Denkmodell zwar sehr übersichtlich, aber in pragmatischer Hinsicht zugleich auch relativ nichtssagend, eben weil es sich für syntaktische Strukturfragen eigentlich nur in einer formalen, aber nicht auch in einer semantischen bzw. inhaltlichen Denkperspektive interessiert.

Das *Prädikationskonzept* für die syntaktische Strukturanalyse von Sätzen, das auf die antiken Logiker und Grammatiker zurückgeht, ist hinsichtlich seiner Erkenntnisinteressen zwar auch nicht direkt dazu prädestiniert, unseren Blick auf die möglichen Zeitimplikationen von Sätzen zu richten. Erkenntnistheoretisch ist es nämlich deutlich durch die klassische Begriffslogik geprägt, die sich für zeitliche Korrelationszusammenhänge nicht sonderlich interessiert. Im Prädikationskonzept werden die syntaktischen Relationen zwischen den verschiedenen semantischen Einheiten im Prinzip nämlich immer ziemlich statisch und zeitlos gedacht. Das liegt für logische Überlegungen auch recht nahe, weil ansonsten stringente Schlussfolgerungsprozesse sehr erschwert würden.

Sprachliche Äußerungen im Sinne von begrifflichen Definitionen oder auch von allgemeingültigen Aussagesätzen möchten sich nämlich gar nicht gerne mit zeitlichen Gültigkeitseinschränkungen versehen lassen. Deswegen werden sie im Prinzip auch immer im Präsens formuliert, das sich ja verhältnismäßig leicht sogar als ein zeitloses Aussagetempus verstehen lässt. In dieser Aussageform können Begriffe dann auch am besten als zeitunabhängige mentale Bausteine des Denkens in Erscheinung treten bzw. als Repräsentationsformen von ewigen platonischen Ideen, die sich in ihren jeweiligen unterschiedlichen Gebrauchsituationen nicht wie ein Chamäleon ständig ändern können und dürfen.

Aus eben diesem Grunde sind dann Metaphern im begrifflichen Denken auch nicht gut gelitten, obwohl sie hier gerade dann unverzichtbar werden, wenn ganz neuartige Denkinhalte sprachlich thematisiert werden müssen. Im Operationsrahmen einer heuristischen und hermeneutischen Erschließungslogik bzw. in einem abduktiven und kreativen Denken spielen Metaphern dagegen immer eine konstitutive Rolle, weil mit ihnen signalisiert werden kann, dass metaphorische Aussagen einen hypothetischen Charakter haben und dass man sie mit keiner zeitunabhängigen Endgültigkeitsfarbe versehen kann.

Diese Implikationen der statisch geprägten Begriffslogik verdeutlichen deshalb auch, dass diese Logik ihre spezifischen Grenzen hat und daher auch nicht als ein generelles und zeitloses Regulativ für alle menschliche Sinnbildungsoperationen angesehen werden kann, sondern nur als ein Denkverfahren, das durch andere ergänzt werden muss, eben weil es weitgehend von den Ordnungs- und Regulationsfunktionen der Zeit abstrahiert. Das hat natürlich sowohl Vorteile wie Nachteile, was sich sehr deutlich bei der Beurteilung von Satzdefinitionen offenbart. Diese werden nämlich ziemlich unrealistisch, wenn sie den Anschein erwecken, als ob sie das sprachliche Phänomen *Satz* gleichsam in einer zeitlosen göttlichen Wahrnehmungsperspektive objektivieren könnten, die durch keinerlei methodische, zeitliche und anthropologische Denkprämissen bedingt ist. Diesbezüglich erweist sich dann das Prädikationskonzept auch als etwas fruchtbarer als das Dependenzkonzept, da es so flexibel gehandhabt werden kann, dass auch die Ordnungskraft der Zeit für ganz bestimmte sprachliche Sinnbildungsprozesse in unseren Blick kommen kann.

Grundsätzlich lässt sich nämlich festhalten, dass das Prädikationskonzept das Phänomen des Satzes im Gegensatz zum Dependenzkonzept nicht über die Bindefähigkeit des Verbs für andere Satzelemente zu erfassen versucht, was natürlich immer auch eine deutliche Einschränkung des Strukturgedankens beinhaltet. Es gründet sich vielmehr auf den *Determinationsgedanken*, der den Strukturgedanken auf eine sehr viel umfassendere Weise zu konkretisieren vermag. Insbesondere motiviert das Prädikationskonzept dazu, die beiden wichtigen Fragen zu stellen, welche unterschiedlichen pragmatischen Funktionen die verschiedenen Satztypen als Äußerungstypen erfüllen können und welche internen Korrelationsbeziehungen zwischen den jeweiligen Teilaussagen in Satzgefügen bestehen. Gerade mit Hilfe dieser Fragen lässt sich dann auch genauer beschreiben, durch welche Zeitimplikationen die Teilsätze in komplexen Satzverbindungen miteinander in Verbindung stehen können.

Das Phänomen der Prädikation lässt sich exemplarisch insbesondere an Sätzen demonstrieren, die den Charakter von Definitionen bzw. von Sachbehauptungen haben. Hier wird nämlich besonders deutlich, dass Sätze strukturell und pragmatisch gesehen durch eine bestimmte interne Determinationsrelation geprägt werden. In einer Aussage wird nämlich einer konkreten Gegenstandsvorstellung bzw. einem bestimmten Gegenstandsbegriff immer eine konkrete Bestimmungsvorstellung bzw. ein präzisierender Bestimmungsbegriff zugeordnet. Daraus ergibt sich dann, dass einem Aussagesatz strukturell und logisch gesehen immer eine Prädikation zugrunde liegt, die eine konkrete Sachbehauptung bzw. eine Proposition enthält. Diese kann aus rein begrifflichen Gründen wahr sein (*Der Wal ist ein Säugetier*) oder aus empirisch überprüfbaren Gründen (*Das Wasser ist klar*).

Dieses grundlegende Strukturverhältnis lässt sich logisch als eine Determinationsrelation klassifizieren und syntaktisch als eine Subjekt-Prädikat-Relation. Deshalb haben die antiken Grammatiker das Subjekt bzw. den Gegenstandsbegriff eines Satzes dann auch als das *Zugrundeliegende* (gr. hypokeimenon, lat. subiectum) bezeichnet und den Bestimmungsbegriff eines Satzes als das *Ausgesagte* (gr. rhema, lat. praedicatum).

Dadurch verdeutlicht sich schon, dass der Satzbegriff im Prädikationskonzept faktisch als zeitlos gedacht werden kann, wenn er sich strukturell an Begriffsdefinitionen orientiert (*Wale sind Säugetiere*) und als zeithaltig, wenn er auf die sprachliche Objektivierung zeitbezogener empirischer Sachverhalte bezogen wird (*Wale wurden früher mit Harpunen gejagt.*). Weiterhin lässt sich sagen, dass das Prädikationskonzept so flexibel verstanden werden kann, dass es sich auch auf verdeckte Determinationsrelationen bzw. auf implizite Propositionen beziehen lässt, die gar nicht als deskriptive Aussagen, sondern vielmehr als Fragen oder als Ausrufe in Erscheinung treten.

Die Determinationsrelation zwischen einem Gegenstands- und einem Bestimmungsbegriff kann man ontologisch auf unterschiedliche Weise wahrnehmen. Einerseits lässt sie sich nach diesem Denkschema so verstehen, dass man eine gegebene Substanz durch eine spezifische Eigenschaft bzw. Akzidens näher bestimmt, die ihr prinzipiell oder aktuell zukommt (*Der Bär hat scharfe Krallen.*). Andererseits lässt sie sich als ein Denkschema verstehen, nach dem der Gegenstandsbegriff bzw. das Subjekt eine handlungsfähige Größe (Agens) repräsentiert, die sich dann durch eine spezifische Handlungsform (Actio) näher bestimmen lässt (*Der Bär greift an.*). Beide Verständnisweisen von Determinationsrelationen haben ihre erkenntnistheoretischen und wahrheitstheoretischen Tücken. Im Gegensatz zu abstrakten definitorischen Aussagen können empirische Aussagen nämlich nicht als zeitlos gültig angesehen werden, da sie ja nicht als sprachliche Objektivierungen von logischen bzw. begrifflichen Ordnungsstrukturen anzusehen sind, sondern vielmehr als Objektivierungen von aktuellen Ordnungsstrukturen bzw. Sachverhalten die immer nur einen zeitlich begrenzten Gültigkeitsanspruch beanspruchen können oder wollen.

Bei dem ontologischen Denkschema von Substanz und Akzidens stellt sich immer die kaum abschließend beantwortbare Frage, welche Eigenschaften einer Substanz konstitutiv und zeitlos zukommen und welche akzidentiell und zeitgebunden. Eine entsprechende Festlegung setzt dann wiederum eine ontologische Theoriebildung über die Stabilität und Flexibilität von Seinsformen in Natur und Kultur voraus, die durch den Evolutionsgedanken dann keineswegs erleichtert, sondern eher erschwert worden ist. Sowohl die Kultur- als auch die Naturwissenschaften können sich heute wohl kaum noch generell als zeitlose Strukturwissenschaften verstehen, sondern wohl nur noch in einem unterschiedlichen Ausmaße als zeitsensible. Das muss sich dann notwendigerweise auch im konkreten Gebrauch der Sprache irgendwie bemerkbar machen.

Wenn man das *Agens-Actio-Modell* bei der Interpretation von Subjekt-Prädikat-Relationen in Aussagen nutzt, dann stellt sich außerdem die Frage, wann Satzsubjekte als handlungsfähige Größen verstanden werden können und wann nicht. Dieses Denkmodell ist sicherlich als eine ontologische Hypothese zu verstehen, die faktisch nur eine begrenzte Reichweite und Erklärungskraft hat. Deshalb wird im metaphorischen Sprechen ja auch so gerne mit diesem Denkmodell gespielt (*Der Wind weht. Das Eis schmilzt. Das Loch vergrößert sich.*)

Im Hinblick auf die möglichen Zeitimplikationen von Aussagesätzen sind auch diejenigen Differenzierungen interessant, die Kant vorgenommen hat, als er zwischen analytischen, synthetischen und kontradiktorischen Urteilen unterschieden hat. Analytische Urteile liegen nach Kant nämlich immer dann vor, wenn in einer Prädikation einem Gegenstandsbegriff ein Bestimmungsbegriff zugeordnet wird, der in diesem im Prinzip immer schon implizit enthalten ist. Das bedeutet, dass in einer solchen Aussage eigentlich gar keine wirkliche Determinationsrelation hergestellt wird, sondern nur etwas völlig Selbstverständliches ausdrücklich behauptet wird (*Körper sind ausgedehnt.*).[254] Solche analytischen Aussagen, die keine wirklichen Neuigkeiten mitteilen, sind für Kant bloße Erläuterungsurteile, die zu allen Zeiten wahr sind. Faktische Neuigkeiten vermitteln sie nur für diejenigen, die eine Sprache bzw. das System ihrer Begrifflichkeiten noch nicht zureichend kennen, was während des Spracherwerbs natürlich immer wieder der Fall sein kann.

Synthetische Urteile bzw. pragmatisch und empirisch sinnvolle Prädikationen liegen nach Kant immer dann vor, wenn der jeweilige Bestimmungsbegriff nicht prinzipiell schon im Gegenstandsbegriff enthalten ist, sondern nur potentiell. In solchen Fällen wird uns durch Aussagen tatsächlich eine faktische Neuigkeit vermittelt, die zu einer bestimmten Zeit dann auch entweder wahr oder falsch sein kann. Deshalb bezeichnet Kant solche synthetischen Aussagen auch als Erweiterungsurteile, deren Wahrheitsgehalt jeweils im Hinblick auf einen ganz bestimmten Zeitpunkt überprüft werden muss (*Der Kirschbaum blüht.*). Pragmatisch gesehen sind deshalb auch nur synthetische Urteile wirklich relevant, weil sie zeitgebundene Erfahrungen sprachlich objektivieren und deshalb einen tatsächlichen Informationswert haben. Dementsprechend fallen dann auch Definitionen nur in ihrer Entstehungsphase bzw. bei ihrer ersten sprachlichen Formulierung in einem psychologischen, aber nicht in einem ontologischen Sinne unter die synthetischen Urteile.

---

254 I. Kant: Kritik der reinen Vernunft, Kap. IV, A7, Werke Bd. 3, S. 52 ff.

Kontradiktorische Ureile sind nach Kant schließlich Prädikationen, bei denen sich Gegenstands- und Bestimmungsbegriffe wechselseitig ausschließen, weil sie in keine sinnvolle und empirisch legitimierbare Determinationsrelation zueinander gebracht werden können (*Die Pferde können fliegen.*). Solche Sätze können zu keiner Zeit in einem begriffslogischen oder empirischen Sinne wahr sein, da sie etwas faktisch Unmögliches behaupten. Sie sind nur dann wahr, wenn sie in negierter Form ausgesprochen werden und eben dadurch zu analytischen bzw. selbstverständlichen oder trivialen Aussagen werden. Sinnvoll können kontradiktorische Sätze erst dann werden, wenn sie sich metaphorisch verstehen lassen. Das setzt allerdings voraus, dass wir die in ihnen verwendeten Begriffe semantisch so uminterpretieren, dass auf diese Weise synthetische Urteile entstehen können. Das ist dann allerdings eher in einem ästhetischen als in einem rein deskriptiven Sprachgebrauch der Fall (*Die Ruinen reden.*).

Weiterhin ist zu beachten, dass man beim Verständnis von Aussagen als Determinationsrelationen zwischen expliziten und impliziten Prädikationen unterscheiden kann. Als explizite Prädikationen lassen sich diejenigen klassifizieren, die grammatisch gesehen die Gestalt von Aussagesätzen haben, wobei sich der Gegenstandsbegriff durch das grammatische Subjekt und der Bestimmungsbegriff durch das grammatische Prädikat bzw. durch den ganzen Prädikatsverband mit Einschluss möglicher Objekte und Adverbiale repräsentiert. Als implizite Prädikationen lassen sich hingegen alle sprachlichen Determinationsrelationen klassifizieren, bei denen eine logisch-grammatische Determination vorliegt, ohne dass diese in Form einer direkten Subjekt-Prädikats-Relation in Erscheinung tritt.

Solche impliziten Prädikationen gibt es dann beispielsweise zwischen Verben und ihren Objekten bzw. Adverbialen, zwischen Substantiven und ihren Attributen sowie zwischen den Grundwörtern und den Bestimmungswörtern von Komposita. Alle diese impliziten Prädikationen lassen sich mehr oder weniger umständlich in explizite umwandeln. Dabei können dann allerdings die sachlichen Determinationsrelationen zwischen den jeweiligen Gegenstands- und Bestimmungsvorstellungen mehr oder weniger deutlich hervortreten, weil dabei auch metaphorische Korrelationsformen eine Rolle spielen können (*Der grüne Junge ... / * Der Junge ist grün.*).

Die Möglichkeit, Determinationsrelationen in der Sprache in ganz offensichtlichen oder in eher verdeckten Formen zu konkretisieren, hat dann auch dazu geführt, dass sich sprachlich neben einfachen Hauptsätzen auch Satzgefüge mit untergeordneten Nebensätzen herausgebildet haben, die bestimmte Satzglieder grammatisch in Form von Gliedsätzen zur Erscheinung bringen, die grammatisch eine ganz eigenständige Prädikationsstruktur aufweisen. Die Repräsentation von einzeln Satzgliedern in Form von Gliedsätzen ist nun sowohl stilistisch wie zeittheoretisch von großer Bedeutung. Dadurch lassen sich nämlich ursprünglich statisch akzentuierte Vorstellungsinhalte in dynamische bzw. prozessuale umformen, was dann natürlich auch ganz andere Erlebnisweisen von Zeit bei der konkreten Vorstellungsbildung beinhaltet (*Der Wagemutige gewinnt./ Wer wagt, gewinnt. Er erkennt seine Niederlage./ Er erkennt, dass er verloren hat. Ich bitte um Ruhe./ Ich bitte, dass Ruhe eintritt.*)

Implizite Prädikationen sind stilistisch auch deshalb von großer Bedeutung, weil sie verborgene Sachbehauptungen als Konterbande in explizite Sachbehauptungen einschmuggeln können, auf die sich thematisch natürlich zunächst immer unsere Hauptaufmerksamkeit richtet. Gegen diese verdeckten Sachaussagen bzw. Meinungsäußerungen kann man sich aus kommunikationsklimatischen Gründen natürlich meist sehr viel schwerer zur Wehr setzen als gegen explizite Sachaussagen. Bei den impliziten Prädikationen werden nämlich die jeweiligen Determinationsrelationen schon in das Vorfeld unserer aktuellen Vorstellungsbildungen zurückverlegt und treten eben dadurch dann auch als mehr oder weniger selbstverständlich in Erscheinung, obwohl sie es keineswegs immer sind (*Der korrupte Politiker beteuerte seine Unschuld.*).

Während sich in expliziten Prädikationen die jeweiligen Gegenstands- und Bestimmungsvorstellungen kategorial und syntaktisch immer relativ klar voneinander unterscheiden lassen, verwachsen sie in impliziten Prädikationen sehr leicht miteinander. Das macht sich besonders deutlich bei dem prädeterminierenden Gebrauch von Attributen und bei den prädeterminierenden Bestimmungswörtern von Komposita bemerkbar. Insbesondere bei Kompositabildungen verschmelzen beide Größen sehr schnell zu einer einzigen Vorstellungsgröße miteinander, deren sachliche Determinationsrelation sehr schnell in Vergessenheit geraten kann (*Schweineschnitzel, Jägerschnitzel, Paprikaschnitzel*).

Implizite sprachliche Mitbehauptungen in expliziten prädikativen Sachbehauptungen können aus sprachökonomischen Gründen zwar hilfreich sein und aus ästhetischen Gründen auch anregend. Sie können aber auch auf manipulierende Weise missbraucht werden, weil sie als verdeckte Sachbehauptungen im Duktus der direkten Primäraussage oft gar nicht besonders auffallen. Sie können oft nur sehr umständlich auf eine metareflexive Weise negiert werden, die dann Verständigungsprozesse eher stören als erleichtern.

Bei der Bildung von Metaphern sind solche impliziten Determinationsrelationen allerdings sehr beliebt, weil sie kreative Sprachspiele erleichtern und die Chance eröffnen, bestimmte Phänomene, die üblicherweise begrifflich klar voneinander unterschieden werden, über gewisse Analogien wieder miteinander zu verbinden. Das kann dann dabei helfen, faktische, begriffliche und zeitliche Denkbarrieren zu überwinden. Es birgt aber auch immer die Gefahr, begriffliche Unterschiede nicht mehr ernst zu nehmen und etwas determinierend auf einander zu beziehen, was eigentlich ganz unterschiedlichen Sach- bzw. Zeitwelten angehört (*galoppierende Inflation, Purzelbäume der Ironie, Gehirnwäsche*).

14.2 Die unterschiedlichen Satztypen

Die bisherigen Überlegungen zu Sätzen als Ausdrucksformen von prädikativen Determinationsrelationen haben sich natürlich vor allem auf Aussagesätze mit einer deskriptiven Darstellungsfunktion bezogen. Deren mögliche chronologische, psychologische und aktionale Zeitimplikationen lassen sich mit Hilfe bestimmter Tempusformen, Modusformen sowie durch Zeitadverbiale eigentlich recht gut erfassen und spezifizieren. Darauf ist ja in den bisherigen Überlegungen schon ausführlich eingegangen worden, so dass sich diesbezüglich weitere Ausführungen erübrigen.

Darüber sollte nun allerdings nicht vergessen werden, dass es noch andere sprachliche Äußerungsmuster bzw. Satztypen gibt, deren Zeitimplikationen sich über diese Objektivierungs- und Differenzierungsmittel nur unzureichend erfassen lassen. Diesbezüglich ist insbesondere an die sogenannten Ausrufe- und Fragesätze zu denken sowie an diejenigen Aspekte von Äußerungen, die sich über die schon genannten Objektivierungsmittel für bestimmte Zeitimplikationen nicht befriedigend erfassen lassen.

Sprachliche Äußerungen von Ausrufen, die natürlich nicht nur in Form von direkten Ausrufesätzen in Erscheinung treten (*Gleich bricht der Balken!*), sondern auch in Form von satzwertigen Wörtern (*Feuer!*) sind zeitlich dadurch charakterisiert, dass sie immer in einer sehr engen Korrelation mit der jeweiligen Sprechsituation stehen. Dadurch bekommen sie nicht nur einen unmittelbaren gegenwartsbezogenen Mitteilungscharakter, sondern zugleich auch die Funktion, zu ganz bestimmten psychischen oder faktischen Handlungsweisen aufzufordern. Deren Spannweite kann von der Ermunterung zu einer konzentrierten Wahrnehmung von bestimmten Gegebenheiten bis zur Auslösung einer sofortigen faktischen Handlung reichen.

Das bedeutet, dass Ausrufeäußerungen prinzipiell einen situationsverschränkten Grundcharakter haben, insofern deren Inhalte nicht auf kontemplative, sondern auf reaktionsbereite Weise wahrgenommen werden sollen. Das dokumentiert sich nicht zuletzt auch darin, dass bei ihrer Artikulation die Stimmführung nicht wie bei Aussagesätzen gesenkt wird, was immer einen gewissen Sinnbildungsabschluss signalisiert, sondern vielmehr auf einer erhöhten Ebene verharrt. Dadurch deutet der jeweilige Sprecher dann an, dass die jeweilig gegebene Information nicht für sich und an sich wahrgenommen werden soll, sondern durch einen zusätzlichen Denk- oder Handlungsprozess zu ergänzen ist, der dann natürlich selbst wieder eine ganz bestimmte zeitliche Erstreckung hat.

Sprachliche Äußerungen von Ausrufen repräsentieren so gesehen keine in sich geschlossenen Sinneinheiten, sondern ergänzungsbedürftige. Sie wollen keine vergangenen oder zukünftigen Vorstellungswelten objektivieren, sondern vielmehr eine faktisch gegenwärtige Welt, auf die unmittelbar reagiert werden soll. Pragmatisch gesehen haben sie deshalb auch die Funktion von Weckrufen, da sie nicht dazu bestimmt sind, gegebene Sachverhalte auf distanzierte und kontemplative Weise wahrzunehmen, ohne auf sie handelnd zu reagieren.

Fragesätze haben nun mit den eben beschriebenen Ausrufesätzen gemeinsam, dass sie beide im Gegensatz zu Aussagesätzen keinen Anspruch auf eine immanente Sinnautarkie stellen, weil sie eine ganz enge Verbindung zu der jeweiligen Sprechsituation aufweisen, von der sich Aussagesätze ja immer tendenziell zu lösen versuchen. Dabei ist für Fragesätze prägend, dass sie sprachliche Ausdrucksformen einer bestimmten Wissensunsicherheit sind, die der jeweilige Gesprächspartner beseitigen soll oder die man für sich selbst durch geeignete Denkoperationen aus der Welt zu schaffen versucht.

Das alles impliziert nun, dass Fragen einerseits genuine Formen des dialogischen Sprachgebrauchs sind und dass sie andererseits nicht nur auf etwas Gegenwärtiges Bezug nehmen können, sondern auch auf etwas Vergangenes, Zukünftiges oder bloß Gedachtes. Deshalb sind Fragen zugleich immer auch typische sprachliche Ausdrucksformen eines Denkens, dass Augustin als Gegenwart des Vergangenen, des Gegenwärtigen und des Zukünftigen beschrieben hat. Fragesätze gehören deshalb zu den natürlichen Manifestationsformen dessen, was wir generell als menschliches Bewusstsein bezeichnen können.[255]

Wer Fragen formuliert, ist unsicher, ob die von ihm im Denken hergestellten begrifflichen Determinationsrelationen sachlich oder zeitlich zutreffen oder nicht. Das bedeutet, dass Fragen weder als deskriptive Sachaussagen noch als situationsverschränkte implizite Handlungsaufforderungen zu verstehen sind, sondern vielmehr als explizite sprachliche Ausdrucksformen von Bemühungen, bestimmte Wissensdefizite zu beseitigen, um sich dadurch ein zutreffendes Bild von ganz bestimmten Sachverhalten zu machen. Diese inhaltliche Offenheit wird beim Sprechen dann auch dadurch hervorgehoben, dass sich am Ende des Fragesatzes die Tonkurve nicht senkt, um den Abschluss einer bestimmten Vorstellungsbildung anzuzeigen. Sie beharrt vielmehr auf einer bestimmten Höhe, um ikonisch zu verdeutlichen, dass der jeweilige Sinnbildungsprozess noch nicht abgeschlossen ist, sondern in einer bestimmten Erwartungshaltung

---

255 Vgl. W. Köller: Perspektivität und Sprache, 2004, S. 660–685.

noch zusätzliche Informationen in die Vorstellungsbildung zu integrieren versucht.

Im schriftlichen Sprachgebrauch wird dieses intonatorische und pragmatische Profil von Fragesätzen dann ersatzweise durch Fragezeichen signalisiert. Diese sind allerdings erst im frühen Mittelalter entwickelt worden, um das angemessene Verständnis von Frageäußerungen zu erleichtern. Interessant ist in diesem Zusammenhang dann auch, dass im Spanischen die üblichen Fragezeichen nicht an das Ende von Fragesätzen gesetzt werden, sondern an deren Anfang, und zwar in einer auf dem Kopf stehenden graphischen Form (¿). Dadurch wird mit optischen Mitteln gleich am Anfang eines schriftlich fixierten Satzes klargestellt, dass dieser keine deskriptive sachthematische Darstellungsfunktion hat, sondern eine reflexionsthematisch orientierte Problematisierungsfunktion, die dann natürlich auch ganz andere zeitliche Implikationen hat. Darauf macht bei Fragesätzen dann ja auch die veränderte Wortstellung aufmerksam.

Da Fragesätze pragmatisch nicht als Behauptungen in Erscheinung treten, sondern vielmehr als operative Erschließungsverfahren für komplexe Sachverhalte, haben sie ihren genuinen Platz auch nicht im monologischen, sondern im dialogischen Sprachgebrauch. Dabei können sich dann die jeweiligen Fragen intentional nicht nur an andere Personen richten, sondern auch an unübersichtliche Sachverhalte, die dann wie Dialogpartner behandelt werden, oder sogar an die fragende Person selbst. Deshalb lassen sich Fragen dann auch als unverzichtbare Methoden des Wissenserwerbs und der Wissenspräzisierung im Verlaufe der Zeit betrachten. Sie setzen dabei immer einen bestimmten Wissensstand voraus, um einen neuen zu erreichen. Das wird bei philosophischen und wissenschaftlichen Fragen ganz besonders deutlich.

Fragen haben als Manifestationsweisen von sprachlich manifestierten Sinnbildungsweisen immer eine ganz zentrale anthropologische Dimension, insofern sie alte Wissensbestände sowohl in inhaltlicher als auch in zeitlicher Hinsicht transzendieren. Gott braucht natürlich nicht zu fragen, da er konzeptionell ja als ein Allwissender gedacht wird. Tiere können allenfalls gestisch auf eine sehr reduzierte Weise fragen, weil ihre Wissensbedürfnisse schon weitgehend auf genetische Weise oder durch nachgeburtliche Prägungen vorherbestimmt sind. Lediglich Menschen lassen sich als fragende Lebewesen bestimmen, weil ihre Wissensbedürfnisse biologisch nicht umfassend vorreguliert sind und weil bei ihnen jedes erworbene Wissen neue Wissensbedürfnisse wecken kann bzw. jede Antwort neue Fragen. Zur Lebensform der Menschen scheinen sogar unbeantwortbare Fragen zu gehören, weil auch diese entgegen einer vordergründigen Erwartung durchaus eine hintergründige Sinnbildungsfunktion haben. Nichts Gegebenes scheint für Menschen unhintergehbar, unproblematisierbar und unergänzbar zu sein, eben weil sie ihre faktischen Wahrnehmungsperspektiven prinzipiell verändern und ausweiten können. Offenbar scheint nämlich Menschen letztlich alles fragwürdig werden zu können.

Aus diesem Grunde gehören Fragen dann auch nicht nur zu den Konstitutionsbedingungen von allen Fachwissenschaften, sondern insbesondere auch zu denen von philosophischen Denkanstrengungen. Die Philosophie ist nämlich nicht nur eine bloße Fachwissenschaft unter anderen, sondern letztlich immer auch eine Metawissenschaft für alle konkreten Fachwissenschaften, insofern sie grundsätzlich auch nach den Konstitutionsbedingungen, der Reichweite und der Vertrauenswürdigkeit von konkreten Wissensformen zu fragen hat. Berühmt und berüchtigt sind deshalb auch die sogenannten *Was-ist-Fragen* von Sokrates. Diese sind nämlich nicht als direkt beantwortbare Sachfragen anzusehen, sondern vielmehr als Fragen, die sowohl beim Befragten als auch beim Fragenden eine Art von Geburtshilfe bei der Wissensbildung leisten sollen.

Mit seinen Was-ist-Fragen erschüttert Sokrates einerseits das vermeintlich stabile Fachwissen der Experten, die ihre Anstrengungen zu einer umfassenden Wissensbildung meist schon aufgegeben haben, weil sie fälschlicherweise oft glauben, endgültige Antworten gefunden zu haben, und deshalb oft nicht sehen, auf welch fragwürdigen Prämissen ihr vermeintliches Expertenwissen tatsächlich beruht. Die Was-ist-Fragen dienen Sokrates außerdem auch dazu, sich selbst und anderen kenntlich zu machen, dass das Wissen über die Voraussetzungen der jeweiligen Wissensbildung zu einem umfassenden Sachwissen selbst gehört und daher auch nicht aus methodischen Gründen einfach aus der Wissensbildung ausgeklammert werden darf.

So bringt beispielsweise Sokrates den Priester Euthyphron durch die Frage nach dem Wesen der Frömmigkeit völlig durcheinander und den Feldherren Laches durch die Frage nach dem Wesen der Tapferkeit. Deren etwas vorschnellen Antworten erweisen sich nämlich nicht als ein wirklich belastbares und begründbares Wissen, sondern nur als eine vorschnelle Manifestationen bloßer Meinungen. In den Disputen mit den vermeintlichen Fachleuten glänzt Sokrates dann auch nicht durch sein enzyklopädisches Sachwissen, sondern vielmehr durch sein überlegenes operatives Handlungswissen bei der Nutzung des allgemeinen Erfahrungswissens. Fragen werden deshalb für ihn zu Mitteln, die spontane Gegenwärtigkeit unseres Alltagswissens zu transzendieren, um zu einem belastbareren allgemeinen Strukturwissen vorzudringen.

Aus all dem lässt sich nun ableiten, dass die Fähigkeit, Fragen zu stellen, auch deswegen anthropologisch sehr bedeutsam ist, weil sie die Möglichkeit beinhaltet, die pragmatische Ordnungskraft der Zeit für unser Vorstellungsvermögen und unsere Sinnbildungskraft nicht nur praktisch zu nutzen, sondern auch geistig zu objektivieren und zu transzendieren. Die Erfahrung und Thematisierung von Zeit führt uns nämlich in die Welt der Hypothesen, die faktisch immer verifiziert oder falsifiziert werden wollen. Fragen können daher auch als Erscheinungsformen des Staunens angesehen werden, die zeigen, dass man faktisch Gegebenes sowohl hinsichtlich seiner faktischen Stabilität als auch hinsichtlich seiner zeitlichen Dauerhaftigkeit im Denken transzendieren kann, da sich dazu ja vielerlei Alternativen entwerfen lassen.

Aus eben diesem Grunde sind deshalb im philosophischen Denken auch faktisch unbeantwortbare Fragen durchaus wertvoll, da sie unsere geistige Beweglichkeit anregen und die Konkretisierung von unterschiedlichen Denkperspektiven erleichtern. Deshalb hat Kant dann ja auch die folgenden drei Fragen nicht nur als konstitutiv für das philosophische Denken angesehen, sondern auch als konstitutiv für alle Menschen, da diese dadurch nicht zuletzt ja auch mit der Ordnungskraft und der Herrschaft der Zeit zu spielen vermögen: „*1. Was kann ich wissen? 2. Was soll ich tun? 3. Was darf ich hoffen?*"[256]

Vordergründig dokumentiert sich in Fragen oft ein Machtgefälle bzw. eine gewisse Deutungshoheit (Fragen in Prüfungen, in Verhören, vor Gericht). Fragen können aber auch Erscheinungsformen des Suchens oder der Interaktion mit anderen Menschen bzw. mit komplexen Sachverhalten sein, durch die sich die menschlichen Freiheitsräume beim Vorstellen und Denken erweitern lassen. Dadurch bekommen Fragen dann auch eine zeitspezifizierende Funktion, da sie uns in ganz neuartige Sach- und Entscheidungsräume führen können. Das hat dann auch in der Entwicklungsgeschichte der Kultur und Sprache zur Ausbildung von sehr unterschiedlichen Fragetypen geführt: *Entscheidungsfragen, Alternativfragen, Ergänzungsfragen, Begründungsfragen, Motivationsfragen, Suggestivfragen* usw. Diese unterschiedlichen Fragetypen perspektivieren die jeweiligen Fragehandlungen auf ganz unterschiedliche Weise. Sie haben aber alle gemeinsam, dass sie das sachlich und zeitlich Gegebene transzendieren können und uns eben dadurch dann auch in ganz andere Welten zu führen vermögen.

Eine ganz besondere Rolle spielen in unseren sprachlichen Sinnbildungsprozessen die sogenannten *rhetorischen Fragen*. Deren Eigenheit besteht darin, dass sie grammatisch zwar in der Form von Fragen in Erscheinung treten, dass sie pragmatisch aber eher als verdeckte Sachbehauptungen anzusehen sind und deshalb faktisch auch gar nicht beantwortet werden müssen. Dieser Umstand macht rhetorische Fragen formal schwer angreifbar. Der jeweilige Sprecher kann nämlich nicht dazu verpflichtet werden, den Wahrheitsanspruch der mit rhetorischen Fragen implizit verbundenen Aussagen zu legitimieren, da diese strukturell ja nicht als deskriptive Prädikationen bzw. als Sachbehauptungen in Erscheinung treten, sondern als Fragehandlungen zur Beseitigung

---

[256] I. Kant: Kritik der reinen Vernunft B 834, Werke Bd. 4, S. 677.

von vermeintlichen Informationslücken: *Ist das nicht einer Sünde wert? Wen interessiert das schon? Sind sie eigentlich zu einer solchen Entscheidung befugt?*

Der Form nach erwecken rhetorische Fragen den Anschein, Bestandteile eines Dialogs zu sein bzw. eines dialogischen Kommunizierens. Faktisch sind sie allerdings sprachliche Realisierungsformen von Monologen mit einer immanenten Behauptungsintention, weil sie sich nicht in einen faktischen zwischenmenschlichen Dialog bzw. Sinnbildungsprozess einfügen. Ihre impliziten Behauptungen lassen sich nicht durch eine explizite Gegenbehauptung relativieren, weil sich der Sprecher formal immer darauf zurückziehen kann, dass er nichts behauptet habe, sondern lediglich eine Frage gestellt habe. Rhetorische Fragen verunsichern ihre Adressaten oft, weil diese nicht so recht wissen, ob sie auf die formale Frageintention einer solchen Äußerung reagieren sollen oder auf die verdeckte Behauptungshandlung der jeweiligen rhetorischen Frage, da in dieser ja eigentlich ganz unterschiedliche Sach- und Zeitwelten mit ganz anderen Affirmations- und Negationsimplikationen zur Erscheinung kommen.

14.3 Die zeitrelevanten Satzdefinitionen

Die Zahl der Satzdefinitionen ist nahezu unüberschaubar, weil sie sich auf ganz unterschiedliche morphologische, strukturelle und pragmatische Aspekte von Sätzen beziehen können, um Sätze einerseits von Worten und andererseits von Texten abzugrenzen. Deshalb soll sich hier die Aufmerksamkeit exemplarisch auf drei Satzdefinitionen konzentrieren. Diese haben alle gemeinsam, dass sie von einem grundsätzlichen funktionalen Erkenntnisinteresse geprägt sind, in dem auch die Zeitimplikationen von Sätzen eine wichtige Rolle spielen.

Die erste Definition stammt von dem Grammatiker und Sprachhistoriker Hermann Paul. Sie ist dadurch gekennzeichnet, dass sie sich weniger für die morphologischen und logischen Eigenschaften von Sätzen interessiert, sondern eher für deren funktionale Aspekte in kognitiven und kommunikativen Prozessen. Dadurch bekommt sie dann auch mittelbare und unmittelbare Bezüge zur Zeitproblematik in einem umfassenden Sinne.

> Der Satz ist der sprachliche Ausdruck, das Symbol dafür, dass sich die Verbindung mehrerer Vorstellungen oder Vorstellungsgruppen in der Seele des Sprechenden vollzogen hat, und das Mittel dazu, die nämliche Verbindung der nämlichen Vorstellungen in der Seele des Hörenden zu erzeugen.[257]

---

[257] H. Paul: Prinzipien der Sprachgeschichte (1880), 1975^9, S. 121, § 85.

Diese Satzdefinition von Paul konzentriert sich auf den pragmatischen Sinn und Zweck von Sätzen sowie auf die geistigen Operationen, die der Bildung und dem Verstehen von Sätzen zugrunde liegen. Dabei geht Paul von der Wahrnehmungsperspektive des Hörers aus, weil er sich vor allem dafür interessiert, welche Rückschlüsse der Hörer aus der Existenz eines bestimmten Satzes auf die geistige Verfassung des Sprechers ziehen kann, der den jeweiligen Satz gebildet hat und der durch diesen den Hörer auf die Existenz von ganz bestimmten Tatbeständen in der Welt aufmerksam machen möchte. Dabei ist dann zu beachten, dass diese Definition nicht nur auf Sätze im traditionellen Verständnis als Aussagen bzw. Prädikationen bezogen werden kann, sondern im Prinzip auf alle sprachlichen Äußerungen, in denen Einzelvorstellungen zu einer komplexeren Sinngestalt verbunden werden, also auch auf Wortgruppen, Satztypen und überschaubare kleinere Texttypen wie etwa Aphorismen oder Sprichwörter.

Pauls Satzdefinition offenbart, dass er sich vor allem auf den Satz als einen Indikator für einen bestimmten geistigen Syntheseprozess interessiert, der Rückschlüsse auf die aktuelle Weltwahrnehmung und die Mitteilungsintentionen des jeweiligen Sprechers ermöglicht. So gesehen wird der Satz von ihm dann auch nicht nur als ein Objektivierungsmittel für Welt oder als eine logische Determinationsrelation angesehen, sondern vor allem auch als ein Verbindungsmittel zwischen Sprecher und Hörer, insofern er funktional dazu dient, die Sach-, Denk- und Zeiterfahrung des jeweiligen Sprechers für den jeweiligen Hörer fassbar und verstehbar zu machen.

Diesbezüglich ist nun aufschlussreich, dass Paul im Prinzip von der Priorität bzw. Präexistenz von sprachlich objektivierbaren Einzelvorstellungen ausgeht. Deren Genese und Struktur wird von ihm allerdings nicht weiter problematisiert, sondern als faktisch gegeben vorausgesetzt. Er thematisiert nämlich nicht, wie diese Einzelvorstellungen zustande kommen, sondern nur, wie sie im Vorgang der Satzbildung als Bausteine sachgerecht miteinander verbunden werden. Das bedeutet, dass der Hörer beim Verständnis eines Satzes eigentlich nur den Weg zurückgehen muss, den der Sprecher bei der Satzbildung vorab schon gegangen ist, damit er dann dessen konkrete Welt- bzw. Zeitwahrnehmung sachgerecht verstehen kann.

Deshalb wird von Paul auch nicht thematisiert, ob es bei einem Verstehensprozess auch wirklich zu einer Deckungsgleichheit der Vorstellungsbildung zwischen dem Sprachproduzenten und dem Sprachrezipienten kommen kann. Das kann nämlich insbesondere im schriftlichen Sprachgebrauch durchaus zu einem faktischen Problem werden, weil beide zeitlich ja meist nicht in denselben Denk- und Sprachgebrauchswelten verwurzelt sind. Dieser Umstand hat dann ja auch zur Ausbildung der Hermeneutik als einer Theorie und Praxis der Textinterpretation geführt.

Die zweite in diesem Problemzusammenhang diskussionswürdige Satzdefinition stammt von dem Psychologen und Philosophen Wilhelm Wundt, der recht kritisch auf die Satzdefinition seines Zeitgenossen Hermann Paul Bezug nimmt, um dessen Satzdefinition kontrastiv von seiner eigenen abzusetzen. Dabei wird dann deutlich, dass Wundt sich weniger für die Vermittlungsfunktion von Sätzen zwischen Sprecher und Hörer interessiert, sondern eher für die Entstehungsgeschichte von Sätzen. Dadurch wird für ihn der Satz dann natürlich hinsichtlich seiner Zeitimplikationen auf einer ganz anderen Ebene als bei Paul aktuell.

> Psychologisch betrachtet ist demnach der Satz beides zugleich, ein simultanes und ein sukzessives Gebilde: ein simultanes, weil er in jedem Moment in seinem ganzen Umfang im Bewußtsein ist, wenn auch einzelne Nebenelemente gelegentlich aus diesem verschwinden mögen; ein sukzessives, weil sich das Ganze von Moment zu Moment in seinem Bewußtseinszustand verändert, indem nacheinander bestimmte Vorstellungen in den Blickpunkt treten und andere dunkler werden. Daraus geht hervor, daß der Ausdruck, der Satz sei eine „Verbindung von Vorstellungen" ebenso wie der andere, er sei eine „Verbindung von Wörtern", psychologisch unhaltbar ist. Vielmehr ist er *die Zerlegung eines im Bewußtsein vorhandenen Ganzen in seine Teile* [...]. So ergibt sich aus der Konstitution des Satzes dessen psychologischer Doppelnatur: sein simultanes Dasein verrät sich in dem Satzganzen, sein sukzessiver Ablauf in dem wechselnden Hervortreten der einzelnen Bestandteile in den Blickpunkt der Aufmerksamkeit. Die Satzbildung ist in diesem Sinne beides zugleich, eine analytische und eine synthetische Funktion. In erster Linie ist sie aber ein *analytischer Vorgang*.[258]

Während die Satzdefinition von Paul primär aus der Wahrnehmungsperspektive des Sprachrezipienten konzipiert worden ist, ist die von Wundt primär aus der des Satzproduzenten entwickelt worden. Bei seiner entstehungsgeschichtlichen Betrachtungsweise von Sätzen geht Wundt ganz ähnlich wie die spätere Gestaltpsychologie davon aus, dass am Beginn von Satzbildungsprozessen immer eine sehr komplexe, aber zugleich auch ziemlich undifferenzierte Ganzheitsvorstellung steht. Diese wird dann in Teilvorstellungen zerlegt bzw. in bestimmte Satzglieder und Wörter, die dann durch ganz bestimmte syntaktische Relationierungsmuster wieder miteinander verbunden werden.

Das bedeutet nun, dass jeder Produzent eines Satzes notwendigerweise immer in einen analysierenden Denk- und Aufgliederungsprozess eintreten muss und jeder Rezipient in einen synthetisierenden Sinnbildungsprozess, insofern er aus zeitlich sukzessiv vermittelten Teilvorstellungen wieder eine Gesamtvorstellung erzeugen muss, die der des Sprachproduzenten einigerma-

---

[258] W. Wundt: Völkerpsychologie 2. Band: Die Sprache, 1922⁴, S. 243 f.

ßen analog sein sollte. Daraus ergibt sich dann, dass der Produzent und der Rezipient eines Satzes, die ihnen jeweils zur Verfügung stehende Zeit faktisch auf eine ganz andere Weise nutzen müssen und dass beide die Zeit daher auch auf ganz andere Weise als einen sinnbildenden Ordnungsfaktor erleben.

Dieser generelle Strukturzusammenhang bei der Nutzung von Sätzen hat sehr unterschiedliche Konsequenzen für den mündlichen und den schriftlichen Sprachgebrauch. Beim mündlichen Sprachgebrauch müssen Sprecher und Hörer das Ausmaß und die Struktur ihres analysierenden und synthetisierenden Denkens der jeweiligen Geschwindigkeit des Sprechens und Hörens anpassen. Das begünstigt dann natürlich das bereits konventionalisierte und schematisierte Verständnis von Sprachformen. Beim schriftlichen Sprachgebrauch führt dagegen die Möglichkeit der Zeitdehnung bei der Produktion und der Rezeption von Sprache nicht nur dazu, dass die Nutzung der Sprache nicht nur variantenreicher erprobt werden kann, sondern auch dazu, dass sich die Leistungskraft der einzelnen Sprachformen in einem sehr viel höheren Ausmaße metareflexiv interpretieren und beurteilen lässt, was dann natürlich den jeweiligen Sinnbildungsprozessen wiederum eine ganz andere Grundstruktur geben kann.

Die zeitgedehnte Produktion und Rezeption von Sätzen und Texten ist nun allerdings nicht nur positiv zu beurteilen, da sich dadurch auch ganz bestimmte kognitive und kommunikative Probleme ergeben können. Deshalb hat Paul Valéry ja wie schon erwähnt (Kap. 10.4) darauf aufmerksam gemacht, dass die sprachlichen Brücken zwischen den jeweiligen Kommunikanten immer in einer bestimmten Geschwindigkeit überquert werden müssten. Sie brächen nämlich wie dünne Bretter zusammen, wenn man sie nicht rasch genug überquere bzw. wenn man sich auf ihnen schwer mache oder gar auf ihnen zu tanzen beginne.

Ganz besonders wegweisend an Wundts Satzbestimmung ist nun, dass er den Satz primär nicht als ein sprachliches Äquivalent eines gegebenen Sachverhalts ansieht, mit dem etwas ganz Bestimmtes abgebildet wird, sondern vielmehr als eine Ausdrucksform eines konkreten Sinnbildungsprozesses. Deshalb schreibt er dem Satz dann ja auch eine Doppelnatur als lineares und simultanes Gebilde zu. Auf diese Weise lässt sich dann auch das Erlebnis von Sätzen recht gut mit einem entsprechenden Erlebnis von Zeit parallelisieren.

Diese Doppelnatur von Sätzen exemplifiziert sich auch beim Spracherwerb. Die sogenannten Einwortäußerungen von Kleinkindern können nämlich mit gleichem Recht sowohl als *Einwortsätze* als auch als *Satzwörter* bestimmt werden. Pragmatisch gesehen sollen sie nämlich sehr komplexe Gesamtvorstellungen repräsentieren und vermitteln und keine Einzelvorstellungen oder gar Einzelbegriffe. Wenn Kinder merken, dass sie sich mit Einwortäußerungen nicht sinnvoll verständigen können, verwenden sie verständlicherweise recht bald Zwei- und Mehrwortäußerungen, in denen die einzelnen Wörter unterschiedliche syntaktische Funktionsrollen übernehmen, die dann über ihre Positionierung im Satz oder durch ihre morphologischen Erscheinungsformen genauer markiert werden. Auf diese Weise können dann Kinder ihre Gesamtvorstellungen semantisch und grammatisch so ausdifferenzieren, dass sie für die jeweiligen Gesprächspartner auch situationsabstrakt besser verständlich werden.

Die sprachlichen Analyse- und Syntheseanstrengungen, die sich bei der Bildung und dem Verstehen von Sätzen² manifestieren und die natürlich immer auch ganz spezifische Zeitimplikationen aufweisen, hat Brinkmann dann folgendermaßen treffend beschrieben.

> Während eines Satzes kommt für das Bewußtsein von Sprecher und Hörer die Zeit zum Stehen. Die sprachlichen Elemente, die in einem Satz aufeinander folgen, gelten als gleichzeitig miteinander gesetzt. Das zeitliche Nacheinander ist als gleichzeitiges Miteinander gemeint. So lautet die Formel für den Satz als sprachliche Gestalt: „Nacheinander als Miteinander".[259]

Brinkmann geht bei seiner Struktur- und Funktionsbestimmung von Sätzen von der Grundtatsache aus, dass die Produktion und Rezeption von Sätzen einerseits durch das Prinzip der zeitlichen Abfolge von sprachlichen Einzelzeichen bestimmt ist und andererseits durch das Prinzip der semantischen Integration der Informationsleistung von Einzelzeichen in eine umfassendere Sinngestalt. Das macht dann natürlich auch immer eine ganz bestimmte Zeitspanne für das Verstehen erforderlich. Das dokumentiert sich in der gesprochenen Sprache noch klarer als in der geschriebenen, weil das Ohr noch eindeutiger als das Auge auf die zeitliche Abfolge von Einzelwahrnehmungen angewiesen ist, da es ja nicht so viele Einzelphänomene simultan wahrnehmen kann.

Prinzipiell ist allerdings festzuhalten, dass die Abfolge von Wörtern in einem Satz kein Spiegelbild der Abfolge von jeweils benannten Einzelphänomenen in realen Sachverhalten bzw. Prozessen ist. Vielmehr ist festzuhalten, dass jeder Satz als eine begriffliche Strukturanalyse eines komplexen simultan gültigen Korrelationszusammenhangs anzusehen ist, der natürlich immer auch auf ganz bestimmten Wahrnehmungsinteressen beruht. Das bedeutet dann zugleich auch, dass über die grammatische Ausformung von Sätzen auch Korrelationszusammenhänge ins Bewusstsein gerufen werden können, die weniger zeitlicher als kausaler, psychologischer oder interpretatorischer Natur sind.

Aus diesem Sachverhalt folgt, dass sich über die konkrete Formulierung von Sätzen immer sehr unterschiedliche Teilinformationen vermitteln lassen. Deshalb müssen Kinder in ihren Spracherwerbsprozessen auch lernen, die je-

---

[259] H. Brinkmann: Die deutsche Sprache, 1971², S. 456.

weiligen Satzelemente als ganz spezifische Satzglieder morphologisch, grammatisch und funktional so klar wie möglich zu unterscheiden, damit sie diese in Sätzen auch sinnvoll verwenden und platzieren können. Solche Lernprozesse sind insbesondere in den flektierenden Sprachen notwendig, in denen die syntaktischen Funktionsrollen von Satzgliedern meist recht klar gekennzeichnet werden müssen und kaum situativen Assoziationen überlassen bleiben. Je nach der morphologischen und grammatischen Durchstrukturierung von Sprachen gibt es dann auch in der linearen Abfolge von Satzgliedern mehr oder weniger große Freiheitsgrade. Das dokumentiert sich beispielsweise sehr klar im Vergleich der linearen Abfolge von Satzgliedern im Lateinischen und Englischen.

14.4 Die Satzgefüge

Als Satzgefüge werden üblicherweise Satzformen bezeichnet, die neben einer Hauptaussage auch noch untergeordnete Nebenaussagen enthalten. Solche konstruktiv ineinander verschränkten Aussagen werden formal auch unter dem Begriff der Hypotaxe zusammengefasst. Im Kontrast dazu wird der Begriff der Parataxe verwendet, wenn Aussagen nur rein additiv miteinander verbunden sind. Bei hypotaktischen Satzkonstruktionen stellt sich nun allerdings die Frage, ob bzw. inwiefern die jeweiligen Zusatzaussagen derselben Zeitwelt zugeordnet werden können wie die jeweilige Hauptaussage, die durch die jeweiligen Nebenaussagen metainformativ näher erläutert wird.

Die hierarchische und funktionale Besonderheit von Nebenaussagen wird nicht nur durch die entsprechenden Konjunktionen oder Relativpronomen angezeigt, sondern im Deutschen auch durch die Endstellung des gebeugten Verbs (verbum finitum) in den abhängigen Nebensätzen. Außerdem ergibt sich im Deutschen auch die Möglichkeit, formal selbstständige Sätze als abhängige Aussagen kenntlich zu machen, wenn das jeweilige Verb im Konjunktiv verwendet wird, der unter diesen Umständen dann auch die syntaktische Funktion eines Unterordnungssignals mit bestimmten Zeitimplikationen bekommt.

Die grammatische Kennzeichnung solcher hierarchisch gestufter Aussagestrukturen in Satzgefügen hat nicht nur offensichtliche sprachlogische und zeitliche Ordnungsfunktionen, sondern darüber hinaus auch wichtige kommunikative. Dadurch kann ein Sprecher nämlich indirekt kenntlich machen, dass es ihm in seinen jeweiligen Mitteilungen nicht nur darum geht, bestimmte Sachinformationen weiterzugeben, sondern auch darum, anderen kenntlich zu machen, dass diese aus ganz bestimmten Interpretationsprozessen hervorgegangen sind und deshalb dann auch nicht den Anspruch erheben können und wollen, etwas schon Vorgegebenes auf der Ebene der Sprache einfach abzubilden oder gar zu verdoppeln. Das bedeutet dann faktisch, dass uns in Satzgefügen nicht nur etwas über die Welt der Objekte vermittelt wird, sondern immer auch etwas über die Welt der Subjekte bzw. über die Sprecher, die sich selbst und anderen ihre Erfahrungs- oder Denkwelt sprachlich zu objektivieren versuchen. Damit wird dann auch deutlich, dass in Satzgefügen nicht nur Informationen über die Existenz und Struktur bestimmter Sachverhalte vermittelt werden, sondern auch Informationen über die sinnstiftenden Anstrengungen der jeweiligen Sprachproduzenten, die selbst faktisch und zeitlich natürlich nicht vollständig in der Welt verwurzelt sind, die sie uns sprachlich zu objektivieren versuchen. Das impliziert, dass wir in Satzgefügen immer mit recht unterschiedlichen Informationsebenen konfrontiert werden, die zugleich auch als unterschiedliche Zeitebenen verstanden werden können.

Sprachstrukturell ist bei Satzgefügen außerdem zu beachten, dass die abhängigen Sätze in Satzgefügen auch die Funktion von bestimmten Satzgliedern des jeweils übergeordneten Satzes übernehmen können, weshalb sie dann auch als *Subjektsätze, Objektsätze, Adverbialsätze* oder *Attributsätze* bezeichnet werden können. Das ist für das hier thematisierte Verständnis von Zeit nun keineswegs unerheblich. Dadurch wir nämlich zugleich kenntlich gemacht, dass wir uns einen bestimmten Sachverhalt sowohl in einer statisch als auch in einer dynamisch orientierten Denkperspektive objektivieren können.

Während wir uns nämlich in prädikativen Standardsätzen die jeweils gegebenen Satzbausteine (Subjekte, Objekte, Adverbiale) als Sachverhalte üblicherweise in Form von substantivischen Bausteinen ins Bewusstsein rufen, die natürlich immer einen recht statischen Grundcharakter haben, stellen wir sie uns in Form von Gliedsätzen natürlich eher in Form von Prozessen vor (*Der Wagemutige gewinnt./ Wer wagt, gewinnt. Er log aus Angst./ Er log, weil er Angst bekam.*) Die grammatische Repräsentation von Satzgliedern in Form von Gliedsätzen hat deshalb zur Folge, dass in Satzgefügen die Denkwelt des jeweiligen Sprachproduzenten sehr viel deutlicher als eine individuell gestaltete Welt hervortritt als in isolierten prädikativen Behauptungen mit Hilfe von statisch orientierten Substantiven, da nun Prozessvorstellungen in den Vordergrund des Interesses rücken und damit dann natürlich auch Zeitvorstellungen anderen Typs.

Gerade in Attributsätzen treten Prozessvorstellungen und die Entstehungsgeschichte von Strukturverhältnissen sehr viel deutlicher hervor als etwa bei der Verwendung von Genitivattributen, weil die sprachlich objektivierten Sachverhaltsvorstellungen durch Verben und nicht durch Substantive objektiviert werden (*Der Geist des Widerspruchs ist nicht immer sehr beliebt./ Der Geist, der den Widerspruch liebt, ist nicht immer sehr beliebt.*). Außerdem ist diesbezüglich natürlich auch zu beachten, dass in allen expliziten prädikativen Determinationsrelationen die jeweiligen Sachvorstellungen sehr viel deutlicher hervortreten als in impliziten, weil Gliedsätze natürlich von vornherein eine größere Aufmerksamkeit auf sich ziehen als substantivisch manifestierte Satzglieder, die immer nur Bestandteile von prädikativen Behauptungen sind aber keine eigenständigen Feststellungen. So gesehen ist deshalb natürlich nicht nur die Wortwahl in sprachlichen Äußerungen von großer stilistischer Bedeutsamkeit, sondern auch die Verwendung von expliziten oder impliziten Determinationen, weil dadurch das spezifische Sinnprofil einer Äußerungen konkretisiert wird, das ihren rein sachlichen Informationsgehalt natürlich immer transzendiert.

Wenn im konkreten Sprachgebrauch Satzgefüge verwendet werden, dann ist das ein Indiz dafür, dass die jeweiligen Sprecher bestimmte Tatbestände oder Vorstellungsinhalte nicht nur auf reproduzierende Weise darstellen möchten, sondern dass sie diese zugleich auch immer zu deuten oder zu akzentuieren versuchen. Nebensätze aller Art sind daher auch als präzisierende Reflexionsschleifen zu verstehen, durch die eine bestimmte Grundinformation durch eine eigenständige Zusatzprädikation hinsichtlich ihrer jeweiligen zeitlichen, kausalen, modalen und intentionalen Implikationen näher bestimmt werden soll. Deshalb kann ihnen informationslogisch betrachtet auch eine eigenständige metainformative Funktion zugeordnet werden, insofern sie eine Basisinformation hinsichtlich ihres kognitiven oder kommunikativen Stellenwerts ausdrücklich näher qualifizieren wollen.

Das bedeutet nun, dass Nebensätze nicht nur wie auch Satzglieder eine Benennungsfunktion haben, sondern zugleich auch immer eine besondere hermeneutisch orientierte Erschließungs- und Interpretationsfunktion, über die wir nicht nur etwas über die Welt erfahren, sondern auch über die Denkanstrengungen und Mitteilungsintentionen des jeweiligen Sprechers. Was in Nebenprädikationen mitgeteilt wird, kann in der Regel nämlich nicht nur einer anderen Denkebene, sondern auch einer anderen Zeitebene zugeordnet werden als das, was in der jeweiligen Hauptprädikation vermittelt wird. Satzgefüge werden daher immer erforderlich, wenn man sachthematische Grundinformationen mit reflexionsthematischen Interpretationsinformationen konstruktiv miteinander verschränken möchte. Deshalb ist das Phänomen der Zeit dann auch ein kaum zu ignorierender mitlaufender Ordnungsfaktor von allen Mitteilungsprozessen, in denen Satzgefüge verwendet werden und nicht nur Einzelsätze.

Satzgefüge gebraucht man nicht, wenn man gegebene Tatbestände nur benennen will, sondern nur dann, wenn man zugleich auch versucht, sie hinsichtlich ihrer entstehungsgeschichtlichen und pragmatischen Korrelationszusammenhänge prägnanter zu kennzeichnen. Deshalb werden sie auch hinsichtlich ihrer sprachtheoretischen Implikationen nicht zureichend erfasst, wenn man sie allein mit dem formalen relationslogischen Begriff der Hypotaxe zu bewältigen versucht. Dieser erfasst nämlich nur die syntaktischen Hierarchieverhältnisse in Satzgefügen, aber nicht die sinnbildenden Interpretationsanstrengungen, die immer auch mit diesen verbunden sind.

Der Vorteil des Begriffs der Hypotaxe besteht darin, dass er einen sehr viel geringeren Umfang hat als der Begriff des Satzgefüges. Durch den Hypotaxebegriff lässt sich unserer Wahrnehmungsinteresse perspektivisch deutlich auf Unterordnungsrelationen konzentrieren. Sein Nachteil besteht aber darin, dass er uns nicht wie der Begriff des Satzgefüges auch darauf aufmerksam macht, welche unterschiedlichen inhaltlichen Füllungen diese Hierarchieverhältnisse kognitiv und kommunikativ haben können und welche zeitlichen Implikationen damit in einem engeren chronologischen und in einem weiteren psychologischen Sinne verbunden sein können. Diesbezüglich hilft es dann durchaus weiter, die Teilsätze von Satzgefügen als spezifisch akzentuierte Denkschleifen mit einem eigenen Zeitprofil innerhalb einer Hauptprädikation zu verstehen.

Wenn man nun die pragmatische Funktion von untergeordneten Teilsätzen in Satzgefügen über die Vorstellung von Reflexionsschleifen in darstellenden Mitteilungsprozessen zu erfassen versucht, dann ergibt sich natürlich auch die Frage, ob nicht auch noch andere Satzelemente eine solche Funktion erfüllen können. Das kann dann gerade für rhetorische Überlegungen durchaus von Interesse sein. In diesem Zusammenhang ist dann allerdings auch immer zu beachten, dass die ordnungsstiftende Funktion der Korrelation einer Grundinformation mit einer interpretierenden Metainformation ein Grundprinzip aller Sprachen bzw. Zeichensysteme ist, das nicht allein auf die Relation von Hauptsätzen und Nebensätzen beschränkt werden darf. Interpretierende Einschübe in Aussagen müssen nicht immer den Charakter von expliziten Nebenprädikationen haben, sondern können sich auch in Form von Satzelementen repräsentieren, die keinen prädikativen Aussagecharakter haben, aber durchaus den Charakter einer Metainformation zu einer bestimmten Grundinformation.

In diesem Zusammenhang ist beispielsweise an Negationszeichen (*nicht, kein*), an Modalwörter (*vermutlich, vielleicht*) oder Modalpartikel (*schon, zwar*) zu denken. Die Eigenart dieser Satzelemente besteht darin, dass sie allesamt nichts ontisch Gegebenes sprachlich objektivieren oder gar widerspiegeln wollen, sondern vielmehr auf die spezifische Denkstruktur des jeweiligen Sprechers aufmerksam machen wollen und sollen. Deshalb können sie auch allesamt mit dem Erklärungsbegriffen *Perspektivenwechsel*, *Denkschleife* oder *Metareflexion* in Verbindung gebracht werden, weil durch sie immer auch auf andere Sach- ,Denk- und Zeitwelten aufmerksam gemacht werden kann.

Ähnliches gilt im mündlichen Sprachgebrauch dann auch für die Verwendung von Sprechpausen und Intonationskurven, die natürlich auch dazu dienen, Äußerungen ein spezifisches Sinnrelief zu geben, in das sowohl objekt- als auch subjektorientierte Informationen eingehen. All diese Fragestellungen gehen natürlich weit über das Wahrnehmungsinteresse der traditionellen Syntax hinaus. Gleichwohl ist die Sinnbildungsfunktion dieser Zeichen in Sätzen gerade in stilistischer Hinsicht nicht zu leugnen. Auf jeden Fall ist festzuhalten, dass solche Satzelemente eine metainformative Interpretationsfunktion für andere Satzelemente haben und deshalb dann natürlich auch einen bestimmten syntaktischen Stellenwert gerade in Sätzen mit komplexen Mitteilungsfunktionen.

Die komplexen Satzgefüge Kleists sind gute Beispiele dafür, wie ganz unterschiedliche Kategorien von Satzelementen syntaktisch auf eine sehr intensive sinnbildende Weise aufeinander bezogen werden können, obwohl sie sachlich und zeitlich oft ganz unterschiedlichen Mitteilungsebenen zuzuordnen sind. Dadurch treten dessen Satzgefüge dann auch als mehrdimensionale Sinngebilde in Erscheinung, die nicht zureichend über die in ihnen enthaltenen expliziten und impliziten Prädikationen beschrieben werden können, da es in ihnen auch noch ganz andere Relations- bzw. Determinationszusammenhänge gibt, die mit unseren üblichen syntaktischen Analysebegriffen nicht zureichend erfasst und beschrieben werden können. Dazu gehören beispielsweise Partikel (*ach, oh*), Sprechpausen oder sprachlich thematisierte Gesten. Auf diese Weise treten dann die oft schwer überschaubaren Satzgefüge von Kleist als mehrdimensionale Ordnungsgebilde hervor, durch die er seine Mitteilungsinhalte ständig in ganz unterschiedliche Richtungen ausweitet, um das aktuell Mitgeteilte semantisch nicht allzu sehr abstraktiv zu verkürzen. Kleists Konzept von der allmählichen Verfertigung der Gedanken beim Reden kommt deshalb nicht nur auf der Ebene von Texten zur Erscheinung, sondern auch schon auf der von Sätzen.

Die komplexen Satzgefüge von Kleist haben eine sehr intensive ästhetische Wirkung auf ihre Hörer oder Leser, insofern sie von diesen eigentlich nicht in einer rein kontemplativen Distanz wahrgenommen werden können. Immer wieder werden sie nämlich auf sehr intensive Weise in den Sog der mehrdimensionalen Informationsstrukturen dieser Satzgefüge hineingezogen. Kleists komplexe Sätze sind rein analytisch und strukturell kaum befriedigend aufzuschlüsseln, da sie versuchen, alles mit allem in einen Korrelations- und Interaktionszusammenhang zu bringen, um gerade auf dieses Weise sehr dichte geistige Vorstellungsgebilde entstehen zu lassen. Da in ihnen jede sprachliche Information durch eine andere ergänzt, präzisiert oder relativiert wird, tritt sie zugleich auch als unverzichtbar und als interpretationsbedürftig in Erscheinung. Dementsprechend führen Kleists Satzgefüge zu sehr intensiven Sinnbildungserlebnissen, die man begrifflich kaum befriedigend bewältigen kann.

Bei dieser szenisch orientierten sprachlichen Darstellungsstrategie spielen dann natürlich nicht nur temporale, kausale, adverbiale und attributive Teilsätze eine wichtige Rolle, sondern auch Satzelemente, die eher eine illustrierende, assoziative oder gestische Informationsfunktion haben. In Kleists Satzgefügen wird immer wieder deutlich, dass er ständig mit dem Problem kämpft, wie er das, was gleichzeitig geschieht bzw. das, was er gleichzeitig in seinem Vorstellungsvermögen aktivieren möchte, auf eine lineare Weise sprachlich darstellen kann, ohne es zu isolieren, zu verfälschen oder unangemessen sprachlich zu korrelieren. Auf diese Weise wird Kleists Darstellungsweise in einem ganz wörtlichen Sinne *umständlich*, weil er Einzelsachverhalte nicht nur auf eine abstraktive Weise an einem chronologischen oder kausalen Faden aufreiht, sondern vielmehr so, dass ihre Korrelationszusammenhänge ganz besonders plastisch und vielfältig für die jeweiligen Rezipienten in Erscheinung treten können.

Das ist nun keineswegs unangemessen oder gar unrealistisch, weil es bei unseren Erlebnisweisen von Welt ja immer nicht nur auf die jeweiligen Tatbestände selbst ankommt, sondern auch auf die Umstände, in die sie jeweils eingebettet sind, und auf die Perspektiven, in denen Menschen sie subjektiv wahrnehmen können. Das transzendiert dann natürlich einen Sprachgebrauch, der abstraktiv darauf verkürzt wird, eine allgemeine Gegenstandsvorstellung durch eine ganz bestimmte Bestimmungsvorstellung zu präzisieren. Kleist Sätze sind dadurch charakterisiert, dass bei der Vorstellungsbildung keine besonderen Merkmale vorschnell als unwichtig ausgeblendet werden, sondern dass vielfältige Einzeltatbestände in einen Interaktionszusammenhang miteinander gebracht werden, der sich begrifflich kaum befriedigend aufschlüsseln und objektivieren lässt, sondern oft nur auf bildliche bzw. ikonische Weise.

Solche Satzgefüge sind logisch und syntaktisch zwar etwas unübersichtlich, sie sind aber anthropologisch doch sehr wirklichkeitsnah, weil sie bestimmte Wirkungsfaktoren bei unseren Vorstellungsbildungen nicht vorschnell auszufiltern versuchen, um uns die Ausbildung von begrifflich beschreibbaren Ordnungszusammenhänge zu erleichtern. Wolfgang Kayser ist deshalb im Hinblick auf die Sturkurordnung der komplexen Satzgefüge von Kleist zu folgendem weitreichenden Schluss gekommen: *„Was so die Struktur des einzelnen Satzes und somit des Augenblicks ist, ist die Struktur der Welt überhaupt."*[260]

Die komplexen Satzgefüge von Kleist exemplifizieren, dass sich unsere Vorstellungen über die Welt nicht problemlos über unsere konventionalisierten begrifflichen und syntaktischen Ordnungsstrukturen objektivieren lassen. Der Grund dafür liegt nicht zuletzt darin, dass unsere Erlebnisformen von Welt ähnlich wie die von Bildern eine synchronisierende Grundtendenz haben, in der

---

[260] W. Kayser: Kleist als Erzähler. In: W. Müller-Seidel (Hrsg.): Heinrich von Kleist. Aufsätze und Essays, 1967, S. 242.

vieles mehr oder weniger zugleich präsent werden soll und kann. Obwohl der Gebrauch von Sprache im Prinzip immer durch eine lineare Ordnungsstruktur geprägt wird, in der Einzelzeichen notwendigerweise nacheinander in Erscheinung treten müssen, lassen sich doch Gebrauchsformen der Sprache ausbilden, in denen das Linearitätsprinzip zugunsten eines Synchronizitätsprinzips entscheidend abgemildert wird. Das gilt nicht nur für die komplexen Satzgefüge von Kleist, sondern auch schon für den metaphorischen Sprachgebrauch.

Kleist handhabt die syntaktischen Ordnungsmöglichkeiten der Sprache so virtuos, dass wir zumindest partiell ihre immanenten logischen Determinationsrelationen und zeitlichen Abfolgepostulate vergessen können. Er kann in seinen Sätzen und Satzperioden komplexe Sinngebilde erzeugen, die es möglich machen, dass für uns die begriffliche Logik der Determinationsrelationen von Prädikationen und die chronologische Abfolgelogik bei der Vorstellungsbildung ganz in den Hintergrund treten. Genau das macht dann aber auch die komplexen Satzgefüge von Kleist so eindrucksvoll und wirklichkeitsnah, weil er konventionalisierte syntaktische Muster zwar verwendet, aber ihnen nicht völlig verfällt. Dadurch kommt in seinen komplexen Satzgefügen die Zeit wirklich zum Stehen, weil deutlich wird, dass alles, was in einem Satz nacheinander geäußert wird, dennoch zugleich szenisch gelten soll

All das mag ein Satzgefüge aus Kleists *Michael Kohlhaas* exemplifizieren, dessen Sinnstruktur sich weder über das Dependenz- noch über das Prädikationskonzept befriedigend erfassen lässt. In diesem Satzgefüge mit vielen ineinander verschachtelten Aussagen und Teilinformationen begrifflicher und bildlicher Art objektiviert Kleist eine vielschichtige Wahrnehmungs- und Entscheidungssituation von Kohlhaas, in die dieser recht unvorbereitet gerät, als er ein an ihn persönlich gerichtetes Plakat Martin Luthers liest, das an einem öffentlichen Torweg angebracht war. In diesem Aufruf stellt Luther an Kohlhaas nämlich die Frage, ob er persönlich erlittenes Unrecht mit noch größerem Unrecht vergelten dürfe. Dadurch macht er Kohlhaas dann gleichsam zum Richter über sich selbst und verstrickt ihn in weitreichende Selbstreflexionen. In diesem Satzgefüge wird nämlich sehr Unterschiedliches aus ganz verschiedenen Sach- und Denkwelten nacheinander gesagt, aber alles soll natürlich zugleich gelten, eben weil dadurch eine sehr komplexe Problemsituation sprachlich objektiviert wird. Kein Punkt trennt in diesem Satzgefüge die einzelnen Aussagen und Informationsfragmente von einander ab, lediglich Kommata, Semikola und Doppelpunkte werden als syntaktische Strukturierungshilfen eingesetzt.

> Aber wer beschreibt, was in seiner Seele vorging, als er das Blatt, dessen Inhalt ihn der Ungerechtigkeit zieh, daran erblickte: unterzeichnet von dem teuersten und verehrungswürdigsten Namen, den er kannte, von dem Namen Martin Luthers! Eine dunkle Röte,

stieg in seinem Antlitz empor: er durchlas es, indem er den Helm abnahm, zweimal von Anfang bis zu Ende: wandte sich, mit ungewissen Blicken, mitten unter die Knechte zurück, als ob er etwas sagen wollte, und sagte nichts; löste das Blatt von der Wand los, durchlas es noch einmal: und rief: Waldmann! laß mir mein Pferd satteln! sodann: Sternbald! folge mir ins Schloß! und verschwand.[261]

14.5 Die Thema-Rhema-Relation

Wenn man nach den Zeitimplikationen von syntaktischen Ordnungsformen in der Sprache fragt, dann kann man sich natürlich nicht nur mit den syntaktischen Ordnungsmustern im traditionellen grammatischen Sinne beschäftigen, sondern muss seinen Blick auch auf Ordnungsmuster richten, die auf ganz andere Weisen zum Ausdruck kommen können. Dazu gehören dann insbesondere die Muster für die lineare Reihenfolge sprachlicher Zeichen in Sätzen. Diese Ordnungsformen haben dann allerdings oft eher eine natürliche als eine kulturelle Basis, weshalb sie auch in einer ganz spezifischen Spannung zu den grammatischen Ordnungsmustern der Sprache im engeren Sinne stehen können.

Solche Muster für die Reihenfolge von Satzelementen in Äußerungen werden in der Regel nicht der Grammatik einer Sprache zugerechnet, sondern eher der Stilistik. Gleichwohl kann man sie aber funktional betrachtet durchaus auch der Grammatik bzw. der Syntax einer Sprache zuordnen. Sie vermitteln uns nämlich ganz ähnlich wie syntaktische Muster im engeren Sinne Metainformationen darüber, wie die lexikalischen Grundinformationen von bestimmten Satzelementen in sprachlichen Sinnbildungsprozessen funktional verstanden werden sollen. Die Reihenfolgeanordnung von Satzelementen folgt nämlich bestimmten Regularitäten, die Einfluss auf den pragmatischen Sinn des jeweils Mitgeteilten jenseits von grammatischen Regeln im engeren Sinne nehmen. Sie lagern sich gleichsam den üblichen lexikalischen und grammatischen Ordnungsformen auf, um deren aktuellen kommunikativen Sinn zu spezifizieren.

Während beispielsweise die syntaktische Unterscheidung zwischen Subjekt und Prädikat im Sinne einer Determinationsrelation zwischen einer Gegenstandsvorstellung und einer Bestimmungsvorstellung üblicherweise sachlogisch orientiert ist, so ist die Unterscheidung zwischen dem Erstglied (Thema) und dem Zweitglied (Rhema) in Sätzen bzw. Äußerungen in der Regel eher informationspsychologisch motiviert. Mit dieser Unterscheidung wird nämlich nicht auf die elementaren logisch-syntaktischen Bausteine von Aussagen Bezug genommen, sondern vielmehr auf die natürliche psychologische Informations-

---

[261] H. von Kleist: Michael Kohlhaas, Sämtliche Werke und Briefe Bd. 2 1962, S. 44.

spannung zwischen der zuerst genannten Vorstellungsgröße in einer sprachlichen Äußerung und der darauf folgenden. Die Frage nach den Zeitimplikationen von Sätzen bekommt in dieser Wahrnehmungsperspektive dann natürlich auch ein ganz anderes Profil als im Denkhorizont der Vorstellung von einer logischen Determinationsrelation zwischen einer sprachlichen Gegenstandsvorstellung und einer sprachlichen Bestimmungsvorstellung.

Um neben der sachlogischen Prädikationsstruktur von Sätzen auch ihre psychologische bzw. kommunikative Mitteilungsstruktur in den Blick zu bekommen, hat Hermann Ammann 1925 vorgeschlagen bei der Analyse von Sätzen neben dem Begriffspaar *Subjekt* und *Objekt* auch das Begriffspaar *Thema* und *Rhema* zu nutzen. Für Ammann konstituiert sich dabei das Thema aus dem *„Gegenstand der Mitteilung"*. Dieses stehe natürlicherweise immer am Anfang einer jeden sprachlichen Äußerung, da es ja den Ausgangspunkt der kommunikativen Dynamik in einer bestimmten sprachlichen Mitteilung bilde. Dagegen thematisiere das Rhema das *„Neue"*, das ein Sprecher einem Hörer über ein zuvor ins Bewusstsein gerufenes Thema mitteilen möchte.[262]

All das bedeutet nun, dass informationspsychologisch gesehen durch die Setzung eines Themas am Anfang einer sprachlichen Äußerung immer eine spezifische inhaltliche Erwartungsspannung erzeugt wird, die dann durch die Rhemagröße semantisch befriedigt wird. Diese Erwartungsspannung kann identisch mit derjenigen sein, die zwischen dem grammatischen Subjekt und Prädikat eines Satzes besteht. Sie muss es aber nicht sein, weil sich die faktische pragmatische Mitteilungsintention eines Sprechers auch auf ganz andere Ziele richten kann als auf die mögliche begriffliche Determinationsrelation zwischen einer bestimmten Subjektgröße und einer bestimmten Prädikatsgröße. Die syntaktisch-grammatischen Analysebegriffe Satzgegenstand und Satzaussage können mit den syntaktisch-psychologischen Analysebegriffen Thema und Rhema identisch sein, sie müssen es aber nicht sein, weil diese auf jeweils ganz andere Ordnungsstrukturen der Welt und der Sprache bezogen sein können.

Außerdem ist natürlich auch zu beachten, dass die syntaktischen Ordnungsbegriffe Thema und Rhema nicht nur auf selbständige Sätze im traditionellen Sinne bezogen werden können, sondern im Prinzip auch auf die Reihenfolge von sprachlichen Einzelelementen in Satzgliedern wie beispielsweise den vorangestellten oder nachgestellten Attributen, auf die Reihenfolge von Teilsätzen in umfangreichen Satzverbindungen und Satzgefügen sowie auf die Reihenfolge von Abschnitten oder Kapiteln in Texten. In all diesen Fällen kann die Thema-Rhema-Relation ein wichtiges metainformatives semiotisches Mittel

---

262 H. Ammann: Die menschliche Rede, 1974[4], S. 141.

sein, um über die konkrete zeitliche Reihenfolge von Teilinformationen einer bestimmten komplexen sprachlichen Mitteilung ein ganz spezifisches kommunikatives Sinnrelief zu geben. Beispielsweise kann in einem Text die Überschrift, der Einleitungssatz oder das erste Kapitel ebenfalls die Funktion eines Themas bekommen, das eine Erwartungsspannung für bestimmte Folgeinformationen auslöst. Das schließt dann allerdings nicht aus, dass die Themagröße auch eine irreführende Erwartungsspannung auslösen kann, was sich *Witze*, *Aphorismen* und *Kriminalromane* durchaus zu Nutze machen können.

Das syntaktische Analysekonzept der Thema-Rhema-Relation macht uns einerseits nachdrücklich auf den Umstand aufmerksam, dass in der Regel sprachliche und insbesondere lexikalische Zeichen notwendigerweise nacheinander geäußert und rezipiert werden müssen, aber dennoch alle zugleich gelten sollen. Es macht uns andererseits aber auch darauf aufmerksam, dass die zeitliche Reihenfolge von sprachlich vermittelten Einzelvorstellungen durchaus eine wichtige sinnbildende Funktion haben kann und deshalb nicht nur eine bloß formale Nebensächlichkeit des Mediums Sprache ist.

Wie wichtig Reihenfolgemuster in sprachlichen Äußerungen sind, zeigt sich auch darin, dass in Sprachen wie beispielsweise dem Englischen, das im Laufe der Zeit seine grammatischen Kasusmorpheme weitgehend verloren hat, dazu gezwungen worden ist, Subjekte und Objekte in Sätzen durch spezifische Stellungspositionen im Satz klar voneinander zu unterscheiden. Das bedingt dann im Englischen auch eine sehr viel rigider geregelte Reihenfolge von Subjekten und Objekten in Sätzen als im Lateinischen oder im Deutschen.

Je freier die Satzgliedstellung in einer Sprache ist, desto leichter kann die Thema-Rhema-Relation natürlich als stilistisches Sinnbildungsmittel verwendet werden. Das lässt sich sehr schön an drei unterschiedlichen linearen Reihenfolgefassungen eines bekannten Sprichwortes demonstrieren. Diese Fassungen vermitteln prädikativ bzw. sachlogisch alle dieselbe Grundinformation, aber sie geben dieser dann doch ein je unterschiedliches Sinnrelief, da der pragmatische Stellenwert von Einzelinformationen durch die zeitliche Reihenfolge ihrer Vermittlung durchaus unterschiedlich akzentuiert wird.

> Man fängt Mäuse mit Speck.
> Mäuse fängt man mit Speck.
> Mit Speck fängt man Mäuse.

Mit der ersten Variante des Sprichworts wird eine Aussage gemacht, die dem üblichen Schema von Aussagen (Subjekt-Prädikat-Relation) entspricht. Das Subjekt wird hier zwar durch eine pronominale Leerform repräsentiert, die personell variabel ausgefüllt werden kann, aber das tut der generellen Erwartungsspannung des Satzes ja keinen Abbruch. Diese ist nämlich dadurch gekennzeichnet, dass das grammatische Subjekt in der Regel auch als Thema einer Aussage in Erscheinung tritt, auf das sich eine bestimmte Neugier richtet, die hier dann durch die Informationsleistung eines Verbs, eines Objekts und eines Adverbials befriedigt wird. Dadurch kann der ganze Satz dann logisch nach dem Determinationskonzept und handlungsmäßig nach dem Agens-Actio-Modell verstanden werden. Auf der Rhema-Position treffen wir in diesem Fall dann auf einen Prädikatsverband, über den eine bestimmte Handlung, ein bestimmter Handlungsgegenstand und ein bestimmtes Handlungsmittel benannt wird. Dadurch lässt sich dann eine sachlogisch klar strukturierte Sachverhaltsvorstellung erzeugen, die sich auch wahrheitstheoretisch beurteilen lässt.

Die zweite Sprichwortvariante lenkt dagegen unsere Aufmerksamkeit zunächst auf eine ganz bestimmte Gegenstandsvorstellung. Obwohl diese grammatisch in Form eines Akkusativobjekts in Erscheinung tritt, besetzt sie informationspsychologisch gesehen gleichwohl doch die Thema-Position des Satzes, die in der Regel ja gerne dem Subjekt eines Satzes vorbehalten wird. Diese sprachliche Besetzung der Thema-Position löst dann natürlich eine ganz andere Erwartungsspannung für konkrete Folgeinformationen auf der Rhema-Position aus als die Besetzung mit einem Subjekt, das zu intentionalen Handlungen fähig sein kann. Die so gesetzte Erwartungsspannung wird hier dann inhaltlich durch die Hinweise auf einen bestimmten Handlungsträger und ein bestimmtes Handlungsmittel gelöst. Der sprachlich objektivierte Tatbestand ist zwar derselbe wie in der ersten Fassung des Sprichwortes, aber seine aspektuelle Wahrnehmung ist dann doch eine andere, weil nun nicht mehr die Relation von Handlungsträger und Handlungsinhalt im Mittelpunkt des Interesses steht, sondern die Relation zwischen dem Handlungsgegenstand und dem Handlungsträger sowie auf das von ihm verwendete Handlungsmittel.

Die dritte Variante entspricht nun der üblichen sprachlichen Fassung des Sprichwortes. Thema des Sprichwortes ist jetzt das Handlungsmittel, das dann natürlich eine andere Erwartungsspannung auslöst als die anderen beiden Besetzungen der Themaposition, da unsere Neugier nun ganz darauf konzentriert wird, was mit dem genannten Handlungsmittel realisiert werden kann. Diese Formulierung des Sprichwortes entspricht deshalb auch am besten der pragmatischen Funktion von Sprichwörtern, weil diese ja allgemeine Handlungsweisheiten objektivieren wollen und keine begrifflich legitimierbaren Determinationsrelationen. Die in dieser Fassung des Sprichwortes erstplatzierte Vorstellung entspricht deshalb auch dem, was sich als *psychologisches Subjekt* eines Satzes im Gegensatz zu einem *grammatischen Subjekt* bezeichnen lässt.

Die Begriffspaare Subjekt und Prädikat bzw. Thema und Rhema sollten deshalb auch nicht als alternative Konzepte für die syntaktische Analyse von

Sätzen bzw. Äußerungen betrachtet werden, sondern vielmehr als sich ergänzende Analysekonzepte, weil sie unsere Aufmerksamkeit auf ganz unterschiedliche syntaktische Ordnungs- und Informationsstrukturen von Sätzen bzw. Äußerungen richten. Während sich das Subjekt-Prädikat-Konzept darauf konzentriert, die begriffliche und logische Ordnungsstruktur von sprachlichen Äußerungen zu erfassen, konzentriert sich das Thema-Rhema-Konzept darauf, die zeitliche Reihenfolge von sprachlich vermittelten Teilinformationen als ein sinnbildendes Ordnungsprinzip zu erfassen. Das eröffnet diesem Analysekonzept dann natürlich auch eher Verbindungen zur Stilistik und Hermeneutik als zur Begriffslogik und Wahrheitsproblematik.

Auf jeden Fall sollte nicht ausgeschlossen werden, auch die zeitliche Reihenfolge von Satzelementen als ein wichtiges sinnbildendes syntaktisches Ordnungsprinzip anzuerkennen und nicht nur die prädikative Determinationsrelation zwischen unterschiedlichen Satzgliedern. Das dokumentiert sich auch darin, dass der syntaktische Problembereich, der mit dem *Thema-Rhema-Konzept* ins Auge gefasst wird, sich auch mit Hilfe ähnlicher Denkkonzepte erschließen lässt wie etwa *funktionale Satzperspektive, kommunikative Satzdynamik, Topik-Fokus-Perspektive* oder *topic-comment-structure*. All diese Konzepte haben gemeinsam, dass sie die lineare bzw. zeitliche Abfolge von sprachlichen Einheiten als ein strukturierendes syntaktisches Ordnungsprinzip ansehen, das natürlich insbesondere für stilistische Analysen fruchtbar gemacht werden kann.

Im Denkrahmen der Linearitätsproblematik entschärft sich dann auch der Gegensatz zwischen den schon zitierten Satzdefinition von Hermann Paul und Wilhelm Wundt. Diese Satzdefinitionen exemplifizieren nämlich eigentlich nur, dass die Funktion von Sätzen sich aus der Perspektive eines Sprechers anders darstellt als aus der eines Hörers, insofern Sätze für beide nämlich recht unterschiedliche kognitive und kommunikative Funktionen zu erfüllen haben.

Hermann Paul hat ja den Satz als einen Hinweis darauf bestimmt, dass sich beim Sprechenden eine bestimmte Verbindung von Einzelvorstellungen bereits vollzogen hat und dass er diese schon erzeugten Korrelationen mit Hilfe eines Satzes im Denken eines Hörenden wiedererzeugen möchte. Dementsprechend fällt dann dem Hörenden die Aufgabe zu, aus der linearen Abfolge und aus der grammatisch qualifizierten Form von Satzelementen mit Hilfe von synthetisierenden Denkanstrengungen wieder diejenige Verbindung von Einzelvorstellungen zu rekonstruieren, die der jeweilig Sprechende ihm übermitteln möchte.

Im Gegensatz zu Paul interessiert sich nun aber der eher psychologisch orientierte Wundt primär nicht für die synthetisierenden Denkanstrengungen des Hörers, sondern für die analysierenden Denkanstrengungen des Sprechers vor der jeweiligen konkreten Satzbildung. Diese sind für ihn nämlich dadurch charakterisiert, dass eine komplexe, aber auch etwas diffuse Gesamtvorstellung analytisch in ihre möglichen Teile zerlegt wird, die sprachlich dann natürlich noch konkretisiert werden müssen. Die Ergebnisse dieser kategorisierenden Analyse- und sprachlichen Benennungsprozesse werden dann anschließend vom Sprecher linear gereiht und grammatisch qualifiziert einem Hörer in Form von Sätzen übermittelt. Eine bloß additive Anhäufung von benennenden Einzelzeichen kann dieser pragmatischen Funktion natürlich nicht gerecht werden.

Aus diesen Rahmenbedingungen von Kommunikationsprozessen ergibt sich dann auch, dass Sprecher und Hörer bei der Bildung und beim Verstehen von Sätzen auf ganz unterschiedliche Weise mit der Linearität und Konstruktivität von Sätzen konfrontiert werden und dass die faktische Syntax in einem Satz immer sowohl eine lineare als auch eine konstruktive grammatische Ordnung haben muss. Es impliziert weiter, dass auch die Syntax kein neutraler mechanischer Spiegel von vorgegebenen ontischen Ordnungsstrukturen ist, sondern ein lebender bzw. ein interpretierender Spiegel. Die Thema-Rhema-Relation von Sätzen spielt deshalb gerade im ästhetischen Sprachgebrauch als syntaktisches und synthetisierendes Ordnungsprinzip naturgemäß eine sehr viel wichtigere Rolle als im argumentativen. Im ästhetischen Sprachgebrauch ist nämlich die Vorstellungsbildung weniger an den begrifflichen als an den bildlichen bzw. sinnlich fassbaren Ordnungsstrukturen des Wahrnehmens und Denkens orientiert. Gerade für diese spielt dann natürlich die zeitliche Reihenfolge von Wahrnehmungseindrücken eine ganz zentrale Rolle. Das lässt sich exemplarisch sehr schön an Hölderlins Gedicht *Hälfte des Lebens* veranschaulichen.[263]

HÄLFTE DES LEBENS

Mit gelben Birnen hänget
Und voll mit wilden Rosen
Das Land in den See,
Ihr holden Schwäne,
Und trunken von Küssen
Tunkt ihr das Haupt
Ins heilignüchterne Wasser.

Weh mir, wo nehm' ich, wenn
Es Winter ist, die Blumen, und wo
Den Sonnenschein,
Und Schatten der Erde?
Die Mauern stehn
Sprachlos und kalt, im Winde
Klirren die Fahnen.

---

263 F. Hölderlin: Werke Bd. 2, S. 117.

In diesem Gedicht tritt die Thema-Rhema-Relation als sinnbildendes syntaktisch Ordnungsprinzip sehr eindrucksvoll hervor. In der 1. Strophe wird auf den Ausgangspunkt des konkreten sprachlichen Sinnbildungsprozesses bzw. auf die Themaposition nicht das grammatische Subjekt des Satzes gesetzt, sondern ein Adverbial, das einen ganz konkreten Sinneseindruck wiedergibt. Dieses Satzglied spielt zwar für die grammatisch-logische Aussagestruktur des Satzes eine Nebenrolle, aber für die sinnliche bzw. ikonische Vorstellungsbildung ist es sicherlich höchst bedeutsam. Es benennt nämlich das, was einem Wahrnehmenden zuerst ins Auge fällt und was demzufolge dann auch bedingt, in welchen Zusammenhängen die folgenden Informationen aufgenommen werden. Dadurch wird nämlich festgelegt, was in einem psychologischen Sinne eine Präzisierungsfunktion für die primäre Grundwahrnehmung hat oder haben kann.

Dieser Beginn des Gedichts veranschaulicht sehr klar, dass für Hölderlin im lyrischen Sprechen die unmittelbare sprachliche Objektivierung von dominierenden sinnlichen Eindrücken sehr viel wichtiger ist als die Respektierung von etablierten syntaktischen Aussagemustern wie sie beispielsweise in der linearen Abfolge von Subjekt, Verb, Objekt und Adverbial zum Ausdruck kommt. Das bedeutet dann auch, dass in einer solchen Form des Sprechens natürlich auch andere Formen der Welt- und Zeiterfahrungen zur Erscheinung kommen können als in den syntaktischen Reihenfolgemustern des üblichen Sprachgebrauchs.

Die Syntax der 1. Strophe des Gedichts von Hölderlin zeigt auf eindrucksvolle Weise, dass die verändernde Macht der Zeit bei der faktischen Welterfahrung durchaus an Macht verloren hat. Alles steht hier mit allem in Verbindung, nichts wird von etwas anderem dominiert, alles befindet sich in einem untergründigen Interaktions- und Lebenszusammenhang miteinander, der allerdings weniger kategorial und logisch, sondern eher sinnlich und bildlich zu erschließen ist. Die Zeit ist als eine Ordnungskraft für die Strukturierung der Welt vorhanden, aber sie tritt nicht als eine Ordnungsmacht in Erscheinung, der sich alles Existierende zwangsweise und vielleicht widerwillig beugen muss.

Diese Zeiterfahrung bzw. dieser Lebenszusammenhang ändert sich nun in der 2. Strophe grundlegend. Hier wird nämlich nicht ein konkreter Sinneseindruck aus der Natur zum Ausgangspunkt der weiteren Vorstellungsbildung gemacht, sondern die Klage eines isolierten Menschen, der nicht mehr in eine lebendige natürliche Welt eingebunden ist, sondern allenfalls in eine abgestorbene oder künstlich hergestellte, über die er reflektieren kann, weil er nicht mehr genuin zu ihr gehört. Unter diesen Bedingungen wird die Zeit dem sprechenden Menschen zum Problem, weil er sich nun Alternativen zu der in der 1. Strophe thematisierten Welt vorstellen kann. In dieser vorgestellten Welt steht etwas Gegebenes nicht mehr in einem konkreten Lebens- und Wirkungszusammenhang mit anderem Gegebenem. Der Mensch ist nicht mehr problemlos in die Welt der natürlichen Dinge einbezogen, sondern findet sich in der Situation einer Isolierung bzw. in einer Welt von Artefakten wieder. Unter diesen Bedingungen tritt die Zeit dann für ihn auch nicht mehr als eine verbindende Kraft in Erscheinung, sondern als eine trennende, weil das Denken vom lebenden Sein isoliert wird und mit einem abgestorbenen Sein konfrontiert wird.

In der 1. Strophe des Gedichts tritt die Zeit dagegen gleichsam als eine Grundprämisse in Erscheinung, die einen Dialog bzw. ein Gespräch zwischen den Einzelphänomenen ermöglichen kann. Alle Dinge sind einander zugewandt und nehmen aneinander Anteil. Vom Menschen ist deshalb auch nicht direkt, sondern nur indirekt die Rede, insofern jemand da ist, der etwas anredet, was mit ihm eine gemeinsame Welt bildet, in der alles innerlich zusammengehört. Welt und Mensch gehören faktisch zusammen, da sie auch in eine gemeinsame Zeit eingebunden sind. Natur, Mensch und Zeit sind deshalb sowohl sachlich als auch sprachlich als wirkliche Zeitgenossen anzusehen.

Diese Einheit von Mensch und Natur bzw. von Welt und Zeit gibt es in der 2. Strophe nicht mehr. Die Dinge in der Welt werden zu bloßen Betrachtungsobjekten, von denen sich das reflektierende Wahrnehmungssubjekt distanziert und isoliert hat, weil es durch sein Denken die ursprüngliche Gegenwärtigkeit aller Phänomene transzendiert hat und sich nun Alternativen zu allem vorstellen kann. Durch diese wird er allerdings inhaltlich nicht reicher, sondern ärmer. Das bedeutet, dass die Zeit nun eher als eine trennende und weniger als eine verbindende Kraft erlebt wird. Deshalb wird die Gegenwärtigkeit der Zukunft dann auch eher zu einem bedrückenden als zu einem inspirierenden Ereignis.

Es ist deshalb auch kein Wunder, dass in der 2. Strophe von lexikalischen und grammatischen Negationsformen Gebrauch gemacht wird (*Winter, Schatten, Mauern, kalt, sprachlos*). Außerdem wird eine Frage gestellt, die ja ein deutliches Indiz dafür ist, dass von einer Wahrnehmungssituation in eine Reflexionssituation übergegangen wird, in der Mangelerlebnisse zum Ausdruck kommen, die uns dann das Phänomen der Zeit auf eine schmerzliche Weise ins Bewusstsein rufen. Damit bestätigt sich in Hölderlins Gedicht dann auch die Lebenserfahrung, dass die Zeit gleichsam verschwindet, wenn sie inhaltlich gefüllt ist, und schmerzlich in Erscheinung tritt, wenn sie als leer oder als chaotisch empfunden wird bzw. wenn man auf etwas wartet, von dem man annimmt, es nicht mehr sinnvoll mit anderem in Beziehung setzen zu können.

Vor dem Hintergrund dieser Überlegungen zu Hölderlins Gedicht lässt sich deshalb festhalten, dass das Thema-Rhema-Konzept durchaus auch als ein lebender Spiegel betrachtet werden kann, mit dem sich dann insbesondere anthropologisch relevante Aspekte von Zeiterlebnisweisen und Zeitgestaltungsweisen erschließen und sprachlich objektivieren lassen.

15 Die Eigenwelt und Eigenzeit von Texten

Wenn man die Frage nach der Eigenwelt und Eigenzeit von Sätzen auch auf die von Texten ausdehnt, dann ist damit nicht nur eine quantitative Ausweitung des Beobachtungsfeldes verbunden, sondern auch eine qualitative. Das gilt insbesondere dann, wenn man sein Augenmerk auf schriftlich fixierte Texte richtet. Texte dürfen nämlich nie als bloße Additionen von Sätzen verstanden werden, da sie uns immer auch als ganz konkrete Texttypen entgegentreten, in denen sich ganz bestimmte Typen von Weltwahrnehmungen und Ordnungsgestalten manifestieren, die zugleich auch ganz spezifische Umgangs- und Objektivierungsformen für Zeit beinhalten. Da diese weit über das hinausgehen, was auch für Sätze gilt, sind Texte natürlich auch als sehr viel komplexere Sprachspiele als Sätze anzusehen.

Die These von der Eigenwelt und der Eigenzeit von Texten trifft insbesondere für schriftlich konzipierte und fixierte Texte zu. Diese sind nämlich prinzipiell als typische Manifestationsformen eines monologischen Sprachgebrauchs anzusehen, da sie sich sehr viel weitgehender als mündlich realisierte Texte von ihren konkreten situativen Einbindungen gelöst haben. Deshalb müssen schriftliche Texte auch in einem noch höheren Maße als mündlich konzipierte und realisierte Texte interne Strukturzusammenhänge vielerlei Art sprachlich konkretisieren und spezifizieren, wobei dann natürlich auch zeitliche Relationszusammenhänge immer eine ganz besondere Rolle spielen. Das Problem der synchronen Geltung linear gereihter sprachlicher Zeichen hat deshalb in Texten auch eine noch größere Bedeutung als in einfachen Sätzen.

Da Texttypen nun noch stärker als Satztypen kulturellen Evolutions- und Differenzierungsprozessen unterliegen, haben sich im Laufe der Kulturgeschichte auch sehr unterschiedliche Textmuster herausgebildet, in denen das Phänomen *Zeit* als ein offensichtlicher oder verdeckter Ordnungsfaktor wirksam wird. In Sprachspielen vom Typus *Text* treffen wir deshalb nicht nur auf sehr unterschiedliche Sach- und Denkwelten, sondern auch auf sehr unterschiedliche Zeitwelten. Das dokumentieren religiöse, fiktionale, poetische, wissenschaftliche, narrative und argumentative Texte sehr deutlich. In diese Text- bzw. Zeitwelten kann man eintreten, aus ihnen kann man aber auch austreten. Man kann sie unterschiedlich wahrnehmen, aber endgültig beherrschen wird man sie kaum. Einerseits haben diese Ordnungswelten nämlich einen kollektiven Geltungsanspruch, die ein einzelner nicht aufheben, sondern allenfalls variieren kann. Andererseits haben diese Ordnungswelten eine Polyfunktionalität und Flexibilität, die auch einen großen Einfluss auf die Formenwelt der natürlichen Sprache hat. Deshalb dürfen sich Texttypen als Realisation von

Sprachspielen auch nicht zu starren Textmustern verhärten, ohne sich selbst als polyfunktionale Sinnbildungsformen in Frage zu stellen. Die Flexibilität von Texttypen gehört deshalb wohl auch zur inneren Form und Lebendigkeit einer jeden natürlichen Sprache, ohne die diese ihren pragmatischen Wert verlöre. Stabilität und Flexibilität scheinen in ihr dialektisch immer zusammenzugehören.

Eine ganz besondere Rolle spielen hinsichtlich der Frage nach den Zeitimplikationen von Texten natürlich Erzähltexte aller Art. Daher sollen diese nun auch noch etwas genauer betrachtet werden. Vorerst soll sich das Interesse dabei erst einmal darauf konzentrieren, in exemplarischer Weise die spezifischen Strukturmerkmale von Texten im Kontrast zu denen von Sätzen herauszuarbeiten und danach zu fragen, welche Auswirkungen die pragmatischen Funktionen bestimmter Texttypen auf die Wahrnehmung und die sprachliche Objektivierung von Zeit haben können. Auf diese Weise ergibt sich dann auch die Chance, deutlich herauszuarbeiten, welch unterschiedliche Ordnungs- und Gestaltungsfunktionen das Phänomen der Zeit sowohl in sachsystematischer als auch in anthropologischer Hinsicht hat und wie sich diese Funktionen direkt oder indirekt in Texten manifestieren können.

15.1 Die Herkunft des Textbegriffs

Geschichtlich gewachsene Phänomene wie Textformen lassen sich kaum exakt definieren und von benachbarten Phänomenen wie Satz- oder Äußerungsformen trennscharf abgrenzen. Bei einem solchen Vorhaben liefe man nämlich Gefahr, deren Genese, deren historische Wandlungsmöglichkeiten und deren vielfältige Sinnschichten zu verfehlen. Dennoch lassen sie sich aber in unterschiedlichen Perspektiven beschreiben und eben dadurch dann auch als eigenständige Phänomene ernst nehmen. Das kann man ganz gut an der Herkunft und der Funktion des Textbegriffs selbst exemplifizieren, der allerdings in oralen und literalen Kulturen ein recht unterschiedliches pragmatisches Profil hat.

Unser heutiges Wort *Text* geht auf das lat. Wort *textus* (Geflecht, Gewebe, Zusammenhang) zurück, das schon sehr früh aus dem textilen auf den sprachlichen Bereich übertragen worden ist. Diese Herkunft des Textbegriffs ist für seine phänomenologische Funktionsbestimmung durchaus aufschlussreich, weil dadurch die Differenzierungsintentionen ganz gut in den Blick kommen, die ursprünglich mit dem Textbegriff verbunden waren und die auch heute noch bei dessen Verständnis wirksam sind. Deshalb ist es auch nützlich, sich die positiven und negativen Analogien zu vergegenwärtigen, die zwischen textilen Geweben und sprachlichen Texten bestehen.

Als eine positive Analogie zwischen einem textilen Gewebe und einem sprachlichen Text lässt sich festhalten, dass in beiden Fällen unterscheidbare Teile nicht additiv, sondern konstruktiv miteinander verbunden sind, und dass dadurch Ordnungsgestalten entstehen, die nicht zwingend und vollständig aus ihren jeweiligen Einzelelementen abgeleitet werden können, eben weil diese mehr sind als die Summe ihrer Teile. Das ist dadurch bedingt, dass sich aus der spezifischen Korrelation und den damit verbundenen Interaktionsmöglichkeiten zwischen den Einzelteilen auch ganz neuartige Qualitäten des Ganzen ergeben können bzw. ganz neuartige Betrachtungsmöglichkeiten für das Ganze.

Außerdem ist natürlich ebenfalls zu beachten, dass sowohl textile Gewebe als auch sprachliche Texte Ergebnisse von zielgerichteten Handlungen sind, die hinsichtlich ihrer jeweiligen indexikalischen, ikonischen und symbolischen bzw. konventionalisierten Zeichenimplikationen erst verstanden werden müssen, bevor sie auf angemessene Weise pragmatisch wirksam werden können. Als komplexe Ordnungsgebilde haben Gewebe und Texte deshalb nicht nur eine materielle Dimension, sondern auch eine semiotische bzw. eine soziale und kulturelle. Beide verweisen nämlich auf etwas, was sie selbst materiell nicht sind, was aber dennoch zu ihrer Seinsweise gehört, solange wir sie als Kulturphänomene und Zeichen verstehen wollen und können. Weiterhin haben wir zu beachten, dass beiden Phänomenen im Laufe ihrer Entwicklungsgeschichte Funktionsmöglichkeiten und Wahrnehmungsaspekte zugewachsen sind, die zunächst noch gar nicht klar fassbar oder wirksam waren, und dass beide prinzipiell immer dazu disponiert sind, Substrukturen auszubilden, die dann zur pragmatischen Flexibilität ihrer jeweiligen Funktionalitäten beitragen.

Angesichts dieser Analogien zwischen Geweben und Texten sollte man allerdings auch nicht die Unterschiede zwischen beiden Phänomenen aus den Augen verlieren. Die konkreten Teile bzw. Ordnungsfaktoren von Geweben sind meist sinnlich gut fassbar und sachlich gut kategorisierbar (Fäden, Kette, Schuss, Muster usw.). Die eher kognitiven Ordnungsstrukturen von Texten sind dagegen weniger gut fassbar, weil sie in einem sehr viel höherem Maße in Form von interpretationsbedürftigen Zeichen in Erscheinung treten. Diese haben hinsichtlich der Erscheinungsweise ihrer Zeichenträger zwar immer eine sinnlich fassbare Basis, aber welche Phänomene in Texten als Zeichenträger mit welchen Sinnbildungsfunktionen wirksam werden können, das ist nicht einfach feststellbar, sondern selbst wieder ein Ergebnis von interpretierenden Anstrengungen, welches faktisch durchaus unterschiedlich ausfallen kann.

Die Wahrnehmung von Texten besteht nämlich sowohl darin, nachvollziehbar festzustellen, welche beobachtbaren Phänomene in ihnen überhaupt eine Zeichenträgerfunktion haben (akustische bzw. graphische Zeichen, Auswahlentscheidungen beim Vokabular, syntaktische Muster, Texttypen, Verbildlichungen usw.), als auch darin, festzulegen, worauf uns diese Zeichenträger faktisch aufmerksam machen können. Die sprachliche Besonderheiten von Texten müssen allerdings in einem sehr viel größerem Ausmaße als die textilen Besonderheiten von Geweben als Ordnungsfaktoren bzw. als mögliche Zeichenträger erst identifiziert werden, bevor sie pragmatisch wirksam werden können.

Da die Wahrnehmung und das Verständnis von materiellen Geweben in der Regel einfacher ist als das von Texten, können Gewebe auch nicht in dem selben Ausmaße wie Texte Fremdheitserlebnisse auslösen. Eine Ausnahme bilden allerdings Gewebe, die zugleich interpretationsbedürftige Bilder repräsentieren wie beispielsweise der gestickte *Teppich von Bayeux*, auf dem in Bildern die Eroberung Englands durch Wilhelm den Eroberer dargestellt worden ist. Dieser Teppich hat nämlich in einem doppelten Sinne eine zeichenträchtige Dimension, insofern nicht nur seine textile Materialität als ein Reservoir von Zeichenträgern angesehen werden kann , sondern auch seine bildlichen Seinsaspekte.

Da Gewebe funktional einfacher zu verstehen sind als sprachliche Texte, können Gewebe auch nicht in demselben Ausmaße Fremdheits- und Verständnisprobleme auslösen wie verbale Texte. Deshalb ist es beim Verständnis von Texten auch nicht nur notwendig, lexikalische, grammatische, graphische oder intonatorische Einzelzeichen zu identifizieren und in ihrem Zusammenwirken zu verstehen. Darüber hinaus hat man in seine Verstehensanstrengungen auch noch textuelle Zeichen einbeziehen. Solche Zeichenformen können sich nicht nur durch schon etablierte Texttypen (Beschreibungen, Argumentationen, Gesetze usw.) manifestieren, sondern auch durch spezifische ästhetische und pragmatische Mitteilungsstrategien, die sich auch spontan entfalten können.

Texte lassen sich inhaltlich und strukturell natürlich in sehr unterschiedlichen Perspektiven näher betrachten (Textgenese, Textstruktur, Textfunktion, Textinhalt usw.). Zu unserem Textverständnis gehören dabei sicherlich auch solche Wahrnehmungsinhalte, die uns Hinweise darauf geben, auf welche chronologischen Zeitstufen Texte Bezug nehmen, mit welchen sprachlichen Mitteln bestimmte Zeitstrukturen und Zeiterlebnisse sprachlich objektiviert werden und welche kulturellen Traditionen bei der Objektivierung von Zeit und Zeiterlebnissen in ihnen wirksam werden. Insbesondere in schriftlich fixierten fiktionalen Erzähltexten spielen deshalb nicht nur textinterne und textexterne chronologische Zeitverweise eine konstitutive Rolle, sondern auch explizite und implizite Reflexionen darüber, welche Ordnungsfunktionen der Zeit für die Organisation unseres Wahrnehmens und Denkens zukommen können.

Gerade weil Texte Ergebnisse von mentalen Handlungen im sozialen Raum sind, kann ihnen immer eine spezifische Intentionalität, Zielantizipation und Zweckrationalität zugeschrieben werden. Texte lassen sich eigentlich nie auf eine reine Darstellungsfunktion von Sachverhalten beschränken, da sie faktisch immer auch eine Interaktionsfunktion zwischen den jeweiligen Kommunikationspartnern haben. Das schließt ein, dass sich in Texten auch immer ein ähnliches bzw. ein intersubjektiv nachvollziehbares Zeitverständnis manifestieren muss, um die pragmatische Relevanz der jeweiligen Einzelinformationen richtig einschätzen zu können.

Ein illustratives Beispiel dafür ist das Hörspiel *Krieg der Welten* von Orson Welles, das 1938 im Radio ausgestrahlt wurde und auf einem Roman von H. G. Wells aus dem Jahre 1898 basierte. Dieses Hörspiel über eine Invasion von Marsbewohnern auf der Erde löste bei vielen Hörern eine Panik aus, weil sie das Radio nur als Medium für die Übermittlung von direkt relevanten lebenspraktischen Nachrichten und authentischen Reportagen kannten, aber nicht als Medium für die Vermittlung von literarischen Fiktionen. Deshalb waren sie dann auch spontan nicht in der Lage, die Zeitwelt des Hörspiels von der Zeitwelt ihres eigenen faktischen Lebens klar zu unterscheiden.

Wenn man Texte in schriftlicher Fassung distanziert und zeitgedehnt rezipieren kann, dann lassen sich in ihnen natürlich auch sehr viel leichter unterschiedliche Informationsebenen und Informationsmittel identifizieren und interpretativ verwerten, als wenn man sie in mündlicher Fassung rezipieren muss, bei der man Sätze genauso schnell zu verstehen hat, wie sie ausgesprochen werden. Das schließt dann nämlich weitgehend aus, sprachliche Einzelzeichen auf analysierende Weise explizit zu identifizieren und hermeneutisch zu qualifizieren. Verstehensprozesse müssen in der mündlichen Kommunikation in einem hohen Ausmaße auf intuitive Weise vollzogen werden, weil sie sich nicht zeitgedehnt methodisch organisieren lassen. Je älter und traditionsgebundener Texte sind, desto schwerer fällt es natürlich, deren Informationspotential spontan umfassend zu überschauen und angemessen zu verstehen.

Allerdings kann es in einem historischen Abstand einem Textrezipienten zuweilen auch sehr viel leichter fallen, schriftlich fixierte Texte gegen den Strich ihrer direkten Informationsabsichten zu verstehen. Unter diesen Umständen können Texte nämlich für ihn auch zu Indikatoren für ganz bestimmte historische Individuen oder Epochen verstehbar werden. Je nach dem historischen Hintergrundswissen der Leser bzw. je nach deren konkreten Wahrnehmungsinteressen lassen sich Texten dann auch ganz unterschiedliche Sinnpotentiale zuordnen, da man nun ja auch ganz unterschiedliche Fragen an Texte stellen kann. Je nach den auf sie gerichteten Fragen können Texte daher auf ganz andere Weise zum Sprechen gebracht werden und uns dann sogar etwas mitteilen, was ihre Verfasser uns intentional eigentlich gar nicht mitteilen wollten.

Texte können naturgemäß oft erst dann eine konkrete Prägnanz bekommen, wenn man sie auch in ihre historische Entstehungszeit einordnen kann bzw. wenn man durch sie Wissensinhalte aktivieren kann, die es ermöglichen, diese

Texte auch als Antworten auf ganz bestimmte zeitgenössische Fragen und Probleme zu verstehen. Texte werden so gesehen oft erst dann zu wirklichen Dialogpartnern, wenn man zielgenaue Fragen an sie stellen kann, die ihre faktische Verwurzelung in einer aktuellen Gegenwart oder in einer ganz anderen Zeit keineswegs leugnen müssen. Solche Fragen können natürlich anthropologisch ziemlich grundsätzlich sein, aber sie müssen deshalb keineswegs zeitlos sein. Wenn sie nämlich völlig zeitlos wären, dann liefen sie natürlich auch immer Gefahr, ihren Sitz im konkreten faktischen Leben schnell zu verlieren.

So betrachtet objektivieren Texte dann nicht nur bestimmte Denkgegenstände, sondern immer auch ihre eigene individuelle und typologische Entstehungsgeschichte. Das exemplifiziert sich gerade durch die unterschiedliche historische Ausprägung von unterschiedlichen Texttypen sehr deutlich. Diese repräsentieren nämlich immer auch sehr unterschiedliche kulturelle Ordnungsanstrengungen bzw. Zeitwelten. Unordnung bzw. Entropie ergibt sich in Texten gleichsam von selbst, Ordnung aber nur durch zielgerichtete Anstrengung in der Zeit und mit Hilfe von Zeit. Insbesondere durch den zeitgedehnten schriftlichen Sprachgebrauch bekommt die Sprache eine mögliche Korrelationskraft, die weit über das hinausgeht, was im mündlichen Sprachgebrauch denkbar ist, da sich nun die Sprache von vielen einschränkenden Faktoren des mündlichen Sprachgebrauchs emanzipieren kann und sich auf diese Weise dadurch dann auch einen sehr viel freieren Umgang mit der Zeit als einer fundamentalen sprachlichen und anthropologischen Ordnungskraft eröffnen kann.

Das bedeutet, dass die Geschichte des Textbegriffs mit der Erfindung, Entwicklung und Nutzung der Schrift eine gewaltige quantitative und qualitative Ausweitung erfahren hat, die dazu geführt hat, dass sich auch die mit Texten verbundenen Zeitwelten ungemein ausdifferenzieren konnten. Das lässt sich recht gut mit Hilfe des Sprachspielkonzeptes von Wittgenstein verdeutlichen, über das sich sowohl die externen als auch die internen Zeitrelationen von Texten verdeutlichen lassen. Das soll nun einerseits an Beschreibungs- und Gesetzestexten und andererseits an argumentativen und fiktionalen Texten exemplarisch veranschaulicht werden.

15.2 Die Zeitimplikationen von Beschreibungstexten

Auf den ersten Blick scheinen Beschreibungstexte im Gegensatz zu Erzähltexten keine wirklich konstitutiven Zeitimplikationen zu besitzen. Mit Ausnahme der Beschreibungen von prozessualen Abläufen scheinen diese nur das Ziel zu haben, stabile Strukturzusammenhänge sprachlich darzustellen, die zumindest in dem jeweiligen Betrachtungsrahmen nicht der Veränderungskraft der Zeit unterworfen sind und bei denen deshalb weder die Herkunft noch die Zukunft des Beschriebenen von genuinem Interesse ist. Von sprachlichen Beschreibungen erwarten wir in der Regel die sprachliche Objektivierung von statischen Seinsformen in der Zeit bzw. eine Art sprachlichen Gipsabdruck von etwas dauerhaft Gegebenem. Deshalb hat die klassische Rhetorik Beschreibungen auch als sprachliche Gemälde angesehen bzw. als Ergebnisse des Malens mit Sprache.

All das bedeutet, dass das beschreibende Subjekt, das natürlich selbst Kind einer bestimmten Zeit ist, nicht als ein lebender, sondern eher als ein mehr oder weniger mechanisch wirksamer Spiegel in Erscheinung tritt oder zu treten braucht. Dieses Verständnis von Beschreibungen als rein objektorientierten Textformen hat dann insbesondere die Phänomenologie überhaupt nicht zufriedenstellen können, weil sie die Rolle des Subjekts bei der Konstitution von Vorstellungsinhalten auf keinen Fall übersehen wollte. Merleau-Ponty hat daher ganz nachdrücklich betont, dass in Wahrnehmungsprozessen der eigene Leib und seine Wahrnehmungsbedingungen ein ganz entscheidendes Kriterium für die Erfassung und das Verständnis von Welt sei, da man nur über seine eigenen konkreten Wahrnehmungsmöglichkeiten für etwas in die Welt hineingleiten könne. Deshalb ist für ihn auch *„der eigene Leib das beständig mitanwesende dritte Moment in der Struktur Figur-Hintergrund, und eine jede Figur profiliert sich in dem doppelten Horizont von Außenraum und Körperraum."*[264] Wenn man bei der Wahrnehmung von Welt und Zeit von einem solchen Leibapriori ausgeht, dann wird deutlich, dass das wahrnehmende Subjekt nicht nur an der mentalen Konstitution der jeweiligen Objektwelt beteiligt ist, sondern auch an der mentalen Konstitution von Zeit, in deren Rahmen ja die jeweilige Objektwelt für dieses Subjekt faktisch in Erscheinung tritt oder treten kann.

Die Auffassung, dass insbesondere unsere wissenschaftliche Beschreibung der Objektwelt zumindest tendenziell von der Subjektwelt und der Veränderungskraft der Zeit methodisch abstrahieren kann, ist natürlich nicht gänzlich von der Hand zu weisen. Aber dadurch erübrigt sich noch nicht die Frage, wie man bei der Herstellung von Beschreibungen mit dem Phänomen der Zeit als einer konkretisierenden Korrelationskraft umgehen soll und im Rahmen von welchem Zeitverständnis sich Beschreibungen am besten realisieren lassen.

Das kann sich bei konkreten Beschreibungen dann durchaus darin dokumentieren, dass man sein Interesse nicht nur auf die jeweiligen Ist-Zustände von Beschreibungsgegenständen richtet, sondern auch auf deren jeweilige Entstehungs- und Veränderungsgeschichten so wie auf deren konkrete Funktionsmöglichkeiten. Dadurch lassen sich dann auf ganz natürliche Weise Bezüge

---

264 M. Merleau-Ponty: Phänomenologie der Wahrnehmung, 1966, S. 126.

zum Phänomen der Zeit herstellen. Das bedeutet dann allerdings auch, dass die Beschreibung als eine genuin eigenständige Textsorte in Frage gestellt wird, weil man nun Beschreibungen nur noch als Teile von viel umfassenderen Sinnbildungsanstrengungen zu verstehen hat, um Kontakt mit der Welt aufnehmen zu können. Auf diese Weise ergeben sich dann über Beschreibungsvorgänge auch immer ganz spezifische Sensibilisierungsmöglichkeiten für die Wahrnehmung von Zeit, die sich beispielsweise beträchtlich von denen in Erzählungen unterscheiden.[265]

Wenn man beim Vorgang des Beschreibens sein Interesse darauf richtet, wie der Beschreibende seine Eigenwelt und Eigenzeit mit der der beschriebenen Phänomene in Beziehung setzt, dann ist das Beschreiben nicht nur als ein bloß darstellender, sondern immer auch als ein sinnerzeugender Vorgang zu beurteilen. Das beschreibende Subjekt muss sich dabei nämlich so an der Widerständigkeiten seiner Gegenstände abarbeiten, dass es gerade durch diese Anstrengung auch besser mit sich selbst bekannt wird, da sich Beschreibungen ja kaum auf eine rein optische Wahrnehmungsebene für ihre Gegenstände beschränken lassen. Obwohl Beschreibungen primär auf die sinnlich erfassbare Welt bezogen sind, kann man in ihnen dennoch nicht darauf verzichten, auch auf die Ebenen der Emotion, der Intention, der Kausalität und der Zeit Bezug zu nehmen, um über sinnlich identifizierbare Oberflächenstrukturen auch verborgene Tiefenstrukturen zu erfassen, die nur interpretativ erschlossen werden können.

So gesehen sind Beschreibungen deshalb auch immer mit einer Transzendierung der aktuellen Gegenwart verbunden, insofern bei ihnen ja auch Gedächtnisinhalte, Zukunftserwartungen und hypothetische Denkinhalte berücksichtigt werden müssen, um sie pragmatisch wirklich relevant zu machen. Gute Beschreibungen haben daher neben ihren dominierenden Objektbezügen immer auch bestimmte Subjektbezüge, weil sie natürlich auch Manifestationsformen von dialogischen Interaktionsbeziehungen zwischen Objektwelten und Subjektwelten in ganz bestimmten Zeiträumen bzw. Zeitwelten sind.

Aus diesem Umstand ergibt sich dann auch, dass Beschreibungen einerseits immer dem objektbezogenen Repräsentationsgedanken verpflichtet sind, weil sie ja eine intersubjektiv verständliche Objektvorstellung ermöglichen sollen, aber andererseits zugleich auch immer dem subjektbezogenen Interpretationsgedanken, weil sich ansonsten durch sie unsere perspektivischen Wahrnehmungsmöglichkeiten nicht ausweiten könnten und eben dadurch dann auch an sozialer Relevanz verlören. Auf diese Weise bestätigen dann Beschreibungen

---

[265] Vgl. P. Klotz: Beschreiben. Grundzüge einer Deskriptologie, 2013; P. Klotz/Ch. Lubkoll (Hrsg.): Beschreibend wahrnehmen – wahrnehmend beschreiben, 2005.

auf eine vielleicht etwas unerwartete Weise die These Augustins, dass es für das synthetisierende Bewusstsein und Denken eigentlich keine wirklich eigenständigen Zeitstufen im Sinne von Vergangenheit, Gegenwart und Zukunft gebe, sondern vielmehr nur eine Gegenwart, die sich aus der Gegenwart des Vergangenen als Erinnerung, der Gegenwart des Gegenwärtigen als Augenschein und der Gegenwart des Zukünftigen als Erwartung konstituiere.[266]

Strukturell sind alle Beschreibungsvorgänge durch die Interaktion und Spannung zwischen Sinnenbezug und Reflexionsbezug, zwischen Sachbezug und Zeichenbezug bzw. zwischen Unmittelbarkeit und Mittelbarkeit geprägt. Dieses immanente Spannungsverhältnis von Beschreibungen lässt sich recht gut über den Perspektivitätsgedanken veranschaulichen, da Perspektiven Mittel sind, über die Menschen in ihre Lebenswelten hineingleiten und die vielfältigen Aspekte ihrer jeweiligen Wahrnehmungsgegenstände erfassen können.

Das bedingt, dass in jede faktische Wahrnehmung und Beschreibung von etwas auch immer etwas von den Wahrnehmungsbedingungen und Wahrnehmungsmitteln des jeweiligen Wahrnehmungssubjekts eingeht, wodurch dann Beschreibungen auch erst ihre konkrete soziale und anthropologische Relevanz bekommen. Unter diesen Rahmenbedingungen können und müssen Beschreibungen deshalb natürlich immer bis zu einem gewissen Grade auch von der Zeit in einem rein chronologischen Sinne absehen, aber nicht von der Zeit in einem anthropologisch-pragmatischen Sinne, da bestimmte Wahrnehmungsinhalte sich oft erst im Kontext von ganz bestimmten lebensrelevanten und subjektorientierten Perspektiven erschließen, aber nicht in rein objektorientierten.

All das impliziert, dass das Phänomen der Zeit nicht nur als ein wichtiger Konstitutionsfaktor von verlaufsorientierten Erzählungen anzusehen ist, sondern auch von vermeintlich statisch orientierten Beschreibungen, insofern die Zeit immer an allen sinnbildenden Perspektivierungsanstrengungen beteiligt ist, insofern sie dabei hilft, Rückbindungen an unsere jeweiligen Wissensbestände, Wahrnehmungsziele und Versprachlichungsmöglichkeiten herzustellen. Deshalb haben Beschreibungen dann natürlich auch immer Bezüge zu unserer Kultur-, Mentalitäts- und Sprachgeschichte.

Hugo von Hofmannsthal hat die Dialektik von Oberfläche und Tiefe bzw. von Sache und Zeichen, die für die Herstellung und das Verständnis von Beschreibungen konstitutiv ist, in einem aparten Aphorismus folgendermaßen thematisiert: *„Die Tiefe muß man verstecken. Wo? An der Oberfläche."*[267] Mit

---

266 Augustin: Confessiones/Bekenntnisse, 11. Buch 20.16, S. 643.
267 H. von Hofmannsthal: Aufzeichnungen, Gesammelte Werke in Einzelausgaben, Bd. 15, 1973, S. 47.

dieser etwas paradoxen These macht Hofmannsthal nachdrücklich darauf aufmerksam, dass auch gute Beschreibungen nicht allein in das Reich der konventionalisierten Verstehensprozesse gehören, sondern zugleich auch immer in das Reich der Heuristik, Hermeneutik und Ästhetik. Das, was auf den ersten Blick als einfach und gut verstehbar erscheint, kann auf den zweiten Blick im Rahmen anderer sachlicher und zeitlicher Wahrnehmungsperspektiven durchaus als unverständlich, aber möglicherweise auch als tiefgründiger in Erscheinung treten, eben weil alles Faktische auf vielfältige Weise zum Zeichen für etwas anderes werden kann. Wenn nun aber alle benannten Dinge zu Zeichen für etwas werden können, was von ihnen selbst unterscheidbar ist, dann können natürlich alle Beschreibungen von Phänomenen potentiell vieldeutig oder mehrschichtig werden. Deshalb ist es dann semiotisch gesehen auch keineswegs überraschend, dass schon in mittelalterlichen theologischen Überlegungen die Rede vom *Buch der Natur* und vom *Buch der Geschichte* üblich war, in denen man prinzipiell genauso lesen könne wie in der Bibel als *Buch der Schrift*.

Die grundsätzliche These, dass sich hinter der sinnlich fassbaren Welt noch eine andere nur geistig erfassbare Welt verberge, ist nicht nur dem religiösen, philosophischen, kulturellen und ästhetischen Denken eigen, sondern auch dem naturwissenschaftlichen. Zumindest seit der Renaissance gibt es den Gedanken, dass es hinter der sinnlich fassbaren und zeitlich veränderbaren Natur noch eine andere Natur gebe, nämlich die Natur der zeitlos gültigen Naturgesetze, die als eigentliche Natur zu gelten habe. Das impliziert dann nicht nur andere Wahrnehmungsziele beim Verständnis der Natur, sondern natürlich auch ein ganz anderes Verständnis von den Ordnungsfunktionen der Zeit bei der Wahrnehmung von Natur. Unter diesen Umständen stellt sich dann nämlich das Problem, wie man die zeitlich wandelbare mit der möglicherweise zeitlich unwandelbaren bzw. nur extrem langsam wandelbaren Natur dennoch in eine Beziehung bringen kann.

Die Evolutionstheorie hat diesbezüglich ein aufschlussreiches Konzept entwickelt, wie man zumindest im Rahmen der Biologie mit Hilfe des Begriffs *Evolution* bzw. der Begriffe *Mutation* und *Selektion* die wandelbare mit der unwandelbaren bzw. wenig wandelbaren Natur in Verbindung setzen könne. Durch dieses Konzept ist es nämlich vorstellbar, das Spannungsverhältnis zwischen vermeintlich zeitlosen und recht zeitbedingten Ordnungsstrukturen in der Natur zu thematisieren und miteinander in Verbindung zu setzen.

Der Biologe Ludwig von Bertalanffy hat außerdem auch darauf verwiesen, dass es bei der Beschreibung und Analyse der Ordnungszusammenhänge in der organischen Welt eigentlich nicht sehr sinnvoll sei, zwischen zeitenthobenen Strukturen einerseits und zeitbezogenen Funktionen andererseits kategorisch zu unterscheiden. Strukturen und Funktionen seien nicht ontisch, sondern allenfalls zeitlich ganz eigenständigen Ebenen zuzurechnen.

> Strukturen sind, für unseren menschlichen Maßstab lang ausgedehnte, langsame, Funktionen hingegen kurze und rasche Prozesswellen. Sagen wir, dass eine Funktion, etwa die Kontraktion eines Muskels, an einer Struktur ablaufe, so heisst dies, dass einer langgestreckten und langsam dahinlaufenden Prozesswelle eine kurze und rasche superponiert ist.[268]

Wenn wir bestimmte Phänomene über lange Zeitstrecken hinweg betrachten, dann können vermeintlich absolut gültige kategoriale ontische Grenzziehungen zwischen den Phänomenen *Struktur* und *Funktion* schnell variabel werden, weil Gegebenes nicht in Gestalt ewiger Seinsformen (natura naturata) in Erscheinung tritt, sondern nur in Gestalt prozessualer Seinsformen (natura naturans) unterschiedlicher zeitlicher Dauer. Vermeintlich feste Grenzen lösen sich dadurch dann auf bzw. geraten in ein dynamisch zu verstehendes Fließgleichgewicht, worauf schon Goethe mit seinem Gedicht bzw. mit seiner Denkfigur der *Dauer im Wechsel* aufmerksam gemacht hat. In einer evolutionär und entstehungsgeschichtlich strukturierten Betrachtung von Phänomenen müssen deshalb statische Beschreibungen der Natur immer in prozessuale übergehen, sofern sie eine möglichst ganzheitliche Wahrnehmung anstreben und keine allzu abstraktive und selektive. Das bedeutet, dass die Zeit letztlich zu einem Ordnungsfaktor wird, der dazu führt, unsere Wahrnehmungs- und Beschreibungsvorgänge so zu gestalten, dass Assimilations- und Akkommodationsprozesse ständig ineinander greifen und auf diese Weise dann variable und mehrschichtige Erfahrungen von Welt ermöglichen.

Da man nun in jeder Beschreibung einerseits auf Vorerfahrungen zurückgreifen muss, die in sozial gefestigten Mustern sprachlicher und nicht-sprachlicher Art gespeichert worden sind, aber andererseits auch neue Musterbildungen braucht, um seine Erfahrungsmöglichkeiten auf intersubjektiv verständliche Weise ausweiten zu können, kämpft man in Beschreibungen immer mit der Sprache gegen eine verfestigte Sprache und mit der Zeit gegen ein verfestigtes Zeitverständnis. Das erscheint zunächst paradox, aber ist es eigentlich nicht, da auch ein Segler mit Hilfe bestimmter Hilfsmittel mit dem Wind gegen den Wind ansegeln kann, um sein jeweiliges Ziel zu erreichen. Beschreibungen können sich weder von der Zeit noch von ihren prozessualen Implikationen vollständig emanzipieren, um etwas in einer zeitlosen göttlichen Perspektive sprachlich zu objektivieren. Sie können nur in angemessener Weise mit diesen

---

268 L. von Bertalanffy: Das biologische Weltbild, 1949, S. 129.

Bedingungsfaktoren umgehen, um ihre jeweiligen Sinnbildungsziele faktisch zu erreichen.

Obwohl man Beschreibungen als Sprachspiele ansehen kann, die sich bewusst darauf konzentrieren, sich so deskriptiv wie möglich zu orientieren, und die deshalb dann auch weitgehend auf Hypothesen und Wertungen zu verzichten versuchen, so wird man dennoch einräumen müssen, dass sie letztlich kaum auf Vermutungen, Erklärungen und persönliche Bekundungen verzichten können, wenn sie auf eine anthropologisch fruchtbare Weise versuchen wollen, die Objektsphäre der Welt mit der Subjektsphäre der Welt in Verbindung zu bringen. Eine solche Zielsetzung impliziert nämlich immer auch die Korrelation unterschiedlicher Zeithorizonte. Das kann vielleicht eine kleine Naturbeschreibung aus Heinrich Heines *Harzreise* exemplifizieren. Diese macht nämlich gar kein Hehl daraus, dass insbesondere in literarischen Beschreibungen die Welt der betrachteten Objekte und die Welt der betrachtenden Subjekte in einen lebendigen Interaktionszusammenhang miteinander gebracht werden müssen, bei dem dann natürlich immer auch ein emotionaler, ein vergleichender und ein metaphorischer Sprachgebrauch eine ganz zentrale Rolle spielt.

> Bald empfing mich eine Waldung himmelhoher Tannen, für die ich, in jeder Hinsicht, Respekt habe. Diesen Bäumen ist nämlich das Wachsen nicht leicht gemacht worden, und sie haben es sich in der Jugend sauer werden lassen. Der Berg ist hier mit großen Granitblöcken übersäet, und die meisten Bäume mußten mit ihren Wurzeln diese Steine umranken oder sprengen, und mühsam den Boden suchen, woraus sie Nahrung schöpfen können. Hier und da liegen die Steine, gleichsam ein Tor bildend, übereinander, und eben darauf stehen die Bäume die nackten Wurzeln über jene Steinpforte hinziehend, und erst am Fuß derselben den Boden erfassend, so daß sie in der freien Luft zu wachsen scheinen. Und doch haben sie sich zu jener gewaltigen Höhe empor geschwungen, und mit den umklammerten Steinen wie zusammengewachsen, stehen sie fester als ihre bequemen Kollegen im zahmen Forstboden des flachen Landes. So stehen auch im Leben jene großen Männer, die durch das Überwinden früher Hemmungen und Hindernisse sich erst recht gestärkt und befestigt haben.[269]

Bei der Aufdeckung und der Beurteilung der Zeitimplikationen von Beschreibungen kann sowohl das Perspektivitäts- als auch das Sprachspielkonzept hilfreich werden. Beide Konzepte haben in der Stilistik zwar nicht terminologisch, aber faktisch durchaus eine lange Tradition, weil in beiden das Beschreiben immer auch als ein sozial gefestigter Habitus beim Gebrauch der Sprache angesehen worden ist. Dabei ist allerdings zu beachten, dass der Perspektivitätsgedanke eher statisch und strukturell orientiert ist und der Sprachspielgedanke

---

[269] H. Heine: Die Harzreise (1824). Sämtliche Schriften, Bd. 3, 1976, S. 138 f.

eher dynamisch und funktional. Deshalb stehen beide dann auch eher in einer ergänzenden als in einer alternativen Relation zueinander.[270]

Mit Hilfe des Sprachspielgedankens lässt sich sehr gut verdeutlichen, dass das Beschreiben nicht nur immer etwas mit einem fundierten Sachwissen zu tun hat, sondern auch mit einem fundierten sprachlichen Gestaltungswissen bzw. mit einem intersubjektiv verständlichen Sprachhandeln. Deshalb lassen sich Beschreibungen auch sehr gut mit der Dynamik von Spielen analogisieren, insofern beide von einem gestaltbildenden Hin und Her in ihren jeweiligen Gestaltungsprozessen geprägt werden. Ebenso wie der Spieler nicht nur das Spiel macht, sondern das Spiel auch den Spieler, ebenso macht auch der Beschreibende nicht nur die Beschreibung, sondern die Beschreibung auch den Beschreibenden. In beiden Prozessen werden die jeweiligen Akteure nämlich mit ihren eigenen Stärken und Schwächen umfassend bekannt gemacht. Spiele und Beschreibungen lassen sich daher auch als Strukturierungsanstrengungen betrachten, aus denen die Beteiligten anders herausgehen als sie hineingegangen sind, da sie sich in ihnen auch immer selbst besser kennengelernt haben.

Unter diesen Umständen sollte man Spiele allerdings weniger als entscheidungsorientierte Wettkampfspiele verstehen, sondern eher als strukturierende Gestaltungsspiele bzw. als Formen des Experimentierens mit den Gebrauchsmöglichkeiten der Sprache. Die konventionalisierte Sprache schränkt dabei als eine soziale Institution natürlich einerseits die sprachlichen Gestaltungsmöglichkeiten ein, um das Beschreiben intersubjektiv verständlich zu machen. Sie provoziert andererseits aber auch dazu, durch eine gewagte Syntax und Metaphorik die vorgegebenen Sprachkonventionen zu transzendieren, um neue Wahrnehmungsperspektiven für altbekannte Sachverhalte eröffnen zu können. Das offenbart sich nicht zuletzt auch darin, dass Fachwissenschaftler notwendigerweise metaphorisch zu reden beginnen, wenn sie neuartige Aspekte altbekannter Sachverhalte zu thematisieren und zu vermitteln versuchen.

Der Wert des experimentierenden und strukturierenden Spielens mit Sprache ist nicht nur an den damit erzeugten Sachergebnissen zu beurteilen, sondern auch an dem Vollzug des Spielens mit Sprache, bei dem immer bestimmte Sprachfertigkeiten entwickelt und lebendig erhalten werden müssen. Diese Dimension des Spielens mit Sprache, die auch in Beschreibungen nicht zu kurz kommen darf, hat Bühler mit dem Begriff „*Funktionslust*" gekennzeichnet, um verständlich zu machen, dass der Vollzug bzw. der Mitvollzug von sprachlichen

---

[270] Vgl. L. Wittgenstein: Philosophische Untersuchungen, 1967, S. 35, § 43, S. 48 f, § 66, 67; W. Köller: Sinnbilder für Sprache, 2012, S. 567–633.

Strukturierungsanstrengungen schon als befriedigend, weil erlebnisreich, empfunden werden kann.

Das Spielen mit Sprache in Beschreibungen hat außerdem den Vorteil, dass die Beteiligten sich dabei auch partiell aus der sozial verbindlichen chronologischen Zeit ausklinken können und eben dadurch dann sowohl in die Eigenzeit des jeweils Beschriebenen und auch in die des Beschreibens eintauchen zu können. Aus diesem Grunde hat Novalis das Spielen auch als *„experimentiren mit dem Zufall"*[271] bezeichnet, obwohl dieser ja in unserem chronologischen, kausalen und teleologischen Zeitdenken eher als ein Störenfried angesehen wird und weniger als eine Gestaltungskraft für evolutionären Umstrukturierungsprozesse bei der Ausbildung von neuen Ordnungsformen. Deshalb hat das spielerische Experimentieren für Novalis dann auch eine wichtige pragmatische Konsequenz: *„Durch E x p e r i m e n t i r e n lernen wir b e o b a c h t e n."*[272]

Der Sprachspielgedanke Wittgensteins macht uns sehr nachdrücklich darauf aufmerksam, dass die Versteifung von Ordnungsmustern im Wahrnehmen und Denken ebenso gefährlich ist wie der Verzicht auf sozial verbindliche Ordnungsmuster. Deshalb hat Wittgenstein die Sprache auch als *„Lebensform"* bestimmt.[273] In ihr müssen nämlich vielerlei Ausgleichsprozesse zustande kommen, die auch unterschiedliche Zeitwelten miteinander zu verbinden haben. Die in Sprachspielen verwendeten Begriffsbildungen sind deshalb für Wittgenstein auch nicht Ausdrucksformen überzeitlicher platonischen Ideen, sondern lediglich Ausdrucksformen sprachspielbezogener und damit dann auch zeitbedingter Denkmuster. Deshalb kommt er hinsichtlich von Begriffen auch zu folgendem bemerkenswerten Schluss: *„Und der Begriff ist deshalb im Sprachspiel zu Hause."*[274]

Das bedeutet, dass für Wittgenstein auch genuine Beschreibungsbegriffe letztlich sprachspiel- und zeitbedingte Konstrukte sind, die nicht etwas an sich objektivieren, sondern nur auf eine intentions- und zeitbedingte Weise. Das schließt ein, dass jeder sprachlich fixierte Begriff im Prinzip immer schon einen Impuls zu seiner Variation in sich trägt, wenn er seinen Strukturierungsfunktionen langfristig gerecht werden will.

Gerade wenn man das Beschreiben nicht nur als ein rein gegenstandsbezogenes sprachliches Abbilden von etwas Vorgegebenem versteht, sondern auch als ein subjektgebundenes Interpretieren von unabweisbaren sinnlichen Erfah-

---

271 Novalis: Werke, Bd. 2, S. 771.
272 Novalis: a. a. O., S. 657.
273 L. Wittgenstein: Philosophische Untersuchungen 1967, § 19, S. 20.
274 L. Wittgenstein: Zettel 391, Werkausgabe 1984, Bd. 8, S. 363.

rungsinhalten, dann beinhaltet das Beschreiben immer auch bestimmte Formen der Selbstbegegnung in Fremdbegegnungen. Dieser doppelte Ertrag von Beschreibungsanstrengungen führt dann nicht nur zu neuartigen sachbezogenen Weltbegegnungen, sondern auch zu neuartigen zeitbezogenen Formen von Welterfahrungen, die die jeweiligen Personen in eine sinnvolle Verbindung zu ihren spezifischen Subjektwelten bringen müssen. Das wird insbesondere dann offensichtlich, wenn der Beschreibende nicht nur auf etwas sinnlich direkt Wahrnehmbares Bezug nehmen will, sondern zugleich auch auf die entstehungsgeschichtlichen, kausalen und funktionalen Zusammenhänge, die sich in den jeweiligen Beschreibungsgegenständen manifestieren und konkretisieren.

Das hat zur Folge, dass man bei Beschreibungen nicht nur seine biologischen, sondern auch seine geistigen Augen aktivieren muss, um die sinnlich direkt fassbare Welt so transzendieren zu können, dass man auch das in den Blick bekommt, was diese vorder-, hinter- oder untergründig bedingt. Auf diese Weise kann die Beschreibung des sinnlich Wahrnehmbaren dann auch eine Vergegenwärtigungsfunktion für das Vergangene und das Zukünftige bekommen, mit dem das aktuell Gegenwärtige verbunden ist oder sich potentiell verbinden lässt. Das Beschreiben kann dadurch dann auch unser genetisches und funktionales Denken anregen, ohne es zum expliziten Thema machen zu müssen.

Noch deutlicher als bei der Beschreibung von Naturgegenständen tritt dieser Zusammenhang bei der Beschreibung von Kunstgegenständen und insbesondere von Gemälden in Erscheinung. Diesen wird nämlich schon vorab nicht nur eine bloße Sachexistenz zugeschrieben, sondern immer auch eine Zeichen- bzw. Verweisfunktion auf etwas anderes, was sich zwar einer direkten sinnlichen Wahrnehmung entzieht, was man sich aber kraft Analogie auf ikonische Weise dennoch zugänglich machen kann. Das bedeutet, dass es bei der Wahrnehmung von Kunstgegenständen nicht nur zu einer Sachwahrnehmung im üblichen Sinne kommt, sondern immer auch zu einer Zeichenwahrnehmung, die in eine Selbstwahrnehmung übergehen kann, da uns natürlich jede Zeichenwahrnehmung in Interpretationsprozesse verwickelt, die uns in ein dialogisches Verhältnis zu unseren jeweiligen Wahrnehmungsgegenständen setzen. Dabei muss der Wahrnehmende bzw. der Beschreibende immer in einem hohen Maße auf sein eigenes Gedächtnis, auf seine Zukunftserwartungen und auf seine perspektivierenden Interpretationsfähigkeiten zurückgreifen, um in eine erschließende Interaktion zu seinen jeweiligen Denkgegenständen treten zu können.

Dieses komplizierte Strukturverhältnis lässt sich recht gut über die Denkfigur des *Blicks aus dem Bilde* veranschaulichen, auf die schon in den Überlegungen zur Idee des *lebenden Spiegels* aufmerksam gemacht worden ist (Kap. 5.3). Dieses Wahrnehmungsmodell hat Nikolaus von Kues ursprünglich aus theologischen Motiven heraus entwickelt, um am Beispiel der Wahrnehmung von menschlichen Gesichtern auf flächigen Bildern die dialektische Struktur des Relationszusammenhangs von Mensch und Gott näher zu erläutern. Bei dem Verständnis dieses Relationsverhältnisses geht es nämlich seiner Meinung nach letztlich nicht darum, Subjekt- und Objektwelt kategorial klar von einander zu trennen, sondern vielmehr darum, diese Welten so miteinander in Beziehung zu setzen, dass sie zu Teilen einer einzigen mehrdimensionalen Welt werden.

Die übliche Wahrnehmung von gemalten Personen auf einem Bild ist sicherlich dadurch geprägt, dass der Wahrnehmende von der Grundauffassung ausgeht, dass diese Personen seine faktischen Wahrnehmungs- bzw. Beschreibungsobjekte sind, da sie ja seinem Blick unterworfen sind. Nikolaus von Kues macht nun aber auf den phänomenologisch nicht unwichtigen Umstand aufmerksam, dass ein in Frontalansicht gemaltes Gesicht nicht nur dem Blick des Betrachters unterworfen ist, sondern der jeweilige Betrachter auch dem Blick der gemalten Person. Die Augen der gemalten Person blicken nämlich immer auch den jeweiligen Betrachter an, und zwar ganz unabhängig davon, ob dieser die gemalte Person von vorn, von rechts oder von links, von oben oder von unten in den Blick nimmt. Das bedeutet, dass das Wahrnehmungssubjekt sein Wahrnehmungsobjekt nicht vollständig seiner jeweiligen Wahrnehmungsperspektive unterwerfen kann, sondern dass es auch immer dem Blick des vermeintlichen Wahrnehmungsobjektes unterworfen bleibt, das eben dadurch auf eine ziemlich paradoxe Weise zugleich zu einem Wahrnehmungssubjekt wird.

Dieser Rollenwechsel ist nicht ganz so harmlos, wie er auf den ersten Blick erscheinen mag. Er macht nämlich phänomenologisch unmissverständlich darauf aufmerksam, dass sich das Wahrgenommene und der Wahrnehmende nicht nur wechselseitig bedingen, sondern sich auch wechselseitig erhellen können. Kraft Analogie kann auf diese Weise darauf aufmerksam gemacht werden, dass die Raum- und Zeitwelt des Wahrnehmenden und des Wahrgenommenen weniger in einem Beherrschungsverhältnis zueinander stehen, sondern eher in einem Interaktionsverhältnis. Das bedeutet, dass der Wahrnehmende bzw. der Beschreibende sich grundsätzlich darauf einstellen muss, dass er das Wahrzunehmende oder zu Beschreibende nicht vollständig in seine sprachliche bzw. begriffliche Objektivierungsgewalt bringen kann und dass dieses zuweilen so widerspenstig sein kann, dass es die Objektivierungsstrategien des Beschreibenden und damit auch diesen selbst in Frage zu stellen vermag.[275]

---

[275] Vgl. Nikolaus von Kues: Die Gottesschau (De visione Dei). Philosophisch-theologische Schriften, Bd. 3, 2014, S. 95 ff.; A. Neumeyer: Der Blick aus dem Bilde, 1964; N. Herold: Bild der Wahrheit – Wahrheit des Bildes. Zur Bedeutung des „Blicks aus dem Bild". In: V. Gerhard/N. Herold (Hrsg.): Wahrheit und Begründung, 1984, S. 71 und 98.

Die Möglichkeit, bei der sachthematischen Beschreibung von Gegenständen bzw. von Gegenstandskonstellationen zugleich auch reflexionsthematisch auf sich selbst und seine eigenen Wahrnehmungsinteressen Bezug nehmen zu können, ist natürlich bei artifiziellen Bildern ausgeprägter als bei natürlich gegebenen Gegenständen und Szenerien. Dabei spielen selbstverständlich gerade solche Bilder eine besondere Rolle, die sich selbst nicht als Abbilder eines möglichen Seheindrucks zu einer bestimmten Zeit verstehen, sondern vielmehr als Strukturierungen von Ordnungszusammenhängen, die solche chronologisch fixierbaren Seheindrücke transzendieren und die sich eben deshalb auch als Objektivierungen von Ordnungszusammenhängen geistiger Art verstehen lassen.

Sehr aufschlussreich ist in diesem Zusammenhang das vatikanische Deckengemälde von Raffael aus dem 17. Jahrhundert, das als *Schule von Athen* bekannt geworden ist. Dieses lässt sich nämlich nicht als Abbildung einer konkreten historischen Situation bzw. als Repräsentation eines konkreten möglichen Seheindrucks überhaupt beschreiben und begreifen, obwohl seine zentralperspektivische Gestaltung das zunächst durchaus nahelegen könnte. Es widerspricht nämlich massiv unserem rein chronologischen Zeitverständnis, aber harmoniert durchaus mit dem anthropologischen Zeitverständnis von Augustin, insofern dieser ja von der Zeit als der Gegenwart des Vergangenen, des Gegenwärtigen und des Zukünftigen spricht.

Obwohl Raffaels Bild zentralperspektivisch konzipiert ist und deshalb suggeriert, einem möglichen faktischen Seheindruck zu entsprechen, wird eine Gruppe von Personen dargestellt, die nur teilweise demselben historischen Zeitraum bzw. derselben historischen Epoche angehören. Gleichwohl gehören aber alle einem gemeinsamen geistigen Kosmos an, weil ihre Denkgegenstände, Fragen und Konzepte alle affirmierend oder negierend miteinander verschlungen sind. Deshalb trägt das Bild dann ja auch den Titel *Schule von Athen,* weil alle Personen einer gemeinsamen geistigen oder ideellen Zeit angehören, was dann natürlich bei einer umfassenden Beschreibung des Bildes zu berücksichtigen und zu konkretisieren wäre.

Die kompositorische Spannung dieses Bildes, die interpretativ nicht leicht zu bewältigen ist, ergibt sich aus zwei gegenläufigen Ordnungsprinzipien. Einerseits ist das Bild zentralperspektivisch gestaltet, insofern es einen einheitlichen Sehepunkt für den ganzen Darstellungsraum aufweist sowie einen klar identifizierbaren Fluchtpunkt, der genau zwischen den beiden Zentralgestalten Platon und Aristoteles liegt. Damit gleicht es strukturell der fotografischen Abbildung einer Personengruppe in einem einheitlichen Raum zu einem ganz bestimmten chronologischen Zeitpunkt. Andererseits werden auf dem Bild in chronologisch ganz unrealistischer Weise Philosophen aus ganz unterschiedlichen historischen Epochen bildlich dargestellt, die sich nie in demselben realen

Raum haben begegnen können, eben weil sie in unterschiedlichen chronologischen und räumlichen Welten gelebt haben. Gleichwohl postuliert die optisch-räumliche Gestaltung des Bildes aber, dass sie in einem gemeinsamen geistigen Raum und damit auch in eine gemeinsame Welt oder gar Zeit gehören.

Aristoteles, Sokrates, Heraklit, Epikur und Averroës sind zwar chronologisch keine faktischen Zeitgenossen, aber sie gehören dennoch einem gemeinsamen geistigen Kosmos an und damit in einem gewissen Sinne auch einer gemeinsamen Zeit bzw. einem gemeinsamen geistigen Interaktionszusammenhang. Das rechtfertigt es dann auch, sie uns auf einem gemeinsamen Bild ins Bewusstsein zu rufen, insofern frühere Denker in späteren durchaus noch präsent werden können und spätere durchaus auf frühere zu verweisen vermögen. Deshalb lassen sich dann auch alle geistig in einem gemeinsamen Zeitraum verorten, da sie ja alle historisch, funktional, kontrastiv, ergänzend, affirmierend oder negierend irgendwie miteinander verbunden sind.

Bei dem Versuch, Inhalt und Struktur des Bildes von Raffael zu beschreiben, exemplifiziert sich sehr eindrücklich, dass es durchaus zeitliche Ordnungszusammenhänge gibt, bei denen das rein chronologische Verständnis von Zeit an seine Grenzen stößt, eben weil es nur ein ergänzungsbedürftiges Zeitkonzept unter anderen ist, das seine spezifische pragmatische Leistungsfähigkeit erst auf kontrastive Weise offenbaren kann. Das kann sich auch bei der Beschreibung von Bildern zeigen, die von vornherein nicht zentralperspektivisch, sondern vielmehr aspektivisch strukturiert sind, weil sie keinen gemeinsamen lokalen Raum und keine gemeinsame chronologische Zeit objektivieren wollen, sondern andere Formen der Zusammengehörigkeit und der Ähnlichkeit von Einzelphänomenen. So ist es beispielsweise in der mittelalterlichen Malerei durchaus üblich, Familienmitglieder aus unterschiedlichen chronologischen Zeiten auf einem Bild zu vereinigen, die sich faktisch nie begegnet sind, eben weil man solche Bilder nicht als Phänomene ansah, die dazu bestimmt waren, mögliche faktische Seheindrücke zu objektivieren, sondern vielmehr genealogische Ordnungszusammenhänge zwischen einzelnen Personen.

Ganz ähnlich wie sich auf Gemälden ganz unterschiedliche chronologische Welten miteinander vereinen bzw. synchronisieren lassen, so lassen sich auf ihnen auch unterschiedliche Raumperspektiven mit einander vereinen, was zentralperspektivische Darstellungsweisen eigentlich als völlig unrealistisch so verabscheuen müssten wie der Teufel das Weihwasser. Die Bilder von M. C. Escher demonstrieren das immer wieder auf sehr eindrückliche Weise. So wird beispielsweise auf dem Bild *Andere Welt* auf perspektivisch ziemlich merkwürdige Weise ein Vogel in drei unterschiedlichen Sichtweisen auf einem Fenstersims dargestellt, wobei alle drei Wahrnehmungsperspektiven paradoxerweise in demselben Bildraum vereinigt werden, was strukturell gesehen eigentlich völlig unrealistisch ist. Ähnliches gilt für das Bild *Wasserfall*, wo das Wasser eines fiktiven Wasserfalls anschließend wieder bergauf zu fließen scheint und diesen Wasserfall dadurch paradoxerweise auf ewig zu speisen scheint. Solche Bilder lassen sich nicht im Rahmen unserer tradierten Raum und Zeitvorstellungen rezipieren. Sie provozieren vielmehr dazu, sich metareflexiv mit deren Ordnungskraft auseinander zu setzen bzw. sich selbst geistig zu bewegen, um die in ihnen angebotenen paradoxen Raum- und Zeitaspekte geistig als andere Welten irgendwie zu bewältigen.

Ein eher unspektakuläres Mittel, sich bei der Gestaltung und Wahrnehmung von Bildräumen von dem Diktat der Zentralperspektive zu befreien, besteht darin, in die jeweiligen Bilder gemalte Spiegel zu integrieren, um durch deren jeweilige Spiegelbilder Wahrnehmungsinhalte synchron zugänglich zu machen, die von dem ursprünglichen Sehepunkt aus für die auf dem Bild dargestellte Szenerie faktisch nicht wahrnehmbar sind. Exemplarisch für diese Technik der Bildgestaltung kann das Bild *Las Meninas* von Velázques aus dem Jahre 1656 gelten. In dieses Bild ist ein Spiegel integriert, der durch das auf ihm erscheinende Spiegelbild etwas durchaus Vorhandenes zur Erscheinung bringt, was durch die gewählte grundständige Objektivierungsperspektive des Bildes aber notwendigerweise unterschlagen werden muss, was aber gleichwohl doch zu der auf dem Bild dargestellten Raum- und Zeitwelt gehört. Der gemalte Spiegel bzw. das auf ihm erscheinende Spiegelbild ermöglicht es dann dem Betrachter des Bildes, auf perspektivisch eigentlich unrealistische, aber dennoch aufschlussreiche Weise, gleichsam um die Ecke sehen zu können.

All diese Beispiele verdeutlichen, dass Beschreibungen von Sachverhalten und insbesondere die Beschreibungen von Bildern über reale oder fiktive Sachverhalte mit dem Problem konfrontiert werden, dass sie das jeweils sinnlich Wahrnehmbare gedanklich immer transzendieren müssen, um diesem zeitlich, räumlich und inhaltlich so umfassend wie möglich gerecht werden zu können. Obwohl sich Beschreibungen als Realisationsweisen eines ganz bestimmten Texttyps im Prinzip immer auf das faktisch Gegebene zu einer bestimmten Zeit in einem bestimmten Raum zu konzentrieren versuchen, um als sachhaltig und nicht als irreal und spekulativ zu gelten, ergibt sich immer wieder die Notwendigkeit, das sinnlich direkt Fassbare zu transzendieren, um es hinsichtlich seiner zeitlichen und räumlichen Korrelationszusammenhänge geistig in einer möglichst umfassenden Weise verstehen zu können.

Zum Realismus von Beschreibungen gehört so gesehen auch immer die dosierte Notwendigkeit, sich dem methodischen Diktat bestimmter Zeit- und Raumperspektiven nicht vollständig zu beugen, um den Reichtum der Aspekte des jeweils faktisch Gegebenen umfassend erfassen zu können. Das bedeutet auch, dass Beschreibungen sich nicht nur an dem Substanzgedanken orientieren können, sondern vielmehr auch den Relations-, Funktions- und Genesegedanken zu berücksichtigen haben, um Gegebenes so ganzheitlich wie möglich wahrnehmen und sprachlich objektivieren zu können. Dieses immanente und nicht zu beseitigende Spannungsverhältnis in allen Beschreibungen rechtfertigt es dann auch, Beschreibungen als eigenständige Sprachspiele zu verstehen, die natürlich sehr vielfältige konkrete Ausprägungen finden können.

Einerseits ist sicherlich nicht zu leugnen, dass Beschreibungen immer dem Abbildungsgedanken nahestehen müssen, was es dann ja auch rechtfertigt, sie in bestimmten Hinsichten mit der pragmatischen Funktion von Fotografien zu analogisieren, insofern sie ja unser Wiedererkennen von etwas erleichtern sollen. Beschreibungen brauchen deshalb auch verlässliche deskriptive und konventionalisierte Ordnungsbegriffe bzw. ein verlässliches Vorwissen, um mögliche Fremdheiten in Vertrautheiten überführen zu können und um unabweisbare Sinneserfahrungen auf intersubjektiv verständliche Weise fruchtbar zu verarbeiten. All das schließt dann ein, dass Beschreibungen immer auch eine monologische Grundtendenz haben dürfen und von der verändernden Kraft der Zeit durchaus abstrahieren müssen, weil sie strukturorientiert sind und eben deshalb auch eine statische und stabile Wahrnehmung von Welt begünstigen dürfen. Deshalb dient das Beschreiben auch immer zum Einordnen von konkreten Sacherfahrungen in ein normatives Vorwissen bzw. zum Festschreiben von etwas prinzipiell Wandelbarem. Auf diese Weise bekommt das Beschreiben dann auch eine nicht zu leugnende Nähe zum platonischen Konzept der Wiedererinnerung (anamnesis), insofern beim Beschreiben die verändernde Wirkung der Zeit durch die Rückbesinnung auf mehr oder weniger dauerhaft gültige Ordnungsstrukturen im Zaum gehalten wird.

Andererseits ist aber auch immer zu beachten, dass Beschreibungen ihre pragmatischen Sinnbildungsfunktionen verlieren, wenn sie sich dieser statischen Grundorientierung und des damit verbundenen normierten Vokabulars vollständig unterwerfen. Dadurch können nämlich unsere Wahrnehmungsprozesse auch erschwert werden, weil den Beschreibenden auf diese Weise ihre Wahrnehmungsflexibilität genommen wird. Gute und lebendige Beschreibungen leben davon, dass der Beschreibende von seinen Wahrnehmungsgegenständen prinzipiell so ergriffen wird, dass er von diesen dann auch dazu angeregt wird, diese auch auf neuartige Weise wahrzunehmen. Ansonsten würde es ihm nämlich misslingen, in Beschreibungen ein erschließendes dialogisches Verhältnis zu seinen Wahrnehmungsphänomenen aufzubauen, mit dessen Hilfe er an den Dingen und auch an sich selbst etwas Neues entdecken kann.

Je mehr Beschreibungen von der Veränderungskraft der Zeit zu abstrahieren versuchen, desto mehr verlieren sie an Vitalität und Relevanz. Daraus hat die Didaktik dann auch die Konsequenz gezogen, Beschreibungen nicht als eine normierte und normierbare Textsorte einzuüben. Vielmehr strebt man an, sie gerade dadurch als ganz spezifische Formen sprachlicher Sinnbildungsanstrengungen kenntlich zu machen, dass insbesondere mehrdimensionale Phänomene zu Gegenständen und Themen von Beschreibungen gemacht werden, für die es noch keine etablierten Begriffe und Beschreibungsstrategien gibt. Das bedeutet, dass sinnvolle sprachlichen Beschreibungsmittel oft noch zu entwickeln sind, um uns für die jeweiligen Phänomene wirklich sensibel zu machen.

Solche Aufgaben schließen dann ein, dass in Beschreibungsvorgängen immer auch auf die Zeit als einen konstitutiven Ordnungsfaktor für unser Wahrnehmen und Objektivieren Bezug genommen werden muss. Dazu lassen sich dann unterschiedliche Verfahren einsetzen. Sei es, dass konkrete Beschreibungsvorgänge unter den Bedingungen des Zeitdrucks und der Zeitdehnung realisiert werden müssen, die dann wiederum miteinander verglichen werden können, um herauszufinden, wie das sachthematische und das reflexionsthematische Denken über Beschreibungsanstrengungen geschult werden können. Sei es, dass die Beschreibenden dazu angeregt werden, durch Eigenbewegungen sich neue Aspekte des zu Beschreibenden zu erschließen. Sei es, dass man sich mit der Perspektivierungs- bzw. Fensterfunktion von Fragen beschäftigt, die helfen können, sich Unübersichtliches übersichtlicher zu machen. Sei es, dass man sich explizit mit der Leistungsfähigkeit der lexikalischen, grammatischen und textuellen Formen beschäftigt, die man bei Beschreibungen nutzen oder herstellen muss. Sei es, dass man sich exemplarisch damit befasst, wie man gleichzeitig Gegebenes auf lineare Weise sprachlich objektivieren kann.

Das Beschreiben lässt sich natürlich immer auf sinnvolle Weise typologisch vom Erklären und Erzählen abgrenzen. Faktisch ergänzen sich aber alle drei sprachlichen Realisierungen der sprachliche Objektivierung von Erfahrungen und Welt. Gerade wenn Beschreibungen sowohl eine kontemplative Distanz als auch eine psychische und pragmatische Nähe zu ihren jeweiligen Denkgegenständen suchen, dann lässt sich in ihnen das Phänomen der Zeit als Ordnungs- und Gestaltungsphänomen nicht einfach methodisch ausblenden. Es muss vielmehr auf unterschiedliche Weise explizit oder implizit in sprachliche Objektivierungs- und Sinnbildungsprozesse einbezogen werden.

15.3 Die Zeitimplikationen von Gesetzestexten

Beschreibungs- und Gesetzestexte gleichen sich zwar formal darin, dass beide in der Regel im Präsens formulierte Aussagesätze enthalten. Dennoch unterscheiden sich diese Sätze aber hinsichtlich ihrer jeweiligen pragmatischen Geltungsansprüche und Zeitimplikationen ganz erheblich voneinander. Die Sätze in Beschreibungstexten beinhalten nämlich Aussagen, welche einen deskriptiven Geltungsanspruch stellen, der faktisch zutreffen kann oder nicht. Mit ihnen ist implizit eine faktische Behauptungsfunktion verbunden, die es dann ermöglicht, sie auch mit der Wahrheitsfrage in einem korrespondenztheoretischen Sinne zu konfrontieren.

Im Gegensatz dazu kann man Sätzen in Gesetzestexten handlungstheoretisch keine behauptende Darstellungsfunktion zuordnen, weil sie im Prinzip eine normative Regulationsfunktion haben und keine deskriptive Repräsentationsfunktion. Sie sollen keine bestehende Realitäten sprachlich wiedergeben, sondern diese vielmehr über vorwegnehmende sprachliche Projektionen erst erzeugen. Deshalb lassen sich die Aussagen von Gesetzestexten auch nicht mit der Wahrheitsfrage im üblichen deskriptiven Verständnis konfrontieren, weil sie pragmatisch nicht dazu bestimmt sind, gegebene Realitäten sprachlich zu objektivieren, sondern vielmehr dazu, das Thematisierte und Benannte faktisch erst herzustellen bzw. zu sichern. Das bedeutet, dass die Sätze in Gesetzestexten eigentlich stabilisierende Normen formulieren, die konkrete Veränderungs- oder gar Erosionsprozesse im Verlaufe der Zeit möglichst verhindern sollen.

Faktisch haben Gesetze zwar immer eine bestimmte historische Genese und eine begrenzte historische Gültigkeit. Aber diese Zeitimplikationen werden in der Regel kaum als solche sprachlich thematisiert. Nur in Ausnahmefällen werden Gesetze in ihrem Gültigkeitsanspruch zeitlich begrenzt. Je grundlegender gesetzliche Aussagen sind, desto zeitloser sollen sie deshalb auch verstanden werden. Das mögen einige Basissätze des Grundgesetzes der Bundesrepublik Deutschlands exemplifizieren.

1.1 Die Würde des Menschen ist unantastbar.
3.1 Alle Menschen sind vor dem Gesetz gleich.
3.2 Männer und Frauen sind gleichberechtigt.

Wenn nun aber normgebende Aussagesätze einen ganz anderen pragmatischen Geltungsanspruch haben als darstellende, da mit ihnen ganz andere Sprechakte verbunden sind, dann müssen ihnen natürlich auch ganz andere Zeitimplikationen und Konsequenzen zugeschrieben werden. Normative Aussagesätze dieses Typs kämpfen nämlich prinzipiell gegen die Veränderungskraft der Zeit, insofern sie ja das Ziel haben, bestimmte Ordnungsformen nicht nur herzustellen, sondern auch dauerhaft aufrechtzuerhalten.

Deshalb sind zumindest die grundlegenden Rechtssätze auch immer wieder als sprachliche Objektivierungen eines zeitlos gültigen Naturrechts angesehen worden, die weder durch bestimmte Personen noch durch Institutionen oder durch Mehrheitsentscheidungen in ihrem Gültigkeitsanspruch aufgehoben werden können. Allerdings hat es zugleich auch immer einen Streit darüber gegeben, wo die Grenze zwischen dem ahistorischen überzeitlichen Naturrecht einerseits und dem historisch bedingten und deshalb dann auch veränderbaren positiven Recht andererseits verläuft.

Wenn man nun gesetzlichen Aussagen tendenziell eine überzeitliche und allgemeingültige Regulationsfunktion zuordnet, dann stellt sich natürlich die Frage, unter welchen Bedingungen Gesetze wieder aufgehoben oder verändert werden können. Diese Frage schließt natürlich die Auffassung ein, dass man Gesetze auch als zeitbedingte kulturelle Phänomene ansehen kann, deren historische Entstehungsbedingungen und Regulationsfunktionen man eine besondere Aufmerksamkeit zu schenken hat. Das wird dann im Zivilrecht natürlich noch bedeutsamer als im Strafrecht, weil im ersteren die konkreten Regulationsfunktionen von Gesetzen natürlich eine sehr viel größere Bandbreite haben.

Grundsätzlich stellen sich aber in beiden Bereichen Fragen folgenden Typs: Inwieweit wurzeln Gesetze in einem zeitlosen Natur- oder Universalrecht und wie weit in dem zeitbedingten Willen eines individuellen oder kollektiven Gesetzgebers? Welcher Typ von Gesetzen kann als zeitbedingt und erneuerungsbedürftig angesehen werden und welcher als zeitunabhängig und unveränderlich? Sollen Gesetze induktiv aus Handlungstraditionen hervorgehen, die sich in evolutionären Siebungsprozessen als brauchbar erwiesen haben, oder sollen sie deduktiv aus rechtlichen Grundprinzipien abgeleitet werden, deren Implikationen und Konsequenzen dann nur explizit formuliert werden? Unter welchen Bedingungen haben einzelne Personen oder soziale Gruppen ein Widerstandsrecht gegen tradierte Handlungsnormen und explizit formulierte Gesetze?

Wenn man die Genese von Gesetzen im Rahmen des Evolutionsgedankens zu erfassen versucht, dann ist der schon im Mittelalter entwickelte Habitusgedanke hilfreich, den Bourdieu wiederbelebt hat.[276] Für ihn stellt sich ein Habitus nämlich als eine sinnvoll praktizierte Tradition dar, die dem jeweils Handelnden allerdings nicht als eine variable Kulturform des Handelns erscheint, sondern vielmehr als eine eigentlich selbstverständliche und damit zeitlos gültige Naturform, die von Menschen nicht erzeugt, sondern nur praktiziert wird.

Das bedeutet dann, dass Gesetze im Prinzip erst dann explizit formuliert werden müssen, wenn ein bisher praktizierter Habitus seine fraglose Gültigkeit verliert und deshalb als soziale Institution stabilisiert werden muss, um seine sozialen Regulationsfunktionen erfüllen zu können. Beispielsweise müssen Gesetze zur Verhinderung von Diebstählen erst dann sprachlich und insbesondere

---

[276] P. Bourdieu: Sozialer Sinn, 1987, S. 97 ff.; P. Bourdieu: Soziologie der symbolischen Formen, 1974.

schriftlich fixiert werden, wenn Eigentumsdelikte tatsächlich vorkommen bzw. wenn geklärt werden muss, welche Sachverhalte überhaupt unter den Eigentumsbegriff fallen sollen oder können.

Sprachlich formulierte Gesetze dienen so gesehen der sozialen Stabilisierung eines historischen entwickelten und kollektiv praktizierten Ordnungswissens, das nicht vergehen soll und das man eigentlich nur begrifflich zu objektivieren versucht, aber das man nicht willentlich als eine regulative kulturelle Wirkungsgröße setzt. Die schriftliche Kodifizierung eines solchen schon gegebenen Rechts ist natürlich sowohl theoretisch als auch praktisch nicht unproblematisch. Es lässt sich nämlich trefflich darüber streiten, ob sich die Welt des Rechts letztlich in ähnlicher Weise fixieren und systematisieren lässt wie die Welt der Natur, eben weil vor allem die Welt des Rechts im Prinzip wohl eher in einem normativen als in einem deskriptiven Sinne zu verstehen ist.

Dennoch wird im Prinzip aber wohl doch meist angenommen, dass hinter den konkret formulierten Gesetzen ein vorgegebenes allgemeines Recht stehe und dass zumindest die Grundsätze des Rechts keinen historischen Wandlungsprozessen unterliegen oder unterliegen sollten. Allerdings ist es natürlich kaum möglich, dieses natürliche Recht auf begriffliche Weise konkret sprachlich zu formulieren. Deshalb wird im Grundgesetz der Bundesrepublik im Artikel 20.3 auch festgelegt, dass nicht das in konkreten Gesetzen schriftlich fixierte positive Recht allein gelte, sondern außerdem auch noch ein unformuliertes allgemeingültiges Recht. Damit wird indirekt eingeräumt, dass es zwischen einzelnen Gesetzen und dem allgemeingültigen Recht durchaus Diskrepanzen geben könne: *„Die Gesetzgebung ist an die verfassungsmäßige Ordnung, die vollziehende Gewalt und die Rechtssprechung sind an Gesetz und Recht gebunden."*

Das Bedürfnis nach schriftlich fixierten Gesetzen setzt historisch immer dann ein, wenn das habituelle Handlungswissen bzw. das Rechtsgefühl nicht mehr ausreicht, um Handlungsentscheidungen auf sozial verbindliche und fruchtbare Weise zu regulieren. Das dokumentieren die in Stein gemeißelten Straf-, Zivil- und Handelsgesetze Hammurabis, die zehn Gebote des Alten Testaments, die schriftlich fixierte Gesetzgebung von Drakon und Solon in Griechenland, die Zwölftafelgesetze in Rom, die Magna Charta in England sowie die strafrechtlichen und zivilrechtlichen Gesetzesbücher der Neuzeit sowie die geschriebenen Verfassungen der Moderne sehr deutlich. All diese Gesetzestexte versuchen, unsere Handlungsnormen so zu stabilisieren, dass sie der individuellen und situativen Variation entzogen werden und eine zeitlich möglichst uneingeschränkte dauerhafte Geltung bekommen.

Aus der schriftlichen Gesetzgebung ergeben sich zwei wichtige praktische Konsequenzen. Einerseits müssen einzelne Gesetze hinsichtlich ihres Geltungs- und Regulationsanspruchs so formuliert und hierarchisiert werden, dass sie in unterschiedlichem Maße Veränderungsprozessen in der Zeit entzogen werden. Andererseits muss aber auch geregelt werden, wie alte Gesetze auf ganz neuartige Tatbestände angewandt werden können bzw. wie sie angesichts neuartiger Problemstrukturen und veränderten Begriffsbildungen in sinnvoller Weise zu verstehen und anzuwenden sind. Mit der ersten Problemlage haben sich die Systematiker der Gesetzgebung auseinanderzusetzen und mit der zweiten die Richter als Interpreten von Gesetzen im Hinblick auf konkrete Rechtsprobleme.

Das Hierarchieproblem bei dem Geltungsanspruch von Gesetzen wird im Grundgesetz durch die sogenannte *Ewigkeitsklausel* angesprochen. Im Artikel 79.3 ist beispielsweise Folgendes festgelegt worden: *„Eine Änderung dieses Grundgesetzes, durch welche die Gliederung des Bundes in Länder, die grundgesetzliche Mitwirkung der Länder bei der Gesetzgebung oder die in den Artikeln 1 und 20 niedergelegten Grundsätze berührt werden, ist unzulässig."*

Der Artikel 1.1–3 betrifft nämlich die Unantastbarkeit der Menschenwürde, die unveräußerlichen Menschenrechte sowie die Rechtsbindung aller staatlichen Gewalt. Der Artikel 20 betrifft die Verfassungsbindung aller staatlichen Gewalt und das Widerstandsrecht *„gegen jeden, der es unternimmt, diese Ordnung zu beseitigen [...], wenn andere Abhilfe nicht möglich ist."*

Mit der angemessenen Interpretation von schriftlich fixierten Gesetzen hat sich insbesondere die juristische Hermeneutik zu beschäftigen. Diese hat eine lange Tradition, in der für diese Aufgabe ganz unterschiedliche Interpretationsansätze entwickelt worden sind. In der *philologischen* bzw. in der *grammatisch-sprachlichen Interpretation* eines Gesetzes wird zu klären versucht, welche sprachlichen Konventionen Einfluss auf die konkrete Formulierung eines Gesetzes genommen haben bzw. wie das jeweilige Gesetz ursprünglich sprachlich verstanden wurde oder verstanden werden sollte. In der *historisch-genetischen Interpretation* eines Gesetzes wird zu klären versucht, welche historischen Rahmenbedingungen für die schriftliche Fixierung eines Gesetzes maßgeblich gewesen sind und wie weit diese später noch in gleicher Weise geltend gemacht werden können. In der *teleologisch-finalen Interpretation* eines Gesetzes wird zu klären versucht, welche pragmatischen Ziele mit dem jeweiligen Gesetz angestrebt worden sind bzw. welche konkrete Ordnungsfunktion es erfüllen sollte. In der *systematischen Interpretation* eines Gesetzes wurde angestrebt, herauszufinden, in welchem sachlichen Zusammenhang die jeweilige konkrete Regulationsfunktion eines Gesetzes mit denen anderer einschlägiger Gesetze steht.

Das Problem der Gesetzesinterpretation stellt sich natürlich insbesondere dann, wenn das Recht schon früh auf detaillierte Weise kodifiziert worden ist und Gesetze deshalb auch Gefahr laufen, anachronistisch zu werden, weil sie nicht mehr direkt zu den aktuellen Lebenswirklichkeiten passen. Wenn man beispielsweise zu früheren Zeiten den Tatbestand *Diebstahl* rechtlich als die

Wegnahme einer *fremden beweglichen Sache* verstanden hat, dann stellt sich heute natürlich immer brennender die Frage, ob es denn überhaupt so etwas wie ein individuelles *geistiges Eigentum* gibt und wie es sich vom allgemeinen kulturellen Wissen und seinen Implikationen abgrenzen lässt. Weiterhin stellt sich das Problem, ob das Anzapfen einer fremden Stromleitung oder die Übernahme elektronisch gespeicherter Datensätze überhaupt als Diebstahl klassifiziert und entsprechend geahndet werden kann, da sich beides begrifflich nicht problemlos als eine *fremde bewegliche Sache* klassifizieren und verstehen lässt.

Die Probleme der hermeneutischen Auslegung schriftlich fixierter Gesetze entschärft sich natürlich im angelsächsischen Präzedenzrecht erheblich, weil hier die Rechtsprechung nicht in demselben Ausmaße wie im kodifizierten Recht auf die innere Logik von definierten Rechtsbegriffen fixiert ist und sich daher dann auch leichter dem zeitlichen Wandel historischer Welten anpassen kann. Im Präzedenzrecht hat der Richter nämlich konkrete Rechtsfälle tendenziell nicht nur nach dem Wortlaut konventionalisierter Normen zu beurteilen, sondern auch nach einer bestimmten Falltypologie, die zugleich immer auch richterliche Entscheidungen in analogen Fällen zu beachten hat. Dadurch eröffnet sich dem Richter einerseits ein sehr viel größerer individueller Spielraum bei der Entscheidung von konkreten Streitfällen als im Rahmen des kodifizierten Rechts, aber zugleich auch eine viel größere individuelle Verantwortung, da er ja für die künftige Rechtssprechung in einem gewissen Rahmen auch neues bzw. präzisierendes Recht fixieren kann. Auf diese Weise kann dann das geltende Recht gleichsam evolutionär an die historische Entwicklung in Technik, Gesellschaft und Kultur anpasst werden, ohne grundlegende Gesetze direkt umformulieren zu müssen. Das ist im Hinblick auf die allgemeine Rechtssicherheit zwar nicht ganz unproblematisch, weil nun auch Richter in einem bestimmten Rahmen Recht setzen können, aber zugleich wird auf diese Weise auch verhindert, dass das Recht anachronistisch wird.

Im Rahmen des Präzedenzrechts wird die Rechtssicherheit daher nicht nur über den konkreten Wortlaut von gültigen Gesetzen gesichert, sondern auch über die sinngemäße Wahrung von bewährten Rechtstraditionen unter neuen historischen Umständen und Lebensbedingungen. Dadurch mildert sich dann auch die immanente Spannung zwischen den positiv gegebenen Gesetzen, die natürlich immer Gefahr laufen, anachronistisch zu werden, und einem hypothetisch angenommenen Naturrecht, das einen überzeitlichen Geltungsanspruch beansprucht. Außerdem kann so auch auf den Wandel von Begriffsbildungen im Verlaufe der Zeit Rücksicht genommen werden, was sich im kodifizierten Gesetzesrecht natürlich immer als ziemlich schwierig darstellt. Im Präzedenzrecht besteht zumindest eine größere immanente Chance, den Rechtsfrieden nicht nur über den Wortlaut von positive formulierten Gesetzen zu sichern, sondern auch über die zeitgemäße Interpretation grundlegender Rechtsprinzipien im Sinne des *kategorischen Imperativs* von Kant oder nach der altbekannten *goldenen Regel,* die folgendes Postulat beinhaltet: *Was du nicht willst, was man dir tu, das füg' auch keinem andern zu!*

Die hier diskutierte Gesetzesproblematik, in der sich durchaus die grundlegende Relevanz der Zeit für die Funktionsfähigkeit der Sprache und des Rechts widerspiegelt, hat auch viel mit den Spannungen zu tun, von denen alle Ordnungssysteme der Natur und Kultur betroffen sind. Vitale Systeme bzw. alle lebensfähige Ordnungs- und Gestaltzusammenhänge benötigen immer auch selbstbezügliche Ordnungsstrukturen, um auch unter veränderten Rahmenbedingungen ihre Lebens- und Regulationsfähigkeit sicherstellen zu können. Zumindest alle biologischen und kulturellen Ordnungszusammenhänge büßen nämlich ihre evolutionären Überlebensfähigkeiten ein, wenn sie den Charakter von Unveränderlichkeit und Überzeitlichkeit beanspruchen oder zugeordnet bekommen. Überlebensfähig ist nur das, was seine Stabilität auch aus seinen Wandlungsfähigkeiten gewinnt und nicht aus seiner zeitlosen Statik, was dann ja auch mit Hilfe des Begriffs des Fließgleichgewichtes beschreibbar ist.

Deshalb wird in der Jurisprudenz auch von alters her zwischen den faktisch formulierten und veränderbaren Gesetzen (leges) und dem zeitlich eigentlich als ewig empfundenen Recht (ius) unterschieden, das allenfalls erst im Rahmen von sehr langen Zeiträumen seine Gestalt und Funktion ändern kann, um den Rechtsfrieden innerhalb widerstreitender historischer Interessen faktisch aufrecht erhalten zu können. Dieses Recht können wir uns deshalb meist nur über unser Rechtsgefühl vergegenwärtigen, da es für uns nur als eine ausgleichende Resultante aus vielfältigen und sich auch widerstreitenden Ordnungszielen in Erscheinung tritt, die zwar erlebbar, aber kaum definierbar ist. Damit gleicht unser Rechtsgefühl dann auch unserem Sprachgefühl, das ebenso labil und wandlungsfähig ist wie unser Rechtsgefühl, aber eben deshalb auch ebenso unverzichtbar für ein sachverhaltssensibles soziales und sprachliches Handeln.

Vollständig durchstrukturierte Zeichensysteme wie Gesetzes- und Sprachsysteme geraten immer in die Gefahr, sich so zu verselbständigen, dass sie ihre sachlichen Erschließungs- und sozialen Regulationsfunktionen leicht verlieren und dadurch dann auch den Kontakt zu den damit verbundenen Lebenswelten. Die immanente begriffliche Logik von Gesetzes- und Sprachsystemen mag unwiderlegbar sein, aber dadurch wird ihr fruchtbarer Kontakt zu den möglichen menschlichen Lebenswelten noch keineswegs garantiert. Deshalb haben die römischen Juristen auch schon in lebenskluger Weise betont, dass die optimale Rechtssystematisierung durch Gesetze durchaus zu faktische Ungerechtigkeiten führen könne (summum ius, summa iniuria). Kafka hat diesen Tatbestand in einer etwas anders akzentuierten Perspektive auf der letzten Seite seines Romans *Der Prozeß* folgendermaßen formuliert: „*Die Logik ist zwar unerschütterlich, aber einem Menschen, der leben will, widersteht sie nicht.*"

Vor dem Hintergrund dieser Überlegungen wird nun auch ganz gut verständlich, warum Platon in seinem Dialog *Politikos* Sokrates sagen lässt, dass Gesetze nicht das letzte Wort im menschlichen Zusammenleben und Handeln haben sollten, sondern die Kunst, diese zu machen und anzuwenden.[277] Das kann man natürlich so verstehen, dass das menschliche Zusammenleben letztlich nicht durch Gesetze und Rechtsgefühl strukturiert werden sollte, sondern vielmehr durch einen Weisen, der über den Gesetzen stehe, was dann natürlich autoritätsorientierte Staatsformen rechtfertigen könnte. Man kann es allerdings auch etwas moderater in dem Sinne verstehen, dass formulierten Gesetzen kein genereller überzeitlicher Geltungsanspruch zugeschrieben werden sollte, sondern nur eine sachlich und zeitlich begrenzte Ordnungsfunktion. Gesetze wären dann ständig metareflexiv im Hinblick auf ihre faktische ordnungsstiftende Funktionalität und Berechtigung zu überprüfen. Sie hätten dementsprechend einen zeitgemäßen und keinen abstrakten Rechtsfrieden herzustellen, der nicht durch monologische, sondern durch dialogische Strukturen geprägt würde. Das beinhaltete dann auch, dass die Struktur und der Regulierungsanspruch von konkreten Gesetzen auch auf ihre zeitsensible Interaktionsfähigkeit und ihre Vermittlungsfähigkeit zwischen widerstreitenden Interessen zu gründen wäre und nicht nur auf eine deduktive Schlussfolgerungslogik, die sich auf anscheinend zeitlos gültige Begriffsbildungen und Begiffspyramiden gründet.

15.4 Die Zeitimplikationen des argumentativen Sprachgebrauchs

Wenn man unter einer Argumentation die sinnvolle Anwendung von Beweismitteln zur Rechtfertigung von behauptenden Aussagen versteht, dann kommt dem Phänomen der Zeit auf den ersten Blick eigentlich keine besondere Bedeutsamkeit zu. Primär scheint es hier nur auf die Kraft und Gültigkeit von Beweismitteln sowie die Schlüssigkeit von Argumentationen auf der Basis von semantisch stabilen Begriffen zu gehen. Allenfalls wird man in diesem Zusammenhang seine Aufmerksamkeit noch auf die chronologische Reihenfolge der jeweils thematisierten Ereignisse richten, weil diese für das Verständnis von Kausalketten natürlich eine wichtige Rolle spielt.

---

[277] Platon: Politikos, 297a, Werke Bd. 3, S. 55.

Diese Einschätzung der Sachlage ändert sich allerdings, wenn man sein Interesse nicht nur auf die begriffliche und chronologische Kohärenz von Argumentationsprozessen richtet, sondern auch auf deren soziale und historische Akzeptanz bzw. auf deren Bindung an ganz bestimmte Argumentationstraditionen. Unter diesen Umständen stellt sich nämlich heraus, dass bestimmte Argumente und Argumentationsstrategien nicht zu allen Zeiten dieselbe Relevanz gehabt haben und dass sie eben deshalb in einem kulturgeschichtlichen Sinne durchaus auch als zeit- und kulturabhängig angesehen werden können. Argumentationen, die uns heute als ziemlich merkwürdig oder gar abwegig erscheinen, sind in anderen historischen Epochen durchaus als zulässig oder gar als stringent angesehen worden, eben weil zu dieser Zeit andere Denkziele, Denkprämissen und Denkverfahren als selbstverständlich betrachtet worden sind.

Wenn man sich nun aber für die historischen Ausprägungen von Denk- und Argumentationsstrategien interessiert bzw. für die kulturelle Evolution von Argumentationsverfahren, dann spielt diesbezüglich natürlich das Zeitphänomen nicht nur in einem chronologischen, sondern auch in einem kulturellen und anthropologischen Sinne eine ganz zentrale Rolle. Man wird nämlich einräumen müssen, dass bei der Wahl von Argumentationsformen die Bedürfnisse und Strukturen der eigenen Kultur und der eigenen Denktraditionen immer eine große Bedeutsamkeit haben, weil durch sie mitbestimmt wird, welche Argumentationsstrategien uns als plausibel, problematisch oder gar absurd erscheinen. Argumentationsformen, die uns heute als inakzeptabel erscheinen, können Menschen zu anderen Zeiten nämlich durchaus als sinnvoll erschienen sein und umgekehrt.

Das bedeutet, dass wir Argumentationsverfahren zumindest in historischer Sicht, aber möglicherweise auch in systematischer, nicht nur an den Maßstäben der Denkverfahren von Deduktion und Induktion im Rahmen der klassischen Schlussfolgerungslogik bewerten sollten. Zumindest haben wir danach zu fragen, ob es daneben nicht auch noch andere akzeptable Sinnbildungsverfahren gibt, die ebenfalls als Argumentationsverfahren verstanden werden können. Dabei besteht natürlich immer die Gefahr, den Begriff der Argumentation so auszuweiten, dass er konturlos wird, weil er auf diese Weise schnell an Differenzierungs- und Abgrenzungskraft gegenüber anderen Sinnbildungsverfahren verlieren kann. Zugleich ergibt sich aber auch die Chance, ihn abstraktiv nicht so zu vereinfachen, dass er anthropologisch und kulturgeschichtlich unfruchtbar wird, da er für die Aufklärung der Denkbedingungen und Denkbedürfnisse der Betroffenen randständig wird. Denkregeln theoretisch klar zu formulieren, ist eine Sache, sinnvolle Denkverfahren zu praktizieren, ist aber eine andere.

Gerade wenn man die These Kants ernst nimmt, dass die Zeit ein apriorischer Ordnungsfaktor für die menschliche Welterfahrung ist, dann wird man dem Problem nicht ausweichen können, dass die vom Menschen praktizierten Erkenntnis- und Argumentationsprozesse historisch sehr unterschiedliche sprachliche, semiotische und operative Ausprägungsformen gefunden haben. Von diesen vielfältigen Möglichkeiten können wir allerdings methodisch abstrahieren und ganz bestimmte Denkwege normativ kanonisieren. Aber wir können auch die Chance nutzen, Argumentationsverfahren so auszudifferenzieren, dass sie ganz bestimmten sachlichen, historischen, hermeneutischen und heuristischen Bedürfnissen gerecht werden können. Gerade wenn wir ein Argumentationsverfahren auch als einen bestimmten kulturellen Habitus verstehen, der sich evolutionär ausgeprägt und stabilisiert hat, dann müssen wir auch akzeptieren, dass es im Wahrnehmen, Denken und Interpretieren keine Königswege gibt, sondern nur unterschiedlich sinnvolle Perspektivierungsverfahren.

Jede Argumentation ist als ein unterschiedlich akzentuiertes sprachliches Objektivierungsverfahren zu betrachten, bei dem man auf sehr verschiedene Erfahrungsmöglichkeiten von Zeit zurückgreifen kann und bei dem das Zeitphänomen deshalb dann auch eine ganz unterschiedliche pragmatische Relevanz bekommen kann. Dabei kann sich dann allerdings die angestrebte erkenntnistheoretische Hoffnung auf eine zeitunabhängige gottgleiche Wahrnehmung von etwas durchaus verflüchtigen. Deshalb haben Argumentationen auch nicht nur eine rein sachthematische Dimension, sondern immer auch eine reflexionsthematische, weil das Problem der Genese von Einsichten und Erkenntnissen immer ein mitlaufendes Thema des Wahrnehmens und Denkens wird.

Der Logiker und Semiotiker Peirce hat deshalb auch immer wieder betont, dass zur Logik als der Lehre von der Struktur zeichenbasierter Sinnbildungsprozesse nicht nur die *Deduktion* und *Induktion* gehöre, sondern auch die sogenannte *Abduktion*. Diesen Begriff versteht er als zusammenfassende Bezeichnung für alle kognitiven Prozesse, welche die heuristischen Dimensionen von Denkprozessen betreffen und welche es erst ermöglichen, dass Deduktionen und Induktionen faktisch überhaupt in Erscheinung treten können.

Gerade weil Abduktionen zu den Prämissen sinnvollen begrifflichen Wahrnehmens und Denkens gehören, lassen sie sich selbst begrifflich kaum normativ bestimmen, sondern eigentlich nur hypothetisch thematisieren und operativ praktizieren. Faktisch sind sie aber für alle Formen des Denkens unverzichtbar, die nicht nur externe Sachverhalte, sondern auch ihre eigenen Verfahrensstrukturen aufzuklären versuchen. Als exemplarisch für abduktive geistige Prozesse lässt sich insbesondere der metaphorische Sprachgebrauch ansehen. Dieser ist den Anhängern eines methodisch stringent durchstrukturierten Denkens und Argumentierens eigentlich immer ein Gräuel, aber den Liebhabern des kreativen Denkens nicht nur eine Freude, sondern sogar eine sachliche Notwendigkeit, da sich auf diese Weise Denktraditionen ganz gut mit Denkinnovationen verbinden lassen. Dadurch kann das Denken und Wahrnehmen dann auch der Gefahr entgehen, dass es entweder verknöchert oder chaotisch wird.

Die kreativen Dimensionen unterschiedlicher argumentativer Denkansätze mit ihren verschiedenartigen Zeitimplikationen lassen sich sehr gut an dem Konzept der „*Denkformen*" von Hans Leisegang demonstrieren und exemplifizieren. Dieses veranschaulicht recht überzeugend, dass Argumentationsprozesse nicht nur als begriffliche Deduktions- und Induktionsprozesse verstanden werden sollten, sondern immer auch als Korrelationsprozesse mit sehr vielfältigen Sinnbildungsfunktionen. Denkformen versteht Leisegang daher im Prinzip als unterschiedliche operative Argumentationsstile, in denen zugleich auch unterschiedliche historische Ausprägungen von Denken bzw. von Logik zur Erscheinung kommen. Terminologisch unterscheidet er bei seinen Denkformen nämlich ein Denken in *Begriffspyramiden,* in *Gedankenkreisen* und in *Antinomien,* wobei er sich dann auch von Überlegungen Hegels und Cassirers zur kulturellen Dynamik von bestimmten Denkweisen hat anregen lassen.[278]

In der Denkform der Begriffspyramide exemplifiziert sich für Leisegang ein Denkstil, der sich in der klassischen Schlussfolgerungslogik und in den systemorientierten Fachwissenschaften einen exemplarischen Ausdruck verschafft hat. Hier strebt man nämlich immer nach klar abgrenzbaren und hierarchisch geordneten Begriffen bzw. nach der Konstitution von übersichtlichen Begriffssystemen. Dabei wird vorausgesetzt, dass jedes Erfahrungsphänomen letztlich eine stabile Sachstruktur und einen festen Systemplatz in einem bestimmten Kategoriensystem habe. Das macht es dann auch leicht, die Implikationen von Begriffen und die Konsequenzen von Aussagen festzulegen, ohne dafür immer empirische Überprüfungen vornehmen zu müssen. Ein solches Denken abstrahiert weitgehend von der Veränderungskraft der Zeit bzw. von der Umstrukturierungskraft von neu postulierten Korrelationszusammenhängen. Es möchte tendenziell natürlich zeitlos sein, weil es sich eigentlich nur mit den ewig geltenden *Seinsstrukturen* der Welt befassen will, aber nicht mit ihren zeitbezogenen *Werdensstrukturen.* Da sich diese Denkform vor allem für statische Ordnungszusammenhänge interessiert, ist es natürlich recht unsensibel für dynamische und sich selbst organisierende Ordnungsstrukturen bzw. für Transformationsprozesse im Verlaufe der Zeit. Diese sind nun aber gerade für das historisch, kulturell und evolutionär orientierte Denken von zentralem Interesse.

Im Gegensatz zu dem Denkstil, der sich im Konzept der Begriffspyramide konkretisiert, geht der Denk- und Argumentationsstil des Gedankenkreises von vornherein davon aus, dass sprachliche Ordnungsbegriffe sich weder scharf

---

278 H. Leisegang: Denkformen, 1928.

voneinander abgrenzen lassen noch eindeutig hierarchisiert werden können, da sie sehr vielschichtig sind und sich deshalb hinsichtlich ihrer Bezugsbereiche auch immer wieder überschneiden können. Ähnlich wie im Sprachspielkonzept Wittgensteins wird hier davon ausgegangen, dass sich erst im konkreten Gebrauch bzw. in der Dynamik des Denkens aus vagen Vorgestalten konkrete Endgestalten konstituieren. Das hat dann zur Konsequenz, dass in dieser Denkform die Grundaxiome der klassischen Logik von der gleichbleibenden Identität der Denkgegenstände, vom ausgeschlossenen Dritten bei der Wahrheitsbeurteilung von Aussagen und vom verbotenen Widerspruch zwischen Einzelaussagen zu demselben Gegenstandsbereich durchaus problematisiert werden können. Diese Axiome haben dann nämlich in Argumentationsprozessen keine absolute Gültigkeit mehr, sondern eigentlich nur noch eine methodische in Bezug auf ganz bestimmte Argumentationsziele und Argumentationsverfahren.

Im Gegensatz zur klassischen Logik geht der Denk- und Argumentationsstil des Gedankenreises nach Leisegang nämlich von vornherein davon aus, dass unsere sprachlichen Ordnungsbegriffe weder scharf von einander abgrenzbar sind noch eindeutig hierarchisiert werden können, sondern sich in der Regel durchaus überschneiden, da sie nach ganz unterschiedliche Kriterien gebildet worden sind. Ähnlich wie im Sprachspielgedanken Wittgensteins wird nämlich hier vorausgesetzt, dass diese sich erst im faktischen Gebrauch bzw. in der Verlaufsdynamik des Denkens konkret konstituieren, um auf eben diese Weise auch der inneren Flexibilität der Denkgegenstände und der Dynamik unserer Betrachtungsmöglichkeiten für sie besser gerecht werden zu können. Das hat dann zur Konsequenz, dass sich in dieser Denkform die genannten Grundaxiome der klassischen Logik relativieren, insofern man nun in Sinnbildungs- und Argumentationsprozessen die Veränderungskraft der Zeit nicht einfach außer Kraft setzen kann und will. Der Wahrheitsanspruch von Aussagen muss nun gleichsam immer mit einem bestimmten zeitlichen oder zumindest mit einem bestimmten methodischen Gültigkeitsindex versehen werden.

Von hier aus wird dann auch verständlich, warum der Denkstil des Gedankenkreises nach Leisegang insbesondere für mystische und dialektische Denkprozesse so attraktiv geworden ist. Hier werden nämlich alle absolut fixierten Sehepunkte, starren Denkperspektiven und zeitlosen Begriffe als unrealistisch angesehen, weil sie ein gegenstandssensibles und selbstreflexives Denken erschweren, das sich der inneren Dynamik der Weltstruktur anzupassen versucht, was eigentlich dem historisch und evolutionär orientierte Denken ganz selbstverständlich ist. Das hat im Prinzip auch schon Heraklit mit seiner These postuliert, dass alles fließe und deshalb über starre Ordnungskategorien nicht zutreffend und sinnvoll erfasst werden könne. Es bedeutet weiter, dass die erkenntnistheoretische Grundüberzeugung der Denkform der Begriffspyramide, dass man das begriffliche Denken letztlich mit dem vorgegebenen Sein in Übereinstimmung bringen könne, wohl doch etwas zu optimistisch ist.

Die Wertschätzung der Denkform des Gedankenkreises dokumentiert sich nicht nur im Sprachgebrauch und Sprachdenken der Mystik, sondern auch in der Denkfigur Goethes von der Dauer im Wechsel. Sie manifestiert sich weiterhin sowohl in Hegels Dialektik als auch in der Denkfigur von Bertalanffy vom Fließgleichgewicht in biologischen Evolutionsprozessen. In all diesen Denkformen wird nämlich faktisch davon ausgegangen, dass Lebensprozesse aller Art sich nicht zureichend mit Hilfe von zeitenthobenen Kategoriensystemen erfassen lassen, sondern nur mit Hilfe von variationsfähigen Denkmustern und Denkverfahren. Deshalb ist dann auch für die Denkform des Gedankenkreises der metaphorische, analogisierende und narrative Sprachgebrauch neben dem begrifflichen nicht nur zulässig, sondern sogar geboten. In ihm lässt sich nämlich auf natürliche Weise die dynamische Ordnungskraft der Zeit berücksichtigen, ohne sie explizit zu einem Denkgegenstand machen zu müssen.

Das dritte methodische und sprachliche Verfahren, sich die physische und geistige Welt zu erschließen, ist nach Leisegang die Denkform der Antinomie. Sie ist im Grunde eine besonders klare und radikale Ausprägungsweise der Denkform des Gedankenkreises. Sie kommt insbesondere in allen dialektischen Denkverfahren zum Ausdruck, die sich nach dem Grundmuster von *These-Antithese-Synthese* organisieren. Bei diesem Verfahren dokumentiert sich nämlich sehr deutlich, dass versucht wird, die dynamische Ordnungskraft der Zeit nicht aus Denk- und Sprachprozessen auszuklammern, sondern vielmehr in diese einzubeziehen. Auf diese Weise kann nämlich angestrebt werden, etwas Ganzes nicht als mehr oder weniger additives oder konstruktives Produkt von klar unterscheidbaren Teilen anzusehen, sondern als eine mehrschichtige Einheit, die ihre prozessuale Entstehungsgeschichte und ihre jeweiligen Funktionsimplikationen nicht verleugnet, sondern vielmehr zu akzentuieren versucht.

Die sprachtheoretische Grundvorstellung de Saussures, dass die Sprache als eine konventionalisierte Systemordnung anzusehen sei, die man im Sinne seines Langue-Konzeptes zu untersuchen habe, wäre dann auch als weniger realistisch und fruchtbar anzusehen als die Grundvorstellung Humboldts, dass die Sprache ein Sinnbildungsmittel sei, das man am besten im Rahmen des Ernergeia-Konzeptes thematisieren könne. Das schließt dann auch ein, dass der Unterschied zwischen der Wahrnehmung von Sprache als konventionalisiertes Werk und als variable Sinnbildungstrategie gleichsam immer ein mitlaufendes Grundthema des Sprachgebrauchs und der Sprachwahrnehmung sein sollte.

Der argumentative Sprachgebrauch, der als begrifflich regulierter und systemorientierter Sprachgebrauch eigentlich gar keine historischen Implikationen zu haben scheint, bekommt in dieser Sichtweise dann doch wichtige Zeitimplikationen, die operativ und hermeneutisch bewältigt werden müssen. Mit einer rein begrifflichen Schlussfolgerungslogik können argumentative Sinnbildungsstrategien nun nämlich nicht mehr zureichend konzipiert, erfasst und beurteilt werden, sofern man die Sprache als ein historisches und semiotisches Denk- und Ordnungsmittel wirklich ernst nehmen möchte. Sicherlich kann man den bildlichen, andeutenden und überredenden Sprachgebrauch als methodisch unzulässig aus dem argumentativen eliminieren, aber wenn man die Frage nach der Wirksamkeit sprachlicher Mitteilungsformen stellt, dann kann sich gerade eine solche Ausklammerung als durchaus problematisch erweisen.

Der Verzicht auf die Berücksichtigung der historischen bzw. der zeitlichen Implikationen von Begriffsbildungen, Aussagen und Texten fällt als Problem sehr deutlich ins Auge, wenn man sich beispielsweise argumentativ über die Anwendung und den Sinn von Gesetzen aus früheren Zeiten verständigen möchte, was dann ja auch zur Entwicklung einer juristischen Hermeneutik geführt hat. Das lässt sich sehr schön am Beispiel der Diebstahlsproblematik exemplifizieren, da der Diebstahlsbegriff, wie schon thematisiert, natürlich auch kulturelle und historische bzw. zeitliche Implikationen hat.

Im deutschen Strafgesetzbuch, das konzeptionell und sprachlich schon vor über hundert Jahren fixiert worden ist, wird beispielsweise der Tatbestand des Diebstahls im § 242 begrifflich folgendermaßen bestimmt: *„Wer eine fremde bewegliche Sache einem anderen in der Absicht wegnimmt, die Sache sich selbst oder einem Dritten rechtswidrig zuzueignen [...]."* Wenn nun ein Richter im konkreten Fall zu entscheiden und argumentativ zu begründen hat, ob das Anzapfen einer fremden Stromleitung, die Übernahme von elektronisch gespeicherten Datensätzen oder die Aneignung von fremden Tieren als Diebstahl anzusehen ist, so stellen sich durchaus argumentative Probleme, weil all diese Sachphänomene wie schon erwähnt begrifflich nicht zwingend als fremde *bewegliche Sachen* klassifiziert werden können.

Das bedeutet, dass in einem solchen Fall der Buchstabe des Gesetzes und das Recht nicht problemlos in Einklang miteinander zu bringen sind, weil beide Phänomene unterschiedlichen Denk- und Zeitebenen zuzuordnen sind. Hier ist dann durchaus die juristische Hermeneutik gefragt, die Gesetze dann historisch im Hinblick auf ihre ursprünglichen intentionalen Regelungsfunktionen auszulegen hat und nicht nach ihrem konventionalisierten begrifflichen Wortlaut.

Außerdem stellt sich im Kontext dieser ganzen Problematik dann auch die prinzipielle Frage, ob sich in einer zeitbedingten Begrifflichkeit überhaupt ein überzeitlich gültiges Recht objektivieren lässt. Möglicherweise lassen sich in ihr nur zeitbedingte Gesetze im Sinne einer positiven Rechtsetzung von ganz bestimmten individuellen oder kollektiven Gesetzgebern formulieren. Die Rückführung des Rechts auf bestimmte religiösen Offenbarungen, auf das menschliche Rechtsgefühl oder auf ein hypothetisch angenommenes Naturrecht löst dieses Problem nicht, sondern verlegt es nur auf eine andere Ebene der Legitimation. Pragmatisch gesehen wird sich nämlich kaum leugnen lassen, dass sich das Recht immer auch über Denktraditionen, Handlungssitten und sprachlich formulierte Gesetze objektivieren muss, um historisch wirksam werden zu können. Der immanente kulturelle Zwang, praktizierte Handlungsformen sprachlich zu objektivieren und argumentativ zu rechtfertigen, gehört deshalb zu den genuinen Aufgaben einer jeden Sprache und Kultur. Das bedeutet dann auch, dass die konkrete sprachliche Formulierung von Gesetzen und ihre argumentativ strukturierte Interpretation immer zugleich ein Spiegelbild dafür ist, welche spezifischen Vorstellungen sich eine Kultur von der Zeit als einer Ordnungs- und Veränderungskraft machen kann, gemacht hat oder machen muss.

Am Beispiel des argumentativen Umgangs mit der Zeit lässt sich außerdem verdeutlichen, dass die begriffliche Redeweise von Zeit ziemlich schnell an ihre Grenzen kommt und in eine bildliche bzw. metaphorische übergeht, eben weil wir von der Zeit keine Primärerfahrung haben, sondern nur Sekundärerfahrungen, die sich erst über Veränderungserfahrungen konkretisieren. Da diese nun auf sehr unterschiedliche Weise in Erscheinung treten, stellt die sprachliche und argumentative Bewältigung des Zeitphänomens immer auch große Anforderungen an unsere Einbildungskraft und deren Spielräume. Auf diesen Tatbestand haben insbesondere die Denker hingewiesen die rein begrifflich orientierten Argumentationsweisen sehr kritisch gegenüberstanden, insofern sie diesen immer nur eine begrenzte geistige Leistungsfähigkeit zubilligen mochten.

So hat etwa Novalis im Hinblick auf das Verstehen von geschichtlichen Entwicklungen postuliert, dass man lernen solle, den *„Zauberstab der Analogie"* zu gebrauchen.[279] Nietzsche war der Auffassung, dass wissenschaftliche Begriffe schnell zu einer *„Begräbnisstätte der Anschauungen"* werden könnten.[280] Wittgenstein war der Meinung: *„Ein gutes Gleichnis erfrischt den Verstand."*[281]

Grundsätzlich lässt sich festhalten, dass Denk- und Argumentationsformen natürlich historisch bedingt sind, dass sie aber gleichwohl doch eine unverzichtbare Fensterfunktion für unsere faktischen Wahrnehmungsprozesse besitzen. Sie schränken unseren Blick auf bestimmte Sachverhalte zwar ein, aber eben dadurch konzentrieren sie diesen auch immer auf ganz bestimmte Sachverhaltsaspekte. Als Denkformen sind Argumentationsstrategien natürlich immer ambivalent, weil durch sie individuelle Erkenntnisinteressen und Gestal-

---

[279] Novalis: Die Christenheit oder Europa. Werke Bd. 2, S. 743.
[280] F. Nietzsche: Über Wahrheit und Lüge im außermoralischen Sinn. Werke, Bd. 3, S. 319.
[281] L. Wittgenstein: Vermischte Bemerkungen. Werkausgabe, Bd. 8., 1984, S. 451.

tungsintentionen zugleich immer in allgemeine integriert werden, was natürlich sowohl als hilfreich als auch als belastend empfunden werden kann. Hugo von Hofmannsthal hat das sehr prägnant formuliert: *„Wenn wir den Mund aufmachen, reden immer zehntausend Tote mit."*[282]

Der argumentative Sprachgebrauch ist keineswegs so neutral, so normierbar und so überzeitlich, wie man ihn auf den ersten Blick meist einschätzt. Er hat wie andere Sprachgebrauchsweisen auch immer einen zu akzeptierenden hypothetischen Grundcharakter. Da er nun aber Partner letztlich nicht provozieren, sondern vielmehr überzeugen möchte, muss er sich deshalb auch auf deren Denkstrukturen und deren Zeitverständnis einstellen. Dabei haben wir dann auch dem Problem Aufmerksamkeit zu schenken, dass wir uns selbst nicht allzu schnell zu Gefangenen unserer eigenen schon konventionalisierten sprachlichen Objektivierungsverfahren machen dürfen. Das hat Leisegang mit einem Verweis auf einen aparten Vergleich Gottfried Kellers veranschaulicht.

> Die großen einseitigen Weltanschauungen sind alle aus einer ungerechtfertigten Übertragung entstanden. Das launige Wort Gottfried Kellers von dem Hunde, den „man die Nase mit Quarkkäse verstrichen hat und der deshalb die ganze Welt für einen solchen hält", läßt sich auf sehr viele große Denker und meist noch mehr auf ihre fanatischen Anhänger anwenden.[283]

Allerdings sollte man dabei auch nicht vergessen, dass alle historisch entwickelten Denk- und Argumentationsmuster nicht nur eine einschränkende Funktion für die Wahrnehmungs- und Denkprozesse ihrer Verwender haben, sondern immer auch eine akzentuierende. Das hat Frege in einem überzeugenden Denkbild zum Ausdruck gebracht, das sinnigerweise nicht durch seine begriffliche, sondern durch seine ikonische Argumentationsfunktion überzeugt.

> Die Zeichen sind für das Denken von derselben Bedeutung wie für die Schiffahrt die Erfindung, den Wind zu gebrauchen, um gegen den Wind zu segeln. Deshalb verachte niemand die Zeichen! Von ihrer zweckmäßigen Wahl hängt nicht wenig ab.[284]

15.5 Die Zeitimplikationen des fiktionalen Sprachgebrauchs

Wenn man der Grundüberzeugung ist, dass unsere sprachlichen Objektivierungen nur dann realistisch und pragmatisch relevant sind, wenn sie eine empi-

---

282 H. von Hofmannsthal: Prosa I. Gesammelte Werke in Einzelausgaben, 1950, S. 267.
283 H. Leisegang: Denkformen, 1928, S. 442.
284 G. Frege: Begriffsschrift und andere Aufsätze, 1964², S. 107.

risch überprüfbare räumliche und zeitliche Referenz in unserer Erfahrungswelt haben und nicht als bloße Konstruktionen der menschlichen Phantasie anzusehen sind, dann gibt es natürlich ganz erhebliche Probleme, wenn man den Wahrheitswert von begrifflichen und textuellen Fiktionen zu qualifizieren versucht. Fiktionen aller Art scheinen nämlich wie Utopien nicht in die gegebene Realwelt zu gehören, sondern allenfalls in parallele Phantasie- und Spielwelten. Als Pseudowelten stehen sie offenbar dem Begriff der Lüge und Täuschung näher als dem der Wahrheit und Wirklichkeit. Fiktionen scheinen aus unserem üblichen Zeit und Raumverständnis zu fallen, da sie eigene Welten objektivieren, die allenfalls mittelbar etwas mit der Realwelt zu tun haben.

Ein genauerer Blick zeigt dann aber, dass wir eigentlich keine ontisch klare Grenzlinie zwischen der Welt der Realitäten und der der Fiktionen ziehen können, sondern allenfalls eine methodische, die dann selbst wieder einen fiktionalen Charakter bekommen kann. Bei diesen Bemühungen müssten wir nämlich die Verschränkungen von Objektsphären und Subjektsphären in Wahrnehmungs-, Erkenntnis- und Argumentationsprozessen ignorieren bzw. die historischen und kulturellen Bedingtheiten unserer Wahrnehmungs- und Versprachlichungsprozesse. Fiktionen lassen sich dann nicht einfach und vollständig als Pseudowelten aus den menschlichen Lebenswelten ausklammern, weil sie integrale Bestandteile von Lebens-, Kultur- und Sprachwelten sind. Auf jeden Fall ist festzuhalten, dass es faktisch unmöglich ist, eine eindeutige Grenze zwischen Realitäts- und Fiktionswelten zu ziehen, weil sich beide wechselseitig bedingen und ergänzen.

Odo Marquard ist deshalb im Hinblick auf die Relevanz und Struktur von Fiktionen für das erkenntnistheoretische Denken zu dem folgenden recht bemerkenswerten Schluss gekommen: *„Heutzutage kommen Realität und Fiktion nur noch als Legierung vor und nirgendwo mehr rein."*[285]

Diese erkenntnistheoretischen These, die offensichtlich dem konstruktiv orientierten Denken der Neuzeit nicht ganz fern steht, hat Marquard auch anthropologisch akzentuiert. Das hat nun für die Frage nach den Zeitimplikationen von Fiktionen eine ganz fundamentale Bedeutung. Dadurch kommt nämlich klar zum Ausdruck, dass bei unserem Verständnis von Fiktionen auch immer unterschiedliche Zeitwelten miteinander in Beziehung gesetzt werden können oder gar müssen, wodurch die Zeit dann natürlich nicht nur als ein kosmologischer, sondern immer auch als ein genuin anthropologischer, kultu-

---

[285] O. Marquard: Kunst als Antifiktion – Versuch über den Weg der Wirklichkeit ins Fiktive. In: D. Henrich/W. Iser (Hrsg.): Funktionen des Fiktiven, 1983, S. 35.

reller und sprachlicher Ordnungsfaktor anerkannt wird. *„Nicht irgendetwas hängt an einer Fiktion, sondern das Wichtigste: die Menschlichkeit."*[286]

Dieses anthropologische Grundverständnis von Fiktionen für das Wahrnehmen, Denken und Sprechen hat natürlich eine lange Vorgeschichte. Schon die mittelalterlichen Nominalisten als Vertreter des neuen und gegen die Scholastik gerichteten Denkens (via moderna) waren der Meinung, dass Begriffe nicht als Widerspiegelungsformen von Seinsformen anzusehen seien, sondern nur als menschliche Gedankenkonstrukte (intentiones animae), die nichts Vorgegebenes abbildeten, sondern uns dieses nur mit Hilfe von hypothetisch entworfenen Denkmitteln (res fictae) perspektivisch zugänglich machten. Für sie war deshalb das mentale Begreifen von etwas immer auch eine Art des Produzierens von etwas im eigenen Denken (concipere enim est producere intra se).[287]

Eine solche Denkhaltung gegenüber den pragmatischen Funktionen von Fiktionen finden wir auch bei Kant, wenn er diese mit der von Vernunftbegriffen analogisiert. Für Vernunftbegriffe postuliert er nämlich, dass diese zwar keine möglichen Gegenstände der empirischer Erfahrung seien, aber dass sie gleichwohl als *„heuristische Fiktionen"* nämlich als *„regulative Prinzipien des systematischen Verstandesgebrauchs im Felde der Erfahrung"* anzusehen seien.[288] Deshalb lässt sich mit Kant der Begriff der Zeit in seinem umfassenden Sinne, der natürlich weit über seine reine Messbarkeit hinausgeht, auch als eine unverzichtbare heuristische Fiktion ansehen, ohne die wir kausale, intentionale, kontrastive und historische Zusammenhänge überhaupt nicht erfassen und sprachlich objektivieren könnten. Aus diesem Grunde kommen dann auch Sprachspiele aller Art ohne den Gebrauch von begrifflichen und textuellen Fiktionen überhaupt nicht aus, die sich daher dann auch immer als experimentelle Umgangsformen für sinnlich nicht direkt fassbare Phänomene betrachten lassen. Die Frage ist dann nur, wie wir diese Fiktionen sprachlich gestalten können oder müssen, um auch etwas Sinnvolles über die Ordnungskraft der Zeit für unser Wahrnehmen, Denken und Handeln in Erfahrung zu bringen.

Grundsätzlich müssen wir sicherlich einräumen, dass unser menschliches Denken und Sprechen nicht nur mit überprüfbaren Hypothesen, sondern auch mit kaum überprüfbaren Fiktionen durchsetzt ist. Unbekanntes können wir uns nur mit Hilfe von Bekanntem, von generalisierenden Abstraktionen, von Analogien und von Fiktionen erschließen. Das fällt bei unseren üblichen Begriffsbildungen für empirisch fassbare Einzelphänomene (Berg, Löwe, Stadt) nicht auf,

---

286 O. Marquard: a. a. O., S. 37.
287 Vgl. H. Rombach: Substanz, System, Struktur, Bd. 1, 1965, S. 78 ff und S. 90.
288 I. Kant: Kritik der reinen Vernunft B 799, Werke Bd. 4, S. 653.

obwohl diese Phänomene rein historisch betrachtet keineswegs stabil und zeitlos sind, sondern alle eine Transformationsgeschichte hinter sich haben. Das gilt aber natürlich auch für solche lexikalischen Begriffsbildungen, die für uns von vornherein einen rein fiktiven Charakter haben, weil wir für sie keine exemplifizierenden Referenzobjekte in Raum und Zeit ausmachen können (Einhorn, Nixe, Klabautermann). Schwieriger wird es schon, wenn wir nach den Referenzbezügen von Begriffsbildungen fragen, die unsere Erfahrungsmöglichkeiten in Raum und Zeit transzendieren, für die aber dennoch immer wieder faktische Referenzbezüge angenommen worden sind (Hölle, Teufel, Engel). Ähnliches gilt für Begriffsbildungen aus dem Bereich der Kultur (Ehre, Treue, Liebe), ohne die die Beschreibung des menschlichen Zusammenlebens kaum denkbar ist.

Ohne Fiktionen und ohne ein Vertrauen in die faktische Ordnungsfunktion des Zeitbegriffs würde unser Denken und Leben eindimensionaler. Es verödete so, dass viele relationsbildende Grundfunktionen nicht mehr klar in Erscheinung treten würden. So gesehen wird dann auch verständlich, warum in einem ideologisch geprägten Denken die fiktionale Literatur mit ihrem Angebot von alternativen Vorstellungswelten letztlich nie gut gelitten ist. Zu Recht befürchtet man hier nämlich, dass diese Literatur als eine Erscheinungsform des experimentellen Denkens tendenziell alle verfestigten Ordnungsentwürfe in Frage stellt, insofern sie natürlich immer unser Möglichkeitsdenken inspiriert und stärkt. Selten wird in diesem Denken nämlich zugestanden, dass Fiktionen auch die wichtige Funktion haben, dass eigene Denken vor dogmatischen Verhärtungen und Erstarrungen zu schützen und dessen Selbsterneuerungskräfte im Verlaufe der Zeit lebendig zu halten. Die Grundtendenz des ideologischen Denkens geht eher dahin, das Denken so durchzusystematisieren, dass seine ständigen Umstrukturierungen historisch und pragmatisch überflüssig werden.

Prinzipiell scheint jedes essentialistisch orientierte Denken die Grundtendenz zu haben, Fiktionen zu verabscheuen, weil diese zu keinen zeitlosen Wesenserkenntnissen führten. Deshalb sind Dichter seit der Antike auch immer wieder mit dem Vorwurf der Lüge konfrontiert worden, da sie nur Pseudowelten entwerfen würden, die keinerlei Entsprechung in Raum und Zeit hätten. Auch die Was-ist-Fragen der Philosophen und die Frage nach zeitlosen ewigen Ideen signalisieren eine grundlegende Skepsis gegenüber Fiktionen. Zwar wird im essentialistischen Denken auch immer wieder von Mythen, Gleichnissen und Metaphern Gebrauch gemacht. Aber diese Mittel werden meist nur als didaktische Hilfsmittel im Sinne einer Brücken- und Leiterfunktion verstanden, die man vergessen kann, wenn sie ihre jeweiligen Funktionen erfüllt haben.

Fiktionen wird in diesem Denken deshalb auch eher ein bloß operativer als ein genuin erkenntnistheoretischer Wert zugeordnet, eben weil sie als raum- und zeitbedingt angesehen werden. Deshalb stellt sich dann im essentialistischen Wesensdenken natürlich immer auch die Grundsatzfrage, ob die menschliche Sprache überhaupt als ein verlässliches Abbildungsmittel bzw. als ein direkter Spiegel für die mentale Objektivierung von Welt in Betracht gezogen werden kann und darf.

Für das substanzorientierte Wesensdenken haben Fiktionen immer nur einen vorläufigen Wert, mit dem man sich eigentlich nie zufrieden geben darf. Erst das historische, evolutionäre und hermeneutische Denken haben uns nachhaltig darauf aufmerksam gemacht, dass das konzeptionelle Ziel, die *nackte Wahrheit* sprachlich objektivieren zu können, eigentlich ganz unrealistisch ist. Das hat dann natürlich den erkenntnistheoretischen Wert von Fiktionen nachhaltig aufgewertet, weil nun auch Erkenntnisperspektiven und Erkenntnisverfahren zu integralen Bestandteilen von Erkenntnisinhalten geworden sind. Allerdings ist auf die kognitive Dynamik und die Lebensnähe von Fiktionen auch schon früher gerade in ästhetischen Überlegungen immer wieder hingewiesen worden. Das exemplifiziert sehr schön eine These aus Schillers Gedicht *Kassandra*: „*Nur der Irrtum ist das Leben, / und das Wissen ist der Tod.*"[289]

So gesehen lassen sich dann Fiktionen durchaus als Denkspiele verstehen, die unverzichtbare Teile menschlicher Denkanstrengungen und Denkinhalte sind. Sie haben daher nicht nur einen ästhetischen, sondern auch einen kognitiven und einen argumentativen Wert, insofern sie dabei helfen, Relationen zu konkretisieren, über die wir ganz bestimmte Phänomene kraft Analogie und Kontrast besser kennenlernen können. Fiktionen sollte man daher nicht gleich Täuschungsabsichten unterstellen, da sie als lebende Spiegel dazu dienlich sind, die Welt perspektivisch, relational und operativ besser zu bewältigen.

Fiktionen haben offensichtlich gewisse Ähnlichkeiten mit Hypothesen, aber sie sollten von diesen dennoch unterschieden werden. Hypothesen sind Annahmen, die inhaltlich bestätigt werden wollen und die überflüssig werden, wenn sie einmal verifiziert oder falsifiziert worden sind. Fiktionen haben dagegen keinen genau fixierbaren operativen Wert. Sie bilden vielmehr ständige Unruheherde, die das Denken in Gang halten, weil gerade der Vorgang ihres Verifizierens und Falsifizierens, der faktisch eigentlich nie abgeschlossen werden kann, ihren pragmatischen und kognitiven Wert ausmachen.

Dieser Tatbestand lässt sich recht gut an der Entwicklungsgeschichte und der Funktionalität des Begriffs *Geld* exemplifizieren, der zweifellos eine große Nähe zum Fiktionsbegriff hat. Das zeigt sich insbesondere darin, dass das Phänomen des Geldes weder historisch noch funktional mit Hilfe des Substanz- oder Wesensbegriffs befriedigend aufzuklären ist, sondern eher mit Hilfe des

---

[289] F. von Schiller: Schillers Werke, Bd. 2, S. 256.

Fiktionsbegriffs. Wenn wir über das Phänomen des Geldes disputieren, dann stellt sich nämlich meist schnell heraus, dass wir zugleich auch immer über den Fiktionsbegriff reflektieren und diskutieren müssen.

Im konkreten Handelsverkehr hat der Tausch Ware gegen Ware immer recht natürliche Grenzen. Waren können verderben und deshalb an Tauschwert verlieren, sie können unterschiedlich leicht transportiert werden, sie lassen sich hinsichtlich ihres Herstellungsaufwandes nicht immer gut miteinander in Beziehung setzen usw. Daher war es für den praktischen Handelsverkehr eine enorme Erleichterung, als sich die Vorstellung entwickelte, in Tauschgeschäften den Wert einer Ware nicht direkt an dem Wert einer anderen Ware zu messen (Warengeld), sondern an normierten werthaltigen Metallstücken (Münzgeld). Beispielsweise war etwa die metallische Nachbildung eines Thunfisches sehr viel leichter gegen eine wertähnliche andere Ware zu tauschen als ein realer Thunfisch, der zudem auch schnell verderben konnte. Diese Tauschform funktionierte allerdings nur solange, wie alle Beteiligten die Fiktion nicht in Frage stellten, dass der metallische Thunfisch als wertäquivalent mit einem realen anzusehen sei.

Um diesen Glauben zu erleichtern verfiel man dann darauf, das Münzgeld nach Metallreinheit und nach Gewicht zu normieren, wofür dann bestimmte Prägestätten die Garantie übernehmen mussten. Das erwies sich dann meist wiederum als eine fiktive Annahme, die allerdings solange unproblematisch war, wie alle Beteiligten sie nicht in Frage stellten. Die Erfindung des Münzgeldes und die Fiktion, dass Münzeinheiten mit bestimmten Wareneinheiten wertmäßig äquivalent seien, hatte außerdem den großen Vorteil, dass Menschen dadurch auch dazu motiviert wurden, bestimmte Waren nur mit dem Ziel herzustellen, sie sofort in Münzen umzutauschen, die leichter zu bevorraten waren. Der Tausch von Waren gegen Münzen erwies sich deshalb letztlich für alle Beteiligten als sehr viel vorteilhafter als alle Tauschgeschäfte mit Waren.

Die konkreten Erscheinungsformen des Geldes haben sich im Lauf der Zeit natürlich erheblich geändert (Warengeld, Münzgeld, Papiergeld, Buchgeld, Kreditkartengeld usw.), aber die Grundfiktion keineswegs, die hinter dem Geld als Tauschmittel steht. Außerdem ist zu berücksichtigen, dass das Geld nicht nur eine ökonomische Regulationsfunktion hat, sondern auch eine kulturelle. Das Geld konnte nämlich auch dazu beitragen, soziale Konflikte ohne allzu großen Argumentationsaufwand über sozial stabilisierte Regeln zu entschärfen. Beispielsweise konnte man soziale Werte mit geldlichen Werten korrelieren, indem man beispielsweise *Blutgeld* für Tötungsdelikte, *Sühnegeld* für soziale Verfehlungen oder *Bußgeld* für Regelverstöße festsetzte. All das verdeutlicht, dass man das Geld schwerlich als ein zeitloses Substanzphänomen begrifflich bestimmen konnte, aber durchaus als ein Funktions- und Relationsphänomen, mit dem man pragmatisch sinnvoll umgehen konnte, solange man dessen fiktionalen Seinscharakter nicht zur Debatte stellte.[290]

Vor dem Hintergrund dieser Fiktions- und Evolutionsgeschichte des Geldes wird nun auch die folgende These von Karl Marx zum Charakter des Geldes gut nachvollziehbar: *„Sein funktionelles Dasein absorbiert sozusagen sein materielles."*[291] Historisch und pragmatisch gesehen lassen sich deshalb die Erscheinungs- und Verwendungsweisen des Geldes nicht nur als kulturell unterschiedlich ausgeprägte Fiktionsformen betrachten, sondern im gewissen Sinne auch als unterschiedlich ausgeprägte Interpretationsformen von Zeit. Das kommt sehr schön in der bekannten These von Benjamin Franklin zum Ausdruck, die inzwischen zu einem geflügelten Wort geworden ist: *Zeit ist Geld.* Sie verdeutlicht, dass man funktional gesehen Arbeitszeit gegen Geld oder Geld gegen Arbeitszeit eintauschen kann. Das ist im Denkrahmen des Substanzgedankens eigentlich nicht sehr sinnvoll, aber im Rahmen des Relations- und Fiktionsgedankens durchaus, da hier Relationsvorstellungen ein größeres Gewicht haben als Wesensvorstellungen, was Tauschgeschäfte natürlich sehr erleichtert.

Ebenso wie sich am Beispiel des Geldes gut zeigen lässt, dass sich die faktischen Erscheinungs- und Operationsformen von Fiktionen historisch wandeln können, so gibt es auch Beispiele dafür, dass sich mit Hilfe von Fiktionen der überzeitliche Ordnungsanspruch von Begriffen und Begriffsordnungen ändern lässt, wenn dieser nicht mehr zu den Realitäten passt. Auf ein diesbezüglich sehr illustratives Beispiel hat Rudolf von Ihering im Bereich der Jurisprudenz hingewiesen. Er verdeutlicht damit, dass zuweilen eine kontrafaktische Fiktion dabei helfen kann, um aus einem bestimmten juristischen Dilemma herauszukommen, das durch eine begrifflich normierte Fachsprache entstanden war.

Ihering verweist darauf, dass Prinz Eugen aus der Erfahrung der Türkenkriege, die sich nach dessen Meinung wie Hagelschläge ständig wiederholen würden, eine Stiftung ins Leben gerufen hat, die dazu bestimmt war, um den Invaliden aus den Türkenkriegen zu helfen. Als dann wider Erwarten diese Kriege doch aufhörten und dementsprechend auch keine Invaliden aus diesen zu versorgen waren, stellte sich das juristische Problem, wie man nun das gegebene Stiftungsvermögen nutzen sollte, dessen Zweck ja eindeutig bestimmt war. Hier half man sich durch eine kontrafaktische, aber durchaus zweckdienliche Fiktion, um den Wortlaut der Stiftungsurkunde zweckdienlich zu überlisten.

Es wurde nämlich ein Gesetz erlassen, dass die österreichische Staatsregierung ermächtigte, alle künftigen Kriegsgegner Österreichs für Türken zu erklä-

---

290 Vgl. W. Köller: Sprache als Geld. In: W. Köller: Sinnbilder für Sprache, 2012, S. 398–481.
291 K. Marx: Das Kapital. Marx-Engels-Werke, Bd. 23, 1979, S. 123.

ren, um dann die Invaliden aus diesen Kriegen aus dem Stiftungsvermögen versorgen zu können.[292] Durch diesen fiktiven juristischen Kunstgriff löste man dann das Problem, bestimmte Korrelationszusammenhänge, die man ursprünglich offenbar nicht als zeitbedingt und historisch angesehen hatte, sondern als zeitlos, nach den Grundsätzen der juristischen Hermeneutik sinnvoll zu lösen. Man baute fiktiv *Türken*, um ein Problem praktisch lösen zu können, was im Rahmen einer bloßen Begriffslogik eigentlich nicht zu lösen war.

Ohne Fiktionen kommen Rechtsordnungen und deren Anwendungen nicht aus, eben weil diese sich im Prinzip als zeitlose Strukturordnungen verstehen, die keine historisch begrenzte Geltungskraft haben sollten. Das exemplifiziert sich insbesondere im Strafrecht. Dieses geht nämlich von der Grundprämisse aus, dass der Mensch ein entscheidungsfreies Wesen sei, das für sein Tun und Lassen voll verantwortlich sei und das nicht als Marionette von anderen Kräften anzusehen sei, die seine Entscheidungen weitgehend steuerten.

Gerade diese Denkprämisse halten nun aber viele Anthropologen, Biologen, Psychologen, Soziologen und Neurologen für eine allein funktional motivierte Fiktion. Ihrer Meinung nach beruhen menschliche Handlungsentscheidungen nämlich auf Kausalketten, die sich einer bewussten Kontrolle weitgehend entzögen. Aber ohne die Fiktion der menschlichen Entscheidungsfreiheit lassen sich nun kaum systematisch durchstrukturierte Rechtsordnungen konzipieren, sozial verbindlich machen und bei Missachtung auch sanktionieren. Konkrete Handlungen könnten kaum nach zeitlosen ethischen Maßstäben beurteilt und juristisch klassifiziert werden, wenn man sie nur als Funktionen von neurologischen Mechanismen und sozialen Zwängen verstünde. Wenn man nun aber Handlungsentscheidungen historisiert, biologisiert und psychologisiert, dann werden sie zugleich auch immer einer vollständigen individuellen Verantwortung entzogen. Um diese Problematik zu entschärfen, hat man dann ja auch die sinnvolle Konsequenz gezogen, dass Rechtsbrüche nicht auf mechanische Weise nach dem Buchstaben des Gesetzes zu bestrafen seien, sondern nach der Würdigung der Tatumstände durch einen Richter.

All diese Beispiele zeigen, dass wir zu kurz greifen, wenn wir das Phänomen der Fiktion auf den Bereich der Kunst reduzieren. Fiktionen treten als notwendige Hilfsmittel des Wahrnehmens, Denkens und Entscheidens überall in Erscheinung, wo wir Tatbestände mit Hilfe von Zeichen interpretieren und klassifizieren müssen, um sie pragmatisch bewältigen zu können. Fiktionen gehören als Manifestationsformen von Abduktionen zu den unverzichtbaren Mitteln

---

[292] R. von Ihering: Scherz und Ernst in der Jurisprudenz, 1898[7], S. 130.

der semiotischen und praktischen Bewältigung der Welt. Infolgedessen treten sie dann auch auf ganz unterschiedliche Weise faktisch in Erscheinung.

Fiktionen lassen sich dementsprechend dann auch als heuristische Mittel ansehen, andere Welten zu entwerfen, um in bestimmten Relationen zu diesen die eigene faktische Lebenswelt besser verstehen und strukturieren zu können. Daher sind sie dann auch als Erscheinungsweisen von kognitiven Kräften anzusehen, weil sie uns Zugang zu Ordnungszusammenhängen verschaffen können, die uns nicht direkt fassbar sind, sondern nur mit Hilfe unserer Einbildungskräfte. Deshalb sind auch nicht nur Kunstwerke zu den möglichen Manifestationsweisen von Fiktionen zu rechnen, sondern auch schon elementare Sprachmuster wie etwa bestimmte Begriffsbildungen, Metaphern oder grammatische und textuelle Ordnungsmuster, denen wir ganz bestimmte heuristische Funktionen zuordnen können. Ohne Fiktionen könnten wir jedenfalls nicht sinnvoll mit der Welt und mit der Zeit in einem heuristischen *Als-ob-Modus* umgehen.

Als Denkmittel mit heuristischen Funktionen sind Fiktionen mit dem Problem verknüpft, das Kant mit dem folgendem Postulat eindrucksvoll thematisiert hat: „*Das: I c h   d e n k e, muß alle meine Vorstellungen begleiten können.*"[293] Aus diesem Grunde hat Jakobson neben anderen Sprachfunktionen dann sogar auch eine ganz eigenständige *poetische* bzw. *kreative* Sprachfunktion angenommen. Diese diene dazu, mit Hilfe der Einbildungskraft eigene Vorstellungswelten zu erzeugen, die keine unmittelbaren, sondern nur mittelbare Bezüge zur empirischen Erfahrungswelt haben.[294] All das kommt auch in einer aphoristischen Lebensweisheit zum Ausdruck, die da lautet: *Nur tote Fische schwimmen mit dem Strom. Die lebendigen Fische schwimmen gegen ihn, weil sie zur Quelle wollen.*

Wenn wir Fiktionen als sprachliche und kulturelle Mittel ansehen, die letztlich in allen Formen von Erkenntnisanstrengungen vorkommen müssen, die sich bemühen, verfestigte Ordnungsvorstellungen zu flexibilisieren, dann müssen wir sie zugleich auch als genuine heuristische Werkzeuge ansehen, die den darstellenden Sprachgebrauch weniger negieren als ergänzen. Fiktionen sind daher auch nicht als Ausdrucksformen des abbildenden und monologischen Denkens zu werten, sondern vielmehr als solche des dialogischen und erschließenden Denkens, das Sokrates als Gespräch der Seele mit sich selbst bezeichnet hat. Daher ist es wohl auch ganz natürlich, dass wir uns das komplexe Phänomen *Zeit* nur mit Hilfe von kreativen Fiktionen sprachlich objektivieren können.

---

[293] I. Kant: Kritik der reinen Vernunft B 132, Werke, Bd. 3, S. 136.
[294] R. Jakobson: Linguistik und Poetik. In: H. Blumensath (Hrsg.): Strukturalismus in der Literaturwissenschaft, 1972, S. 124 ff.

16 Die Wahrnehmung von Zeit in Erzähltexten

Da Erzähltexte sicherlich die vielfältigsten Möglichkeiten bieten, uns das Zeitphänomen nicht nur als chronologisch messbar im Sinne von Aristoteles zugänglich zu machen, sondern auch als psychisch objektivierbar im Sinne von Augustin (Vergegenwärtigung von Vergangenem, Gegenwärtigem und Zukünftigem), lohnt es sich, die sprachlichen Erfassungs- und Gestaltungsweisen von Zeit gerade in Erzähltexten genauer zu untersuchen. Dabei gewinnen wir zwar kein begriffliches und propositionales Gegenstandswissen von der Zeit, aber durchaus ein pragmatisches Umgangs- und Handlungswissen für sie. Wir lernen nämlich Exempel kennen, auf welche Weisen man etwas von der Zeit und ihren Ordnungs- und Strukturierungsfunktionen in Erfahrung bringen kann und wie man sinnvoll und weniger sinnvoll mit ihr umzugehen vermag.

Gerade der erzählende Sprachgebrauch scheint wegen seiner Verschränkung von synthetisierenden und analysierenden Sinnbildungsanstrengungen dazu prädestiniert zu sein, die vielfältigen Aspekte der Zeit zu erfassen und sprachlich zu spiegeln. Da beim Erzählen das Phänomen der Zeit ja nicht direkt sprachlich objektiviert werden soll wie beispielsweise bei begrifflichen Behauptungen über sie, sondern eher versucht wird, uns die Zeit indirekt im Kontext von Veränderungserfahrungen zu veranschaulichen, eröffnet das Erzählen Wahrnehmungsperspektiven auf sie, die durch andere nicht ersetzbar sind. Wie kaum ein anderes Objektivierungsverfahren ermöglicht das Erzählen uns nämlich, die Zeit auf vielfältige und umfassende Weise im Kontext von chronologischen, biologischen, pragmatischen, kulturellen und geistigen Prozessen kennenzulernen.

Dabei kann sich dann auch verdeutlichen, dass Menschen sich nach Piaget die Vielfalt der Welt immer durch zwei gegenläufige, aber sich durchaus ergänzende Wahrnehmungsprozesse zugänglich machen können. In Assimilationsprozessen sind sie nämlich bestrebt, sich das von der Welt anzueignen, was für sie wichtig ist, und in Akkommodationsprozessen sind sie bestrebt, sich selbst und ihre Wahrnehmungsweisen so zu gestalten, dass sie einen fruchtbaren Kontakt zur Welt bekommen und sich möglichst viel von deren Ordnungsstrukturen zugänglich machen können. Das Erzählen ist daher wohl auch als die umfassendste Form von sprachlichen Objektivierungsprozessen zu betrachten. In ihm kommen nämlich immer sehr vielfältige Typen von sprachlichen Sinnbildungsanstrengungen zum Zuge, die sich alle ergänzen (Beschreiben, Behaupten, Argumentieren, Verbildlichen, Andeuten, Interpretieren usw.).

Gerade wenn man das Erzählen als das vielschichtigste unserer möglichen Sprachspiele versteht, dann können wir insbesondere mit Hilfe der Analyse unserer Erzählmöglichkeiten sehr viel über die anthropologischen Implikationen des Zeitphänomens erfahren. In Erzählvorgängen lässt sich nämlich auf umfassende Weise von den Phänomenen der *Zeitdehnung* und der *Zeitraffung* Gebrauch machen sowie von den Verstehenshilfen, die uns hermeneutische Interpretationsverfahren und sprachliche Abstraktionsprozesse bieten. Das Erzählen ist daher sicherlich auch als eine besonders anspruchsvolle Form des sprachlichen Gestaltens anzusehen. In ihm lassen sich nämlich sehr vielfältige Ziele zugleich verfolgen, insofern in Erzählvorgängen das ganze Repertoire unserer sprachlichen Zeichen bzw. Sinnbildungsverfahren genutzt werden kann. Dadurch ergeben sich dann sehr differenzierte Möglichkeiten, sich nicht nur schon bekannte Aspekte der Zeit wieder zu vergegenwärtigen, sondern sich auch neuartige zu erschließen und intersubjektiv verständlich zu gestalten.

Beim Erzählen haben wir immer auch das Problem zu lösen, wie wir den Verbrauch von chronometrischer Zeit beim Erzählen (Erzählzeit) mit dem zeitlichen Ablauf von erzählten Ereignissen (erzählte Zeit) sinnvoll koordinieren können. Das Erzählen lebt davon, dass es bei komplexen Gestaltungsprozessen immer eine Auswahl von parallel ablaufenden Ereignissen treffen muss, dass es die jeweils ausgewählten Ereignisse linear gereiht vermitteln muss, obwohl diese nicht immer linear gereiht ablaufen, dass es den möglichen inneren Wirkungszusammenhang zwischen den jeweils erzählten Ereignissen herausarbeiten möchte, dass es Korrelationszusammenhänge zwischen unserem Gedächtnisinhalten und unseren Erwartungen herstellen muss, dass es nicht nur etwas sprachlich benennen, sondern auch in konkrete inhaltliche Wirkungszusammenhänge einordnen muss usw.

Diese Interpretations- und Gestaltungsaufgaben treten in schriftlichen Erzähltexten natürlich noch deutlicher und vielfältiger in Erscheinung als in mündlichen, weil in ersteren die aktualisierbaren Korrelationsmöglichkeiten besonders groß sind und weil hier sehr unterschiedliche Perspektivierungen für die Wahrnehmung von Ereignissen erprobt werden können. Außerdem kann dabei der Erzähler auch nicht nur als Berichterstatter von Ereignissen in Erscheinung treten, sondern insbesondere beim auktorialen Erzählen zugleich auch als deren Interpret. Gerade beim zeitgedehnten schriftlichen Erzählen lassen sich zudem Subjektwelten und Objektwelten auch vielfältiger aufeinander beziehen als beim mündlichen Erzählen.

Angesichts dieser unterschiedlichen Strukturverhältnisse zwischen dem mündlichen und schriftlichen Erzählen werden zunächst ein paar grundsätzliche Überlegungen zur narrativen Objektivierung von Welt angestellt. Diese sollen verdeutlichen, dass das Erzählen ein ganz spezifischer Typ von sprachlichen Sinnbildungsprozessen ist, der sich insbesondere von dem des Argumentierens unterscheidet. Das liegt nicht zuletzt daran, dass beide Nutzungsweisen von Sprache einen ganz unterschiedlichen Umgang mit dem Zeitphänomen repräsentieren. Im Anschluss daran soll dann exemplarisch näher auf den sprachlichen Umgang mit dem Zeitphänomen in historiographischen und literarischen Erzählweisen eingegangen werden. Zum Schluss wird dann noch eine besondere Spielform des literarischen Erzählens näher ins Auge gefasst, die als *erlebte Rede* bekannt geworden ist. Diese wirft nämlich ganz erhebliche Probleme auf, wenn sie aus dem literarischen Erzählen in das historiographische oder das alltägliche Erzählen übernommen wird.

16.1 Die erzählerische Thematisierung von Zeit

Das, was man nicht direkt mit Hilfe seiner körperlichen Sinne wahrnehmen kann, muss man sich auf ergänzende Weise mit Hilfe von Zeichen objektivieren. Jede mediale Repräsentation von etwas ist nun allerdings immer als ein operatives Verfahren zu werten, bei dem die jeweiligen Wahrnehmungsgegenstände abstraktiv vereinfacht werden, damit sie eben dadurch auch perspektivisch akzentuiert in unser Bewusstsein treten können. All das macht sich gerade bei der sprachlichen Objektivierung der Zeit deutlich bemerkbar, die wir uns eigentlich nur mit Hilfe der faktischen Veränderung von anderen Wahrnehmungsgegenständen zu einem eigenständigen Wahrnehmungsthema machen können bzw. über die faktische Beweglichkeit und Variation von anderen Phänomenen.

Wenn wir uns nun das Phänomen der Zeit sprachlich nur über die Vorstellung von Umgestaltungsprozessen anderer Phänomene zum Denkgegenstand machen können, dann spielt natürlich das Erzählen eine ganz zentrale Rolle. Dieses hat nämlich von allen sprachlichen Objektivierungsprozessen die größte Nähe zu Bewegungs- und Veränderungsprozessen, und zwar nicht nur durch den Gebrauch von Verben in ihren verschiedenen grammatischen Erscheinungsformen, sondern auch durch seine besondere Sensibilität für die lineare Thematisierung von Teilereignissen. Prozessualität und Narrativität sind ganz offensichtlich immer sehr eng miteinander korreliert, wenn nicht verwachsen. Unsere Erfahrung von Zeit erschöpft sich zwar nicht in der Erfahrung von Prozessualität und Veränderlichkeit, aber ohne diese Kategorien ist sie sicherlich nicht auf sinnvolle Weise zu erfassen, zu kategorisieren und zu verstehen.

Wir können uns das Phänomen *Zeit* zwar semiotisch auch über chronometrische Messverfahren wie etwa Kalender und Uhren objektivieren oder über die lexikalische Benennung von konkreten Vorgängen bzw. Veränderungsprozessen, aber dennoch ist die erzählerische Vergegenwärtigung von Zeit sicherlich als eine unserer anthropologisch wichtigsten semiotischen Objektivierungsformen von Zeit anzusehen. Gerade auf diese Weise können wir uns nämlich sehr unterschiedliche und auch verborgene Aspekte der Ordnungsfunktionen von Zeit ins Bewusstsein bringen. Deshalb sind Erzählungen aller Art auch ganz unverzichtbare Verfahren, um uns die möglichen Dimensionen und Aspekte des Zeitphänomens auf differenzierte Weise sprachlich zu erspiegeln bzw. inhaltlich zu objektivieren.

Zwar ist sicherlich einzuräumen, dass es gerade in den Wissenschaften auch noch ganz andere Verfahren gibt, um uns das Phänomen der Zeit auf sinnvolle Weise zum Denkgegenstand zu machen (Umlaufzyklen von Gestirnen, Zerfall von Organismen, Schwingungsfrequenz von Atomen usw.). Auch bestimmte kulturspezifische Denkansätze wie etwa die des Rationalismus oder die der analytischen Philosophie stehen sicherlich der besonderen Wertschätzung des Narrativen bei der Objektivierung von Zeit ziemlich skeptisch gegenüber. Die bekannte Formel *vom Mythos zum Logos* [295] exemplifiziert diesen Tatbestand sehr deutlich. Gleichwohl ist aber auch immer wieder postuliert worden, dass das Erzählen eine Erkenntnisfunktion habe, die durch andere sprachliche Objektivierungsverfahren nicht ersetzt oder kompensiert werden könne.

Ebenso wie Metaphern durch Begriffe nicht überflüssig und funktionslos werden, so lassen sich auch die Erzählungen über bestimmte Sachverhalte nicht durch deren begriffliche Analyse ersetzen, sondern nur ergänzen. Der Streit um die sogenannte *Entmythologisierung* der Bibel veranschaulicht diese Problematik sehr deutlich. Er macht nämlich sehr klar, dass es für komplexe Denkinhalte durchaus unterschiedliche sprachliche Objektivierungsstrategien geben kann, die einander eher spezifizieren als negieren, eben weil sie auf recht unterschiedliche Aspekte von Phänomenen aufmerksam machen können.

Sicherlich ist nicht abzustreiten, dass die chronometrische Messbarkeit und die chronologische Linearität ganz zentrale Aspekte unseres Verständnisses von Zeit repräsentieren, die schon Aristoteles prägnant thematisiert hat als er die Zeit als „*Meßzahl von Bewegung hinsichtlich des »davor« und »danach«*" bestimmt hat.[296] Gleichzeitig ist aber auch festzuhalten, dass diese Wahrnehmungsweise von Zeit eine methodische Abstraktion ist, bei der nur ihre quantifizierbaren und linearen Aspekte berücksichtigt werden, aber nicht ihre qualifizierbaren und anthropologischen. Gleichzeitig lässt sich aber auch festhalten, dass durch diese Bestimmung der Zeit indirekt auch schon auf ihre möglichen narrativen Implikationen aufmerksam gemacht wird, insofern dabei nämlich insbesondere auf die *Und-dann-und-dann-Struktur* von zeitlichen Abläufen aufmerksam gemacht wird, die sicherlich als konstitutiv für alle Formen

---

[295] Vgl. W. Nestle: Vom Mythos zum Logos, 1975².
[296] Aristoteles: Physik, Buch IV, Kap. 11, 219b. Philosophische Schriften, Bd. 6, S. 106.

des Erzählens betrachtet werden kann. Diese Struktur ist nämlich als eine Basisstruktur anzusehen, die sich dann durchaus auch noch kausal, intentional, entwicklungsgeschichtlich oder psychologisch spezifizieren lässt.

Prinzipiell sollten wir nämlich nicht vergessen, dass der Wert unseres Wissens über bestimmte Phänomene nicht nur davon abhängt, welchen Stellenwert wir diesem Wissen in bestimmten Begriffs- und Vorstellungssystemen zuordnen können, sondern auch davon, welche Kenntnisse wir über die Genese dieses Wissens haben und wie wir es pragmatisch nutzen können. Diese Dimension unseres Wissens lässt sich mit Hilfe der Analysekategorie *genetisches Prinzip* zusammenfassen, dem man sicherlich nicht nur eine didaktische, sondern auch eine prinzipielle erkenntnistheoretische Relevanz zuordnen kann.

Wer nämlich die Entstehungsgeschichte seines Wissens über ein bestimmtes Phänomen kennt, der kann sinnvoller und differenzierter mit diesem umgehen als derjenige, der nur den schon konventionalisierten Stellenwert dieses Wissens kennt. Diese Grundüberzeugung dokumentiert sich auch in der einprägsamen Formel *Zukunft braucht Herkunft*. Aus all dem lässt sich dann auch ableiten, dass unser Wissen über die sprachliche Herkunft des Wortes *Zeit* und die mit ihm verbundene Begriffsgeschichte nicht nur ein exotisches Nebenwissen zu unserem gegenwärtigen Wissen über die Zeit beinhaltet, sondern durchaus auch ein mögliches Konstitutions- und Funktionswissen über sie.

Diese komplexen Relationszusammenhänge lassen sich sehr gut durch ein Theorem veranschaulichen, das der Phänomenologe Wilhelm Schapp zur Analyse des pragmatischen Wertes von Begriffen in der natürlichen Sprache entwickelt hat. Die Pointe dieser Theoriebildung liegt nämlich darin, dass er Wörter nicht als Repräsentanten von Begriffen im Sinne von statischen Denkmustern verstehen möchte, sondern vielmehr als Überschriften von *Geschichten* zu den von ihnen thematisierten Denkgegenständen. Das bedeutet zugleich, dass die Ähnlichkeit der Bedeutung von einzelnen Wörtern für ihn letztlich eher aus der Ähnlichkeit der mit ihnen jeweils assoziierten und assoziierbaren Geschichten resultiert als aus der Ähnlichkeit ihrer Bezüge zu den abstrakten ontischen Grundbausteinen der Welt, wie es die sogenannte Ideenlehre Platons nahezulegen scheint.[297]

In ganz ähnlicher Weise, aber unabhängig von Schapp, hat der Biologe Lenneberg deshalb auch folgende Auffassung vertreten: „*Wörter bezeichnen (etikettieren) die Prozesse des kognitiven Umgangs einer Art mit ihrer Umwelt.*"[298]

---

[297] W. Schapp: In Geschichten verstrickt, 2012⁵, S. 85.
[298] E. H. Lenneberg: Biologische Grundlagen der Sprache, 1972, S. 407.

Beide Denkpositionen harmonieren deshalb auch recht gut mit dem Sprachspielgedanken Wittgensteins.[299]

Wenn man diesen Denkansatz teilt, dann hat das Erzählen nicht nur einen Unterhaltungswert, sondern immer auch eine Erkenntnisfunktion, weil es ganz spezifische Relationszusammenhänge offenbart oder stiftet, mit deren Hilfe wir bestimmte Phänomene besser kennenlernen. Erzählvorgänge haben nämlich einerseits immer einen analysierenden Charakter, insofern Einzelphänomene in einer komplexen Gesamtvorstellung voneinander unterschieden werden müssen, und andererseits einen synthetisierenden Charakter, insofern durch sie das jeweils Unterschiedene immer auf übersichtliche Weise zu einer gut vorstellbaren Handlungsgestalt wieder miteinander verbunden werden muss. Deshalb lässt sich das Erzählen dann auch als ein Integrationsprozess von Analyse- und Syntheseanstrengungen verstehen. Diesen hat der Kognitionspsychologe Neisser auf fast paradoxe Weise sogar als *„Analyse durch Synthese"* beschrieben bzw. etwas moderater auch als ein *„Ausprobieren von Hypothesen."*[300]

Die in Erzählverfahren konstituierten Geschichten lassen sich so gesehen dann auch als Manifestationsformen von Sinnbildungsanstrengungen verstehen, die sehr viel mehr beinhalten als die lineare sprachliche Repräsentation von einzelnen Ereignissen. Diese müssen nämlich beim Erzählen inhaltlich so perspektiviert und miteinander verknüpft werden, dass bestimmte Einzelvorstellungen im Kontext und Licht von vorhergehenden und nachfolgenden verstanden werden können.

Über die Art und Weise, wie Ereignisse erzählerisch objektiviert werden, erfahren wir nämlich nicht nur etwas über diese selbst, sondern auch etwas darüber, wie mit diesen im Verlaufe der Zeit sinnvoll oder weniger sinnvoll umgegangen werden kann. Erzählungen bzw. Geschichten sind deshalb nicht nur als Wissensspeicher in einem kategorisierenden oder einem operativen Sinn zu verstehen, sondern immer auch als kulturelle Wahrnehmungs- und Umgangsformen für Zeit, die einen wichtigen Sitz im menschlichen Leben haben.

Sowohl unsere konventionalisierten lexikalischen und grammatischen Zeichen als auch unsere erzählerischen Verfahren zur Darstellung von Ereignissen im Verlaufe der Zeit lassen sich als Spiegelungs- bzw. Reflexionsprozesse für Zeit ansehen. Erzählungen als narrative Bewältigungsformen für Zeit müssen nämlich immer mit dem Problem fertig werden, wie sie im Vorgang des Erzählens nicht nur mit der Darstellung von Ereignissen fertig werden, sondern auch

---

[299] L. Wittgenstein: Philosophische Untersuchungen 1967,§ 23, S. 24; § 45, S. 35; § 432, S. 159; § 569, S. 184.
[300] U. Neisser: Kognitive Psychologie, 1974, S. 246 f.

mit der Mitpräsenz von erinnerter Vergangenheit und erwarteter Zukunft. Jede erzählte Geschichte ist nämlich notwendigerweise mit anderen Geschichten verknüpft, die dann auch als Vor- oder Nachgeschichten für sie in Erscheinung treten können.

Jede Erzählung hat zwar immer einen konkreten Beginn und einen konkreten Schluss, aber eigentlich keinen eindeutigen Anfang und kein eindeutiges Ende, weil sich jede Einzelgeschichte mit Vorgeschichten und Nachgeschichten verknüpfen lässt und auf diese Weise dann nach hinten und nach vorn ausgesponnen werden kann. In Geschichten kann die Zeit nicht nur in einem chronologischen und chronometrischen Sinne als ein Maßstab für Veränderungsprozesse und Beweglichkeiten fassbar werden, sondern auch in einem psychologischen Sinne als eine Rahmenbedingung für Gestaltungsprozesse. In jeder durchstrukturierten Geschichte repräsentiert sich ein Wissen des Erzählers über die kulturell entwickelten Umgangsformen von Menschen mit der Zeit ebenso wie sich in jedem verfertigten Krug das Umgangswissen eines Töpfers mit dem Ton repräsentiert bzw. in einem gemalten Bild das Umgangswissen eines Malers mit Fläche und Farbe.

Im Rahmen dieser Denkperspektive wird dann auch plausibel, warum Odo Marquard das Erzählen als ein ganz legitimes Verfahren des Philosophierens verstanden hat. In einem Erzählprozess kann man nämlich seine Aufmerksamkeit nicht nur darauf richten, in welchen spezifischen Sichtweisen Tatbestände in unsere Aufmerksamkeit gerückt werden können, sondern auch darauf, wie ein Erzähler als Gestalter von komplexen Sinnzusammenhängen in Erscheinung treten kann und wie sich in Erzählvorgängen dynamische Ordnungsstrukturen mit statischen bzw. begrifflichen verbinden und ergänzen lassen.

> Die Rationalisierungen machen Narrationen nicht obsolet; ganz im Gegenteil: sie erzwingen Erzählungen mit neuen Formen der Erzählung. Je mehr wir rationalisieren, um so mehr müssen wir erzählen. Je moderner die moderne Welt wird, desto unvermeidlicher wird die Erzählung: Narrare necesse est.[301]

Paul Ricoeur hat sehr nachdrücklich darauf verwiesen, dass das Erzählen einen doppelten Bezug zum Phänomen der Zeit habe.[302] Einerseits sei das Erzählen natürlich immer dem üblichen chronologischen bzw. linearen Verständnis von Zeit verpflichtet, insofern beim Erzählen einzelne Zeitintervalle voneinander abgegrenzt und nacheinander thematisiert würden, um Abfolge-, Kausal- oder

---

301 O. Marquard: Philosophie des Stattdessen, 2000, S. 63.
302 P. Ricoeur: Narrative Funktion und menschlichen Zeiterfahrung. In: V. Bohn (Hrsg.): Romantik. Literatur und Philosophie, 1987, 47 ff.

Intentionsrelationen klar kennzeichnen zu können. Andererseits sei aber auch immer zu beachten, dass sich hinter dieser Oberflächenstruktur der Zeitwahrnehmung in Erzählprozessen auch noch eine Tiefenstruktur der Zeitwahrnehmung verberge. Diese bezeichnet er dann als „*Innerzeitigkeit*" von Erzählungen. Sie verwirkliche sich insbesondere in den historischen und literarischen Formen des Erzählens und verleihe diesen deshalb auch eine ganz besondere Sinnrelevanz. Diese Innerzeitigkeit von Erzählungen resultiere daraus, dass jede Erzählung ein Werk der Synthesis sei, bei dem Unterscheidbares und Heterogenes zu einer eigenständigen Welt miteinander verschmolzen werde.

Die Innerzeitigkeit von Erzählungen konstituiere sich dadurch, dass Einzelereignisse nicht nur in ihrer bloßen Abfolge objektiviert würden, sondern dass sie von dem jeweiligen Erzähler in Kenntnis des jeweiligen Endes der Geschichte so ausgewählt, akzentuiert und miteinander verbunden würden, dass auf diese Weise ganz besondere Sinngebilde entstünden. Das habe dann zur Folge, dass die Welt- und Zeiterfahrung, die ein Rezipient bei der erzählten Wahrnehmung von Geschehensabläufen mache, natürlich ganz anders strukturiert sei als diejenige, die er bei ihrer unmittelbaren sinnlichen Wahrnehmung mache.

Erzählte Ereignisse sind nämlich in einem sehr viel höheren Ausmaße sprachlich und kulturell schon vorperspektiviert als real erlebte Ereignisse. Dadurch bekommen sie dann für die jeweiligen Rezipienten auch eine sehr viel ausgeprägtere innere Kohärenz, insofern gleichsam jedem erwähnten Faktum immer auch eine vom Erzähler intendierte bestimmte Zeichenfunktion zuwächst. Wenn jemand das Ende einer Folge von Ereignissen kennt, dann kann er natürlich den jeweils erzählten Einzelereignissen ein ganz anderes Relevanzprofil geben, als wenn er das Ende einer Geschichte noch nicht kennt. Selbst wenn ein Erzähler eine Geschichte zukunftsoffen zu berichten scheint, so ist das faktisch natürlich nicht der Fall, da er seine erzählerischen Selektions- und Akzentuierungsentscheidungen ja in Kenntnis des Endes der jeweils erzählten Geschichte trifft. Erzählvorgänge haben deshalb auch eher einen Gestaltungs- als einen Additionscharakter bzw. eher eine sinnstiftende Interpretations- als eine bloße Benennungsfunktion.

Das Ende einer anspruchsvollen Erzählung darf in dem jeweiligen Erzählprozess natürlich nicht direkt voraussagbar sein. Aber es muss durch die Auswahl und die Relationierung der jeweiligen Einzelereignisse legitimiert sein, selbst wenn es schließlich einen Überraschungscharakter hat. Das trifft natürlich insbesondere für fiktionale literarische Erzählungen zu, aber in etwas eingeschränktere Weise auch für historiographische Erzählungen, deren Ergebnisse man ja meist schon kennt, aber dessen Details und internen Korrelationszusammenhänge in der Regel noch nicht.

Diese Grundstruktur von Erzählungen impliziert, dass diese nicht nur auf der chronologischen Ebene ein übersichtliche Kohärenz haben müssen, sondern auch auf der psychologischen, was sich durch die Stichwörter *Gedächtnisaktivierung, Intentionalität, Widerstreit, Wiederholung, Entwicklung* usw. andeuten lässt. In Erzählungen sollen Ereignisse ja nicht an sich thematisiert werden, sondern so, dass sie immer auch einen realen, kulturellen oder symptomatischen Erinnerungswert bekommen. Sie müssen deshalb nicht nur eine chronologische Kohärenz haben, sondern auch eine inhaltliche. Obwohl diese oft erst am Ende der Erzählung wirklich fassbar wird, so muss sie doch durch den Verlauf der Erzählung immer schon angedeutet und motiviert werden.

Aus all diesen Aspekten von Erzählungen ergibt sich nun eine wichtige Konsequenz. Das Erzählen ist in all seinen unterschiedlichen Erscheinungsformen immer auch ein Kampf gegen ein resignatives oder gar aporetisches Zeitverständnis, weil es immer eine Manifestationsform der Suche nach sinnvollen Korrelationszusammenhängen ist, selbst wenn sich diese nicht immer eindeutig konkretisieren lassen. Allen konkret fixierten Erzählinhalten muss ein bestimmter chronologischer, inhaltlicher und erzählerischer Stellenwert zugeordnet werden können, selbst wenn dieser von Rezipient zu Rezipient unterschiedlich ausfallen kann. Im Erzählprozess muss es ganz im Sinne von Augustin zu einer Vergegenwärtigung von Vergangenem, Gegenwärtigem und Zukünftigem kommen. Nur dann kann das Erzählen von den Beteiligten als ein spezifisches Sprachspiel genossen werden, das mehr als die Vermittlung von faktischen Neuigkeiten beinhaltet. Im Erzählen muss die Zeit nicht nur als Ordnungskraft erfasst und ertragen, sondern auch variiert und geformt werden. Deshalb lässt sich das Erzählen auch als eine bestimmte Form der Zeitbewältigung durch *Zeitgestaltung* verstehen, die weit über das hinausgeht, was eine chronologische Zeitbewältigung beinhalten könnte.

Erzählungen exemplifizieren sehr gut, dass wir das Zeitphänomen nicht ohne Rückgriffe auf Bewegungs- und Veränderungsvorstellungen verstehen können. Mit Hilfe dieser Kategorien lassen sich nämlich nicht nur die chronologischen und kosmologischen Aspekte der Zeit im Sinne von *vorher, zugleich* und *nachher* erfassen, sondern auch die psychologische Aspekte der Zeit im Sinne von *bekannt* und *unbekannt*, *neu* und *alt*, *stabil* und *instabil*. Dadurch kann die Kategorie der Zeit für uns zu einem Verstehensrahmen werden, in dem wir Veränderungsprozesse sinnvoll erfassen und diskutieren können. Auf diese Weise wird dann auch der erzählerische Sprachgebrauch ebenso wie der metaphorische zu einem unverzichtbaren Mittel, mit dem Phänomen der Zeit sprachlich und kulturell fertig zu werden, ohne es allerdings völlig in seine begriffliche Gefangenschaft bringen zu können.

In dieser Sicht wird nun auch gut verständlich, warum Odo Marquard nicht nur den metaphorischen, sondern auch den erzählerischen Sprachgebrauch als unvermeidlich und unersetzlich für das Philosophieren angesehen hat. Einerseits lässt sich nämlich das Metaphorisieren und das Erzählen als eine Vorform des begrifflichen Philosophierens ansehen, weil diese Denkanstrengung ja die ersteren beiden inhaltlich zu präzisieren versucht. Das bedeutet, dass das Philosophieren gerade aus dem hervorwächst und von dem bedingt wird, das es eigentlich überwinden oder ersetzen will, ohne es wirklich zu können. Immer wieder zeigt sich nämlich, dass das begriffliche Denken notwendigerweise auf den ergänzenden metaphorischen und erzählerischen Sprachgebrauch angewiesen ist, weil sich komplexe Sinnzusammenhänge oft nur auf bildliche oder narrative Weise intersubjektiv verständlich objektivieren und vermitteln lassen.

Gerade wenn das philosophische Denken an seine Grenzen stößt, dann muss es zwangsläufig seine konventionalisierten sprachlichen Artikulationsweisen ändern, um seine eigentlichen Objektivierungs- und Mitteilungsintentionen intersubjektiv verständlich verwirklichen zu können. Insofern lässt sich dann auch feststellen, dass der begriffliche Sprachgebrauch nicht nur aus dem bildlichen und erzählerischen hervorgewachsen ist, sondern auch immer wieder zu ihm zurückkehren muss, weil beide symbiotisch aufeinander angewiesen sind und sich wechselseitig bedingen, provozieren und ergänzen. Dennoch ist aber festzuhalten, dass beide Manifestationsformen von sprachlichen Sinnbildungsanstrengungen die strukturierende Ordnungsfunktion der Zeit auf sehr unterschiedliche Weise interpretieren und akzentuieren.

Wenn man so über den begrifflichen und erzählerischen Sprachgebrauch denkt, dann ist es auch nicht überraschend, dass Ricoeur die These vertreten hat, *„die Erzählung als den Hüter der Zeit anzusehen"*, eben weil es *„ohne die erzählte Zeit keine gedachte Zeit gäbe."*[303] Für Ricoeur wird nämlich die Erzählung sowohl auf der Ebene des historischen als auch auf der des literarischen Erzählens zu einem lebenden Spiegel. Erst durch diesen Gebrauch der Sprache werde nämlich ein umfassender Erfahrungs- und Verständnisraum für Zeit geschaffen, der insofern alle anderen Erschließungsformen für Zeit übertreffe, da er diesen erst ihre spezifischen Plätze zuordnen könne.

Sowohl die metaphorische Substanzialisierung und Personalisierung von Zeit zu einer eigenständigen Handlungsgröße als auch die narrative Objektivierung der Ordnungsfunktion von Zeit durch Geschichten als auch die begriffliche Objektivierung von Zeit als eine messbare Größe gibt unserem Verständnis von Zeit erst fassbare Konturen. Das ermöglicht es dann auch, sie hinsichtlich ihrer

---

[303] P. Ricoeur: Zeit und Erzählung, Bd. 3. Die erzählte Zeit, 1991, S. 389.

kosmologischen, chronologischen, phänomenologischen, psychologischen, historischen und sprachlichen Teilaspekte näher zu bestimmen. Auf all diese Weisen lässt sich nämlich das sinnlich nicht direkt wahrnehmbare Zeitphänomen über die Darstellung von Veränderungsprozessen in das Reich unserer Vorstellungs- und Einbildungskraft holen. Ohne Rückgriffe auf die metaphorischen und erzählerischen Objektivierungsweisen von Zeit wären wir nämlich kaum in der Lage, mit den oft widersprüchlichen, wenn nicht paradoxen Implikationen unserer Zeiterfahrungen und Zeitvorstellungen geistig, semiotisch und insbesondere sprachlich fertig zu werden.

Diese Implikationen bestehen darin, dass wir uns einerseits ständig darum bemühen müssen, das Zeitphänomen für uns zu einem gut abgrenzbaren Denkgegenstand zu machen, den man auch begrifflich objektivieren möchte, und dass wir andererseits aber auch immer wieder die Erfahrung machen müssen, dass wir selbst in unserem Wahrnehmen und Denken so in die Zeit verwickelt sind, dass wir sie uns eigentlich nicht zu einem distanziert wahrnehmbaren Kontemplations- und Analysegegenstand machen können. Erzählungen über Ereignisse bzw. Veränderungsprozesse sind deshalb für uns dann auch konstitutive und unverzichtbare hermeneutische Erschließungsverfahren für Zeit. Sie ermöglichen es nämlich einerseits, in den Fluss der Zeit einzutauchen und sich von ihr tragen zu lassen, aber andererseits auch, sich von der natürlichen Schwerkraft konkreter sinnlicher Einzelwahrnehmungen zu lösen. Dadurch geben uns Erzählungen die Chance, uns von der Dominanz unserer sinnlichen Erfahrungswelt zu emanzipieren, ohne sie tatsächlich verlassen zu müssen.

Aufschlussreich für dieses Verständnis von Zeit auf der Basis ihrer erzählerischen Objektivierung ist auch der Umstand, dass Ricoeur den Begriff der Zeit als einen *Kollektivsingular* qualifiziert hat. Für diesen Begriffstyp ist nämlich kennzeichnend, dass er sowohl in einem singularen als auch in einem pluralen Sinne verstanden werden kann. So können wir beispielsweise mit dem Begriff *Zeit* und mit dem Begriff *Geschichte* sowohl individuelle Ordnungszusammenhänge bezeichnen als auch kollektive Denkmuster, die jeweils einen ganz bestimmten Typus von Erfahrungen bezeichnen. Das hat beispielsweise der Historiker Droysen schon im 19. Jahrhundert durch folgende Formel plastisch zum Ausdruck gebracht: „*Über den Geschichten ist die Geschichte.*"[304]

Wenn nun Ricoeur den Begriff der Zeit als einen Kollektivsingular qualifiziert, dann will er damit offenbar Folgendes zum Ausdruck bringen. Unsere faktische Vorstellung von Zeit beruht nicht nur auf individuellen konkreten Zeiterfahrungen, sondern letztlich auf den Ergebnissen von vorbegrifflichen

---

304 J. G. Droysen: Historik, 1937, S. 354.

Syntheseprozessen, die aus der geistigen Verarbeitung von vielgestaltigen Veränderungsprozessen resultieren und die in einer sehr komplexen, aber zugleich auch etwas vagen Gesamtvorstellung von Zeit zusammenlaufen. Das hat dann zur Folge, dass das Zeitphänomen seine konkrete Gestalt und Identität nicht durch seinen Platz in einem Begriffssystem oder gar in einer Begriffspyramide mit Unter- und Überbegriffen bekommt, sondern vielmehr über mentale Vorstellungsprozesse, durch die wir uns Veränderungsprozesse geistig strukturieren, objektivieren und exemplifizieren können. Das impliziert dann in phänomenologischer Sicht, dass unsere Vorstellung von Zeit in einem ganz erheblichen Ausmaß nicht nur durch Messverfahren, sondern auch durch reale und fiktive Geschichten bedingt ist, mit denen wir uns Veränderungsprozesse sprachlich objektivieren können.

Diese Objektivierungsweise des Zeitphänomens mag zwar erkenntnistheoretisch und begriffslogisch gesehen etwas unbefriedigend sein, aber erlebnispsychologisch ist sie sicherlich als realistisch zu beurteilen, weil wir uns das Zeitphänomen mit definierbaren Begriffen kaum befriedigend sprachlich objektivieren können. Ebenso wie unsere Vorstellung von *Geschichte* aus dem Korrelations- und Interaktionszusammenhang von Einzelgeschichten hervorgeht, so geht auch unsere Vorstellung von *Zeit* als Kollektivsingular aus der Synthese von einzelnen Zeit- und Veränderungserlebnissen hervor, die wir rational gar nicht vollständig kontrollieren können. Deshalb kommt dann Ricoeur auch ähnlich wie Kant auch zu der Grundüberzeugung, dass die Zeit als eine apriorische Voraussetzung menschlicher Welterfahrung anzusehen sei: „*Weil die Zeit ein Kollektivsingular ist, kann sie kein diskursiver Begriff sein, das heißt eine in Arten aufteilbare Gattung, sondern bloß eine Anschauung a priori.*"[305]

16.2 Die Zeit in der historischen Erzählung

Für die Untersuchung der Objektivierung von Zeit in historischen bzw. historiographischen Erzählungen lassen sich insbesondere zwei Gesichtspunkte geltend machen. Einerseits ist jede Form der Geschichtsschreibung natürlich auf ein chronologisches Verständnis von Zeit bezogen, da sie historische Geschehensabläufe üblicherweise am Leitfaden der Chronologie darstellt. Andererseits kann sie sich aber auch nicht darauf beschränken, das Phänomen der Geschichte allein in Form einer bloßen Chronik historischer Abläufe zu präsentieren, weil sie sich natürlich immer auch mit dem Zeit- und Geschichtsverständnis der

---

[305] P. Ricoeur: Zeit und Erzählung, Bd. 3. Die erzählte Zeit, 1991, S. 402.

jeweils handelnden Personen bzw. mit dem der jeweiligen Rezipienten ihrer Darstellungen zu beschäftigen hat.

Wenn nun aber jede anspruchsvolle Geschichtsschreibung sich nicht nur darum bemühen muss, historische Abläufe in ihrer Verflochtenheit mit konkreten Ereignissen, kulturellen Denktraditionen und individuellen Handlungsintentionen darzustellen, sondern auch in ihrer Verschränkung mit den Wahrnehmungsinteressen der jeweiligen Rezipienten, dann bedingt das wiederum, dass Geschichte immer wieder neu geschrieben werden kann oder sogar muss, da sie ja für die jeweils Wahrnehmenden immer wieder auf andere Weise zu einem Wahrnehmungsgegenstand werden kann.[306]

Die konstitutive Verbundenheit unseres Geschichtsverständnisses mit unterschiedlichen Erlebnisformen von Zeit im augustinischen Sinne bedingt außerdem, dass in jeder seriösen Geschichtsschreibung immer registrierende, analysierende und synthetisierende Sinnbildungsanstrengungen aufeinander bezogen werden müssen. Eine umfassende sprachliche Repräsentation von Geschichte muss an sich nicht nur einen dokumentierenden Anspruch stellen, sondern immer auch einen aufklärenden, eben weil sie sich auch mit den verborgenen Triebkräften historischer Veränderungsprozesse zu beschäftigen hat. Diese lassen sich natürlich nicht allein auf die individuellen Intentionen und Entscheidungen der jeweils handelnden Personen beschränken, sondern müssen auch auf die verdeckten historischen Wirkungsfaktoren ausgedehnt werden, die dahinter liegen (soziale und kulturelle Veränderungen, Handelsbeziehungen, Institutionen, Erfindungen, Rechtsordnungen, Sozialstrukturen usw.).

All das beinhaltet letztlich, dass eine anspruchsvolle narrative Geschichtsschreibung nicht nur eine sachthematische Dimension hat, sondern immer auch eine reflexionsthematische. Sie hat sich nämlich explizit oder implizit auch mit unserem Verständnis von Geschichte und unseren sprachlichen Objektivierungsweisen von Geschichte zu beschäftigen, insofern sich Geschichte nicht allein auf eine registrierende Weise darstellen lässt, sondern letztlich nur auf eine interpretierende, in der zugleich auch ihre eigenen Objektivierungs- und Vermittlungsverfahren bedacht werden müssen. Dabei spielt dann natürlich die erzählerische Darstellung von Geschichte nicht nur aus traditionellen, sondern auch aus methodologischen Gründen immer eine ganz zentrale Rolle, weil gerade das eine intersubjektiv gut verständliche und damit dann auch wirksame Objektivierungsform von Geschichte ist, die nicht einfach aus der Welt geschafft werden kann. Außerdem ist zu beachten, dass sich in die erzählerische Objektivierung von Geschichte verhältnismäßig leicht auch interpretie-

---

[306] Vgl. W. Köller: Perspektivität und Sprache, 2004, S. 290–308, S. 865–878.

rende Reflexionsschleifen einfügen lassen, durch welche die erzählerische Darstellungsform von Geschichte eher belebt als gestört wird.

Die Darstellungsprobleme und die vielfältigem Zeitimplikationen der erzählerischen Darstellung von Geschichte treten deutlich hervor, wenn wir uns die Frage stellen, warum Geschichte immer wieder neu geschrieben worden ist bzw. neu geschrieben werden muss, um ihre kulturellen Funktionen erfüllen zu können. Bei dem Versuch, diese Frage zu beantworten, wird nämlich deutlich, dass nicht nur die verschiedenen Kulturen, sondern auch die verschiedenen Generationen in einer Kultur sich ganz unterschiedliche Vorstellungen von der Geschichte und ihren Triebkräften gemacht haben bzw. machen können. Allerdings ergänzen sich diese eher, als dass sie sich widersprechen, da sie eigentlich nur unterschiedliche Aspekte derselben Geschichte ins Auge zu fassen versuchen. Dabei zeigt sich dann auch, dass die erzählerische Darstellung von Geschichte insofern ganz besonders wichtig ist, als sie die Selbstverständigungsprozesse zwischen Menschen und Kulturen eher erleichtert als stört.

Die Geschichte ist nämlich nicht einfach als ein gegebenes Erfahrungsphänomen da, das sprachlich nur abgebildet werden muss. Geschichte muss vielmehr von einem Menschen als einem lebenden Spiegel in dem lebenden Spiegel der Sprache auf der Basis von hinterlassenen Daten und Informationen konstituiert werden. Dabei müssen dann immer erfahrbare Objektwelten und fassbare Subjektwelten in einen sinnvollen Zusammenhang miteinander gebracht werden. Das kann nun eine flexible narrative Darstellung von Geschichte sicherlich besser und problemloser leisten als etwa andere Darstellungsformen von Geschichte wie etwa Chroniken, Datensammlungen, Sach- und Problemanalysen, philosophische Geschichtsreflexionen usw.

Natürlich hat in der Geschichtsschreibung die adäquate Rekonstruktion von Sachverhalten auf der Basis von verlässlichen Daten immer eine konstitutive Rolle gespielt, weil sich die erzählende Geschichtsschreibung in ihrer evolutionären Entwicklung deutlich vom Epos emanzipieren musste, in dem sich zunächst das ganze historische, religiöse, philosophische und sachliche Wissen einer Kultur in narrativer Form manifestiert hat. Gegen die historischen Ungenauigkeiten und gegen die kulturelle Polyfunktionalität von Epen haben die Theoretiker der Geschichtsschreibung schon früh deutlich Stellung bezogen. Sie haben eine verlässliche sachorientierte Darstellung der Geschichte eingefordert, um die Geschichtsschreibung nicht nur vor dem Vorwurf der Fiktionsbildung oder gar der Lüge zu bewahren, sondern um sie auch als eigenständige Textgattung zu legitimieren.

So hat beispielsweise schon Lukianus im 2. Jh. n. Chr. ausdrücklich gefordert, dass der Historiker ein „*gerechter Richter*" sein müsse bzw. ein Mann, „*der in seinem Werk ein Fremdling und ein Mann ohne Vaterland ist, unabhängig und keinem König Untertan, und der keine Rücksicht darauf nimmt, was der eine oder der andere denkt, sondern nur berichtet, was sich zugetragen hat."*[307] Diese Forderung nach einer möglichst reinen Objektorientierung der Historiographie hat bei Ranke einen klassischen Ausdruck gefunden, als er der Geschichtsschreibung die Aufgabe zuordnete, die Geschichte selbst reden zu lassen und sie nicht für andere Zwecke zu instrumentalisieren. Im Hinblick auf sein eigenes Verständnis als Historiker hat er deshalb auch den frommen Wunsch geäußert, sein *„Selbst gleichsam auszulöschen und nur die Dinge reden, die mächtigen Kräfte erscheinen zu lassen [...]."*[308]

Im Laufe der Kulturgeschichte sind solche rein objektorientierten Darstellungspostulate für die Geschichtsschreibung allerdings auch relativiert und differenziert worden. Dadurch haben die subjektorientierten Perspektivierungsleistungen von Historikern dann auch eine gewisse Wertschätzung in der Geschichtsschreibung gefunden. Das dokumentiert sich beispielsweise schon sehr schön in der Sehepunkttheorie des Geschichtsschreibungstheoretikers Chladenius aus dem 18. Jahrhundert.

Chladenius hat nämlich ausdrücklich betont, dass wir alle Wahrnehmungsgegenstände und damit dann auch das Phänomen *Geschichte* nicht an sich und für sich ins Auge fassen könnten, sondern immer nur von ganz bestimmten Sehepunkten her, die dann perspektivisch vorherbestimmten, was wir von ihnen aus von der Geschichte aspektuell ins Auge fassen könnten und was nicht. Die faktischen historischen Ereignisse, die Chladenius als eine Art *„Urbild"* der Geschichte ansieht, würden durch ihre sprachliche bzw. ihre erzählerische Objektivierung dann gleichsam immer schon so akzentuiert und transformiert, dass es dadurch immer zu einer *„Verwandlung der Geschichte ins Sinnreiche"* komme.[309] Dementsprechend kann dann jede narrative Relationierung von Einzelvorstellungen als eine sinnstiftende Interpretation des jeweiligen Geschichtsschreibers angesehen werden, der auf diese Weise dann natürlich immer auch die Funktion eines lebenden Spiegels bekommt.

Eine ganz ähnliche Grundvorstellung von der sinnbildenden Funktion der Geschichtsschreibung dokumentiert sich dann auch in einer geschichtstheoretischen These Hegels. Nach dieser gibt es nämlich eine unaufhebbare dialektische Spannung zwischen der Geschichte als einer Kette registrierbarer faktischer Ereignisse (res gestae) einerseits und der Geschichte als Geschichtserzählung (historia rerum gestarum) als der sprachlichen Thematisierung und

---

307 Lukianus: Wie man Geschichte schreiben soll. 1965, Kap. 41, S. 147–149.
308 L. von Ranke: Englische Geschichte, Bd. 1, Einleitung zum 5. Buch, 1955, S. 449.
309 J. M. Chladenius: Allgemeine Geschichtswissenschaft 1752/1985, S. 127 und 129.

begrifflichen Strukturierung von historischen Sinnzusammenhängen andererseits.[310]

Wenn man das Phänomen der Geschichte begrifflich oder erzählerisch objektivieren möchte, dann muss man sie notwendigerweise in bestimmte Begriffs- und Erzählmuster transformieren. Dabei ist dann natürlich von ganz erheblicher Bedeutung, auf welche Muster man dabei zurückgreift, weil natürlich alle sprachlichen Repräsentationsformen für Geschichte als bestimmte Wahrnehmungsmuster bzw. Wissensformen anzusehen sind. Auf diese Weise wird das Phänomen *Geschichte* dann zu einem plastischen Phänomen, das dann für uns in im Laufe der Zeit durchaus unterschiedliche Wahrnehmungsgestalten bekommen kann. Deshalb hat Droysen im Hinblick auf die Geschichte dann auch Folgendes programmatisch postuliert: *„Das Wissen von ihr ist sie selbst."*[311] Eine ganz ähnliche geschichtsphilosophische Position hat auch Nietzsche vertreten, als er eine nur vordergründig paradoxe Behauptung über den Umfang und Inhalt des Geschichtsbegriffs formuliert hat: *„Es ist gar nicht abzusehen, was alles einmal noch Geschichte sein wird. Die Vergangenheit ist vielleicht immer noch wesentlich unentdeckt!"*[312]

Ein eindrucksvolles Beispiel dafür, wie dasselbe historische Ereignis je nach Sehepunkt perspektivisch ganz unterschiedlich wahrgenommen und erzählt werden kann, bietet der historische Bericht von zwei Augenzeugen über den Tod von Jan Hus auf dem Scheiterhaufen zu Konstanz im Jahre 1415, den Herkommer eindrucksvoll beschrieben und ausgewertet hat.[313] Beide Zeitzeugen nehmen als lebende Spiegel dieses Ereignis in ganz unterschiedlicher Weise wahr, weil sie es in ganz unterschiedliche Kontexte und Erwartungshorizonte einbetten und eben deshalb dann auch als symptomatisch für ganz unterschiedliche Relationszusammenhänge ansehen.

Für den Konstanzer Bürger Ulrich von Richental kommt Jan Hus entsetzlich schreiend im Feuer zu Tode. Das kommt uns heute sicherlich recht realistisch und glaubwürdig vor, weil es unserem gegenwärtigen Erwartungshorizont für ein solches Ereignis entspricht. Allerdings gibt es in diesem anscheinend sehr authentischen historischen Bericht nun aber doch auch einige Merkwürdigkeiten. Ausgerechnet die Papiermitra, mit den aufgemalten Teufeln, die man Hus aufgesetzt hat, um ihn als Ketzer zu kennzeichnen, verbrennt nicht und muss

---

310 G. W. F. Hegel: Vorlesungen über die Geschichte der Philosophie, Werke, Bd. 12, S. 83.
311 J. G. Droysen: Historik, 1937, S. 391.
312 F. Nietzsche: Fröhliche Wissenschaft, Werke, Bd. 2, 1973³, S. 62.
313 H. Herkommer: Die Geschichte vom Leiden und Sterben des Jan Hus als Ereignis und Erzählung. In: L. Grenzmann/K. Stackmann (Hrsg.): Literatur und Laienbildung im Spätmittelalter und in der Reformationszeit, 1984, S. 114–151.

abermals dem Feuer überantwortet werden. Außerdem soll sich nach Richental durch die Hitze des Feuers auch noch die Erde geöffnet haben und den Kadavergeruch eines toten Maultieres freigegeben haben, das als Bastard von Pferd und Esel traditionell als ein Dämonenemblem verstanden wurde. Das alles offenbart nun, dass Richental trotz seiner realistischen Schilderung des Feuertodes von Hus auch noch durch eine recht symbolorientierte Wirklichkeitswahrnehmung bestimmt worden ist. Diese ist dadurch geprägt, dass man bestimmte Wahrnehmungsinhalte bzw. bestimmte Wahrnehmungsvorstellungen nicht nur als empirische Fakten verstehen möchte, sondern zugleich immer auch als Zeichen für noch viel umfassendere religiöse Sinnzusammenhänge bzw. als eine geistig-religiöse Wirklichkeit hinter der sinnlich wahrnehmbaren Wirklichkeit.

Im Kontrast zu der Schilderung von Richental scheint in der Wahrnehmung von Peter Mladoniowitz, eines Freundes von Hus, dieser einen ganz anderen Tod zu sterben als bei Richental, insofern er singend und betend im Feuer des Scheiterhaufens umkommt. Er schildert den Tod von Hus nämlich bezeichnenderweise in deutlicher Analogie zum Leidensweg von Christus bzw. von Märtyrern. Deshalb ruft er in seinem Bericht auch keinerlei Teufels- und Höllenvorstellungen ins Bewusstsein seiner möglichen Leser.

Nun kann man natürlich annehmen, dass beide Berichte über den Tod von Jan Hus von vornherein parteiische und täuschende Zielsetzungen verfolgt haben und eben deshalb dann auch den Feuertod von Hus ganz unterschiedlich zu stilisieren versuchten. Man kann aber auch in Betracht ziehen, dass beide Berichterstatter ihre Leser gar nicht bewusst täuschen wollten, sondern schlicht das wiedergeben haben, was sie im Rahmen ihrer Erwartungen glaubten, wahrgenommen zu haben. Beide sind zwar keine Historiker, die sich dem Ziel verpflichtet fühlten, empirisch fassbare Tatbestände von ihren möglichen Interpretationen und Wertungen zu trennen. Sie treten aber gleichwohl doch als Augenzeugen in Erscheinung, die sich darum bemühen, ein bedeutendes Zeitereignis für ihre Nachwelt so festzuhalten, wie sie es persönlich erlebt haben.

Gleichwohl ist zu beachten, dass für beide nicht die Fixierung der empirisch feststellbaren und überprüfbaren Umstände des Feuertodes von Hus das Ziel der Darstellung ist. Vielmehr ist für sie die empirisch wahrgenommene Realität dieses Ereignisses nur ein Durchgangsstadium zu einer dahinterliegenden geistigen Realität. Daraus ergibt sich dann natürlich das Problem, dass beide Augenzeugen Sachverhalte so wahrnehmen, dass sie zu ihren hintergründigen Erwartungen passen bzw. diese bestätigen, eben weil sie das Wahrgenommene nicht nur als bloßes Faktum hinnehmen wollen, sondern als Zeichen für noch etwas anderes. Vor einer solchen Gefahr ist natürlich kein Historiker geschützt, aber er sollte es gelernt haben, methodisch mit dem Problem umzugehen, dass man sehr gerne genau das sieht, was zu seinen eigenen Wahrnehmungserwartungen passt, und eben deswegen dann auch gerne genau das übersieht, was die eigenen Wahrnehmungsweisen und Wissensinhalte in Frage stellen könnte.

Historiker haben deshalb nicht nur ihre eigenen Denkprämissen zu überprüfen, sondern auch die aller Handelnden bzw. die aller Augenzeugen. Jede Benennung von Tatbeständen ist nämlich schon als eine kategoriale Einordnung und damit auch als eine Interpretation anzusehen. Das gilt gerade auch für narrative historische Darstellungen, die das jeweils Erzählte natürlich immer in umfassendere Relationszusammenhänge einzuordnen versuchen, damit die jeweils thematisierten Tatbestände nicht als unfertig bzw. als noch interpretationsbedürftig in Erscheinung treten. Alle Erzählungen, seien es nun historische oder literarische, versuchen immer, das jeweils Erzählte explizit oder implizit in komplexe Sinnzusammenhänge einzuordnen und es nicht nur als einen bloßen faktischen Tatbestand zu thematisieren, der keinerlei Deutung mehr bedarf.

Der nicht zu leugnende semiotische Umstand, dass die faktische Objektwelt geschichtlicher Ereignisse immer mit Hilfe kultureller Zeichen aus der Subjektwelt der Wahrnehmenden erschlossen und objektiviert werden muss, hat Theodor Lessing zu der recht radikalen These geführt, dass das, was wir *Geschichte* nennen, letztlich ein Konstrukt des Menschen sei, das sich weitgehend aus menschlichen Projektionen konstituiere und nicht aus vorgegebenen Tatsachen. In seinem aufsehenerregenden Buch von 1919 *„Geschichte als Sinngebung des Sinnlosen"* postuliert er, dass die Geschichtsschreibung Vorstellungsbilder über die Vergangenheit erzeuge, die eher aus den Wünschen, Bedürfnissen und Hoffnungen der Historiker resultierten bzw. aus rückblickenden und ideologisch bedingten Sinnstiftungen (logificatio post festum) als aus allgemeingültigen vertrauenswürdigen Feststellungen. „*Somit ist Geschichte die egozentrische Selbstbezüglichkeit des Geistes, der aus der Geschichte heraus geboren, zuletzt Geschichte als Vorstufen seiner eigenen Gegenwart begreift*[...]."[314] Für Lessing steht deshalb insbesondere die Geschichtserzählung immer in der Gefahr, der jeweils sprachlich objektivierten Geschichte einen fiktionalen Charakter zu geben, um sie übersichtlich und verständlich zu machen. „*Die Geschichte, das sind die Vorurteile der Historiker in Erzählung gebracht.*"[315]

Diese Gefahr ist sicherlich nicht zu leugnen, aber darüber sollte nicht vergessen werden, dass neuartige Fragestellungen, Sichtweisen und Begrifflichkeiten auch die Chance bieten, neue Aspekte von altbekannten Ereignissen kennenzulernen, eben weil Geschichte nicht einfach sinnlich wahrnehmbar ist, sondern interpretierend aus der Erfassung und Bewertung von Quellen rückbli-

---

314 Th. Lessing: Geschichte als Sinngebung des Sinnlosen, 1919/1983, S. 63.
315 Th. Lessing: a. a. O., S. 27.

ckend erschlossen werden muss. Dabei ist dann natürlich nicht unerheblich, welche einzelnen Tatbestände auf synthetisierende Weise zu konkreten historischen Vorstellungsgestalten zusammengeführt werden. Deshalb hat dann ja auch Chladenius schon betont, dass es eine völlig subjektfreie und rein objektorientierte Darstellung der Geschichte gar nicht geben könne, weil diese faktisch immer sehepunktabhängig und formungsbedürftig sei.

> Eine *unpartheyische* Erzehlung kan also auch nicht so viel heissen, als eine Sache ohne alle Sehepunckte erzehlen, denn das ist einmahl nicht möglich: [...] *Unpartheyisch* erzehlen kan daher nichts anders heissen, als die Sache erzehlen, ohne daß man das geringste darin vorsetzlich verdrehet oder verdunckelt:[316]

Von Max Scheler ist deshalb auch ganz ausdrücklich betont worden, dass „*historische Tatbestände*" prinzipiell immer unfertig seien, da sie sich nicht auf empirisch direkt fassbare Fakten beschränken ließen, sondern immer auch deren jeweilige Wirkungs- und Bewertungsgeschichte einschließen müssten. So gebe es beispielsweise an der Person und dem Leben Caesars etwas Abgeschlossenes, nämlich sein biologisches Ableben, aber zugleich auch etwas Unfertiges, nämlich die historiographische Objektivierung und Würdigung seiner Lebens- und Wirkungsgeschichte. Das bedeutet für Scheler, dass ein historischer Tatbestand erst am „*Ende der Weltgeschichte fertiges Sein*" werde.[317]

Diese Argumentation verdeutlicht, dass Scheler einen historischen Tatbestand eigentlich nicht als ein vollständig isolierbares empirisches Faktum versteht, sondern eher als ein interpretationsbedürftiges historisches Zeichen. Dieses kann man dann auch nicht völlig von seiner Entstehungs-, Wirkungs- und Interpretationsgeschichte abtrennen, weil es gerade dadurch erst sein spezifisches historisches Profil bekommt, das es sinnträchtig und erinnerungswürdig macht.

Diese Rückbindung des historischen Tatbestandes an seine Entstehungs-, Interpretations- und sprachliche Spiegelungsgeschichte hat Tucholsky in einem aparten Aphorismus zum Ausdruck gebracht, der die Verfasser von historischen Romanen betrifft, die für die Ausbildung des historischen Bewusstseins neben den professionellen Historikern sicherlich auch immer eine bedeutsame Rolle gespielt haben: „*Jeder historische Roman vermittelt ein ausgezeichnetes Bild von der Epoche des Verfassers.*"[318]

---

316 J. M. Chladenius: Allgemeine Geschichtswissenschaft, 1752 / 1985, § 33, S. 151; § 34, S. 152.
317 M. Scheler: Die Wissensformen und die Gesellschaft. Gesammelte Werke, Bd. 8, 1960², S. 150.
318 K. Tucholsky: Zitiert nach H. Fricke: Aphorismus, 1984, S. 149.

Jeder Typ von Geschichtsobjektivierung, sei es nun eine Chronik, eine Strukturanalyse von geschichtlichen Ordnungs- und Wirkungsfaktoren, eine erzählerische Geschichtsdarstellung oder ein historischer Roman hat eine innere Form. Diese bedingt, was für uns von dem Phänomen der Geschichte aspektuell in Erscheinung treten kann oder soll und welche Assimilations- und Akkommodationsanstrengungen aktiviert werden müssen, um das Phänomen der Geschichte aspektreich wahrnehmen zu können. Deshalb ist dann insbesondere jede erzählerische Objektivierung von Geschichte auf ganz natürliche Weise in der Gegenwart des jeweiligen Historiographen verwurzelt, da diese immer mitbedingt, welche Aspekte der schon vergangenen Geschichte in Erscheinung treten können und sollen.

Aus diesem Grunde wird dann auch gut verständlich, warum es in der erzählerischen Darstellung der Geschichte immer eine natürliche Neigung gibt, unsere Aufmerksamkeit auf handelnde Personen, auf einzelne Ereignisse und auf punktuelle Entscheidungen zu richten bzw. auf die daraus resultierenden Konsequenzen. Darüber kann man dann natürlich leicht vergessen, dass eine umfassende Darstellung der Geschichte auch historische Faktoren berücksichtigen sollte, die weniger dramatisch und offensichtlich in Erscheinung treten, aber gleichwohl unser Verständnis von Geschichte und Zeit doch beeinflussen.

Im Rahmen dieser Wahrnehmungsperspektive für Geschichte wird dann auch verständlich, dass sich vor allem Historiker um die französische Zeitschrift *Annales* darum bemüht haben, die traditionelle Ereignisgeschichte durch eine Strukturgeschichte zu ergänzen, die sich insbesondere um die Aufklärung und Darstellung von lang andauernden zeitlichen Entwicklungstendenzen bemüht. Diese Denkschule hat ihr Hauptinteresse deshalb dann auch nicht auf spektakuläre punktuelle historische Ereignisse und Entscheidungen gerichtet bzw. auf Entscheidungsträger in bestimmten historischen Situationen, sondern vielmehr auf kontinuierliche historische Veränderungsprozesse in lang andauernden Zeitspannen. Das betrifft dann beispielsweise die historischen Implikationen von bestimmten geographischen Verhältnissen, Handelsstrukturen, Besteuerungsformen, Produktionsverfahren, Sozialordnungen, Geburtenraten usw.

Es ist nun offensichtlich, dass im Rahmen eines solchen Erkenntnisinteresses an Geschichte das Phänomen *Zeit* nun in Geschichtsdarstellungen natürlich auf eine ganz andere Weise in Erscheinung tritt. Ricoeur hat deshalb auch darauf aufmerksam gemacht, dass in der *Annales-Schule* der von Fernand Braudel geprägte Begriff der *langen Dauer* (longue durée) eine ganz besondere Bedeutsamkeit bekommen habe, eben weil sich in dieser Wahrnehmungsperspektive das Phänomen der Geschichte eher in Form von langsamen Prozessen und Rhythmen als in der von punktuellen Entscheidungen und Handlungen entfalte, die letztlich nur als historische Oberflächenphänomene von historischen Tiefendimensionen in Erscheinung treten könnten. Kulturen und gesellschaftliche Abläufe seien Realitäten von langer Dauer, die sich weniger gut im Spiegel einer narrativen Ereignisgeschichte darstellen ließen, sondern eher im Spiegel von analysierenden und feststellenden Strukturbeschreibungen.[319]

Diese kontrastierende Gegenüberstellung von einer erzählenden *Ereignisgeschichte* mit relativ kurzen Zeitrhythmen und einer beschreibenden *Strukturgeschichte* mit langen Zeitrhythmen lässt sich methodisch natürlich gut rechtfertigen. Sie hat aber gleichwohl auch ihre sachlichen und methodischen Tücken. Es ist nämlich kaum zu leugnen, dass auch das Erzählen immer analytische Implikationen hat. Wie schon hervorgehoben worden ist, wird nämlich in narrativen Geschichtsdarstellungen in der Regel retrospektiv in Kenntnis des Endes von bestimmten Ereignisketten erzählt und nicht naiv im Sinne einer Mitschau von Vorkommnissen. Das bedeutet, dass vor allem das erzählt wird, was fassbare Nachwirkungen gehabt hat. Das Erzählen ist deshalb nicht nur als eine reproduktive Wiedergabe anzusehen, sondern vielmehr auch als eine Interpretation, durch die das jeweils Erzählte direkt oder indirekt ein ganz bestimmtes Sinnrelief bekommen soll.

Die These der Annales-Schule, dass die Geschichtsschreibung sich mit lang andauernden Bewegungsgestalten in der Zeit zu beschäftigen habe, setzt natürlich nicht die Auffassung außer Kraft, dass sie sich auch mit konkreten Entscheidungsprozessen und gut abgrenzbaren Bewegungsgestalten zu befassen hat sowie mit den möglichen Interaktionsverhältnissen zwischen spektakulären Einzelereignissen und langfristigen evolutionären Entwicklungsprozessen. Deshalb hat der Biologe Bertalanffy wie schon erwähnt ja auch betont, dass ein Strukturgebilde wie etwa der anatomische Aufbau eines Muskels als eine langsame Prozesswelle anzusehen sei, aber eine Funktion wie etwa die Kontraktion dieses Muskels als eine schnelle Prozesswelle, welche sich auf eine langsame auflagere bzw. von dieser erst ermöglicht werde.[320]

Diese entwicklungsgeschichtliche Beschreibung von Ordnungszusammenhänge legt nahe, dass die analysierende Beschreibung von langsamen historischen Prozesswellen und die dramatisierende erzählerische Darstellung von kurzen sich eher ergänzen als ausschließen. Beide historische Darstellungsverfahren können nämlich keinen prinzipiell gültigen, sondern nur einen methodisch zu rechtfertigen Geltungsanspruch stellen, weil durch sie ja nur unterschiedliche Perspektiven auf die Ordnungskraft von Zeit in Veränderungsprozessen eröffnet werden. Die erzählerische Spiegelung von Geschichte als eine

---

[319] P. Ricoeur: Zeit und Erzählung, Bd. 1, Zeit und historische Erzählung, 1988, S. 154.
[320] L. von Bertalanffy: Das biologische Weltbild, 1949, S. 129.

Ereignis- und Entscheidungsgeschichte und die strukturanalytische Spiegelung der Geschichte als eine Geschichte der Ausbildung von Strukturen repräsentieren dann lediglich zwei unterschiedliche Erfahrungsweisen von Zeit bei dem Verständnis der evolutionären Entfaltung von geschichtlichen Ordnungszusammenhängen, die beide natürlich ihr ontologisches Recht haben, weil beide zu einer realistischen Wahrnehmung der möglichen Funktionen von Zeit gehören.

Dabei ist nun allerdings zu beachten, das sich in einer erzählerischen Darstellung von Geschichte die immanente Spannungen zwischen den verschiedenen Objektivierungsweisen von Zeit leichter bewältigen lassen als in einer strukturanalytischen. In eine narrative Geschichtsschreibung lassen sich nämlich strukturanalytische Erklärungsschleifen leichter einfügen als dramatisierende Handlungsbeschreibungen in eine strukturanalytische Geschichtsobjektivierung. Erzählerisch objektivierte Darstellungen der Geschichte können insgesamt auch flexibler gestaltet werden als rein analytisch orientierte, weil sich in ihnen unterschiedliche Wahrnehmungsformen für Zeit recht gut herausarbeiten und miteinander verbinden lassen, um immer wieder *verjüngte Bilder* der Geschichte herzustellen. Auf spannende Weise lässt sich Geschichte allerdings eher narrativ und synthetisierend als begrifflich und analysierend darstellen, da ein Blick nach vorn immer spannender ist als ein Blick zurück oder von fern.

Der Historiker Helmut Diwald hat nun allerdings versucht, die traditionell etablierte Form der Geschichtsschreibung bzw. der Geschichtsobjektivierung zu durchbrechen und eine rückläufig bzw. analytisch strukturierte „*Geschichte der Deutschen*" zu schreiben.[321] Dabei geht er so vor, dass er seine Darstellung der deutschen Geschichte in der Gegenwart beginnen lässt und sie dann in einer rückwärts ausgerichteten Wahrnehmungsperspektive genauer zu objektivieren versucht. Für diese historiographische Entscheidung macht er geltend, dass das Interesse an der Geschichte immer aus aktuellen Gegenwartserfahrungen resultiere. Deshalb sei es methodologisch auch legitim, die aktuellen Gegenwartsprobleme in einer retrospektivischen Sicht aus ihrer jeweiligen historischen Genese zu erklären.

Bei dieser Darstellungsform der Geschichte bzw. bei dieser historiographischen Bewältigungsform von Zeit hat Diwald allerdings bisher keine Nachfolger gefunden. Sie verstößt nämlich nicht nur gegen die Tradition der Geschichtsschreibung und die durch sie stabilisierte Erwartungshaltung bei der Wahrnehmung von Geschichte und Zeit, sondern wirft zugleich auch vielfältige methodologische Probleme bei der Objektivierung von historischen Prozessen auf, die Diwald nicht zureichend theoretisch durchdacht hat.

---

[321] H. Diwald: Geschichte der Deutschen, 1978.

Die gegenchronologische Darstellung der Geschichte erscheint zwar auf den ersten Blick durchaus möglich zu sein, insofern sie dem sogenannten *genetischen Prinzip* in Lehr und Lernprozessen zu entsprechen scheint. Dieses besagt nämlich, dass man ein Phänomen erst dann richtig verstehe, wenn man auch seine Entstehungsgeschichte kenne. Darüber sollte man nun aber nicht vergessen, dass man die Entstehungsgeschichte von Problemzusammenhängen leichter mit dem Fluss der Zeit versteht als gegen ihn und dass eine retrospektive Erklärung von Prozessergebnissen unsere Einbildungskraft weniger anspricht als eine prospektive Darstellung ihrer Entstehungsgeschichte. Letztere lässt nämlich bestimmte Entwicklungsprozesse als mögliche Problemlösungsprozesse besonders klar und plastisch hervortreten. Außerdem erschwert es die retrospektive Darstellung von Geschichte den jeweiligen Rezipienten, sich in die Probleme von Entscheidungssituationen der handelnden Personen hineinzuversetzen und sich geschichtliche Prozesse auch als dramatische Prozesse von gegenläufigen Handlungszielen zu vergegenwärtigen.

Außerdem stellt sich bei der von Diwald gewählten Objektivierungsform von Geschichte heraus, dass sich diese auch gar nicht konsequent und kohärent durchhalten lässt. Er sieht sich nämlich gezwungen, seine Geschichtsdarstellung doch epochal zu untergliedern, um die jeweiligen historischen Epochen dann als historisch gewachsene eigenständige zeitliche Ordnungsgestalten verstehen zu können. Allerdings kann er sie dann nicht mehr als Antworten auf die Fragen verstehen, welche die vorhergehenden Epochen explizit oder implizit aufgeworfen haben. Das beeinträchtigt dann natürlich ein lebendiges und dialogisch akzentuiertes Geschichts- und Zeitverständnis.

Etwas anders stellt sich das gegenchronologische Darstellungsverfahren von historischen Entwicklungen in der Philosophie dar, wenn ausdrücklich die Frage nach den Voraussetzungen der Existenz von gegebenen Einzelkonzepten gestellt wird. Im Rahmen eines solchen analytischen Erkenntnisinteresses kann man in sprachlichen Objektivierungsverfahren natürlich eine retrospektive Darstellungsweise wählen. Ein solches rein problemorientiertes historiographisches Darstellungsverfahren hat beispielsweise der Philosoph Karl Löwith in seinem Buch *„Weltgeschichte und Heilsgeschehen"* erprobt, das zunächst 1949 unter dem Titel *„Meaning in History"* in Amerika erschienen ist.[322] In diesem Buch hat sich Löwith nämlich darum bemüht, die religiösen und theologischen Wurzeln des europäischen geschichtsphilosophischen Denkens gegenchronologisch in einem aufklärerischen und analytischen Sinne von Burckhardt über Marx und Hegel bis in die Antike und die biblische Auslegung der Geschichte

---

[322] K. Löwith: Weltgeschichte und Heilsgeschehen. Sämtliche Schriften, Bd. 2, 1983.

zurückzuverfolgen. Dieses historiographische Verfahren gelingt bei solchen eingeschränkten historischen Fragestellungen dann allerdings sehr viel leichter als bei der Darstellung von vieldimensionalen historischen Prozessen, die wir üblicherweise unter dem Begriff *Geschichte* zusammenfassen.

Wie auch immer man nun die sprachliche Objektivierung des Phänomens *Geschichte* konkretisiert (erzählend oder analysierend, beschreibend oder wertend, qualifizierend oder quantifizierend, chronologisch oder gegenchronologisch usw.) immer wird man wohl einräumen müssen, dass die sprachlich Grundform der sprachlichen Vergegenwärtigung von Geschichte die erzählende Historiographie bleiben wird. Dafür spricht nicht nur, dass die explizite Geschichtsschreibung sich in einem emanzipatorischen Prozess bei Herodot und Thukydides aus einer deutlichen Oppositionshaltung zu der epischen bzw. der literarischen Vergegenwärtigungsform von Geschichte entwickelt hat, sondern auch, dass die erzählerische Geschichtsschreibung die größten Chancen bietet, Geschichte polyperspektivisch in übersichtlichen Vorstellungsformen ins Bewusstsein zu rufen. Das Erzählen von Geschichte bietet auf jeden Fall immer gute Möglichkeiten in den eigentlichen historischen Erzählprozess vielfältige Reflexions- und Analyseschleifen einzufügen und eben dadurch die jeweils thematisierten Denkgegenstände und Prozesse mit spezifischen Hintergründen zu versehen, die ihnen eine gut wahrnehmbare Reliefstruktur geben. Dadurch wird dann auch begünstigt, die Geschichte als eine Lehrmeisterin des Lebens (magistra vitae) zu verstehen.

Die narrativ objektivierte Geschichte ermöglicht nicht nur eine gute Memorierbarkeit zeitlicher Abläufe, sondern stimuliert auch die menschliche Einbildungskraft sowie die Fähigkeit, alternative Vorstellungen zu dem jeweils Erzählten auszubilden. Droysen möchte deshalb auch zwischen einer untersuchenden Darstellung der Geschichte als einer „*Mimesis unseres Suchens und Findens*" und einer erzählenden Geschichte als einer „*Mimesis des Werdens*" unterschieden wissen.[323] Die erzählende Objektivierung der Geschichte wolle uns immer etwas anschaulich vor Augen führen und unsere Phantasie anregen, während die analysierende unseren Verstand zu befriedigen versuche, weil sie vor allem danach strebe, verdeckte inhaltliche Zusammenhänge herausarbeiten.

Bei dieser Wahrnehmungsweise von Geschichte ist es dann auch nicht sonderlich überraschend, dass die erzählende Geschichtsschreibung bzw. Zeiterfassung immer wieder mit ausgesprochen literarischen Kompositionsformen des sprachlichen Darstellens in Zusammenhang gebracht worden ist. Dadurch sollte nämlich darauf aufmerksam gemacht werden, dass unsere historischen

---

[323] J. G. Droysen: Historik, 1937, S. 274.

Darstellungsanstrengungen nicht nur mit den analysierenden der Natur- und Sozialwissenschaften in Zusammenhang gebracht werden können, sondern auch mit den synthetisierenden der Kunst, die gerade auf die Einbildungskräfte der Menschen Bezug zu nehmen versuchen. Insbesondere der amerikanische Geschichtsschreibungstheoretiker Hayden White hat beispielsweise die Auffassung vertreten, dass sich die sprachliche und kompositorische Gestaltung von Geschichtserzählungen (emplotment) immer wieder an den Grundmustern der poetischen Sprachverwendung orientiert habe (Metapher, Vergleich, Ironie) bzw. an literarischen Sinnbildungsmodellen (Roman, Komödie, Tragödie, Satire).[324] Auf diese Weise könne ein Historiker dann immer schon festlegen, wie das jeweils Erzählte perspektivisch von seinen Lesern zu rezipieren sei.

> Als eine symbolische Struktur r e p r o d u z i e r t die historische Erzählung nicht die Ereignisse, die sie beschreibt; sie sagt uns, in welcher Richtung wir über die Ergebnisse denken sollen und lädt unser Nachdenken über diese Geschehnisse mit verschiedenen emotionalen Valenzen auf.[325]

Diese Beschreibung und Kennzeichnung des Sinnbildungsanspruchs der erzählerischen Darstellung von Geschichte impliziert natürlich auch ein ganz spezifisches Verständnis von Zeit, das mit chronologischen Kategorien nicht befriedigend objektiviert und strukturiert werden kann. Das Phänomen *Zeit* tritt hierbei nämlich weniger als ein neutraler Raum für empirisch fassbare und beschreibbare Veränderungsprozesse in Erscheinung, sondern eher als eine konstitutive Voraussetzung dafür, dass sich überhaupt komplexe Verständnis- und Sinngestalten für die Phänomene *Geschichte* und *Zeit* ausbilden können.

Eine solche interpretative Rückbezüglichkeit der Zeit auf sich selbst ist logisch sicherlich bedenklich, da ein Phänomen sich nach den klassischen Prinzipien der Definitionslehre nicht durch sich selbst genauer bestimmen lässt. Sie ist aber in bestimmten Fällen faktisch kaum zu umgehen, sondern nur methodisch angemessen zu handhaben. Alle fundamentalen Strukturordnungen sind nämlich immer irgendwie durch Selbstbezüglichkeitsrelationen geprägt bzw. können ohne Rückgriff auf solche kaum kognitiv bewältigt werden. Das ist mit Hilfe der Denkfigur des *hermeneutischen Zirkels* ja auch immer wieder thematisiert worden.

Gerade die Phänomene *Geschichte* und *Zeit* scheinen Denkgegenstände zu sein, die kognitiv nicht befriedigend mit Hilfe der üblichen Definitions- und Schlussfolgerungslogik zu bewältigen sind, sondern nur mit Hilfe hermeneuti-

---

324 H. White: Metahistory, 1991, S. 10 ff.
325 H. White: Auch Klio dichtet oder die Fiktion des Faktischen, 1986, S. 112.

scher Überlegungen, weil beide nicht nur externe Sachprobleme für Menschen sind, sondern zugleich auch interne Lebens- und Sinnbildungsprobleme, die diese nicht distanziert von außen wahrnehmen können, weil sie als Menschen immer schon in sie verwickelt sind. Deshalb ist hier ja auch schon mehrfach darauf hingewiesen worden, dass die Beschäftigung mit der Zeit die Menschen ständig in Assimilations- und Akkommodationsprobleme verwickele, die nur hermeneutisch und perspektivisch bewältigt werden könnten, aber nicht begrifflich und definitorisch.

Bei der Erfassung und Darstellung des Phänomens *Geschichte* ist deshalb das Erzählen auch kein Objektivierungsverfahren unter anderen, sondern ein grundlegendes Verfahren, das sich durch andere nicht aufheben und ersetzen lässt, weil es auf eine sehr übersichtliche Weise ermöglicht, Objektwelten und Subjektwelten miteinander in Kontakt zu bringen. Damit ähnelt das Verfahren des Erzählens bei der Objektivierung der Geschichte dem Verfahren des Gebrauchs von Metaphern bei der sprachlichen Objektivierung von natürlichen und kulturellen Welten, da in beiden Fällen immer eine *„Synthesis des Heterogenen"* erforderlich wird.[326]

In allen Erzählungen kommt es ebenso wie beim Gebrauch von Metaphern nämlich immer sowohl zu analysierenden als auch zu synthetisierenden Sinnbildungsanstrengungen. Das bedeutet für Ricoeur dann auch, *„daß die Zeit in dem Maße zur menschlichen wird, indem sie sich nach einem Modus des Narrativen gestaltet, und daß die Erzählung ihren vollen Sinn erlangt, wenn sie eine Bedingung der zeitlichen Existenz wird."*[327]

Die distanzierende und rückblickende Wahrnehmung von Ereignissen in Erzählungen in einer nach vorn ausgerichteten Wahrnehmungsperspektive eröffnet für Menschen ganz andere Möglichkeiten der Wahrnehmung von etwas als die direkte sinnliche Wahrnehmung von etwas ohne jegliche zeitliche und sprachliche Distanz. Das jeweils Wahrgenommene wird im Rahmen von Erzählungen nämlich nicht nur sprachlich strukturiert und gefiltert wahrgenommen, sondern lässt sich immer auch durch interpretierende Denkschleifen anreichern, die in der unmittelbaren Wahrnehmung nur begrenzt konkretisiert werden können. In einer erzählerischen Objektivierung nehmen wir deshalb Sachverhalte auch anders wahr als in der direkten sinnlichen Wahrnehmung, weil wir sie von vornherein im lebenden Spiegel von kategorisierenden und perspektivierenden bzw. von begrifflichen und textuellen Sprachformen erfassen, die kulturell und individuell im Verlaufe der Geschichte entwickelt worden sind.

---

[326] P. Ricoeur: Zeit und Erzählung, Bd. 1, Zeit und historische Erzählung, S. 7.
[327] P. Ricoeur: a. a. O., S. 87.

16.3 Die Zeit in der literarischen Erzählung

Wenn man Ricoeurs These akzeptiert, dass die Zeit in dem Maße zu einem genuin anthropologischen Phänomen wird, wie sie nicht nur quantitativ gemessen, sondern auch semiotisch und insbesondere sprachlich gehandhabt und gedeutet wird, dann rücken natürlich nicht nur die unterschiedlichen lexikalischen und grammatischen Objektivierungsformen für Zeit in den Fokus der Aufmerksamkeit, sondern auch die unterschiedlichen Formen des Erzählens, die kulturhistorisch entwickelt worden sind, um das Zeitphänomen auch gestalterisch zu bewältigen. In diesen Formen kann nämlich nicht nur erprobt werden, wie unterschiedliche Denkinhalte linear miteinander verknüpft werden können, sondern auch, welche sinnbildenden Effekte sich eben dadurch erzielen lassen. Auf diese Weise tritt die Zeit dann auch deutlich als ein konstitutives Ordnungsprinzip für sehr komplexe geistige Gestaltbildungsprozesse in Erscheinung.

Dieser Sachzusammenhang ist in einem ersten Ansatz schon im Hinblick auf das historiographische Erzählen erörtert worden, in dem die chronologische Reihung von Ereignissen die Funktion eines Ariadnefadens bekommt, um sich im Labyrinth der historischen Daten und Ereignisse zurechtzufinden sowie um kausale und intentionale Korrelationszusammenhänge besser verstehen zu können. Dabei konnte zugleich auch darauf aufmerksam gemacht werden, dass beim Erzählen chronologische Längsschnitte durch chronologische Querschnitte ergänzt werden müssen, um das ganze Funktionsspektrum der Ordnungsfunktionen von Zeit verständlich zu machen bzw. um entscheiden zu können, was als Hauptstrom und was als Nebenströme der Geschichte angesehen werden kann.

Es ist nun offensichtlich, dass das literarische und insbesondere das fiktionale Erzählen natürlich sehr viel größere Freiheitsgrade hat als das historische Erzählen, um das Zeitphänomen sprachlich zu objektivieren und zu gestalten. Das dokumentiert sich beispielsweise darin, dass das klassische epische Erzählen sich ebenso wie das klassische historische Erzählen zunächst insbesondere auf die Sukzession von Ereignissen konzentriert hat, aber dass im literarischen Erzählen diese Gestaltungsweise zunehmend durch essayistische Zusatzkomponenten ergänzt worden ist. Dadurch ist dann auch ein persönlicher Erzähler ins Spiel gekommen, der nicht nur auf die adäquate Darstellung von chronologischen und sachlichen Zusammenhängen Wert legt, sondern zugleich auch auf die Thematisierung von psychologischen, intentionalen, kulturellen und sozialen Korrelationszusammenhängen. Das literarische Erzählen ist dadurch dann auch variantenreicher geworden als das historische, weil es nicht nur eine konkrete vergangene Welt wieder bewusstseinsmäßig präsent machen möchte, sondern auch mögliche Welten. Dabei kann dann natürlich die menschliche Einbildungskraft nicht nur auf der produktiven Ebene des Erzählens eine wichtige Rolle spielen, sondern auch auf der rezeptiven Ebene. Auf diese Weise verliert dann zwar das Phänomen der Zeit als chronologischer Ordnungsfaktor an Gewicht, gleichzeitig gewinnt es dadurch aber auch als geistiger Gestaltungsfaktor an Bedeutung.

Daraus ergibt sich nun die Konsequenz, dass das literarische Erzählen als ein Sprachspiel zu betrachten ist, in dem der chronologische Aspekt der Zeit nur ein Aspekt unter anderen ist und keineswegs immer der dominierende, um bestimmte Sinnbildungsziele zu verwirklichen. Deshalb ist dann auch das literarische Erzählen im Prinzip variantenreicher als das historische, insofern es nicht nur reale Welten sprachlich zu objektivieren versucht, sondern auch mögliche Welten. Im literarischen Erzählen tritt der Erzähler im Gegensatz zum historischen Erzählen nämlich weniger als Berichterstatter von vergangenen Welten in Erscheinung, sondern eher als Erzeuger und Interpret von denkbaren Welten. Das literarische Erzählen wird dadurch tendenziell immer zu einem experimentellen Erzählen, das keineswegs nur beschreibende und rekonstruierende Zielsetzungen hat, sondern auch fiktionsbildende.

Ein typisches Beispiel für das literarische Erzählen in der Moderne ist sicherlich die literarische Darstellungsweise von Musil, für den das Erzählen am Faden der chronologischer Abläufe von konkreten Ereignissen letztlich immer so etwas wie eine *„perspektivische Verkürzung des Verstandes"* beinhaltet. Das rein chronologisch orientierte sprachliche Erzählverfahren ist nach Musil zwar für die Leser sehr attraktiv, weil es Zusammenhänge auf übersichtliche und damit beruhigende Weise so vereinfacht, dass sie gut fassbar und verständlich werden, aber es ist für ihn keine zwingende literarische Gestaltungsform, sondern nur eine unter anderen. In seinem Roman *Der Mann ohne Eigenschaften* hat er deshalb eine literarische Darstellungsweise entwickelt, die sich dem chronologischen Ordnungsprinzip beim Erzählen nicht mehr prinzipiell verpflichtet fühlt. Daher fügt er dann in diesen Roman auf ganz selbstverständliche Weise umfangreiche essayistische Reflexionspassagen ein, welche die Rezeption des Mitgeteilten zwar erschweren, aber inhaltlich auch entscheidend ausweiten.

> Wohl dem, der sagen kann „als", „ehe" und „nachdem"! Es mag ihm Schlechtes widerfahren sein, oder er mag sich in Schmerzen gewunden haben: sobald er imstande ist, die Ereignisse in der Reihenfolge ihres zeitlichen Ablaufes wiederzugeben, wird ihm so wohl, als schiene ihm die Sonne auf den Magen. Das ist es, was sich der Roman künstlich zunutze gemacht hat: Der Wanderer mag bei strömenden Regen die Landstraße reiten oder bei zwanzig Grad Kälte mit den Füßen im Schnee knirschen, dem Leser wird behaglich zumute, und es wäre schwer zu begreifen, wenn dieser ewige Kunstgriff der Epik, mit dem schon die Kinderfrauen ihre Kleinen beruhigen, diese bewährteste „perspektivische Ver-

> kürzung des Verstandes" nicht schon zum Leben selbst gehörte. Die meisten Menschen sind im Grundverhältnis zu sich selbst Erzähler. Sie lieben nicht die Lyrik, oder nur für Augenblicke, und wenn in den Faden des Lebens auch ein wenig „weil" und „damit" hineinverknüpft wird, so verabscheuen sie doch alle Besinnung, die darüber hinausgreift: Sie lieben das ordentliche Nacheinander von Tatsachen, weil es einer Notwendigkeit gleichsieht, und fühlen sich durch den Eindruck, daß ihr Leben einen „Lauf" habe, irgendwie im Chaos geborgen. Und Ulrich bemerkte nun, daß ihm dieses primitiv Epische abhanden gekommen sei, woran das private Leben noch festhält, obgleich öffentlich alles schon unerzählerisch geworden ist und nicht einem „Faden" mehr folgt, sondern sich in einer unendlich verwobenen Fläche ausbreitet.[328]

Wenn man sich das literarische Erzählen nun nicht durch das Sinnbild des Fadens, sondern durch das einer unendlich verwobenen Fläche veranschaulicht, dann ist offensichtlich, dass im Erzählen dieser Art das Phänomen der Zeit auch eine ganz andere Ordnungsfunktion bekommt. Es wird nun nämlich offensichtlich, dass die Zeit kein natürlicher Erfahrungsgegenstand unter anderen ist, sondern ein kulturell vorgeprägter, und dass die chronologisch objektivierte Zeit sich über die Literatur sowohl stabilisieren als auch destabilisieren lässt. Auf jeden Fall kann nämlich festgestellt werden, dass die lexikalischen, grammatischen und textuellen Objektivierungsformen von Zeit bzw. Zeiterlebnissen eine ganz wichtige Rolle spielen, um uns dieses Phänomen sprachlich zu erspiegeln und damit geistig zu vergegenwärtigen. Die Zeitgestaltungen und die Zeitwahrnehmungen im literarischen Sprachgebrauch können daher dann auch als Gegenentwürfe zu denen in der klassischen Physik angesehen werden, die verständlicherweise meist chronologisch und chronometrisch bestimmt sind.

Die These, dass unser Zeitverständnis nicht durch physikalische, sondern auch durch literarische Wahrnehmungsweisen geprägt werden könne, scheint auf den ersten Blick dem modernen konstruktivistischen Denken ganz nahe zu stehen. Sie hat aber eigentlich schon sehr viel ältere Wurzeln. Sie deutet sich nämlich schon in der alten rhetorischen Unterscheidung zwischen einer natürlich gegebenen Ordnung (ordo naturalis) und einer vom Menschen erzeugten kulturellen Ordnung (ordo arteficalis) an.

Die Differenz zwischen diesen beiden Ordnungsformen ist nun allerdings nicht als statisch und zeitlos anzusehen, sondern durchaus als dynamisch und zeitbedingt, da sie selbst ebenfalls historischen Wandlungsprozessen unterliegt. Ordnungsformen, die einem auf den ersten Blick als natürlich und selbstverständlich erscheinen, können sich nämlich auf den zweiten Blick durchaus als kulturbedingt und wandlungsfähig erweisen. Beispielsweise wurde sehr lange das zyklische bzw. rhythmische Verständnis von Zeit als selbstverständ-

---

[328] R. Musil: Der Mann ohne Eigenschaften. Gesammelte Werke, Bd. 2, S. 650.

lich und natürlich angesehen, bis es durch den jüdisch-christlichen Schöpfungsgedanken relativiert wurde. Dieser legt nämlich ein teleologisches Zeitverständnis nahe, in dem man das Phänomen der Zeit vor allem als ein lineares Phänomen mit einem ganz bestimmten Anfang und Ende zu verstehen hat.

Einen solchen Paradigmenwechsel beim Verständnis von Zeit gibt es nun nicht nur im kulturellen, sondern auch im naturwissenschaftlichen Bereich. Sehr lange galt Newtons Konzept der *absoluten Zeit* und des *absoluten Raums* als Manifestationsform einer natürliche Seinsordnung. Nachdem dann Einstein das Konzept einer *Raum-Zeit* als real gegebene Seinsordnung entwickelt hatte, erschien nun plötzlich das Zeitkonzept Newtons als eine vom Denken erzeugte Ordnung, die auf bestimmten kulturbedingten Denkprämissen und Denkzielen aufbaute. Wenn man nämlich Raum und Zeit als ineinander verwobene Phänomene versteht, die man allenfalls methodisch voneinander trennen kann, aber nicht real, dann kann man wirklich von einer *perspektivischen Verkürzung des Verstandes* im Sinne von Musil sprechen, wenn man Raum und Zeit ontisch als eigenständige vorgegebene Größen betrachtet. In Einsteins Zeitverständnis tritt deshalb auch der Gedanke der Relationalität von beobachtbaren Einzelphänomenen in ungleich intensiverer Form in Erscheinung als bei Newton. Gleichwohl ist aber prinzipiell wohl auch hier damit zu rechnen, dass sogar Einsteins Verständnis von Zeit einmal als artifiziell angesehen werden könnte, wenn ein anderes Zeitkonzept wissenschaftlich plausibel gemacht werden könnte.

Vor dem Hintergrund dieser Überlegungen wird nun auch ganz gut verständlich, warum nicht nur die Objektivierung von Zeit durch bestimmte lexikalische und grammatische Sprachformen, sondern auch die Reihenfolge von Vorstellungsinhalten in Erzählvorgängen eine wichtige Rolle spielen, um das Spannungsverhältnis von natürlicher und artifizieller Ordnung beim Verständnis der pragmatischen und anthropologischen Ordnungsfunktionen von Zeit angemessen zu verstehen. Beim Erzählen lässt sich zunächst das lineare chronologische Erzählen als natürlich ansehen und andere Erzählformen als artifiziell bzw. als abweichend. Das schließt nun aber nicht aus, dass auch die zunächst abweichenden Erzählweisen kraft Konvention den Status von natürlichen Erzählweisen bekommen können, weil sie ja bestimmten kulturellen Erzählerwartungen entsprechen.

Diese Umstände können dann wiederum die Entwicklung neuer artifizieller Erzählweisen provozieren. Diese können dann einerseits beträchtliche Verstehensprobleme und Missverständnisse auslösen, weil gefestigte Verstehensstrategien sich nun nicht mehr problemlos nutzen lassen. Sie können andererseits aber auch neue erzählerische Korrelationszusammenhänge herstellen, über die dann neuartige Sinnzusammenhänge in Erscheinung zu treten vermögen. Das soll hier dann noch näher in einem eigenständigen Kapitel über die sogenannte *erlebte Rede* erörtert werden.

Unbestreitbar ist sicherlich, dass insbesondere das fiktionale Erzählen die größten Spielräume eröffnen kann, um die zeitliche und inhaltliche Zuordnung von unterschiedlichen Vorstellungswelten auf vielfältige Weise zu erproben. Das bedeutet, dass sich das fiktionale Erzählen als ein Sprachspiel ansehen lässt, in dem die referenziellen Bezüge der einzelnen Sprachformen sachlich und zeitlich nicht auf derselben Ebene liegen, aber dennoch sinnstiftend aufeinander bezogen werden können. Daraus ergibt sich dann weiter, dass das fiktionale Erzählen prinzipiell nicht auf die Darstellungsfunktion der Sprache beschränkt werden kann, weil in ihm auf konstitutive Weise auch die Appell-, Ausdrucks-, Wertungs-, Perspektivierungs- und Interpretationsfunktionen der Sprache in Erscheinung treten können und sollen, die sich insgesamt unter dem Begriff der *Wegbildung* bzw. der *Sinnbildung* zusammenfassen lassen.

Aus diesen Struktur- und Funktionsverhältnissen lässt sich nun ableiten, dass das Erzählen als lebender Spiegel betrachtet werden kann, der nicht nur dazu dienlich ist, die chronologische Abfolge von tatsächlichen oder ausgedachten Ereignissen zu spiegeln, sondern auch noch andere mögliche Korrelationsverhältnisse zwischen ihnen. Dadurch kann dann insbesondere im fiktionalen Erzählen das rein chronologische Verständnis von Zeit transzendiert werden, insofern nicht nur eigene Raumwelten, sondern auch eigene Zeitwelten entworfen werden können.

Nun kann man sich sicherlich darüber streiten, ob der Entwurf fiktionaler Welten und eine nicht-chronologische Darstellung von Ereignissen überhaupt als ein *Erzählen* verstanden werden sollte oder nicht besser als ein Räsonnieren, Assoziieren oder Beschreiben, insofern die Abfolge von beobachtbaren Tatbeständen im Fluss der Zeit gar nicht das Ziel der jeweiligen sprachlichen Objektivierungsanstrengungen ist. Dieser Einwand ist sicher bedenkenswert. Allerdings sollte darüber aber nicht vergessen werden, dass das Erzählen eine sehr umfassende Vermittlungsfunktion zwischen der Welt von Objekten und der von Subjekten hat und eben deswegen dann auch nicht auf eine einzige normierende Verständnisweise der Ordnungsfunktion von Zeit reduziert werden kann.

Schon einfache Satzgefüge, die wir in Erzählprozessen ja keineswegs missen möchten, weil durch sie vielfältige zeitliche, modale, kausale, finale und intentionale Zusammenhänge gestiftet werden können, veranschaulichen, dass das Konzept eines rein chronologischen Erzählens ziemlich wirklichkeitsfern ist. Das Erzählen repräsentiert nämlich einen sprachlichen Sinnbildungsprozess, in dem vielfältige Korrelationen zwischen einzelnen Denkinhalten hergestellt bzw. erprobt werden können. Explizite oder implizite Vorgriffe auf andere Zeitebenen und die Verknüpfung unterschiedlicher Denkinhalte machen Erzählprozesse erst zu Sinnbildungsprozessen, die mehr sind als sprachliche Reproduktions- oder Spiegelungsprozesse von chronologisch zu ordnenden Ereignisabläufen.

In jedem Erzählvorgang bzw. in jeder erzählten Geschichte werden unterschiedliche Sach- und Zeitwelten miteinander verwoben, eben weil es beim Erzählen nicht um eine zeitferne begriffliche Argumentation geht, sondern um die sprachliche Objektivierung von Prozessen, die eine anthropologische Relevanz haben oder zumindest haben können. Lebensprozesse lassen sich hinsichtlich ihrer anthropologischen und zeitlichen Relevanz aber nicht nur durch ihre jeweilige chronologische Ordnung befriedigend erfassen, da hier vielfältige Faktoren eine Rolle spielen, die rein chronologisch nicht sinnvoll erfasst und beschrieben werden können. Das zeitliche Nacheinander von etwas in Erzählprozessen stellt sich nämlich sehr oft auch als ein zeitliches Miteinander dar.

Dieser Tatbestand dokumentiert sich in der gesprochenen Sprache schon auf einer ganz elementaren Ebene. Die Tonkurve eines einfachen Aussagesatzes fällt ebenso wie die eines Satzgefüges am Ende deutlich ab. Dadurch wird auf ikonische Weise signalisiert, dass in einem Text ein einzelner Satz einerseits als eine geschlossene Zeit- und Sinngestalt angesehen werden kann, aber andererseits auch als ein ergänzungsbedürftiger Baustein, der erst durch andere Sätze sein spezifisches Funktions- und Sinnprofil bekommt.

Ebenso wie die Teilsätze eines Satzgefüges nacheinander in Erscheinung treten, aber dennoch zugleich gelten sollen oder können, ebenso gilt das auch für die Sätze in einem Text. Denn auch ein Text kann zumindest in bestimmten Perspektiven durchaus als ein Sinngebilde verstanden werden, in dem alle Einzelinformationen zu einer Sinngestalt miteinander verschmelzen sollen, obwohl sie nacheinander geäußert werden. Das bedeutet, dass auch das Erzählen trotz seiner faktischen Linearität bzw. Prozesshaftigkeit inhaltlich doch immer auch einen synchronen Grundaspekt haben kann, insofern die jeweiligen Erzählergebnisse eine in sich geschlossene Sinngestalt repräsentieren sollen, die alle prozessualen bzw. chronologischen Abläufe faktisch überwölbt. Das bedeutet, dass das Erzählen keineswegs einen so eindeutigen linearen Charakter hat, wie es auf den ersten Blick erscheinen mag, eben weil es letztlich eher eine amalgamierende als eine addierende pragmatische Funktion bekommt. Das wird sehr deutlich, wenn man die einzelnen Erzählpraktiken näher betrachtet, die sich im Laufe der Kulturgeschichte evolutionär herausgebildet haben.

Obwohl der erzählerische Sprachgebrauch im Unterschied zum dramatischen und lyrischen grundsätzlich dem linearen Ordnungsprinzip *und dann und dann* gehorcht, so ist er keineswegs nur auf die Darstellung des chronologischen Ablaufs von Geschehnissen fixiert, eben weil er auch imaginierende und interpretierende Sinnbildungsfunktionen zu erfüllen hat. Im Erzählen müssen immer chronologische und inhaltliche Zusammenhänge in Einklang miteinander gebracht werden. Das hat dann notwendigerweise zur Ausbildung von recht unterschiedlichen kulturhistorischen Erzählstrategien bzw. erzählenden Sprachspielen geführt, um den vielfältigen Analyse- und Synthesezielen des Erzählens Ausdruck geben zu können.

Daraus ergibt sich nun auch, dass beim Erzählen das Phänomen *Zeit* nicht wie beim Philosophieren Gegenstand von expliziten sprachlichen Sinnbildungsanstrengungen begrifflicher Art werden muss, sondern auch Gegenstand von impliziten werden kann, die sich gerade darum bemühen, dem Phänomen der Zeit über die Art und Weise der sprachlichen Vermittlung von Geschehensabläufen Kontur und Profil zu geben. Das exemplifiziert sich sehr schön durch die folgenden polarisierenden Stichwörter *Zeitraffung – Zeitdehnung, messbare Zeit – erlebbare Zeit, leere Zeit – erfüllte Zeit, Zeitnot – Zeitgenuss* usw.

Gerade das literarische Erzählen lässt sich als ein Konkretisierungsprozess von Zeiterlebnissen verstehen, die sich im Laufe der Kulturgeschichte ausdifferenziert haben. Das literarische Erzählen reicht deshalb heute von einem mehr oder weniger neutralen oder gar naiven Nacherzählen von faktischen Begebenheiten oder fiktiven Vorstellungen in Außensicht bis zu einem Erzählen, bei dem der Erzähler zugleich auch in Innensicht vermittelt, was bestimmte Personen über ihre jeweiligen Erlebnisse und über andere Personen denken. Als *auktorialer Erzähler* kann ein Erzähler dann sogar das von ihm Erzählte kommentieren sowie seine eigenen Erzählstrategien auch noch näher erläutern.

Unter diesen Bedingungen ergeben sich beim literarischen Erzählen dann auch sehr viel größere Gestaltungsspielräume als beim historischen Erzählen, weil das Erzählen durch eine sehr viel umfangreichere und differenziertere Wahrheitsvorstellung reguliert wird. Diese muss beim literarischen Erzählen nämlich nicht auf den Korrespondenzbegriff der Wahrheit im Sinn einer Rekonstruktions- oder gar Abbildungsvorstellung reduziert werden, sondern kann auch auf eine Fruchtbarkeitsvorstellung ausgedehnt werden, eben weil es in Erzählprozessen immer auch um die konkreten Gestaltungsmöglichkeiten von Lebens- und Denkprozessen geht und nicht nur um rein sprachliche Reproduktionsprozesse von faktischen oder möglichen Ereignissen und Gegebenheiten. Denn gerade aus solchen Prozessen lassen sich ja dann auch Maßstäbe für ein mögliches und sinnvolles Handeln in einer denkbaren Zukunft ableiten.

Wenn man nun nach Kategorien sucht, um die Zeit insbesondere in literarischen Erzählprozessen sowohl als chronologische als auch als mentale Ordnungskraft zu erfassen, dann bietet sich vielleicht Günther Müllers Unterscheidung von *„Erzählzeit"* und *„erzählter Zeit"* an, weil damit sowohl auf die

Zeitdauer des faktischen Erzählvorgangs selbst als auch auf die Zeitdauer der jeweils erzählten Ereignisse Bezug genommen werden kann.[329] Mit dem Begriff der Erzählzeit will Müller nämlich die Zeitspanne erfassen, die der jeweilige Erzählvorgang selbst beansprucht, um bestimmte Vorkommnisse zeitgerafft oder zeitgedehnt sprachlich zu objektivieren und zu vermitteln. Mit dem Begriff der erzählten Zeit will er die Zeitspanne erfassen, die sprachlich hinsichtlich der in ihr ablaufenden Ereignisse bewältigt werden muss. Die erzählte Zeit ist dabei dann allerdings nicht nur als eine rein chronologisch quantifizierbare Größe anzusehen, sondern vielmehr auch als eine qualifizierbare erlebbare Wirklichkeit, da sie gleichsam als eine epochale Erlebniseinheit mit einem ganz spezifischen Relevanzrelief verstanden werden kann.

In einem Erzählvorgang muss nun die erzählte Zeit immer in ein ausgewogenes Verhältnis zu der dafür in Anspruch genommenen Erzählzeit gebracht werden, da beide faktisch natürlich nie vollständig zur Deckung miteinander gebracht werden können. Aus der Art und Weise, wie nun beide Zeiterfahrungsweisen im Erzählvorgang in ein Verhältnis zueinander gesetzt werden, ergeben sich dann auf ganz natürliche Weise auch pragmatische Relevanzprofile für das jeweils Erzählte, insofern natürlich nur das erzählt und erzählerisch ausgestaltet wird, was als wichtig bzw. als folgenreich akzentuiert werden soll. Erzählvorgänge können dementsprechend durch inhaltliche Aussparungen und interpretative Ausdehnungen eine ganz spezifische Struktur bekommen, die erheblich von der abweichen kann, die bei einer direkten sinnlichen Wahrnehmung der im Erzählvorgang thematisierten Ereignisse stehen kann, ohne dass der jeweilige Erzähler dabei täuschende Absichten verfolgt. Gleichwohl sind Entscheidungen zur zeitlichen Strukturierung von Erzählvorgängen immer auch als Interpretationsentscheidungen anzusehen, die zur Ausbildung von Relevanzstrukturen dienlich sind.

Die unterschiedlichen Erzählformen sind als unterschiedliche Zeiterfassungs- und Zeitgestaltungsformen nun aber keineswegs nur als auswählbare individuelle Stilformen des Erzählens anzusehen. Sie sind zugleich auch kulturell entwickelte Verfahren, um das Zeitproblem hinsichtlich seiner vielfältigen Aspekte anthropologisch und pragmatisch zu bewältigen. Deshalb lässt sich auch feststellen, dass die erzählerische Bewältigung der Zeit im Vergleich mit der chronometrischen, chronologischen und begrifflichen durchaus als eine eigenständige kulturelle Objektivierungsform von Zeit angesehen werden kann. Diese ist dann insbesondere dadurch gekennzeichnet, dass sie eine ausgesprochen selbstbezügliche Dimension hat. Deshalb lohnt es sich dann auch, die unter-

---

[329] G. Müller: Morphologische Poetik, 1968, S. 269–285.

schiedlichen Erzählweisen als unterschiedlich Objektivierungs- und Verstehensweisen von Zeit noch etwas genauer zu betrachten, eben weil das Erzählen anthropologisch gesehen nicht nur eine Form der Sinnkonstitution darstellt, sondern immer auch eine Form der kulturellen Zeitkonstitution.

16.4 Die Erzählweisen als Zeitgestaltungsweisen

Es ist nun ganz offensichtlich, dass sich die literarischen Erzählweisen im Laufe der Kulturgeschichte beträchtlich ausdifferenziert haben und damit dann auch die menschlichen Wahrnehmungsweisen für das Phänomen *Zeit* als eines grundlegenden Faktors für eine kulturell variable Interpretation von Welt. Jede Erzählweise konkretisiert andere Oppositions- und Äquivalenzrelationen bzw. andere Kontrast- und Ergänzungsrelationen zwischen einzelnen Denkinhalten. Damit ergeben sich dann auch andere Konsequenzen für unser Verständnis von Zeit, da sich beim Erzählen unsere konkreten Vorstellungsinhalte variabel objektivieren lassen. Je nachdem, ob ein Erzähler als anonymer Berichterstatter von realen oder ausgedachten Ereignissen am Faden von chronologischen Abfolgen in Erscheinung tritt, ob er seine jeweiligen Mitteilungsinhalte aus seiner Sicht explizit kommentiert oder ob er sie durch ganz bestimmte lineare Abfolgerelationen implizit interpretiert, tritt das Phänomen der Zeit als sinnstiftender Faktor für seine jeweiligen Hörer oder Leser auf ganz andere Weise konkret in Erscheinung.

Das bedeutet, dass der Mensch anthropologisch nicht nur als ein sprechendes Lebewesen (homo loquens), sondern in einem etwas engeren Sinne auch als ein erzählendes Lebewesen (homo narrans) bestimmbar ist bzw. als ein besonders spielfähiges Lebewesen (*homo ludens*), das sehr vielfältige Korrelationsmöglichkeiten zwischen Einzelphänomenen erproben kann. Das Erzählen ließe sich dann womöglich sogar als ein Spielen mit der Zeit verstehen bzw. als eine kulturelle Lebensform, durch die sich der Mensch sehr deutlich als *homo sapiens* von den Lebensmöglichkeiten der Tiere abgrenzen kann.

Deshalb hat Thomas Mann den Erzähler ja nicht nur als den „*raunenden Beschwörer des Imperfekts*" bezeichnet, sondern die erzählerische Bewältigung der Welt auch als eine bestimmte Form von Leben. „*Die Zeit ist das E l e m e n t der Erzählung, wie sie das Element des Lebens ist, – unlösbar damit verbunden, wie mit den Körpern im Raum.*"[330] Mit dieser anthropologischen Interpretation des Erzählens steht Thomas Mann in einer langen Denktradition, die sich auch da-

---

330 Th. Mann: Der Zauberberg. Gesammelte Werke Bd. 3, S. 9 und 248.

rin dokumentiert, dass Lessing in seinem *Laokoon* die bildende Kunst als Raumkunst und die Sprachkunst als Zeitkunst bestimmt hat. *"Es bleibt dabei: die Zeitfolge ist das Gebiete des Dichters, sowie der Raum das Gebiete des Malers."*[331]

Als Lebens- und als Gestaltungsform lässt sich das Erzählen immer auch als ein lebender Spiegel verstehen, der zugleich anderes und sich selbst zur Erscheinung zu bringen vermag, eben weil das Erzählen nicht nur als eine sprachliche Spiegelung von vergangenen und damit auch distanziert betrachtbaren Ereignissen zu verstehen ist, sondern zugleich immer auch als eine interpretative Gestaltung bzw. Konkretisierung der jeweils erzählten Ereignisse. Beim Erzählen geht es nie allein um die Widerspiegelung von gegebenen oder ausgedachten Welten, sondern zugleich auch um die Erschließung von faktischen oder möglichen Ordnungsstrukturen der Welt im Rahmen ihrer jeweiligen zeitlichen Entfaltungsmöglichkeiten.

Beim Erzählen wird nämlich nicht nur etwas sprachlich vorgestellt, sondern auch sprachlich hergestellt. Als ein Erzeugungsprozess ist das Erzählen daher auch immer als ein Gegenprinzip zu einem Absterbeprozess zu betrachten, weil in ihm die Zeit nicht vergeudet oder vertrieben wird, sondern vielmehr als Möglichkeit der sprachlichen Konkretisierung von Welt variabel genutzt werden kann. Deshalb hat Volker Klotz auch das *"Erzählen als Enttöten"* bestimmt, insofern es *"keine Vertreibung, sondern Sättigung von Lebenszeit"* beinhalte.[332]

Diese These verdeutlicht auch, dass beim Erzählen immer auf die menschliche Einbildungskraft zurückgegriffen wird. Beim Erzählen wird nämlich nicht nur auf das chronologische Nacheinander von Einzelvorstellungen Bezug genommen, sondern immer auch auf das konstruktive Miteinander von unterschiedlichen und voneinander trennbaren Vorstellungsinhalten. Das harmoniert dann auch mit der Auffassung Augustins, dass in allen vergegenwärtigenden Vorstellungsbildungen deren mögliche Vorgeschichten und Nachgeschichten auch irgendwie mitpräsent werden, insofern natürlich in allen Erzählprozessen immer ein komplexes Gewebe von Sinnzusammenhängen chronologischer, kausaler, psychologischer, und assoziativer Art hergestellt wird.

Gerade weil uns das Erzählen in konkrete Geschichten verstrickt, integriert es uns auch in die Welt. Dadurch wird der *homo loquens* gerade in Gestalt des *homo narrans* zu einem *homo sapiens*, insofern er beim Erzählen faktische und mögliche Erfahrungen in eine sinnbildende Kohärenz miteinander zu bringen vermag. Das fördert dann nicht nur die Ausbildung der Identität von Individuen, sondern auch die von Gruppen. Deshalb lässt sich das Erzählen dann auch

---

[331] G. E. Lessing: Laokoon: oder über die Grenzen der Malerei und Poesie. Werke, Bd. 6, S. 116.
[332] V. Klotz: Erzählen als Enttöten. In: E. Lämmert Hrsg.): Erzählforschung, 1982, S. 332.

als ein wichtiger Bestandteil von kulturellen Evolutions- und Konstitutionsprozessen verstehen.[333]

Das ganze Spektrum der Zeitimplikationen von bestimmten Erzählweisen kann hier aus verständlichen Gründen weder systematisch noch umfassend dargestellt werden, sondern nur exemplarisch. Dabei soll insbesondere das spannungsvolle Zusammenspiel von chronologischen und psychologischen Erlebnis- und Gestaltungsweisen von Zeit betrachtet werden. Die erzählerischen Korrelationen von Einzelvorstellungen haben eine produktive und rezeptive, eine individuelle und soziale sowie eine aktuelle und habituelle Dimension. Sie können intersubjektiv gelingen oder misslingen. Der Erzählfluss und das Erzählergebnis kann Gestalt bekommen oder als chaotisch wahrgenommen werden. Festzuhalten ist aber, dass jeder Erzählprozess immer auch ein Zeitgestaltungsprozess ist, der uns auf sehr unterschiedliche Weise mit dem Zeitphänomen bekannt machen kann.

Das Erzählen am direkten Faden der Chronologie erscheint uns auf den ersten Blick als eine ganz natürliche Form (ordo naturalis) des Erzählens. In historischer Sicht ist es aber im Prinzip nur eine spezifisch gestaltete kulturelle Form (ordo artificalis) der Vermittlung von Denkinhalten unter konkurrierenden. Hinter dieser Form steht nämlich immer ein bestimmter Gestaltungswille des Erzählers bzw. eine spezifische Ausprägung des Verständnisses von Zeit als einer Zugangsweise zum Verständnis des Zusammenhangs von Ereignissen. Alle konkreten Erzählweisen sind nämlich perspektivierende Zugangsweisen zum Verständnis der Struktur und der Bedeutsamkeit von Vorkommnissen in der Welt. Deshalb werden diese dann natürlich auch in der Praxis auf ganz unterschiedliche Weise sprachlich objektiviert und miteinander kombiniert.

Das exemplifiziert sich dann auch sehr deutlich in der These von Horaz aus seiner *ars poetica*, dass sich ein Erzählprozess prototypisch so organisieren lasse, dass man eine Geschichte entweder chronologisch von ihrem Anfang bis zu ihrem Ende erzählen könne (*ab ovo*) oder dass man an einem entscheidenden Punkt des konkreten Handlungsgeschehens einsetze (*in medias res*) und die jeweiligen Vorgeschichten und Nachgeschichten dann je nach Bedarf hinzufüge. Die Hörer oder Leser werden bei dem letzteren Verfahren dann zunächst nur mit dem konfrontiert, was auch die jeweils Beteiligten aktuell erleben. Erst zeitlich versetzt werden sie dann in eigenständigen Erzählpassagen über das aufgeklärt, was als Prämisse oder als Folge des jeweiligen Geschehens gelten kann. Beide Erzählformen sind deshalb auch als unterschiedliche Erscheinungswei-

---

[333] Vgl. M. Scheffel: Erzählen als Produkt der kulturellen Evolution. In: M. Martinez (Hrsg.): Handbuch Erzählliteratur, 2011, S. 74–79.

sen des Prinzips der *Objektivierung des Subjektiven* in Erzählprozessen anzusehen, da sich in beiden Gestaltungsweisen des Erzählens ein unterschiedliches Zugangs- und Umgangswissen der Subjekte mit der Welt von Erfahrungen repräsentiert bzw. eine unterschiedliche Form der Repräsentation von Mittelbarkeit und Unmittelbarkeit.

Wenn nun aber Erzählprozesse nicht als sprachliche Reproduktionsprozesse für vergangene Ereignisse in Erscheinung treten, sondern als perspektivierende und gestaltende Vergegenwärtigungsprozesse, die zugleich als Interpretationsprozesse zu verstehen sind, dann ergeben sich im Hinblick auf die Zeitimplikationen von Erzählungen ganz spezifische logische Probleme. Diese sind mit Hilfe der klassischen Schlussfolgerungslogik und ihrem immanenten Anspruch auf eine weitgehende Zeitunabhängigkeit kaum zu lösen, weil sich beim Erzählen das sachbezogene und das zeitorientierte Denken immer auf eine sehr komplizierte Weise ineinander verschränken. Der Erzähler muss nämlich sowohl mit sach- als auch mit zeitbezogenen Ordnungsstrukturen zugleich fertig werden, insofern die Zeit einerseits eine Vorbedingung für die Wahrnehmung von Welt ist und die Welt andererseits eine Vorbedingung für die Wahrnehmung von Zeit.

Die klassische Logik hält nun aber nach ihrem eigenen Selbstverständnis alle sprachlichen Objektivierungsprozesse für höchst bedenklich, die unterschiedliche Zielsetzungen zugleich verfolgen oder gar etwas durch sich selbst zu erklären versuchen. Das Verfahren, das Phänomen der Zeit durch das Phänomen des Erzählens zu erschließen und zu bestimmen und das Phänomen des Erzählens durch das der Zeit, muss so gesehen dann als ein zirkuläres Analyseverfahren angesehen werden, das logisch eigentlich unzulässig ist, weil dabei etwas durch sich selbst erklärt wird. Mythologisch betrachtet wird dieses Verfahren dagegen durchaus als ein gängiges Denkverfahren angesehen, das sich deutlich im Bilde der kreisförmigen Schlange repräsentiert, die sich selbst aufzehrt und sich eben dadurch dann auch selbst erhalten und regenerieren kann.

Für das hermeneutische Denken ist eine solche Zirkelstruktur von Ordnungsrelationen ebenfalls nicht grundsätzlich bedenklich, da solche nicht nur geistigen Sinnbildungsprozessen, sondern auch biologischen Lebensprozessen zugebilligt werden kann. Mit ihnen können nämlich immer evolutionäre Funktionen bzw. weiterführende Ordnungsprozesse verbunden sein, die man faktisch nicht beseitigen, aber methodisch durchaus zweckdienlich handhaben kann. Für die Hermeneutik ist es deshalb auch weniger ein Problem, diese Zirkelstruktur als *hermeneutischen Zirkel* zu beseitigen, sondern eher ein Problem, auf sinnvolle Weise in diesen hineinzukommen. Daher spricht man dann auch lieber von einer *hermeneutischen Spirale*, um kenntlich zu machen, dass man in methodisch strukturierten Verstehensprozessen dasselbe Phänomen und die mit ihm verbundenen Problemzusammenhänge perspektivisch bzw. aspektuell ganz unterschiedlich wahrnehmen kann.

Wenn man hermeneutisch denkt, dann ergibt sich die Chance, über bestimmte Erzählweisen nicht nur etwas über das aspektreiche Phänomen der Zeit selbst in Erfahrung zu bringen, sondern auch etwas darüber, wie das Phänomen der Zeit Einfluss darauf nehmen kann, auf welche Arten wir überhaupt erzählen können und welche Rolle die Chronologie von Abläufen und die Psychologie von Denkweisen dabei spielen können.

Für das rein analytische logische Denken ist eine solche doppelte Orientierung natürlich höchst problemgeladen, weil der Argumentationswert einzelner Aussagen nicht mehr eindeutig qualifiziert werden kann. Auf diese Weise werden nämlich weniger Seinsstrukturen, sondern eher Werdensstrukturen in den Fokus der Aufmerksamkeit gerückt. Über solche können nun aber schwerlich allgemeingültige, sondern allenfalls methodisch bedingte vorläufige Aussagen gemacht werden. Für das hermeneutische und semiotische Denken ist dieser Tatbestand allerdings nicht grundsätzlich problematisch, da hier im Prinzip immer davon ausgegangen wird, dass die Mittel des Denkens natürlich nicht neutral sind, sondern durchaus auch Einfluss darauf nehmen können, welche Aspekte der damit objektivierten Phänomene für uns faktisch ins Blickfeld geraten können und welche nicht.

Dass bedeutet nun, dass unsere Erzählweisen bestimmte Aspekte des Zeitphänomens verstellen, aber auch offenbaren können. Auf jeden Fall werden wir hellsichtiger für das Zeitphänomen, wenn wir danach fragen, wie dieses erzählerisch objektiviert, strukturiert und perspektiviert werden kann. Das bedeutet, dass das Ausprobieren von Erzählweisen bei der geistigen Wahrnehmung von Zeit eine Analogie zu der sinnlichen Wahrnehmung einer Skulptur hat. Um beide Phänomene können wir methodisch nämlich auf entdeckende Weise herumgehen, um sie in verschiedenen Perspektiven als aspektuell unterschiedliche, aber als faktisch doch mit sich selbst identische Phänomene wahrnehmen zu können.

Die narrative Objektivierung der Zeit durch die Eigenbewegungen des Erzählens ist natürlich ungleich komplizierter als die optische Objektivierung einer Skulptur durch die räumlichen Eigenbewegungen des jeweiligen Betrachters, eben weil die Zeit prinzipiell nur auf indirekte Weise über objektivierende Indizien und Ordnungsbegriffe für Veränderungsprozesse, aber nicht auf direkte Weise sinnlich wahrnehmbar ist. Die semiotische Objektivierung des Zeitphänomens durch unterschiedliche Erzählformen beinhaltet natürlich auch immer bestimmte Affirmationen und Negationen unseres Vorverständnisses von Zeit. Aber gerade dadurch wird das Erzählen dann auch zu einem unverzichtbaren Mittel der sprachlichen Objektivierung von Zeit, weil beide methodische Realisationsweisen des Denkens für uns heuristisch und hermeneutisch wertvoll und unverzichtbar sind.

In einer hermeneutischen Denkperspektive entschärft sich auch eine andere fast paradoxe, aber in jedem Fall spannungsreiche zeitliche Implikation des Erzählgeschehens.[334] Üblicherweise wird im Präteritum erzählt bzw. auf eine rückblickende ganzheitlich orientierte Weise, die implizit eigentlich nahelegt, dass etwas in Kenntnis des Endes der jeweiligen Geschichte dargestellt wird. Gleichzeitig gestaltet der Erzähler seinen Darstellungsprozess aber so, dass der Anschein erweckt wird, es sei offen, wie das jeweilige Geschehen tatsächlich ausgeht. Für den Rezipienten einer Erzählung strukturiert sich das Erzählte deshalb dann so, dass er ebenso wie die am Geschehen beteiligten Personen anscheinend in eine faktisch offene Zukunft blickt, wenn man einmal von den meist recht vagen direkten oder indirekten Vorausdeutungen in Erzählprozessen absieht. Das Erzählen lebt jedenfalls immer von der Vorstellung und Spannung, dass alles noch im Werden begriffen sei und es unterschiedliche Möglichkeiten gebe, wie das jeweils Erzählte faktisch enden könne. Das ist pragmatisch gesehen auch durchaus folgerichtig, weil eine spannende erzählerische Darstellung eines Geschehens immer eine offene Zukunft voraussetzt. Wenn das nicht so wäre, dann verlöre das Erzählen nämlich seinen prinzipiellen Spielcharakter.

Dieser Spielcharakter ist konstitutiv für alle Erzählformen, seien sie nun historiographischer oder fiktionaler Art. Das Erzählen ist nämlich nicht als ein sprachliches Abbildungs- oder Argumentationsverfahren anzusehen, sondern vielmehr als eine Sinnbildungsanstrengung, bei der nicht mit schon fest vorgegebenen Denkmustern und Begriffen gearbeitet wird, sondern bei der diese erst hergestellt bzw. mit Leben erfüllt werden. Deshalb ist das Erzählen im Prinzip dann auch als eine Herstellung von Zeit im Sinne der Konkretisierung von bestimmten Zeiterlebnissen anzusehen. Das Erzählen braucht daher auch einen offenen Zukunftshorizont sowohl bei den Handelnden, von denen erzählt wird, als auch bei den Rezipienten, die sich über die jeweils Handelnden ein Urteil bilden sollen und wollen. Erst wenn ein Geschehen tatsächlich abgeschlossen ist, kann es nämlich wirklich begrifflich objektiviert werden, was allerdings nicht ausschließt, dass es später nach neuen Erfahrungen perspektivisch dann durchaus auch noch anders wahrgenommen werden kann.

Wahrnehmungsinhalten kann im Prinzip sowohl im sinnlichen als auch im geistigen Bereich erst nachträglich mit Hilfe unserer Einbildungskraft, unseres Wissens und unserer Zeichen Kontur und Relief gegeben werden, aber kaum in den ganz elementaren Wahrnehmungsprozessen selbst. In diesen kommt es in

---

[334] Vgl. M. Martinez/M. Scheffel: Einführung in die Erzähltheorie, 2000², S. 119–123.

der Regel nur zu einer bloßen Registrierung von bestimmten sinnlichen Reizmustern. Das bedeutet, dass der differenzierte Umgang mit Zeit im Sinne einer Vergegenwärtigung, Erinnerung und Erwartung erst eine Voraussetzung dafür ist, dass wir uns komplexe Vorstellungsinhalte bilden, umbilden und fortentwickeln können.

Als grundlegendes Ordnungsprinzip des Erzählens ist sicherlich das Prinzip der Sukzession anzusehen, eben weil das sprachliche Erzählen im Gegensatz zum optischen Sehen eine grundlegend lineare Struktur hat, bei der sich erst im Rückblick synchron zu verstehende komplexe Ordnungszusammenhänge herausbilden können. Deshalb ist es auch notwendig, danach zu fragen, welche Erzählstrukturen auf die sachlichen und zeitlichen Korrelations- bzw. Verschmelzungsprozesse Einfluss nehmen, in denen es natürlich immer auch zu einer Mitpräsenz des Vergangenen und des Zukünftigen kommt. Diese faktischen Zeitimplikationen des Erzählens lassen sich durch die Stichwörter *Zeitraffung, Zeitdehnung, Rückblende, Vorausdeutung, szenische Dramatisierung, Verbildlichung, anonymer* oder *persönlicher Erzähler* usw. andeuten, deren Sachgehalt Lämmert ausführlich und luzide beschrieben hat.[335]

Da nun ganz offensichtlich ist, dass es in Erzählvorgängen keine Deckungsgleichheit zwischen *erzählter Zeit* und *Erzählzeit* geben kann, muss sich das faktische Erzählen auf die sprachliche Repräsentation relevanter bzw. ausgewählter Ereignisse konzentrieren und insbesondere mit dem Gestaltungsmittel der Zeitraffung arbeiten, um perspektivisch akzentuiert und spannungsreich erzählen zu können. Zeitraffungen können sich in Form der Nichterwähnung von bestimmten Ereignissen realisieren oder in Form einer abstraktiven Typisierung von sich wiederholenden ähnlichen Ereignissen (*Immer wieder machte er die Erfahrung, dass...*). Alle Zeitraffungen sind natürlich als Beiträge zu Gestaltbildungsprozessen anzusehen, insofern durch sie charakteristische Kontrastrelationen aufgebaut werden, durch die Wichtiges von Unwichtigem getrennt wird, bestimmte Kausalrelationen nahegelegt werden und Perspektivierungen hergestellt werden, die eine aufmerksamkeitslenkende Funktion ausüben.

Eine strukturell ähnliche Sinnbildungsfunktion wie die Zeitraffung erfüllt in Erzählprozessen auch die Zeitdehnung. Ein Erzähler kann die Erzählzeit gegenüber der erzählten Zeit ausweiten, indem er seine Erzählung mit Reflexions- und Interpretationsschleifen anreichert. Was faktisch in einer Minute geschieht kann er in einer Stunde erzählen, wenn er es mit Kommentaren versieht, die auf die Vorgeschichte und Nachgeschichte konkreter Ereignisse eingehen, die die Intentionen und Konsequenzen von Handlungen thematisieren, die bestimmte

---

[335] E. Lämmert: Bauformen des Erzählens, 1955¹/2004⁹.

Kausalzusammenhänge aufzudecken versuchen, die die Außensicht auf ein bestimmtes Geschehen durch die Innensicht der jeweils beteiligten Personen ergänzen usw. Auf diese Weise kann ein Erzähler leicht aus der Rolle eines neutralen Berichterstatters in die eines allwissenden Erzählers überwechseln, der weiß, was in den Köpfen der Menschen vorgeht, die selbst handeln oder die Handelnde beobachten. Dadurch transformiert sich das chronologische Verständnis von Zeit in ein anthropologisch orientiertes, da nun die Zeit als Bedingungs- und Gestaltungsfaktor des menschlichen Lebens und Denkens in Erscheinung tritt und nicht nur als eine Sphäre, in der Menschen handeln können.

Zeitdehnungen lassen sich in Erzählprozessen auch in Form von expliziten erzählerischen Rückblenden realisieren. Diese haben in Erzählprozessen eine ausgesprochen pragmatische Funktion, da sie es erlauben, Zusatzinformationen gerade dann in einen Erzählprozess einzufügen, wenn diese eine direkte Erläuterungsfunktion für aktuelle Erzählinhalte haben. Sie brechen dann die Dominanz des rein chronologischen Erzählens von konkreten Ereignissen zugunsten eines sinnbildenden Erzählens bzw. eines Herstellens von sehr komplexen Korrelationszusammenhängen. Dadurch wird dann die Zeit als ein Gestaltungsraum des Menschen fassbar, der nicht nur konkrete Ereignisabläufe umfasst, sondern menschliche Lebens- und Denkprozesse vielerlei Art.

Die normative Ordnungsfunktion des chronologischen Erzählens wird auch partiell durch zukunftsgewisse und zukunftsungewisse Vorausdeutungen gebrochen, weil durch diese unsere Wahrnehmungsperspektiven für Ereignisse direkt oder indirekt strukturiert werden können. Der allwissende Erzähler, der eine Geschichte in Kenntnis ihres Endes und in Kenntnis der Denkprozesse der Beteiligten erzählt, kann natürlich über seine eingestreuten zukunftsgewissen Vorausdeutungen die Rezeption der aktuellen Erzählinhalte auf konstitutive Weise nachhaltig beeinflussen, da unter diesen Umständen das aktuell Erzählte von einem Rezipienten immer im Lichte einer realen Zukunft rezipiert wird, die den jeweiligen Akteuren und Betroffenen des erzählten Geschehens selbst natürlich noch verborgen ist.

Viel komplizierter als die zukunftsgewissen Vorausdeutungen stellen sich die zukunftsungewissen hinsichtlich ihrer aufmerksamkeitslenkenden Implikationen dar. Sie werden in Verstehensprozessen oft gar nicht explizit als solche wahrgenommen, aber sie steuern gleichwohl zumindest atmosphärisch die aktuellen Rezeptionsprozesse auf zweckdienliche Weise. Ihre Erscheinungsweisen sind äußerst vielfältig. Sie reichen von der Verwendung analogisierender Sprichwörter über die Verwendung von spezifischen Metaphern und der Schilderung von Naturvorgängen bis zur Thematisierung symptomatischer Handlungen. Sie sagen uns in der Regel nichts konkret Fassbares über zukünftige Ereignisse, aber sie eröffnen gleichwohl immer vage Zukunftserwartungen oder zumindest eine bestimmte Atmosphäre für solche. Oft werden sie erst am Ende einer Erzählung als Vorausdeutungsformen fassbar, obwohl sie schon vorher perspektivisch und intuitiv unsere Wahrnehmungsprozesse beeinflussen.

Ein eindrucksvolles Beispiel für eine solche zukunftsungewisse Vorausdeutung findet sich am Anfang von Goethes Roman *Die Wahlverwandtschaften*, auf die schon im Zusammenhang mit der Funktionsbestimmung des Plusquamperfekts hingewiesen worden ist. Hier wird nämlich eine der Hauptpersonen auf eine Weise vorgestellt, bei der über eine konkret benannte Handlung auf deren generelle Handlungsdisposition aufmerksam gemacht wird. *„Eduard – so nennen wir einen reichen Baron im besten Mannesalter – Eduard hatte in seiner Baumschule die schönste Stunde eines Aprilnachmittags zugebracht, um frisch erhaltene Pfropfreiser auf junge Stämme zu bringen.*[336]

Dieser Einleitungssatz wird von einem Leser spontan sicherlich nicht als eine faktische Vorausdeutung verstanden, sondern eher als eine erzählerische Beschreibung einer konkreten Situation. Im Verlaufe des Romangeschehens stellt sich dann aber immer deutlicher heraus, dass diese erzählte Handlung Eduards nicht ganz so harmlos ist, wie sie auf den ersten Blick erscheint, sondern dass sie durchaus als eine zukunftsungewisse Vorausdeutung ikonischer Art zu verstehen ist, die eine symptomatische Qualität hat.

Sie macht uns nämlich indirekt auf eine typische Handlungsdisposition Eduards aufmerksam, die im Verlaufe des Romans immer deutlicher hervortritt und welche die Rezeption des jeweils Erzählten beeinflusst. Eduard wird nämlich als jemand eingeführt, der die Natur nicht so belassen kann, wie sie konkret in Erscheinung tritt bzw. wie sie sich faktisch entwickelt hat. Er versucht nämlich ständig, planvoll in sie einzugreifen, um sie nach seinen Vorstellungen umzugestalten. Aber gerade diese Handlungsdisposition wird ihm im Verlaufe des Romangeschehens zu einem Problem. Eduard kann nämlich die Natur bzw. das Geschehen in der Zeit faktisch nicht so ordnen, wie er sich das ursprünglich vorgestellt hat, da alle Phänomene und Handlungen eine Eigendynamik entwickeln, die von ihm nicht mehr zu kontrollieren oder gar zu steuern ist.

Wichtig für unsere Verständnismöglichkeiten von Zeit in Erzählprozessen ist natürlich auch, wie der jeweilige Erzähler modelliert und typologisiert worden ist. Idealtypisch lassen sich vielleicht drei unterschiedliche Erscheinungsformen von Erzählern unterscheiden, die für die Rezipienten von Erzählungen zugleich auch drei unterschiedliche Wahrnehmungs- und Erlebnisweisen von Zeit ermöglichen, nämlich den anonymen Erzähler, der sich gleichsam zum bloßen Berichterstatter des jeweiligen Geschehens macht, den vermittelnden

---

[336] J. W. von Goethe: Werke, Bd. 6, 1965⁶, S. 242.

Erzähler, der sich auf unterschiedliche Weise als eine gestaltende Instanz implizit zur Erscheinung bringen kann, ohne direkt auf sich aufmerksam zu machen, und den auktorialen bzw. allwissenden Erzähler, der sich selbst als ordnende und interpretierende Instanz oder gar als Person im Erzählprozess selbst explizit zur Geltung bringt.

Der *anonyme Erzähler* versucht, sich gleichsam zum bloßen Sprachrohr bzw. zum neutralen Spiegel des jeweiligen Geschehens zu machen. Das ist faktisch zwar gar nicht möglich, eben weil jeder Erzähler immer eine Vermittlungs- und Gestaltungsrolle zu übernehmen hat, die überhaupt nicht aus der Welt zu schaffen ist. Das dokumentiert sich gestalterisch bereits darin, dass er das Präteritum als Erzähltempus verwendet und nicht das Präsens als Vergegenwärtigungstempus. Durch diese Tempuswahl signalisiert er nämlich schon eine zeitliche und psychische Distanz zu dem jeweils vermittelten Geschehen, die sich natürlich auch auf seine Rezipienten überträgt. Auf diese Weise wird der Erzähler auf implizite Weise dann doch zu einer auswählenden und akzentuierenden Sinnbildungsinstanz, die immer auch unsere Wahrnehmung von Zeit mitbestimmt, eben weil er kein toter Spiegel des Geschehens ist, sondern ein lebender, der nicht nur die Funktionen eines bloßen Augenzeugen hat, sondern auch die eines Interpreten. Zwar gibt es auch Erzählungen, in denen ausgiebig von der direkten bzw. wörtlichen Rede der beteiligten Personen Gebrauch gemacht wird oder in denen sogar das jeweilige Geschehen vom Erzähler ganz im vergegenwärtigenden Präsens objektiviert wird, aber das sind sicherlich keine typischen Formen des Erzählens. Auf jeden Fall kann auch in diesen Darstellungsformen *Erzählzeit* und *erzählte Zeit* nicht zur Deckung gebracht werden.

Der *vermittelnde Erzähler* tritt zwar meist als eine anonyme Instanz auf, die als konkrete Person kaum fassbar ist, die aber dennoch als eine gestaltbildende Instanz anzusehen ist und die durchaus verdeutlicht, dass das Erzählen immer auch eine Form der Gestaltung und Interpretation von Zeit ist. Das dokumentiert sich auf eine ganz elementare Weise schon darin, dass ein solcher Erzähler sich keineswegs auf einfache deskriptive Aussagesätze und parataktische Satzverbindungen beschränkt, sondern auch interpretierende hypotaktische Satzgefüge verwendet, um komplexe Korrelationszusammenhänge zwischen einzelnen Tatbeständen kenntlich zu machen. Zudem scheut sich ein Erzähler dieses Typs auch nicht, neben deskriptiven auch wertende Attribute und adverbiale Bestimmungen unterschiedliche Typs zu verwenden sowie Stilmittel vielerlei Art von einem fachsprachlichen oder historischen Vokabular bis zu inhaltlichen Anspielungen unterschiedlicher Zielsetzungen, durch die zugleich auch ganz bestimmte kulturgeschichtliche Denkperspektiven eröffnet werden können.

Der *auktoriale Erzähler* tritt nun insbesondere dadurch in Erscheinung, dass er nicht nur als Vermittler von vergangenen Ereignissen spricht, sondern auch von sich selbst und seinen Entscheidungen bei der Gestaltung des jeweiligen Erzählprozesses, dass er nicht nur deskriptive Attribute verwendet, sondern auch wertende, um den Erzählprozess als einen interpretierenden Prozess zu kennzeichnen, dass er Modalwörter und Modalpartikel nutzt, um seine Aussagen nicht nur als sachbezogene Propositionen kenntlich zu machen, sondern auch als Konkretisierung von Sprechakten mit ganz bestimmten pragmatischen Funktionen. Bei der Wiedergabe fremde Rede kann ein Erzähler dann auch einen spielerischen Gebrauch von Modusformen und ihren spezifischen modalen und zeitlichen Sinnbildungsfunktionen machen bzw. von der direkten und indirekte Rede, die weit über das hinausgeht, was sich ein bloß vermittelnder Berichterstatter in dieser Hinsicht üblicherweise nutzbar macht.

Wenn es nun aber in Erzählprozessen nicht nur um die Strukturierung der zeitlichen Abfolge von Ereignissen geht, sondern auch um die direkte oder indirekte Spezifizierung von Denk- und Handlungsweisen in bestimmten Situationen, dann wird offensichtlich, das sich beim Erzählen oft sehr unterschiedliche Zeitebenen ineinander schieben bzw. miteinander verbinden können. Die Vorstellung, dass das Erzählen eine sprachliche Darstellung von etwas auf einer einzigen Ebene bzw. in einer stringenten chronologischen Abfolge sei, erübrigt sich damit von selbst. Alle Mitteilungsinhalte beim Erzählen können auf diese Weise nämlich in mehrschichtige sachliche und zeitliche Korrelationsgeflechte eingebunden werden.

All das dokumentiert sich sehr deutlich darin, dass in einem Erzählprozess natürlich nicht nur von der Erzählerrede selbst Gebrauch gemacht werden kann, sondern auch von der direkten oder indirekten Rede. Dabei macht dann die Nutzung der direkten Rede im Indikativ natürlich den Eindruck einer besonders hohen inhaltlichen Authentizität der Darstellung im Vergleich zum Gebrauch der indirekten Rede im Konjunktiv. Die indirekte Rede signalisiert nämlich von vornherein sehr deutlich, dass die jeweiligen Redeinhalte als vermittelte und damit irgendwie schon vorinterpretierte Inhalte anzusehen sind, die nicht nur auf ganz bestimmte Sachverhalte verweisen, sondern auch auf die Person, die diese Sachverhalte sprachlich objektiviert hat, sei es nun der Erzähler selbst oder die Person, die der jeweilige Erzähler als Vermittler der Rede eines anderen in Erscheinung treten lässt. Das bedeutet, dass insbesondere der Gebrauch der indirekte Rede im Konjunktiv uns faktisch immer auf zwei ganz unterschiedliche Zeit- und Personenwelten aufmerksam macht, die allerdings eng miteinander korreliert sind.

Ähnliche Doppelstrukturen gibt es in Erzählprozessen auch, wenn von metaphorischen bzw. bildlichen Redeweisen Gebrauch gemacht wird, in denen ja auch immer unterschiedliche Sach- und Zeitebenen miteinander in Kontakt gebracht werden. Diese können wir bei der Nutzung des Präteritums als Erzähltempus in der Regel recht gut miteinander verschmelzen, weil gerade dieses Tempus ganzheitliche Vorstellungsbildungen erleichtert (*Ihr Augen schwammen in Tränen.*). Beim Gebrauch des Perfekts als behauptender Redeweise werden dagegen solche synthetisierende Verstehensweise deutlich erschwert (**Ihre Augen haben in Tränen geschwommen.*), insofern nun der rein begriffliche Wortlaut von Mitteilungen im Zentrum der Aufmerksamkeit steht.

Aus all dem lässt sich nun ableiten, dass eine rein deskriptive Erzählweise am Faden des chronologischen Ablaufs von Ereignissen eigentlich gar nicht möglich ist, weil dabei auf die gestalterischen Funktionen des Erzählens kaum noch Bezug genommen werden könnte. Allenfalls kann es ein Erzählen geben, bei dem der chronologische Ablauf des Geschehens im Mittelpunkt des Interesses steht und eben dadurch dann auch die rein chronologische Erlebnisweise von Zeit auf Kosten anderer. Diese erzählerische Spiegelung von Zeit in Erzählprozessen ist natürlich auch anthropologisch von Belang, aber eben nicht in einem ausschließlichen Sinne, weil damit nur ganz bestimmte Erlebnisweisen und Ordnungsfunktionen von Zeit in den Fokus unserer Aufmerksamkeit gerückt werden, aber nicht andere, die natürlich in Erzählprozessen prinzipiell auch immer in Erscheinung treten könnten.

Am Beispiel der sogenannten *erlebten Rede* soll nun abschließend darauf aufmerksam gemacht werden, welche Gefahren, aber auch welche Chancen sich ergeben können, wenn Erzählprozesse so gestaltet werden, dass in Texten nicht mehr in einer einheitlichen zeitlichen und inhaltlichen Wahrnehmungsperspektive erzählt wird. Bei einem solchen Erzählen werden unsere Wahrnehmungsmöglichkeiten für Zeit zwar ausgedehnt, aber zugleich steigern sich natürlich auch die Möglichkeiten der zeitlichen Desorientierung und der inhaltlichen Missverständnisse, weil mit den strukturierenden Ordnungsfunktionen der Zeit nun sprachlich allzu sehr gespielt werden kann.

16.5 Die erlebte Rede

Wenn ein Erzähler im Rahmen seiner allgemeinen Darstellung von Vorgängen die Rede- oder Denkinhalte von ganz bestimmten Personen in Form einer direkten oder indirekten Rede vermittelt, dann hat das zwei bedeutsame Implikationen. Zum einen überträgt er auf diese Weise implizit die Verantwortung für die Angemessenheit oder gar Wahrheit von bestimmten Aussagen von sich selbst auf eine andere tatsächliche oder fiktive Person. Zum anderen verdeutlicht er recht klar, dass die jeweiligen Redeinhalte zu einer anderen Zeitebene gehören, die von der des aktuellen Erzählprozesses deutlich unterschieden werden kann.

Beim Wechsel von der erzählenden Rede in die direkte Rede wird der Mitteilungsprozess statt im Präteritum im Präsens fortgeführt. Beim Wechsel in die indirekte Rede wird er nicht im Indikativ, sondern im Konjunktiv weitergeführt. Indirekte Reden werden meist auch durch Vorspannsätze eingeleitet, in denen ein Verb des Sagens und Denkens verwendet wird, das verdeutlicht, dass nun Vorstellungsinhalte vermittelt werden, die in die Welt anderer Personen gehören, aber nicht in die des aktuellen Erzählers. Auf diese Weise lässt sich in einem Darstellungsprozess dann auch die jeweilige Erzählerrede recht gut von den jeweiligen Personenreden unterscheiden.

Eine ganz andere Situation ergibt sich in literarischen und insbesondere in fiktionalen Erzählprozessen bei der sogenannten *erlebten Rede*, die bezeichnenderweise im Französischen auch als *style indirect libre* und im Englischen als *free indirect speech* oder als *double voice* bezeichnet wird. Diese Erzählweise hat sich seit dem 19. Jahrhundert auf eine evolutionäre Weise so deutlich herausgebildet und gefestigt, dass man sie heute nicht mehr nur als eine individuelle und spontane Stilform des Erzählens ansehen kann, sondern durchaus als eine konventionalisierte grammatische Ordnungsform des sprachlichen Gestaltens von bestimmten narrativen Mitteilungen neben der direkten und der indirekten Rede sowie dem erzählerischen Monolog. Das bedeutet, dass die erlebte Rede inzwischen als eine sprachliche Gestaltungsform zu werten ist, mit der ganz bestimmte Sinnbildungsfunktionen verbunden sind.

Entstehungsgeschichtlich resultiert die erlebte Rede aus der Erfahrung, dass der Erzähler im literarischen Erzählen insbesondere in seiner Rolle als auktorialer Erzähler immer mehr nicht nur als ein bloß anonymer Berichterstatter in Erscheinung getreten ist, sondern mehr und mehr auch als eine eigenständige Person und Vermittlungsinstanz, die einen natürlichen räumlichen, zeitlichen und geistigen Abstand zu den von ihr erzählten Inhalten hat.

Das hatte nun allerdings zur Folge, dass im Erzählen die jeweiligen Inhalte nicht mehr direkt bzw. in emotionaler Nähe vermittelt wurden, sondern in einer beträchtlichen mentalen Distanz und im Rahmen von ganz bestimmten Erkenntnisinteressen und Kommunikationszielen. Daraus ergab sich dann wiederum die Konsequenz, dass die jeweiligen Erzählinhalte an Unmittelbarkeit, Expressivität und szenischer Plastizität verloren, eben weil sie in deutlicher zeitlicher und begrifflicher Distanz dargestellt wurden. Auf diese Weise wurden dann zwar die begrifflichen Denkweisen der jeweiligen Rezipienten angeregt, aber deren Imaginationskräfte wurden dadurch eher geschwächt als stimuliert.

Aus diesem Grunde entstand dann das Bedürfnis, Mitteilungsweisen zu erproben und zu konventionalisieren, die diese Defizite abmilderten. Dementsprechend suchte man dann nach einer erzählerischen Gestaltungsform, die einerseits sicherstellte, bestimmte Denkinhalte aus einer ganzheitlich orientierten erzählerischen Distanz wahrzunehmen, die andererseits den Rezipienten aber auch ermöglichte, sich im Erzählprozess unmittelbar von der thematisierten Situation und ihren jeweiligen Inhalten gefangen nehmen zu lassen bzw. sich imaginativ vollständig und ungebrochen in eine ganz konkrete Wahrnehmungssituation zu integrieren. Dazu leistete dann die sogenannte *erlebte Rede* einen wirkungsvollen Beitrag. Diese Darstellungsform hat im Rahmen des literarischen Erzählens sicherlich bereichernd gewirkt, aber im Bereich des nichtliterarischen Erzählens hat sie durchaus auch Probleme aufgeworfen.[337]

Als Erzählform lässt sich die erlebte Rede durch folgende Merkmale näher kennzeichnen. Beim Erzählen wird in gewohnter Weise das Präteritum verwendet, aber merkwürdigerweise ist mit dieser Gestaltungsform des Erzählens nun nicht wie üblich der Sehepunkt eines distanzierten Erzählers verbunden, sondern vielmehr der Sehepunkt und die Wahrnehmungsperspektive der Person, über die uns eigentlich etwas erzählt werden soll. Bei einer solchen Mitteilungsintention müsste der Erzähler eigentlich zum Mittel der direkten wörtlichen Rede greifen, da durch sie ja auf authentische Weise diejenige Person selbst zu Worte kommt, über die uns etwas mitgeteilt werden soll. Eine andere Vermittlungsform wäre unter diesen Umständen dann natürlich auch die indirekte Rede im Konjunktiv, über die ebenfalls klar signalisiert würde, dass der Erzähler nicht seine eigenen Denkinhalte sprachlich objektiviert, sondern die einer anderen Person. Da sich nun beim Gebrauch der erlebten Rede der Erzähler deutlich über die Konventionen des üblichen Erzählens hinwegsetzt, entstehen natürlich gewisse Irritationen, insofern man nun nicht immer ganz genau weiß, ob der Erzähler selbst oder die von ihm faktisch thematisierte Person für den Sinn- und Wahrheitsgehalt der jeweilig gemachten Aussagen verantwortlich ist.

Diese informative Ambivalenz der erlebten Rede, in der der Erzähler gleichsam seine institutionelle Eigenständigkeit beim Erzählen aufgibt und zum bloßen Reflektor bzw. zum Spiegel der Wahrnehmungs- und Denkprozesse seiner Figuren wird, hat Stanzel in Anlehnung an Leo Spitzer sehr prägnant als „Ansteckung" der Erzählersprache durch die Figurensprache bezeichnet und Roy Pascal als doppelte Stimme (*dual voice*).[338]

Durch diese Amalgamierung von Erzähler- und Figurensprache in der erlebten Rede können nun natürlich ganz erhebliche Probleme bei der Zuordnung und beim Verstehen der jeweils vermittelten sprachlichen Inhalte entstehen,

---

[337] Zur Entstehungsgeschichte der sogenannten *erlebten Rede* vgl. folgende Veröffentlichungen: E. Lorck: Die „erlebte Rede", 1921; W. Günther: Probleme der Rededarstellung, 1928; V. N. Vološinov: Marxismus und Sprachphilosophie, 1930/1975; G. Steinberg: Erlebte Rede, 1971; M. von Roncador: Zwischen direkter und indirekter Rede, 1988.
[338] F. K. Stanzel: Theorie des Erzählens, 1979, S. 247; R. Pasqual: The dual voice, 1970.

weil in ihr nicht nur zwei eigentlich unterschiedliche personale Größen miteinander verschmolzen werden, sondern auch zwei unterschiedliche personale Zeitwelten. Deshalb greifen beim Verstehen einer erlebten Rede dann natürlich viele unserer sachlichen, ethischen und zeitlichen Differenzierungsgewohnheiten nicht mehr wie gewohnt. Das verschärft sich dann insbesondere auch noch dadurch, dass der Übergang von der Erzählerrede in die Figurenrede bei der erlebten Rede eher vertuscht als markiert wird, um deren angestrebte Ambivalenz aufrecht erhalten zu können.

Gleichwohl gibt es in der erlebten Rede dann für uns doch noch gewisse Hinweise darauf, dass die Erzählerrede in die Figurenrede übergeht. Beispielsweise werden die Raum- und Zeithinweise nicht mehr aus der Sicht des Erzählers, sondern aus der der jeweiligen Figur vorgenommen. Auch das verwendete Vokabular mit Einschluss von idiomatischen Wendungen entspricht nicht mehr dem des Erzählers, sondern dem der jeweiligen Figur. Insbesondere der Gebrauch von Modalwörtern und Modalpartikeln, von bestimmten Dialekt- und Idiolektbesonderheiten, von Metaphern und Vergleichen kann uns darauf aufmerksam machen, dass nicht mehr der Erzähler selbst spricht, sondern faktisch eine der Figuren, über die dieser ursprünglich gesprochen hat.

Der Reiz der erlebten Rede als einer Mischform von Erzählerrede und Figurenrede liegt sicherlich in ihrem Spielcharakter. In ihr wird formal der Duktus des distanzierten Erzählens von Sachverhalten im Präteritum aufrechterhalten, aber gleichzeitig wird das Erzählen doch auf ganz bestimmte Weise emotionalisiert und individualisiert. Dieser Spielcharakter der erlebten Rede kann sich natürlich am besten im fiktionalen Erzählen entfalten, deren Reiz ja nicht zuletzt darin besteht, dass mit Denk- und Erwartungsnormen gespielt wird, um neue Sinnbildungsmöglichkeiten zu erproben. Zum Spielcharakter der erlebten Rede gehört dann auch, dass semantische und funktionale Ambivalenzen eher gesucht als ausgemerzt werden.

Gerade weil die erlebte Rede zwischen Erzählerperspektive und Figurenperspektive, zwischen Analyse und Empathie, zwischen Mittelbarkeit und Unmittelbarkeit sowie zwischen Distanz und Nähe oszilliert, ist sie für ästhetische Sprachverwendungsformen prädestiniert, aber nicht für deskriptive oder gar argumentative, da sie die menschliche Einbildungskraft zwar anzuregen weiß, aber das schlussfolgernde Denken durchaus verwirren kann. Deshalb lässt sich auch sagen, dass sie die Ausbildung von variablen Strukturräumen erleichtert, aber die von übersichtlichen Systemräumen durchaus stört, da mit ihr immer eine variable Strukturierungsdynamik verbunden ist, die sich durch feste Regeln kaum stringent und sinnvoll organisieren lässt.

Diese Überlegungen zur Herkunft und zum Strukturierungspotenzial der erlebten Rede verdeutlicht schon ihren pragmatischen Wert im faktischen Sprachgebrauch. In ihr wird nicht nur mit der Zuordnung von Aussagen auf bestimmte Personen gespielt, sondern auch mit die Zuordnung von Aussagen auf bestimmte Denk- und Zeitwelten. Damit erweist sich die erlebte Rede als ein typischer lebender Spiegel in sprachlichen Objektivierungsprozessen, weil sie nicht nur auf anderes aufmerksam macht, sondern immer auch auf sich selbst als sprachliche Vermittlungsform. Ihr Gebrauch kann deshalb auch gravierende kognitive und kommunikative Probleme aufwerfen, wenn sie aus dem ästhetischen und literarischen Bereich in andere Kommunikationswelten übertragen wird. Das dokumentieren die beiden Problemfälle *Flaubert* und *Jenninger* sehr klar.[339]

Gegen Gustave Flaubert wurde 1875 wegen bestimmter Passagen in dessen Roman *Madame Bovary* ein Prozess angestrengt, der als sogenannter *Immoralismusprozess* in die Justizgeschichte eingegangen ist. In diesem spielt die Erzählform der erlebten Rede, die als literarische Gestaltungsform der damaligen Leserschaft noch nicht sehr vertraut war, eine nicht unbedeutende Rolle. Der Staatsanwalt nahm in seiner Anklage nämlich auf eine Passage des Romans Bezug, in der von dem ersten außerehelichen Liebesabenteuer Emmas erzählt wird und wo der allgemeine Erzählerbericht unmerklich in eine erlebte Rede übergeht, in der die Wahrnehmungen, Gedanken und Zukunftsvisionen Emmas unmittelbar in deren eigener individueller Sprache wiedergegeben werden und in der darauf verzichtet wird, die jeweiligen Denkinhalte in den Sprachduktus des Romanerzählers zu transformieren. Der Erzähler des Romans gibt auf diese Weise nämlich seine distanzierte bzw. distanzierende Erzählerrolle auf und macht sich ganz zum unmittelbaren Sprachrohr der Gedankenwelt Emmas.

Diese Erzählpassage nahm der Staatsanwalt dann zum Anlass, Flaubert als Autor des Romans der Verherrlichung des Ehebruchs anzuklagen, da ihm diese sprachliche Vermittlungs- bzw. Erzählform noch gefährlicher erschien als der Ehebruch selbst. Dabei sah er durchaus, dass der Erzähler des Romans natürlich nicht mit Flaubert als Autor des Romans zu identifizieren war, aber er empörte sich gleichwohl doch darüber, dass Flaubert den Erzähler des Romans direkt zum Sprachrohr bzw. zum Spiegel der Gedankenwelt Emmas gemacht habe und dass er sich nicht verpflichtet gefühlt habe, den Romanerzähler wertende Kommentare zu Emmas Wahrnehmungsweise des Ehebruchs machen zu lassen. Diesen Verzicht auf moralisierende Kommentare legte er Flaubert dann als eine Form der geheimen Sympathie für Emmas Gedanken aus.[340] Das Gericht

---

339 Vgl. W. Köller: Perspektivität und Sprache, 2004, S. 713–719.
340 „Elle fait la glorification de l'adultère, elle chante le cantique de l'adultère, sa poésie, ses voluptés." Vgl. die Prozessakten im Anhang der französischen Werkausgabe. G. Flaubert: Oeuvres complétes. Madam Bovary, 1930, S. 566.

sprach Flaubert zwar vom Vorwurf des Immoralismus frei, aber es lastete ihm doch an, dass die von ihm gewählte Erzählweise zu einem Realismus führe, der letztlich als Negation des Schönen und Guten angesehen werden könne und damit zu einer Beeinträchtigung der öffentlichen Moral.

Die sprachliche Brisanz der erlebten Rede und der mit ihr verbundenen Zeitimplikationen dokumentiert sich auch in der Gedenkrede, die der damalige Bundestagspräsident Philipp Jenninger aus Anlass des 50. Jahrestages der antijüdischen Pogrome von 1938 am 10. 11. 1988 im deutschen Bundestags gehalten hatte. In dieser öffentlichen Gedenkrede hat Jenninger nämlich sprachliche Vermittlungsformen verwendet, die man durchaus der literarischen Darstellungsform der *erlebten Rede* zuordnen kann, um die übliche räumliche, zeitliche und sprachliche Distanz seiner historischen Gedenkrede zu damaligen Personen und deren Denkinhalten abzumildern. Wie eigentlich zu erwarten war, wirkte der Gebrauch der Objektivierungs- und Vermittlungsformen der erlebten Rede in dieser Gedenkrede aber auf viele Zuhörer sehr irritierend und verstörend, weil sie diese erzählerische Vermittlungsform entweder gar nicht kannten oder als gänzlich unangemessen für diesen Typus von Rede empfanden.

Jedenfalls verließen Abgeordnete aus unterschiedlichen Parteien unter Protest den Plenarsaal. Auch in der Presse gab es am folgenden Tag nicht nur empörte Kommentare, sondern auch reißerische Schlagzeilen folgenden Typs: *Mit Knobelbechern durch die Geschichte; Antisemitismus im Bundestag; Hitler vom Bundestagspräsidenten entschuldigt; Jenninger vom Faschismus fasziniert* usw. Obwohl Jenningers persönliche Integrität und seine Distanz zum Nationalsozialismus nicht zu bezweifeln war und obwohl die gedruckte Rede im In- und Ausland sehr viel weniger Empörung und Missverständnisse ausgelöst hat als die vom Fernsehen direkt übertragene mündliche Rede, sah sich Jenninger doch genötigt, am folgenden Tage vom Amte des Bundestagspräsidenten zurückzutreten.[341]

Wie kommt es nun zu diesen empörten Reaktionen auf Jenningers mündlich vorgetragene Rede im Bundestag und den viel moderateren Reaktionen bei ihrer Rezeption in der gedruckten Fassung? Diesbezüglich spielen dann sicherlich auch die unterschiedlichen Zeitimplikationen des mündlichen und des schriftlichen Sprachgebrauchs eine ganz wesentliche Rolle, insofern durch diese natürlich der pragmatische Stellenwert von Einzelaussagen ganz erheblich

---

[341] Der schriftlich fixierte Text der Rede ist folgendermaßen zugänglich: Protokolle des deutschen Bundestages, 11. Wahlperiode 10. 11. 1988, S. 7270–7276; Anhang zu dem Aufsatz von Peter von Polenz: Verdünnte Sprachkultur. Deutsche Sprache 17, 1989, S. 307–316; A. Laschet/ H. Malangré (Hrsg.):Philipp Jenninger. Rede und Reaktion 1989, S. 13–31.

beeinflusst werden kann. Der Wirbel um die Rede Jenningers und das Ausmaß der Kritik an ihr ist sicherlich auch dadurch bedingt, in welchem konkreten sprachlichen Spiegel bzw. sprachlichen Wahrnehmungshorizont sie von den jeweiligen Rezipienten faktisch wahrgenommen worden ist.

Die generelle Kritik an Jenningers Rede lässt sich in Form folgender Vorwürfe konkretisieren: Jenninger habe die sprachlichen Darstellungsnormen einer Gedenkrede nicht zureichend beachtet; er habe die Sprache der Nationalsozialisten verwendet und nicht genügend Distanz zum nationalsozialistischen Denken gezeigt; er sei stilistisch ungeschickt vorgegangen, insofern er die Unterschiede zwischen einem mündlichen und einem schriftlichen Sprachgebrauch unzureichend beachtet habe; er habe seiner Gedenkrede keinen einheitlichen und übersichtlichen darstellenden Duktus gegeben; er habe unterschiedliche Textsortenstile auf unzulässige Weise vermischt und dadurch kognitive und kommunikative Missverständnisse wahrscheinlich gemacht, insofern unterschiedliche Wahrnehmungsperspektiven nicht klar genug von einander abgegrenzt worden seien.

Wenn man die Frage nach den unterschiedlichen Zeitimplikationen des mündlichen und schriftlichen Sprachgebrauchs stellt, dann wird auch verständlich, warum die Rezeption der gedruckten Fassung Jenningers Rede sehr viel weniger Proteste ausgelöst hat als die der gehörten und gesehenen. Offenbar spielen nämlich beim Verständnis von unmittelbar gehörten Texten noch ganz andere Faktoren mit als beim Verständnis von gelesenen.

Der mündliche Sprachgebrauch kann seine natürliche dialogische Grundstruktur nicht verbergen, weil sich die jeweiligen Aussagen ja auf eine ganz bestimmte Person zurückführen lassen, von der verständlicherweise angenommen wird, dass sie persönlich direkt hinter dem von ihr inhaltlich Gesagten stehe bzw. dass sie das Mitgeteilte immer auch faktisch beglaubigen könne. Deshalb spielt im mündlichen Sprachgebrauch immer auch Mimik, Gestik und Intonation eine große Rolle sowie die Verschränkung des jeweiligen Redevorgangs mit der konkreten Redesituation und den mit ihr verbundenen Inhaltserwartungen. Die Rezeption einer mündlichen Äußerung steht insbesondere unter der unmittelbaren Herrschaft der ablaufenden Zeit, weil sie ganz auf das Ohr bezogen ist und deshalb genauso schnell verstanden werden muss, wie sie artikuliert wird. Für interpretierende und qualifizierende Reflexionsschleifen gibt es unter diesen Umständen nicht die dafür benötigte Zeit.

Im Gegensatz zum mündlichen ist der schriftliche Sprachgebrauch von sehr viel abstrakterer Natur. Er löst sich nämlich nicht nur von der Verschränkung der Rede mit Mimik, Gestik und Intonation, sondern auch von der situativen und dialogischen Korrelation des Sprechers mit den möglichen Hörern. Der schriftliche Sprachgebrauch steht nämlich nicht unter der Herrschaft der Ohren und der Zeit, sondern eher unter der der Augen und des Raumes. Schriftlich fixierte Texte müssen nicht genauso schnell verstanden werden wie sie gesprochen werden. Ihr Sinn kann mit Hilfe zeitgedehnter Reflexionsschleifen in hohem Maße hermeneutisch bzw. auf eine polyperspektivische Weise erschlossen werden. Die Verschriftlichung von Aussagen ist immer ein Mittel der psychischen und sachlichen Distanzierung von bestimmten Denkinhalten und damit ein Symbol der Ferne, durch das immer auch auf deren Interpretationsbedürftigkeit aufmerksam gemacht wird, weil sich ihr Sinn eher mittelbar als unmittelbar erschließt. Auf diese Weise wird dann der Bezug zum Gesagten wichtiger als der zum Sagenden, wie schon Wygotski und Ricoeur betont haben.

Angesichts dieser allgemeinen Strukturverhältnisse beim mündlichen und schriftlichen Sprachgebrauch wird nun auch besser verständlich, warum Jenningers mündlich vorgetragene und vom Fernsehen übertragene Gedenkrede vielmehr Irritationen ausgelöst hat bzw. Kritik auf sich gezogen hat als ihre Rezeption in gedruckter Form, die nicht nur zeitversetzt unter anderen Rahmenbedingungen rezipiert werden konnte, sondern auch zeitgedehnt in einer hermeneutischen psychischen Grunddisposition. Das lässt sich insbesondere auch durch folgenden Rahmenbedingungen verständlich machen.

Natürlich erwartet man im Prinzip von einer Gedenkrede zu den Pogromen von 1938, dass darin nicht das nationalsozialistische Objektivierungsvokabular unkommentiert verwendet wird (*Reichskristallnacht, arisches Eigentum, Blutschande* usw.). Jenninger hat diese Wörter in der schriftlichen Fassung seiner Rede deshalb auch in distanzierende Anführungsstriche gesetzt, um zu signalisieren, dass sie nicht in deskriptiv benennender Weise zu verstehen seien. In der mündlich vorgetragenen Rede hat er diese Ausdrücke aber weder durch eine andere Intonation noch durch relativierende Ausdrücke wie etwa *sogenannt* oder *angeblich* metainformativ als problematisch gekennzeichnet. Das hat dann natürlich das Missverständnis heraufbeschworen, dass man sie auch als deskriptive Sachbegriffe Jenningers verstehen konnte und nicht als ideologisch motivierte Begriffe des nationalsozialistischen Denkens.

Insgesamt lässt sich hinsichtlich der Rede Jenningers festhalten, dass die historische Vorgeschichte und der Ablauf der Pogrome von 1938 von ihm korrekt dargestellt worden sind und keinerlei Nähe zum nationalsozialistischen Denken zeigen. Deshalb muss man dann auch nach anderen Gründen für den öffentlichen Entrüstungssturm gegenüber Jenningers Rede Ausschau halten. Diesbezüglich stößt man dann insbesondere auf die stilistischen und sprachlichen Besonderheiten der erlebten Rede, die inzwischen einen genuinen Platz in der fiktionalen Literatur gefunden hat, aber aus gut nachvollziehbaren Gründen keineswegs einen sinnvollen Platz in politischer Reden bzw. in historischen Gedenkreden, die ja eine ganz andere pragmatische Funktionalität haben.

Aufschlussreich für diese ganze Problematik ist die folgende Passage in Jenningers Rede, bei der dieser ohne eine explizite Ankündigung einen Wechsel in der Darstellungsperspektive vornimmt und aus der neutralen Rolle eines distanzierten historischen Berichterstatters in die Rolle eines Sprachrohrs der Denkprozesse von Zuschauern der damaligen Pogrome überwechselt. Auf unangemessene Weise gibt er nämlich diese Denkinhalte nicht in Form einer indirekten Rede im inhaltlich bloß referierenden Konjunktiv wieder, sondern in Form einer erlebten Rede im erzählenden Präteritum. Dadurch provoziert Jenninger dann natürlich das mögliche Missverständnis, dass die sprachlich so objektivierten Denkinhalte zu seinen eigenen Denkinhalten als erzählender historischer Berichterstatter gehören, aber nicht zu den Denkinhalten der Zuschauer der damaligen Pogrome. Vor diesem Fehlgriff rettet Jenninger auch nicht, dass er die Denkinhalte der damaligen Zuschauer zum Teil in Form von rhetorischen Fragen und nicht in Form von deskriptiven Aussagen formuliert hat.

> Und was die Juden anging: Hatten sie sich nicht in der Vergangenheit doch eine Rolle angemaßt – so hieß es damals –, die ihnen nicht zukam? Mußten sie nicht endlich einmal Einschränkungen in Kauf nehmen? Hatten sie es nicht vielleicht sogar verdient, in ihre Schranken gewiesen zu werden? Und vor allem: Entsprach die Propaganda – abgesehen von wilden nicht ernstzunehmenden Übertreibungen – nicht doch in wesentlichen Punkten eigenen Mutmaßungen und Überzeugungen? Und wenn es gar zu schlimm wurde, wie im November 1938, so konnte man sich mit den Worten eines Zeitgenossen ja immer noch sagen: „Was geht es uns an! Seht weg, wenn es Euch graust. Es ist nicht unser Schicksal."[342]

Der Rückgriff Jenningers auf rhetorischen Fragen in dieser Passage der erlebten Rede relativiert nicht den grundsätzlichen sprachlichen Fehlgriff Jenningers, sondern verstärkt ihn eher. Die rhetorische Frage ist nämlich keine echte Frage, sondern eine Stilfigur, bei der in Form einer Frage eigentlich eine Behauptung aufgestellt wird, wobei der Fragende im Prinzip nicht erwartet, dass der Rezipient sie faktisch irgendwie beantwortet, sondern nur, dass er die in ihr implizit enthaltene Sachvorstellung bzw. Proposition zustimmend zur Kenntnis nimmt.

Das ist im vorliegenden Fall von Jenninger sicherlich nicht beabsichtigt worden. Er scheint diese rhetorischen Fragen nur formuliert zu haben, um seinen Zuhörern psychisch den Zugang zu den Denkwelten der damaligen Zuschauer der Pogrome zu erleichtern. Daher ist wohl nicht nur die Verwendung

---

[342] Philipp Jenninger: Passage aus der Gedenkrede im Deutschen Bundestag am 10. 11. 1988. Zitiert nach dem Anhang zu dem Aufsatz von Peter von Polenz: Verdünnte Sprachkultur, Deutsche Sprache 17, 1989, S. 310–311.

der erlebten Rede in der Gedenkansprache Jenningers prinzipiell als „*ein verheerender textsortenspezifischer Fehlgriff*"[343] zu beurteilen, sondern auch die Verwendung von rhetorischen Fragen in ihr. Gerade eine solche Gedenkrede ist ja pragmatisch primär nicht dazu bestimmt, eine empathische Einfühlung in die Psyche der damaligen Zuschauer der Pogrome zu erzeugen, sondern wohl eher dazu, eine Einfühlung in die Psyche der damaligen Opfer anzuregen.

Zu einer etwas anders akzentuierten Einschätzung der Verwendung des Stilmittels der erlebten Rede in Jenningers Rede ist Heringer gekommen. Er bezweifelt, dass es fest etablierte Textsortenstile gebe, aus denen man nicht ausbrechen dürfe. Jenninger habe in seiner Rede einen Beitrag dazu leisten wollen, die verschiedenen Dimensionen des damaligen Geschehens zu verstehen, wozu auch gehöre, sich in das Denken der damaligen Zuschauer der Pogrome hineinzuversetzen, was natürlich nicht bedeute, dieses Denken auch zu billigen. Zu einem solchen Bemühen gehöre dann auch, die Wahrnehmungsperspektiven der damaligen Zuschauer der Ausschreitungen mit Hilfe des Vokabulars der damaligen Zeit zu rekonstruieren und nicht mit Hilfe des Vokabular der heutigen Zeit. Die erlebte Rede sei dafür durchaus ein zulässiges sprachliches Gestaltungsmittel, da ständig wiederholte sprachliche Distanzierungsmittel wie etwa relativierende Wörter (*angeblich*) oder Anführungsstriche, „*den Balanceakt zwischen Einfühlung und Distanz unmöglich machen.*"[344]

Heringers Einschätzung der Notwendigkeit variabler sprachlicher Gestaltungsformen bei der Gestaltung von Texten hat sicherlich ihre Berechtigung, weil die Forderung nach umfassenden Normen und Regeln für Textsorten nicht nur unrealistisch, sondern möglicherweise auch kontraproduktiv wäre. Gleichwohl sollte darüber aber nicht vergessen werden, dass stilistische Neuerungen im Sprachgebrauch nur dann eine faktische Innovationskraft bekommen, wenn sie dosiert erfolgen und die jeweiligen Rezipienten im Hinblick auf die bei ihnen erwünschten Sinnbildungsprozesse nicht überfordern. Fruchtbare evolutionäre Neuerungen bei der Nutzung der Sprache brauchen nicht nur einen innovativen, sondern immer auch einen traditionsgebundenen Sprachgebrauch, wenn dieser dialogisch tatsächlich sinnvoll wirksam werden soll.

---

[343] P. von Polenz: Verdünnte Sprachkultur. Deutsche Sprache 17, 1989, S. 298.
[344] H. J. Heringer: Jenninger und die kommunikative Moral. Sprache und Literatur in Wissenschaft und Unterricht 65, 1990, S. 46.

17 Schlussbemerkungen

Schlussbemerkungen zu einem Buch über die vielfältigen sprachlichen Objektivierungsmittel für menschliche Zeiterfahrungen zu machen, die Augustins grundlegende Skepsis gegenüber unseren Möglichkeiten zu einer anthropologisch befriedigenden begrifflichen Erkenntnis von Zeit abmildern, haben notwendigerweise immer einen gewissen ironischen Unterton. Augustins *Was-ist-Frage* nach dem Wesen der Zeit ist faktisch nämlich kaum zu beantworten. Wir finden keinen wirklich verlässlichen und befriedigenden externen Sehepunkt, von dem aus wir auf subjekt- und zeitunabhängige Weise das Zeitphänomen neutral ins Auge fassen und kategorial einordnen könnten. Jede Theoriebildung über die Zeit hat notwendigerweise selbstbezügliche Implikationen, weil wir sie ja immer nur in ganz bestimmten zeit-, raum- und subjektbedingten Perspektiven begrifflich objektivieren können, aber nicht *an sich* und *für sich*.

Mit allen sinnvollen Aussagen über die Zeit vergrößern wir zwar unser Wissen über die Zeit, aber zugleich auch unser Nicht-Wissen über sie. Faktisch haben wir nämlich immer einzuräumen, dass jede unserer konkreten Wissensformen für Zeit ergänzungs- und interpretationsbedürftig ist, da sie ja selbst aus ganz bestimmten historisch, methodisch und medial bedingten Gründen wiederum zeitbedingt ist und daher immer auch mit dem Problem der Selbstbezüglichkeit zu kämpfen hat.

Dieses Dilemma können wir beklagen, weil es ja einen abschließenden oder gar gottgleichen Blick von *nirgendwo* auf das Phänomen *Zeit* unmöglich macht. Wir können es aber auch zum Anlass nehmen, unsere Fähigkeiten zu geistigen Eigenbewegungen zu nutzen. Ebenso wie wir beim Rundgang um eine gegebene Skulptur uns diese für unsere individuellen Wissensbedürfnisse in unterschiedlichen räumlichen Wahrnehmungsperspektiven hinsichtlich ihrer Einzelaspekte genauer erschließen können bzw. uns zu einem Dialogpartner zu machen vermögen, so ist das in vergleichbarer Weise auch bei der Objektivierung des Phänomens *Zeit* durch unterschiedliche semiotische bzw. sprachliche Objektivierungsformen der Fall.

Obwohl wir also einzuräumen haben, dass wir wohl letztlich keine allgemeingültigen und abschließenden Aussagen über das Zeitphänomen machen können, so vermögen wir aber gleichwohl doch, unser Wissen und Nicht-Wissen über die Zeit in ein sinnvolles Fließgleichgewicht zu bringen. Jede Antwort auf die Frage nach der Zeit wirft nämlich neue Fragen auf, die immer unbeantwortbarer werden je grundsätzlicher sie werden. Je mehr wir versuchen, das Zeitphänomen in unsere kognitive Gefangenschaft zu bringen, desto mehr verstricken wir uns in unseren Analysebegriffen und Analysestrategien und geraten eben dadurch dann selbst in die Gefangenschaft unseres Analysegegenstandes. Je besser wir das Zeitphänomen erklären wollen, desto mehrdimensionaler und unerklärlicher wird es faktisch für uns.

Deshalb ist es sicherlich auch kein Zufall, sondern eine innere Notwendigkeit, dass wir bei der sprachlichen Objektivierung der Zeit nicht nur auf ganz unterschiedliche analysierende Begriffe und Theorien zurückgreifen müssen, sondern immer auch auf ganz unterschiedliche verbildlichende Metaphern oder illustrierende Erfahrungsgeschichten. Allerdings können auch diese das Zeitphänomen nicht wirklich kognitiv völlig entzaubern. Gleichwohl erlauben sie es aber doch, uns dieses mit Hilfe von Analogien zumindest aspektuell etwas deutlicher zu vergegenwärtigen und ikonisch zu veranschaulichen. Das kann dann allerdings zugleich auch wieder als eine bestimmte Form der Verzauberung angesehen werden, die begrifflich nicht wirklich aufzuheben ist, sondern allenfalls über unsere eigene geistige Bewegungs- und Hypothesenfreudigkeit perspektivisch nur etwas abzumildern ist.

Diese Form der Wissensbildung und Wissensfixierung erscheint vielen verständlicherweise als wenig aufklärerisch, wenn nicht sogar als resignativ oder gar als degoutant. Aber sie ist faktisch eine Form der Wissensmanifestation und Wissensvermittlung, die selbst in den Naturwissenschaften nicht aus der Welt zu schaffen ist, wenn diese an die Grenzen ihrer etablierten Methoden der Wissensobjektivierung kommen. Zumindest kann sie als ein methodisches Mittel angesehen werden, um in den hermeneutischen Zirkel bzw. in die hermeneutische Spirale der Wissensbildung und Wissensvermittlung hineinzukommen. Zwei Vorstellungsbilder für die ikonische Objektivierung der Zeit sind diesbezüglich deshalb vielleicht besonders aufschlussreich und anregend.

Einerseits lässt sich die *Zeit* wie schon erwähnt als ein *schlüpfriger Aal* verstehen, der sich dem methodischen Zugriff von fixierenden Begriffen immer wieder zu entziehen weiß und der oft nur mit unüblichen Zugriffsweisen in die partielle Gewalt des menschlichen Handelns und Wahrnehmens gebracht werden kann. Diesbezüglich wäre es dann beispielsweise vertretbar, bei der sprachliche Objektivierung der Zeit nicht nur auf Metaphern zurückzugreifen, sondern auch Geschichten über die Zeit zu erzählen, in denen diese als Ordnungs- und Gestaltungskraft gut fassbar wird. Dadurch kann sie für uns dann nicht nur als eine messbare und quantifizierbare Größe in Erscheinung treten, sondern auch als ein strukturierender polyfunktionaler Ordnungsfaktor. Das kann dann dabei helfen, uns nicht nur den apriorischen Charakter und die anthropologische Relevanz des Zeitphänomens selbst zu erhellen, sondern in unseren Handlungsprozessen auch angemessen mit der Zeit umzugehen. Dabei geraten wir dann allerdings auch immer wieder leicht in die Gefahr, das Zeitphänomen zu einer ganz eigenständigen handlungsfähigen Größe zu mythologisieren.

Andererseits lässt sich die *Zeit* aber auch als ein *Labyrinth* verstehen, aus dem wir über unsere direkten individuellen Handlungsanstrengungen nicht herauskommen, sondern nur durch die Hilfe eines geschenkten Ariadnefadens bzw. durch die Hilfe unserer persönlichen Einbildungskräfte. Auf beide Weisen lernen wir nämlich, eine Distanz zu dem Phänomen der Zeit zu gewinnen, die es erleichtert, sinnvoll mit dieser umgehen zu können.

Für das letztere Verfahren steht die mythologische Gestalt des Dädalus, der geistige und materielle Flügel entwickeln konnte, um sich aus seiner Gefangenschaft im Labyrinth zu befreien. Aber während Dädalus genau abzuschätzen wusste, wie man sich aus dieser besonderen Gefangenschaft befreien konnte und welche Gefahren dabei zu berücksichtigen waren, achtete sein Sohn Ikarus nicht auf die spezifischen Rahmenbedingungen ihres konkreten Befreiungsversuchs, weil er sich dabei zugleich auch von allen Bedingtheiten seiner menschlichen Existenzweise zu lösen versuchte. Dieses verständliche, aber dennoch unrealistische Bestreben misslang dann allerdings. Während er selbst abstürzte, erreichte sein besonnener Vater sein Ziel. Er verlor aber durch seine selbstkritische Erfindungsgabe zugleich auch seinen Sohn, der mehr als ein konkret fixierbares Ziel erreichen wollte. Bei seinem Fliegen und Experimentieren vergaß er nämlich im Gegensatz zu seinem Vater alle natürlichen Bedingtheiten seiner konkreten menschlichen Existenzweise.

Solange wir versuchen, das Phänomen der Zeit *an sich* und *für sich* in unsere begriffliche und faktische Herrschaft zu bringen, werden wir voraussichtlich immer scheitern. Dabei übersehen wir nämlich allzu leicht, dass wir als Menschen nicht nur eine begrenzte Wahrnehmungs- und Handlungsfähigkeit haben, sondern auch, dass all unsere konkreten Erfahrungsphänomene ihre spezifischen Eigenzeiten haben, die für uns mit Hilfe eines universal gültigen Zeitbegriffs kaum zu erfassen und zu beherrschen sind. Deshalb ist es pragmatisch sicherlich auch gerechtfertigt, den Begriff der Zeit hinsichtlich seiner Nutzung in der natürlichen Sprache als einen *Kollektivsingular* zu verstehen, der sich aus der Zusammenfassung der Erfahrung von vielen unterscheidbaren Einzelzeiten konstituiert. Dem entspricht dann ja auch unser Begriff *Geschichte*, der sich allmählich aus der mentalen Zusammenfassung von vielen Einzelgeschichten zu einer Gesamtgeschichte herausgebildet hat und der eben deshalb dann auch immer interpretationsbedürftig bleibt, weil er einen sehr deutlichen Hypothesecharakter hat.

So gesehen wird es dann auch sehr viel leichter, das Phänomen und den Begriff der Zeit geistig zu bewältigen, wenn wir nicht von der *Zeit an sich* sprechen, sondern von der *Zeit für uns*. Das schließt dann nämlich ein, dass wir bei der Beschäftigung mit diesem Phänomen uns eher für die Ausdifferenzierung unserer einzelnen Zeiterlebnismöglichkeiten interessieren können als für einen allgemeingültigen Erkenntnisfortschritt im Hinblick auf das Phänomen der Zeit schlechthin. Es bedeutet weiter, dass die Wahrnehmung von Zeit immer auch an die Fähigkeit des Menschen gebunden ist, nicht nur seine räumliche Eigenbeweglichkeit zu steigern, sondern auch seine geistige und sprachliche bzw. seine semiotische.

Unter den hier skizzierten Rahmenbedingungen der menschlichen Wahrnehmungsmöglichkeiten für Zeit erschien es deshalb nicht nur pragmatisch nützlich, sondern auch theoretisch gerechtfertigt, das Problem der Wahrnehmung und des Verständnisses von Zeit methodisch durch die Frage nach den sprachlichen Objektivierungsformen für Zeit in der natürlichen Sprache anzugehen und nicht nur über astronomische, physikalische, chronologische und chronometrische Fragestellungen, deren praktische Relevanz natürlich überhaupt nicht bezweifelt werden kann.

Dieser erkenntnistheoretische Ansatz hat sich insbesondere durch die Grundüberzeugung ergeben, dass sich in den Objektivierungsformen für Zeit in der natürlichen Sprache ein praktikables Wissen über die Zeit angesammelt hat, das anthropologisch gesehen von grundlegenderer Relevanz ist als das Wissen über die Zeit, das in den Einzelwissenschaften bzw. in deren formalisierten Fachsprachen in Erscheinung getreten ist oder treten kann.

Dieses allgemeine Wissen von Zeit ist zwar ziemlich vage, weil es ja aus der sprachlichen Bewältigung von sehr unterschiedlichen Lebenssituationen und Differenzierungsintentionen hervorgegangen ist und sich deshalb dann auch eher aspektivisch und spontan als systemtheoretisch, zentralperspektivisch und methodisch organisiert hat. Aber das sollte nicht unbedingt als ein Defizit angesehen werden, sondern auch als eine Chance. Auf diese Weise werden nämlich unsere Wahrnehmungsmöglichkeiten für das Zeitphänomen nicht von vornherein so vorreguliert, dass gerade die genuin anthropologischen Aspekte der Zeit aus unserem Wahrnehmungshorizont entschwinden, eben weil es in den Fachwissenschaften tendenziell ja immer um die *Zeit an sich* geht, aber nicht um die *Zeit für uns*.

Gerade weil die Wissensformen und Wissensinhalte von Zeit in den Formen der natürlichen Sprache im Gegensatz zu denen in den formalisierten Fachsprachen recht vage und unsystematisch sind, schränken sie unsere Sichtweisen auf die Zeit methodisch nicht von vornherein auf ganz bestimmte Einzelaspekte ein, sondern ermuntern uns zu Präzisierungen sehr unterschiedlicher Art. Die Vagheit der Zeitobjektivierungen in den Formen der natürlichen Sprachen muss dem positivistisch orientierten Denken natürlich immer als ziemlich ärgerlich und defizitär erscheinen, weil wir dadurch kein eindeutiges und argumentativ unmittelbar verwertbares Wissen über die Zeit gewinnen. Für ein evolutionär und heuristisch orientiertes Denken kann dieses Wissen aber durchaus hilfreich sein, weil sich dadurch viele Möglichkeiten der Fortentwicklung unseres Wissens eröffnen. Deshalb lässt sich dann die natürliche Sprache auch als ein Medium verstehen, das nicht als toter, sondern vielmehr als *lebender Spiegel* für die semiotische Objektivierung von Zeit in Erscheinung tritt. Die natürliche Sprache kann sich nämlich der zeitlichen Dynamik von Erkenntnisprozessen sehr viel besser anpassen als alle Formen von formalisierten Fachsprachen, die gerne abschließende Objektivierungen für die Zeit vorzunehmen versuchen.

Die kognitive Vagheit der Ordnungs- und Objektivierungsmuster für Zeit in der natürlichen Sprache ist deshalb nicht in jeder Hinsicht ein Nachteil. Sie kann nämlich durchaus auch ein Vorteil sein, insofern dadurch ihre Verwender immanent dazu gezwungen werden, die natürliche Sprache als Erkenntnis- und Objektivierungsmittel ständig zu variieren und fortzuentwickeln, um von den *endlichen Mitteln* dieses Sprachtyps im Sinne Humboldts einen *unendlichen Gebrauch* machen zu können.

Das dokumentiert sich nicht nur in unserer vielfältigen Zeitmetaphorik auf schlagende Weise, sondern auch in der Gebrauchsflexibilität der lexikalischen, grammatischen und textuellen Objektivierungsmittel, mit denen wir auf Zeit Bezug nehmen können. Deshalb lässt sich auch die These vertreten, dass wir gerade in den sprachlichen Objektivierungsformen für Zeit in den natürlichen Sprachen einen Ariadnefaden finden, der uns faktisch zwar nicht wirklich aus dem Labyrinth der Zeit herausführt, um ihre Strukturen und Funktionen in umfassender Weise von außen betrachten zu können, der uns aber gleichwohl doch dabei hilft, uns im praktischen Leben im Labyrinth der Zeit und ihrer Funktionen zweckdienlich orientieren zu können. Nach den Überlegungen Kants zu dem Zeitphänomen als einem transzendentalem Phänomen scheinen wir diesbezüglich nämlich auch kaum andere Möglichkeiten zu haben.

Es ist natürlich ein verlockender erkenntnistheoretischer Gedanke, dass es eine prinzipielle Äquivalenz geben könne zwischen unserer konkreten Erfahrung von der Welt einerseits und unseren richtig gebildeten Begriffen, Sprachmustern und Aussagen über die Welt andererseits. Diese Hoffnung hat Wittgenstein aber durch die folgende schon zitierte Bemerkung eindringlich ironisiert, in der die Notwendigkeit zu abstraktiven sprachlichen Vereinfachungen sehr schön thematisiert wird: *„Hier ist das Wort, hier die Bedeutung. Das Geld und die Kuh, die man dafür kaufen kann."*[345]

Solche direkten semantischen Äquivalenzvorstellung treffen nämlich weder auf die Begriffe und Denkmuster in den formalisierten Fachsprachen zu, noch auf die in den natürlichen Sprachen, was sich gerade an dem Wort und dem

---

345 L. Wittgenstein: Philosophische Untersuchungen, 1967, § 120, S. 68.

Begriff *Zeit* sehr deutlich exemplifiziert. Allerdings machen die natürlichen Sprachen im Gegensatz zu den formalisierten Fachsprachen überhaupt kein Hehl daraus, dass sie lebende Spiegel für anderes sind und dass sie in ihren jeweiligen sprachlichen Spiegelbildern und insbesondere in ihren metaphorischen Objektivierungen von etwas anderem auch immer etwas von sich selbst als heuristischen Interpretations- und Sinnbildungswerkzeugen zugänglich und kenntlich machen können.

Unter diesen Rahmenbedingungen ist deshalb das vorliegende Buch auch weniger als ein Buch zum Thema *Zeit* anzusehen, sondern vor allem als ein Buch zum Thema *Sprache*, insofern gerade die natürliche Sprache sicherlich als das anthropologisch wichtigste und umfassendste semiotische Objektivierungsmedium für das Phänomen *Zeit* zu verstehen ist. Über unsere sprachlichen Objektivierungsstrategien und Objektivierungsformen für Zeit erfahren wir nämlich nicht nur etwas über die Zeit selbst, sondern immer auch etwas über die Sprache sowie die Menschen, die sich die Zeit für ihre Bedürfnisse intersubjektiv verständlich zu objektivieren versuchen. Die Frage nach der Zeit muss nämlich unter diesen Rahmenbedingungen immer in die Frage nach den sprachlichen Erschließungsmitteln übergehen, mit denen wir uns dieses Phänomen lexikalisch, grammatisch und textuell als Denkgegenstand systematisch oder spielerisch, direkt oder indirekt, deskriptiv oder hypothetisch zu erschließen und damit auch zu objektivieren versuchen. Das hat Wittgenstein durch seinen Sprachspielgedanken und durch seine besondere Wertschätzung des metaphorischen Sprachgebrauchs sehr klar verdeutlicht: „*Scheue Dich j a nicht davor, Unsinn zu reden! Nur mußt Du auf Deinen Unsinn lauschen.*"[346]

Alle astronomischen, physikalischen, chronologischen, chronometrischen und biologischen Konzepte und Redeweisen über die Zeit haben natürlich ihre sachliche Berechtigung und ihren perspektivierenden Wert. Sie werden aber problematisch, wenn sie sich verselbständigen und ihre methodische Herkunft und ihre Ergänzungsbedürftigkeit vergessen. Das kann nämlich sehr leicht dazu führen, dass sie ihren Sitz im menschlichen Leben und Denken verlieren, weil die Sprache dann nicht mehr als ein *lebender Spiegel* für die Welt wahrgenommen wird, sondern als ein *verdoppelnder Spiegel*, der eher eine kognitive Abbildungsfunktion haben soll als eine hermeneutische Erschließungsfunktion.

Damit verliert dann allerdings die natürliche Sprache auch ihre grundlegende anthropologische Funktion, als semiotisches Metasystem für die Interpretation und die Konstruktion aller anderen Zeichensysteme in Erscheinung treten zu können. In ihrer Funktion als ein solches Metasystem darf die natürliche

---

[346] L. Wittgenstein: Vermischte Bemerkungen. Werkausgabe Bd. 3, S. 530.

Sprache nämlich keineswegs vollständig durchstrukturiert werden bzw. durchstrukturiert sein, weil sie dadurch dann auch ihre universale interpretative Beweglichkeit als letztes semiotisches Interpretationsmittel für alle anderen konventionalisierten Zeichensysteme verlöre.

In der natürlichen Sprache als evolutionär gewachsenes und flexibel nutzbares Gestaltungs- und Ordnungsmittel gibt es in struktureller Hinsicht immer schon so etwas wie eine kognitive *Gewaltenteilung* bei der semiotischen Objektivierung von Welt und insbesondere von Zeit. Dadurch wird nämlich verhindert, dass ein Monomythos bzw. eine Monotheorie über die Struktur und die Funktion von Zeit entsteht, wogegen alle fachsprachlichen Redeweisen über die Zeit keineswegs gefeit sind. Deswegen bleibt die natürliche Sprache im Gegensatz zu den formalisierten Fachsprachen auch immer ein variables Guckloch, Fernrohr, Mikroskop oder Spiegel für die sprachliche Objektivierung von komplexen Erfahrungsphänomenen und insbesondere für das Phänomen der Zeit.

Prinzipiell erscheint vielleicht die Methode, das Zeitphänomen im Spiegel der natürlichen Sprache zu thematisieren und zu diskutieren, als eine Wahrnehmungsmethode unter anderen. Anthropologisch gesehen hat sie allerdings eine größere Relevanz und Universalität als alle anderen fachsprachlichen und nicht-sprachlichen Objektivierungsmethoden. Beim Gebrauch der natürlichen Sprache lassen sich nämlich unterschiedliche Wahrnehmungsinteressen verhältnismäßig leicht miteinander kombinieren, da der Übergang von der begrifflichen in die metaphorische Rede von der Zeit und umgekehrt recht leicht zu vollziehen ist.

Die entwickelten Objektivierungsformen für Zeit in der natürlichen Sprache sind zwar nie als letzte oder als selbstverständliche Wahrnehmungs- und Denkformen über die Zeit anzusehen, aber durchaus als Objektivierungsformen, die sich in evolutionären Siebungsprozessen praktisch bewährt haben, obwohl wir das nicht immer befriedigend begrifflich begründen können. Plausibel wird der Gebrauchswert gerade dieser Formen allerdings, wenn man die These akzeptiert, dass Kultur und Sprache eher aus dem Willen der Menschen zur sozialen Kooperation resultieren als aus dem Willen zur Abbildung der Welt als solcher.

So gesehen gibt es im Operationsrahmen der natürlichen Sprache dann auch ständig die Notwendigkeit, sich explizit oder implizit über die Zeit als Ordnungsfaktor bzw. Ordnungsprinzip zu verständigen, um soziale und kulturelle Kooperationen zu ermöglichen. Die Dynamik von Gruppen baut nämlich auf der Prämisse auf, dass Vergangenes, Gegenwärtiges und Zukünftiges immer in ein Fließgleichgewicht gebracht werden muss und dass man die Zeit nicht nur erleiden und genießen kann, sondern dass man sie auch variantenreich zu objektivieren und zu gestalten hat.

Zur sprachlichen Vergegenständlichung von Welt gehört immer ein komplexes Netzwerk von Unterscheidungen und Korrelationen, das selbst wiederum ganz bestimmte zeitliche Implikationen hat, die natürlich auch über zeithaltige Sprachformen objektiviert werden müssen und können. Deshalb hat Merleau-Ponty die Syntheseleistungen von Wahrnehmungsprozessen dann ja auch als *„eine zeitliche Synthesis"* verstanden.[347] Bei dieser würden nämlich frühere Erfahrungen in spätere integriert. Was wir erfahren hätten, bleibe für uns faktisch da, selbst wenn wir es später anders sähen. Deshalb kommt er in phänomenologischer Sicht dann auch zu einem anthropologisch sehr wichtigen Schluss: *„Die Zeit ist also kein realer Prozeß, keine tatsächliche Folge, die ich bloß zu registrieren hätte. Sie entspringt m e i n e m Verhältnis zu den Dingen."*[348] Daraus ergibt sich für ihn dann auch die wichtige Konsequenz, dass die Zeit kein Wahrnehmungsgegenstand unter anderen ist, den wir von außen als stabilen Seinstatbestand wahrnehmen können, weil die Zeit für uns ja immer nur im Verlaufe von kontinuierlichen Prozessen wahrnehmbar ist und nicht als ein mit sich selbst identischer statischer Seinstatbestand an sich.

> Zeit kann es nur geben, wo sie nicht gänzlich entfaltet ist, wo Vergangenheit, Gegenwart und Zukunft nicht im gleichen Sinne s i n d . Es ist der Zeit wesentlich, sich zu bilden, und nicht zu sein, nie vollständig konstituiert zu sein.[349]

Wenn man das Zeitphänomen so ins Auge fasst, dann gehören *Zeit* und *Sprache* nicht nur auf eine pragmatische, sondern auch auf eine konstitutive Weise eng zusammen, da beide für uns erst in faktischen Denk- und Ordnungsprozessen verständlich werden, wozu natürlich auch alle Spiel- und Spiegelungsprozesse gehören. Das bedeutet dann auch, dass wir sowohl zur Zeit als auch zur Sprache erst in der Dynamik von Handlungsprozessen einen sinnvollen Zugang finden und dass wir uns deshalb beide Phänomene eher über Handlungs- als über Seinskategorien objektivieren sollten.

Aus diesem Grund ist es deshalb auch kein Makel oder Defizit, wenn wir uns *Zeit* und *Sprache* letztlich nicht normativ definieren können, weil wir dabei nämlich leicht die universalen Ordnungs- und Sinnbildungsfunktionen beider Phänomene aus dem Blick verlören. Beide Gegebenheiten können nämlich nicht nur einem, sondern immer vielfältigen Zwecken zugleich dienlich gemacht werden. Das Phänomen der Zeit lässt sich weder durch einen einzigen in sich konsistenten Begriff von Zeit objektivieren noch durch eine einzige Me-

---

[347] M. Merleau-Ponty: Phänomenologie der Wahrnehmung, 1966, S. 279.
[348] M. Merleau-Ponty: a. a. O., S. 468.
[349] M. Merleau-Ponty: a. a. O., S. 471.

thode der Zeitobjektivierung (Umlauf von Gestirnen, Kalender, Uhr, Fachsprache usw.), sondern nur durch viele, die alle sehr unterschiedliche Teilaspekte der Zeit in unser Bewusstsein zu bringen vermögen. Deshalb ist das Verfahren, sich das Zeitphänomen durch die *natürliche Sprache* bzw. durch die in ihr entwickelten lexikalischen, grammatischen und textuellen Formen zu objektivieren, nicht eine erschöpfende, sondern letztlich auch nur eine perspektivierende Methode unter anderen. Diese ist anthropologisch allerdings als ganz besonders wichtig und fundamental anzusehen, gerade wenn man die natürlich gewachsene Sprache nicht als einen toten, sondern vielmehr als einen *lebenden Spiegel* für die Objektivierung von Zeit betrachtet.

Ebenso wie wir die real vorhandene Welt nicht trennscharf von den Vorstellungen unterscheiden können, die wir uns von ihr machen und machen müssen, so können wir auch das Phänomen der Zeit nicht trennscharf von den Objektivierungsformen trennen, die wir uns Laufe der Zeit für dieses Phänomen gemacht haben. Sich *Welt* bzw. *Zeit* vorzustellen, heißt für uns letztlich immer, sich beide Phänomene im Kontext bestimmter Lebens- und Zeichenformen vorzustellen. Deshalb gehören Sprache und Zeit auch sehr eng zusammen, weil wir uns von beiden Phänomenen nur lebende bzw. variable oder sogar widersprüchliche Vorstellungsbilder machen können, die sich aber dennoch wechselseitig Kontur und Relevanz zu geben vermögen.

Für die Wahrnehmung von Zeit gibt es keine direkte sinnliche bzw. externe Stimulation, da ihre semiotische Objektivierung immer aus komplexen Lebens-, Denk- und Sprachprozessen hervorgeht, bei denen es auf konstruktive Weise auch zu einer *Gleichzeitigkeit des Ungleichzeitigen* kommt. Das bedeutet, dass die Objektivierung des Zeitphänomens in hohem Maße für uns immer eine Denk-, Sprach- und Kulturgeburt ist, weil ihre faktische phänomenale Wahrnehmung immer auch durch unsere Sprach-, Zeichen- und Lebensformen mitbedingt ist. Dabei kommt es dann notwendigerweise zu Zirkelstrukturen, weil wir uns das Phänomen *Zeit* mit Mitteln objektivieren, die selbst schon eine konstruktive Rolle bei der mentalen Sachvorstellung von Zeit gespielt haben. Das muss die klassische Logik notwendigerweise schrecken, aber nicht unbedingt die hermeneutische und semiotische Logik.

Der hier vorgenommene Versuch, das proteusartige Zeitphänomen im Spiegel der polyfunktionalen natürlichen Sprache zu thematisieren und zu diskutieren, ist erkenntnis- und zeichentheoretisch nicht so naiv, wie es vielleicht auf den ersten Blick erscheinen mag. Dieses Urteil lässt sich nämlich auch durch Überlegungen des zeitgenössischen theoretischen Physikers Carlo Rovelli zum Verständnis der Zeit in der modernen Physik exemplifizieren und rechtfertigen.

Rovellis Überlegungen harmonieren nämlich durchaus mit dem hier gewählten Weg, sich das widerspenstige Phänomen *Zeit* mit Hilfe des polyfunktionalen Formeninventars der natürlich gewachsenen Sprache als eines lebenden Spiegels zu erschließen. Dieses Inventar kann uns zumindest die anthropologisch wichtigen Aspekte der Zeit recht gut veranschaulichen, die vor allem darin bestehen, unsere Sinnes-, Kultur- und Individualerfahrungen von Welt in einen konstruktiven Korrelations- und Interaktionszusammenhang miteinander zu bringen.

Rovelli hebt nämlich ausdrücklich hervor, dass auch das historisch gewachsene Wissen der Physik über die Zeit zu einer kontinuierlichen Auflösung ihres Verständnisses als eines vorgegebenen Substanzphänomens bzw. als einer stabilen Entität geführt habe. Stattdessen sei die Zeit im Verlaufe der wissenschaftlichen Denkgeschichte über sie immer mehr als ein variables Relationsphänomen bzw. als ein hypothetischer geistiger Ordnungsfaktor verstanden worden, mit dem wir uns unsere Welterfahrungen sinnvoll objektivieren und interpretieren könnten. Dadurch habe das Zeitphänomen seine ontische Einheitlichkeit als stabile Gegenstandgröße verloren und sei für uns immer mehr als eine obligatorische Denkgröße in Erscheinung getreten, über die wir uns konkrete alltägliche und wissenschaftliche Erfahrungsgrößen in einen konstruktiven und sinnvollen Interaktionszusammenhang miteinander bringen könnten.

Das bedeutet dann für ihn weiter, dass wir eigentlich nicht mehr von einem einheitlichen Zeitphänomen ausgehen könnten, sondern nur von unterschiedlichen Erscheinungsweisen von Zeit. In der Denkperspektive der modernen Physik lasse sich die Welt nämlich nicht mehr als Welt von stabilen und isolierbaren Seinsdingen bzw. Entitäten verstehen, sondern nur noch als Welt von Wechselwirkungsprozessen, die ihre unterschiedlichen Eigenzeiten hätten. Diese müssten über variable Erschließungsstrategien objektiviert werden, wobei natürlich die Ordnungsbegriffe *Raum* und *Zeit* immer eine ganz maßgebliche Rolle spielten. Dabei wüssten wir allerdings keineswegs immer genau, was wir eigentlich mit diesen beiden Begriffen oder mit anderen grundlegenden sprachlichen Ordnungsbegriffen wie etwa *Kausalität*, *Relation* oder *Gesetz* genau meinten.

> Genau genommen, sind auch die „Dinge", die am ehesten als solche erscheinen, im Grunde nichts anderes als lang währende Ereignisse. Betrachtet im Lichte dessen, was wir aus der Chemie, der Physik, der Mineralogie, der Geologie und der Psychologie wissen, ist auch der härteste Stein in Wahrheit ein komplexes Schwingen von Quantenfeldern, ein momentanes Wechselwirken von Kräften, also ein Prozess, dem es für einen kurzen Augenblick gelingt, in einem sich selbst ähnlichen Gleichgewicht zu verharren, ehe er wieder zu Staub zerfällt. Er ist ein flüchtiges Kapitel in der Geschichte von Wechselwirkungen der Elemente des Planeten, eine Spur der steinzeitlichen Menschheit, eine Waffe für Lausbuben, ein Musterbeispiel in einem Buch über die Zeit, eine Metapher für eine Ontologie, ein

Bestandteil der Einteilung der Welt, der eher von der Struktur unserer physischen Wahrnehmungsfähigkeit als vom wahrgenommenen Objekt abhängt. Und letztlich ist er ein verwickelter Knoten in diesem flüchtigen kosmischen Spiel, das die Realität ausmacht.[350]

Wenn man nun ontologisch so wie Rovelli denkt, dann ist es auch plausibel, die natürliche Sprache als eine Arena zu betrachten, in der wir uns auf sinnvolle Weise die Wechselwirkungsprozesse in der Welt bzw. in unser Wahrnehmung von Welt semiotisch am umfassendsten, wenn auch nicht am präzisesten vergegenwärtigen können. Das offenbart dann auch, dass sich in den historisch entwickelten Formen der natürlichen Sprachen ein umfassendes Wissen über den lebenspraktischen Umgang mit der Zeit angesammelt hat, das in keinem anderen willentlich und methodisch erzeugten Zeichensystem auch nur annähernd so umfassend repräsentiert werden könnte. All diese Zeichensysteme müssen sich nämlich in einem sehr viel höheren Ausmaße perspektivisch auf ganz bestimmte Objektivierungsziele beschränken, um ihren jeweiligen eingeschränkten Erkenntnis- und Ordnungsinteressen faktisch gerecht werden zu können.

Deswegen rechtfertigt sich dann auch die Hypothese, die natürliche Sprache als einen lebenden bzw. polyperspektivisch verwendbaren Spiegel für die Wahrnehmung von Zeit und für die intersubjektive Verständigung über Zeit in Anspruch nehmen zu können. Das gilt trotz der Tatsache, dass uns die formalisierten Fach- bzw. Formelsprachen der Wissenschaften sicherlich sehr viel präzisere aspektuelle Teilinformationen über das Zeitphänomen semiotisch objektivieren können als die natürliche Sprache.

Anthropologisch gesehen ist es aber wahrscheinlich kaum möglich, die Welt und insbesondere die Zeit rein kontemplativ von außen wahrzunehmen, weil wir als Menschen immer schon in beide Phänomene eingebunden und verwickelt sind, wenn wir wahrnehmen, handeln und denken. Deshalb ist dann auch jeder Versuch, sich Rechenschaft über seine Erlebnis- und Erfahrungsmöglichkeiten von Zeit abzulegen immer als eine Selbstaufklärungsanstrengung anzusehen, die natürlich auch unerwartete Konsequenzen haben kann. Deshalb hat Rovelli zu Recht auch darauf verwiesen, dass uns jede Beschäftigung mit der Zeit letztlich in eine Ödipussituation führe. Je mehr wir nach der Zeit selbst suchten, desto mehr könnten wir bei diesem Bemühen auch immer auf uns selbst stoßen.[351]

Bei der Suche nach dem Spiegelungspotential des Formeninventars der natürlichen Sprache für das Phänomen *Zeit* stoßen wir erkenntnistheoretisch natürlich auch auf die vereinfachende kontrastbildende Opposition von *Kon-*

---
350 C. Rovelli: Die Ordnung der Zeit, 2018, S. 85–86.
351 C. Rovelli: a. a. O., S. 11 und 128.

struktivismus und *Realismus* bzw. von *abduktiver Hypothesenbildung* und *empirischer Beschreibung*. Diese Kontrastierung ist zwar gut nachvollziehbar, weil natürlich nicht zu leugnen ist, dass sprachliche Formen sowohl als Repräsentationsformen für mentale Interpretationsprozesse als auch als Repräsentationsformen für empirisch fassbare Erfahrungsphänomene in Erscheinung treten können. Das ist auch gar nicht anders zu erwarten, wenn wir Sprache und Zeichen nicht nur als Interaktionsinstrumente zwischen der Subjektsphäre und der Objektsphäre der Welt verstehen, sondern auch als intersubjektiv verständliche Objektivierungsinstrumente für bestimmte sozial anerkannte Erfahrungswelten.[352] In dieser Wahrnehmungsperspektive für Zeichen und Welt bilden sich nämlich erst durch den Gebrauch der Sprache als eines lebenden Spiegels die Denkinhalte faktisch heraus, die wir sprachlich üblicherweise als *Zeit, Raum, Subjekt* oder *Objekt* bezeichnen.

Dadurch verdeutlicht sich dann auch, dass die recht unterschiedlichen Objektivierungsweisen für Zeit in der natürliche Sprache dazu dienen, Struktur und Ordnung in unserer Vorstellung von Welt zu bringen und diese nicht nur als eine unfassbare chaotische Gegebenheit zu verstehen, sondern auch als Rahmen oder als Ausgangspunkt von Werdensprozessen bzw. als eine Prämisse oder Keimzelle von menschlichen Sinnbildungsanstrengungen und Sprachspielen. Insofern bilden sprachliche Formen die Welt dann auch nicht ab, sondern greifen auf gestaltbildende Weise immer auch in diese ein, weil durch sie Ordnungshypothesen zu faktischen Ordnungsfaktoren werden können, mit deren Hilfe wir uns die Welt von einem Chaos zu einem Kosmos zu machen vermögen. Darauf verweist auf religiöse Weise dann ja auch schon der Anfang des biblischen Johannesevangeliums: „*Am Anfang war das Wort...*".

Anthropologische Grundbegriffe, zu denen sicherlich auch der Begriff *Zeit* gehört, haben keinen Selbstzweck und rechtfertigen sich auch nicht durch ihre mögliche semantische Autonomie, Kontextfreiheit und Kohärenz. Sie haben vielmehr die pragmatische Grundfunktion uns etwas objektivierend zu erschließen, was sinnlich und deskriptiv allein nicht fassbar werden kann, was aber dennoch von grundlegender anthropologischer Relevanz und Ordnungskraft ist. Das bedingt dann auch, die Mehrdeutigkeiten und inneren Spannungen unseres Zeitbegriffs nicht nur zu ertragen, sondern auch wertzuschätzen.

---

352 Vgl. dazu auch: A. Gardt: Wort und Welt. Konstruktivismus und Realismus in der Sprachtheorie. In: E. Felder/A. Gardt (Hrsg.): Wirklichkeit oder Konstruktion? Sprachtheoretische und interdisziplinäre Aspekte einer brisanten Alternative, 2018, S. 1–44; E. Felder: Wahrheit und Wissen zwischen Wirklichkeit und Konstruktion: Freiheiten und Zwänge beim sprachlichen Handeln. In E. Felder/A. Gardt (Hrsg.): Wirklichkeit oder Konstruktion? Sprachtheoretische und interdisziplinäre Aspekte einer brisanten Alternative. 2018, S. 371–398.

Homogene und widerspruchslose Begriffsbildungen sind sicherlich für das Denken und für die Wissenschaften operativ leichter zu handhaben als ambivalente, aber sie sind nicht immer heuristisch brauchbarer, um sehr komplexe Phänomene auf fruchtbare und umfassende Weise zu erschließen. Wenn nämlich anthropologische Grundbegriffe als rein abbildende Denkmuster für unveränderliche Seinsformen oder gar für sogenannte zeitlose platonische Grundideen in Erscheinung träten, dann verlören sie ihre abduktive heuristische Funktion und damit ihr pragmatisches Strukturierungspotential für die Erfassung und die interpretative Objektivierung der menschlichen Lebenswelt.

Wenn nun hier das vielgestaltige Erfahrungsphänomen *Zeit* mit Hilfe des lebenden Spiegels *natürliche Sprache* zu erschließen versucht wurde, dann ergab sich dadurch gleichsam schon von selbst, dass damit das Zeitphänomen nicht als ein vorgegebenes Seinsphänomen objektiviert werden konnte, sondern allenfalls als ein fundamentaler Ordnungsfaktor des Menschen für die geistige Strukturierung und Objektivierung seiner faktischen Lebens- und Kulturwelten. In diesem Zusammenhang bestätigt sich auch die schon erwähnte These Merleau-Pontys, dass auch die Zeit für den Menschen durchaus ein variables historisches Phänomen sein kann. *„Es ist der Zeit wesentlich, sich zu bilden, und nicht zu sein, nie vollständig konstituiert zu sein."*[353]

Wie eingangs des Buches schon betont worden ist, sollte dessen Ziel ja nicht sein, Aussagen darüber zu machen, wie man das Phänomen *Zeit* als vorgegebenes Seinsphänomen sprachlich zutreffend objektivieren oder gar widerspiegeln könne. Vielmehr sollte versucht werden, auf die vielfältigen semiotischen und insbesondere sprachlichen Mittel aufmerksam zu machen, über die wir uns die Zeit als einen fundamentalen anthropologischen Ordnungsfaktor für die faktische menschliche Weltwahrnehmung und Lebensgestaltung vergegenwärtigen können. Deshalb sei zum Schluss auch noch einmal auf ein schon zitiertes Diktum Humboldts verwiesen, in dem sehr klar zum Ausdruck kommt, wie sehr gerade in der natürlich gewachsenen Sprache die menschlichen Zeit-, Welt-, Sprach- und Selbstwahrnehmungen ineinander verschränkt sind und wie sehr diese zur Selbstkonstitution des Menschen als Kulturwesen bzw. als *animal symbolicum* beitragen.

> Ob, was den Menschen innerlich und äusserlich bewegt, in die Sprache übergeht, hängt von der Lebendigkeit seines Sprachsinns ab, mit welcher er die Sprache zum Spiegel seiner Welt macht.[354]

---

[353] M. Merleau-Ponty: Phänomenologie der Wahrnehmung, 1966, S. 471.
[354] W. von Humboldt: Über den Dualis, Werke Bd. 3, S. 140.

Literaturverzeichnis

Adelung, Johann Christoph: Deutsche Sprachlehre. Berlin 1781. Nachdruck Hildesheim: Olms 1977.
Amman, Hermann: Die menschliche Rede. Sprachphilosophische Untersuchungen, Teil I und II. Lahr 1925/1928. Nachdruck Darmstadt: Wiss. Buchgesellschaft 1974[4].
Aristoteles: Poetik. Griechisch/Deutsch. Übersetzt und herausgegeben von Manfred Fuhrmann. Stuttgart: Reclam 1994.
Aristoteles: Philosophische Schriften in sechs Bänden. Darmstadt: Wiss. Buchgesellschaft 1995.
Arnauld, Antoine: Die Logik oder die Kunst des Denkens (1685). Darmstadt: Wiss. Buchgesellschaft 1972.
Arndt, Erwin: Das Aufkommen des begründenden WEIL. Beiträge zur Geschichte der deutschen Sprache und Literatur 81, 1959, S. 383–415.
Assmann, Aleida: Formen des Vergessens. Göttingen: Wallstein 2016.
Assmann, Aleida/Assmann, Jan: Schrift, Tradition und Kultur. In: Raible, Wolfgang (Hrsg.): Zwischen Festtag und Alltag. 10 Beiträge zum Thema „Mündlichkeit und Schriftlichkeit". Tübingen: Narr 1988, S. 25–49.
Assmann Jan: Das kulturelle Gedächtnis. Schrift, Erinnerung und politische Identität in frühen Hochkulturen. München: Beck 1999.
Augustinus, Aurelius: Confesssiones/Bekenntnisse. Lateinisch und Deutsch. München: Kösel 1966[3].
Bacon, Franz: Neues Organ der Wissenschaften. Übersetzt und herausgegeben von Anton Theobald Brück, Leipzig 1830. Nachdruck Darmstadt: Wiss. Buchgesellschaft 1981.
Baer, Karl Ernst von: Welche Auffassung der lebenden Natur ist die richtige? Und wie ist diese Auffassung auf die Entomologie anzuwenden? Vortrag in St. Petersburg 1860. In: Grundlagenstudien aus Kybernetik und Geisteswissenschaften 3, 1962, Beiheft S. 249–275.
Bartlett, Frederic C.: Remembering. A study in experimental and social psychology. Cambridge University Press 1932, Reprint 1967.
Berg, Hans: Gutachten und Urteil. Stuttgart: Kohlhammer 1977[10].
Bertalanffy, Ludwig von: Das biologische Weltbild. Bern: Francke 1949.
Bieri, Peter: Zeit und Zeiterfahrung. Exposition eines Problembereichs. Frankfurt: Suhrkamp 1972.
Bloch, Ernst: Erbschaft dieser Zeit, 1935. Gesamtausgabe Bd. 4. Frankfurt: Suhrkamp 1962.
Blumenberg, Hans: Lebenszeit und Weltzeit. Frankfurt: Suhrkamp 1986.
Blumenberg, Hans: Das Lachen der Thrakerin. Eine Urgeschichte der Theorie. Frankfurt: Suhrkamp 1987.
Boeckh, August: Enzyklopädie und Methodenlehre der philologischen Wissenschaften, Leipzig 1886[2]. Nachdruck Stuttgart: Teubner 1966.
Boost, Karl: Die mittelbare Feststellungsweise. Eine Studie über den Konjunktiv. Zeitschrift für Deutschkunde 54, 1940, S. 284–294.
Bourdieu, Pierre: Soziologie der symbolischen Formen. Frankfurt: Suhrkamp 1974.
Bourdieu, Pierre: Sozialer Sinn. Kritik der theoretischen Vernunft. Frankfurt: Suhrkamp 1987.
Brinkmann, Hennig: Die Deutsche Sprache. Gestalt und Leistung. Düsseldorf: Schwann 1971[2].

Bruner, Jerome S./Olson, David R.: Symbole und Texte als Werkzeuge des Denkens. In: Steiner, G. (Hrsg.): Die Psychologie des 20. Jahrhunderts, Bd. 7: Piaget und die Folgen. Zürich: Kindler 1978, S. 306–321.
Bühler, Karl: Sprachtheorie. Die Darstellungsfunktion der Sprache. Stuttgart: Fischer 1965².
Capelle, Wilhelm: Die Vorsokratiker. Die Fragmente und Quellenberichte übersetzt und eingeleitet von Wilhelm Capelle. Stuttgart: Kröner 1968.
Carrier, Martin: Raum – Zeit. Berlin: de Gruyter 2009.
Carroll, Lewis: Alice hinter den Spiegeln. Frankfurt: Suhrkamp 1980⁴.
Cassirer, Ernst: Philosophie der symbolischen Formen 3 Bde. Darmstadt: Wiss. Buchgesellschaft 1964⁴.
Cassirer, Ernst: Wesen und Wirkung des Symbolbegriffs. Darmstadt: Wiss. Buchgesellschaft 1976⁵.
Cassirer, Ernst: Versuch über den Menschen. Einführung in die Philosophie der Kultur. Hamburg: Meiner 2007².
Chargaff, Erwin: Bemerkungen. Stuttgart: Klett Cotta 1988.
Cherubim, Dieter: Die Gleichzeitigkeit des Ungleichzeitigen in der deutschen Sprache. In: Neuland, Eva (Hrsg.): Sprache der Generationen. Frankfurt: Peter Lang 2015², S. 251–275.
Chladenius, Johann Martin: Einleitung zur richtigen Auslegung vernünftiger Reden und Schriften. Leipzig 1742. Nachdruck Düsseldorf: Stern Verlag Janssen & Co 1969.
Chladenius, Johann Martin: Allgemeine Geschichtswissenschaft. Leipzig 1752. Nachdruck Wien/Köln/Graz: Böhlau 1985.
Demandt, Alexander: Zeit. Eine Kulturgeschichte. Berlin: Propyläen 2015.
Deutscher, Guy: Im Spiegel der Sprache. Warum die Welt in anderen Sprachen anders aussieht. München: Beck 2010.
Diwald, Helmut: Geschichte der Deutschen. Frankfurt: Ullstein/Propyläen 1978.
Droysen, Johann Gustav: Historik. Vorlesungen über die Methodologie der Geschichte. München/Berlin: Oldenburg 1937.
Dürscheid, Christa: Einführung in die Schriftlinguistik. Göttingen: Vandenhoeck & Ruprecht 2016⁵.
Dürscheid, Christa/Schneider, Jan Georg (Hrsg.): Handbuch. Satz, Äußerung, Schema. Berlin/Boston: de Gruyter 2015.
Eddington, Arthur Stanley: Das Weltbild der Physik. Ein Versuch seiner philosophischen Deutung. Braunschweig: Vieweg 1931.
Elias, Norbert: Über die Zeit. Frankfurt: Suhrkamp 1985².
Ende, Michael: Momo oder die seltsame Geschichte von den Zeit-Dieben und von dem Kind, das den Menschen die gestohlene Zeit zurückbrachte. Stuttgart: Thinemanns Verlag 1973¹⁵.
Ernst, Ulrich: Die natürliche und die künstliche Ordnung des Erzählens. Grundzüge einer historischen Narratologie. In: Zymner, Rüdiger (Hrsg.): Erzählte Welt – Welt des Erzählens, Festschrift für Dietrich Weber. Köln: Chora Verlag 2000, S. 179–199.
Essen, Erika: Methodik des Deutschunterrichts. Heidelberg: Quelle & Meyer 1968⁶.
Fabricius-Hansen, Cathrine: Tempus fugit. Über die Interpretation temporaler Strukturen im Deutschen. Düsseldorf: Schwann 1986.
Fauconnier, Gilles/Turner Mark: Mental spaces. Conceptual integrations networks. In: Geeraerts, Dirk (Ed.): Cognitive linguistics: Basic Readings. Berlin/New York: Mouton de Gruyter 2006, S. 303–371.

Felder, Ekkehard: Wahrheit und Wissen zwischen Wirklichkeit und Konstruktion: Freiheiten und Zwänge beim sprachlichen Handeln. In: Felder E./Gardt, A. (Hrsg.): Wirklichkeit oder Konstruktion? Sprachtheoretische und interdisziplinäre Aspekte einer brisanten Alternative. Berlin/Boston: de Gruyter 2018, S. 371–398.
Fischer, Ernst Peter/Wiegandt, Klaus: Dimensionen der Zeit. Die Entschleunigung des Lebens. Frankfurt: Fischer 2012.
Flasch, Kurt: Was ist Zeit? Frankfurt: Klostermann 1993.
Flaubert, Gustave: Oevres complétes. Madame Bovary. Moeurs de province. Paris: Edition Louis Conard 1930.
Fränkel, Hermann: Grammatik und Sprachwirklichkeit. München: Beck 1974.
Fraisse, Paul: Psychologie der Zeit: Konditionierung, Wahrnehmung, Kontrolle, Zeitschätzung, Zeitbegriff. München: Ernst Reinhardt-Verlag 1985.
Frege, Gottlob: Begriffsschrift und andere Aufsätze, hrsg. von J. Angelelli. Darmstadt: Wiss. Buchgesellschaft 1964[2].
Freud, Siegmund: Notiz über den ‚Wunderblock'. Gesammelte Werke, Bd. 14. Frankfurt: Fischer 1976[5].
Fricke, Harald: Aphorismus. Stuttgart: Metzler 1984.
Gadamer, Hans-Georg: Wahrheit und Methode. Tübingen: Mohr 1965[2].
Gamper, Michael/Hühn, Helmut (Hrsg.): Zeit der Darstellung. Ästhetische Eigenzeiten in Kunst, Literatur und Wissenschaft. Hannover: Wehrhan Verlag 2014.
Gardt, Andreas: Wort und Welt. Konstruktivismus und Realismus in der Sprachtheorie. In: Felder, E./Gardt, A. (Hrsg.): Wirklichkeit oder Konstruktion? Sprachtheoretische und interdisziplinäre Aspekte einer brisanten Alternative. Berlin/Boston: de Gruyter 2018, S. 1–44.
Geißler, Karlheinz: Eine kleine Geschichte der Zeit. Vom Rhythmus zum Takt. In: Fischer, Ernst Peter/Wiegandt, Klaus (Hrsg.): Dimensionen der Zeit. Entschleunigung unseres Lebens. Frankfurt: Fischer 2012, S. 11–34.
Genette, Gérard: Die Erzählung. München: Fink 2010[3].
Gide, André: Journal 1889–1939. Paris: Gallimard 1951.
Gipper, Helmut: Bausteine zur Sprachinhaltsforschung. Düsseldorf: Schwann 1969[2].
Gipper, Helmut: Gibt es ein sprachliches Relativitätsprinzip? Untersuchungen zur Sapir-Whorf-Hypothese. Frankfurt: Fischer 1972.
Glinz. Hans: Die innere Form des Deutschen. Eine neue deutsche Grammatik. Bern/München: Francke 1973[6].
Gloy, Karen: Philosophiegeschichte der Zeit. Paderborn: Fink 2008.
Goethe, Johann Wolfgang von: Goethes Werke. Hamburger Ausgabe in 14 Bänden, hrsg. von Erich Trunz. Hamburg: Wegner 1964[7].
Goodman, Nelson: Sprachen der Kunst. Ein Ansatz zu einer Symboltheorie. Frankfurt: Suhrkamp 1973.
Graf, Rainer: Der Konjunktiv in gesprochener Sprache. Tübingen: Niemeyer 1977.
Greenfield, Patricia M.: Oral or written language: The consequences for cognitive development in Africa, the United States and England. Language and Speech, 1972, S. 109–178.
Grimm, Jacob: Rede auf Wilhelm Grimm. Rede über das Alter, gehalten in der Königlichen Akademie der Wissenschaften von Jacob Grimm. Kassel: Bärenreiter 1963.
Grimm, Jacob: Deutsche Grammatik Bd. IV, Nachdruck. Hildesheim: Olms 1967.
Günther, Werner: Probleme der Rededarstellung. Untersuchungen zur direkten, indirekten und „erlebten Rede" im Deutschen, Französischen und Italienischen. Marburg: Elwert 1928.

Halbwachs, Maurice: Das kollektive Gedächtnis. Stuttgart: Enke 1967.
Hamburger, Käte: Die Logik der Dichtung. Stuttgart: Klett 1968².
Hegel, Georg Wilhelm Friedrich: Werke in 20 Bänden. Frankfurt: Suhrkamp 1986.
Heidegger, Martin: Sein und Zeit. Tübingen: Niemeyer 1963¹⁰.
Heine, Heinrich: Sämtliche Schriften in zwölf Bänden, hrsg. von Klaus Briegleb. München/Wien: Hanser 1976.
Heisenberg, Werner: Physik und Philosophie. Frankfurt: Ullstein 1970.
Heisenberg, Werner: Der Teil und das Ganze. Gespräche im Umkreis der Atomphysik. München: Pieper 1981⁵.
Hempel, Heinrich: Über Bedeutung und Ausdruckswert der deutschen Vergangenheitstempora. In: Festschrift für Philipp Strauch zum 80. Geburtstag. Halle: 1932, Hermea, Bd. 31, S. 1–29.
Herder, Johann Gottfried: Werke in zehn Bänden. Frankfurt: Deutscher Klassiker Verlag 1985 ff.
Heringer, Hans Jürgen: Jenninger und die kommunikative Moral. Sprache und Literatur in Wissenschaft und Unterricht, 65, 1990, S. 40–48.
Herkommer, Hubert: Die Geschichte vom Leiden und Sterben des Jan Hus als Ereignis und Erzählung. In: Grenzmann, L./Stackmann, K. (Hrsg.): Literatur und Laienbildung im Spätmittelalter und in der Reformationszeit. Stuttgart: Metzler 1984, S. 114–151.
Herold, Norbert: Bild der Wahrheit – Wahrheit des Bildes. Zur Deutung des „Blicks aus dem Bild" in der Cusanischen Schrift „De visione Dei". In: Gerhard, V./Herold, N. (Hrsg.): Wahrheit und Begründung. Würzburg: Königshausen & Neumann 1985, S. 71–98.
Hildebrand, Rudolf: Der vorsichtige Conjunctiv. Zeitschrift für den deutschen Unterricht 3, 1889, S. 545–554.
Hölderlin, Friedrich: Sämtliche Werke. Große Stuttgarter Ausgabe, hrsg. von F. Beißner. Stuttgart: Kohlhammer 1946 ff.
Hofmannsthal; Hugo von: Aufzeichnungen. Gesammelte Werke in Einzelausgaben, Bd. 15. Frankfurt: Fischer 1973.
Honnefelder, Gottfried: Was also ist Zeit? Erfahrungen der Zeit. Frankfurt: Insel 1995.
Humboldt, Wilhelm von: Gesammelte Schriften, hrsg. von der Königlich Preußischen Akademie der Wissenschaften. Berlin 1903. Nachdruck Berlin: de Gruyter 1968.
Humboldt, Wilhelm von: Werke in fünf Bänden, hrsg. von A. Flitner und G. Giehl. Darmstadt: Wiss. Buchgesellschaft 1969³.
Husserl, Edmund: Texte zur Phänomenologie des inneren Zeitbewusstseins (1893–1917), hrsg. von Rudolf Bernet, Hamburg: Meiner 1985.
Ihering, Rudolf von: Scherz und Ernst in der Jurisprudenz. Leipzig: Breitkopf und Härtel 1898⁷.
Jakobson, Roman: Linguistik und Poetik. In: Blumensath, Heinz (Hrsg.): Strukturalismus in der Literaturwissenschaft. Köln: Kiepenheuer & Witsch 1972, S. 118–147.
Jakobson, Roman: Form und Sinn. München: Fink 1974.
Jensen, Hans: Der sprachliche Ausdruck für Zeitauffassungen, insbesondere am Verbum. Archiv für die gesamte Psychologie 101, 1938, S. 209–336.
Kant, Immanuel: Werke in zwölf Bänden, hrsg. von Wilhelm Weischedel. Frankfurt: Suhrkamp 1976².
Kartagener, Manes: Zur Struktur der hebräischen Sprache. Studium Generale 15, 1962, S. 31–39.
Kautek, W./Neck, R./Schmidinger, H.: Zeit in den Wissenschaften. Wien/Köln/Weimar: Böhlau 2016.

Kayser, Wolfgang: Kleist als Erzähler. In: Müller-Seidel, W. (Hrsg.): Heinrich von Kleist. Aufsätze und Essays, S. 230–243. Darmstadt: Wiss. Buchgesellschaft 1967.
Keller, Rudi: Sprachwandel. Von der unsichtbaren Hand in der Sprache. Tübingen: Francke 1990.
Kierkegaard, Sören: Entweder–Oder, hrsg. von H. Diem. Köln: Hegner 1968.
Klein, Stefan: Zeit. Der Stoff aus dem das Leben ist. Eine Gebrausanleitung. Frankfurt: Fischer 2006³.
Kleist, Heinrich von: Sämtliche Werke und Briefe, hrsg. von Helmut Sembdner. Darmstadt: Wiss. Buchgesellschaft 1962².
Klotz, Peter: Ein Tempus mit zwei temporalen Modi. Studien zur Tempus- und Modusproblematik am Beispiel des Futurs und des mit „würde" gebildeten Konjunktivs. München: Diss. 1974.
Klotz, Peter: Beschreiben. Grundzüge einer Deskriptologie. Berlin: Erich Schmidt Verlag 2013.
Klotz, Peter: Modifizieren. Aspekte pragmatischer und sprachlicher Textgestaltung. Berlin: Erich Schmidt Verlag 2017.
Klotz, Peter/Lubkoll, Christine: Beschreibend wahrnehmen – wahrnehmend beschreiben. Sprachliche und ästhetische Aspekte kognitiver Prozesse. Freiburg/Berlin: Rombach 2005.
Klotz, Volker: Erzählen als Enttöten – Vorläufige Notizen zu *zyklischem, instrumentalem* und *praktischem* Erzählen. In: Lämmert, Eberhard (Hrsg.): Erzählforschung. Ein Symposion. Stuttgart: Metzler 1982, S. 319–334.
Kluge, Wolfhard: Perfekt und Präteritum im Neuhochdeutschen. Münster, Diss. 1961.
Köller, Wilhelm: Semiotik und Metapher. Untersuchungen zur grammatischen Struktur und kommunikativen Funktion von Metaphern. Stuttgart: Metzler 1975.
Köller, Wilhelm: Der sprachtheoretische Wert des semiotischen Zeichenmodells. In: Spinner, K. H. (Hrsg.): Zeichen, Text, Sinn. Zur Semiotik des literarischen Verstehens. Göttingen: Vandenhoeck & Ruprecht 1977, S. 7–77.
Köller, Wilhelm: Dimensionen des Metaphernproblems. Zeitschrift für Semiotik 8, 1986, S. 379–410
Köller, Wilhelm: Philosophie der Grammatik. Vom Sinn grammatischen Wissens. Stuttgart: Metzler 1988.
Köller, Wilhelm: Funktionaler Grammatikunterricht. Tempus, Genus, Modus: Wozu wurde das erfunden. Hohengehren: Schneider 1997⁴.
Köller, Wilhelm: Perspektivität und Sprache: Zur Struktur von Objektivierungsformen in Bildern, im Denken und in der Sprache. Berlin/New York: de Gruyter 2004.
Köller, Wilhelm: Perspektivität und Beschreibung. In: Klotz, P./Lubkoll, Chr. (Hrsg.): Beschreibend wahrnehmen – wahrnehmend beschreiben. Freiburg/Berlin: Rombach 2005, S. 25–44.
Köller, Wilhelm: Narrative Formen der Sprachreflexion. Interpretationen zu Geschichten über Sprache von der Antike bis zur Gegenwart. Berlin/New York: de Gruyter 2006.
Köller, Wilhelm: Sinnbilder für Sprache. Metaphorische Alternativen zur begrifflichen Erschließung von Sprache. Berlin/Boston: de Gruyter 2012.
Köller, Wilhelm: Formen und Funktionen der Negation. Untersuchungen zu den Erscheinungsweisen einer Sprachuniversalie. Berlin/Boston: de Gruyter 2016.
Köller, Wilhelm: Humboldts Verständnis von Sprache als Formbildungsanstrengung. Die bildungstheoretischen und didaktischen Implikationen eines fruchtbaren Denkansatzes. In: Der Deutschunterricht Jg. 70, Heft 2, 2018, S. 34–43.

König, Gert: Theorie. In: Historisches Wörterbuch der Philosophie, Bd. 10. Basel: Schwabe 1998, Sp. 1128–1146.
Konersmann, Ralf: Lebendige Spiegel. Die Metapher des Subjekts. Frankfurt: Fischer 1991.
Konersmann, Ralf: Zeitgeist. In: Historisches Wörterbuch der Philosophie, Bd. 12. Basel: Schwabe 2004, Sp. 1266–1270.
Koselleck, Reinhart: Vergangene Zukunft. Zur Semantik geschichtlicher Zeiten. Frankfurt: Suhrkamp 1979.
Koselleck, Reinhart: Zeitschichten. Studien zur Historik. Frankfurt: Suhrkamp 2000.
Korzybski, Alfred: Science and sanity. An introduction to non-aristotelian systems and general semantics. Lakeville: Fourth edition 1958, fifth printing 1973.
Kuhn, Thomas S.: Die Struktur wissenschaftlicher Revolutionen. Frankfurt: Suhrkamp 1986.
Lämmert, Eberhard: Bauformen des Erzählens. Stuttgart: Metzler 1955[1], 2004[9].
Lämmert, Eberhard (Hrsg.): Erzählforschung. Ein Symposion. Stuttgart: Metzler 1982.
Lakoff, George: Leben in Metaphern. Konstruktion und Gebrauch von Sprachbildern. Heidelberg: Carl Auer 2004[4]. Metaphors we live by. Chicago: University Press 1980.
Lambert, Johann Heinrich: Neues Organon oder Gedanken über die Erforschung und Beziehung des Wahren und dessen Unterscheidung von Irrtum und Schein 2 Bde. Leipzig 1764, Neudruck Berlin 1990.
Landmann, Michael: Der Mensch als Schöpfer und Geschöpf der Kultur. München/Basel: Ernst Reinhardt Verlag 1961.
Landmann, Michael: Fundamental-Anthropologie. Bonn: Bouvier Verlag Herbert Grundmann 1984[2].
Landwehr, Achim: Von der „Gleichzeitigkeit des Ungleichzeitigen". Historische Zeitschrift 295, H. 1, 2012, S. 1–34.
Laschet, Armin/Malangré, H. (Hrsg.): Philipp Jenninger. Rede und Reaktion. Aachen: Einhard 1988.
Le Goff, Jacques: Zeit der Kirche und Zeit des Händlers im Mittelalter. In: Bloch, Marc u. a. (Hrsg.): Schrift und Materie der Geschichte. Vorschläge zur systematischen Aneignung historischer Prozesse. Frankfurt: Suhrkamp 1977, S. 393–414.
Leibniz, Gottfried Wilhelm: Philosophische Werke in vier Bänden. Hamburg: Meiner 1996.
Leisegang, Hans: Denkformen. Berlin/Leipzig: de Gruyter 1928.
Lenneberg, Eric H.: Biologische Grundlagen der Sprache. Frankfurt: Suhrkamp 1972.
Lenz, Siegfried: Der Spielverderber. In: Lenz, Siegfried: Erzählungen 1959–1964. München: Deutscher Taschenbuchverlag 1986, S. 194–216.
Leonardo da Vinci: Der Denker, Forscher und Poet. Nach den veröffentlichten Handschriften. Auswahl, Übersetzung und Einleitung von Marie Herzfeld. Leipzig: Diederichs 1904.
Lessing, Gotthold Ephraim: Werke. Darmstadt: Wiss. Buchgesellschaft 1996.
Lessing, Theodor: Geschichte als Sinngebung des Sinnlosen, 1919. Nachdruck München: Matthes und Seitz 1983.
Lichtenberg, Georg Christoph: Schriften und Briefe, hrsg. von H. Mautner. Frankfurt: Insel 1983.
Lichtenberg, Georg Christoph: Sudelbücher I, II, hrsg. von W. Promies: München: dtv 2005.
Liebrucks, Bruno: Sprache und Bewußtsein, Bd. 1. Frankfurt: Akad. Verlags Gesellschaft 1964.
Lindgren, Kaj B.: Über den oberdeutschen Präteritumsschwund. Helsinki: Annales Academiae Scientarum Fennicae, Sr. B. Bd. 112, 1957.
Locke, John: Über den menschlichen Verstand 2 Bde. Hamburg: Meiner 1976[3].
Löwith, Karl: Sämtliche Schriften 9 Bde. Stuttgart: Metzler 1981–1986.

Lorck, Etienne: Die „erlebte Rede". Eine sprachliche Untersuchung. Heidelberg: Carl Winter 1921.
Lukianus: Wie man Geschichte schreiben soll. Griechisch und Deutsch, hrsg. von H. Homeyer. München: Fink 1965.
Lurija, Aleksander Romanovič: Die historische Bedingtheit individueller Erkenntnisprozesse. Weinheim: VCH 1986.
Lurija, Aleksander Romanovič: Der Mann, dessen Welt in Scherben ging. Zwei neurologische Geschichten. Reinbek: Rowohlt 1992.
Maeder, Hannes: Versuch über den Zusammenhang von Sprachgeschichte und Geistesgeschichte. Zürich: Atlantis Verlag 1945.
Mainzer, Klaus: Zeit. Von der Urzeit zur Computerzeit. München: Beck 1995.
Malotki, Ekkehart: Hopi time: a linguistic analysis of the temporal concepts in the hopi language. Berlin: Mouton 1983.
Mann, Golo: Deutsche Geschichte des 19. und 20. Jahrhunderts. Frankfurt: Fischer 1960.
Mann, Thomas: Gesammelte Werke in zwölf Bänden. Frankfurt: Fischer 1960.
Marquard, Odo: Kunst als Antifiktion – Versuch über den Weg der Wirklichkeit ins Fiktive. In: Henrich, Dieter/Iser, Wolfgang (Hrsg.): Funktionen des Fiktiven. München: Fink 1983, S. 35–54.
Marquard, Odo: Philosophie des Stattdessen. Studien. Stuttgart: Reclam 2000.
Marquard, Odo: Abschied vom Prinzipiellen. Philosophische Studien. Stuttgart: Reclam 2005.
Márquez, Gabriel García: Hundert Jahre Einsamkeit. München: dtv 1987^8.
Martinez, Matias/Scheffel, Michael: Einführung in die Erzähltheorie. München: Beck 2000^2.
Martínez, Matías (Hrsg.): Handbuch Erzählliteratur. Theorie, Analyse, Geschichte. Stuttgart/Weimar: Metzler 2011.
Marx, Karl: Das Kapital. Kritik der politischen Ökonomie. In : Marx-Engels-Werke, Bd. 23. Berlin: Dietz 1979.
Mauthner, Fritz: Wörterbuch der Philosophie. Neue Beiträge zu einer Kritik der Sprache, 2 Bände. Zürich 1910/11. Nachdruck: Diogenes 1980.
Mauthner, Fritz: Beiträge zu einer Kritik der Sprache 3 Bände 1906. Nachdruck Frankfurt/Berlin/Wien: Ullstein 1982.
Meier, Christian: Erinnern – Verdrängen – Vergessen. Merkur 50, 1996, S. 937–952.
Meinhold, Peter: Luthers Sprachphilosophie. Berlin: Lutherisches Verlagshaus 1958.
Merleau-Ponty, Maurice: Phänomenologie der Wahrnehmung. Berlin: de Gruyter 1966.
Merton, Robert K.: Auf den Schultern von Riesen. Ein Leitfaden durch das Labyrinth der Gelehrsamkeit. Frankfurt: Athenäum 1989.
Meyer, Verena: Die Zeit in der Relativitätstheorie. In: Meyer, R. W. (Hrsg.): Das Zeitproblem im 20. Jahrhundert. Bern und München: Francke 1964, S. 27–43.
Müller, Günther: Morphologische Poetik. Gesammelte Aufsätze. Tübingen: Niemeyer 1974^2.
Musil, Robert: Gesammelte Werke in neun Bänden, hrsg. von Adolf Frisé, Hamburg: Rowohlt 1981^2.
Neisser, Ulric: Kognitive Psychologie. Stuttgart: Klett 1974.
Nestle, Wilhelm: Vom Mythos zum Logos. Die Selbstentfaltung des griechischen Denkens von Homer bis auf die Sophistik und Sokrates: Stuttgart: Kröner 1975^2.
Neumeyer, Alfred: Der Blick aus dem Bilde. Berlin: Mann 1964.
Nietzsche, Friedrich: Werke in drei Bänden, hrsg. von Karl Schlechta. München: Hanser 1973^7.
Nikolaus von Kues: Philosophisch-theologische Schriften 3 Bde, hrsg. und eingeführt von Leo Gabriel. Sonderausgabe Darmstadt: Wiss. Buchgesellschaft 2014.

Novalis: Werke, Tagebücher und Briefe Friedrich von Hardenbergs, hrsg. von H.-J. Mähl und R. Samuel, 3 Bde. Darmstadt: Wiss. Buchgesellschaft 1999.
Novotny, Helga: Eigenzeit. Entstehung und Struktur eines Zeitgefühls. Frankfurt: Suhrkamp 1989.
Ovid: Metamorphosen. Lateinisch-Deutsch. Stuttgart: Reclam 1994.
Pascal, Roy: The dual voice. Free indirect speech and its functioning in the nineteenth-century European novel. Manchester University Press 1977.
Paul, Hermann: Prinzipien der Sprachgeschichte. Tübingen: Niemeyer 1975^9.
Pausanias: Reisen in Griechenland. Gesamtausgabe in 3 Bänden. Zürich/München: Artemis 1986/1989.
Peirce, Charles Sanders: Collected Papers, Vol. 1–6 ed. by Ch. Hartshorne and P. Weiss, 1931–35. Second Printing 1960. Vol. 7–8 ed. by A. W. Burks, 1958. Cambridge Harvard University Press.
Pfeiffer, Heinrich: Werner Heisenberg und die Alexander von Humboldt-Stiftung. In: Pfeiffer, Heinrich (Hrsg.): Denken und Umdenken. Zu Werk und Wirkung von Werner Heisenberg. München/Zürich: Piper 1977, S. 24–38.
Piaget, Jean: Einführung in die genetische Erkenntnistheorie. Frankfurt: Suhrkamp 1973.
Pinder, Wilhelm: Das Problem der Generation in der Kunstgeschichte Europas. Köln: Seemann 1949^4.
Platon: Sämtliche Werke in der Übersetzung von F. Schleiermacher. Reinbek bei Hamburg: Rowohlt 1959 ff.
Polenz, Peter von: Verdünnte Sprachkultur. Das Jenninger Syndrom in sprachkritischer Sicht. Deutsche Sprache 17, 1989, S. 289–316.
Popper, Karl R.: Objektive Erkenntnis. Ein evolutionärer Entwurf. Hamburg: Hoffmann und Campe 1974^2.
Popper, Karl R.: Alles Leben ist Problemlösen. Über Erkenntnis, Geschichte und Politik. München: Piper 1994.
Ranke, Leopold von: Englische Geschichte, vornehmlich im XVII. Jahrhundert, 2 Bde. Stuttgart: Köhler 1955.
Ranke-Graves, Robert von: Griechische Mythologie. Quellen und Deutung. 2 Bde. Hamburg: Rowohlt 1965.
Rapoport, Anatol: Was ist Semantik? In: Schwarz, Günther (Hrsg.): Wort und Wirklichkeit. Beiträge zur Allgemeinen Semantik. Darmstadt: Verlag Darmstädter Blätter (ohne Jahr) 2. unveränderte Auflage, S. 2–26.
Rausch, Hannelore: Theoria. Von ihrer sakralen zur philosophischen Bedeutung. München: Fink 1982.
Raynauld, Franziska: Noch einmal Modalverben! Deutsche Sprache 1977, H. 1, S. 1–30.
Reichenbach, Hans: Elements of symbolic logic. New York/London: Macmillan 1966^2. Dt. Grundzüge der symbolischen Logik. Gesammelte Werke Bd. 6, Braunschweig: Vieweg 1999.
Révész, Géza: Die Trias. Analyse der dualen und trialen Systeme. Bayrische Akademie der Wissenschaften, phil.-hist. Klasse, 1956, H. 10, S. 7–51. München 1957.
Ricoeur, Paul: Die Schrift als Problem der Literaturkritik und der philosophischen Hermeneutik. In: Zimmermann, Jörg (Hrsg): Sprache und Welterfahrung. München: Fink 1978, S. 67–88.
Ricoeur, Paul: Narrative Funktion und menschliche Zeiterfahrung. In: Bohn, Volker: Romantik. Literatur und Poesie. Internationale Beiträge zur Poetik. Frankfurt: Suhrkamp 1987, S. 45–79.

Ricoeur, Paul: Zeit und Erzählung. Bd. 1: Zeit und historische Erzählung. Bd. 2: Zeit und literarische Erzählung. Bd. 3: Die erzählte Zeit. München: Fink 1988, 1989, 1991.
Riedl, Rupert: Die Strategie der Genesis. Naturgeschichte der realen Welt. München/Zürich: Piper 1980².
Rilke, Rainer Maria: Werke in drei Bänden. Frankfurt/Leipzig: Insel 1991.
Ritter, Alexander (Hrsg.): Zeitgestaltung in der Erzählkunst. Darmstadt: Wiss. Buchgesellschaft 1978.
Rombach, Heinrich: Substanz, System, Struktur: Die Ontologie des Funktionalismus und der philosophische Hintergrund der modernen Wissenschaft. Freiburg/München: Alber 1965/66.
Rombach, Heinrich: Phänomenologie des gegenwärtigen Bewußtseins. Freiburg/München: Alber 1980.
Roncador, Manfred von: Zwischen direkter und indirekten Rede. Nichtwörtliche direkte Rede, erlebte Rede, logophorische Konstruktionen und Verwandtes. Tübingen: Niemeyer 1988.
Rosa, Hartmut: Beschleunigung. Die Veränderung der Zeitstrukturen in der Moderne. Frankfurt: Suhrkamp 2005.
Roth, Gerhard: Das Gehirn und seine Wirklichkeit. Kognitive Neurobiologie und ihre philosophischen Konsequenzen. Frankfurt: Suhrkamp 1997⁵.
Rovelli, Carlo: Die Ordnung der Welt. Reinbek bei Hamburg: Rowohlt 2018.
Rudolph; Enno: Einheit und Differenz. Anmerkungen zu Augustins Zeitauffassung im XI Buch der „Confessiones". In: Gloy, Karen/Rudolph, Enno: Einheit als Grundfrage der Philosophie. Darmstadt: Wiss. Buchgesellschaft 1985, S. 102–119.
Safranski, Rüdiger: Zeit. Was sie mit uns macht und was wir aus ihr machen. München: Hanser 2015.
Saltveit, Laurits: Studien zum deutschen Futur. Bergen/Oslo 1962. Årbok for Universitetet in Bergen, Humanistik Serie 1961, No. 2.
Sanders, Willy: Grundzüge und Wandlungen der Etymologie. Wirkendes Wort 17, 1967, S. 361–384.
Saussure, Ferdinand de: Grundfragen der allgemeinen Sprachwissenschaft. Berlin: de Gruyter 1967².
Schaff, Adam: Sprache und Erkenntnis. Wien: Europa Verlag 1964.
Schapp, Wilhelm: In Geschichten verstrickt. Zum Sein von Mensch und Ding 1953. Frankfurt: Klostermann 2012⁵.
Scheffel, Martin: Erzählen als Produkt der kulturellen Evolution. In: Martinez, Matias (Hrsg.) : Handbuch Erzählliteratur. Stuttgart/Weimar: Metzler 2011, S. 74–79.
Scheler, Max: Die Wissensformen und die Gesellschaft. Gesammelte Werke, Bd. 8. Bern/München: Francke 1960².
Schiller, Friedrich: Schillers Werke. Nationalausgabe. Weimar: Böhlau 1943 ff.
Schleiermacher, F. D. E.: Hermeneutik und Kritik, hrsg. von Manfred Frank. Frankfurt: Suhrkamp 1977.
Schmandt-Besserat, Denise: Vom Ursprung der Schrift. Spektrum der Wissenschaft, 12, 1978, S. 5–12.
Schmidt, Ernst A.: Zeit und Geschichte bei Augustin. Heidelberg: Winter 1985.
Schnabel, Franz: Deutsche Geschichte im neunzehnten Jahrhundert, 4 Bde. Freiburg: Herder 1964.
Schopenhauer, Arthur: Werke in fünf Bänden, hrsg. von L. Lütkehaus, Zürich: Haffmanns 1988.

Schwinger, Reinhold: Innere Form. Ein Beitrag zur Definition des Begriffs auf Grund seiner Geschichte von Shaftesbury bis W. von Humboldt. In: Schwinger R./Nicolai, H.: Innere Form und dichterische Phantasie. Zwei Vorstufen zu einer neuen deutschen Poetik. München: Beck 1935, S. 1–89.
Seel, Martin: Am Beispiel der Metapher. Zum Verhältnis von buchstäblicher und figürlicher Rede. In: Intentionalität und Verstehen, hrsg. vom Forum für Philosophie. Bad Homburg/Frankfurt: Suhrkamp 1990, S. 237–272.
Seel, Martin: Form als eine Organisation der Zeit. In: Früchtl, Josef/Moog-Grünewald, Maria (Hrsg.): Ästhetik in metaphysikkritischen Zeiten, 100 Jahre „Zeitschrift für Ästhetik und Allgemeine Kunstwissenschaft". Hamburg: Meiner 2007, S. 33–44.
Smith, Adam: Der Wohlstand der Nationen. Eine Untersuchung seiner Natur und seiner Ursachen. München: DTV 2005[11].
Skirbekk, Gunnar (Hrsg.): Wahrheitstheorien. Eine Auswahl aus den Diskussionen über Wahrheit im 20. Jahrhundert. Frankfurt: Suhrkamp 1977.
Spengler, Oswald: Der Untergang des Abendlandes 1923. Sonderausgabe München: Beck 1963.
Spitzer, Leo: Stilstudien 2 Bde. 1928. Darmstadt: Wiss. Buchgesellschaft 1961[2].
Stahlschmidt, Andrea: Über den Zeitbezug im Verbalsystem des Hopi. In: Bühlow, Edeltraut/Schmitter, Peter: Integrale Linguistik. Festschrift für Helmut Gipper. Amsterdam: John Benjamins 1979, S. 589–622.
Stanzel, Franz Karl: Theorie des Erzählens. Göttingen: Vandenhoeck & Ruprecht 1979.
Steinberg, Günter: Erlebte Rede. Ihre Eigenart und ihre Formen in neuerer deutscher, französischer und englischer Erzählliteratur. Göppingen: Kümmerle 1971.
Steinthal, H.: Geschichte der Sprachwissenschaft bei den Griechen und Römern. Mit besonderer Rücksicht auf die Logik 2 Bde. Nachdruck der 2. Aufl. Berlin 1890/91. Hildesheim: Olms 1971.
Strub, Christian: Kalkulierte Absurditäten. Versuch einer historisch reflektierten sprachanalytischen Metaphorologie. Freiburg/München: Alber 1991.
Tesnière, Lucien: Grundzüge der strukturalen Syntax. Stuttgart: Klett-Cotta 1980.
Trendelenburg, Adolf: Geschichte der Kategorienlehre, zwei Abhandlungen. Berlin: Verlag G. Bethge 1846.
Vaihinger, Hans: Die Philosophie des Als Ob. System der theoretischen, praktischen und religiösen Fiktionen der Menschheit auf Grund eines idealistischen Positivismus. Berlin: Reuther & Reichhard 1911.
Valéry, Paul: Dichtkunst und abstraktes Denken. In: Hausmann, F. R. u. a. (Hrsg.): Französische Poetiken, Teil II. Stuttgart: Reclam 1978, S. 361–392.
Vater, Heinz: Einführung in die Zeit-Linguistik. Trier: Wiss. Verlag Trier 2007[4].
Vološinov, Valentin N.: Marxismus und Sprachphilosophie. Grundlegende Probleme der soziologischen Methode in der Sprachwissenschaft 1930. Frankfurt/Berlin/Wien: Ullstein 1975.
Watzlawick, Paul/Beavin, Janet H./Jackson, Don D.: Menschliche Kommunikation. Formen, Störungen, Paradoxien. Bern/Stuttgart/Wien: Huber 1974[4].
Weinrich, Harald: Sprache in Texten. Stuttgart: Klett 1976.
Weinrich, Harald: Für eine Grammatik mit Augen und Ohren, Händen und Füßen – am Beispiel der Präpositionen. Rheinisch-Westfälische Akademie der Wissenschaften, Geisteswissenschaften. Vorträge G 217. Opladen: Westdeutscher Verlag 1976.
Weinrich, Harald: Textgrammatik der deutschen Sprache. Mannheim/Leipzig/Wien/Zürich: Dudenverlag 1993.

Weinrich; Harald: Lethe, Kunst und Kritik des Vergessens. München: Beck 1997.
Weinrich, Harald: Tempus. Besprochene und erzählte Welt 1964. München: Beck 2001⁴.
Weis, Josef: Die Zeitontologie des Kirchenlehrers Augustinus nach seinen Bekenntnissen. Frankfurt/Bern/New York: Lang 1984.
Weis, Kurt (Hrsg.): Entwicklung und Herrschaft der Zeit in Wissenschaft, Technik, Religion. München: DTV 1998.
Weisgerber, Leo: Die vier Stufen in der Erforschung der Sprache. Düsseldorf: Schwann 1963.
Weixler; Antonius/Werner, Lukas (Hrsg.): Zeiten erzählen. Ansätze, Aspekte, Analysen. Berlin/Boston: de Gruyter 2015.
Weizsäcker, Carl Friedrich: Zeit und Wissen. München: Hanser 1992².
Wendorff, Rudolf: Zeit und Kultur. Geschichte des Zeitbewußtseins in Europa: Wiesbaden: Westdeutscher Verlag 1985³.
White, Hayden: Auch Klio dichtet oder die Fiktion des Faktischen. Studien zur Tropologie des historischen Diskurses. Stuttgart: Klett-Cotta 1986.
White, Hayden: Metahistory. Die historische Einbildungskraft im 19. Jahrhundert in Europa. Frankfurt: Fischer 1991.
Whorf, Lee Benjamin: Sprache, Denken, Wirklichkeit. Beiträge zur Metalinguistik und Sprachphilosophie. Reinbek: Rowohlt 1965.
Whorf, Lee Benjamin: Language, thought, an reality. Selected writings of Benjamin Lee Whorf. Cambridge: MIT Press 1974¹¹.
Wieland, Wolfgang: die aristotelische Physik. Untersuchungen über die Grundlegung der Naturwissenschaft und die sprachlichen Bedingungen der Prinzipienforschung bei Aristoteles. Göttingen: Vandenhoeck & Ruprecht 1970².
Wieland, Wolfgang: Platon und die Formen des Wissens. Göttingen: Vandenhoeck & Ruprecht 1982.
Wittgenstein, Ludwig: Tractatus logico-philosophicus. Logisch-philosophische Abhandlung. Frankfurt: Suhrkamp 1968⁵.
Wittgenstein, Ludwig: Philosophische Untersuchungen. Frankfurt: Suhrkamp 1967.
Wittgenstein, Ludwig: Werkausgabe. Frankfurt: Suhrkamp 1984.
Wunderlich, Dieter: Tempus und Zeitreferenz im Deutschen. München: Hueber 1970.
Wundt, Wilhelm: Völkerpsychologie. Eine Untersuchung der Entwicklungsgesetze von Sprache, Mythus und Sitte. Zweiter Band: Die Sprache, Zweiter Teil. Leipzig: Kröner 1922⁴.
Wygotski, Lew Semjonowitsch: Denken und Sprechen. Frankfurt 1971².
Zymner, Rüdiger (Hrsg.): Erzählte Welt – Welt des Erzählens. Festschrift für Dietrich Weber. Köln: edition chōra 2000.

Personenregister

Adelung, J. Ch. 117
Ammann, H. 317
Aphrodite 44
Ares 44
Aristoteles 3, 10, 39f., 64, 94, 127 f., 132, 137, 187, 368, 371
Arnauld, A. 117
Arndt. E. 228
Assmann, A. 198
Assmann, J. 198
Athene 71
Augustin 1, 5, 20 f., 24, 26, 28–31, 38, 40, 42, 57, 88, 112, 121, 133, 161, 164, 243, 246, 368, 367, 423
Aulus Gellius 155

Bacon, F. 78, 155, 157
Baer, K. E. v. 36
Bartlett, F. C. 142
Berg, H. 248
Bertalanffy, L. v. 53, 101, 356, 388
Bloch, E. 89, 94
Blumenberg, H. 72
Boeckh, A. 210
Boost, K. 217, 273
Bourdieu, P. 346
Brand, G. 156
Braudel, F. 387
Brinkmann, H. 260, 263, 267, 308
Bruner, J. S. 110, 196
Bühler, K. 139, 207, 215 f.
Burckhardt, J. 390

Caesar 368
Capelle, W. 190
Carroll, L. 67
Cassirer. E. 4 f., 13, 58, 79, 83, 172, 221, 354
Celan, P. 128
Chagall, M. 96
Chargaff, E. 159, 207
Cherubim, D. 109
Chladenius, J. M. 162, 382, 386
Christus 384

Chronos 10
Dädalus 180, 424
Demandt, A. 186, 198
Demokrit 190
Decartes, R. 56
Diwald, H. 389 f.
Don Quichotte 110, 197
Dracula 74
Drakon/Solon 200, 347
Droysen, J. G. 378, 383, 391
Durkheim, E. 48
Dürscheidt, Chr. 187, 286

Eddington, A. 115 f.
Eilers, A. 159
Einstein, A. 3, 10, 40 f., 67, 115, 143, 397
Emma Bovary 417
Empedokles 190
Ende, M. 151
Eos 44
Epikur 190
Essen, E. 289
Euklid 96
Euthyphron 25, 302
Eva und Adam 181 f.

Fabricius-Hansen, C. 234
Fauconnier. G. 139
Felder, E. 434
Ferstel, E. 159
Fito 159
Flaubert, G. 417 f.
Fränkel, H. 252
Franklin, B. 150, 365
Frege, G. 359
Freud, S. 168
Fricke, H. 163

Gadamer, H-G. 211
Gardt. A. 434
Geißler, K. H. 151
Gide, A. 134
Gipper, H. 282

Glinz, H. 259
Gloy, K. 39
Goodman, N. 140
Goethe, J. W. v. 253, 256, 356, 410
Greenfield, P. 195
Graf, R. 272
Grimm, J. 190, 278
Günther, W. 415

Halbwachs, M. 197
Hamburger, K. 240, 249
Hammurabi 200
Hegel, G. W. F. 85 f., 185, 192, 354, 356, 382 f., 390
Heidegger, M. 10, 216
Heisenberg, W. 67, 91
Heraklit, 96, 122, 355
Herder, J. G. 1 f., 5, 9, 41, 92, 199
Heringer, H. J. 422
Herkommer, H. 383
Hermes 76, 208
Herodot 391
Herold, H. 87
Hildebrand, R. 269
Hinrich, M. 159
Hippokrates 157
Hölderlin, F. 122, 321 f.
Hofmannsthal, H. v. 359
Homer 209
Horaz 404
Humboldt, W. v. 4 f., 9, 16, 58, 84, 126, 130, 135, 140, 156, 192, 207, 210, 214, 256, 427, 435
Humpty Dumpty 67
Hus, J. 383 f.

Ibsen, H. 175
Ihering, R. v. 365
Ikarus 180, 425

Jakobson, R. 103, 229 ff., 367
Janus 186
Jenninger, Ph. 417 ff.
Jensen H. 221, 243
Johnson, M. 139

Kafka F. 350

Kant, I. 1, 3, 10 ,34, 40 f., 164, 174, 184, 210, 215, 296 f., 303, 350, 352, 361, 367, 427
Kartagener, M. 269
Kayser, W. 314
Kassandra 363
Keller, G. 359
Keller, R. 102
Kierkegaard, S. 180
Kleist, H. v. 85 f., 313–316
Klein, St. 35
Klotz, P. 257
Klotz, V. 403
Kluge, W. 253
Köller, W. 8, 25, 48, 54, 65, 70, 87, 97, 116, 136, 150, 156, 162, 166, 176, 201, 215, 234, 300, 365, 380, 417
König, G. 31
Konersmann. R. 77, 145
Kopernikus 107
Korzybski, A. 37
Koselleck, R. 98
Kronos 10
Kuhn, Th. S. 170

Laches 25, 302
Laschet, A./Malangré, H. 418
Lämmert, E. 408
Lakoff, G. 139
Lambert, J. H. 214
Landwehr, A. 94
Leibniz, G. W. 19, 78
Leisegang, H. 354, 359
Lenneberg, E. H. 16, 372
Lenz, S. 176 f., 178
Leonardo da Vinci 73
Lessing, G. E. 403
Lessing, Th. 385
Leukipp 190
Lichtenberg, G. Ch. 85 f., 141, 157
Liebrucks, B. 140
Lindgren, K. B. 252
Locke, J. 78
Löwith, K. 390
Lorck, E. 415
Ludin, W. 159
Lukianus 381

Lurija, A. R. 177 f., 195
Luther, M. 147, 258, 315

Maeder, H. 258
Mann, G. 247 f.
Mann, Th. 402
Marquard, O. 360 f., 374, 377
Márquez, G. G. 176
Martinez, M./Scheffel, M. 407
Marx, K. 82, 150, 365, 390
Mauthner, F. 117 ff., 154
Medusa 71
Meier, Chr. 175
Merleau-Ponty, M. 13, 429 f., 435
Merton, R. K. 8
Meurer, W. 159
Meyer, V. 65
Mladoniowitz, P. 384
Müller, G. 400 f.
Musil, R. 269, 395

Narzissos 74
Neisser, U. 373
Nestle, W. 371
Newton, I. 3, 10, 40, 64, 143, 222, 281, 397
Nietzsche, F. 131, 139, 172 f., 207, 231, 258, 383
Nikolaus von Kues 77 f., 78
Novalis 78, 134, 258
Novotny, H. 43

Ockham 129
Olson, D. R. 110, 196
Origines 209
Orwell, G. 90
Ovid 74

Pasqual, R. 415
Paul, H. 304 ff., 320
Pausanias, 74
Peary, R. E. 183
Peirce, Ch. S. 48, 50 f., 54 ff., 59–62, 353
Perseus 71
Pfeiffer, H 91
Piaget, J. 58, 368
Pinder, W. 89, 93

Platon 10, 20, 27, 39, 41, 96 f., 162, 174, 187, 197, 200 ff., 351, 372
Plotin 96
Polenz, P. v. 418, 421
Popper, K. R. 31
Prinz Eugen 365

Raffael 96
Ranke, L. v. 382
Ranke-Graves, R. v. 44, 72, 74
Rausch, H. 31
Raynauld, F. 246
Reichenbach, H. 235
Reinhardt, E. 159
Révész, G. 54
Richental, U. v. 383 f.
Ricoeur, P. 194, 206, 374, 377 ff., 387 f., 393 f., 420
Riedl, R. 184
Rilke, R. M. 88
Rombach, H. 13, 27, 361
Roncador, M. v. 415
Rosa, H. 150
Roth, G. 171
Rovelli, C. 431 ff.

Safranski, R. 35
Saltveit, L. 258
Sancho Pansa 110, 197
Sanders, W. 106
Saussure, F. de 47 f., 50, 187, 237, 256
Schaff, A. 81 f.
Schapp, W. 16, 140, 372
Scheffel, M. 407
Scheler, M. 102, 386
Schereschewski 177 f.
Schiller, F. v. 184, 363
Schleiermacher, F. D. E. 210
Schmandt-Besserat, D. 199
Schmidt, W. 267
Schnabel, F. 245
Schneider, J. G. 286
Schopenhauer, A. 170, 207
Schwinger, R. 130
Shaftesbury, A. A. C. 130
Seel, M. 286
Skirbekk, G. 107

Smith, A. 102
Sokrates 25 f., 85 f., 96, 197, 201, 302, 351, 367
Spitzer, L. 207, 415
Spengler, O. 5, 247
Stahlschmidt, A. 282
Stanzel, F. K. 415
Steinberg, G. 415
Steinthal, H. 127 f.
Strub, Chr. 138

Tesnière, L. 125, 292
Thamus 201 ff.
Thales 72
Theuth 200 ff.
Thukydides 391
Tithonos 44
Trendelenburg, A. 127
Tucholsky, K. 162 f., 386
Turner, M 139

Vaihinger, H. 116
Valéry, P. 205, 307
Vološinov, V. N. 415

Wache, S. 159
Watzlawick, P. 242
Weinrich, H. 138, 174, 216, 224, 238, 241, 246, 253, 255, 266
Welles, O 328
Wells, H. G. 328
Wendorff, R. 49
White, H. 392
Whorf. L. B. 265, 280–285
Wieland, W. 39, 131 f., 203
Wilhelm der Eroberer, 327
Wittgenstein, L. 14, 16, 29, 50, 67, 71, 85, 135, 329, 355, 358, 373, 427 f.
Wunderlich, D. 236 f.
Wundt, W. 306 f., 320
Wygotski, L. S. 194, 206, 225, 420

Zenon 96
Ziegler, B. 159
Zwingli, H. 147

Sachregister

Abbildungsgedanke 12, 29, 40, 48 f., 50, 55 f., 62, 65, 79, 84, 86, 105 ff., 116 f., 126–129, 134, 155, 205, 218, 282, 307, 363, 429, 434
Abduktion 59, 61 f., 80, 140, 353, 366, 433
ab ovo / in medias res 404
Abstraktion 201 ff.
Adjektive 63, 117 f.
Adverbien 63
Ähnlichkeit 137 f.
Agens-Actio-Modell 104, 127, 295 f., 319
Agnostizismus 81
Akkommodation 45, 58, 75, 158, 161, 208, 268, 334, 368, 387, 393
Aktionalität 246, 250 f., 262, 264, 275
Aktionsart 66, 275 f.
Aktivformen 103 f., 278
Akzidenzgedanke 26, 63, 117, 121, 126 ff., 143, 160, 218, 255
Als-ob-Vorstellungen 116 f., 137, 150, 156, 249, 286, 367
Amnestie 175
Analogisierung 77, 87, 134 f., 150, 154, 338, 383, 424
Analyseanstrengung 127
Analyse und Synthese 123, 130, 140, 193, 205, 373, 392
animal symbolicum 4, 18, 49, 84, 91, 172
Annales-Schule 387
Anthropologie 2, 4 f., 6, 15 f., 20, 30 ff., 38, 41–46, 58, 61, 92, 393, 402, 430
Antinomien 354, 356
Antworten 3, 141
Aphorismus 80, 85 f., 156 ff.
Arbeit 185
Argumentation 352, 369
Argumentationsstile 354
Ariadnefaden 127, 394, 425, 427
Artikel, bestimmter/unbestimmter 216 f.
Aspektualität 275
Assimilation 44, 58, 75, 158, 161, 208, 268, 334, 368, 387, 393
Attribute 66, 152-156

Aufgliederungsprozess 306
Auge 35, 189 ff., 288, 308
Ausrufesätze 299 f.
Aussagesätze 299 f., 305
Autonomie 193, 206, 225
Axiome der klassischen Logik 355

Baum der Erkenntnis 181, 183
Bedeutungswandel 104 f.
Begreifen als Produzieren 361
Begriffe 3, 17, 53, 139, 169, 293, 337, 351, 361, 372
Begriffspyramiden 351, 354 f., 379
Begriffsschrift 192
Behauptungsfunktion 345
Beleuchten und Verbergen 139
Beschreibungstexte 329–324
Besitzstandswahrung 103, 231
Besprechen 239
Besserverstehen 210
Bestimmungsbegriff 123 f., 126, 146
Betrachtungszeitpunkt 7, 236
Bewegung 38-41, 158
Bewegungsrhythmen 35
Bewusstsein 62, 132, 300, 308
–, historisches 92
Bewusstsein vom Tode 183
Bezeichnungsformen 113
Beziehungsaspekt 274
Blick aus dem Bilde 87 f.
Brückenfunktion der Sprache 205 f., 307
Buchstabenschrift 192
Buch der Natur/der Geschichte 333

Chamäleon 23
Chinesische, das 230
Chronik 387
Chronos 45
Codebegriff 57

da 228
Dämon der Analogie 134
Dauer im Wechsel 334, 356
Deduktion 46, 61, 140, 352 f.

Definition 146, 231, 294
Definitionsschema 22 f.
Denkformen 354
Denkhorizonte 211
Denkmittel 361
Denken, analytisches 153, 155 f., 368
–, dogmatisches 158
–, experimentelles 157 f., 269, 362
–, hypothetisches 269
–, klassifizierendes 146
–, konstruktivistisches 398 f.
–, synthetisierendes 152 ff., 156, 368, 429 f.
Denken und Wahrnehmen 39 f.
Denkschleifen 110, 211, 312, 393
Dependenzkonzept 290 ff.
Determinationsrelation 123 f., 136 ff., 294.f., 297
Deuteropraxis 110, 196
Dialektik 32, 87 f., 95, 135, 356
Dialog 58, 84, 87 f., 95, 139, 158, 178, 202 ff., 208, 211, 301, 304, 323, 329, 338, 423
Diebstahl 349
Distanz 74, 195, 221, 238, 246, 270, 272, 414, 422
durée, longue 387

effort after meaning 142
Eigenbewegung 12 f., 19, 38, 207 f., 344, 406, 423, 426
Eigenschaften 63, 115, 218
Eigenzeit 2, 33, 36, 43, 46, 92 ff., 98. 121, 143, 193, 197, 286 ff., 337, 432
Einbildungskraft 12 f., 29, 82, 84, 182, 211, 249, 395, 403
Einwortsatz 117
Empathie 416
Energeia 207
Entfremdung 185
Entmythologisierung 371
Epochen 390
Epos 381
Ereignisgeschichte 388
Ereigniszeit 7, 235 f.
Ergon 207
Erkenntnistheorie, genetische 58

Erschließungsgedanke 14, 19, 50, 68, 76, 116, 129, 134 f.,139, 149, 218
Erwartung 28, 45, 179-186, 260, 318
Erzählen 239, 246, 368 ff., 377, 395, 398, 400
Erzählen, literarisches 394 f., 414
Erzählen als Enttöten 403
Erzähler, auktorialer 369, 400
–, persönlicher 394
Erzählformen 394
Erzählfunktion 246, 252
Erzählung 375 ff., 392
Erzählweisen 402–413
Erzählzeit/erzählte Zeit 369, 400 f., 408, 411
Ethik 183 f.
Etymologie 105 ff., 122, 169
Evolution 15, 34, 99, 333
–, kulturelle 79, 183
–, sprachliche 9, 82, 211
Ewe-Sprache 221
Existenzbehauptung 148
Experiment 157 f., 269, 336 f. 425

Falsifikation 363
Feldordnungen 226, 231, 234, 245
Fensterfunktion 55, 358
Fernnähe 70
Figurenrede 415 f.
Fiktion 116, 272, 360 ff.
Fiktion, heuristische 361, 363
–, juristische 365 f.
Fiktionssignale 249, 272
Fläche, verwobene 396
Fließgleichgewicht 53, 75, 99 f., 174, 334, 350, 356, 423, 429
Fluss 149
Formbegriff 16
Form, innere 130, 132
–, symbolische 79, 83
forma formans/formata 100, 130, 207
Formen, grammatische/lexikalische 100 f.
Fragen 3, 141, 158, 186, 300 ff., 323, 329
–, rhetorische 303 f., 421
Fragesätze 300 f.
Fragetypen 303
Frageweisen 21, 24, 31

Fragezeichen 301
Fremdheit 211
Friedensschlüsse 175
Fruchtbarkeitsgedanke 56, 64, 155
Funktionsgedanke 218, 333 f., 336
Funktionsreserven 99
Funktionsverbgefüge 276
Futurformen 257–263

Gängelwagen des Instinkts 184
Ganzes und Teil 193
Gebrauchswissen 9
Gedächtnisformen 161–173
Gedächtnis, begriffliches/semantisches 163, 165
–, episodisches/narratives 163, 165 f.
–, genetisches/angeborenes 163 f., 174
–, kulturelles/kollektives 163 f., 188, 197–204
–, prozedurales/operatives 163 f.
Gedächtnis als Falte 170
– als Schwamm 170 f.
– als Sinnesorgan 171
– als Speicher 167
– als Wachstafel 168
Gedankenkonstrukte 361
Gedankenkreise 354 ff.
Gedenkrede 418
Gegenstandsbegriff 123, 126, 146
Gegenstandsbewusstsein 84
Gegenstandswissen 21, 23, 25 f., 126, 301, 368
Gegenwart 28, 161, 243, 245 ff.
Gehirn 35, 171
Geist 56, 60
Geisteswissenschaften 2, 6
Geld 14, 150 f., 363 ff.
Genese von Wissen 7 f., 16, 92, 353, 356
Geschichte 97, 162, 185 f., 378, 385, 391, 424
Geschichten 16, 23, 165 f., 372 ff., 378 f.
Geschichtsschreibung 99, 380 f., 391
Gesetzessinn 209, 357
Gesetzestexte 109, 344-351
Gestaltbildungsprozesse 394
Gestaltpsychologie 193, 306
gestern 221

Gewebe 326 f.
Gleichnis 87
Gleichzeitigkeit des Ungleichzeitigen 89–111, 200, 221, 226, 431
Gliedsätze 310
Gott 23 f., 148, 243
Götter 10, 118
Gott der Zeit 186
Grammatik 209, 218
Grundbegriff 123 f.
Grundgesetz der Bundesrepublik 345
Grundwortarten 117 f.
Gültigkeitsformen des Hopi-Verbs 285
Gut und Böse 182 f.

Habitusgedanke 192, 335, 346, 353
Hälfte des Lebens 321
Hand, unsichtbare 102
Handlungsgedanke 12, 218, 430
Handlungsgröße 10
Handlungswissen 18, 21, 26, 62, 136, 302, 368
Harzreise 335
Hermeneutik 8, 19, 199, 204, 206, 208 f., 305, 320
–, juristische 209, 348, 357
Heuristik 20, 30, 32, 52, 81, 86, 91, 132, 157
Hintergrundinformationen 240 f., 244, 247
historia rerum gestarum 382
Historiograph 387
Höflichkeitssignal 272
Höhlengleichnis 97, 162
Hofnarr 141
homo loquens/narrans/ludens/sapiens 402 f.
Hopisprache 265, 280–285
Hypotaxe 309, 311 f.
Hypothesen 58, 84, 117, 149, 302, 361 ff., 373

Idealismus 81
Idee, platonische 119
Ikarus-Mythos 180
Immoralismusprozess 417
Imperativ 267

Imperativ, kategorischer 350
Indikativformen 267 f.
Induktion 46, 61, 351, 353
Informationsspannung 316 f.
Inkohärenz 9, 89 ff., 93 f., 146, 152, 163, 185, 241
Innerzeitigkeit 375
Instinkt 184 f.
Institution, soziale 89, 346
Instruktionszeichen, grammatische 193, 212 f.
Intensität von Zeiterlebnissen 122, 244
Interaktion 12, 15, 54 f., 59 f., 95, 140, 172, 188, 313, 328, 335
Interaktionsmodell der Metapher 136, 139, 142, 144, 154
Interpretant: siehe Zeicheninterpretant
Interpretationsgedanke 51 f., 53, 58, 64

kairos 45
Kalender 17, 30, 35, 111
Kassandra 363
Kategorisierungsprozesse 16
Kausalität und Zeit 228, 246
Kippfiguren 190
Kohärenz 114, 122, 185, 217, 375 f., 403
Kollektivsingular 120 ff., 378 f., 425
Komposita 66, 141
Konjunktionen 66
Konjunktivformen 247 f., 265, 268, 269-274, 412
Konstruktion von Geschichte 385
Konstruktivismus 26 f., 55 f., 186, 396, 433
Konstruktivität 321
Kontemplation 12, 30, 135, 189, 195, 239, 245, 253 f., 313
Konterbande 64
Kooperation, soziale 429
Kopulaverb *sein* 146-150
Krankheit des Behaltens 177
Krankheit des Vergessens 176 f.
Krieg der Welten 328
Kultur 13, 30, 33

Labyrinth 50, 85, 424, 427
Langeweile 171

Laptop und Lederhose 89
Lebensform 184 ff., 337
Lebenslüge 175 f.
Leitfaden der Sprache 85, 131
Lexik 218
Linearität 287 f., 291, 309, 315, 321, 369 f.
List der Vernunft 90
Logik 46, 52, 60 f., 118, 291, 354 f., 405

Madame Bovary 417
Magna Charta 347
Manifestiertes/Manifestierendes 285
Marxismus 81
Materie 56, 60
Medium 79, 86, 204 f.
Mehrdeutigkeit 227
Menschwerdung 184 f.
merkmalhaltig/merkmallos 103
Metapher 20, 53, 133–136, 156, 293
–, absolute 138
–, tote 133, 142
Metaphernmodelle 136–141
Metaphorik 133–136
Michael Kohlhaas 315
Midaseffekt von Metaphern 141
Mittel, endliche 5, 126, 159, 427
Mittler, geformter 207, 285
Modalität 266
Modalparadigma 266
Modalisierung 266
Modalverben 258
Modifikation 266
Modus 239, 257, 264, 266-269
Möglichkeitssinn 269
Momo-Roman 151
Monadenlehre 78 f.
Monolog 304, 324
Monotheismus 200
Monotheorie 429
Mutation 9, 79, 185, 333
Mystik 356
Mythos 71, 74, 197
Mythos und Logos 371

Nacheinander als Miteinander 95
Nachinformation 216
Nähe 238, 246, 270

Namenszauber 10, 52
Narration 374
Natur 30, 33
natura naturata/natura naturans 334
Naturrecht 345 f., 349, 358
Naturwissenschaften 2 f., 6
Nebenprädikation 311
Negation 273 ff.
Negationsformen 323
Neusprache (Orwell) 90
Nominalismus 27, 361

Objektivierung des Subjektiven 405
Objektivierungsmittel 11 f., 17, 21, 29 f., 82, 431
Ockhamsches Rasiermesser 129
Ödipussituation 433
Ohr 35, 189 ff., 288, 308, 419 f.
Ordnung 329
Ordnungsgrößen 8
Organon 207
ordo naturalis/arteficalis 396, 404
Original 14 f., 19, 29, 33, 39, 62, 68, 70 ff., 74, 78, 83, 382
Origopunkt 224

Paradigmenwechsel 3, 6, 65, 80, 90, 170, 185, 397
Parataxe 309
Partizip I (Präsens) 258
Partizip II (Perfekt) 250 ff., 262, 277
Passivformen 103 f., 278
Perfekt 250-257, 413
Permansiv/Perpetualis 243
Perspektivität 8, 13, 26, 30, 34, 38, 57, 72-76, 157, 218, 269, 332, 335, 339, 363, 370, 382, 395
Philosophie 80, 302, 377
Phänomenologie 188
Phaidros-Dialog 200
Plusquamperfekt 255 ff
Polyperspektivität 7, 76
Polyphonie 94
Polytheismus 200
Positivismus 15, 19, 48, 52, 60, 80 f., 84, 86, 129, 285
Prädikation 123, 125 f., 138, 297 f.

Prädikationskonzept 290, 293 ff
Prädikationsmodell für Metaphern 136, 138
Präpositionen 66
Präsens 239, 242-245, 293
–, szenisches 244
Präteritum 239, 245-250, 254 f., 272, 407, 416, 421
–, episches 249
Präzedenzrecht 349
Pragmatismus 61
Prinzip, genetisches 92, 372, 390
Privativa 115
Projektionen 74, 149
Projektionsmodell für Metaphern 136, 138 f., 142, 144, 154
Prokrustesbett 2, 75
Proposition 294
Prozesse 63, 131, 135, 310
Prozesswellen 101 f., 115, 334, 388
Pseudowelten 362
Pygmalioneffekt bei Metaphern 141

Radio 328
Raffsignal 270
Raum 5, 45 ff
–, absoluter 40, 113
Raumzeit 113, 143, 397
Realismus 433
Realität 345, 360
Recht 345 ff., 350, 357
–, positives 346, 357
Rechtsgefühl 350, 358
Rechtstradition 349
Rede, abhängige/indirekte 270, 414
–, erlebte 370, 398, 413-422
Reflexionssituation 323
Reflexionsbewusstsein 84
Reflexionschleifen 146, 311 f., 381, 391, 395, 408, 411, 419 f.
reflexionsthematisch 80, 136, 140, 156, 159, 204, 344, 353, 380
Regel, goldene 350
Regulationsfunktion 345
Relate 12
Relationsgedanke 2, 11 f., 38, 51, 53 f., 55, 218, 222, 432

Relativitätsprinzip, sprachliches 280 ff
Reliefbildung 241, 244, 246
Religionsformen 200
Repräsentationszeichen 212
res gestae 382
Resultante 102, 114, 211, 350
Resultatsmodell 104
Revolution 107 f.
Rhetorik 149, 200
Rückblende 110, 409

Sach- und Sprachaufklärung 131
Sachbehauptungen 145
sachthematisch 80, 136, 140, 156, 204, 344, 353, 380
Sagen und Gesagtes 194, 206
Sambala-Sprache 221
Satzdefinitionen 304–309
Satzdynamik, kommunikative 320
Satzgefüge 270, 289, 309–316, 398
Satzmorpheme 232, 270
Satzperspektive, funktionale 320
Satzproduzent/Satzrezipient 306
Schamgefühl 182
Scheinbegriffe 118
Schlange 181 f.
Schöpfungsprozess 181
Schrift 109, 187, 194 f., 329
Schriftkritik 201-204
Schriftsinn, vierfacher 209
Schriftsprache 187
Schule von Athen 96, 340 f
Sehepunkttheorie 30 f., 382 f., 386
Sehsinn 70, 190 f.
Sein 38 f., 45, 189, 430
Sein und Sollen 182
Seinsformen 113, 115, 117, 119, 137, 182, 233, 334, 361, 430
Seinsstrukturen 354, 430
Selbstreflexivität 13, 74, 91, 392, 423
Selbstwerdung des Menschen 181
Selektion 9, 79, 99, 114, 333, 429
Semioseprozesse 61
Semiotik 18, 47, 58, 431
Sinn 106
Sinnbild 87
Sinnbilder für das Gedächtnis 166-171

Sinnbildungsanstrengungen 4, 54 f., 58, 142, 313, 318, 325, 368, 380, 382 f., 392 f., 398, 434
Sinnbildungsfähigkeit 187, 382
Sinnesorgan 172
Sinngebung 79, 377
Sinngestalt 399
Sinnrelief 240, 247, 312, 318, 388
Sitz im Leben 7, 19, 41, 166, 373
Skepsissignal 274
Skulptur 12, 14, 32, 406, 423
Spiegel 4, 19, 62, 68–76
Spiegel, lebender 19, 76, 77, 88, 111, 119, 122, 132, 141, 144, 158, 163, 215, 241, 271, 282, 285 f., 321, 323, 263, 377, 381 ff., 398, 403, 417, 426, 428, 431, 433 f.
Spiegelbilder 19, 62, 68 f., 70 f., 75 f., 81, 83, 430
Spiel 3, 46, 135, 179, 336 f., 402, 407, 416, 430
Spieltrieb 85
Spirale, hermeneutische 211, 405
Sprache, ästhetische 321
–, argumentative 351–359
–, formalisierte 15, 48, 76, 90, 163, 168, 426
–, ironische 90
–, juristische 344–351
–, metaphorische 75 f., 85, 90, 149, 353
–, natürliche 4, 7, 15 f., 18, 75 f., 90, 163, 426, 428, 430
Sprachgebrauch 132 ff., 247 ff., 422
–, argumentativer 351–359
–, fiktionaler 359–367
–, schriftlicher 418 ff.
Sprachgefühl 9, 99, 204, 211, 216, 350
Sprachsinn 84
Sprachspiel 9, 14, 16, 22, 50, 85, 136, 149, 169, 287, 324, 329, 335 ff., 355, 361, 373, 395, 398
Sprechakte 146, 241, 243 f., 253 f., 257, 260, 263, 268, 270, 274, 345
Sprechzeitpunkt 7, 235 f.
Sprichwort 318
Sprossformen 103, 246, 267 f., 272, 276
Stellvertretungsgedanke 14, 58

Sterne als Werkzeuge der Zeit 39
Sternkonstellationen 56
Stil 206 f., 240 f., 245, 247, 274, 278,
    316, 318, 320, 335, 414
Strukturgedanke 333 f.
Strukturgeschichte 288
Subjektivität 12
Subjunktiv 272
suchen und finden 135
Substantive 10 f., 26, 63, 112, 114–120,
    127, 277
Substanzgedanke 2, 10, 12, 26, 38, 63,
    115, 117, 119, 121, 126 ff., 143, 160,
    218, 295
Substitutionsmodell für Metaphern 137 ff.
Sündenfall 181, 184 f.
Symbiose 133, 143, 149, 377
Symbolfeld 215
Synapsen 168, 183
Synchronisierungsaufgaben 97
Synchronizität 287 f., 324, 315
Synechismus 59 f., 62
Syntax 110, 291
Syntheseleistung von Attributen 153, 156
Syntheseprozesse 185, 190, 305 f., 308,
    320, 332, 375, 379, 386, 393, 429 f.
Systemwissen 7

Tatbestand, historischer 386
Teilgestalten 122
Tempus 5 ff., 66, 233, 239, 242
Tempusformen 66, 230
Tempuskonzepte 233
Tempusmetaphorik 241
Tempussystem 231, 243 f.
Tempuswechsel 245, 248, 254
Tempus und Chronologie 230
Teppich von Bayeux 327
Textbegriff 325–329
Textmuster 324, 327 f.
Textwissenschaft 209 f.
Texte, mündliche 109
–, schriftliche 109, 206
Thema-Rhema-Relation 17, 66, 125, 291,
    316–323
Theorie 31
Todesbewusstsein 189 f.

Tonkurven 289, 399
Topik-Fokus-Perspektive 320
Überzeitlichkeit 350
Uhr 17, 22, 30, 35, 42, 49, 111, 113, 150
Umgangswissen für Zeit 374
Universalien, sprachliche 65, 280
Universalzeit 92
Urbild 39, 382
Urteilsformen 296
Urteilsfunktion 252 ff.

Vagheit 67, 426
Valenz 292
Verben 63, 118
Vergangenheit 28
Vergegenwärtigungsfunktion 244
Verifikation 363
Vernunftbegriffe 361
Verstehen 211
Volksmetaphysik 131
Voraussage 261
Vorausdeutung 257, 410
Vergessen 173–179
Verhältnismaß 2
Verjährung 174
Vermittlungsgedanke 53, 76, 210
Vernunft 86
via moderna 361
Vorausdeutung 110, 407, 409
Vordergrundinformation 240 f., 244, 247
Vorinformation 216
Vorgangspassiv 279
Vorsorgegedanke 182 ff
Vorstellungskraft 40

Wahlverwandtschaften, die 256, 410
Wahrheit, nackte 363
Wahrheit als Tochter der Zeit 155
Wahrheitsanspruch 3, 244
Wahrheitsfrage 345
Wahrheitsphänomen 155
Wahrheitstheorien 15, 107, 155, 158, 400
Wahrheitswert 360
Wahrnehmungsformen 12 ff., 113
Wahrnehmungsperspektive 8
Wandlungsfähigkeit 350
Was-Ding 69, 75

Was-ist-Fragen 21, 24–28, 302, 423
Wechselwirkungsprozesse 432
weil 118, 228
Weltoffenheit 179, 185
Welt, andere 272, 274
Welt, besprochene 239, 257
Welt, erzählte 239, 255
Werden 38 f., 45, 118, 189, 434
Werdensstrukturen 354, 391, 406 f., 43
Werther 253
Wesensfragen 21, 24-31
Widerspiegelung 8, 68, 71, 80 f., 105, 158
Widersprüchlichkeiten 146, 185
Wirklichkeitssinn 269
Wissenserwerb 8, 131 f., 301 f.
Wissensformen 163 f.
Wissensspeicher 37, 175
Wissen von Geschichte 383
Wörter und Geschichten 372 f.
Wolofkinder 195
Wozu-Ding 69, 75

Zauberlehrling 88
Zauberstab der Analogie 78, 134, 258, 358
Zeichenfunktionen 214
Zeicheninterpretant 50, 55, 57, 62, 64
Zeichenkonzepte 47 ff.
Zeichenobjekt 55 f.
Zeichenträger 55, 188, 326
Zeichentypen 59, 214
Zeichen, autosemantische 65, 214 f., 218 f., 225
–, grammatische 65 f., 100, 213–217
–, ikonische 71, 77, 79
–, lexikalische 65, 100, 214
–, synsemantische 65, 214 f., 218 f., 225
–, textuelle 327
Zeigfeld 215, 224
Zeit 1–6, 10, 15 f., 20, 22, 28, 32, 38 ff., 46, 49, 57, 62 ff., 88, 92, 95, 119, 151, 281, 323, 358, 379, 392, 407, 426 f., 430
Zeitadverbien 217–221
Zeitaspekte 64
Zeitbegriffe 50, 95, 120–124
Zeitbindung 37 f.

Zeitdehnung 36, 143, 188, 191, 204–211, 307, 369, 408 f.
Zeiterfahrungen 322 f., 400
Zeiterlebniskonzept 7, 233 ff. 241, 244, 250
Zeitfaden 150, 396
Zeitgeist 144
Zeitgestalten 36, 49, 97 f., 123, 144, 176, 223, 288
Zeitgestaltung 404, 430
Zeitimplikationen 64
Zeitkomposita 123, 151
Zeitmetaphern 124, 193, 149 ff.
Zeitpräpositionen 66, 222–225
Zeitraffung 36, 369, 408
Zeitraum 93 f.
Zeitrhythmen 388
Zeitsparkasse 151
Zeitstufenkonzept 7, 233 ff. 241, 250
Zeitwelten 324, 328 f.
Zeitwörter 118, 229
Zeitwürfel 93
Zeit, absolute 40, 113, 397
–, anthropologische 41–46, 233
–, apriorische 41
–, chronologische 36, 40, 45, 66, 95, 226, 229 f., 233, 396
–, erzählte 376 ff.
–, objektive/subjektive 15, 40 f., 154
–, psychologische 229 f., 233
–, rhythmische 396
–, teleologische 45, 397
–, zyklische 45 f., 95 f., 396
Zeit für uns/Zeit an sich 2, 6
Zeit ist Geld 150, 365
Zentralperspektive 73, 340 ff.
Zirkel, hermeneutischer 34, 74 f., 211, 232, 392, 405, 424
Zitiersignal 271
Zukunft 28, 179, 372
Zustandspassiv 279
Zwerge auf den Schultern von Riesen 8
Zwischenwelt 205
zwischen den Jahren 223
Zwölftafelgesetze 347

www.ingramcontent.com/pod-product-compliance
Lightning Source LLC
Chambersburg PA
CBHW031409230426
43668CB00007B/255